胡辛◎著

凭栏观海 岁月留声
——胡辛30年论说纵览

中国社会科学出版社

图书在版编目(CIP)数据

凭栏观海　岁月留声：胡辛30年论说纵览 / 胡辛著 . —北京：中国社会科学出版社，2018.12
ISBN 978-7-5203-3042-8

Ⅰ.①凭… Ⅱ.①胡… Ⅲ.①文化研究-中国-现代-文集②文艺评论-中国-当代-文集　Ⅳ.①G12-53②I206.7-53

中国版本图书馆 CIP 数据核字(2018)第 193062 号

出 版 人	赵剑英
责任编辑	任　明
责任校对	周　昊
责任印制	李寡寡

出　　版	中国社会科学出版社
社　　址	北京鼓楼西大街甲 158 号
邮　　编	100720
网　　址	http://www.csspw.cn
发 行 部	010-84083685
门 市 部	010-84029450
经　　销	新华书店及其他书店
印刷装订	北京君升印刷有限公司
版　　次	2018 年 12 月第 1 版
印　　次	2018 年 12 月第 1 次印刷
开　　本	710×1000　1/16
印　　张	39.5
插　　页	2
字　　数	645 千字
定　　价	128.00 元

凡购买中国社会科学出版社图书，如有质量问题请与本社营销中心联系调换
电话：010-84083683
版权所有　侵权必究

1983年获国家级文学奖的作者合影

1995年与作家铁凝在世妇会上

1995年世妇会上与美国女权主义理论家贝蒂·弗立丹合影

1996年春赴香港中文大学学术交流，（左）南昌大学潘际銮校长，（右）香港中文大学高锟校长

1997年潘际銮院士出席长篇电视连续剧《蔷薇雨》开拍仪式

1999年在北京大学拜访季羡林先生

1999年与宗璞在北大燕南园

1999年3月在中央电视台"半边天"做节目

2005年与北京师范大学博导黄会林教授、作家绍武在庐山

2005年获中国当代十大优秀传记作家荣誉

2006年12月29日在北京采访胡先骕先生的儿子们

2006年随中国作家代表团出访捷克

2011年秋，应中国文化大学之邀赴台湾，与蒋孝严先生相见

2011年与南昌大学广播电视艺术学研究生们

2016年在景德镇龙山窑工作室

2017年在景德镇官庄开窑

2017年与王蒙老师在南昌

景德镇胡辛文学艺术馆外景

景德镇胡辛文学艺术馆陈列式

2018年3月在故宫博物院与单霁翔院长在《瓷行天下》首发式上

我的父亲母亲（摄于20世纪50年代）

2018年与孙子雨阳在青山湖畔

2018年近影（在景德镇胡辛文学艺术馆）

序

  胡辛先生是我十分尊重的前辈作家，也是一位始终坚守在教学一线的资深教授。捧读厚重的《凭栏观海 岁月留声——胡辛论说纵览》，感慨系之。在这部视野开阔的文集中，让我读到了一位在岁月中执着而快乐追求的别样的胡辛。

  作家和教授的双重身份于她而言名副其实。或许，前者的知名度比后者要高，但在她，付出的心血和精力，后者要多得多。人云"师者，所以传道授业解惑也"；又云"学为人师，行为世范"，要做个好教师并不容易！胡辛教授执教半个世纪，高校执教 30 余年。授课、课题、论文、论著，兢兢业业，认认真真，繁花满树，硕果累累。她自我定位：教师是我终身的本职乃至天职，文学创作是我的业余爱好，绘画则是我老年的追梦。

  我曾说：胡辛先生的文学艺术创作，可以梳理出两条贯穿始终的主线，一条是对于女性命运的深切关注；一条是对于地域文化的深情凝视，在这种关注与凝视的背后，是她对于当代社会生活的敏锐感悟和把握。胡辛教授在学术领域的探索亦以此两条主线展开。这部文集的第一、二部分收入的文章，正体现了她围绕这两条主线进行的学术探究。

  1983 年胡辛以短篇小说《四个四十岁的女人》摘得国家级文学奖，随即被改编为同名电视剧，并获飞天奖；又被改编为电影《同龄女友》。她的长篇小说《蔷薇雨》《陶瓷物语》（《怀念瓷香》）以及传记文学《生命的舞蹈：蒋经国与章亚若之恋》《最后的贵族·张爱玲》《陈香梅传》《网络妈妈》等，始终关注女性价值和女性命运。在文集第一部分"飞翔的天空：石破天惊逗秋雨"中，她将对女性历史女性价值的寻寻觅觅从文学创作引入学术研究之中。尽管女性的翅膀是沉重的，但中国女性无论尊卑贵贱仍然不屈不挠地飞翔。这些论文的字里行间浸透了胡辛对女性创作的反思和对女性主义理论的探究。比较而言，前期的论文以浓烈的感性见长，如《女小说家的审丑意识》等文可看到她对文学前卫现象的高度敏感；后期的论文则更多是结合具体作家作品对女性主义理论自身的深入思考与阐释。胡辛教授将学术视野投向历史上中国女性写作传统、特别是五四以来的现代女作家及其作品，并与当代女作家的创作进行比较，既看到继承、超越，也看到反叛乃至倒退，讨论严肃而深刻。如《别样视野的身体写作》以萧红笔下的《生死场》为例，一反当时对"身体写作"的鄙俗陋见，彰显萧红"身体写作"的沉重苦难和先锋意义。

文集第二部分"倾诉于土地：化作春泥更护花"，主要着眼于地域文化及在文学创作中的呈现。其早期论文《地域·民俗·小说》和《市井·民俗·小说》已注重民俗和民俗学的探研，又将女性文学理论与民俗学相结合，从婚俗、生育习俗、精神图腾等方面进行综合研究，提炼出江西作家的地域情结与浓烈地域色彩。如从宏观视角上对江西红色题材文学及影视创作的研究，又如她对景德镇地域文化的研究，都是从基础的文献梳理做起，胡辛教授和她的学术团队做了大量工作，体现出开阔的学术视野。更为可贵的是，胡辛教授能将自己对女性生命的关注与对地域文化的探究进行打通，如她从陶瓷的发明、特质和种种民俗事相探寻中渐渐还原出一部女性生命被湮没的历史，提出有"一部隐形的妇女陶瓷史"的观点，这一发现可谓独到而深刻。

胡辛教授的学术生命是鲜活而丰满的。这部文集第三部分"银幕探微：影像书写的书写"和第四部分"荧屏对话：百般红紫斗芳菲"，记录了胡辛从文学到电影电视领域研究的拓展。她有多部短中长篇小说改编为影视，她是电视系列片《瓷都景德镇》《瓷都名流》的主创之一，也是青春校园剧《聚沙》《沙之舞》和电视电影《惊艳陶瓷》的编剧、导演和制片人。正是有了这种深入其间的影视实践，她的影视理论研究自然具有相当份量。作为南昌大学现当代文学硕士点的首批导师，胡辛教授和她的团队拿下了江西高校第一个广播电视艺术学专业硕士点，这个硕士点最大的特点就是教学、科研与实践紧密结合，从而为影视事业培养了一大批人才。我有幸应邀多次担任这个硕士点的毕业论文答辩主席，深知胡辛和她的团队在研究生培养中的艰辛！我注意到收入这部文集的影视论文中有一些是她和研究生合作的成果，于她而言，那是艰辛引领和共同合作的纪念。

文集的第五部分"留住的时光：昨夜星辰昨夜风"，收入了胡辛读恩师王蒙及多位友人著述的感悟，真个是"情满则溢"！其实，理论何尝满眼灰色，应当也是青绿的生命之树。她提出传记文学是"虚构在纪实中穿行"，虽是自己写传记的真切感受实话实说，但未免大胆直率犀利，还有那么一点点偏激。

而今，胡辛教授已出版各类书籍 40 部，名副其实的著作等身。当我们为作为作家的胡辛先生、作为教授的胡辛先生由衷地鼓舞和赞誉的时候，忽然发现近年来她又如旋风一般进入了画坛。她的美术创作，同时涉足人物、花鸟、山水三个领域，纸上作画与瓷上绘画齐头并进，尽显其一贯的行事风格和艺术激情。固然，"一生只做一件事"，值得赞颂和发扬，这需要锲而不舍的毅力，需要"咬定青山"的定力；但是，也有一些才华横溢的人，能够从容不迫地触类旁通，在人生的追求中多开几扇窗户，让人生更见丰盈。胡辛教授就有这样的底气和机缘。在多个领域相互渗透，一通百通，涉笔广博，却游刃有余，这与她自信自强、锲而不舍、胸襟开阔、学养深厚且生性乐天是分不开的。

"凭栏观海"，胡辛教授观的是知识的大海、文化的大海，浩瀚无际，丰沛变幻；她观的又是社会现实的大海，惊涛拍岸，山重水覆；"岁月留声"，胡辛教授执教近半个世纪，从文习艺 35 年，教学、创作与学术研究交融，在文学、影视与绘画之间架设立体交叉桥。岁月滋养人磨蚀人改变人，但总有永恒的东西不会改变，比如：真诚、善良、美好、忠诚、崇高、信义、真情、正直、勇敢、爱……真正的师者、真正的作家应该将永恒的"真善美"浇筑进精神深处。

文学和艺术的确是能令人青春永驻的事业。且看胡辛先生，年逾七旬仍然保持着如此充沛的艺术激情和青春魅力，无怪乎京都评论家称她是"红土地上永远的青枝绿叶"。

叶青

2018 年 5 月 27 日于南昌

作者系江西省文联主席、二级研究员

目　录

飞翔的天空：石破天惊逗秋雨

中国女性文学纵览 …………………………………………… (3)
当代女小说家的审丑意识 …………………………………… (19)
我论女性 ……………………………………………………… (25)
我与女性文学 ………………………………………………… (29)
花谢花会再开
　　——《蔷薇雨》创作谈 ………………………………… (35)
热闹深邃处的荒凉
　　——试析女作家笔下的婚俗描写 ……………………… (50)
张爱玲婚恋观探析
　　——或许是为民间文化折腰？ ………………………… (57)
当代女性文学热点透视 ……………………………………… (65)
细雨的呼喊
　　——胡辛的女性写作 …………………………………… (75)
别样视野的身体写作
　　——萧红笔下女人的生死场 …………………………… (87)
看与被看的风景 ……………………………………………… (102)
犹有花枝俏：在迷茫中坚守自我审视 ……………………… (116)
子非鱼，安知鱼之苦乐？
　　——1949—2007中国男导演镜头的女性叙事管窥 …… (128)
女大学生青春期性教育管理与反思 ………………………… (139)
我与作家出版社女编辑的姐妹情缘 ………………………… (146)
生命如蔷薇　绽放过足矣（学术自传） …………………… (151)

倾诉于土地：化作春泥更护花

创作的反思
　　——传统·地域·自我的寻觅 …………………………（161）
乡土·民俗·小说家 ……………………………………………（169）
市井·民俗·小说家 ……………………………………………（177）
饮食民俗与当代小说 ……………………………………………（185）
流变与永恒
　　——试论江西革命历史题材文学创作与发展 ……………（194）
江西革命历史题材影视剧女性叙事初探 ………………………（203）
影视社会学视域中的江西革命历史题材影视剧研究 …………（209）
赣文化视域下的影像叙事
　　——江西地域影视剧的创作研究 …………………………（219）
选秀文化主流化的成功
　　——《中国红歌会》个案分析 ……………………………（225）
小说家视野里的陶瓷文化
　　——兼谈《陶瓷物语》等景德镇地域文本的创作 ………（231）
一树高花明远村：论景德镇陶瓷文化题材影视剧崛起 ………（247）
瓷行天下 …………………………………………………………（260）

银幕探微：影像书写的书写

银幕百年：生命记录与虚构的相撞相融 ………………………（281）
心在电影之梦中飞翔
　　——张艺谋与斯皮尔伯格的美学追求比较 ………………（294）
浅议"新民俗电影"的审美旨趣 ………………………………（307）
数字特技彰显电影的本性
　　——目眩神迷的"奇观"叙事 ……………………………（314）
中国电影民族化与数字化兼容思考 ……………………………（326）
浅析电影画面空间的呈现方式及其叙事表达 …………………（336）
论黑色幽默在中国大陆影像表达中的视听语言 ………………（342）

历史长河　谁主沉浮？
　　——本土新历史主义电影叙事策略探析 …………………（350）
新世纪以来的青春电影思考 ………………………………………（356）
中国武侠电影"武打"风格浅析 …………………………………（362）
顾长卫《立春》难解之"孔雀"情结 ……………………………（368）
陈可辛电影叙事探析 ………………………………………………（373）
刘伟强电影艺术追求探析 …………………………………………（379）

荧屏对话：百般红紫斗芳菲

电视剧与小说缘分更深
　　——兼谈《蔷薇雨》的改编 …………………………………（387）
附：我与电视的不解之缘 …………………………………………（397）
从银幕到荧屏：中国家庭伦理叙事的流变与回归 ………………（401）
散落在时代与生活之中的文化之美与幸福之味
　　——《金婚》的文化意义品读 ………………………………（407）
网络言情小说改编电视剧的女性主义叙事策略探析 ……………（414）
论严歌苓小说的电视剧改编 ………………………………………（420）
中国大陆穿越剧的后现代美学特征探析 …………………………（427）
金铁木历史题材纪录片"新历史叙事"解读 ……………………（433）
电视人文谈话节目：大众传媒中的精英文化绿洲 ………………（439）
叙事学视野下的《金牌调解》 ……………………………………（453）
传媒多样化与青少年成长研究调研报告 …………………………（459）
我国电视活动的发展历程及发展态势探析 ………………………（471）
神圣的思考
　　——《师魂》拍摄手记 ………………………………………（479）

留住的时光：昨夜星辰昨夜风

沉重的历史　别样的诉说
　　——王蒙"季节"系列长篇小说浅析 ………………………（489）

注视樊篱的目光
　　——王蒙与女性写作文本 …………………………………（498）
传统之守望　信念之自持
　　——胡先骕先生的人格魅力论 …………………………（508）
生命在记忆中飞翔
　　——《彭友善传》序 ………………………………………（519）
燕南园访宗璞 ……………………………………………………（523）
相伴永远　比翼飞翔
　　——记绍武、黄会林教授夫妇 …………………………（528）
画家胡敬修的传奇人生 …………………………………………（539）
有这样一个古陶瓷学者——刘新园 ……………………………（545）
开掘白色的页岩
　　——陈良运素描 …………………………………………（549）
背负着再现江西沧桑巨变历史的重任
　　——落墨自超话蔡超 ……………………………………（559）
追求一种特殊的美
　　——残雪访谈录 …………………………………………（562）
方方就是方方 ……………………………………………………（567）
肖永亮：演绎人生的蒙太奇 ……………………………………（570）
报告文学
　　——文字的纪录片 ………………………………………（575）
誓言无悔　真心永恒
　　——读刘庆玉公安长篇三部曲有感 ……………………（578）
虚构在纪实中穿行
　　——传记作者主体性不容忽视 …………………………（581）
副本：虚构的批判
　　——浅答周先生《传记文学拒绝虚构》 ………………（592）
加强大学生文化素质教育的思考 ………………………………（596）
我心依旧（六卷本《胡辛自选集》序） ………………………（607）
后记 ………………………………………………………………（612）

飞翔的天空：石破天惊逗秋雨

中国女性文学纵览

摘　要　中国女性文学从遥远的历史深处走来，穿越时空，把女性自己写进文本，嵌入历史和世界。无论是等待还是突围的源头，女性文学在历史长河留下了稀疏却温暖的灯光；五四运动将中国女性文学喷发成潮流。近百年来，中国女性文学在女性独立意识和价值上寻觅探求，并由外部世界逐步向女性内部空间挺进，在爱情、事业、姐妹情等古老又新鲜的层面进行了执着又迷惘的文化探险。在苍凉又美丽的风景中迷茫又执着地走向远方。

关键词　喷发　潮流　寻觅　女性书写　迷惘　执着　文化探险

引　言

中国女性文学已为当代中国文学一道多姿多彩的热点风景。不仅创作呈现旺势，本土的"红罂粟""红辣椒"、西洋的"蓝袜子"丛书皆给受众带来一惊一乍，掀起形形色色的热闹；而且女性文学理论研究也成了气候，西风东渐，经典女性主义、自由主义女性主义、马克思主义女性主义、激进女性主义、心理分析女性主义、现象学女性主义、后现代女性主义，林林总总、众语喧哗无不惊世骇俗，多元化理论系统和多元化学科状态呈现出开放的格局，文化尝试便进行于无限空间中。这无疑为几千年来的哲学洞开了一扇新门，那就是用女人的眼睛看世界，从这里看到的世界与以往是如此的不同。

究竟什么是女性文学？女性的独立意识是什么？当今是进取是张扬，抑或退化失落了？女性先得是人再是女人最后是超越女人——有这么个螺旋式的升华过程么？无论如何，关注争论终归是好事、幸事，无声无息地被湮没是女人太漫长太漫长的历史。

如果说女性主义理论面临所谓的本土化的问题，那么，我以为，本土的女性文学存在是漫长的客观的，本文试图对本土女性文学做一历史回眸，从耙梳中寻觅认识曾失落的女性自己。

溯源：寻觅失落的女性

源头二说

中国女性文学的源头在哪里？

孟悦、戴锦华在《浮出历史地表》绪论中言："两千多年始终蜷伏于历史地心的缄默女性在这一瞬间被喷出、挤出地表，第一次踏上了我们历史那黄色而浑浊的地平线。"①

这一瞬间指的是 19 和 20 世纪之交，是五四时代，中国现代女作家作为一个性别群体的文化代言人浮出历史地表，从此有了真正意义上的中国女性文学。也可以说中国女性文学女性意识的自觉觉醒是在五四时期。

那么，这以前的漫漫几千年湮没于坚硬的历史地壳内的被禁锢的中国女性有过自己的声音吗？评论家陈惠芬在《找回失落的那半：认识你自己……》中说："当历史将女性无情地排斥在一切社会活动之外的时候，女性却用'文学'保存了自己；而当女性解放终于蔚为时代风气，发展到一个更高层次的时候，女性则更以文学而'发现'自身。"西苏说："妇女必须把自己写进文本——就像通过自己的奋斗嵌入世界和历史一样。"② 中国历史浩瀚的文学长河中，女性的作品宛若河道上的灯盏，稀稀疏疏寥寥落落，可是毕竟是明亮的是耀眼的，有着自己的温暖的光。

溯其源头，说法有二。一是认为大禹的妻子涂山氏女之短歌"候人兮猗"拉开了中国妇女文学的序幕。《吴越春秋·越王无余外传》载："禹三十未娶，行到涂山，恐时之暮，失其度制。乃辞云：'吾娶也，必有应矣！'

---

① 孟悦、戴锦华：《浮出历史地表》，河南人民出版社 1989 年版，第 1 页。
② ［法］埃莱娜·西苏：《美杜莎的笑声》，引自张京媛主编《当代女性主义文学批评》，北京大学出版社 1995 年版，第 188 页。

乃有白狐九尾，造于禹。禹曰：'白者吾之服也，其九尾者，王者之征也。涂山之歌曰：绥绥白狐，九尾庞庞，我家嘉夷，来宾为王，成家成室，我道彼昌，天人之际，于兹则行。明矣哉！'禹因娶涂山，谓之女娇。"① 那时还是对偶婚制望门居的时代，夫妻相会，每旬只在辛壬癸甲这四天，况且大禹又是位一心治水公而忘私的英雄。涂山氏女派人在涂山氏阳迎候大禹，久久不见其来，涂山氏女在焦虑中作歌曰："候人兮猗！"如果"候人兮猗"算作源头，那么中国女性文学则一开始就定错了调。涂山氏女短歌的潜台词当是："我不是我自己的呵！""候人兮猗"成为涂山氏女人生的内涵，等待丈夫成了女人的本分和期望。大禹是公而忘私的英雄楷模，涂山氏女是大禹的陪衬乃至反衬。想想看，从那以后几千年来主内的女人等待丈夫成了中国社会的人文景观乃至自然景观，几乎不分东南西北的风景名胜处皆有望夫石这一不朽的景致，女人被定位于男人的属物，尽管社会将封闭的女性美化为坚贞坚韧的爱情化名，但这人生太悲凉又荒凉。

说法之二是中国第一位女诗人当推许穆夫人。许穆夫人因娘家卫国处失国之危急中，她在卫国欲向大国赴告，可许国诸臣赶来卫国劝她回许国。也许这就是"嫁出去的女，泼出去的水，还管什么娘家的事"的女诫吧，许穆夫人十分悲愤，作《载驰》。"女子善怀，亦各有行。许人可尤之，众樨且狂。""大夫君子，无我有尤！百尔所思，不如我所之。"这个女人不寻常，她有主见，不动摇，她瞧不上这帮骄横狂妄的许国诸臣，认定他们上百种主意，都不如她自己选择的方向。

"国家兴亡，匹妇有责"中有着一个女子独立的心声。《载驰》已点出女性角色与事业的抗争话题。

《诗经》中还有不少诗篇写女人劳作之歌、守望之苦、被弃之怨、失子之痛等等，虽无具体的作者，但几千年来，女性鲜活的生命之音一直附托其上。

历代女性作家寻踪

到得先秦诸子的百家争鸣，有的只是男人的声音，女性的声音湮没了。汉朝的班昭，是位才华横溢的才女，但她心平气和编写了一部约束女

---

① 转引自郑慧生《上古华夏妇女与婚姻》，河南人民出版社1988年版，第56页。

子的《女诫》，这是男人的思想借女人的声音表达吧？汉魏时期的蔡文姬"博学有才辩，又妙于音律"，但她命运多舛，幼年随同被陷获罪的父亲蔡邕流亡天涯，后嫁河东卫仲道又遭夫亡。未几，在汉末大乱中，为胡骑所掳，在南匈奴滞留12年，嫁给胡人生有俩儿。后来曹操赎回她，她又只得别夫离子，再嫁陈留董祀。嗟呼！女人所遭之罪集大全于此女子。她的五言《悲愤诗》的的确确浸透了女人的悲愤！有此篇足矣，且不去辨骚体《悲愤诗》和《胡笳十八拍》的真伪。

唐代是中国诗歌的黄金时代，留下诗篇近5万首，独具风格的著名诗人约56个，可是翻开文学史，找不到一个女性的名字！唐朝倒有一种特殊的妇女阶层——苏雪林称之为"半娼式的女道士"，这些女道士各吟风弄月，诗名最著、且有专集流传下来的仅李冶和鱼玄机，还有一位是被戏称为女校书实是官妓的薛涛。这三位沦落风尘的才女，作品多为赠答诗。她们的风流韵事似比她们的诗体更招人青睐。薛涛寂寞晚年退居浣花溪畔的遗址，至今还有人凭吊。这些怕只能看作男人波澜壮阔的诗海边任人践踏的小贝壳而已。

宋朝的李清照堪称伟大。她是中国文学史宋代文学唯一"在籍"的女性，是人所公认的"婉约派"的正宗词人。李清照的晚年，国破夫亡，只身漂泊，唱出过"生当作人杰，死亦为鬼雄，至今思项羽，不肯过江东"的掷地有声的诗句，词篇仍多"寻寻觅觅，冷冷清清，凄凄惨惨戚戚"的深愁惨痛，但这正是蕴含着国家兴衰之感的沉痛。南渡前李清照的词篇以极强的艺术魅力还原了女人作为人的可爱形象。不是吗，这个少女，敢蹴秋千，哪怕"袜刬金钗溜"；敢泛舟"沉醉不知归路"，晚归时"误入藕花深处"还嘻嘻哈哈"惊起一滩鸥鹭"，何其活泼健康！这个少妇，毫不掩饰别离相思之苦，"才下眉头，却上心头"，怎能不"人比黄花瘦"？出身上层封建士大夫家庭的闺秀歌唱爱情何其大胆热烈。李清照的成就应该感激她的娘家和夫家，他的父亲李格非是学者兼散文体家，怕是大不同于那些道貌岸然刻板僵化的士大夫的，尤为可贵的是才华稍逊妻子的赵明诚，他在欲与夫人比高低输定后还能心悦诚服，甚至更爱更敬重李清照，这位赵明诚就有超越时代超越男性集体无意识的高度。要晓得打"母权制的颠覆，乃是女性遭受的具有全世界的历史意义的失败"[①]（恩格

[①] 马克思、恩格斯：《马克思恩格斯选集》第2卷，人民出版社1972年版，第561页。

斯语）之后，几千年的男性中心社会酿成男性社会心理积淀是不能容忍妻子比自己聪明且有才华，至今也不例外。所以，李清照南渡前词篇中的女性形象至今也还是女人理想王国中的风景吧。

与李清照相比，朱淑贞的命运要悲苦许多，婚姻不幸，又得不到娘家人的理解，抑郁以终。"月上柳梢头，人约黄昏后"成了回忆，"不见去年人，泪湿春衫袖"。这首《生查子》收在她留下的《断肠集》中，但一说为欧阳修所作，我宁愿信是朱淑贞的，断肠人之断肠声也。

元代诗坛沉寂，戏曲的发展中虽有少数女子介入，但无甚影响。我倒想引管仲的后代管道昇的一首小词，28岁的她嫁给大书法家赵孟頫为妻，夫妻恩爱十余年后，赵想纳妾，给妻一首小词："我为学士，你做夫人；岂不闻王学士有桃叶、桃根，苏学士有朝云、暮云？我便多娶几个吴姬越女无过分。你年纪已过四旬，只管占住玉堂春！"管道昇回词一首："你侬我侬，忒煞情多，情多处，热如火！把一块泥，捻一个你，塑一个我。将咱两个，一齐打破，用水调和，再捻一个你，再塑一个我。我泥中有你，你泥中有我；与你生同一个衾，死同一个椁。"都说管词温柔敦厚，真情感人。但这其中是否蕴藏着年过四旬女人的悲凉和一厢情愿的忠贞不渝呢？据说见异思迁的赵孟頫读词后打消了纳妾之念，但这跟《氓》中女子的追忆和悔恨相比，与卓文君《白头吟》的怨恨愤懑、决绝刚烈相比，女性的独立是前进还是倒退了呢？

到得明末清初，资本主义因素萌发，商品经济发展中以家族为单位的妇女创作颇为热闹。18世纪中叶，乾隆进士袁枚招女弟子，一时间闺阁女流纷纷投靠，袁枚的三个妹妹"随园三妹"更以诗闻名于世。与仕宦大家闺秀的作诗风气相映衬的，是流传民间的女作家自编自唱的弹词文学，如陈端生的《再生缘》、陶贞怀的《天雨花》、丘心如的《笔生花》和程蕙英的《凤双飞》等，多写才子佳人、世态炎凉的故事，写出了女子的命运和追求，表达了倾慕自由解放的愿望。

综观中国历代女性的文学创作踪迹，是否可勾勒为这样两句话：一句是没有谁离得开身世之感，皆以情自慰又感人；一句是也没有谁离得开封建桎梏，不同的是有的挣扎而不可脱，有的自觉或无觉地被禁锢着而已。

喷发：苍凉又美丽的风景

秋瑾的绝唱

牺牲于辛亥革命前夜的鉴湖女侠秋瑾，可谓横空出世的中国第一个女权主义者，她的《勉女权歌》是划时代的妇女解放宣言："吾辈爱自由，勉励自由一杯酒。男女平权天赋就，岂甘居牛后？愿奋起自拔，一洗从前羞耻垢。若安作同俦，恢复江山劳素手。"只是她作为一个爱国志士的形象光华太强烈了，以致这位集诗词、歌赋、杂文、弹词、译文等于一身的女作家高扬的中国女性文学旗帜并不特别引人注目，她只是寂寞孤独地绝唱。

第一代：事业·爱情·姐妹情

中国女性文学，诞生于五四时代。中国女性文学理论研究者大多这样界定。的确，五四时代，"中国女性那从来没有年代的凝滞的生存延绵，恰借民族生存史上的巨大临界点跨进历史的时间之流；中国现代女作家作为一个性别群体的文化代言人，恰因一场文化断裂而获得了语言、听众和讲坛，这已经足以构成我们历史上最为意味深长的一桩事件"[①]。

陈衡哲、冰心、庐隐、冯沅君、苏雪林、石评梅、凌叔华、袁昌英、陆晶清等作为女性性别群体登上了文学舞台。

陈衡哲记叙留学美国女子大学新生一日琐屑生活情形的《一日》，发表于1917年胡适编辑的《留美学生季报》上。胡适说："当我们还在讨论新文学的时候，莎菲已经开始用白话文创作了。"（莎菲是陈衡哲的笔名）《一日》可说是新旧文学更替中惊雷前的一滴小雨，成不了气候，但总还是一滴小雨点。接下来陈衡哲的《络绮思的问题》《一支扣针的故事》等，直面知识女性面对事业与爱情、婚姻、家庭间的两难选择问题。解决问题的方法是宁静的偏执：女主人公选择了独身。

冰心在中国女性文学史上是值得大书的。"得天独厚"是对她的文学生命更是对她的个人命运的赞叹。冰心的女性意识是清醒的：世界上若没有女人，这世界至少少了十分之五的"真"，十分之六的"善"，十分之

---

① 孟悦、戴锦华：《浮出历史地表》，河南人民出版社1989年版，第1页。

七的"美"。她曾直言不讳：看到或听到"打倒贤妻良母"的口号时，总觉得有点刺眼逆耳。她始终奉行爱的哲学，母爱、童心、自然美是她永恒的母题。她早期的《繁星》《春水》《寄小读者》以行云流水的文笔讴歌母爱。但她的一系列问题小说，从1919年9月《晨报》发表的第一篇小说《两个家庭》，到1980年夺得全国优秀短篇小说奖的《空巢》，那问题及解决问题的方法似乎是终点又回到了起点，历经61年，冰心思维却早已成定式。61年前的陈家是个乱巢，症结是陈的妻子不理家政；61年后定居美国的老梁家是个空巢，症结是儿媳是美籍意大利人，不仅不理家政，而且不愿生孩子，却爱养两只波斯猫！做新式的"相夫教子"的新知识女性，是解决家庭问题的良药。有这么简单吗？可是，这很容易得到社会的认同，特别是得到男性的赞同的。冰心的确是真诚的。相比而言，她一生事业平稳、爱情永恒、家庭完满，可谓全福人。也许太多的爱反而局限了她作为女性书写的深刻性？

庐隐、冯沅君、苏雪林和陆晶清皆是北京女子高等师范学校的同窗。茅盾称庐隐是五四的产儿。潮涨潮落，冲撞着第一代女作家的心。冯沅君连着发表了几篇短篇小说《旅行》《慈母》《隔绝》《隔绝之后》，那以大胆笔触勾勒的叛逆之女性形象跃然纸上，震惊了一代读者。鲁迅以为，那是"五四运动之后，将毅然与传统战斗，遂不得不复活其经饰悱恻之情"[①]的青年的真实写照。如果说冯沅君还只是将她的表姐之事演绎成系列小说，而石评梅则是以柔弱的生命在爱中寻寻觅觅，难以抉择难以舍弃，在泪与火中自我拷问。她在感情生活中受过欺骗，却难以自拔；她婉拒了革命者高君宇真诚的爱，高偏偏在她反反复复的时刻病逝，她便深深自责，几乎天天去高的墓前哭泣，眼中有多少泪经得起这样流呢？三年半后，她也病逝葬于高墓之旁。这陶然亭鹦鹉冢便留下了革命与恋爱的种种佳话。庐隐写长篇小说《象牙戒指》，她说是为了"忠实地替我的朋友评梅不幸的生命写照，留下永久的纪念"。但是，《象牙戒指》是以女性独立的视角审视爱情：女人不能只在回忆中讨生活，爱不是人生的全部。结尾部分这样慨叹："唉，沁珠呀！你为了一个幻梦的追逐，而伤损一颗诚挚的心，最后你又因忏悔和矛盾的困境，而摒弃了另一世界的事业，将生命迅速的结束了，这是千古的遗憾，这是无穷的缺陷哟！"庐隐以为那惨

---

① 孟悦、戴锦华：《浮出历史地表》，河南人民出版社1989年版，第48页。

白色的象牙戒指是圈住沁珠一生的枯骨似的牢圈！天！这话太犀利太猛烈。在第一代女作家群中，我以为庐隐是女性意识最强烈、女性话语最急切的一个。她的小说《海滨故人》可谓开了中国写"姐妹情谊"之先河。五个女学生在海滨歇暑，情同姐妹，畅想未来，可是仅仅一年后，她们的真情理想在现实中已碰得支离破碎。庐隐短暂的人生，也似乎浓缩了女性的全部悲苦：小时遭家庭嫌弃，两次婚姻遭遇社会不容，最后死于难产！

第一代女作家群整体素质比较整齐，皆认真执着让人肃然起敬。她们多出身名门世家书香门第，有深厚的学识传统和文化根基；又都接受了现代高等教育，还有出国深造者，在东西方文化的碰撞交融中汲取精华；更有幸的是她们大多与五四新文化运动的先驱者有着种种的交往，如鲁迅、茅盾、胡适等，获益匪浅。但是，在五四的涨潮落潮间，她们似乎不约而同地走了由女作家而女学者之路，后多执教于大学讲坛。

第二代：女人别样的生死场

第二代女作家群体风貌则变异多姿。十年内战和抗日战争相继爆发，这群女作家在时代的炼狱中艰难成长。腥风血雨动荡不安，她们来自社会各阶层，也许"出走"的原因仍大多基于反抗包办婚姻追求女性独立，但只身闯荡严酷的现实，她们的经历太富冒险精神，太充满传奇，她们睁大了眼睛看整个阶级社会，于是她们的作品几乎无不打上时代和阶级的烙印，富有强烈的政治色彩。

1926年冬，湘女谢冰莹逃婚来到武汉，报考了中央军事政治学校女生队，即随军北伐。在每日八九十里的艰苦行军中，她抽空写作，纪录北伐时代的涛声，发表于孙伏园主笔的《中央日报》上的报告文学《从军日记》轰动了国内外。十年后她写的《一个女兵的自传》再次震撼国内外，被译成七种文字。但是新花木兰的人生经历并没有改变女性的命运。北伐失败后女生队也被迫解散，谢冰莹返回故里，被迫成婚，后得逃离，出走长沙、上海、北平，再回上海，两次赴日且在日被捕入狱……坎坎坷坷寻寻觅觅，但她始终不忘使她生命充满活力充满光明的从军时代。

1937年2月7日夜，在罪恶的枪声中倒下的五位左联作家中，冯铿是唯一的女性。冯铿在最初的作品中向往诗情画意的田园生活，也描写细腻热烈的爱情体验，而到了描写红军女同志的《红的日记》中，则由红军女同志说出：一个"红"的女人就应该"暂时把自己是女人这一回事忘掉干净"。这种同男同志一样，"溅着鲜红的热血，和一切榨取阶级、统治阶级拼个你死我活"的意识就是那时代女性的独立意识吧。

也并非不写爱情。也是湘女的白薇，30岁才为文坛瞩目。她的剧作《打出幽灵塔》《革命神受难》，长篇小说《炸弹与征鸟》《受难的女性们》和长篇自传《悲剧生涯》，写的都是男女之间悲凉甚至悲惨的故事，当然，阶级和时代的烙印无处不在。如果说《打出幽灵塔》这出社会悲剧当归咎于土豪劣绅，《炸弹与征鸟》这对姐妹的迷惘失落当归咎于出卖阉割革命的男人们，那么《悲剧生涯》的白薇的爱人杨骚却是个正儿八经的左联作家，只不过奉行名士遗风而已。是否可以说，即便革命胜利了，女性命运的解放也并非同步到位呢？女性解放还存在一个非阶级压迫的性别歧视。

第二代女作家群中最杰出者是丁玲和萧红。《鲁迅同斯诺的谈话》中，鲁迅认为"田军的妻子萧红，是当今中国最有前途的女作家，很可能成为丁玲的后继者，而且她接替丁玲的时间，要比丁玲接替冰心的时间早得多"。只是误传遇害了的丁玲一直坚韧地活到82岁，而大鹏金翅鸟萧红却过早折了翅膀，31岁就凄凉地病逝于香港，不甘，不甘。

可以说，没有哪一位女作家与丁玲一样，与中国革命、中国的政治纠结得如此难分难解！但恰恰又是丁玲，独立的性别主体意识在她的一些作品中表现得特强烈特鲜明，也可以说在她的心中对女性生存现实的清醒的焦虑和独立自强的声音始终未曾泯灭。1927年她的处女作《梦珂》为编辑叶圣陶慧眼所识发表在《小说月报》上，随即又发表了《莎菲女士的日记》，这无疑给当时沉寂的文坛扔下了一枚重磅炸弹。在这商品化半殖民化的都市生活中，为五四精神感召的一代又一代的女性走到哪里去？纯情如水的梦珂遭遇着贪婪无耻的男性肉欲的包围，她能守住冰清玉洁吗？莎菲则并不掩饰她对异性的渴求欲望，但是只会笑的苇弟和徒有其表实则灵魂卑污的凌吉士决非她之所爱，她终将他们甩掉了，一脚踢开了，但是她的出路在哪里？依旧只能在黑暗中。1930年后丁玲的创作似努力地消弭这种女性自我，然而就在她到了陕北且居文化宣传领导者角色时，她的三篇小说两篇散文又"故态复萌"，仍用女人的眼睛看世界，她要"为女同志说几句话"。《我在霞村的时候》写的是贞贞的故事。她不幸被掳沦为日军军妓，跑回根据地又被派回去"弄情报"，后一身是病回到家乡却遭尽众人的白眼，因为她是"脏"的。这真是被侮辱与被损害的女性，幸亏她仍不甘沉沦，还决定去延安治病、学习。《夜》写一个农村干部何华明压根不把妻子当人的丑陋封建意识。《在医院中》的生气勃勃的知识女性陆萍却处处受到压抑,"人是要经过千锤百炼而不消融才真正有用",大概可成为女性的座右铭。这三篇小说用故事用形象说话,而散文《三八节有感》和《风雨中忆萧红》便是直抒胸臆了。《三八节有感》有的放矢,认为即便在革命圣地延安,封建压迫也并没有彻底从妇女身上消失。情感激切,大声呐喊。《风雨中忆萧红》写得真切又悱恻,丁玲与萧红相识于1938年初春山西临汾,接着在西安住完了一个春天,她们在思想上在感情上在性格上都不是没有差异的,丁玲写道:"然而我却以为她从没有一句话是失却了自己的,因为我们实在都太真实,太爱在朋友的面前赤裸自己的精神。"她还写道:"有一次我同白朗说:'萧红决不会长寿的。'当我说这话的时候,我是曾把眼睛扫遍了中国我所认识的或知道的女性朋友,而感到一种无言的寂寞。"还有什么比这话语对女性生存困境更感伤的呢?

1942年1月22日,在沦陷了的香港玛丽医院,萧红寂寞地离开人世间。萧红经历了九一八事变和香港沦陷,流亡半生,尝尽了人生的滋味,但是在白眼冷遇之外,她还是得到过温暖真情的。1926年冬,鲁迅为她的《生死场》作序言,给予高度评价:"然而北方人民的对于生的坚强,对于死的挣扎,却往往已经力透纸背;女性作者的细致的观察和越轨的笔致,又增加了不少明丽和新鲜。"①《生死场》中,人和动物一样忙着生忙着死的乡村土地,生命只是毫无意义的生存轮回,而这轮回在日本侵略者面前终有了觉醒。而《呼兰河传》似仍是《生死场》主题的再现,不过没有觉醒。跳大神、放河灯、野台子戏等等民俗事象的铺陈,那原始色彩的大红大绿掩饰不住几千年传下来的习惯惰性的单调呆板,更有在麻木中的杀戮!年轻的萧红对这惰性有切肤之痛,她用女人的眼睛透视生死场上的女人们:花容月貌的月英病了凋谢了瘫了腐烂了;未婚先孕的金枝生下的小金枝被父亲活活摔死;五姑姑的姐姐一次次在生育的地狱中煎熬;强悍的王婆什么都见过,她是庄上的接生婆,遇上难产她拿钩子菜刀将孩子从娘肚子里搅出来,她还死过,可又能怎样呢?不过留下一段更长的路途,给她这经验过多样人生的老太婆去走吧!呼兰河畔的健康的小团圆媳妇生生地被跳大神的用热水烫死,一棵大葵花般鲜活的王大姑娘产后死

---

① 萧红:《生死场》,黑龙江人民出版社1980年版,第7页。

了，传说这样的女人死了，大庙不收，小庙不留，是将要成为游魂的……妊娠、生育、死亡，这就是女人们在劫难逃的生死场！

第二代女作家群多拓展视角，像大家闺秀林徽因也写出《九十九度中》这人生的横切面，罗淑写出底层妇女命运的《生人妻》，但我们仍可以说，中国女作家还没有谁像萧红这样将底层女人生存境况做过如此原生态的粗粝得让人毛骨悚然的描摹！正是满目荒凉。然而，大彻大悟的萧红在自家人生历程上却清醒地糊涂着。她为逃婚而叛逆家庭，却居然会跟这未婚夫同居怀孕还遭抛弃！她被两肋插刀的萧军救出苦海且同走上革命文学之路，但终忍受不了他的"大男子主义"而分手；却又会跟她早看透的自私者结合且隐忍着终寂寞死去！那大彻大悟的女人的眼睛为什么管不住自己的心？她有过男人，却从无正式婚姻；她做过母亲，却从未得到儿女。在彻骨的荒凉中，她感叹，女人的天空是低的，羽翼是稀薄的。所以，即使大鹏金翅鸟的她也始终矛盾着分裂着："不错，只要飞，但同时觉得……我会摔下来。"

沦陷区：还原写女人

如果说写爱情是第一代女作家张扬个性解放的主题，写革命是第二代女作家拓展视野的选择，那么40年代的沦陷区则出现了既规避时代政治又无爱可写便还原写女人的女作家，代表人物当推张爱玲和苏青。

人世间没有爱。张爱玲最喜欢用的字是"荒凉"，最爱描写的风景是月亮。不过，她的荒凉是华美喧闹的香港的荒凉，十里洋场的上海的荒凉，衰败的高门巨族一代一代女人的荒凉，形形色色的女人为婚姻这女子最大的职业而战的荒凉，真是华丽与热闹深邃处透骨的荒凉。张爱玲眼睛里的女人不论性恶性善或不恶不善，不论遭际结局如何，她们中的绝大多数是生命的"强者"。《金锁记》中的疯子般的曹七巧是刁泼强悍的，从做女儿到出嫁到做母亲到做祖母，她几乎是没有停息地一路厮杀过去。没有得到黄金时用利牙毒嘴全方位撕咬，戴着黄金枷锁时则用枷角大刀阔斧劈杀，亲生儿女也不放过。《倾城之恋》中的白流苏亦非等闲之辈，虽是处境艰难但能万般委屈周旋于上海香港，能战能守能进能退把握住自己，终于香港的陷落成全了她。《沉香屑·第一炉香》中貌似柔美无助的葛薇龙也不是省油的灯，更不消说她那关起门来做小慈禧太后的姑奶奶了。《心经》中的许小寒敢于张扬恋父情结，也让人咋舌。《琉璃瓦》中的一群女儿与《花凋》中的一群女儿，虽在锦绣丛中长大，其实跟捡煤渣的孩子一般泼辣有为，即使小可怜郑川嫦，临死前僵尸般还敢偷偷上街看世界最后一眼。《红玫瑰与白玫瑰》中被弃的情妇在公共汽车上邂逅佟振保，流泪的竟是"好男人"佟振保。《连环套》中的霓喜是底层女人，她是有魅惑力的荡妇，出于性爱更为了生存；她是有泼辣生命力的母亲，出于动物的属性也为了养儿防老。她是一条腌臢混浊却仍在流淌的河。可不论你如何冲撞——没有爱！张爱玲是大彻大悟的。张爱玲用华丽细腻的文笔，萧瑟恍惚的语调讲述女人的故事："一个美丽而苍凉的手势……"只是大彻大悟的她却也做过徒劳的寻爱，在自家的婚恋上留下不堪回首的阴霾。

苏青自称是一个男性化的女子，的确，在她的不少散文中出言痛快淋漓、理直气壮，甚至口无遮拦地为女人呐喊："饮食男女，人之大欲存焉"这句，她竟敢将逗号前移，变成"饮食男，女人之大欲存焉"。"没有一个丈夫愿意太太爬在自己头上显本领的。""自己不幸是良家妇女，人家不好意思给钱，也落得不给，但是爱情也仍旧没有的……我又想到人家追求我也许正因为我是高尚的而不必花钱，假使一样要花钱，他也许宁愿追求红舞女去了。"……但其实苏青很女人。张爱玲在《我看苏青》中写道："苏青最好的时候能够做到一种'天涯若比邻'的广大亲切，唤醒了往古来今无所不在的妻性母性的回忆，个个人都熟悉，而容易忽略的，实在是伟大的。她就是'女人'，'女人'就是她。"这只怕是对苏青及其作品的最中肯的评价。苏青的自传体小说《结婚十年》（正续）行销十几版，就是今天读来，也仍为这平常琐屑真实的故事而长叹：人的感情就是这样零零碎碎地磨伤了！从中西合璧的婚姻到女婴诞生蒙受的歧视到不安分教书投稿招来非难到夫妻情感破裂，十年婚姻画上句号。女主人公何错之有？

综上所述，中国女性喷发出历史的地表后，几度夕阳红，但留下的还是苍凉而美丽的风景。

潮流：起落间的迷茫与执着

艰难的抉择

1949年中华人民共和国成立了，中国人民从此站起来了。中国妇女被赞为"半边天"。那原本低的女人的天空是否从此高远蔚蓝任凭女人展翅飞翔呢？中国女作家历经解放十七年的与男作家一样的创作后，便是遭受磨难的沉寂的十年"文革"，冰刀霜剑之后文坛迎来了万紫千红的春天，而蓬蓬勃勃的女作家群以她们作品的质量和数量让世人瞩目，以至不得不叹文坛"阴盛阳衰"。近年来，中国女性文学大旗高举，汇聚其下的潮流汹涌澎湃，但是起起落落，并无太大的凝聚力更无承继性趋同性，各说各的各写各的喊喊喳喳仿佛是女性书写的景观。可是评头品足的评论家理论家总爱急急寻找框架尺子来定型量长短：前代中代现代后现代理想写实新写实私人生活小女人等等，然而，合适么？

面对当代女性文学，评论家的学术视线多集中于新时期以后的女性文学，对十七年女性文学采取一锤定音的做法。有评论简单地认定十七年没有女性文学，是女性忘却了女性自己的时代。然而，十七年文学何尝以男人为中心了呢？性别差异在当时是一个不屑一提的话题。个性，熔化于整个时代的鲜红集体之中。尽管如此，十七年女作家在文学史上的知名度和影响度并不低。《青春之歌》《乘风破浪》《春草》《高高的白杨树》《静静的产院》《长长的流水》等长短篇小说、散文均在广大读者中产生了深刻的影响。尤值一提的是宗璞的《红豆》和茹志鹃的《百合花》。在大量"恢宏叙事"中这两例女性的倾诉却是格外的哀婉动听！《红豆》里的女大学生江玫正跨越时代的门槛，遭遇爱情与革命的选择，宗璞并没有回避这份选择的沉重与复杂，留下了这一个女子长长的叹息。《百合花》在文本中采取的虽是"同志式"的叙述模式，但女性的细腻和柔情在小说中如月光流泻。有人说《百合花》的主题是"军民团结，同生共死"，并没有女性意识。如果说女性意识只能是个性别概念的话，那么，女性意识于女人来说都没有多大价值了。革命意识与女性意识并不冲突。女性与人性当是统一的，很简单，把女人不当人就是没人性。在"男女都一样"的年代，女性作家仍放飞女性翅膀，拓展出属于女性自己的写作空间。当然，女性问题说到底是一个历史问题，一个关于人类本身的问题。"文革"十年是整个文学荒漠化的"灾难季节"，非人化的写作环境不仅窒息了作家的艺术思想，也扼杀了作家的艺术生命。男女作家和文学中的男女都成为空洞之物，一切都在沉默中等待爆发……

云端的翱翔

新时期以来的女性文学可谓一波四折，在"反思历史—渴求爱情和事业的双丰收—审视性爱—探索性心理"的转折链中，中国女性文学叙述的核心由女性的外部世界逐步向女性内部空间挺进。

新时期初，仿佛是五四再潮。女性文学亦再次崛起，主要以"人"的发现为动力，借助人文主义思潮，女性作家开始了"反思历史"的旅程。茹志鹃的《剪辑错了的故事》和刘真的《黑旗》以她们独有的历史智慧，对社会历史进行了深刻的反思，杨沫的《自白——我的日记》，杨绛的《干校六记》，张洁的《从森林里来的孩子》，宗璞的《我是谁》《蜗居》，都以极大的热情揭示了十年动乱中人的悲剧。的确，新时期初女性文学是以反思历史、重新发现人为其主导的，如张抗抗所说："我写的多是'人'的问题。是这个世界男人和女人所面临的共同的生存和精神危机。"(《我们需要两个世界》) 从人的立场出发，而不是从女性的立场出发，关心人的命运而不仅仅是女性的命运，是女性文学在"反思历史"阶段的文学特征。

70年代末80年代初，"女性话题"和女性写作作为"别种声音"凸显。张洁的《爱是不能忘记的》石破天惊，张辛欣的《我在哪儿错过了你?》让人欢喜让人愁，陆星儿《啊，青鸟》，程乃珊《女儿经》，无论雅俗，女人们仍在等待爱情、渴求在《在同一平地线上》的起飞。爱情是高尚纯洁的理想境界，好男人是高大宽厚供人仰视的背影。《方舟》载着女人间的情谊躲避人间风雨，拙作《四个四十岁的女人》，被言为"可以说是80年代的中国女性探讨自身处境与问题的代表性作品"①。其中的姐妹情可称"永恒"……80年代女性作家在主体意识上更注意人文主义和女性意识的立体结合，她们都尽力追求女性作为人在更高层次上的权力和人格与男人的平等和自由，时代给予了女性独立思考和选择爱的权利，与"五四"时代第一代女作家群书写的主题和形式相比较，似有着"螺旋式"的上升。由"人的发现"到"女人的发现"，从关怀历史到关怀女性命运，女性自觉状态恢复，用女性的眼光来认识自己。女性的爱情、女性的事业、女性的婚姻成为写作的中心，女性的命运成为文本中的"主角"。小说的主人公多以主动的姿态来抗拒在家庭和爱情之中的"附属物"的命运。然而一切都蒙上了理想色彩。

迷惘中的执着

80年代后期以降，女性文学的主题转换和技巧的变化极其迅速。从

---

① 林丹娅：《当代中国女性文学史论》，厦门大学出版社1995年版，第245页。

追寻女性的自我价值到女性的自我体验到探索女性"全面"实现自我的轨道都并存于此。迷茫中的执着、执着中的迷惘,对女性传统审美意识亦进行了挑衅型的反叛。张洁从《爱是不能忘记的》走进《方舟》走进《祖母绿》,爱在哪儿?《红蘑菇》用自己的手颠覆撕碎爱的脉脉含情的面纱,结局让人毛骨悚然,"梦白"这个名字便一针见血。到得《无字》,已历尽爱的沧海桑田,欲说还休,一切都被解构。王安忆的女性探索一开始就另辟蹊径,《荒山之恋》《小城之恋》《锦绣谷之恋》到《岗上的世纪》,审视性爱,对女性自身的欲望做现代性的阐释,从而把女性的生命本能和现实之间的矛盾展示在读者面前。铁凝的《麦秸垛》《玫瑰门》到《大浴女》,对女性命运女性关系的阐释越来越深入且冷静。但王安忆、铁凝们并没有放弃"母亲的情愫",其性爱成分多带有母爱的情感,"妇女却从未真正脱离'母亲'的身份,在她的内心至少总有一点那善良母亲的乳汁。她是用白色的墨汁写作的"①。写人不写其性,是不能全面表现人的,也不能写到人的核心。审视性爱,对女性的自然属性进行展示,无论是在写作上还是在现实中都有其重大意义,但任何过度的宣泄,都会适得其反。至于姐妹情,如果说这话题在《方舟》里得到拓展,那么《弟兄们》却给予了清醒的解构。在男人的眼里,女人之间"老李老王弟兄们"般,就是"有了魔道""疯癫""反常"了,在女人身上,其实亦不过是虚拟的实现。80年代末期,池莉、方方、范小青等以其女性特有的敏感性,准确把握了人物的生存状态,她们以平实直白的叙述,形而下的经验直接性表露,对具有现系代性特征的宏大叙事进行了反拨,开启了90年代女性文学的多向度取向和多元化选择的新纪元。

个人化的写作

埃莱娜·西苏:"写你自己,必须让人们听到你的身体。只有到那时,潜意识的巨大源泉才会喷涌。"② 她提出以实现"双性同体"为目标的女性写作理论,以消解顽固的二元对立立场中的女性她者位置。露西·伊瑞格瑞则将文化和生理因素相结合,她提出独特的女性谱系,核心为建立新型的母女关系以取代俄狄浦斯三角关系中的男性中心。

假如说前期女作家的创作多以两个世界——女性的外部世界和自我世

---

① [法]埃莱娜·西苏:《美杜莎的笑声》,引自张京媛主编《当代女性主义文学批评》,北京大学出版社1995年版,第194页。

② 同上书,第196页。

界兼顾为主的话，90年代以降的女作家则更自恋"私人生活"。女性文学发生蜕变，成为当代文学中的灼热之"热点"。陈染、林白、海男等年轻女作家进行着新的女性书写的纪实和虚构，在"一个人的战争"和"私人生活"中，传达女性的生命本能与现实的矛盾和困惑，并成为一种群体性写作趋势。《一个人的战争》是一篇不同于以往的女人的心路的记述。其惊世骇俗处是她头一遭写出了以往人们所不敢写的，大胆言说和叛逆思考至少让人们大吃一惊。但作者对语言的感受力，文字于她，真是如鱼得水。当然这是一次致命的飞翔。是突围还是溃败？谁知道呢？主角叫多米，就像多米诺骨牌，轻轻一击，全线崩溃，即如是，也溃得流畅华美。不过，想当初，郁达夫的《沉沦》不也是"当时很惹起了许多非难"[①]吗？

应该看到的是：这仍是一个起起落落，既执着又迷惘、既飞腾又坠落的"尴尬局面"。90年代女性书写在开辟一个属于自己的女性话语舞台时，又在这个"舞台"上成为"被看""被展示"的角色。"私人性"书写越发挥得淋漓尽致，其文化现实命运就越悲惨。商业社会、市场经济所带来的女性异化，在流传、阅读过程中的"炒作""误读""改写""被看"的遭遇，使先锋派女作家的女性觉醒的"语言乌托邦"撕裂为碎片。文化探险是要付出代价的。如若抵挡不住，女性写作的颠覆性和超越性都只能沦落为一次软弱无力的自我宣泄而已。

的确，随着女性写作历程的不断深化，女性文学获得了空前的创作空间和突破点，但同时女性文学本身也日益进入了两难境地。因为女性主体性的寻觅与张扬并不是一项单纯的文本虚构工程，女性话语的边缘化地位没有改变，"男女双性化"和"伙伴关系"，都只能是个遥遥无期的理想，必须走向未来的女性文学再次踏上茫茫征途。

（《南昌大学学报》2001年第4期，人大复印报刊资料
《中国现代、当代文学研究》2001年第12期全文转载）

[①] 吴中杰：《中国现代文艺思潮史》，复旦大学出版社1996年版，第88页。

当代女小说家的审丑意识

有人说：男子最珍重的品德是"刚强"，而女子是"柔弱"。

我认为，柔弱并非女子最珍重的品德，只不过是女子的天性、局限性而已。诚如弗吉尼亚·伍尔芙所指出的："女小说家只有在勇敢地承认了女性的局限性后，才能去追求至善至美。"从某种视角看来，局限性即独特性，因而女小说家作品的特色多为柔弱之美。如从"五四"时期中国女小说家以群体面貌形成第一次创作高潮来看，冰心、庐隐、冯沅君、凌淑华、绿漪、白薇乃至稍后的张爱玲、丁玲等，她们的作品从女性世界出发，以歌颂母爱童心为主题，表现冲决封建樊篱的挣扎与呼喊，但其审美框架中无不荡漾着淡淡的美丽的哀愁，即便悲愤的呼喊亦为纤弱缱绻的心声，哪怕认定"人世间没有爱"的张爱玲，她的作品尽管充满彻骨冰寒的伤感，却依然隐现出一种柔弱的美感。这一时期女小说家们的作品仍拘泥于闭锁狭隘的女人天地。

新中国十七年女小说家们的创作一度硕果累累。杨沫、茹志鹃、草明、刘真、菡子等把心血笔墨皆泼洒于"外在世界"，讴歌工农兵，她们忘却了自身的"内在世界"，失落了其女性世界。在她们的洋溢着热情追求希望的作品中，亦潜意识地流泻出女性柔弱的美感。经过半个多世纪的曲折坎坷，历史前行到新时期，女小说家们又一次以春潮汹涌般的群体面貌掀起了第二次创作高潮。探索的主题依旧是爱情、婚姻和人生，却又有别于前一次地终于告别了那个唯爱的封闭世界。她们的视界不再苦苦留恋以往的男性世界而转移到她们自己的事业上，哪怕付出的代价是巨大深重乃至痛苦的！当代小说家作品之林已引起社会瞩目，其繁茂兴盛之景我无须赘言，我只想浅析相当一部分当代女小说家的现代审丑意识，以及她们作品中的审丑现象。我以为，能正视人生矛盾对立面的丑恶，并执着地寻求新的审美框架，一改女性集体无意识中的柔弱天性，这正是女小说家们的智慧、成熟、视野更高阔、使命感更强烈的表现。

西方有丑学。以《恶之花》为代表作的波德莱尔被称为丑艺术的真正宗师。雨果惊叹他"给法国文坛带来了新的战栗"。而卡夫卡则被誉为丑小说的鼻祖，他用独创的奇特的反艺术的丑表象，触目惊心地描绘了人世间的丑。此后，"卡夫卡热"经久不衰，"异化"了的荒诞的政治、荒诞的自然、荒诞的家庭、荒诞的人自身！西方丑小说家的反理性的直觉和梦魇般的表象与理性毁灭后的西方社会心理的灰暗是共鸣的，他们把人生和其生存的环境视为阴森、畸形、嘈杂、血腥、混乱、肮脏、苍白、扭曲、孤独、冷寂、荒凉、空虚、变态、怪诞和无聊。

固然，东方不同于西方，当代中国更不能与今日西方混为一谈。但是人类既有共性，丑学也就不只是西方的"专弊"，而且我们这古老文明的土地上也曾有过疯狂的、变态的、扭曲的、梦魇的、荒诞的10年，用审丑框架似乎更有利于负载这恶的10年。况且，只有正视人世间的丑，才可能为人生找到积极的真实支点。因此，正视并重视女作家作品中的审丑意识和审丑表象，便成为当代文学不可回避的一个论题。

我以为开审丑意识先河的当推宗璞的《我是谁》。极有成就的女教授面对那悬挂在暖气管上的丈夫，她的精神分裂了！她奔出门外，往事历历，时空交错，互不连贯地一幕幕闪过，剪贴出她与丈夫的人生。我是谁？我是谁？……她投身湖内。我变"非我"，这与西方丑小说家所描绘的"异化"了的自我是有所不同的。前者是在非常岁月人格被野蛮摧毁后的失重迷惘导致崩溃，而后者则是现代西方表象世界里日益膨胀的物的世界中人如何失去自身而成为非人。在《我是谁》中，宗璞以冷峻的笔调打开了中国知识分子封闭的内心世界，昔日那个《红豆》的痴情忧伤不乏柔弱之美的故事淡化了，"紫罗兰瀑布"的美感凝止了，只给人极其刺心的痛感，惊怵后的深思内省。

茹志鹃曾以她那支女性特有的细腻秀丽的笔，竟然在枪林弹雨、腥风血雨的战地图景上绽开了一片洁丽芬芳的《百合花》。然而《剪辑错了的故事》却犀利深刻、大刀阔斧地对一个荒诞的年代进行反思，那无情的淋漓尽致的揭露，入木三分的剖析，似乎没有百合花的雅致和清香了。但小说中表现出来的审丑现象却使人不能不钦佩这位女小说家先于男作家的勇气、胆识和寻觅新的审美框架的执拗。

残雪的审丑意识则比上一代女小说家强烈得多偏执得多。读残雪的小说，无须讳言令人在毛骨悚然中恶心不已。她像一个野泼的顽童，极其乐于撬开人的心灵和赖以生存的环境的垃圾堆，把它们掀拨开来，不仅观见那些五颜六色的肮脏物，还让你嗅到那无法忍受的混合的恶臭。可你掩卷之余，却不得不承认她的作品不仅刺目刺鼻而且更刺心！残雪用她那颗女性敏感细腻的心为我们展示了那个荒诞时代的丑和恶——没有安全、没有归属、没有光明、没有温暖、没有爱，只有猜忌、动乱、黑暗、冷酷和仇恨。《黄泥街》可以说是残雪审丑意识最强烈的代表作。黄泥街、黄色的尘埃蒙着人影、躺着的乞丐、黑色的烟灰、死尸、乌鸦、臭水塘、猫尸鸟尸、老鼠咬死了一只猫、蟑螂蚰蜒疯狗、吃蝇子、粪便马桶、垃圾堆下的死婴、喉咙里发出一声雄鸡的啼叫、背上流猪油……简直是集丑之大成。灰的色调、怪的形象、丑的感觉、冷的氛围，这就是人赖以生存的环境——畸形的病态的社会。而人呢，人人都缺乏安全感、行动诡谲、神态乖戾、互相戒备、互相撕咬，以至在梦中都惴惴不安，这是一些精神变态失常者吗？是，又不是。你在惊怵刺心之后，你在震撼于她的夸张荒诞的手法之余，你会说：她写得太真实了。那是我们走过的昨天——疯狂的10年。残雪的作品诚如她这笔名：残雪是孤独的、冷寂的、战栗的、丑陋的、绝望的。但记住：残雪之后是春天。她没有囿于传统美学所规定的圈，而偏偏带点恶作剧似的把鼻涕、大便、癞头疮、毛毛虫泼墨于字里行间。残雪笔下的疯狂的10年的描写，其更深层次的象征和隐喻作用，已令伤痕小说不可同日而语。

如果仅仅把审丑意识局限于扭曲的年代，那是不够的。事实上，现实生活中，丑是大于美的，唯美纯美是根本不存在的，而且有时丑往往反映了事物的本性。正如罗丹所说："自然中认为丑的，往往要比那认为美的更显露出它的'性格'，因为内在真实在愁苦的病容上，在皱蹙秽恶的瘦脸上，在各种畸形与残缺上，比在正常的相貌上更能明显地显现出来。既然只有'性格'的力量才能造成艺术的美，所以常有这样的事：在自然中越是丑的在艺术中越是美。"毕加索也曾经说过：我从来就不知什么是美，那大概是一个最莫名其妙的东西吧？艺术与文学是相通的，而文学是人学，人，又正如狄德罗所说："说人是一种力量与软弱、光明与盲目、渺小与伟大的复合物，这并不是责难人，而是为人下定义。"况且人还是很矫情的。所以审丑意识不能仅仅停留局限于某一时期中。

《情爱论》作者瓦西列夫说：爱情是人类精神的一种最深沉的冲动。费尔巴哈也指出：爱就是成为一个人。于是，爱情成了文学艺术永恒的主题，无论是明朗的欢乐还是深沉的痛苦，无论是捧腹的喜剧还是断肠的悲剧，都给人带来永恒的美的享受。可是王安忆的《小城之恋》《荒山之恋》并没给人带来美感，尤其是《小城之恋》，那聆听《雨，沙沙沙》的纯情少女已不复再见，开卷便是越练功越肥的"她"与越练功越瘦小的"他"畸形的肉体产生了畸形的爱恋，这爱这恋赤裸裸完完全全由"性"来扭结，他与她的懵懂的近乎动物本能的原始的性冲动是炽热迅猛的，他与她渴求、焦虑、自责、挣扎却又无法抗拒，于是有了你撕我打的暴力宣泄，有了怨、恨与"爱"的交织，有了无爱的性欲中最后的平静和沉沦。你在阅读时，感触到一种难以透过气来的窒息的压迫，而卷尾的宁和又将你的心掏空，只剩下茫茫的荒凉。有人说，"他"与"她"是"文革"中扭曲了的人性、扭曲了的爱情、扭曲了的人生。是，但不仅仅是。这无名无姓的"他"与"她"酿成了这出小城之恋的漫漫阴影，不正是"存天理、灭人欲"的漫漫阴影吗？不正是生之艰难爱之糊涂的寻觅与徘徊迷惘吗？从这一对"异化"了的少男少女身上，我们领悟了人性、爱情和人生的严峻与苦难。

　　方方的《风景》是一篇以武汉三镇为背景的、描写市民底层文化心理和尘世沧桑的小说。并指出：其"无疑义地使人们明白了改革的必然性和迫切性"。我却以为其旨意并非如此，至少没有这般直露。我以为她是以审丑意识写出"异化"的家庭。不是吗，开篇即引波德莱尔诗句："……在浩漫的生存布景后面／在深渊最黑暗的所在／我清楚地看见那些奇异世界……"小说前后照应。前有："七哥说，生命如同树叶。春日里的萌芽就是为了秋天里的飘落。"结尾亦强调："所有的生长都为了死亡。殊路却是同归。"既然如此，七哥的人生哲学是："又何必在乎是不是抢了别的营养而让自己肥绿肥绿的呢？"故事的叙述人"我"——仅在人世活了15天的小八子，埋在他们家板壁屋子的窗下——只是冷静而恒久地去看山下那变幻无穷的最美丽的风景。《风景》为我们展示的是怎样的家庭呢？父亲是有血性的码头工人，专横粗野却又憨直坦白，视"读书"为大敌却又能在关键时刻见义勇为。母亲淫荡又坚贞。大哥与邻居嫂通奸，竟为母亲所炫耀。二哥苦恋失恋最后自杀。三哥对女人持顽固的变态的恨。四哥是哑子。五哥六哥小时一肚坏水曾奸污少女后成了万元户。小香大香狼狈为奸以折磨七哥为乐事。主人公（如果有的话）七哥在娘胎即受贱视，出生后只能睡在床底下，辱骂作践殴打伴随着他。以后孤零零地下放像鬼影一般。狗屎运叫他被推荐上了北大，他突然悟了：不愿再寂然活着，渴望着叱咤风云，并去寻找和创造这种机会。他"赢"了。赢得了进入上层社会的终南捷径。从体态到心态与以前相比都判若两人。家里人对其的嘴脸也起了或巨大或细微的变化。七哥呢，依然感到孤独、猥琐、恶心甚至恐惧。但方方毕竟不是卡夫卡，"卡夫卡给予人的，不是信心，而是灰心；不是陶醉，而是惊怵；不是温暖，而是凄凉；不是满足，而是幻灭；不是进取，而是沉沦……"虽然《风景》读来并不轻松，但她终究还给了人温暖、信心、希望和进取。七哥小时候和够够的友情，二哥对杨朦一家的崇拜追渴乃至对杨朗的偏执的爱，自杀时留下的最后一句话：不是死，是爱……在生存的丑态的夸张描绘中，在小八子这阴魂冷漠的叙述中，甚至从"小畜牲对老畜牲的感情"中，我们还是读到对人世间爱的执着追求，对文明的执着追求，对进取的孜孜追求。尽管作者冷酷地安排了够够被火车碾死，杨朗亦不过是用贞操换职业的并非圣洁的女人。时代在前进，改革在行进，从这一视角来看，作者呼唤心态改革之情的确跃于纸上，在沉重的感喟中有着温抚的同情更有深刻的鞭挞。因此，其"审丑"意识的框架是显而易见的。

　　至于著名女作家谌容则早就有两手：一手以女性柔弱秀美的笔触描绘《人到中年》，呼唤《永远是春天》，而另一手便以轻松、戏谑、诙谐、幽默直到荒诞的艺术框架构筑另一类审丑意识强烈的作品，诸如《真真假假》《太子村的秘密》等，至《减去十岁》已达炉火纯青。作者用轻松却顶真的口吻描述了一个荒诞而真实的社会现象。是玩世不恭的喜剧？是瞎胡闹的闹剧？是刺心的悲剧？不是以一言能蔽之的。读者亦在审丑想象中进行了再创造，思忖慨叹品味中，不知是酸是涩是苦是辣是麻还是痛？总应该有点振作吧！

　　而张洁的《他有什么病》却使人瞠目结舌！机场医院浴室斗室会场，医生胡立川把钱包扔进痰盂而把烟头装进裤袋，身为医学士者为新娘的处女膜向法院提出诉讼，请病假不上班却终日为人打家具，为救孙子补鞋匠烧了100张大团结，猥琐的"喂"和他的口出狂言的女儿，长期患精神病的被选为省科协主席，提出质疑者竟反被视为神经病……走马灯似的人物来去匆匆，我有病你有病他有病我们大家都有病，正常的反常的，传统道德的逆反的，疯狂的愚钝的，过敏的痴呆的，野蛮的文明的，全搅和一起构筑成总体象征的"共时态"的病！夸张变形放大荒诞到给读者以极强的刺激，而作者却是一个冷静的"旁观者"，痛定思痛的"局外人"。这样，就将更为犀利尖刻冷峻的矛头直指民族的惰性和国民劣根性！而这种劣根性积淀了深重顽固的"惰力"，使之视丑陋凶恶荒诞为自然，从而泰然处之麻木不仁！《他有什么病》则如同一针强刺激的清醒剂，令人惊骇恐惧出一身冷汗：是梦幻是现实？是荒诞是严酷？而审丑意识的潜在功效，也正在于此。自然，《森林里来的孩子》那如泣如诉的长笛声远逝了，那《谁生活得更美好》《含羞草》的纯理想主义色彩黯然了，那《爱，是不能忘记的》优雅之至的抒情生硬了，那《方舟》《祖母绿》的悲壮淡化了，但却让人隐约又分明悟到：沉重的翅膀如何才能腾飞？

无疑，加强审丑意识，是为自己的感性选取了一条多元化发展的方向，是当代女小说家日臻成熟的标志之一。把二元化的世界上的激烈冲突积淀于自身，借此建构充满冲力的主体性，从而坚实地由"2"向"1"，由有限向无限上升，少点柔弱，多点刚强，这是女性在苦难中的挣扎、抗争、超脱乃至升华。

对当代女小说家的审丑意识做审慎的思辨，对其作品做++追踪的评述，我以为，她们不仅超越了自己，也超越了历史。这些作品把对人生对情感的深邃的思索上升到哲学的高度，同时又为自己发挥艺术创造力拓宽了视野，在形式和结构上都有所创造，丰富了艺术内涵，为其作品赋予了经久不衰的象征性和寓言性。

罗丹曾感慨道："在艺术里人们必须克服某一点。人须有勇气，丑的也须创造，因没有这一勇气人们仍然是停留在墙的这一边。只少数人越过墙到另一边去。"没有勇气越过墙到另一边去的小说家们怕只能停留在一元的单向度的唯美的狭圈中孤芳自赏罢了。值得欣慰的是，当代女小说家们正在进行这种大胆而成功的"跨越"。

(《江西大学学报》1988年第3期，《高等学校文科学报文摘》1989年第1期转载)

我论女性

女人是什么？

女人是什么？这是一个古老又新鲜的永恒的话题。

无论是女人是上帝用男人的一根肋骨造成的，还是女娲用泥捏成的；无论是"女人是水做的骨肉"的赞美，还是"女人水性""水性就下"的贬斥；无论是男人是江河女人是船帆、男人是树女人是藤的"和谐说"，还是女人不是泥，男人不是筐，女人不是月亮，男人不是太阳的"否定说"；都明白无误地表露：从古至今，无论男女，始终关注着"女人的话题"，或庄或谐，或执着或调侃，或投入或旁观。

对于女人，这是怎样的"有幸"，又是怎样的不幸！

也有男人的话题。也有对男子汉的呼唤和寻找。但终成不了气候。男人们无须高扬男性的大旗，社会是以男人的意志和利益为中心的，男人们可以对"男性退化论"置若罔闻，依旧自信从容、豪迈潇洒地走向未来。

因此，对女性的关注，便烙刻着父权制的传统和对传统的反叛，是男性视角对女性俯视的情趣，是女性自卑感的有意无意的展露，更是觉醒的女性躁动的魂灵、不屈不挠的执拗的寻觅和追求。

女性曾有过辉煌业绩的母系社会。原始初民中的女性无论在经济生产还是繁衍后代都处于支配统治人类社会的重要地位。但是，随着社会生产的发展、社会分工的出现，在原始社会后期，父权制形成了，"母权制的颠覆，乃是女性遭受的具有全世界的历史意义的失败"。①

这本是历史的进步，无奈男性主体意识无限地恶性膨胀，或许原本出于对父权制的本能的维护吧，将女性从一切社会活动中排斥出去，沦为劳

---

① 《马克思恩格斯选集》第2卷，人民出版社1972年版，第561页。

动、生育、供玩乐的工具，"女人不是人"了。在有着悠久封建历史的古老中国，为不是人的女人设计制作的规范化的框架便分外牢固精致。从哭嫁歌中蕴含着男权替代女权的习俗溯源，到婚礼中祈子的种种习俗，到生育中"乃生男子，载寝之床，载衣之裳，载弄之璋……乃生女子，载寝之地，载衣之裼，载弄之瓦"的天壤之别，到"妇人在家制于父，虽嫁制于夫，夫死从长子，妇人不专行，必有从也"的封建礼教的严酷，展示着女性因袭着历史的重负，同时也对自身的历史悲剧长期认同。但是，女性世界并非一片麻木沉沦，其中女性文学诚如陈惠芬在《找回失落的那半认识自己》中所阐述的："当历史将女性无情地排斥在一切社会活动之外的时候，女性却用文学'保存'了自己；而当女性解放蔚为时代风云发展到更高层次的时候，女性则更以文学'发现'自身。"并不浩瀚却极有分量的中国女性文学史，尤其是当代崛起的女作家群，拓宽了女性意识女性价值探索之路。

1983年，我以处女作《四个四十岁的女人》，懵懂地叩开了女性文学的门扉，茫然地走上了女性文学探索之路。八年过去了，从处女作开篇"女人为什么要有自己独立的节日"的询问，到1990年冬长篇小说《蔷薇雨》卷首引用的朗费罗的诗句："有些雨一定要滴进每个人的人生里。没有雨，大地化作一片荒漠；没有悲伤，人类的心会变得寂寞、无情而傲慢。"我塑造了不多也不少的女性形象，可我不知道我是高扬还是失落了那原本就模糊的女性意识和女性价值！

女性意识是什么？你要认识自己是女人。女人与男人一样，都是人；而女人又是人中的女性，是与男性有别的人。这似乎陷入了难以走出的怪圈，但我相信不至于周而复始，而会取得螺旋式的升华。

成为一个独立的人，对于女性这是至关重要的一步。要彻底摆脱习惯或自然的对男性的依附感和并不为世俗所鄙夷的女性自卑感，谈何容易！世上除了女人就是男人，女人独立，又能独立到哪里去呢？我以为如若能砸掉传统的女人的框架，并且不再铸造新的女人的框架，不将女人的言行举止、服饰装扮、性情能耐乃至感知思维的方法注入规范化的模式，这才是独立的最基本的标志吧。我最痛恨这句话："女人要像女人"；我最厌恶男人指责女人不像女人，女人惶惑自己不像女人，我最反感评论家们惊叹女人的作品已没有了女人味！为什么总也不能忘却自己是女人？不错，女人与男人不一样；但是，男人与男人也不一样，女人与女人也不一样，人与人都不一样！每个人的手纹脚纹绝对不一样，每个人的个性又怎会雷同呢？何况个性也是复杂多面的。对于男人和女人，刚强是美，柔弱也是美；含蓄是美，奔放也是美；粗犷是美，细腻也是美……有什么必要塑造千篇一律的女性美呢？至于文学作品，本身就是一种创造，有什么必要对作者的性别耿耿于怀呢？男性时装大师设计的女性时装，难道人们会恐惑他的时装失去了男人味吗？只要性别不发生生理异变，无须对女性走出框架的远近大惊小怪。

女性却又终究是有别于男性的人！女性有着母性的体验或至少有过渴求！母亲毕竟不同于父亲。不仅仅是"肌体的裂变"，是生命链条最具象的体现，而且是刻骨铭心的深刻的人生过渡和情感的理性升华，母亲的苦难、骄傲和责任融会于母亲的血液和心中，生育是结晶，发端是或真挚或虚假或理性或盲目的"爱情"。巴尔扎克说过："男人为名，女人为爱情"；爱情成了女性的一种信仰，一种图腾，也是一种悲憾的局限！就有"爱，是不能忘记的"痛楚，有"我在哪错过了你"的遗憾，有"不谈爱情"的感伤，有"懒得离婚"的麻木的苦恼……尽管女作家和评论家们都以为"走出伊甸园"是女性意识的觉醒，但是，伊甸园是无法走出的，作品中的女性或许能走出，生活中的女性，包括女作家和女评论家本人，是无法出走的！

爱情永恒地与女性意识、女性价值缠绕纠葛在一起！在《四个四十岁的女人》中，我虽浅陋却也清楚地回答了："事业、理想、奋斗、爱情、婚姻、家庭……一切的一切，是多么的复杂，处处是问号，女人们啊，答案在哪儿呢？"身在福中不知福的玲玲、两离三结的叶芸、庸庸碌碌的淑华、冰清玉洁的柳青，选择的答案都是事业和理想，只不过有的为这种选择的达到而无憾，有的为这种选择的无法实现而痛苦。然而，到了《蔷薇雨》，我的寻觅迷惘了，在曾经弥漫书香墨香的窄窄古巷中，有出身书香名门的七姊妹，更有寻常的民间小女乃至"垃圾千金"，在汹涌的经济大潮冲撞下，在各种观念尤其是婚恋观的急遽嬗变中，理与情、灵与肉、人格与本能在抗衡、在崩裂，也在愈合！拥有事业的女性依旧在情海中沉浮！爱情不是生活的全部，但是生活中不能没有爱情！对爱的渴求并不等同于对男性的依附！可怕的并不是当今女性心田中的躁动和喧腾，不是昔日"井然有序"的女性世界的乱步，这毕竟是女性生命的律动的追求。可怕的是又一代愚昧女性的诞生！并非危言耸听、杞人忧天，《蔷薇雨》中的七姊妹怕是知识家庭中最后一代，并非遥远的未来，将有为数不少的七姊妹、十姊妹……"超生游击队"的女后代们，在遗弃、歧视、没有教育的氛围中将扭曲为怎样的畸态女性呢？

当今，年轻一代知识女性潇洒的心是值得羡慕的，但不必过分推崇年轻女作家笔下年轻女性的潇洒，没有阅历的潇洒是不堪一击的。教会女性真正潇洒，不是年轻，而是人生。年轻女性袒露着的潇洒的心是很难不受伤害的，她们和她们的母辈不会生活在太不相同的空间！或许应该为女性的心护上一件甲胄，我以为那便是贞节。这种贞节不是经过千百年男权的无限强化异化的贞节观，那是女性的桎梏、囚笼，砸碎它时，不妨回归为女性独立意识的甲胄，并不要轻易浮躁地抛却它。

同时，跳出女性的世界，不妨落落大方地正视男性世界，男性们何尝不为男人的价值的实现而挣扎拼搏呢？又何尝能没有爱情或超脱于爱情呢？人，就是人。男人女人也不过大同小异。

因此，将女人的一切不幸和痛苦全归罪于男人，如同男人将王朝的覆灭嫁祸于女人一样，是自卑和无能的欲盖弥彰。

强女人也罢，弱女人也罢，强弱本是一对矛盾的统一体。是指性格？能力？家庭或社会中的地位？事业的成功或失败？……埃及艳后、慈禧太后或真或假的爱与权的纠葛，只能使人迷惘于女性独立意识的异化和失落；而一个平凡的女子，红颜老去时，那颗伤痕累累的爱心还在搏动，则让人感受到女性的深厚的价值。尼采说了句公道的话：男人的幸福是"我要"，女人的幸福是"他要"。

女性的爱心，不仅仅是狭隘的情爱，而是广博、深邃、无私的爱。

女性意识是对父权制的反叛，但不是对母权制的回归，而是女性男性同行历史的长河，迎接更为辉煌的明天。

并非理论，胡乱的杂感。

恩格斯说："对于任何妇女来说，社会允许她尊重自己的意见和依赖自己的观察，这本身就是一种解放。"

或许，这是本文意义所在。

（《创作评谭》1991年第3期）

我与女性文学

文学是什么？什么是文学？

2000年7月，随政协调研组赴敦煌。敦煌主人热情邀我们去玉门关和阳关看看。他说，几千里地跑来，不看这两关便回，会留下遗憾的。可是，顶着烈日奔驰了一个多小时，正午时分，看到的是一个孤独的空洞的烽火台，还有莽莽的荒漠！倒有一家小院，像是久无人居住，但还是有人住着，有口井，很深。两个年轻人摇着辘轳，起了半桶水，说清凉沁甜。可是，终不是久留之地，都说，快回吧。我求他们：再看看吧。有啥看头呢？我不答。傻傻地立着，千年的太阳直直地照着，千年的风灼热地吹着，一切好像回到了从前。并不知道从前这里是什么样的情景，可凭空就生出亲和近。主人后来说：学文的都喜欢来这里。他也是中文系毕业的。可同来的，都是搞自然科学的，他们挑剔着，以为文物不能再生，历史不可逆！于是了无兴趣，就这样没去成阳关。

9月，随中国作家采风团再来敦煌。好像是有意成全我，这回只去阳关不去玉门关，我高兴得像多得了一块糖的小孩。同行的人便老是打听，玉门关究竟是怎样的？与阳关，同，也不同，到底是不同。要说出来，不都是茫茫的戈壁滩吗？不都是有那么一座孤零零的烽火台吗？可是，只有亲临其境，才知感觉是不同的。文人在乎的是这个，读万卷书、行万里路，要的是感觉。

人说：文学是神圣的殿堂，只要你虔诚跨进她的门槛，无论男女老幼贫富贵贱，它都会让你的灵魂得以升华；可有人否曰：文学一样是富豪门第前的看门狗，也有着势利的狗眼，它分得清你的级别你的囊中饱瘪你是男是女。人说：文学家是人类灵魂的工程师，是净化人心灵的最崇高的事业；可有人否曰：狗屁，无论是用笔写还是敲电脑，你就是个手艺人，你跟木匠篾匠桶匠裁缝等等别无二致,甚至还不如人家呢。没听过吗,文章不能锅里煮,百无一用是书生。别自己拔着自己的头发做离开地球的梦了。地球是可以离开的,可那是科学家的功劳。

要我作答,我说,我不知道。

我希望是前者,可现实中我看到的文学和弄文学的人,多跟后者契合,也包括芸芸众生中的我。

有部电视连续剧名叫《女人天生爱做梦》。其实男人更爱做梦,文学就是人类爱做梦的需求,是写下来的梦。科幻小说姑且不论,你说哪部作品哪篇文章不带点梦?或将理想提早变为现实,或梦想写出人的心灵深处,或让无巧不成书成为正常。

我是个教书的,至今还执教于讲台前。《围城》里有句俏皮话:讲师把讲义变成书,而教授把书变成讲义。我似乎也逃不脱这样的一针见血,只是讲了十多年的女性文学,却未能把讲义变成书,结果起了个大早,赶了个晚集!不过电视艺术还没研究个三五年,却实打实出了本书。这里说的是理论,而不是文学作品,文学作品在高校是不算科研成果的。我曾于一时激愤中说出:哼,不知《红楼梦》作者与红学家谁个水平高?话语刚出,自个儿先脸红。曹雪芹并非作家的代名词。还不知当代能出个曹雪芹不?

尽管文学作品在高校似乎上不了品,可我终究不悔不悟,君不见五四时代的现代女作家,如陈衡哲、冯沅君、凌淑华、苏雪林们,在文学创作热闹了一阵子后,哪个不是关门书斋潜心治学?

我觉得文学就是我的白日梦,就是我最忠实的不用设防不怕背叛的倾吐对象,是我今生今世的至亲至爱。

1983年底,我的处女作《四个四十岁的女人》在江西省的双月刊《百花洲》上发表。那时候,我作为一个普通的中专教师,能发表出来,就很是心满意足了,其他也没想那么多。可很快,喜讯传来,《小说选刊》转载,上海、北京、东北各地的电影厂、电视台都打电话来要改编权,紧接着,也就是翌年三月,我便到北京领全国奖了。事情来得是这样的迅捷,这样的一气呵成,似乎缺了点一唱三叹、峰回路转的跌宕起伏,这文学梦也就梦得不是太云里雾里的。

这部小说讲述的是四个普通女人在事业、爱情、婚姻、家庭中的寻寻觅觅的故事,充溢着执着的追求与永恒的迷惘!她们是教师、医生、演员和基层妇女工作者,可以说是当今中国知识女性从事的普遍性职业。也许因此引起了不少知识女性心的共鸣。

我在这篇小说的题记中，清醒又懵懂地写道："女人为什么要有自己独立的节日？"

女人能独立吗？何谓女性的独立价值？这个世界，除了女人就是男人，女人要独立，又能独立到哪里去呢？我始终不持乐观态度。况且女人无论是充当自然角色还是社会色角，其人生的轨迹不能不与男人世界高密度高频率地交叉，因此，答案不是由女人一方能独立完成的。

但不管怎么说，我的第一部并不短的短篇小说已具有很鲜明的女性文学的色彩，尽管当时还没有谁勇猛地扯起女性文学这面大旗。

接下来，我写了几部中篇小说，如《我的奶娘》《粘满红壤的脚印》《这里有泉水》等，抒写的仍是普通女人的命运。不论是过去的岁月，还是今天的日子里，女人即便非常投入地扮演了社会角色，可我以为仍无法摆脱妻子和母亲的角色。鲁迅先生说过：母性是先天的，妻性是后天的。我自觉不自觉地接受了这一观点。我笔下的女性，在充当妻子角色时，或许有这样那样的抗争，但是作为母亲，她们却心甘情愿地茹苦含辛！因为母亲毕竟不同于父亲，做母亲不仅仅是"肌体的裂变"，是生命链条最具象的体现，而且是刻骨铭心的深刻的人生过渡和情感的理性升华。我笔下的女人生活在江西这片红土地上。红土地，自然属性贫瘠，酸、瘦、板、结，但正是这片红土地对中国做出了太多的赤诚的奉献。这方土地成为这方女人广袤的背景，仿佛也成为这方女人命运的象征。米兰·昆德拉说过：也许小说家们所做的全部事情，就是写一个主题（第一部小说的）及其变奏。我，也许属于这个"也许"。

再以后，我创作了瓷系列小说。瓷，china；中国，China。江西景德镇是闻名中外的瓷都，那制瓷的高岭土，却是与红土地相对照的白色土！我在瓷都生活了整整八年，从一个大学毕业生到两个孩子的母亲，我说我把少女的最后的梦，做母亲的最初的梦都留在了那里。对景德镇这方水土上的女人，我以为我有自己独特的观照和体悟。瓷，是卑贱的泥土与纯清的水的糅合，在火的恋膛也是火的炼狱中烧炼几天几夜，等到天地归于沉寂、熄火开窑时，砸开窑门，捧出的滚烫的匣钵里，要么是高贵精美的瓷，要么是小毛小病的次品，要么是一堆废品。可是不管是哪种结果，却再也回不到从前，回不到本初的泥土和水了。这，太像人生！而且，瓷，愈是精美愈是娇贵，不小心轻轻一碰，它就会粉粉碎！这又太像人的情感，尤其是女人的情感！我的瓷都系列小说，《昌江情》《瓷都一条街》《地上有个黑太阳》《瓷都梦》等，写的都是瓷都的今天与昨天，瓷都女人与男人火辣辣的爱与水淋淋的情。不是水火不相容，而是相撞相融的一种结晶，一种升华。瓷都的女人们，青春的、中年的、衰老的，她们正在经历的或早已逝去了的爱情的故事，是水、土、火的故事，积淀又张扬着这方水土的陶瓷文化。今年我又出版了26万字的长篇小说《陶瓷物语》，还是与陶瓷割不断的爱情故事！或自吹一句，是以陶瓷为载体的女人男人的故事。不过，我觉得还没写够也没写透，就像一窑没烧炼好的瓷。有什么办法呢？只有期望下一窑吧。

瓷都，是座女性的城、母性的城。不用说昌江河畔成百上千的老少女人们那跪拜式的洗衣图给外地客烙刻下的太深的印象，不用说神秘的窑门传说那赤裸着的女性形象分明凸显出远古的女性崇拜，也不用说烧瓷的艰难与苦痛、出窑的期待与辉煌，太像十月怀胎和一朝分娩。就是那柴窑本身，就是容器，就是女性的特征；而无论是日用瓷还是艺术瓷，又哪能不以容器为主呢？制瓷，可称为玩泥巴的艺术，而泥土，无论哪个民族，似都有地母这尊女神，只是中国中庸些，土地婆还得有个土地公。我就是凭着这份真诚又实在的感受，书写这方苍凉的白色土上苍凉的女人的故事。

40余万字的《蔷薇雨》，是我钟爱的一部长篇。也许动用了自个儿的人生经历。我写的是生我养我的古城南昌，我把它虚化为红城。展现的是红城的书香之家的七姊妹的故事。是冰清玉洁固守传统的自我？是困惑彷徨茫然无措？是心理倾斜坠身欲海？是历经惊心动魄终成佼佼弄潮女？这在七个女人的心田迸发出种种律动和骚动，是玉石俱焚的悲憾？是归真返璞的超然恬静？是女性价值的毁誉沉浮？女人如蔷薇，转眼就凋零。但暮春雨中的花开花落，能让人回味起女人故事，那份执着中的迷惘与迷惘中的执着。

这部长篇由我编剧拍成28集同名电视连续剧。这是一次漫长的锥心刺骨的"触电"，虽然在此前，我的《四个四十岁的女人》《这里有泉水》都曾改编为电影电视，我还为纪录片《瓷都景德镇》撰稿，那也是"触电"，可这一回，让我对文学与影视的不平等的结缘有了清醒的认识。尽管如此，我却懵懂地闯进了影视艺术研究的领地。不过，我只是东张西望一会儿，我知道，那不是我的久留之地。

我的渴求和希冀，是做一个小说家，但是这些年一不小心，却写出了三部厚厚的传记文学。像我的小说一样，并未大红大紫，但也拥有不会太少的读者群。这三部书是《蒋经国与章亚若之恋》《最后的贵族·张爱玲》和《陈香梅传》。虽是传记，却也还是女人的故事女人的命运的书写。

蒋章之恋是中国20世纪40年代的一出婚外恋，我并不以为它是宫闱秘闻式的传奇，我想写的是这一个女子在烽火年代中的彷徨与寻寻觅觅。张爱玲评传我也是着眼于沦陷区里红罂粟的爱与恨——作品里的婚恋故事与现实中作者的婚恋经历，里里外外皆是剪不断理还乱的悲凉与迷惘。荷尼说过："千百年来，爱不仅一直是女性的特殊生活领域，而且事实上一直是女性能够实现她们一切愿望唯一或主要的门径。"也许说得过了点头，甚至是女性的误区，可这就是千百年的事实。《陈香梅传》是我追记的生于昨日的一个中国女子的路。人生是缘。可女人与女人，也不是女人就能理解透的。

张爱玲曾说过："历史如果过于注重艺术上的完整性，便成为小说了。"我的三部传记，严格地说，是传记小说。如果说真正的传记作家严谨于写史，那么，我这个小说家却太偏爱写人，尤其是女人。企盼着读者掩卷时会叹一声：此中有人，呼之欲出。

女性灵魂栖息的家园，或许真的是在女性文学中。

我与文学的机缘较早出现于何时何地？想了想，回忆起上初三时，我曾参加南昌一中的作文竞赛。那场竞赛不知何故，不分年级。结果是第一、二名都给高中生夺去，我得了第三名。那时，红榜张贴在一中红楼口，很多人围着看，我也挤在人堆里。我记得第一名的作文是《我的奶娘》，第二名的作文是《私生女》，我的作文是《苹苹和奶奶》。看的人都说：第三名还是个初三生呢，真不简单！不简单的我却一脸通红，害怕人家发现我并没有什么不简单。获奖的三人都是女生。第一名，我至今还跟她有联系；第二名考上了北师大，以后怎么样我不得而知。以这一例而言，文学似更青睐小女子。似乎我少时就有文学细胞，其实也未必，我上大学中文系时，第一个学期差点儿让写作课击垮！我突然发现不会写作文！也就是那时，我清醒地意识到，作文不像数学，不是1加1等于2那么有答案可寻的。各人有各人的口味，有时是说不清的。后来又依稀知晓，数学也还有模糊数学呢。

思来想去，爱文学的人是幸福的，爱文学的人又是最痛苦的，而且往往是自找苦吃。

福克纳关于文学的话很让人玩味，毕竟是大师的话语。

(《飞天》2001年第10期)

花谢花会再开

——《蔷薇雨》创作谈

摘　要　创作的源泉、创作的灵感、创作的契机对于作家是清晰的，却更是朦胧的。长篇小说《蔷薇雨》躁动于经济大潮，思虑于传统文化，烙刻着这方水土的地域色彩，凸显出这方女子的鲜明个性。作者从家乡的情感、心海的探寻和蔷薇雨的象征等方面谈创作，可谓别样视野悟人生。

关键词　一棵树　安静的心海　蔷薇雨

莎士比亚说：女人像蔷薇，转眼就凋零。那么，男人难道是万年青，永不凋零？生命，属于人只有一次。任何人的人生在无尽的岁月长河中，都只不过是几朵或小或大的浪花而已。可唯其如此，生命才显示它的最宝贵；而抒写人生，我以为也特别有意义。

拙著《蔷薇雨》（以下简称《蔷》）正是抒写在当前汹涌经济大潮的冲撞中，女人们的彷徨、躁动、拼搏和激进。当然，这一切和世界的另一半男人们交融在一起。

《蔷》于1991年3月在南昌签名售书算是首发式以来，至今似火爆了好几回，也遭过雨打几回。华东地区的优秀文艺图书奖、全省首届文艺大奖、省谷雨文学奖都得过；初版很快告罄，1993年第2次印刷，据说参加广州书香节又为读者，尤其是青年读者所喜爱。作品的价值很大程度得靠读者的认可，况且我自知不是"写给下世纪看的"司汤达式的伟人，所以还是很感慰藉和激动的。1992年夏，《蔷》为中国电视剧制作中心看中，拟由我改编成30集电视剧，苦耕一年半，到翌年秋，剧本打印了，导演派了，以为收获在望，却又因种种原因，翻云覆雨，蔷薇似被雨打风吹去，奈何。当今有首流行歌《花心》，"春去春会来，花谢花会再开，只要你愿意,只要你愿意,让梦划向你心海"。这歌词不仅不俗,而且像是哲人之悟。以"花谢花会再开"作题,合我的心境,也合《薔》的意境。

写家乡邮票大的地方

几年来,关于《薔》的长短评论并不少,《读书》《中国青年报》《百花洲》等报刊都有过真诚深刻的评价。但是,几乎所有的评论都着眼于书中女性意识女性价值的探求,只有少数评论者关注到小说中的地域氛围。而在我,却是刻意描绘这古城色彩风貌的,可以说,没有这城,就没有我,更没有我的小说。

我以为,如果人类确有集体无意识的话,那么"根"的意识是最深厚也是最强烈的种族心理积淀。而文人,诚如张爱玲所说:"该是园里的一棵树,天生在那里的,根深蒂固,越往上长,眼界越宽,看得更远,要往别处发展,也未尝不可以,风吹了种子,播送到远方,另生出一棵树,可是那到底是艰难的事。"①

我的根在故土,我的成长在古城。我属于你,你属于我,朝朝暮暮不分离。也许有朝一日会远走高飞,但恋根寻根,仍是生生死死在一起的。

它是今天的古城,它更是记忆中的古城。童年的梦里,佑民寺的大佛、绳金塔的铜顶、青云谱的唐朝老桂,分明牵扯着遥遥历史的那一端;系马桩上挤挤挨挨的店铺、茶肆、花生铺、酱园、京果店、烧饼铺、猪血摊,喧闹着世俗的热腾腾;麻石铺就的古街古巷,那巷中的干家大屋徐家大屋萧家大屋,有名副其实囊括十几进,从一个门进另一个门出便斜插过几条街的,有名不副实就那么小小巧巧玲玲珑珑一进一厅的,屋中有我的亲戚、同学和陌生人,似乎或隐或显地笼罩着神秘的大家族影子;还有三眼井六眼井大井头,那么多的"眼"!那古老清凉的井台,那挑水泼泼洒洒一路的水迹,至今还温馨着我的心田。

有外乡读者说:别以为这些只有你的古城有,我的古城也一样有。不错,一样又不一样,你的是你的,我的是我的。有一点,我极自信地认

---

① 金宏达、于青编:《张爱玲文集》第 4 卷,安徽文艺出版社 1992 年版,第 126 页。

为：我的古城古街古巷古屋古井，绝不逊色于名城名镇的这一切。

有人认为："从不少大作家的创作经验回顾中可以看到，同时，从艺术心理学的角度也可以发现，一个作家成功的基本素质之一，是他对于尚不自觉的童年时代的记忆。作家有一个什么样的童年，有一个什么样的童年的记忆，关系到作家创作力的根基和底气，作家观察世界的外视角和内视角和作家的一切艺术手段背后的感觉底色，等等。"①

是否言过其实？但我难忘的、寻觅的、渴求的、刻骨铭心的就是这底色。人与城之间是有文化同构的，人与城之间是有文化气质的契合的，人在寻觅城，城在寻觅人。我不知道，是否有缘和这古城在文学上相依？

人和城，城和人，的确是有缘分的。北京，成就了古今一批文学家，但这批文学家至少也为古老北京锦上添花了吧。鲁迅和鲁镇、茅盾和乌镇、陆文夫和苏州，是谁在呼唤寻觅谁呢？不用抱怨立足的城镇太小太没名气，美国作家威廉·福克纳一生的大部分时间是在密西西比州的奥克斯福德镇度过的，他不断写"家乡的那块邮票大小的地方"②。终于"创造出一个自己的天地"③。

当然，就像台湾作家王祯和对他家乡花莲的感受一样，他也极赞同福克纳所说，写一个地方，一定对这个地方有某种恨，也有某种爱，才能写出复杂的东西，如果只有爱，那未免太浪漫。

因了岁月的沧桑，也因了现代化都市的诱惑，旧城旧貌旧街旧屋正在一天天消逝，面对准摩天大楼和让人目眩的立交桥，在振奋和激动的同时，我的心头还有着失落。并非从建筑学和历史学的角度来剖析，而是从人类怀旧心态来感觉的。这种失落犹如岁月的流逝不可挽回一般，童年、少年、青年时代，还有我的同代人，如若在古城古巷古屋留下过屐痕的话，如若在青藤如瀑的院墙在湿漉漉的井台散落过思想的珍珠的话，那么，新的在抹去旧痕。历史不只在教科书中，世界各地都保留着众多的旧址故居，伟大名人应如此，世间凡人难道没有他的怀旧情结么？

我愿我的《蔷》，在时光的流逝中，用自己独到的视野，拥有这方水土，为这方水土这方人留下一点文字的摄影、笔墨的录像，这便是永恒的慰藉。

---

① 关鸿：《诱惑与冲突》，上海人民出版社1988年版，第64—65页。
② 福克纳语载《福克纳评论全集》，中国社会科学社出版社1980年版，第274页。
③ 同上。

写家乡邮票大的地方，直到永远。

归隐与安静的心海

我的古城很小很静，是默默无闻的袖珍小城；我的古城却又很大很辉煌，没有古城八一起义的枪声，何来今日的天下？

王勃与滕王阁千古并存，是江西老表无能还是有容乃大？滕王阁却已是废废兴兴 29 次了，孟浩然、李绅、陆龟蒙、韦庄、王安石、杨万里、辛弃疾、朱熹、汤显祖、蒋士铨皆为古城题写过诗句，更不用说现今伟人名家为该城泼洒的笔墨了。古城有它深厚的文化底蕴和独特的文化性格。

我却注意到袖珍小城的隐文化现象。

"物华天宝，龙光射牛斗之墟；人杰地灵，徐孺下陈蕃之榻。"① 徐孺：徐樨，字孺子，东汉豫章南昌人，家贫、躬耕自给，不肯出仕，故称高士。古城至今仍有孺子亭、孺子路、孺子墓和孺子公园。他究竟高风亮节到何地步？文字记载并不多，孺子公园大门有长联赞颂，他的真正故里丰城隐溪村的徐氏宗祠中，亦有副老楹联："隐逸之士堪羡哉，惟我祖，甘贫穷，却征聘，不事王侯，千载高风从古仰；轻财之人是述矣，独先公，捐粟米，赈饥荒，表厥宅里，一生大义至今存。"② 上联说的是徐孺子，有鉴定无细节。少时常在孺子亭徐家大屋嬉戏，最初浮出的徐孺子的形象当是荷锄种菜的老农。可为什么千百年来人们仍对他推崇不已呢？当然，对"归去来兮"的隐人陶渊明更是顶礼膜拜了，这里，是不是有知识分子心态的传承和认同？我将《蔷》的故事安排在据说是徐孺子后裔的知识分子家族中，自有我的良苦用心。

百花洲上，南宋初年曾住过一个四川的隐士苏云卿，种菜织草鞋聊以度日，洲上至今尚有苏公圃，想是隐士当年的菜园；水观音亭又名杏花村，明代宰相张位罢相后，便隐居此处，并建藏书楼；青云谱，原名青云圃，明朝宁王朱权的后裔朱耷，明亡后落发为僧，后做道士，就居青云圃，画山水荒寒萧疏，画鱼鸭鸟多"白眼向人"，遂成为与石涛齐名的清

---

① （唐）王勃：《滕王阁序》。
② 木子：《访徐孺子故里及其读书台》，《星火》1987 年第 11 期。

代大画僧。小小古城，处处呈现着隐文化，可谓"大隐隐于市"吧。

说到归隐，仿佛与政治密不可分，褒者以为是反抗情绪，贬者认为是逃避现实。与真归隐掺和一处的有伪归隐，于是，归隐又被嘲笑为沽名钓誉、想入仕途的终南捷径。我并不排斥这种种说法，但是，是否可从文化心态去思考归隐呢？离沉浮宦海远点，离热点远点，离徒费心力的人事纠葛远点，超凡脱俗点，有意无意间藏书读书创造出高远意境的文艺作品，不也是给人间留下一点青翠么？

当今似无归隐之行径了，就是庙观也与旅游盈利什么的搅成一团，但是千百年的知识者的心理积淀，就会一阵风吹去无影无踪么？在纷纷扰扰熙熙攘攘皆为利来利往的人流中，是否还有甘于清贫、甘于淡泊的寂寞的精神田园？

我决不想抗拒汹涌的经济大潮的诱惑撞击，我也决不想全盘否定各种观念的急遽嬗变，其间，理性与情欲的撕掳、人格与本能的抗衡、灵魂与肉体的崩裂，在人们，尤其在女人的心田迸发种种律动和骚动。是玉石俱焚的悲憾？是人的自我价值的张扬？是归真返璞的恬静？人们岂止甘于在海边看看、海边走走？可下了海的，并不全是主动的躁动的奋进的；人生的路，各种外力和内驱组合着扭绞着，命运并不操纵在你自己的手中！

《蔷》中的古城是处在既不沿海却又不太偏远的两者间的夹缝位置，那曾弥漫着书香的窄窄古巷，那古巷中书香门第的七姊妹，是冰清玉洁固守传统中的自我？是困惑彷徨茫然无措？是心理倾斜畸态坠身欲海？是历经动魄惊心终成佼佼弄潮女？

徐家老大恪守医德、冰清玉洁，难道就该被讥为过了时的黯淡无光的"理想主义者"？徐家老三在爱情的歧途徘徊、在城乡间寻寻觅觅自己的位置，终不能忘怀山村小学，难道就该被斥为"矫情而已"？徐家老父在女儿们让他眼花缭乱的大动作中一次次狂怒，难道就该称他为"老顽固""落伍者"？他的悲凉心境是：不是我不明白，这世界变化太大太快！

然而，变，终归是好事，是前进着的；海，到底是浩瀚的，气象万千的。我们今天得到的，是我们从未拥有过的；然而，我们轻易抛却的，会不会是我们乃至我们以后几代人所苦苦寻觅的呢？

不在于你的血肉之躯是在海里折腾，还是在岸上踱步，而是你的灵魂栖息在精神田园不？要有一片安静的心海。

徐迟先生1949年曾将美国作家梭罗的《瓦尔登湖》译成中文，年近古稀时他又将书重新校译再版,他是钟爱此书的。毕业于哈佛大学的梭罗,28岁时带着一柄斧头,离开了喧闹的城市,独自走进瓦尔登湖畔的森林里,伐木搭起小屋,种豆子采浆果打猎还垂钓,并非刻意过隐士生活,而是要进行一种生命的实验:回归自然、简化生活、寻找生活的基本事实,两年半后他才走出森林,9年后他出版了《瓦尔登湖》。这是一本寂寞的书、孤独的书、智慧的书。他认为一个人若能满足于基本的生活所需,其实可以更从容、更充分地享受人生。可惜人们一味沉湎于物欲之中,人已经变成了他的工具的工具。为人为忙碌忧虑所累,却不能采集生命的美果。今天,人们对130余年前的梭罗和瓦尔登湖越来越怀恋,徐迟说,这很正常,物质越丰富,梭罗的名声也随着他所厌恶的物质而增长。

尽管如此,我仍觉得梭罗与我的古城中早已逝去的归隐者的身影依稀仿佛。

都喜欢说:不白活一回!到底怎么才算不白活一回?怎么才算热爱生命?

无花的蔷薇

"春雨,春雨,染出春花无数。蔷薇开殿春风,满架花光艳浓。浓艳,浓艳,疏密浅深相间。"这是清代词人叶申萝咏蔷薇的《转应曲》。

蔷薇,是春末最后的花,一年只开一次,开得热烈,谢得悲凉。用蔷薇比喻女人,自是恰当不过。

而雨,诚如朗费罗的诗句所吟:"有些雨一定要滴进每个人的人生里。没有雨,大地化作一片荒漠;没有悲伤,人类的心会变得寂寞,无情而傲慢。"

雨润蔷薇奇妍,雨打蔷薇凋零。人生是无尽的享受,其中包括痛苦。"蔷薇雨"是书名,也是我创作的契机。它像一颗火星,将我半辈子对于女人思索的智慧之禾点燃起来,小小古城的古老家族老老少少的女子能鲜活于我的笔下么?

歌德言:"永恒之女性,引导我们走。"几千年来男性中心社会对女性的压抑和扭曲,反而使女性迷茫的困惑、执着的寻觅比男性深重得多,因而也丰富得多吧。

中国古代女性当是受压迫最深重的女性，当是受封建道德观念禁锢最牢固的女性，但是，我读大学时就惊异地发现，中国古代文学作品中的女性形象却是这样地从柔弱中张扬出刚烈。《氓》中弃妇悔恨中的豁达溢于言表，《孔雀东南飞》中的刘兰芝真如蒲韧如丝，窦娥喊冤对天誓愿何其惨烈，杜丽娘生生死死为一个"情"字，秦淮歌妓李香君血溅桃花扇悲壮撼人，更不用说《红楼梦》中各个呼之欲出的女性形象了。而我的古城的女子因了地理封闭严实，却又受兵家必争的撞击和南北东西交融，此地女子的身与心似乎也融会着北国的豪放与南国的婉丽，柔弱妩媚与刚烈倔强矛盾着又统一着，我想写出的便是这方水土这方女子的共性与个性。

写女人们爱情的痴迷与纠葛，婚姻的稳定与嬗变，事业家庭的和谐与矛盾，生命瞬间的灿烂辉煌与人生永恒的无奈平庸。就像蔷薇开花短暂，虽凋落于风雨，但总有一段生命的美丽；无花的蔷薇是四季中的三又三分之二季，但依旧有着生命的从容和苍翠。有时心中也有困惑，我写的是否在重复别人写的？我喜欢五四后涌现出的女作家群体，一批一批又一批。庐隐是那样地苦闷，毫不掩饰自家的偏激，可她分明在女性独立的路上执着地寻寻觅觅，大家闺秀冯沅君的叛逆之爱扣人心弦，但她却又在情爱母爱间徘徊不定；痛苦的爱情折磨着白薇却又成就着她的事业，从爱中解脱出来也就宣告了文学的落幕；冰心是这样温馨地平衡女性和男性的两个世界，融东西方文化传统与现代于一身，她那清浅的母爱滋润着几代人；湘女丁玲不愧是湘人，"湘人不倒，华夏不倾"，女性与政治唯有她自始至终身体力行；萧红的女性意识是这样地清醒于她的作品，而她的婚恋却又是这样地迷茫和沉重，她是折断了金翅的大鹏吗？凌淑华以一篇篇精致的短篇，描绘出旧家庭中的闺秀少妇老太太，亦让我们看见了世态的一角，高门巨族的精魂；张爱玲的名门之家，却"有太阳的地方使人瞌睡，阴暗的地方有古墓的清凉"[1]，她认定了人世没有爱，却又总赞叹"死生契阔，与子成说；执子之手，与子偕老"的悲凉的爱；苏青拥有的平平实实的女人的喜怒哀乐，她总在叽叽喳喳，却唤醒了往古来今无所不在的妻性母性的回忆，无怪乎张爱玲称她做到一种"天涯若比邻"的广大亲切。虽然各各不同，但女人写女人是刻骨铭心的。我虽然也喜欢并钦佩当代女作家的作品，但她们之中的一些作品磅礴豪迈则像上了男人们驾驭乘风破

---

[1] 金宏达、于青编：《张爱玲文集》第4卷，安徽文艺出版社1992年版，第108页。

浪的船，总让小女子提心吊胆，频频回首那越来渺茫的家园！有的女作家理直气壮地宣称：我写作的时候根本忘了自己的性别，我是人，和男人一样的人。或许，她的确已经完成了从女人到人的超越，已将千百年的女性歧视女性自卑傲然踩于脚下；或许亦只不过是种过敏性的自尊，掩饰着并没有消逝的自卑和被歧视。我是至今未强大到可以忘记自己是女人的地步，虽然我的天性够倔强。男女都一样，不会是遥远的梦，但也绝不会已成了现实。还是女人写女人吧，像英国女作家伍尔芙所说："女小说家只有在勇敢地承认了女性的局限性后，才能去追求至善至美。"①

福克纳曾说过："文学要比人们想的简单得多，因为可写的东西非常之少。所有感人的事物都是人类历史中永恒的东西，都已经有人写过。如果一个人写得很努力，很真诚，很谦恭，而且下定决心永远、永远、永远不感到满足，他会重复这些感人的东西，因为，文学艺术像贫困一样会自己照料自己，会跟人分享面包的。"这才是真正的创作谈啊。

[《南昌大学学报》（社会科学版）1995年第2期]

附：南昌街巷——豫章故郡的翰墨书香

她是一座秀美的城市，"襟三江而带五湖"，登滕王阁，"落霞与孤鹜齐飞，秋水共长天一色"；她是一座兵家交锋的城市，"控蛮荆而引瓯越"，佑民寺至今记得朱元璋与陈友谅大战鄱湖后的逸事；她是一座风雅的城市，水观音亭珍诵着清婉的诗文，青云谱闪耀着艺术的不朽；她也是一座热血的城市，江西大旅社依旧回响着惊天动地的第一枪……

今天，她的名字仍被寄予"昌大南疆""南方昌盛"之意，在日新月异中，她以现代风韵挺立于都市之林，然而，多少百姓一代代的生存气息、城市历史一页页的记忆，还有那悠悠的翰墨书香却依然飘荡在空气中，伴着穿城而过的赣江流水滔滔，久久难以弥散。

张爱玲说："真的家应当是合身的，随着我生长的。"街巷亦如是。

---

① 转引自赵玫《父亲·图腾及幻灭——女人从理想走向现实》，《文艺评论》1986年第3期。

古老的，现代的，街巷深处，有这座城市与生俱来的儒雅气质。

系马桩与桃花巷

拴马石上的才文比试，小巷深处的丹青往事

以"系马桩"为街名，南昌之外，杭州也有。系马桩在北方被称为"拴马石"，古代之马于人，如今之轿车，纵横奔驰之外，亦是身份的象征。

南昌系马桩在城南。这条宽宽的老街，直到20世纪50年代，仍可见清一色的长条麻石铺就的地面，坚硬的麻石上留下岁月的车辙印痕。街两边是深深几进的青砖黑瓦的大屋，得由高高的台阶走到铜环黑漆大门内，很是庄严神秘。大屋与大屋之间有酱园店、花生铺、茶铺、京果铺，仍旧是日常的柴米油盐酱醋茶。系马桩北头东侧，有一座耶稣堂，高高的围墙、树木蓊郁的院落、西式的教堂、彩色的玻璃窗，别有风韵。系马桩南端有一段残破的古城墙"阴阳割昏晓"的城门洞却是完整的，绳金塔就在其旁。系马桩中段的西侧是南昌一中，每当中午放学时，涌动的学生潮总使人想起那首《毕业歌》："我们今天是桃李芬芳，明天是国家的栋梁。"但没几年，城门拆了，老街的麻石全起走了，代之以三合土地面，好像把那一代人的童年也起走了似的。非常岁月时，南昌一中变成了无线电厂，至今仍是。大屋也变成大杂院，后被拆毁重建为火柴盒式的宿舍楼，所以，而今的人有把系马桩称为"平民区"乃至"贫民区"。

但是，"系马桩"实质上是颇有来历的。

据《禹贡》记载，公元前202年，汉高祖刘邦令颍阴侯灌婴率兵进驻此地，设豫章郡和南昌县，翌年筑"灌城"，这是有文献可查的最早的南昌城。系马桩当为灌婴的拴马石所在了，而不远处的洗马池则是大将军的洗马处。岁月悠悠，洗马池演变为勾栏瓦子角，系马桩亦难觅拴马石了！也有学者考证，"系马桩"是科举时代全赣考生的拴马之地。此说也并非空穴来风，20世纪50年代从系马桩西侧大屋的正门进去，后门出来就是老贡院。该贡院始建于南宋时期，因明代又在东湖建了个贡院，所以就被称为"老贡院"。一方水土一方人。江西历史上盛行业儒，"翰林多吉水，朝士半江西"。南昌府亦"市井多儒雅之风"。意大利耶稣会传教士利玛窦明末来到南昌，亲眼见2万多考生浩浩荡荡进贡院参加乡试，可谓盛况空前。老贡院北边据传是一片桃林，供考生休憩。系马桩东侧生出的若干小巷中的两条就叫作大、小桃花巷。那是背靠背的两条巷子，大巷仄仄、小巷宽宽，大巷很短、小巷也不长。

大桃花巷1号原为小洋楼，南昌民间藏书家王咨臣住进后，将其改装为中国风式藏书楼——新风楼，有古籍藏书2万余册，但而今屋内尘埃遍布、满目荒凉。原来与1号背靠背的是小桃花巷的一幢沙墙平屋，小院内有株枝叶繁茂的无花果树，画家黄秋源的中老年时期在此度过。他年少即出名，后却寂寞。他那响遏行云的南昌乡音不仅常常飞出窗口，还常常回荡于干家巷口的茶铺中。20世纪80年代，画家故去多年后，中央美术学院追聘其为该院名誉教授。他没有大肆声张炫耀的开花期，却留下了无价的累累硕果。而今，黄秋源纪念馆已将原先的平房翻盖成三层楼房，大门也改开在了系马桩东侧，于是，画界名流、外国友人或官员的轿车常常来到门前，装饰着系马桩流动的风景，于当代平民喧闹的日常生活中飘溢出昔日深厚的文化意蕴。

干家巷与书院街

将军的府院宅邸，文儒的学府圣地

系马桩西侧生出的干家前巷、干家后巷、三眼井、东书院街等，都是有名的古巷。系马桩与这些古巷的构架，就像一个"非"字。

干家前巷与干家后巷，顾名思义，就是干家大屋的前后巷。干家大屋之大，不仅在江西首屈一指，在全国也很罕见。它占地广阔，无论从哪个方向哪一户的大门进入，都可穿堂出庭、四通八达。虽满目破败杂乱，但屋中有屋、院中有院，从斑驳老旧的鎏金匾还依稀可辨出当年的老戏台、老书屋、听雨轩、望云楼……巷子里的住户多姓干，自称干从濂的后代。干从濂因军功显赫受到乾隆皇帝的奖赏，建造了这幢气势恢宏的干家大屋，据说他曾当过台湾巡抚，回乡时得到皇帝的批准，运回一船船的楠木造屋。这一点从干家巷小学的粗硕的楠木梁柱可以得到印证。

干家大屋的西边还有好些老街巷名曰大校厂、小校厂、校厂东、校厂西等，是当年干从濂的将士操练演兵之所在，但50年代已是菜市场杂货店云集地，城市贫民密密匝匝的板壁房，与练兵场风马牛不相及了。穿过这些湿漉漉、人气混杂的巷子，便是独具特色的六眼井了。井台由一色长条白麻石砌成，六眼相通，六根吊杆上上下下，自天蒙蒙亮至月上柳梢头，担水者络绎不绝。六桶落井、砰然作响，煞是耐听；担水人一路淅淅沥沥，洒湿滋润了多少条巷陌街衢！可惜这一奇观已被填平，空留地名"六眼井"！

以六眼井为界，有象山南路和象山北路。象山南路东、西侧对称巷有东书院街和西书院街。书院街上的书香门第皆庭院深深，少则三进，多则六进，而且府第皆喜以红麻石铺地，如此气派，可能是得志又得意的富贵读书人家。不远处的友竹花园是辫子军张勋复辟未成后所建公馆。1938年1月6日新四军军部也在南昌友竹巷正式成立。有意思的是，江西师大的城里教师宿舍就在西书院街上，仿佛是这方地气深厚文脉的传承，而今，长大成人又有了名气的墨客画家结帮回忆书院街的少年时代，打开尘封的往事，亦搅得风生水起。

只是巍巍然的老屋多已拆毁，只有创建于明代万历年间的豫章书院虽历经"改名换姓"，但仍然以"教书育人"为宗旨，那就是位于东书院街的南昌市第十八中。校方在大门口立一青石匾，上刻"豫章书院遗址"，匾是新的，但名副其实。据载，明清两代曾多次修建，藏书甚丰。清康熙帝曾赐御书"章水文渊"，雍正帝亦曾赐银千两，以示对此书院之厚爱。清末废除科举后，书院在光绪二十八年改为江西省办高等学堂，后又改为江西甲种工业学校。青年时代的方志敏，就从弋阳考入这所学校的机械科学习。新中国成立后，这里曾是南昌大学工学院，又名洪都大学，1962年改成了如今的南昌十八中。

如今，南昌市欲将书院街、系马桩古韵新掘，打造成古城的文化名片，难，也不难。难的是多少老屋早已灰飞烟灭，不难的是，世世代代流泻涌动的书香书韵并未随时光消失得一干二净。每当上学放学时分读书郎的欢声笑语仿佛是一幅幅生命链条环环相扣的光影图像。

中山路

"百花洲"畔的书卷生活，大旅社内的战斗枪声

中山路是南昌老城区最老也最长的一条商业街市。在八一大道尚未辟

出时，解放初期的节日游行就在这条主干道上，舞狮子玩龙灯踩高跷，可并排行走 60 人。它的东端连接八一大道和八一广场，西端是广润门外的抚河。南侧生出皇殿侧、苏圃路、胜利路（得胜路）、铁街、子固路、榕门路，西侧生出羊子巷、三道桥、洗马池（瓦子角）、带子巷、棉花市、翠花街、万寿宫、翘步街。中山路如同一条百脚蜈蚣，以主干的繁华和百脚的密集成为南昌的主要消费区。所谓扯布到"三泰"、百货"广益昌"、吃饭到"新雅"、照相去"鹤记"、买药"黄庆仁栈"、买表修表"亨得利"……这些老字号关联着百姓的日常生活，商家既有本土的，更多的来自五湖四海。遗憾的是，如今除百年老店"黄庆仁栈"越做越大、"亨得利"的钟声还穿越世纪之外，其他的多销声匿迹了。消逝的鹤记照相馆，门面不大，但后院景色独秀，爬山虎满墙、葡萄架青翠、小桥流水、一步一景。江西话剧团的名角李依群、曹凤的玉照都曾放置街面的橱窗内，吸引路人眼球。

如果说鹤记的景观是隐于屋后，那么美丽的东湖则是中山路跃然其上的美。东湖之美在于她的宁静和娇媚。湖中小洲水木清华、百花争妍，名副其实"百花洲"。自唐以来，陆龟蒙、李绅、辛弃疾、汤显祖、蒋士铨等皆有踏访之诗词。更有意思的是，南宋时来了个四川隐士苏云卿，就在洲上以种菜编草鞋度日，当时的宰相几番邀他出洲做官，皆遭坚拒。所以，东湖边的苏圃路有纪念之意。

与东湖西畔一路之隔的是南昌二中。二中原名心远中学，在南昌出生的张恨水，原名心远，是与南昌的瓜葛。二中的名气不仅是每年升学率高，还有这方校园的历史积淀，可追溯到孔子的丑学生澹台灭明（字子羽）。孔子"以貌取人"，不喜欢他，可丑生却"南来友教"，宣传孔子思想，从学弟子达 300 多人，令孔子作了自我批评。澹台灭明的墓就在二中校园里，并不惹人注目，所以一直低调而朴实地存在着。二中还有座砖木结构的"工"字西式小楼，1927 年 8 月 1 日八一起义打响第一枪时，这里是叶挺的指挥部。叶挺的第十一军第二十四师在起义中主攻天主教堂、老贡院、新营房一带。今日，楼前两棵枝繁叶茂的大树，仿佛是历史的见证。

以周恩来为书记的前敌委员会和南昌八一起义的总指挥部，位处中山路西头南侧，现为南昌八一起义纪念馆，门牌号码是 380 号。这幢银灰色坐南朝北的四层楼房建成于 1924 年，是一座中西合璧的回字形建筑，楼内有天井，门窗皆有西洋风格的水泥浮雕以装饰。喜庆礼堂外共有客房96间，每间房每天住宿费为3圆大洋，在当时是南昌城内首屈一指的豪华大旅社。

1927年8月1日凌晨2点至上午的战斗打得激烈漂亮。1949年根据毛泽东的建议中央军委决定在军旗、军徽上以"八一"作为中国人民解放军的标志。8月1日成为中国人民解放军建军节。南昌因此被称为军旗升起的地方。江西大旅社成为八一起义纪念馆，向游客开放。

中山路北端生出的子固路，85号院落中，一幢楼是贺龙、刘伯承、恽代英等的故居，另一幢是起义时二十军军部办公室，门楼上的弹痕至今清晰可见。

中山路，至今也还是南昌古城最主要的一条商业街，鳞次栉比的商店各具特色风貌，几乎密不透风的楼与楼之间不无突兀出现的袖珍花园给你带来的是意外的惊喜：太人性化了。无论昼与夜，这里皆车水马龙、行人摩肩接踵。繁华与宁静，诗意与豪情，一路走下来，该有多少历史的遐想！

青云谱路

八大山人的悲情画墨

余秋雨在《青云谱随想》开篇即言："恕我直言，在我到过的省会中，南昌算是不太好玩的一个。幸好它的郊外还有个青云谱。"其实，青云谱与"好玩"并不搭界，它是一个神秘神奇之地，历史的沧桑与人格的傲然已溶进空气中。

青云谱路就在青云谱区，它们的得名皆缘于一座历史悠久的道院。相传二千五百多年前，周灵王太子晋就在此修道炼丹。晋朝许逊治水时也于此开辟道场，命名为太极观。清顺治十八年（1661），36岁的朱耷，想"觅一个自在场头"，兄弟俩来到此处，见"青高如云"，便更名为"青云圃"。清嘉庆二十年（1815），状元戴均元将"圃"改为"谱"。

20世纪五六十年代，青云谱在一片稻田、菜畦、老树和水塘的包围之中。古树参天，曲径幽回，守护青云谱的道人还是全然的道观装束，梳着高高的发髻，穿着灰蓝的缀满补丁的斜襟长衫，道观内三殿与天井皆光线幽暗,一株据传是唐代的桂树老态龙钟,周恩来总理曾于这株老桂前留影。院子里八大山人和其弟牛石慧的坟冢给人以悲凉和压抑之感。八大山人是朱耷晚年的号,这个明太祖朱元璋第十七子宁献王朱权的后裔,落发为僧,栖隐于青云谱道观,在清苦的生活中寄情于书画。亦僧亦道的生涯,为的是逃避清政府的迫害,然而却从一笔一纸中,这"数百年才得见一二"的天才成就了文化的一大高峰。竖写的署名"八大山人"形似"哭之笑之",是为故国沦亡的悲郁与嘲讽。

如今,青云谱路的路头不远就是八大山人纪念馆。2006 年,青云谱成为全国重点文物保护单位,以八大山人纪念馆为核心修建了梅湖景区。景区自开放以来,得到海内外游客青睐,亦更为本土人所钟情。青山秀水、白墙青瓦、烟树迷蒙、田舍叠翠,相信那缕缕的书香画韵依然散落其间。

八一大道

红土地上的红色记忆

八一大道是在老城墙的地基上开拓出的宽为 60 米的十里长街,被誉为南昌的长安街。它的中心是八一广场,耸立在八一广场的纪念塔是南昌的城徽,叶剑英元帅题写的"八一南昌起义纪念塔"九个鎏金大字、塔顶汉阳造步枪和凝重又飞扬的八一军旗,是历史对今天和未来的无声诉说。广场正对过原本是主席台,供节日游行观光之用。1968 年无声爆破,建起了省展览馆,号称"万岁馆",即"毛泽东思想胜利万岁"之意。当年南昌有很多单位都参加了修建展览馆的义务劳动,高校的教师和学生更是身先士卒,放下书本,铲土挑土。如今,该馆被老百姓称为"新大地",是各种电子产品的销售地,也不定期举办各种展览和促销活动。

大道南边东侧的电信大楼为 50 年代苏联援建的项目,齐楚方正,旧址当是江南会馆一带。大道东边两侧的南昌百货大楼、江西饭店、江西艺术剧院、革命烈士纪念堂都是南昌的标志性建筑。

革命烈士纪念堂建于 1953 年,珍藏着 25 万余革命烈士名册和第二次国内革命战争时期的战斗史迹。纪念堂大门处,一背斗笠打绑腿穿草鞋的红军战士青铜塑像历经岁月风雨,始终岿然不动。

八一大道的西侧与老城区相连。从江西宾馆东经民德路，可深入到东湖东岸的佑民寺和南湖湖心的水观音亭。佑民寺始建于南朝，清嘉庆年间，在后殿铸铜大佛一尊，高一丈六尺，南昌民谚流传："南昌穷是穷，还有三万六千斤铜！"然而，大佛在"文革"中被毁。水观音亭而今为南昌画院独享其秀。它始建于唐代，在明正德年间是宁王朱宸濠的娄妃的梳妆台，万历年间被相国张位修成藏书阁，名曰杏花楼，戏剧家汤显祖曾在此处流连忘返，留下诗篇。

尤值得一说的是，八一大道西侧58号是当年朱德创办的军官教育团旧址所在。这是一座闹中取静的院落，南昌《小说天地》杂志编辑部曾设于此。虽说是清末训练清军的场所，后又为江西陆军讲武堂，但武地文风，园林花木、曲径通幽，很是雅致。大约因为原有操场，1927年春，朱德在这里创办军官教育团并亲任团长，培训了一批革命武装干部，在"八一"南昌起义时起到了骨干作用。

八一大道，红旗飘飘，是南昌的骄傲、江西的自豪。

红色、古色，已渗进这里每一寸土地。

(《城市地理》2009年第1期)

热闹深邃处的荒凉

——试析女作家笔下的婚俗描写

"冬天是结婚的季节。"

"元旦那天,武汉三镇仿佛家家都在举行婚礼。黄昏时分是迎娶的高峰时刻,长江大桥被许许多多迎亲队伍堵塞交通达四十分钟之久。"

"目前武汉市最流行最时髦的迎亲交通工具是'麻木的士':即好酒的汉子们踩的人力三轮车。小轿车曾流行过一阵,但很快被'麻木的士'所淘汰,因为小轿车显不出结婚内容的豪华。武汉人就喜欢显。"

"赵胜天迎亲雇用了二十辆'麻木的士'。六辆坐人;十四辆拉结婚用品。头天晚上穿小巷把东西运到李小兰家;元旦这天下午从李小兰家大张旗鼓接出来。冰箱彩电录像机音响全自动洗衣机,不锈钢厨房用品,抽油烟机,高级缎面绣花被八床摞成一座小山包。还有一支竹竿高高地挑着煤气户口卡。二十辆'麻木的士',披红挂彩,花团锦簇……"

女小说家池莉的《太阳出世》,开篇那么浓墨重彩为我们描摹了一幅当代都市婚俗图:五光十色,热闹喧嚣,既古老又鲜活,既浮躁又欢腾,展览着富贵锦绣,更宣泄出浅薄庸俗,可人们就喜欢显,就爱这般"活受罪"!因为结婚终归是人生的一件大事,尤其是在"加冠礼""笄礼"这男女成年仪礼早已消逝的汉族婚礼,便备受个人、家庭乃至社会的高度重视了。况且,婚俗本是沿袭性较强的民俗事项,虽几经改革,寻着时机便会将古俗今风糅杂一块轰轰烈烈有声有色铺陈一番,似乎这样才向世间宣告这对男女的成熟,该承担起家族和人类延续的天职了吧。

不管怎么说,赵胜天和李小兰这一对小夫妻是由此揭开了人生的真正序幕,继而演出一幕幕混杂甜酸苦辣的人间喜剧。

这大红大紫紧锣密鼓的20世纪90年代第一春的婚礼开篇,却让我的眼前浮现60年前旧中国宁波城的婚俗图——半个世纪前的女小说家苏青写的长篇小说《结婚十年》,卷首即为"新旧合璧的婚礼",不过除了教堂中新郎新娘的三鞠躬谓之"新"外,女小说家舒缓展现的全是旧婚俗烦琐热闹的礼仪,因描摹的视点出自一个懵懂又依稀觉醒的新娘,那婚俗竟是热闹又荒凉,神秘又沉重,俗中有典,引人入胜又发人深省了。

"坐花轿是我乡女儿的特权,据说从前宋康王渡江以来,就逃到我乡某处地方,金兀术追了过来,康王急了,向路旁一个姑娘求救……后来康王即位,便是高宗,想报此恩,可是找不到这位救他的姑娘,于是便降旨说凡N府姑娘出嫁,均得乘坐花轿。"

那么,女子出嫁坐花轿,是表彰女子不畏艰险助人为乐之品格的吗?非也。

"只有处女出嫁,才可坐花轿,寡妇再醮便只可坐彩轿,不许再坐花轿。若有姑娘嫁前不贞,在出嫁时冒充处女而坐了花轿,据说轿神便要降灾,到轿时那位姑娘便气绝身死了。"

婚俗中的花轿,哪里是女子出嫁的尊贵和骄傲?却原来是验证女子贞操的窥测器,是囚禁女子心身的桎梏呢。而那轿神,据传本是个反抗女神——为了抗拒恶霸抢亲而吊死在轿中的女子,后来皇帝加封她为轿神后,她却不再与男性强权抗争,掉转头来专门检查女子贞节,成了一名狰狞的女子判官!漆黑的花轿空间,分明是女性人格丧失殆尽的牢笼,而且坐在轿中还绝对不能动,否则动一次便须改嫁一次,动,就是不安分的征兆吧。

女小说家的笔下还描摹了新娘由弟弟抱着上轿,该呜呜地哭不愿上轿,还得由弟弟推进去的"类哭嫁"场面;描摹了洞房花烛夜的酒席和闹房,谓之"越闹越发,不闹不发";描摹了新婚第三天新娘在众目睽睽之中的"下厨房"。哪怕并不亲手做饭菜,也得掀开锅盖,手拿镂铲搅动几下,女人呀,读了书又怎样呢?"入厨房"大礼万万不能少,女人可不能忘记自己的身份和天职呵!

新娘苏怀青在这喧哗与骚动的热闹中,感受到的只有女性人格失落的茫茫的荒凉!父权制形成了!"母权制的颠覆,乃是女性遭受的具有全世界的历史意义的失败。"婚俗面面观中,无一不是失败的标志和痕迹,女性作为人的形象已消失,女人在缤纷杂呈的婚俗中接受种种明明暗暗实实虚虚的检验指正,从而纳入社会为女人设计制作的分外牢固又精致的规范化框架!

自然,90年代的新娘李小兰绝对没有30年代新娘的压抑又荒凉的心态,也不会去追溯热闹婚俗遥遥始端中的女性失落与女性禁忌,高中毕业参加了工作的李小兰是潇洒的开放型,也是现实的:婚礼办得尽量豪华,但迎亲从大街上绕道游行的方式就不必随俗了。无奈拗不过婚礼的"总编导"——发了财的赵家大哥,尽管多少有些不快,但反正不要他们掏钱,不游白不游行。时代毕竟不同了,李小兰们虽仍在世俗和平庸的包围之中,但已没有太深沉的女性重负。

然而,无论是父母之命媒妁之言的结婚,还是自由恋爱的结婚,都无法回避繁衍后代的存在。《太阳出世》和《结婚十年》中的新娘都为突如其来、始料未及的怀孕而震惊!她们并不想在少女时代刚一结束就做起当母亲的梦!没有迂回曲折就直奔主题的梦并不美。

60年前的苏怀青因为怀孕,只得中断她的大学学业,只得折断她刚刚绽开的罗曼之花,她得回老路,回到婆家,她不能摆脱那早与堂寡嫂有暧昧之情的丈夫,这是女人的悲哀。

90年代的李小兰呢,还兴致勃勃等飞机去重庆旅游,指望又看山又逛城又有麻辣火锅吃,他们得好好享受两年新婚生活后再要孩子,可是孩子却迫不及待地来了!烦恼了,彻夜不眠了,上了"人流室"了,而当冰冷的窥阴器伸入她的体内,当大夫摸着她的宫颈时说出:"女人总归要过这一关的",她突然辛酸又顿悟:真正的女人都得经过这一关。无论是谁,全人类都一样。因为新生命从你这儿诞生,太阳从你这儿升起。母性苏醒了、觉悟了。

如果说,苏怀青是被动接受命运的安排,那么,李小兰是主动地迎接命运的挑战。如果说,相隔60年,两个女性经历了第一次做母亲的不同的痛苦和憧憬;那么,相隔60年,两个女性的婆家家族却有着相同的祈子的虔诚又迫切的愿望!

苏怀青处于一个新旧文明杂糅交错的畸形社会。她的公家将生孙与承德连在一起,谓之:"我生平不曾做过缺德的事,如今怀青有了喜,养下来的要真是个小子,我想他名字就叫做承德如何?"这等迂腐却又刻薄,如若生不出儿子,岂非怀青缺德?!怀青的婆母则运用民俗相肚:"怀青一定养男孩,因为她的肚子完全凸出在前面,头是尖的,腰围没有粗,身子在后面看起来一些也不像大肚子!"并津津有味断定:"我知道她准是养小子！小子撑肚脐眼，丫头只摸腰，沿着娘腰痒痒的摸来摸去。"小姑呢，则对她充溢着忌恨："生了儿，就是生了皇帝，哥哥成了太上皇，嫂子岂不成了皇太后！"徐家对她的肚皮满怀厚望，因为徐家只有徐崇贤这么一根苗，不孝有三，无后为大啊。

90年代现代文明都市的赵胜天家，竟也在李小兰的肚皮押下了最后的赌注！发了财的赵家大哥已定居深圳，请一个相当有名的澳门算命先生为赵家算了命，他本人是财路子路不可两全，财路断了子路。老二老三老四也都是命中无子。但赵家香火不会断，"万亩地里总会有一棵苗"。这不是应在老幺身上是什么？李小兰的肚皮当为"万亩地里一棵苗"的出处，而且眼看赵小兰肚皮尖尖地拱起，像个生男孩的形状，于是，财大气粗的大哥许愿给一万元的营养费，婆母则说生了男孙她这辈子就算和牌了！四嫂则阴阳怪气嫉妒不已。

希望愈大，失望愈深。

瓜熟蒂落。生孩子的女人却是横躺在地狱与人间的门槛上的。分娩前的苏怀青和李小兰都经历了先破羊水的恐慌，经历了短暂又漫长的煎熬，经历了新生命撞开地狱之门的撕心裂肺的剧痛，在呻吟与呐喊中，在汗水和血污中，天地归于平寂了，她与她生下的偏偏都是女儿！

"一个哑爆竹！""好吧，先开花，后结子！"60年前的人们这样嘲弄着调侃着。苏怀青的婆母借口产妇的房是"红房"，信佛的人不愿踏进去，进了下世有罪过，因而义正词严地不正眼看一眼儿媳妇和孙女！

60年后的赵家老太婆大失所望后，竟一屁股坐在妇产科门口的楼梯上，两只手背不停地抹泪。

怀青婆母和赵家老太婆大概都忘却了自己的悲剧性别！事实是：60年的变迁，要将几千年根深蒂固的世俗观念彻底改变，又谈何容易！

"满月"是世俗人们看重的习俗。

60年前苏怀青女儿的满月酒倒是热热闹闹的。曾在女儿临盆前拣个大吉大利日子来替女儿"催生"，抬来两杠花团锦簇婴儿用的东西的外婆，又送来了满月礼：僧领小袄120件，各式跳舞衣120件，老虎头鞋十双，还有长寿面，象征贵的桂圆，象征命的白糖。然而等到香烛点好，黄大妈说："少奶奶你抱娃娃来作揖吧。"婆母马上就拦阻道："她祖父关照过，女孩子用不着拜菩萨，等明年养了弟弟多磕几个头吧。"

这是怎样的"弄瓦之喜"？！

热闹中的荒凉！依旧是女人不是人！漫漫几千年，女性湮没于历史地表下。

时代却毕竟是前行的。60年前的苏怀青独自饮着养女儿的苦酒，痛苦的分娩中，"贤像没事似的，一切男人到了紧要关头自己都像没事似的让痛苦和危险留给女人单独去尝了"。而赵胜天在守候妻子生产的一夜中，竟几次想闯进去帮帮妻子！苏怀青和丈夫贤尽管物质上不用忧烦，精神上却零零碎碎磨伤了感情；李小兰和丈夫赵胜天却偏偏在琐琐屑屑的不无烦恼的生活中肩并肩地成熟起来。苏怀青在热闹的满月仪礼中吞咽着屈辱和痛苦，李小兰和赵胜天却在兴做满月摆酒治席的武汉，硬是没做满月，只是一家三口在公园玩了半天，给女儿朝阳照了一卷彩照，后来双方家长都有意见，但他们学会我行我素过日子，潇洒地挣出平庸与世俗的包围。孤独的苏怀青在不知不觉中扭曲了女性的人格和行为："我不知该怎样对待自己的丈夫才好？想讨好他吧，又怕有孩子；想不讨好他吧，又怕给别人讨好了去。"这样的逻辑思维怎样的不可思议，可又分明是那一代女性痛苦又大胆的内心独白。李小兰却不孤独，女人的价值得到男人的认同，丈夫认识到：女人真不容易，人类诞生真是不容易啊！这个老而又老的人性之谜，在李小兰赵胜天这对小夫妻中轻而易举解开。

《结婚十年》的结局是悲剧，夫妻的情分绝了，女人的梦醒了，身患肺病的怀青冷静地与丈夫离了婚，心中只弥漫一片宗教的虔诚。《太阳出世》的结局是喜剧，一个生机勃勃的三口之家如朝阳东升。

《结婚十年》在出版后短短时间内，竟行销十数版；《太阳出世》发表后则引起强烈反响，大概两位女小说家都取世俗凡人的微观展示，都着力描写"处于常态的感情，灵魂和理智的发展"（左拉《论小说》）吧。而且不论是有意者还是无意者，那笔下浓浓淡淡的民俗描写，将小说与生活沟通，引起读者强烈的共鸣。

张爱玲曾这样写道："一间中国风格的房，雪白的粉墙，金漆桌椅，大红椅垫，桌上放着豆绿糯米瓷的茶碗，堆得高高的一盆糕，每一只上面点个胭脂点"，用来形容苏青在《结婚十年》中的民俗描写，太形象了。正是这位女小说家娓娓道来的婚俗、生子习俗，"唤醒了往古来今无所不在的妻性母性的回忆，个个人都熟悉，而容易忽略的，实在是伟大的。她就是'女人'，'女人'就是她"（张爱玲《我看苏青》）。

池莉对城市民俗的描摹却像是无意识地随手拈来，铺陈时浓墨重彩，浓缩处只言片语，貌似或热热闹闹或冷冷清清的点缀，可静静思来，却实在是不可少之笔，蕴含着深刻丰富的内涵。如若没有开篇热闹非凡——充溢喧哗与骚动的婚俗图，何以衬出结尾过周岁"移风易俗"的升华？如若没有算命相肚等陋俗的铺垫，何以衬出李小兰生下女儿遭受的种种冷遇和重重困难？

关键的关键，《太阳出世》中出世的太阳赵朝阳是女孩，而不是儿子！如若是儿子，岂不皆大欢喜？女小说家也就编不成小说了，婆婆"这一辈子就算和牌了"，会贴心贴意为这"万亩田里一株苗""死而后已"；大伯子会从深圳给以强大的经济支援，兑现一万元营养费；赵胜天得子——赵家有了小皇帝，赵胜天自是太上皇，李小兰自是皇太后。于是不会有无人伺候的坐月子，不会有从打包换尿布做起的磨炼，不会有上医院上户口上粮油旅行四万里绕地球半个圈的折腾，不会有请保姆的窘迫，不会有咬紧牙关买 27.86 元一听仅 450 克的英国"能恩"奶粉的"壮举"，不会有简化的满月，不会有别开生面的周岁！

周岁，亦是重要的诞生仪礼之一，朝阳的周岁，却没有"抓周"，没有设宴摆酒大请亲族，这对年轻的父母只是与新结识的几位朋友，还有他们的周岁女儿，做了一次热闹的联欢会聚会。

"送走客人后，香和李小兰收拾满地狼藉，赵胜天准备到房间写作业。……

"李小兰说：'今天真累，但也很有意思。'

"赵胜天点头表示同意，将搭在女儿眼皮上的一绺头发抹抹开，笑了笑，做作业去了。"

这是一个宁和向上的结尾。

新婚第一天就在斗殴中打落一颗门牙的赵胜天不到一年，在新生命成长的磨炼中，他迈进了充实向上的人生境界；在厂里有了自己的攻关项目，又考上了成人大学，在女儿一天不同一天的成长中，赵胜天也天天向上。

女人呢？李小兰呢？她也在变，在磨炼中意志变得顽强，胸怀得到拓宽，变得宽容理解充满了爱心，无论是对那薄待她的婆母，还是"抢"了她位置的同事。她结识了有知识的女友，她懂得了《天鹅湖》，"以后她要好好抚养女儿，好好对待丈夫，好好治理这个家，好好看点书学点知识"，成为那种"腹有诗书气自华"韵味的女性！这是她的变。从一个 16

岁就开始谈恋爱,夏天敢穿比基尼在东湖大摇大摆的潇洒憨妮,变为一个平实的过日子的女性,憧憬着"相夫教女"的天伦之乐,她的"升华"与赵胜天的"升华"实在不能"合二为一"!

在热闹的深邃处还有一种苍凉!女小说家是有意无意掩饰了这份苍凉?还是将这份苍凉融会进太阳出世撼人心魄的一瞬间?

巴尔扎克说过:"不论处境如何,女人的痛苦总比男人多,而且程度更深……感受,爱,受苦,牺牲,永远是女人生命中应有的文章。"

女性意识的张扬、女性价值的寻觅,女性的解放肯定是一个艰难的漫长的历史进程,五千年的父系文化不可能在短短几十年就彻底改变。女小说家的理智与情感,既是对现实的认同,也是一种超越吧。

女小说家在开篇的热闹的婚俗事象中,描绘了女主人公李小兰,还隐匿了女主人公身体内小女婴朝阳的胚胎!60年前热闹中的荒凉已消逝,但热闹深邃处折射出清晰的苍凉,那应是:女人呵,你的名字究竟是什么?

(《文艺理论家》1992年第2期)

张爱玲婚恋观探析

——或许是为民间文化折腰？

每个人和自己的心，都有一定的距离。

张爱玲和张爱玲的心距离最远。

作为中国现代文学史上著名的作家，张爱玲曾悲凉地感悟：人世间没有爱。家里对她是没有恩情可言的，外面男子的爱呢？从《金锁记》中的姜季泽到《倾城之恋》中的范柳原，从《红玫瑰与白玫瑰》中的佟振保到《十八春》中的沈世钧，无论遗少洋少，不分旧式还是新派的知识男性，张爱玲的笔端烙刻着对他们深深的失望。可偏偏就是这个张爱玲，却执拗又盲目地坠入情网，她与胡兰成大火大水般的爱恋不顾一切不可思议！一个是冰清玉洁的贵族后代大家闺秀，一个是山地农家的叛逆儿子；一个是情窦乍开的生命初恋，一个是有名无名八次婚恋的插曲而已；旷世才女与文化汉奸是怎样缘起情生又绝情灭缘的？虽有多少恨，却仍有不了情，漫漫半世纪。张爱玲是彻悟还是混沌？谁理得清呢？

张爱玲有篇不足四百字的短文《爱》，写的是一个历经沧桑的老女人，总也忘不了十五六岁时，在后门口的桃树旁，对门的年轻人轻轻地说了一声："噢，你也在这里吗？"那是个春天的晚上。

这是真的。这是胡兰成过继给俞家的庶母的真事。只不过后门口是杏树，不是桃树。胡兰成大概故意要说成桃树——这是他的本命树。

张爱玲不过是实录，是备忘？是感悟？

"于千万人之中遇见你所要遇见的人，于千万年之中，时间的无涯的荒野里，没有早一步，也没有晚一步，刚巧赶上了，那也没有别的话可说，惟有轻轻地问一声：'噢，你也在这里吗？'"

张爱玲认缘。

如果胡兰成在南京石婆婆巷没有读到她的《封锁》，如果他不急急到上海静安寺路她的公寓拜访她，如果他被拒之门外不再往里塞字条，如果她看了字条后仍置之不理不去回访他，那么，绝没有这段孽缘或称之为奇缘的。一切似乎命中注定，用张爱玲喜欢的话来说："生命也是这样的罢——它有它的图案，我们惟有临摹。"

但是，老年的张爱玲说：爱，就不问值得不值得。却似乎没说过：爱你没商量。透过尘缘的迷蒙，从她与他反差颇大的文化底蕴、家族身世进行剖析，可否寻出点什么呢？

张爱玲是有煊赫可讲的家世的。曾外祖父是清朝重臣李鸿章，祖父是清流派中著名人物张佩纶，祖母也上了《孽海花》。父亲可以说是时代急剧变迁中遗老遗少的缩影，但也是中西文化中畸形媾和的怪胎；母亲和姑姑，可以算是大老中国最早走向海外的女性吧，足迹遍布法国、英国、尼罗河畔古埃及以及东欧诸国，学国画学音乐，却并没有什么明确的目标，留学在她们也许是时髦的浪漫，但毕竟是叛逆的寻觅呢。张爱玲就出生在这样一个日趋破败的阀阅世家。她于不知不觉间濡染了中国士大夫乐感文化的历史遗留，同时又烙上了时代浓重的末世情调，况且她是一个绝顶聪明的天才女！

她站在嗯喇喇大厦已倾的废墟上，但柱础阶砌的硕大、花饰雕琢的精细，当年的华贵气派仍依稀可辨；她眼见的是已成废丝烂草的绫罗绸缎，可更让那数不清的罗悲绮恨流泻心田！显赫森严、华美绮靡已成昨日的梦，但她赖以生存的仍是中国贵族的文化，所以有人说，她是晚清的中国士大夫文化式微与没落之后的最后一个传人。

是的，她的《金锁记》中繁华与没落的交替、礼教与沉沦的杂交、大户与小户的联姻、金钱与情欲的撕掳、同舟共济与飞鸟各投林的抉择……凸显的是这种文化的底蕴。这一切，行云流水般倾注于她的笔下，因为所写的都是不必去想的，永远在那里，是她下意识的一部分背景。只要一写到"唱歌走了板，跟不上生命的胡琴"的贵族之家，张爱玲就如《长恨歌》中的琵琶女，"转轴拨弦三两声，未成曲调先有情"，"低眉信手续续弹，说尽心中无限事"。《倾城之恋》中的白公馆里，青砖地、刻着绿泥款式的紫檀匣子书箱、早坏了机梏停了多年的珐琅自鸣钟、咿咿呀呀拉着的胡琴……无不透出繁华过后的苍凉。《创世纪》中三代同堂的戚紫薇的家，无处不见一个没落的贵族之家过去的现在的琐琐屑屑的碎片；

相府的繁华、花园里的洋楼、大红钿金花的"汤杯"、红木家具、朱漆描金的箱笼、箱笼里的"陪嫁"、灰鼠、灰背、银鼠、貂皮袍子、猞猁女袄……偌大的家要靠紫薇当年的妆奁来维持了！到得1966年，已居美国的张爱玲推出长篇小说《怨女》，写的仍是最后的贵族之家。比之《金锁记》，拓宽了时代背景，所展现的封建贵族之家的礼仪、习俗、服饰、器物、禁忌等，仍宛若舒缓地展开一轴年深月久仍显绮丽迷离的工笔长卷画，那众多的几代人物、盘根错节的纠葛关系，实是中国历史巨变的一页一隅最后的贵族之家的实录。张爱玲，还是那个张爱玲，只要一回到她的旧世界旧家庭，就有着"女娲炼石补天处，石破天惊逗秋雨"的神奇魅力。

然而，熟稔不等于沉湎，流连也并不全是爱恋。这里，是有着朱红洒金的辉煌的背景，但那一点一点的淡金，是一代一代人的原本明亮后来却给磨钝了的怯怯的眼睛呵！所以张爱玲会借白流苏的嘴说："这屋子里可住不得了！……住不得了！"

1944年春，张爱玲上大西路美丽园胡兰成家回拜他，两人第一次见面，竟一谈5小时！以后只要他回上海，便频频去到静安寺路赫德路口公寓六楼张爱玲处，两人似有说不完的话。

究竟是什么使张爱玲痴迷上这个投身汪伪政权、长她15岁且又有妻室的男人呢？

有人说，张爱玲是超凡脱俗的，她的爱是不问政治的。可不问政治并不等于政治幼稚，"宦海险恶"怕是张爱玲的家庭心理积淀吧。张爱玲也不至于不食人间烟火，善恶是非之分绝对有的。只是此时的胡兰成，因文章获罪下狱过，张爱玲与苏青还去周佛海家求过情。出狱后的胡兰成会有落魄文人的不平，而张爱玲夸大了他与其他汉奸文人的区别而已。但同情也不是爱情。

有人说，张爱玲爱上了胡兰成，是知己感，因胡兰成懂得并崇拜张爱玲的文章，但是，张爱玲偏偏认为：女人要崇拜才快乐，男人要被崇拜才快乐。她送给他的照片，背后题字便是："见了他，她变得很低很低，低到尘埃里，但她心里是欢喜的，从尘埃里开出花来。"

有人说，胡兰成扎实的国学功底吸引了张爱玲。胡兰成自知英文远不如张爱玲，就以古书向她逞能，但是他承认，在她面前，他如生手拉胡琴般吃力，他比斗不过这个聪明如水晶心肝玻璃人儿的天才女。

我以为，是养育滋润胡兰成的民间文化，让张爱玲稀罕、喜欢、眩惑！这源远流长又永恒新鲜清新的民间文化，走出山地的胡兰成几乎要把它丢掷，是张爱玲的赞叹，方给他调弦正柱。作为汉奸，他的灵魂早已死去，作为文人，他的文章可取也只有这生他养他的民间文化。

他曾是个朴拙的山里仔，母亲抱着牙牙学语的他在檐下看星星："一颗星，葛伦登，两颗星，嫁油瓶，好炒豆，豆花香，嫁辣酱……"，山里小哥小妹坐在门槛上唱："山里山，湾里湾，萝卜菜籽结牡丹。"望着燕子窠唱："不借你家盐，不借你家醋，只借你家高楼大屋住！"小孩笑大姑娘："大姑娘，奶头长，晾竿头里乘风凉，一蓬风，吹到海中间撑船头"，"油菜开花黄如金，萝卜籽开花白如银，罗汉豆开花黑良心，黑良心就是你大哥"。民歌民谣是这样的粗野又清新。

张爱玲稀罕。浸润着华贵高雅但也沉重腐朽的贵族文化的她，稀罕这原汁原汤的民间文化，野山田埂的小花啊。她的山乡情结是朦胧的。张家的产业，李家的、黄家的陪嫁，大概有原籍的田产，京城的地、天津上海等处的房子？到了张爱玲记事时，家庭早衰败了，她记得的是安徽那富有哲学味的诗意的无为州有她家的田产，此外就是姑姑想吃的"粘粘转"——从前田上来人带来的还没熟的青色麦粒，还有她亲口吃过的暗黄的有谷香的大麦面子而已。

荒瘠的新昌嵊县山地，是胡兰成的故乡。那里仍有着纷繁的民俗事象铺陈：正月灯，二月鹞，三月上坟看姣姣，清明时节做菁饺。这期间，蚕结茧了，采茶炒茶的热闹又搅腾着山村。到了端午，庭前熏黄经草，门上挂菖蒲，一人呷一口雄黄酒，脑门上让大人蘸酒写个"王"字，最爱看的戏文是《白蛇传》。而七月初七乞巧夜，方是女儿家的好日子，扎耳孔，陈设瓜果敬双星，悄悄在暗处穿针引线，你就算巧儿了。……

张爱玲喜欢。这是人生的素朴的底子，是人生安稳的一面。像他们共写的婚书，张爱玲写："胡兰成张爱玲签订终身，结为夫妇"，胡兰成接写："愿使岁月静好，现世安稳。"她希冀的便是这"岁月静好，现世安稳"。而诞生张爱玲的深深的庭院，却没有这种稳妥素朴。空房里晒着太阳，已经成为古代的太阳了。冥冥中常响起苍老又急切的催促声：快，快，迟了来不及了，来不及了！5岁那年在天津老家时，初一的早上，她醒来时鞭炮已放过了。阿妈强替她穿上新鞋的时候，她还是哭——穿上新鞋也赶不上了！5岁的女孩却像历经了苍凉人生，如同匆忙得什么也没抓住的老人在悲号！没落的贵族之家的张爱玲，人生的晚景的确很早很早就降临了。

《私语》《童言无忌》《必也正名乎》《存稿》《天才梦》，以赤裸裸的真实，袒露着张爱玲的家和她的童少年，有美也有丑，有爱也有憎，可怖的是爱在一寸寸的磨损中毁灭了。她的童年的爱是残缺不全的，她的少年的境况是黯淡凄凉的，不是因为穷，而是没有爱！16岁的花季，她却被暴戾的父亲囚禁在空屋里，几星期内她老了几年，楼板上的蓝色的月光，潜伏着静静的杀机——她会癫狂，她会死去。她终于逃出去了，逃进了母亲的世界。然而，很快她就发现，原来辽远而神秘的母亲并不是光明、美和艺术女神的象征，原来她一直用一种罗曼蒂克的感情来爱着母亲的！当钱的窘境困惑着母女时，爱也就一点点地毁了。17岁的她，在母亲公寓的屋顶阳台上转来转去，仰脸烈日，像是赤裸裸站在天底下的裁判者！张爱玲的笔，直通人性的里层，还原了人性的真实本性。《花凋》中的郑川嫦，在无爱中默默死去，她的墓碑上却刻着肉麻的爱的话语；《茉莉香片》中的聂传庆，在家的囚笼中只剩下被压抑被扭曲的变态的灵魂；《倾城之恋》中的白流苏住在娘家遭受的是白眼冷遇和忌恨；更不用说《金锁记》《怨女》中，大家族里人性的自私、残忍和变态了，为了金钱的欲望，撕掳、仇恨、倾轧，而种种丑闻却是他们这小天地的唯一的血液循环！窒息于这样的空间，怎能不喊出：人世间没有爱。

胡兰成的山地之家却于荒瘠贫穷中荡出至爱亲情。收购茶叶为生的父亲和普通农妇的母亲，一生无事故，平平淡淡过到老。家中穷困到常为下锅之米而焦虑，胡父对人说："早晨在床上听见内人烧早饭，升箩刮着米桶底轧砾砾一声，睡着的人亦会惊醒！"来了客人，母亲常叫少年胡兰成走后门悄悄向邻家借米来款待。有时没米下锅，傍晚才借到谷子，他就懂事地不回家，带着弟弟去溪边田头耍。可是母亲来寻他们，喊他们去吃饭——留作种子的蚕豆给煮了！母亲坐在高凳上看着他们吃，脸上带着歉意的笑，却很安详……

这是怎样的天伦之乐！贫穷苦难中母爱亲情蚀骨铭心，张爱玲怎能不为之怦然心碎？

以致十年后，张爱玲在香港写作长篇小说《秧歌》时，仍将这些细节原封不动地"嫁接"进去，勺子刮到缸底的小小的刺耳的声音——一种彻骨的辛酸，母亲叫唤儿子回来吃饭——把留作种子的一点豆子煮了出来，母亲微笑着看着他们吃……当然，遗憾的是张爱玲竟然偷换了时代。但是，张爱玲对民间穷人家的至爱亲情的感受却更是锥心难忘的。她以为这种真实的爱也当属于山地儿子吧，她以为抓住了真实的爱，这时代却在影子似地沉没下去。

她错了。老年的张爱玲说："恋爱的定义之一，我想是夸张一个异性与其他一切异性的分别。"又说："缺少紧张悬疑、憧憬与神秘感，就不是恋爱。"那么，恋爱中的年轻的张爱玲，是用罗曼蒂克的感情来爱着胡兰成的，她盲目地夸张与美化了他的爱，并且混淆了他和山地人家民间文化吧？

胡兰成对山地对亲人的怀恋却不无矫情。小时候，他常痴痴站在故乡的桥畔，梦想着山外的大世界。13岁时他走出了山地，走南闯北，却并无所获。26岁回到家乡，发妻病故，四处借钱遭受种种屈辱方将妻下葬，自此，认定人间无情，无论怎样天崩地裂的灾难，与人世的割恩断爱，他都无一滴泪可流了。他不择手段个人奋斗，最终不惜出卖灵魂，成为汪伪政权中的一员。他抛却了山地的贫穷荒瘠，同时也彻底抛却了山地的质朴和挚爱。

张爱玲爱上了一个不应该爱的人。

抗日战争胜利后，高级文化汉奸胡兰成被通缉，他亡命于江浙一带小镇山村，改名换姓，惶惶不可终日中，竟又与中学同窗的小娘结为夫妻！而这之前，即他与张爱玲热恋新婚时，就与武汉的小护士有了乱世之恋。张爱玲却在1946年的初春，痴情地走上了寻夫路，她走在歧路上，也多亏了这歧路，终于让她看清了他，或者说，终于让她清醒——她原本并不懂得他。他早已不再拥有山地的质朴、新鲜和挚爱。

在温州的20天，张爱玲曾经决绝地要他做出选择，但倒不如说她在要自己作出抉择，她笔直地看通了他，他的没有了灵魂的躯壳里填充的是封建的腐朽和糟粕，他并不比她笔下那些嫖妓嗜赌宠妾灭妻的遗老遗少好！仿佛是命运的安排，1947年1月，胡兰成悄悄来到上海张爱玲处，仅留一宿，却将这一切做了淋漓尽致的表演。他斥责她上回去寻他时借宿友人家不懂规矩不分上下，诸如用自己的脸盆洗脚之类，张爱玲惊愕了，纵使相逢应不识。他还不忘得意地展览他的"华丽缘"。他像是古老祠堂中的族长，声色严厉地审判犯了族规的女人；他要做她的天，让她在一个多妻主义的丈夫面前，愉快地遵行一夫一妻主义。她不要。1947年9月，张爱玲寄给胡兰成一封决绝信,将这段错爱,决然地画上了句号。

张爱玲终于从错爱的迷宫走了出来。她和普通女人一样,灵魂中有对男子的渴慕、依恋乃至顺从,这是她的女人味,也是她的弱者形象,但张爱玲却又和普通女人不一样,灵魂中更多更深的是对男人世界的审视乃至俯视,这是张爱玲之为张爱玲的独立不群的女性强者形象。

1956年盛夏8月,35岁的张爱玲在美国嫁给了比她大30岁的赖雅先生,这是一个高尚又智慧的老人,共同的文学事业当使他们情趣相投。在异国他乡,孤独无助的张爱玲寻觅到精神的家园。但是,无论是他还是她,怎么说都进入了第二个生命。在赖雅,是大自然的规律,在她,是过早地历尽苍凉人生中太多的坎坷传奇,她对胡兰成说过:"我想过,我倘使不得不离开你,亦不致寻短见,亦不能再爱别人,我将只是萎谢。"她说的是真话。

张爱玲曾在《留情》开篇写道:"他们家十月里就生了火。小小的一个火盆,雪白的灰里窝着红炭。炭起初是树木,后来死了,现在,身子里通过红隐隐的火,又活过来,然而,活着,就快成灰了。它第一个生命是青绿色的,第二个暗红的。"

当然,炭火到最后,"把炭基子戳戳碎,可以有非常温暖的一刹那,炭屑发出很大的热气,星星红火,散布在高高下下的灰堆里,像山城的元夜,放的烟火,不由得使人想起唐宋的灯市的记载"。但是,那毕竟是短暂的最后的辉煌。张爱玲40岁时,赖雅中风,张爱玲46岁时,成了寡妇。经历了爱的萎谢、情的埋葬。

张爱玲封闭的内心世界,拥有的是孤独。年轻时的她说过:如果有这么一天我获得了信仰,大约信的就是奥涅尔《大神勃朗》一剧中的地母娘娘。地母安慰垂死者:"你睡着了之后,我来替你盖被。"土地是温暖的。太阳又要出来了。出来审判活人与死人么?不要公平的审判。要爱。只有爱。

那么,张爱玲获得了信仰不?

应该说,张爱玲早早地就获得了信仰。她悲凉地感悟:人世间没有爱。但她对人世间宽容留情。她的笔端常常写雨,她喜欢雨。《金锁记》中,长安和世舫在公园里遇着了雨,隔着半透明的蓝绸伞,千万粒雨珠闪着光,像一天的星。汽车在夜中驰过,红灯、绿灯、窗子外盈盈飞着一颗红的星,又是一颗绿的星——陪衬着曹七巧女儿的最初也是最后的爱。

《倾城之恋》中，那粉红地的伞撑开着，石绿的荷叶图案，水珠一滴滴从筋纹上滑下来——也是流苏与柳原恋爱的陪衬。《年青的时候》中，沁西亚的婚礼在似雾非雾的牛毛雨天举行，这是年轻人失恋的忧伤的雨。而《心经》中的雨可是火炽的雨！大点大点赛飑，落在腿上的雨！雨中追着搂着小寒的仍是她的母亲……喜欢不等于快乐。喜欢也包括痛苦。张爱玲爱雨，朗费罗说：没有雨，大地将化成一片荒漠；没有痛苦，人类的心会变得寂寞无情吧？

　　胡兰成的《评张爱玲》，开篇即是："张爱玲先生的散文与小说，如果拿颜色来比方，则其明亮的一面是银紫色的，其阴暗的一面是月下的青灰色。"

　　又说："她所寻觅的是，在世界上有一点顶红顶红的红色，或者是一点顶黑顶黑的黑色，作为她的皈依。"

　　而他，就是张爱玲生命中无法抹去的一抹阴暗的青灰色，是她寻觅到的一点顶黑顶黑的黑色。

（《江西社会科学》1996年第4期）

当代女性文学热点透视

摘　要　当代女性文学已经成为当代中国文学中的一个不容忽视的坚实的文化存在，但同时也是一个虽然美丽却又斑驳繁复的文化探险领域。在一个强大的父权审美机制下，进行写作的文学女性保持着自身独异的精神气质和哲理思辨意识，以女性敏感而幽闭的心灵在"沉默"中顽强叩击"世界"与"历史"的真相，以"清丽而越轨"的笔致书写出属于"女性"独有的身后那段被男权文化驱逐压抑着的历史处境和现实的生存困境。穿越女性文学异彩纷呈的外部表象，诸如"私人化写作""审丑意识""文化建构""姐妹情谊""母女关系"等等，思索考察作为当代一种重要的文化现象存在的女性书写行为，将会发掘出一个具有新的知识增长点的学术领域。

关键词　女性文学　私人化写作　审丑意识　文化建构　姐妹情谊　母女关系

胡辛：今天我们一起以"女性文学热点透视"为话题各抒己见交流碰撞。我早在1987年就在全校（江西大学）开过《中国女性文学研究》课程，当时国内理论界还没有像现在这样大张旗鼓地为女性文学进行"命名"，我在当时也没有多少理论上的自觉，只是从我一个女作家自身的创作实践出发，就"女人写写女人"发表一些自己的看法与感受。现在不同了，20世纪90年代以来大家都说文学遭遇"边缘化"，可是从女性文学发展的角度来说，女性文学不仅不"寂寞"，相反还成了创作与研究的"热点"。西方女权主义理论悄然登陆，本土女性主义理论多元共存渐成气候。以"性别立场"为出发点和归宿点，对现当代文学现象进行新的分析与阐释的冲动已成热点风景；高校文科女性文学研究已经成为许多硕士生、博士生论文的首选题目。从我校现当代文学硕士生的毕业论文来看，历届已有十余篇是女性文学研究。由此看来"女性文学"研究在今天的确已经成为一门"显学"，吸引了学术界许多关注的目光。事实上在当前的西方学术界"种族""阶级"与"性别"已经成为人文学者思考问题所不可或缺的重要思维向度。在我们国内无论你是否赞同"女性文学"这一提法，你都必须承认它已经构成了当代中国一个坚实的文化存在，它为几千年来的哲学洞开了一扇新门，那就是用女人的眼睛看世界，从这里看到的世界与以往是如此的不同。我非常希望在座的同学们能够从不同角度来谈谈对当代女性文学的思考与看法。

关于"女性文学热"

胡辛：先从宏观谈"热"。女性文学已经形成了难得的文学热潮。能"热"当有其合理性和必然性，但也不排除这"热"的现象背后的盲目性。女性文学之所以形成规模、引人注目，首先是得益于新时期一大批优秀女作家的涌现，以及批评家、学者对这一"迟到的潮流"的关注和评析。执着寻觅、偏激叛逆、粉红色幽默在潮流中汹涌。但有意无意间为商业卖点所利用，也就有迎合卖点的，总之形形色色，各个的心愿、动力不同。

卢娟华：文学艺术有时似乎的确偏爱女性。在新时期文学的发轫期就有张洁、王安忆、铁凝和张抗抗等女作家以"巾帼不让须眉"之势用自己的创作回应着"伤痕""反思"和"改革"的文学浪潮，取得了创作上的最初业绩。在这之后的许多"文学事件"中女作家的身影都显得异常活跃。王安忆的《小鲍庄》成为"寻根文学"的经典文本之一；残雪在"先锋文学"实践中以独特鲜明的艺术个性和非凡的艺术胆识提升了整个当代文学的现代主义精神品质，对后来的"先锋作家群"产生了潜移默化的深刻影响；在"新写实"浪潮里方方、池莉等又各领风骚，其创作态势令同时期许多男作家歆羡不已；进入20世纪90年代，文学更加多元，在新的文化语境里，女作家的创作风采更加咄咄逼人，她们的艺术个性更加鲜明，她们的美学追求更为自觉，女性意识也更加强烈。面对中国女作家如此齐整的创作阵容、如此强烈的写作诉求，如此骄人的文学业绩，"女性文学热"似乎也就成为理所当然的文学现象。女作家以她们各自辛勤的精神劳动赢得了人们普遍关注的目光。在这关切的目光里她们将变得更加自信。

沈鲁：女性文学的繁荣态势也是西方女权思想冲击中国本土的结果。很长一段时期以来在"男女平等""妇女能顶半边天"等话语的规范与制约下，很多"妇女问题"的存在都在一定程度上被忽略、忽视了。伴随着"文革"后思想解放运动的开展，中国社会又进入了一个历史发展的"新时期"。女性意识又逐渐苏醒并迅速形成张扬的格局。透过张洁、王安忆、铁凝等女作家的一系列文学文本，我们可以强烈感受到女性知识分子对"女性主体意识"的极力张扬，她们的"女性视角"越来越明晰而锐利，她们的"言说方式"也更加具有鲜明的性别特征。进入"众语喧哗"的20世纪90年代，女性独有的"声音"更加突出。西方女性主义理论专著大量译介到中国来，女性写作迎来了一个新的高潮期。女性作家以更加执着而顽强的文化姿态不断提升自身对"性别意识"的理解程度，以更加自信成熟的文学创作同"男性中心"的父权文化体制进行着不妥协的抗争，围绕"话语权"坚定捍卫女性独立的性别立场和精神空间。可以说在20世纪90年代，"女性文学热"集中呈现了一幕幕身处"边缘"的女性写作者精心构筑的"女性神话"，已经"浮出历史地表"的女性话语让我们必须面对它并做出回应！

胡辛：女性文学繁荣深邃处其实潜藏着深深的矛盾，不只是对"女性文学"的命名仍有种种疑惑不解，许多女性作家也不满于把她的文学创作框定在女性主义这个价值范畴里。当代文化的格局似乎也并没有因为"女性意识"的崛起而发生本质上的变化，男性依然掌握着"中心话语"。特别是在20世纪90年代的商业文化语境里，"女性文学热"似乎有着更多商业力量操纵的印记。女性文学作品被社会接受其背后确乎有着戴锦华女士所说的"男性窥视者"的目光，"女性"作为"被阅读被看被欣赏被把玩"的处境并没有改变。男权社会的巨大阴影始终覆盖着"女性写作"。尽管女作家一再"颠覆"和一再"逃离"，可是女性写作的现实处境仿佛总是一场艰难的"突围表演"。女性文学文本的"飘忽不定"和"两难处境"充分暴露了女性写作始终没有获得一种成熟的艺术形态。由此看来，对女性文学的研究是要有文化探险精神的。

江天光：文学是人学，这促使我们思考文学艺术既然能够体现对"人"的关怀意识，"人"既然天然就有性别的区分，那我们为什么就不能大胆承认人类的文学艺术活动本身就是有"性别"之分的呢？对女性文学的怀疑论，恰恰正是"男权中心意识"在理论思考中的无意识表露，是男性眼光无意中遮蔽住了文学对人的关怀，也就必然包含着对"女性"的关怀这一题中应有之义。文学如何慰藉女性，女性如何守候自己的文学家园，这不正是"女性文学"的题中应有之义吗？在此基础上，在女性艺术实践的基础上，建立起独特的女性诗学和构建平等的女性批评立场，也就成了当然之举。

李芸凤：在今天这个商业化的时代里，"女性"不幸再度被"物化"，再度成为商家牟取利润的"市场卖点"。电视广告里的"青春靓女""贤妻少妇"用她们的健美身形或是可人的笑脸传递着时尚。这些刻意塑造的"女性形象"征服了无数大众更成为无数女性理想的"存在模式"。因特网上时常用"女性话题"吸引网民不断点击，"女性"在这里成为网站经营者提高"访问率"的妙招。以此类推，出版界不断炒作"女性文学"其商业功利性不言自明。用"女性""性""美女""身体""同性恋""隐私"等词语不断刺激读者，尤其是男性读者的窥视欲望。当女作家棉棉扬言"用皮肤思考、用身体检阅男人"之时，这究竟是女性意识的更加鲜明，还是女性作为一个性别角色在商业大潮中的再度沦落呢？

关于女性"私人化写作"

胡辛：法国埃莱娜·西苏说："写你自己，必须让人们听到你的身体。只有到那时潜意识的巨大源泉才会喷涌。"① 她提出以实现"双性同体"为目标的女性写作理论，这事实上是表明了一种"女性书写"的文化姿态，即解构在男权意识支配下形成的两性二元对立的传统/经典话语。而露西·伊瑞格瑞则提出了独特的女性谱系为作为二元格局中边缘位置上的弱势文化群体讨个"说法"，其核心是建立新型的母女关系以取代传统的男性中心的俄狄浦斯精神原型。这些西方理论家们不约而同地看到了传统的"男权""女权"本身就是需要解构的文化价值观，她们寻求的是"既不排斥差异也不排斥另一性别"的文化立场。那么如何解构呢？西苏

---

① 转引自张京媛《当代女性主义文学批评》，北京大学出版社 1995 年版。

的答案是"身体"。强调女性必须获得"书写身体"的权力,从而摆脱男权意识形态对女性身体的话语控制,进而为女性文化寻找到一个新的定位。这种强烈的文化诉求深刻影响着20世纪90年代以降的某些女作家,如陈染、林白、海男等年轻女作家开始进行着这种新的文化反抗,在"一个人的战争"和"私人生活"中传达女性的生命本能与现实的矛盾和困惑。以惊世骇俗的语言与意象对男性社会的道德话语进行凌厉的攻击,对传统男性视点中的女性形象进行改写。可是,就在这些女作家试图使长期被男性文化遮蔽住的女性文化重新浮现的时候,"被看"的尴尬也相伴而至。在"私人化"的潮流中,所遭遇的依然是摆脱不掉的"男性视点"对女性生理的窥视和情感隐私的曝光,连同强大的商业化语境有意或无意地掩盖了这一时期"女性写作"应该有的文化价值,女性群体的文化需求似乎永远遭到"放逐"。这一次的文化探险注定是要付出代价的。

黄国华:20世纪90年代女性写作有一种强烈的"自恋情结",主要表现为一种不可扼制的对"身体"的写作激情,把对个人情感和欲望的表达视为写作的终极目的。女性写作成为一种纯粹主观情绪的流程。为此,她们不惜成为被男性世界"偷窥"的对象。部分女作家这种貌似大胆的"胴体书写",只是在埃莱娜·西苏的理论诱导下表现出一种抗争的姿态,但事实上并不能从本质意义上去解放女性的精神与身体。

吴妍妍:私人化写作者在摒弃男性话语控制下的现实世界时不约而同地遁入"女性之躯",采取"性写作"或"女性欲望的叙事"突出男性文本中被批判被扭曲的女性欲望并以此建立女性话语。在这里身体成为女性展示欲望的舞台,但"女性欲望"的横流又给女性文学带来危机。实际上性写作文本是女性源于自救的一种"致命的飞翔"。一方面它容易使女性的自陈陷入男性欲望化"窥视"的陷阱,使女性叙述重蹈男性话语之辙,女性不可避免地重又处于尴尬境地;另一方面疏离现实的"幽闭"容易在文本中体现出"自恋"倾向,既不利于女性自我的精神成长,也难以构建完整意义上的女性主体性。

黄芳:是否可以主张在一种超性别的写作范域下来拓展女性文学发展的方向,恢复它传统的宏大叙事角度、独特的话语风格,并以此来表达共通性的人类问题。这样一种超性别写作并不排斥女性视角,而是摒弃浅层而偏狭的言说方式,运用女性独特的感受世界的审美意识来洞察人类灵魂的变迁,使女性文学的发展走向开阔深邃的境界。扮演这样一种自觉于性别又可摆脱其发展过程中叛逆与救赎的狭隘与迷离,达到和谐发展两性的终极价值目标,在更广阔的人类学意义上确定重建自我的信心。

秦爱珍:当前的女性文学要走出狭隘幽闭的内心空间,走向更宽广的领地,摆脱当前写作中的精神困惑。女性对自身的审视及对个体生命的终极关怀,经常被外界力量所忽略和掩盖。长时期以来,由于国家主流意识形态话语中性别差异的消失,女性、女性的话语、女性自我陈述与探究一并失落。女性常常只是作为被叙述的客体,没有自我言说的权力和可能。女作家一旦认同普遍的社会意识,也就是认同于男权传统文化。女性文学在走向社会化的过程中应谨防再次掉入历史的泥淖中。

关于女性写作中的"审丑意识"

胡辛:当代女作家的作品中已经出现了审丑现象,应该对她们的现代审丑意识给予研究。我曾经在20世纪80年代发表过一篇题为《当代女小说家的审丑意识》的论文,在文中我认为"能正视人生矛盾的对立面的丑恶,并执着地寻求新的审美框架,一改女性集体无意识中的柔弱天性,这正是女作家们的智慧、成熟视野更高级、使命感更强烈的表现"。这些年来我也一直很关注许多女作家作品中的审丑意识和审丑表象。我个人特别看重残雪作品中强烈又偏执的现代审丑意识。理论界对女性写作者艺术风格的概括与界定在残雪的小说文本中遭到了全面的颠覆。她的小说语言不再柔美,情感不再细腻,意境也不再完美。现实的生存体验与幻梦中的变态情绪交织在一起,众多"丑"和"恶"的意象不断浮现在残雪笔下那个荒诞怪异的艺术世界里。在这个世界里残雪告诉我们人与人之间的关系是如此紧张如此对立如此冷漠如此相互敌视又相互猜忌。将个人经验、情绪和记忆转换为深刻的审丑意识,并书写进文本中,使残雪的文学意识获得了令男性作者自叹弗如的"先锋色彩";还有张洁,她在小说《他有什么病》里就已经"风格大变"。在近乎荒诞的情节叙述中,处处有夸张处处有变形,人性的孱弱与丑陋、民族的惰性与劣根性都被作家深刻地揭露出来,作者潜隐的审丑意识使这篇小说拥有了令人猛醒的警世之功。张洁的《方舟》被誉为新时期女性文学的发轫之作,张洁的女性意识变迁在当代女性文学发展中也是尤其鲜明的。从《爱是不能忘记的》到《红蘑菇》再到《世界上最疼我的那个人去了》还有《无字》，我们能够感受到在她的作品世界里男性人物越来越孱弱而靡软，对男性世界的失望之情"欲说无字"。由于在现实生活中丑总是大于美的，唯美纯美是根本不存在的。有时丑往往反映了事物的本质。在许多女作家的笔下。爱情、性、婚姻、家庭等都由于审丑意识的灌注而显露出另一种人生状态。方方的《风景》展示的是穷困的生存空间，丑陋、野蛮与愚昧积淀生成的文化心理令读者感到有千钧之重。方方所摹状的这一幕幕揭示生存世相的"风景"的最好注解，恰恰就是作者在小说开篇所摘录的"丑学大师"波德莱尔的诗句。在20世纪90年代写出了沉稳大气的"女性别样的史诗"——《长恨歌》的作者王安忆也较早就具备了审丑意识。曾经掀起过波澜的"三恋"系列作品当中就有审丑。在这些作品中男女之恋已经没有了《雨，沙沙沙》的朦胧和羞涩的清纯之美，有的只是男女间赤裸裸的肉体欲望和近乎动物本能的原始性冲动，情爱与人性在困厄的人生之境中被扭曲被异化。作品所带来的思考是意味深长的。20世纪90年代以来，池莉、铁凝、徐小斌等女作家，在她们各自的创作中都不约而同地将两性之间脉脉温情的诗意面纱撕扯掉，以平和又忧愤的笔触写出了对"男性世界"的普遍失望和无奈的苍凉心境。在20世纪90年代一系列对"母女关系"的重写文本中也有审丑意识的表露，即对"母亲"形象的忧惧心理。"母女关系"成了占有与反叛、控制与逃离……一系列紧张的二元对立关系。我在论文中说过"对当代女作家的审丑意识作审慎的思辨，对其作品进行追踪式的评述，会感到她们的作品把对人生对情感的深邃的思索上升到哲学的高度，同时又为自己发挥艺术创造力拓宽了视野，在形式和结构上都有所创造，丰富了艺术内涵，为其作品赋予了经久不衰的象征性和寓言性"①。

沈鲁：我十分赞同胡老师以上的分析。我甚至认为在20世纪90年代那些被命名为"女性私人化写作"的文本中也可见"审丑意识"的流露。伴随着女性"躯体叙事"的写作策略的确立，在女性对"身体"的自我迷恋中，是否也正潜隐着对男性肉身与灵魂的审丑呢？审丑意识正以一种"润物细无声"的方式成为女性作者摆脱传统男性美学规范、颠覆男性权威话语，进而重新获得女性自我言说权力的重要文化策略。为数不少的女

---

① 胡辛：《当代女小说家的审丑意识》，《江西大学学报》（社会科学版）1988年第3期。

作家所书写出的文本中都潜隐着以"审丑"为精神旗帜的女性主义价值追求。真正的艺术不会拒绝审丑。"丑"的艺术所提供的思辨性和批判性往往更深刻更严峻更持久,这一点对女性写作者的意义更大。当女性文学正不断遭遇到市场化与欲望化语境的双重压迫时,我们能够从一批优秀而清醒的女作家深沉的审丑意识中感受到女性书写正逐渐朝向更富有哲理内蕴和人文理想的方向,不断提升文本的艺术品位和开掘文本的探索力度!这样一种写作对女性文学而言是一种乐观的预示。

钟志宏:对审丑意识的过分迷恋也体现出女性集体无意识中生存的绝望和历史的宿命。在"丑""恶"中我们虽然可以看到另一种真实,但对这些做出过于激烈的反应,则从反面证明女作家对现实世界的刻骨铭心的失望。一种难以逃脱女性命运的历史宿命感。审丑也有可能成为新的精神枷锁,成为女作家走不出的樊篱和挥不去的梦魇。

文化建构·姐妹情谊·母女关系

胡辛:新时期之初"女性话题"和女性写作作为"别种声音"凸显。张洁的《爱是不能忘记的》、张辛欣的《我在哪儿错过了你?》、我的《四个四十岁的女人》等等都暗合了当时的人文主义倾向,呼唤并追求女性作为"人"在人格精神上的平等和自由。女作家及时把握住时代所给予的思考和选择的权力,对历史与现实、人性与情感等各种主题都表达了关切与思考。女性的事业、婚姻、爱情成为这个时期写作的中心。20世纪80年代后期以降,女性文学从追寻女性的自我价值到女性的自我体验、到探索女性"全面"实现自我种种主题并置于此。20世纪90年代的女性文学进一步走向了多元化。以各种执着又困惑的文化姿态参与到当代文化格局的建构中来。相当多的女作家将笔触伸向社会,自觉承担起知识分子的社会责任,在一个并不十分乐观的语境中保持着探索真理勇往直前的人文主义立场,而女性所独有的生命意识与人生经验又使得这些文化行为具有了丰富而鲜明的个性。这一切让我们看到了一个事实,中国本土的女性文学创作正努力参与到当代文化的构建过程中来,女性文化相对于男性中心的文化的确是"弱势"和"边缘"的,文学为女性文化的展现开辟了一处绿洲。当我们在西方女性主义理论的冲击和带动下,大谈女性文学的颠覆性和解构性特征时，我们是否也应该真诚面对本土女作家这种积极的文化建构行为呢？

姚志文：从胡辛老师的长篇新作《陶瓷物语》来看，女作家应该积极参与到文化建构中来。文学创作不应被性别差异所局限，而要充分参与当代的文化建构，这无疑是非常重要的。在《陶瓷物语》中，女性被指认为一部寓言化的陶瓷史的象征。胡老师认为作为中国文化重要象喻的陶瓷文化，其本质是女性化的。瓷的晶莹高洁和脆弱易碎正是女性人格的表征。女性与陶瓷互为符码，不仅衍生了博大精深的中华文明，而且成为拯救物质时代人类精神的"诺亚方舟"。在这里女性/瓷成为中国文化的母体，在一个男权思想根深蒂固的国度里，作家的这一份自信显现了她身为女性的"底气"和自豪感，这或许是关于华夏文明的另一种解读了。当代小说需要一种澄明和透悟，使小说担负起历史赋予的那份文化使命。已经有论者呼吁女性写作应当关注社会，或许女性写作还可以走得更远。正如《陶瓷物语》所做的参与当代文化建构，分享话语权力，这无论是对小说艺术的发展，还是对女性的自我解放都是有益的。

李琼：我也有同感。一些军中女作家的创作，无论是写出了《英雄无语》的项小米，还是写出《走出硝烟的女神》的姜安，都不约而同地把目光投向了历史，力图从女性的立场切入深层的社会的历史。这些女作家的历史观是用女性特有的眼光去展示人物在硝烟中的那种心灵与精神的创伤以及一种严酷的处境。从女性和新生命的孕育者的角度揭示战争的严酷，也为这些在特定历史时期承受着比男性更多痛苦和使命的巾帼英雄谱写了独特的颂歌。女作家直面广阔的时代风云和当下社会生活的勇气和自信，为女性文学开拓了一个新的文化境界。

胡辛：在当代女性书写中，对姐妹情谊的表述是令人关注的，它使女性从他救与自救的幻想和困惑中走出。从较早张洁的《方舟》一直到她的《世界上最疼我的那个人去了》，还有《无字》；王安忆的《弟兄们》、池莉的《小姐你早》、陈染的《私人生活》，包括在我自己的《蔷薇雨》里都涉及了女性之间的姐妹情谊。这种文本实验，试图在对女性生活的梳理中构建起女性谱系，和一个真正属于女性的新的历史文化语境，一个不同于男性文化和社会规范的"女性之邦"。这其中对母女关系的书写又是一个焦点，这里似乎有着更复杂和更丰富的文化含义。

江腊生：母女关系在女性写作中的进一步发展就是母女之间的姐妹关

系。母女二人在她们共同营建的女性城堡中相互温暖相互依靠，像一对平等的姐妹，有时深情相依，有时又会互相敌视。母女在血缘链条上相依为命共同抵抗男权体制的侵压，犹如一个血缘坐标上两个平行的命运，在对男性彻底失望以后，逃离在一块共同书写母女二人的命运。

胡辛教授在座谈会结束时进行了总结。她说今天的谈话基本上涵盖了当前女性文学发展中的几个重要问题。通过这样的交流，我们不难发现女性文学研究是一个具有新的知识增长潜力的学术领域，它还在不断成长中。世纪交替，女性文学在当代文坛上艰辛而执拗地前行着，面对无所不在的男权意识，女性写作者在男性中心的话语场中奋力突围，她们书写女性作为个体与历史群体的悲欢体验和自身独特的生命史，让潜行于历史地表之下的女性话语喷涌而出，在充满不可测的变数的现实文化语境中，不断摸索建构着属于"她们"的女性诗学境界，期盼着两性和谐共存的自由和对人生与生命的真诚的爱。在新的世纪里女性文学还要继续经受前所未有的考验。我们是否可以期待具有鲜明个性和强烈性别意识的女性文学能够在解构与颠覆的策略中，糅合进从生命本体出发的更为扎实有力的文学信念，从而积极参与到新世纪当代中国文化的建设中来，使我们的文化、文学艺术都展现出应该有的丰富性和多样性！

（2001年12月，胡辛教授与南昌大学部分中国现当代文学专业的硕士研究生举行了一次关于当代女性文学研究的座谈活动，在这次座谈会基础上整理形成了这篇文字稿。）

（《南昌大学学报》2004年第2期）

细雨的呼喊

——胡辛的女性写作

新浪前夜的细雨

女性写作如细雨,在几千年的男性中心社会里是难以搅起惊涛骇浪的,但是,细雨的呼喊毕竟洞穿了几千年女性的被迫的缄默泥淖,在男性一言堂的时空里嵌进了女性的声音。

1983年3月春,在江西是一个多雨的季节,在有雨无雨的夜晚,一个不再年轻的女子拿起了笔,在她的写作的空白之页上写下的第一句话即是:"女人为什么要有自己独立的节日?——作者问于三八节。"这在80年代初,可以说是一个相当敏感又前卫的话题。

其实,这只不过是一声叹息,如若不转化成为文字的细雨,如若不是人类的另一半的聆听和张扬,它也不过就是千年沉重中的微不足道的一声叹息而已,很快就消逝得无影无踪。而且在那个时候怎么看也有点不识时务。

那是20世纪80年代,改革开放的巨浪迭涌,共时性中有繁杂纷扰的西方文化思潮于百年间第二次涌入中国。从19世纪末的早期象征主义到20世纪末的后现代等各种流派熙熙攘攘争先恐后登陆中国,然而,植根于西方文化土壤的女权主义理论,在80年代初,却并未像尼采、萨特、弗洛伊德等西方学说思潮那般火爆流行,虽然女权主义独具一格的先锋品质已引起少数学者的关注,但在文坛,创作者理论者实在对其语焉不详。

人们还在摩挲着新鲜的结痂伤痕,还在反思。面对劫难的历史从政治从思想从体制等方面沉思,还很少有人从性别的角度去反思。自 1949 年以后,毛泽东同志响亮地提出:时代不同了,男女都一样,男同志能做到的事,女同志也能做到。"妇女半边天"的说法,为另半边的夸奖,亦为女性自身的自豪。谁也不曾想到还会有什么"性沟"。还要看到的是,非常岁月,无论是男性还是女性皆在劫难逃。而且从伤痕从反思中抬眼的人们又感应着时代脉搏的大变动,呼唤改革锐进。

弗吉尼亚·伍尔芙《一间自己的屋子》的呼号,西蒙·波伏娃《第二性》的呐喊,已隔膜着岁月的距离;创建于 60 年代的西方女权主义文学理论学科,绚烂多姿的喧哗与骚动尚未越洋过海。

这个女子的 18000 字的不短的短篇《四个四十岁的女人》在 1983 年的少雨的冬季,在这个被大城市的评论家称之为"小地方"的地方的一本名《百花洲》的双月刊,发表了出来。文本中四个女人的问题只不过是对女性的个体生存状态和生命体验的考问而已。得以发表,对于一个从未发表过小说的"小女子",对于这篇"另辟蹊径"的小说,感谢男责编周榕芳的眼光和胸怀,此已是大幸。

更大的幸运是王蒙先生发现并鼎力推荐了这篇小说,"大概是 1983 年吧——岁月匆匆,往事重叠,'数学'也变得愈来愈模糊了。那天黄昏等待晚饭的时候,我坐在一张低档次的人造革面长沙发上,顺手打开了新寄到的杂志《百花洲》,读到一篇小说《四个四十岁的女人》,那种真实的生活气息,真实的艰难和痛苦,那种历尽坎坷仍然真实、仍然活跃着的一颗颗追求理想、挚爱而绝不嫌弃生活的心感动了我。也许这样一种心地被一些人认为'过时'了,而又被另一些人认为不合标准?读到那位身患绝症的教师柳青——是这个名字吗?——的故事的时候,我落泪了,我推荐了这篇小说,我记住了这篇小说的作者的名字——胡辛"[①]。

经过层层筛选,经过评委最后的无记名投票,《四个四十岁的女人》获得 1983 年全国优秀短篇小说奖,对于一个初涉文坛的小女子而言,无异于一步上青天了。

《四个四十岁的女人》结语,很不文学地感叹:"事业、理想、奋斗、爱情、婚姻、家庭……一切的一切,是多么的复杂,处处是问号,女人们啊,答案在哪儿呢?"但这是实事求是的女人的心声。也是女性文学的寻

---

① 胡辛:《蔷薇雨》,王蒙序,百花洲文艺出版社 1990 年版,第 1 页。

找的永恒的母题。文本中的四个女人：冰清玉洁的柳青、身在福中不知福的玲玲、"两离三结"的叶芸、庸庸碌碌的淑华，选择的答案都是宁肯遭遇爱情、婚姻、家庭的失败，也要事业和理想，只不过有的为这种选择的达到而无憾，有的为这种选择的无法实现而痛苦或烦恼。

被誉为第一个用白话文写小说的现代女作家陈衡哲，五四时代便写了《络绮思的问题》，女研究生洛绮思一心想在事业上有所造诣，与她所爱的瓦德教授解除了婚约。后来她虽获得了事业的成功，却弥补不了失却爱情的晚景的凄凉。这种爱情、婚姻、家庭与事业的多难选择，一直连续近百年，因为男女实质上并不处在同一地平线上。

所以，《四个四十岁的女人》始终有坚韧又鲜活的生命力。改编成电影、电视剧，做过电视大学的教材，翻译介绍到日本、美国，"四个四十岁的女人"仿佛总也不见老。乐铄著《迟到的潮流》中将其为一节之小标题，1989年日本现代中国文学翻译研究会南条纯子主编翻译的5卷本《80年代中国女流文学选》出版发行，其中第4卷卷名为《四个四十岁的女人》。90年代，朱虹将《四个四十岁的女人》翻译介绍到美国，收编的集子名《白色安详》，大约是走过岁月的女人皆喜爱的书名。1995年胡辛有幸在天津中外女性文学研讨会上见到了朱虹老师，从未见面的两个中国女人，居然在眼光对视的一刹那间认出了对方，而且迅猛地做出了西式拥抱之举。朱虹在会上发言说，胡辛的《四个四十岁的女人》接触到女权理论的一个母题——姐妹情谊。

肖瓦尔特曾言，姐妹情谊标志着"女性团结一致的情感"，"从开始起，女小说家之间的相互意识及她们对其读者的意识就表现出一种潜藏的团结，有时这种团结成了一时时髦"①。尽管人们尤其是男人们对"姐妹情谊"抱悲观之态，以为只不过是女性主义理论的精神乌托邦，离团结一致的目标相距遥遥，但是，这毕竟是女性文学研究的重要的母题，从五四时代庐隐的《海滨故人》到美国黑人女作家艾丽丝·沃克的《紫色》，表述的皆是姐妹情谊。《海滨故人》写的是五四时代的五个女学生，《紫色》写的是生活在最底层的茜莉和聂蒂黑人姐妹，可见姐妹情谊并非仅仅属于所谓的女性精英阶层的话题。必须看到的是1981年张洁已写出了《方舟》，方舟上承载着几位独身女人，她们之间的相濡以沫，正是姐妹

---

① 转引自魏天真《"姐妹情谊"如何可能?》，《读书》2003年第6期。

情谊。

从五四以来,陈衡哲的《络绮思的问题》、庐隐的《海滨故人》、白薇的《悲剧生涯》、丁玲的《莎菲女士的日记》、萧红的《生死场》、张爱玲的《金锁记》、苏青的《结婚十年》等都浸透着女性主义理论的种种母题:爱情、事业与婚姻、姐妹情、母性、女性自审、女性言说、男性形象等等,已见女性视角及女性修辞方式的自觉。但到了当代,因种种原因,女性自觉意识或消逝或淡化或被遮蔽了。有当代文学史以为:直到1984年翟永明发表大型组诗《女人》,才以其惊世骇俗的女性立场和奇诡神秘的女性修辞震撼了整个文坛。

1984年第1期《小说选刊》曾如是说:"一篇短篇小说写四个个性迥异的人物,写一个大故事中的四个小故事,是相当困难的,但作者胡辛的这一处女作负重若轻,一股清溪顺畅地沁入人的心田。"需补充的是,这个"高龄初产妇分娩"的是女人的故事。都以为女性善抒情,"以小说作为早期实验文体而又独具风格的女性作家,微乎其微。我们能够举出的只有胡辛等不多的几位"①。其实女性并非对叙事语文体畏惧又拒斥。发表《四个四十岁的女人》的小地方,其实是打响八一起义第一枪的大地方。

对这个小地方的无名女子来说,在40岁的门槛有了女性一种姿态的飞翔,是细雨中的飞翔,羽翼沉重又湿润。

"蔷薇雨"中的执着与迷茫

胡辛并非坚硬的女性主义者,她清醒:"世上除了女人,就是男人,女人要独立,又能独立到哪里去呢?"纵览五四惊雷后浮出历史地表的女性写作,有哪一位女作家能够以完全独立的姿态包打天下呢?是胡适编辑的《留美学生季报》发表了陈衡哲的堪称第一篇白话小说的《一日》,是鲁迅、茅盾、阿英等为庐隐、冯沅君、冰心、凌淑华等写作家论,如若没有鲁迅为《生死场》作序,没有茅盾为《呼兰河传》作序,世人何能惊慕"力透纸背"和"女性越轨的笔致"?又怎能认同"它是一篇叙事诗,一幅多彩的风土画,一串凄婉的歌谣"?萧红是否会湮没于历史的尘埃?

---

① 易光:《诗性写作:叙事的窘迫和对叙事传统的叛离》,《文艺争鸣》1999年第2期。

"你们是我们的兄长"——是理想的双性和谐。伍尔芙说过:"在脑子里男女之间一定先要合作,然后创作的艺术才能完成。……整个的心一定要打开,如果要想明了作家是把他的经验异常完整地传达出来,心一定要有自由,要有和平。"①

在历经了《这里有泉水》《粘满红壤的脚印》的女性独立价值的寻寻觅觅后,1990年暮春,百花洲文艺出版社即将出版胡辛的《蔷薇雨》,这是一部"写足了女人"的长篇小说,责任编辑仍然是周榕芳。他希望这部长篇能请到王蒙先生作序。十天后,序寄到,王蒙先生是在北戴河写成的,花了整整五天时间啃几十万字,这怕是极煞风景之事。也幸好在海边阅读,海风、沙滩、秦皇岛外打鱼船,怕是给拙著平添了画意诗情。序读后,作者有种锥心刺骨的感动。

"本书中也还有一些不那么轻易变动的东西。作者像钟情于变革一样地钟情于永恒。女性的主题,女性意识的主题,爱情、婚姻、命运的主题,文化特别是在文化爱国主义的主题,人生的主题贯穿在《蔷薇雨》里,它流露出这一切来了么?"②

如同米兰·昆德拉所言:所有的小说家他所写的作品皆为第一部作品的主题或变奏。《蔷薇雨》的作者"我心依旧"。

"胡辛的长篇小说《蔷薇雨》,俨然一部现代'红楼梦'。它以七姐妹迥然不同的各种遭遇,展示了一个现实与历史交融,文明与保守较量,革新与传统抵牾的生动画面,集中体现了时代对这个'女儿国'的投影。"③

当今女性执着寻觅中依然迷惘,事业与爱情依然是女性的两难,这毕竟是女性生命的律动的追求。但是如若爱情成了女性的一种信仰,一种图腾,也便是一种悲憾的局限。就有"爱,是不能忘记的"缠绕,有"我在哪儿错过了你"的茫然,有"不谈爱情"的无奈,有"懒得离婚"的麻木,终化作欲说还休的"无字"……尽管女性写作女性批评都大谈"走出伊甸园",但伊甸园是无法走出的,作品中的女性或许能走出,生活中的女性,包括写作的女性,是无法出走的。女性生命的新的追求究竟是什么呢?

---

① 伍尔芙:《一间自己的屋子》,文化生活出版社1947年版,第55页。
② 王蒙:《躁动的〈蔷薇雨〉》,《读书》1991年第1期。
③ 于青:《永恒之女性——读胡辛长篇小说〈蔷薇雨〉》,《中国青年报》1991年12月15日。

有意思的是,"胡辛在《蔷薇雨》中塑造的刚结婚就守寡的老祖母形象是贞洁文化观的符号,她用一方一方本白织布和'一钵浓黑微臭的金不换墨汁'作为家训的工具,训诫女儿、孙女儿、曾外孙女儿要保持清白女儿身,威严阴森,悲凉凄苍。这些文化反思都独具女性的慧眼,都渗透了女性的自身体验和深切的形而上的认识。当女作家们在进行文化反思的时候,她们往往从自身出发,从女性出发,更多地在女人身上寻找传统文化的封建性积淀,作自问式的探索,作母系式的批判,形成一个独特的感知领域"①。

老祖母的女诫:清白的名声是女人立身之本。一方本白布,在女孩子初潮之日,接受女诫:用墨汁玷污其上,尔后,让成了女人的女子洗净,但怎么洗,也永远无法回归原先的本白了。这种女诫仪式一直延续于整个文本。阴沉中透出的是粉红色的幽默和调侃。苏珊·格巴在《"空白之页"与妇女创造力问题》中,从伊萨克·迪尼森的小说《空白之页》说起,皇后们新婚第一夜后的白色床单得镶上框架陈列于修道院,斑斑血迹是皇后们"贞节"的象征!原来东西方男权对女性的要求是同一尺码。不管是白床单还是女诫,象征的都是传统和世俗对女性的束缚。当空白之页不再是只记录男性的书写,不只是留下女性贞洁的斑斑血迹,当女性也拥有了某种哪怕是有限的话语权,女性的文字细雨以黑的墨汁与白的乳汁濡染着空白,这种叛逆与解构的女性写作特质始终具有先锋性和挑战性。

除了贞节符号的象征之外,下述这些也是女性生命历程的特殊书写。从初潮,历经结婚、怀孕、生育、哺乳、养育、更年期,到绝经,似乎这才是一个完整的正常的女人人生,事实上这也是女人别于男人的生理特性和人生经验,这对于女人,是怎样的难以言说的大幸和不幸!连鲁迅都说过:母性是先天的,妻性是后天的。这是女人别于男人的对母性的渴求、女性独特的生命感受和切身经验,不仅仅是"肌体的裂变"、生命链条最具象的体现,而且是刻骨铭心的深刻的人生过渡和情感的理性升华,母亲的苦难、幸福感、骄傲和责任融会于母亲的血液和心中,生育是结晶,发端是或真挚或虚假或理性或盲目的"爱情"。

胡辛写于20世纪80年代中期的《我的奶娘》便以"哺育"为主题。

---

① 金燕玉:《"罗衣"与"诗句"——新时期女性文学之价值》,《文艺争鸣》1999年第5期。

老革命根据地的一个女人——奶娘的故事，穿越漫漫 70 年，可视为"女性生活史的再现与重构"。"《我的奶娘》以一个知识分子女性为叙事者，叙述了'奶娘'这位劳动妇女的大半生。'奶娘'曾是红军的妻子，她的乳汁，喂养大了烈士的遗孤、书香门第的'我'，还喂过伪团长家的少爷。历经四十年代的战乱，五六十年代的饥荒及'文革'劫难，这位奶娘以她的善良、牺牲和坚韧庇护了她的几个不同阶级、不同血缘的后代。《我的奶娘》把奶娘的乳房、奶汁变成了一个政治化的象征，一个母亲的象征，作品以新的母亲神话参与了'文革'后文学对人性的呼吁。……《我的奶娘》这样的作品是'样板戏'中男性化的女性形象之终结，到新时期文学还原女性以'人'的面目这一过程的一个过渡。今天看来作品中'奶娘'的神性又表现在，她的正面价值在很大程度上是由男性的成就赋予的包容一切，承受和奉献一切，是'奶娘'形象呈现出的精神价值，这一价值与中国传统文化中贤良女性应具的美德有内在的统一性。"① 同样的立意和相近的内容竟出现在 21 世纪的舞台上，也可见其生命力。

《我的奶娘》篇末这样描写枯萎了的"奶"："而触目惊心的是——奶！我童年梦中莲蓬般香甜的奶，疏疏地爬着细细的青色血管，流淌着白色乳汁的奶呵！消逝了！消逝了……只留下荒凉的、干瘪的、迷蒙的、收割后的秋的原野！平坦的胸，粗糙的、皱巴巴的皮上缀着片片褐色的寿斑，爬着蚯蚓似的僵硬的青筋，只有那紫黑色的奶头，骄傲地耸立着，还证明着昔日的青春！乳汁干涸了，慷慨地滋润了多少生命！"法国女权主义者西苏曾言："写你自己，必须让人们听到你的身体。只有到那时，潜意识的巨大源泉才会喷涌。"② "妇女却从未真正脱离'母亲'的身份（我指的是在她的角色作用之外：不是作为称呼而是作为品格和才能之源的母亲），在她的内心深处至少总有一点那善良母亲的乳汁。她是用白色的墨汁写作的。"③ 这本是很严肃之事，但到得上世纪末，躯体写作居然涂抹上黄的色彩。

几千年菲勒斯中心精心构筑的男权樊篱在高科技的今天也许更为隐

---

① 艾晓明：《当代中国女作家的创作关怀和自我想象——以"红罂粟丛书"中若干小说作品为例》，《广东社会科学》1997 年第 2 期。
② [法]埃莱娜·西苏：《美杜莎的笑声》，见张京媛主编《当代女性主义文学批评》北京大学出版社 1992 年版，第 194 页。
③ 同上书，第 195—196 页。

性,世俗社会对女人依旧存在着不会太少的偏见与傲慢。女性写作,"在文字的细雨微澜中,有着女性的呼喊与渴求"。

白色土上的千彩雨

生于瑞金,学生时代在南昌,工作在景德镇,到底还是回到南昌。可谓"走千里,行万里,还在江西的怀抱里"。胡辛是朴实又执着的,在众语喧哗流派纷呈中,她只是以自守的姿态,默默地书写江西的红土地与瓷的故乡白色土。

《昌江情》《瓷都梦》《瓷城一条街》《地上有个黑太阳》等中短篇小说、系列散文直至长篇小说《陶瓷物语》的诞生,在瓷都地域作品中,分明传递出来自女性生命深处的女性特质的呼喊。CHINA—中国,china—瓷。是否可以这样说,作为中国文化重要象征的瓷文化,本质是女性化的。

《陶瓷物语》是一个关于陶瓷与女人的故事,当然,陶瓷是真实的,故事是虚构的。京都某电视台来到千年古镇皇瓷镇拍摄专题片,女作家树青作为撰稿,实是来寻昨日的梦;来自异国的投资者水红莓,心怀叵测中对生她养她的故土仍留有一份真情;女孩苔丝对古镇的古瓷和人充满了狂热的爱;老得记不清年岁的骚寡妇依然充满活力……她们与这方水土有着种种难解的谜。形形色色的人们来到这片白色土上,是追溯陶瓷的历史?是倾慕这方水土的手艺?还是商机的驱动?这个时代的人们,到底要什么呢?人世间最宝贵的还是真诚的情感么?

烧炼陶瓷的过程及历史,与形形色色起起伏伏难以捉摸的人生绵密织锦一处,再也分不开。

胡辛感叹:卑贱的泥土、清纯的水,经人的热心热手揉成一处后,进到火的恋腔里,是相知相交相融,却也是拼搏撕搂改造,是撕心裂肺的呐喊,更是种种的憧憬希望!等到天地归于寂静时,砸开窑门,捧出匣钵,看看都变成了些什么吧?也许大多数都属正常也平常的产品,可也有期望为精品的就成了精品,更有那意想不到的巧夺天工之极品,真让你大喜过望!可仍有次品,还有废品,乱七八糟的什么也不是。这就是一窑千变的火的艺术。可不管结局如何,一句话,它们再也回不到从前了,不可能再

"这，太像人生。胡辛便把她的沉甸甸的感叹融会进她的书里，浓郁中有苦涩也有甘甜，还有那么一点不必遮掩的无可奈何。"① 其实，这更像女人的人生，女性的生存状态，女人的不顾一切的追寻，女人的不可思议的结局。

《陶瓷物语》中，还以浓墨重彩展示了窑门女性图腾，或许，这也是一种躯体写作？窑门是一个赤裸裸的正在分娩的女子形象，赤裸着丰硕的双乳，赤裸着繁衍生命的甬道，这宣泄着分娩的苦痛与伟大！生命的播种也就是生存的拼搏，生命的孕育也就是梦的希冀，生命的分裂也就是人生的升华。当远古的先民们无法解开自然之谜时，女性便是生殖之神、爱情之神和丰收之神。中国遥遥的制瓷史，又岂能没有图腾崇拜？这是远古的女性崇拜、生殖崇拜的表征和象喻。但是，窑屋排斥女性；一旦点火烧窑，女性是绝对不能近窑门的，否则会倒窑。因为女人不洁净、女人晦气。或许，那蛮横又威严的窑门禁忌便是异化了的对窑门图腾的正视？千百年来，这与窑门图腾是怎样的相悖！怎样的不可理喻！可是没有谁抗争，千古积郁下的习惯成了自然！直至公元一千九百五十年，这种禁忌才渐渐消亡。

同时，这是"活着的从前"。恰如法国女性主义批评家埃莱娜·西苏所说："妇女从远处，从常规中回来了：从'外面'回来了，从女巫还活着的荒野中回来了；从潜层，从'文化'的彼岸回来了；从男人们拼命让她们忘记并宣告其'永远安息'的童年回来了。"② "从前"楔入了女性写作的历史，楔入了两性共有的历史。

难怪有人读《陶瓷物语》后叹曰："在文化意义上的历史中，女性的生存状态、情感方式、灵魂舞蹈，无疑折射出瓷质光芒的中华文明史。在这里，女性/瓷，成为中国文化的母体，在一个男权思想根深蒂固的国度，作家的这一份自信，显现了她身为女性的'底气'和自豪感，这或许是关于华夏文明的另一种解读了。"

人生如同炼瓷，而人的感情更如同炼瓷，愈是珍贵的感情愈经不起碰撞，就像高贵精美的瓷，不小心轻轻一碰，它就粉粉碎——瓷的晶莹高洁

---

① 李玉英：《白色土的倾诉》，《文艺报》2001 年第 12、18 期。
② [法] 埃莱娜·西苏：《美杜莎的笑声》，见张京媛主编《当代女性主义文学批评》，北京大学出版社 1992 年版，第 190—191 页。

脆弱易碎，太像女人的情感。是瓷蕴含着女性几千年缄默的沉重，飘逸出女性魂灵的祈求？抑或女人诠释出陶瓷的诞生与演变？是女性的手编织出藤篮糊上泥盛上水放在熊熊烈焰之上？于是有了陶？还有采摘茶叶的手、纺纱织锦的手……难道这些不都是从家园走出的女性缔造的文化么？陶瓷、丝绸、茶叶……伴随着大漠叮咚作响的驼铃，追随着汹涌澎湃的浪涛，从陆地的丝绸之路、海上的陶瓷之路，走向世界。

在依旧是男性中心的社会里，这样的文化解构与建构也许显得草率和肤浅，但是，分明的是，即使在浮出历史地表之前，无言无字的女人们始终沉静又执着地从历史深处走来，悲凉却分外从容。

而今，文字细雨的呼喊此起彼伏，女性言说已镶嵌入话语空间，然而，我们得到的是我们从未拥有过的，而我们今天轻易抛弃的，也许是我们乃至我们以后的几代人所要苦苦寻求的呢。

亦真亦幻的雨幕

20世纪90年代，胡辛连着写出了三部传记《蒋经国与章亚若之恋》、《最后的贵族·张爱玲》和《陈香梅传》，均在海峡两岸出版，遍及全球，畅销并常销着。其实这仍是女人的故事。20世纪三四十年代南昌女子章亚若是否涌动着那个时代女性独立的追求？抑或只是一个凄迷着宫闱秘闻的悲剧？是否是又一个男性神话的解构？现代女作家张爱玲其文字的细雨浸淫半个世纪，她在文字中的清醒透彻与在现实中的徘徊无奈，似乎验证了她自己所言：世上有哪一种感情不是千疮百孔的呢？陈香梅的传奇人生和她的《一千个春天》作出了爱情与事业两难选择的答案吗？人言：理解的开始是热闹。但是，每个人与自己的心都有距离，都难以把握自己的心，又如何能把握住别的女人的心？走近甚至走进别人的心大约也只是一厢情愿的懵懂。胡辛对传记写作的观点倒真是掀起了波澜。她以为写作传记，"虚构在纪实中的穿行""虚构是传记的灵性所在"。当然，传记写作的第一步，得尽最大努力占有有关传主的不论巨细的全部资料，并发掘新的材料，所谓竭泽而渔。但是，难。史实的难以穷尽，错综复杂的资料难辨真伪，时光的不可倒流，时过境迁的面目全非，你会喟然长叹：历史不可逆。此次所涉，已非前番之水。但你偏要逆流而上。你行几多路，你访几多人，你读几多书，你在传主昔日生存过的场所流连忘返，你在声音、照片、文字中想象过去，你在艰难的纪实中遥想复活从前。你的传主是人，不论是名人还是凡人，人的复杂多面、变化无穷总是难以捉摸，你敢说你捉住的就是他的真实的内心世界？你把握住了他的完全真实的个性？传记作者，你也不过就是你，你的视野你的经历你的感觉你的眼力你的能耐你的判断不可能绝对正确，所以，你对传主的理解和解释，无意有意地融进了你对传主个性的想象虚构。但是，你的理解和解释入情入理，便会被认同为真实的描述。虽然你并不是传主，写到深处，细雨的呼喊已是你中有她、她中有你。还有，历史丢弃最多的是细节，而没有细节的人生是没有的。同时，将本事变成情节就是文学性，一经叙述，传记也还是语言的艺术，就语言而言，传记作者怎么也是在传播传主的种种信息的同时，又遮蔽着种种信息，语言是桥却又是墙，用语言来重塑一个活生生的人，实在比克隆还难得多得多。电影《巴尔扎克》中的雨果说过一段话：你以为给作家一条船，他就能写出作品来？还需要风、想象的风！这段话，对传记也是适合的。

与写作传记同步的是，胡辛与摄像机结缘，让"纪实在镜像中'如梦如幻'穿行"。从电视剧《四个四十岁的女人》《这里有泉水》的外围切入，到28集电视连续剧《蔷薇雨》历经坎坷的尘埃落定；从1990年大型电视系列片《瓷都景德镇》的撰稿跟拍，到2001年编导《千里踏访颂师魂》走遍江西11个地市的山山水水，胡辛对影像语言的解读，有着女性独特感受的视角。《千里踏访颂师魂》里摄入的十几个中小学教师中有近一半女性，多是山村女教师，有的几度出山进山，有的是来自印度尼西亚的富商的女儿，有的是劝导城市中学教师的丈夫一块下乡的师范生……在当代价值观的天平上，她们似乎是过了时的传统美德的女性，但是，当你直面她们，聆听她们质朴无华的话语时，"归真返璞"的感叹太轻描淡写了，你感到压迫，会压出你衣装下藏着的"小"来。

长篇电视连续剧《蔷薇雨》比之同名长篇小说，虽然让观众的想象空间逼仄了许多，但细节的链条肯定丰富密集多了，人物形象也变成了具象的栩栩如生，在亦真亦幻的潇潇蔷薇雨中，女人的命运走进千家万户。没有女人的形象没有爱情的影视剧似乎成了不可思议之事。都说电视剧是市场经济商品社会的产物，是纯文学不屑一顾的没文化的大众传播，它被商业运作的巨手所操纵，"电影为女人的被看开阔了通往奇观本身的途径"（劳拉·莫尔维语）。女性形象成为"被看"的风景，从刻骨铭心的"爱"到锥心蚀骨的"痛"，女人将生命燃烧为灰烬。爱过、恨过，仍痛着，又能怎样呢？电视屏幕上的女性绝对不会有女性写作的痛快淋漓，更不可能不顾一切，哪怕冒着把对生命和世界的珍重也撕碎了的代价，来解构菲勒斯中心。因为屏幕不是空白之页，它面对大众，需要说教，更需要娱乐性，所有的极端都得淡化和更改，这是退一步海阔天空的宽容，对人亦对己。就像月白风清之夜的二胡声，虽然苍凉，拉过来又拉过去，远兜远转，可话又说回来了，依然回到人间。

其实无论男女，谁不既是看者又是被看者呢？那就用女人的眼睛做主动的看者。再说，无论文字还是荧屏，再现人物与生活，都是隔着雨幕的诗意朦胧的纪实与虚构。

老舍先生说过：生在某一种文化中的人，未必知道那个文化是什么，像水中的鱼似的，它不能跳出水外去看清楚那是什么什么水。俗话有：女人如鱼，离了水哪能活？这段话，对女性的生存境况和迷茫倒是更好的注脚。但是，女人毕竟不是鱼，走过岁月，历经沧桑，在沉浮折腾之中，女人们有了或主动或被动地变换水的环境的可能，有的遨游大海，有的则成了涸泽之鱼，无论荣辱，或许会有蓦然回首的苍凉和感悟，那真是心酸眼亮的一刹那。

男性叙述何必始终无视女性生存与经验？如果说男性命定女性成为她们避风的港湾，那么，女性更愿意让灵魂栖息且舞蹈于从前只属于男性的前行的航船上。

福克纳曾言文学要比人们想的简单得多，因为可写的东西非常之少。所有感人的事物都是人类历史中永恒的东西，都已经有人写过。在这一点上，"低的天空"下的女人和"天高云淡"上的男人都一样。

陈染说过大气魄的话："如何在主流文化的框架结构中，发出我们特别的声音，使之成为主体文化的大'合唱'里的一声强有力的'独唱'……这将是一个最人文主义的、最全人类的问题。"[①]

（何静访谈胡辛《百花洲》2004 年第 1 期）

[①] 陈染、萧钢：《另一扇开启的门》，《花城》1996 年第 2 期。

别样视野的身体写作

——萧红笔下女人的生死场

摘　要　萧红的《生死场》《呼兰河传》是早在埃莱娜·西苏身体写作理论前就在本土萌生的荆棘树。萧红对底层劳苦女性的关注和展现，悲悯情怀中更有身临其境的心灵共鸣，从她的作品中分明看见自觉的性别意识、自觉的性别视角和独特的女性话语，看见女性身体写作的先锋性光芒。她的深刻的洞察力、穿透女性苦痛本源和别具一格的表现手法，不仅在同代女作家中，而且在整个现当代文学史中都是特立独行的一位。

关键词　萧红　身体写作　生死场　呼兰河传

20世纪初，弗吉尼亚·伍尔芙以女性的目光关注文学作品中的女性身体，经由60年代西蒙·波伏娃的倡导，再经露丝·依莉格瑞和朱丽娅·克利斯蒂娃的发展，到法国埃莱娜·西苏在《美杜莎的微笑》中首次提出这一概念："妇女必须参加写作，必须写自己，必须写妇女。就如同被驱离她们自己的身体那样，妇女一直被暴虐地驱逐出写作领域，这是由于同样的原因，依据同样的法律，出于同样的目的。妇女必须把自己写进文本——就像通过自己的奋斗嵌入世界和历史一样。"①

自20世纪80年代以来，西风东渐，中国女性写作逐渐成为一种"显学"。在女性写作的诸母题中，到90年代以后，"身体写作"遂成为跨世纪的热闹。但若溯源而上，从丁玲的《莎菲女士的日记》中可寻觅到对身体感觉苏醒的端倪，从萧红的《生死场》中洞察写作女性身体的悲恸

---

① ［法］埃莱娜·西苏：《美杜莎的笑声》，黄晓红译，见张京媛主编《当代女性主义文学批评》，北京大学出版社1992年版，第195页。

与惨烈,从张爱玲笔下"美好的身体取悦人"、苏青的"月经、生育、哺乳"的描述了然身体写作贯穿女性的日常生活!历经近乎 40 年女性身体写作的空白期后,翟永明们终用诗句叩醒了女性复又沉睡的身体,王安忆、铁凝则以女性的目光注视女性的身体,正是王安忆的"三恋一岗"和铁凝的"三垛一门",勇敢地撞开了"性爱"禁区的尝试后,才有林白、陈染们的冲锋陷阵的飞翔,身体写作似乎在本土已悄然成气候;但世纪之交的"跑调走腔"的变奏变异,并与商业"卖点"的一拍即合,成为欲望化狂欢式的"风景",在喧哗与骚动中已见荒芜,加之望文生义的误读、男性中心的拒斥,还有女性自身的局限,以至宿命地实践了致命的飞翔,为官方和民间所不容。可感、可叹、可惜……但不管怎么说,中国女作家的身体写作并非无源之水、无本之木。市场经济、商业卖点可能一时间毁了"身体写作",而对身体写作的探研以拨乱反正的意义就更见其重要了。

萧红的《生死场》《呼兰河传》是早在埃莱娜·西苏身体写作理论前就在本土萌生的荆棘树。从现有资料来看,尚无萧红生时接触过西方的女权主义理论之说,但是,我们从《生死场》中分明看见自觉的性别意识、主动的性别视角和独特的女性话语,看见女性身体写作的先锋性光芒。

一 女性生命蚀骨的痛楚

1935 年在鲁迅的鼎力扶植下,萧红的《生死场》得以面世,"给上海文坛一个不小的新奇和惊动"①,奠定了萧红在文学史上的地位。今日,重读《生死场》,依然会随之而战栗且震撼,更有一种蚀骨的痛楚,那就是"北方人民"这一统称中的"女性"的痛楚、女性身体的痛苦——萧红早早地将她那女性视点悲悯地落在了底层女性的身体上,用自己备受摧残的女性之身体写作更为悲惨的平民女性牲畜不如的卑微身体!

西蒙·波伏娃在《第二性》中尖锐地指出女性的身体对女人而言,"是生命本身的最大欺骗与不忠——生命虽藏在极有魅力的形式下,却始终受年老和死亡酵素的侵扰。男人对女人的使用,毁坏了她最珍贵的魔

---

① 景宋(许广平):《追忆萧红》,《文艺复兴》第 1 卷第 6 期,1946 年 7 月 1 日。

力；她背着沉重的母性负担，失去了性魅力；即便是不育，失去魅力也不过是个时间问题——一旦女人变得年老体衰和丑陋不堪，她会令人望而生畏。据说她会像植物那样凋谢和枯萎"①。

1. 惨烈的凋谢和枯萎

在《生死场》中，萧红以客观写实的笔调在"打鱼村最美丽也最温和的女人月英"的身体上烙刻下女性生命的不堪一击！往常"生就一对多情的眼睛"的月英，患了瘫病后，她的身体器官变成怎样了呢？"白眼珠完全变绿，整齐的一排前齿也完全变绿，她的头发烧焦似的，紧贴住头皮。她像一头患病的猫儿，孤独而无望"；"她的腿像两双白色的竹竿平行伸在前面，她的骨架炕上做成一个直角，这完全用线条组成的人形，只有头阔大些，头在身子上仿佛是一个灯笼挂在杆头！"当王婆为她擦臀部时，竟掉下一些蠕动的小蛆虫！这样冷静乃至冷酷的女人身体的描写，令人毛骨悚然、不寒而栗。生，也在地狱中的女人呵！在这个"生不如死"的女人身体面前，"红颜薄命""女人如蔷薇转眼就凋零"，都显得无足轻重！三天以后，月英的棺材葬在荒山下。从鲜活到腐败，从生到死，肉体昭然若揭着女性灵魂被肢解的蚀骨痛楚，如德国哲学家梅洛-庞蒂所认为的："身体取代思想主体的认识论至上性，身体是我们在世界中存在的关键，是我们直觉被设定的关键。也是我们获取经验和意义能力的关键。"②

月英惨不忍睹的境况固然是疾病和贫穷惹的祸，但她的丈夫的冷酷的态度不是更令人发指吗？他并不是个坏人，起初也算尽点责任，但见她快死了，竟用砖依住她！于是，排泄物淹浸了那座小小的骨盆，发出难忍的气味！女性的肉体一旦失去了青春和健康，不能成为建构男性主体的场所，不能担当物化的繁衍工具，那么，在男性眼里，"不仅是无魅力的客体——她们还引起夹杂着恐惧的仇恨！"③ 如果我们将瘫病的男女换个位，在宗法制的乡村，月英能对丈夫这般残忍地折磨吗？她敢这般明目张胆地虐待他吗？"人类的意义和审美的意义只有通过感性肉体的本体论中介才能得到自我揭示。"④

萧红在《呼兰河传》中，以一个四五岁女孩的视角，用素朴生动的

---

① [法] 西蒙·波伏娃：《第二性》，陶铁柱译，中国书籍出版社1998年版，第187页。
② 转引自 [美] 理查德·沃林《文化批评的观念》，商务印书馆2000年版，第171页。
③ [法] 西蒙·波伏娃：《第二性》，陶铁柱译，中国书籍出版社1998年版，第187页。
④ 转引自 [美] 理查德·沃林《文化批评的观念》，商务印书馆2000年版，第172页。

短语勾勒出老胡家的小团圆媳妇的体态：12岁的女孩，却长得十五六岁那么高，脸长得黑乎乎的，笑呵呵的；头发又黑又长，梳着快到膝间的辫子；坐到那儿坐得笔直，走起路来，走得风快；见人一点也不知道羞，头一天来到婆家，吃饭就吃三碗！健康的身体和单纯的心魄触犯了封建传统给小团圆媳妇打制的框架，违背了"几千年传下来的习惯而思索而生活"，况且她还有种本能反抗的"邪劲"，所以，婆家要灭绝她的身体本能，婆婆用针刺她的手指尖，用烙铁烙她的脚心，大腿则被拧得像一个梅花鹿似的青一块、紫一块！婆家还屡屡请大神压邪，全村则看热闹。最奇的一次跳大神的绝招是镇压身体——她婆婆喊着号令当众扒光她的衣服，将一丝不挂的她扔到盛满滚烫的热水的大缸里！尽管小团圆媳妇本能地反抗，逃命似地狂喊，可又怎扛得住众人七手八脚搅起热水来频频往她头上浇？当身体的挣扎声嘶力竭、倒在大缸里昏过去了，大神却仍不放过她，打鼓、喷酒、针扎手指；及至醒来，又重演此幕，直闹到三更天才散了场。她婆婆后又到扎彩铺去扎了一个纸人，烧"替身"以赶鬼。小团圆媳妇也在一个冰天雪地的冬日被残忍折磨而死，与月英死亡的季节相同。这一幕幕闹剧惨剧，既是以一个四五岁女孩的充满稚气的直观视角，又是漂泊异乡的作家本人以含泪之笑的回望视角，在这天真懵懂与辛辣幽默双重视角的女性身体写作中，"她的肉体在讲真话她在表白自己的内心。事实上她通过身体将自己的想法物质化了；她用自己的肉体表达自己的思想"[①]。从而深刻揭示出传统恶俗对女性生命的无视和蹂躏，折射出女性现实生存的悲惨且麻木的处境。

2. 生育的荒诞与荒凉

女性的身体决定女性不同于男性的生命状态，女人的月经周期与月亮运行周期一致，也许诗意的"女人是月亮"由此而生。女性的生命史从青春期到绝经期，几乎每个坎都得付出鲜血的代价：第一次初潮至每月的月经，第一次为人妻，每一次分娩都伴随着鲜血的流淌！女性停经之日只是步入老年，因此还有近乎一半的不能生育、可能也距离爱情更遥远的"无性别"人生！这种非凡的轻松对女人而言却又有种无形的沉重！因此，月经、痛经、妊娠、流产、生育、绝经等是女性独有的身体感觉和经

---

① [法]埃莱娜·西苏：《美杜莎的笑声》，黄晓红译，见张京媛主编《当代女性主义文学批评》，北京大学出版社1992年版，第194页。

历,也是女人们在劫难逃的生死场!这是没有如此亲历的男性作家难以书写出真实之感的。

萧红生活的时代,生育是件颇危险之事,女人的生产,也就是女人的生死场!她在《生死场》里将其称为"刑罚的日子",王大姑娘、五姑姑的姐姐、金枝、二里半的麻面婆子、渔村的李二婶子都经历过"刑罚的日子"。

对五姑姑的姐姐生产的过程,萧红可谓浓墨重彩,宛若一出另类惊悚剧,因为太可怖太疯狂便又太可笑。产妇已不能坐稳,在卷起了席子的草上爬行;而接生婆说会"压柴",把柴草卷起就让产妇在扬着灰尘的土炕上爬行。"光着身子的女人,和一条鱼似的。"从黄昏到天亮,女人被折磨得死去活来,家人开始预备葬衣了。这时刻借酒装疯的丈夫冲了进来,可恶可恨地用长烟袋掷向她、将一大盆水泼向她!"大肚子的女人。仍胀着肚皮,带着满身冷水无言的坐在那里。她几乎一动不敢动,她仿佛是在父权下的孩子一般怕着她的男人。"产婆强推着她走走,"她的腿颤颤得可怜。患着病的马一般,倒了下来"。就在大家都以为她必死无疑、拖着她站起来时,孩子掉了下来,"女人横在血光中,用肉体来浸着血"。哪有什么"太阳出世"的振奋和喜悦?只有女性身体如此脆弱又如此坚韧的战栗和慨叹。同时印证了"父权制文化秩序中身体作为女性的象征,被损害被摆布,然而却未被承认。身体这一万物和社会发展永恒的源头被置于历史文化和社会之外"。①

还像个小女孩的金枝的生产也是可怖的,就要临盆了,丈夫成业还要跟她温存,接生的王婆警告她:"危险!容易丧掉性命!"而女性的生命,从一出生起就遭遇轻贱,成业那么轻易地就把吃奶的女儿活活摔死!三天后,乱坟岗子上的女婴早已被狗扯得什么也没有。

写足了农妇的《生死场》,掩卷叹息,你会发觉,萧红的叙事文句简单得通篇皆为短语,朴素得甚至有稚拙之感,但那新鲜的修辞、越轨的笔致酿成她叙事的特殊魅力,又有着分明的震撼力。

8年后写作的《呼兰河传》,对女性身体与生育的生死场的铺陈则更见内敛和无奈。最后的第七章回忆磨倌冯歪嘴子和王大姑娘的故事,以女

---

① [英]玛丽·伊格尔顿编:《女权主义文学理论》,胡敏、陈彩霞、林树明译,湖南人民出版社1989年版,第359页。

童的视角见证了王大姑娘的两次生育,爬满黄瓜藤蔓的小窗掩饰着磨房的秘密,寒冬腊月面口袋下颤抖的母女在祖父的同情下终死里逃生;但正因了生育,原本被街坊邻人夸奖的王大姑娘的身体遭到全面颠覆,又高又大的大葵花、大眼睛膀大腰圆带点福相的她却成了一无是处的坏女人!在一个冷清寂寞的夜里,她于产后死了。"传说让这样的女人死了,大庙不收,小庙不留,是将要成为游魂的。"这种蚀骨锥心的痛不是呼天抢地可以了得的,哪怕有冯磨倌的爱的护佑,但因不为传统因袭所容,一样生无立锥之地,死后仍为游魂!

在男性中心社会中,尽管关于女性身体的代码系统无比丰富,但终归只是"空洞的能指",真正的女性身体始终是历史与文化的缺席者,这也正是菲勒斯得以统治的原因。萧红那渗透于话语的性别意识在对女性生理、心理的感觉和经验的展示中,不仅是对男性写作传统的背离和叛逆,对男性中心社会的挑战,对男性叙事中女性虚构的解构,而且是对女性生命的正视,是一种女性生命史与女性真实身体的崭新建构。

二 女性生命的共鸣与感受

由女性自己把身体带入文本进而带向历史与文化的空间,这是具有性别意识形态的一种女性写作方法和策略,也是一种别无选择的书写策略。因为,菲勒斯中心语言系统千百年来已成坚不可摧的垄断系统,女性如依旧用这样的语言写作是无济于事的。"写你自己,必须让人们听到你的身体,只有到那时,潜意识的巨大源泉才会喷涌,我们的气息才会布满世界。"① "妇女必须通过她们的身体来写作,她们必须创造无法攻破的语言,这语言将摧毁隔阂、等级、花言巧语和清规戒律。"②

萧红对底层劳苦女性的关注和展现,悲悯情怀中更有身临其境的心灵共鸣,而她却并非出身于底层,亦是一地道的知识女性,所以,她的深刻的洞察力、穿透女性苦痛本源和别具一格的表现手法,不仅是同时代女作家中,而且在整个的现当代女作家中都是特立独行的一位。从她的文本可

---

① [法]埃莱娜·西苏:《美杜莎的笑声》,黄晓红译,见张京媛主编《当代女性主义文学批评》,北京大学出版社1992年版,第188页。

② 同上书,第201页。

了然身体的重要不是纯粹的精神所能完全取代得了的。身体不仅仅指生理层面的肉体,而是身心二元对立的超越,也就是带着灵魂的身体,具有生存本体论的意义,灵魂渗透在身体之中。

1. 身体写作的亲历性

威廉·布莱克说:"时间是一个男人,空间是一个女人";露丝·伊利格瑞则言:"女性总是被当作空间来对待——反过来男性却总是被当作时间来考虑。"[①] 女性的生命、女性的肉体,生老病死、性事、生产,有着太多的苦痛和不堪!女性唯一拥有的身体空间,在岁月和男性的摧残中,又何来完整性和可靠性?

31岁生命之花即凋败的萧红本人身体状况是怎样的呢?许广平先生对她的第一印象是:"中等身材,白皙,相当健康的体格,具有满洲姑娘特殊的稍稍扁平的后脑,爱笑,无邪的天真,是她的特色。"然而,很快,满洲姑娘"面色苍白,一望而知是贫血的样子",才二十几岁就有"花白头发"了,时常头痛,据说还有一种"宿疾"——"每个月经常有一次肚子痛,痛起来好几天不能起床,好像生大病一样";"不相称的过早的白发衬着年轻的面庞,不用说就想到其中一定还有许多曲折的生的旅程"[②]。许广平的感叹是同为女性的身体的认知!

萧军在《萧红书简辑存注释录》亦写到萧红的身体:"她的头,她的胃,她的肚子……总在折磨着她。精神矛盾也总在折磨着她……总括起来,这全是由于长期生活折磨,营养不良……种下的病根(贫血),再加上她先天的素质也不好(据说她母亲是肺病死的),而又不喜欢做体力运动,于是就成了恶性的循环。再加上神经质的过度敏感,这全是促成她早死的种种原因。"[③] 男性的萧军作了社会的、阶级的、她者的分析,却忽略了来自男性(包括他自己)的原因。萧红的身体经受的种种病痛的折磨中,"我似乎注定了要一个人走路!"[④]——当是最可怕的孤独和寂寞。

粗枝大叶的萧军也承认:他是健牛,萧红则是病驴。于是感叹健牛和病驴共拉一辆车,不是拖垮了病驴,就是要累死健牛!很难两全的。并认

---

① [法]露丝·伊利格瑞:《性别差异》,朱安译,见张京媛主编《当代女性主义文学批评》,北京大学出版社1992年版,第374页。
② 景宋(许广平):《追忆萧红》,《文艺复兴》第1卷第6期,1946年7月1日。
③ 萧军:《萧红书简辑存注释录》,黑龙江人民出版社1981年版,第101页。
④ 聂绀弩:《在西安》,上海文化供应社1948年版。

为"同病相怜"的前提是"同病"！当时和后世的人们多感叹两萧的分手，殊不知，萧军与萧红之间无法消弭的距离，实质上是男性与女性迥异的空间差异。萧军尚且如此，更不用说颇为自私的 D. M 了。

萧红写作《生死场》前，已与父亲决绝，懵懵地未婚先孕又遭未婚夫抛弃，有过第一次生育、做了母亲，孩子却不知所终！可想见其笔端凝聚着历经孤独奋斗、情感受伤的女性个体生命的彻骨的体验。而当寂寞的她在香港写作回忆性的《呼兰河传》时，已经历了第二次生育，却依然没有留住孩子——孩子三天后死了！王大姑娘产后无声无息的死亡结局仿佛成了萧红的谶语。浸透了萧红对女性身体亲历的深切感受，其"身体写作"蕴含又迸发出女性生命的呐喊、挣扎和无奈。

2. 女人与动物的生死轮回

萧红的身体觉醒直面底层劳动女性，她以冷峻的惜墨如金又入木三分的叙述，表达出女人身体独自承受的无尽的痛苦和无边的无奈。与张爱玲婉约又旖旎的语言和技巧细腻展露人性的丑与恶不同，萧红几乎处处用动物来比喻女人们，像母熊，像耕种的马，像灰色大鸟，像猪，像爬虫，像猫头鹰，像鱼，像瘦鱼，像老鼠，像狗，像患病的猫……绝非轻蔑，也绝非居高临下的悲悯，而是身居其间、发自内心的荒凉和无助。她以另一种女性的"越轨的笔致"，简朴无华的短语装载"女人的生与死"一起坠落深渊，令人触目惊心。

胡风在《读后记》中曾将《生死场》与肖洛霍夫《被开垦的处女地》相提并论："《生死场》底作者是没有读过《被开垦的处女地》的，但她所写的农民们底对于家畜（羊，马，牛）的爱着，真实而又质朴"，"蚁子似地生活着，糊糊涂涂地生殖，乱七八糟地死亡，用自己的血汗自己的生命肥沃了大地，种出了粮食，养出畜类，勤勤苦苦地蠕动在自然的暴君和两只脚的暴君底威力下面"。[①] 那么，而我将《生死场》与加西亚·马尔克斯的《百年孤独》比较看，萧红始终将女人的生与死与动物的生与死交替着描述，融会在一处讲述，比马尔克斯将毫无节制的情爱与动物疯狂繁殖"魔幻"结合起来写的那份直觉和敏锐，早了近半个世纪！

《生死场》第六章"刑罚的日子"开端，在五姑姑生产之前，萧红以貌似不经意的笔调写道："房后草堆上，狗在那里生产。大狗四肢在颤

[①] 萧红：《生死场·后记》，黑龙江人民出版社 1980 年版，第 120 页。

动,全身哆嗦著。经过一个长时间,小狗生出来。""暖和的季节,全村忙著生产。大猪带著成群的小猪喳喳的跑过,也有的母猪肚子那样大,走路时快要接触著地面,它多数的乳房有什么在充实起来。"五姑姑的姐姐不如牲畜生产后,萧红又如是描述:"四月里,鸟雀们也孵雏了!常常看见黄嘴的小雀飞下来,在檐下跳跃著啄食。小猪的队伍逐渐肥起来,只有女人在乡村夏季更贫瘦,和耕种的马一般。"

还是这一章的结尾,萧红言简意赅地写了二里半的麻面傻婆娘生产的闹剧和因小产快死了的李二嫂,但皆"化险为夷":"等王婆回来时,窗外墙根下,不知谁家的猪也正在生小猪。"

"在乡村,人和动物一起忙着生,忙着死……",乡村女人,真的像牛马一样,"在不知觉中忙著栽培自己的痛苦"。

三 萧红身体写作的先锋性

有男性女性主义理论研究者指出:身体写作其本意"并非直接用一种身体语言或姿态去表达或诠释意义,而是只用一种关于'身体的语言'去表达女性的整体的、对抗逻各斯中心主义的全部体验"①。言之有理,但是,其实何必避讳女性以身体写作女性身体?因为即便如此,又何罪有之?恩格斯指出:"妇女的皮肤是历史发展的,妇女头发是历史发展的,如果把她身上一切历史形成的东西一起统统去掉,在我们面前所呈现的原来的妇女,还剩下什么呢?干脆地说,这就是雌的人类。"② 人的自然属性中已然包含了社会历史内容,当身为女人的萧红,徜徉于中国女人的血泪哭泣浸透的时空长河里,以女性身体感知写作女性身体,真是严肃又严酷!其直面女性痛苦的身体有着前卫的勇猛和先锋性的决绝。当然,的确也是一种文化策略强调的是"妇女必须把自己写进文本","嵌入世界和历史",以对男性中心社会父权制文化秩序进行解构和颠覆。

---

① 林树明:《身/心二元对立的诗意超越——埃莱娜·西苏/女性书写论辨析》,《外国文学评论》2001年第2期。

② [德]恩格斯:《致保尔·恩斯特》,《马克思恩格斯全集》第37卷,人民出版社1988年版,第407页。

1. 身体写作先锋与边缘性

无须讳言，萧红的写作，无论是融入战火纷飞的大时代抑或呈疏离态，都呈现女性独特的个体性和私语性，也许于主流话语而言有边缘叙事倾向，但是，在岁月长河的淘洗中，她对女性生命尤其是女性身体的极端敏感、真心关注和深切考问，却越来越显示出其重要性、深刻性和无可磨灭的先锋性。

美国学者葛浩文先生认为《生死场》"作者原意只是写出她个人日常观察和生活体验中的素材——她对家乡的农村生活以及他们在生死边缘挣扎的情况，贯穿《生死场》全书唯一最有力的主题就是'生'与'死'相走相亲、相生相克的哲学"①。其实并没有走出鲁迅评价的视阈。葛浩文似乎强调《生死场》被政治化误读了，但是，反法西斯战争题材、抗日爱国反帝主题与生死哲学与女性生死绝不是水火不容的关系。20世纪三四十年代是中华民族面临生死存亡的特殊年代，"抗日救亡"是这个时代的呼声和普遍社会心理，如果抽去这些，删除背景，我们如何从原始愚昧、麻木混沌的乡村生命真相中寻觅北方的人尤其是女人"生的坚强和死的挣扎"？如何从人和动物一起忙着生忙着死的生死轮回的悲惨图景中震惊对生命的冷漠与亵渎？

《呼兰河传》貌似远离了抗战现实，但实质上是《生死场》的前传！也是萧红成长的地域史的铺叙与挖掘，是我们大老民族生存环境的缩影，萧红如孙犁所言，毕竟"汲取的一直是鲁门的乳汁"，是呼兰河畔以血泪和生命开出的一枝文学奇葩，带着一路的尘沙。当年《呼兰河传》问世后，有人贬斥为"现实的创作源泉已经枯竭"又"耻于诉说个人的哀怨"，于是无可奈何地"在往昔的记忆里搜寻写作的素材"罢了，"生活的真实似乎已降到次要地位了，那优美的农村图景，浓厚的地方情调，和作者私人的怀旧的抒情，被提到一定的意义——萧红已经无力与现实搏斗，她屈服了"②。——这真是对萧红的苛求和曲解，也可谓"男人怎知女人心"了！

"这是用钢戟向晴空一挥似的笔触，发着颤响，飘着光带，在女性作家里面不能不说是创见了。"③ 这是胡风透过民族矛盾的浓雾厚云透视出

---

① ［美］葛浩文：《萧红评传》，北方文艺出版社1986年版。
② 石怀池：《石怀池文学论文集·论萧红》，耕耘出版社1945年版，第92—105页。
③ 萧红：《生死场》（胡风读后记），黑龙江人民出版社1980年版，第122页。

性别萧红的创见性,其实也恰恰是女性性别的深刻性先锋性所在。年轻的萧红即以女性身体的感性体验,了然中国女性尤其是底层女性生存困境的严酷,且伴随着永恒的灾难。她自觉地用女性的视角来看女性,以笔书写女性生存的血泪浸透书页,在男性话语的世界用碎片的拼贴强撑起一个女性话语的新空间。萧红正是以女性的文化立场和话语方式来表达对父权制文化的抗辩,表达其人文的终极关怀。

2. 身体写作的黑色幽默性

有学者指出萧红小说散文化抒情特质中的讽刺性,窃以为是中国式的黑色幽默。"黑色幽默"是20世纪美国文学的重要流派,"是一种绝望的幽默在文学上的反映,它试图引起人们的笑声,作为对生活中显而易见的无意义和荒诞的最大的反响"[①]。20世纪60年代海勒的小说《第二十二条军规》为其代表作。而萧红的《生死场》和《呼兰河传》等却早早地浸淫着黑色幽默的智慧和荒诞,还有女性生命底色的荒凉!

生活中的细枝末节、日常熟视无睹的现象、被淡化被忽略被扭曲的原本应当是大事而变成小事的女人的事,如生育、哺育、养育、居家过日子、疾病、死亡等等,萧红关注着并展示着。萧红笔下生发的对种种生活细节片断的回忆缀连,在淡淡浓浓的抒情之外,还有非常强烈的黑色幽默性。

学者多注目《呼兰河传》开篇的大泥坑不动声色的反讽,殊不知《生死场》早已有黑色幽默元素。"五姑姑的姐姐"生育的荒凉闹剧,那个酒疯子红脸鬼丈夫每年见妻子生产就要这般闹,真让人啼笑皆非!即便在正面人物强悍的王婆身上,亦不妨幽她一默。王婆阅历广,有决断,她是庄上的接生婆,为瘫痪的月英鸣不平,恨地主,恨鬼子,儿子当了红胡子被杀后她自杀又回转过来,经验过多样人生,但一样无视生命,遇上难产妇她就拿钩子菜刀将孩子从娘肚子里搅出来,女儿小钟摔在铁耙上死了,见平儿穿了丈夫的靴子,竟一阵风般扑了上去扒下,让赤脚的平儿走在雪上,好像走在火上一般不能停留!无论是谁家的孩子把爹爹的棉帽偷着戴起跑出去的时候,妈妈皆要追上打骂夺回来,"农家无论是菜棵,或是一株茅草也要超过人的价值"。

到了《呼兰河传》里,"钱比命金贵"则演绎得无比幽默,何况小小

---

① 修倜:《当代中国电影中的黑色幽默》,《电影艺术》2005年第1期。

的身体器官！虐待小团圆媳妇且置其于死地的婆婆不仅不是一个坏人，相反，她是为了"拯救"小团圆媳妇！她花了不少钱接大神驱鬼、寻偏方、抽帖儿，其中被所谓的云游真人诓骗了五十吊钱，萧红接着不厌其烦用了1800字写这五十吊钱的不凡来历及与她手指的故事：这是她出城去到豆田里拾黄豆粒，一共拾了二升豆子卖的几十吊钱，而有一棵豆秧刺了她的手指甲一下，当夜指甲就肿成了茄子似的，再几天，已经和一个小冬瓜似的了，连手掌也无限度地胖得像大簸箕似的！好像一匹大猫或者一个小孩的头似的！历经手指从茄子—小冬瓜—大簸箕——匹大猫或者一个小孩的头似的变化，熬到"这手要闹点事"时，万不得已才花三吊两吊钱买二两红花酒搽搽。让人忍俊不禁又悲叹不已！女性自己对自己的身体也是悭吝且糟践的！对自己的儿子也同样暴虐，因他踏死了一个小鸡仔，她就打了他三天三夜，因为一个鸡仔就是三块豆腐！诸如一吊钱买豆腐、十吊钱养鸡、喂鸡、卖鸡蛋、拿鸡蛋换青菜之类民间故事的嫁接，将这些女性思维的荒诞谬误表达得淋漓尽致，反衬出她们对待生命的漠视和亵渎。

  小团圆媳妇肉体被热烫洗澡致死的这一极端愚昧恐怖的场景，萧红用一个小女孩好奇的视角造成间离效果，尚未涉世的女孩懵懂无知，用她的眼睛看愚妇及其热心善良的"帮凶"们的极其真诚的表演，场景叙事的冷静客观与众愚妇的兴味盎然的投入形成强烈对比，在残忍和荒诞中，呈现出绝望的幽默。

  女性被社会摧残、男性摧残、女性相互摧残和自我摧残的结局，萧红仍以女孩的听闻为果，那是东大桥下每当阴天下雨便哭泣的冤魂枉鬼。小团圆媳妇的灵魂则变了一只哭哭啼啼要回家的很大的白兔，只要有人搭理，白兔擦擦眼泪，就不见了；若没有人理她，她就哭到鸡叫天明。真是满目荒凉。女性冤屈的倾诉的要求是这样廉价，可有多少人在认真地倾听呢？"回家"——难道不是萧红本人当时的心境和心声吗？尽管对荒凉的家是爱恨交加的。

  同为女性作家，萧红前有丁玲、后有张爱玲、苏青，皆对女性身体极端敏感、真心关注和深切拷问，应该说各有千秋。但因各自身处的社会环境、文化语境的差异，她们所描摹叙述的女性对象是迥异的，叙述主体的立场、视角和情感是不尽相同的，语言的风格亦各具特色，但从女性生命力透纸背的"对于生的坚强，对于死的挣扎"的深刻挖掘，从以客观的冷峻、主观的炽热，在冰火交融中写出底层妇女身体的苦痛、屈辱和无奈,从"女性作者的细致的观察和越轨的笔致"的"明丽和新鲜"来看,萧红当属第一。无论是回到文本还是直面她的坎坷人生,她都是歌德所言的"永恒之女性,引领我们飞翔"。

(胡辛、何静《江西社会科学》2011 年第 11 期;后以《萧红笔下女人的生死场——中国女性身体写作的先锋光芒》收入《萧红百年诞辰纪念论文集》,黑龙江人民出版社 2013 年版)

附:萧红故乡的怀想

2011 年 6 月 1 日是中国女作家萧红百年诞辰纪念日,百年前的这一天是端午节。在我们南方人眼里,这是个夏天的纪念日子。然而,踏上哈尔滨的土地,扑面而来的却是纷纷扰扰的杨花柳絮,再看柳林杨树,可不,全然江西初春葱绿的娇嫩之态。白居易诗:"人间四月芳菲尽,山寺桃花始盛开",信然。只有北国的榆树上一嘟噜一嘟噜的榆钱儿却耷拉着,初春老百姓所钟爱的满口香这时见老了,随风落下一地的榆钱儿,薄如蝉翼,直径不足半厘米,任凭人们践踏,却仍见本白色,当地人说,这是榆树的种子。

萧红故居也有一株古老硕大的榆树。2002 年严冬第二届中国女性文学奖在哈尔滨冰雕节期间颁发,因会议未安排参观萧红故居活动,会议结束后,我打的到呼兰县,那可是在县城主街旁龙王庙胡同里,曲里拐弯,略见冷清,更觉神秘。院内有一幢长方形的"五间房",厅堂正中,东边主房有萧红呱呱坠地之炕;不远处是长工居住的另一溜长房,那时节都正在维修。院里有萧红的雕像,就坐落在地上,白雪落了她一肩,抬手即可轻轻地抹去那冰凉的积雪,不免遐思万千。今天,过了呼兰河大桥,见着县城,一径开去,眨眼就见到大路旁的新建筑物萧红纪念馆和翻新的萧红故居,周围的"障碍物"一一拆除,的确雄伟轩昂,但这种扑面而来却太感一览无余!萧红故居比起那年冬天所见扩展了许多,汉白玉的萧红雕塑亦高高在上,萧红文本中屡屡提及的祖父的后花园已颇具规模,青翠中见姹紫嫣红。这可能跟成都的杜甫草堂一样,何处去寻为秋风所破之茅屋?

萧红当年就读的小学已更名为萧红小学,也有萧红的雕像,校园内被定为市级文物保护的龙王庙则摇摇欲坠,随时都有坍塌的危险,但那千真万确是清代的建筑,青灰色的屋瓦青灰色的砖墙,就这样镇守在宽阔的呼兰河畔。小小县城里还保留着建于光绪三十四年的天主教堂,也不知非常岁月中何以保留下来的?教堂外有一株千年老榆树,周遭也有粗粗细细的榆树。而今,呼兰县已成为哈尔滨市的一个区了,随着现代化建设的快速脚步,真不知还会保留多少原汁原味的当年萧红笔下的小镇风貌?

6月2日纪念萧红百年诞辰学术研讨会人员集体参观萧红故居,夏风清凉,阳光和煦,因参观者熙熙攘攘摩肩接踵,颖峰提议3日再结伴重游呼兰,没想到雨疾风凉,萧红故居就只有我们这江南塞北的四位老少女子,仿佛间时空穿越与萧红作了心灵对话。萧红自19岁抗婚离开家乡,漂泊始终:哈尔滨、北京、大连、青岛、上海、东京、武汉、临汾、西安、重庆、北碚、香港,颠沛流离,其离乡的决绝与怀乡的深切,其对底层平民的"哀其不幸、怒其不争",其女性意识的先锋性与身体写作的严酷性,都显现了她的深刻和悲悯。如果说,加西亚·马尔克斯在他的《百年孤独》中,将毫无节制的情爱与动物疯狂繁殖"魔幻"地结合在一起,那么,萧红始终将女人的生与死与动物的生与死交替着描述,那份直觉和敏锐,比马尔克斯早了近半个世纪!但她深知:"女性的天空是低的,羽翼是稀薄的",她了然:"我似乎注定了要一个人走路!"31岁时折断金翅,"身先死,不甘,不甘"。

下午3点雨歇风止,我们来到西岗公园萧红的青丝冢前,据说是端木在萧红临终时剪下来的一缕纪念青丝,但骆宾基的《萧红小传》写的又是另一情景,那一代人多已逝去,只有青丝是永远的青丝!

在萧红青丝冢前,哈尔滨女子雪梅特地从家里带上一只盛水的雕花玻璃瓶,我们虔诚地献上了12朵洁白的玫瑰。1944年12月20日,诗人戴望舒曾写下《萧红墓畔口占》:"走六小时寂寞的长途,到你头边放一束红山茶,我等待着,长夜漫漫,你却卧听着海涛闲话。"至今读来,依旧怦然心动。此刻环视墓地周遭,又是12株并不见古老高大的榆树,难道说是这个柔弱女子短暂又永恒生命的象征?

想那年冬天我们参观了萧红故居后,亦想一见萧红青丝冢,但的士司机不肯,后加价才勉强开去,一路寻问,知之者甚少,好不容易到了西岗公园,漫天皆白,又询问萧红墓,多摇头,后幸遇一中年知识女性才热情指路，但那时候的萧红青丝冢周围已用铁栏杆围就，我们就扒住铁栏杆瞻仰，在寒风中不知不觉已泪流满面，正是"流得那岁月短又长"！不过几年，眼下呼兰区没有人不知道萧红！文化与旅游结缘当是幸事，但如若仅仅是为了金钱效益，那又未必是幸事了。况且，又有多少人真正懂得纪念萧红的意义所在呢？包括我自己。鲁迅称她的《生死场》将"北方人民的对于生的坚强，对于死的挣扎，却往往已经力透纸背"，当今有的研究者认为如是说遮蔽了萧红强烈的女性意识，但是，民族压迫、阶级剥削、性别歧视并不是非此即彼；渔村最美的女人月英的凋谢乃至腐烂，是女性生命的哀歌；金枝饱受丈夫成业的"常规欺负"与十年后在日本鬼子铁蹄下的挣扎皆浸淫着性别压迫；《呼兰河传》中的小团圆媳妇的命运不仅仅是女性的悲歌更是人类愚昧的写照。而茅盾认为《呼兰河传》："它是一篇叙事诗，一幅多彩的风土画，一串凄婉的歌谣。"则是从"一些比'像'一部小说更为'诱人'些的东西"而言，葛浩文认为这种"文体巅峰之作""在时空上距战时越远就越认为该书是写作技巧上最成功之作"。是否可以说，如若没有鲁迅的倾心扶植，没有茅盾的真诚理解，没有萧军的拔刀相助，没有胡风、聂绀弩、骆宾基等的认同，薄命红颜的萧红也许遭遇的是湮没！当然，最关键的是萧红是以血泪和生命绽开了文学奇葩，无论是回到文本还是直面她坎坷的人生，她都是歌德所言的"永恒之女性，引领我们飞翔"。她的近百万字的作品印证了："一切都将逝去，只有好的作品永存。"

（《江西日报》2011 年 6 月 17 日）

看与被看的风景

1924年,匈牙利电影理论家贝拉·巴拉兹指出,电影重新唤起人类"看的精神"——"纯粹通过视觉来体验事件、性格、感情、情绪甚至思想",使"人又重新变得可见了"。①

电影洞开了一扇扇重现世界的窗口,似乎留住了那原本"一去不复返"的时空!这一扇扇窗口为有限生命的人类丰富了自然和物质世界的图景,更重要的是,电影让人们看到了人的内心,无论是编导的揣摩、演员的表现抑或观众的观看和感悟,这一切比以往的"过眼烟云"是多么的丰富多么的不同却又是多么的无奈。

那么,电影中的女性形象是怎样的呢?自从电影诞生以来,女性形象已成为银幕上常看常新永看不厌的一道道亮丽风景。法国著名导演特吕弗说:"电影是女性的艺术。"② 这是充满了善意的赞美之词。

的确,回眸百年银幕,多姿多彩的女性形象给人们留下了难以忘怀的印象和追思。谁能忘却《魂断蓝桥》《乱世佳人》中的费雯丽、嘉宝与《瑞典皇后》,奥黛丽·赫本与《罗马假日》,英格丽·褒曼与《卡萨布兰卡》……好莱坞的女明星就是夜空中璀璨的星星让人们仰望赞叹。而没有女性形象的电影寥寥无几,《阿拉伯的劳伦斯》《撒哈拉大沙漠》《沙漠追匪记》等成功影片屈指可数。诚如冰心所说:世界上若没有女人,这世界至少少了十分之五的"真",十分之六的"善",十分之七的"美"。③ 然而,自母权制被颠覆以来,女性在男性中心社会里一直处于从

---

① [匈牙利]贝拉·巴拉兹:《电影美学》,中国电影出版社1986年版,第26页。
② 转引自张广昆《中国男导演眼中的女性形象——谢晋、凌子风、白沉、张艺谋创作比较谈》,《电影艺术》1993年第6期。
③ 转引自胡辛《中国女性文学纵览》,《南昌大学学报》2001年第4期。

属地位，男权话语一统天下，女性没有话语权，女性的生存没有历史，女人没有真相，何以能在电影银幕上统领风骚，成为百年"主角"？电影中的女性形象究竟在多大程度上还原了女性生存的真相？关于女性的表述又能有几分真实？

很少有人去专注执着地思考这个问题，电影的商业性娱乐性让人们在"看"中得到快感和满足就行了。直到1973年，女权主义电影批评家劳拉·穆尔维发表《视觉快感与叙事性电影》一文，人们似乎才从熟视无睹中猛醒：所谓好莱坞经典电影，其实是通过女性的银幕影像的制造，有力地维护了男性社会的秩序，使女性永远处于从属的"被看"的被动的位置上。①

似石破天惊，将人们熟视无睹之观影现状一针见血地戳穿。

虽然克拉考尔也认为："明星是根据需要定做出来的。要解释他对观众的魔力，就必须承认那是因为他的银幕形象满足了当时很普遍的某些愿望——跟他所表现的或暗示的生活方式有联系的某些愿望。"②

但是，男性与女性的视角毕竟不同。劳拉·穆尔维是从女性的视角去思考，她认为："在一个由性的不平衡所安排的世界中，观看的快感在主动的/男性和被动的/女性之间发生分裂。决定性的男性凝视把它的幻想投射到照此风格化的女性形体上。在她们那传统的裸露癖角色中，女性同时被观看和被展示，她们的外貌为了强烈的视觉和色情冲击而被编码，从而能够把她们说成具有被观看性（to-be-looked-at-ness）的内涵。"③

"好莱坞风格（包括一切处于它的影响范围之内的电影）的魔力，充其量不过是来自它对视觉快感的那种技巧娴熟和令人心满意足的控制。"④好莱坞的视觉快感模式和叙事成规，即是为了将女性形象永置于"被看"的位置，满足观众，尤其是男性观众"看"的本能欲望，这种控制形成了视觉秩序。也许，这种批评方法不无偏激，但你得承认不无道理。

固然，谁也不可能处于绝对的看或被看的位置。人活在世上，无时无

---

① 汪流：《中外影视大辞典》，中国广播电视出版社2001年版，第40页。
② ［德］齐格弗里德·克拉考尔：《电影的本性——物质世界的复原》，邵牧君译，中国电影出版社1981年版，第127页。
③ ［美］劳拉·穆尔维：《视觉快感与叙事性电影》，周传基译，收入李恒基、杨远婴主编《外国电影理论文选》，上海文艺出版社1995年版，第567—568页。
④ 同上书，第564页。

处都处于看与被看中，恰如卞之琳的《断章》所言：你站在桥上看风景/看风景的人在楼上看你/明月装饰了你的窗子/你装饰了别人的梦。但关键是看与被看的心理姿态，是平视、仰视还是俯视？这折射出是平等对视、敬重崇拜还是轻蔑猎奇。

还有，关键的关键是：几千年来的男性中心社会已剥夺毁灭了女性"看"的本能！女性习惯于"被看"的位置。如果说"几千年来，妇女都好像是用来作镜子的，有那种不可思议的微妙力量能把男人的影子反射成原来的两倍大"①。那么，偶尔僭越抬眼的女性，在男性这面镜子中，瞥见的是自己模糊而渺小的身影，那绝对不止缩小一半。社会生活中的女性长期生活在男权社会显性隐性的"看"的目光下，种种的深闺戒律把女性牢牢锁住，从呱呱坠地起便在男性铸造的框架中忍气吞声、小心翼翼地成长，变成男性社会所期待的女人。是波伏娃的《第二性》喊出："女性不是天生的，而是生成的。"② 男女两性固然在先天的生理方面有着不可逾越的差异，但是，女人成为"第二性"，是男性主宰女性顺从的后天"教化"而成，就像龚自珍《病梅馆记》中的"病梅"一样。

在女性成长的历程中，"被看"是一种尴尬，亦是一种可悲的"幸运"，是形成她们整体性格的内驱力。没有"被看"，女性将作为一个"○"的形象被压迫到真正的无，不留下一丝痕迹。而有了"被看"，她们给看者的印象将成为她们一生成败祸福的缘由，当然，自古红颜多薄命，红颜祸水，女性又成为男人们亡国丧家的借口和他们历史罪证的挡箭牌。女性生活在看者的目光中，女性的命运也掌控在看者的手掌心里。"她承受观看，迎合男性的欲望，指称他的欲望。"③ 于是，她们丧失了自我，有的只是给看者的欲望的需求。这就是千百年来女性成长生存的真相。天长日久，一代一代又一代，女性对此似乎早已习焉不察了。但电影银幕的出现，在光电的聚焦下，这种被看地位被无情地凸显出来，女性们的被看更是无处遁逃了。

"绝大多数主流电影，以及其中有意发展出的成规，都描绘了一个极度封闭的世界，它无视观众的存在，而是魔法般地展开，为他们创造一种

---

① [英] 伍尔芙：《一间自己的屋子》，文化生活出版社 1947 年版，第 143 页。
② [法] 西蒙·波伏娃：《第二性》，陶铁柱译，中国书籍出版社 1998 年版，第 309 页。
③ [美] 劳拉·穆尔维：《视觉快感与叙事性电影》，《影视文化》第 1 期，文化艺术出版社 1988 年版，第 41 页。

隔离感，并激发他们的窥淫幻想。此外，观影厅的黑暗（它也把观众们彼此隔绝）和银幕上移动的光影图案的亮丽之间的极端对比，也有助于促进各自窥淫的幻觉。虽然影片确实是放映出来给人看的，但是放映的条件和叙事的成规却给观众一种观看隐秘世界的幻觉。"①

是的，在电影院这一黑漆漆的空间，一排排的观众仍有隔离感和安全感，每个人的目光都对准闪亮的银幕，从银幕上所看到的女性形象被编码成强烈的视觉和色情感染力，极具被看性的内涵。一黑一亮的环境，又激发了观众的窥视欲望，把他的幻想投射到照此风格化的女人形体上，电影成就了男性的白日梦。银幕上的女性形象便成了男性欲望的被看对象，成了众多男性目光的欲望对象；而女性形象，本身只是一个空洞的能指符号，一个永恒的客体。

父权社会的集体无意识就这样结构了电影的形态。

一 苦情中的悲剧旦角：伦理整合家庭重建的女性符码

毛泽东在《湖南农民运动考察报告》中指出：中国的男子，普遍要受三种有系统的权力的支配，即：（一）由一国、一省、一县以至一乡的国家系统（政权）；（二）由宗祠、支祠以至家长的家族系统（族权）；（三）由阎罗天子、城隍庙王以至土地菩萨的阴间系统以及由玉皇上帝以至各种神怪的神仙系统——总称之为鬼神系统（神权）。至于女子，除受上述三种权力的支配以外，还受男子的支配（夫权）。这四种权力——政权、族权、神权、夫权，代表了全部封建宗法的思想和制度，是束缚中国人民特别是农民的四条极大的绳索。②

杰克·贝尔登在《中国震撼世界》中也写道："三千年来中国的政治权力始终与对妇女的控制有着密切的关系。……中国宗法社会也植根于家长的地位以及它作为物质财产源泉的妇女的占有……妇女当奴隶成为私有财产和统治阶级传宗接代工具的地位不仅对总的中国社会甚至国家结构下至农村上至朝廷都产生了影响。……中国妇女的地位低下不仅给妇女本身

---

① [美] 劳拉·穆尔维《视觉快感与叙事电影》，周传基译，收入李恒基、杨远婴主编《外国电影理论文选》，上海文艺出版社1995年版，第565页。

② 见《毛泽东选集》第1卷。

带来可怕的结果,同时也造成社会上人与人之间各方面的关系遭到破坏……"① 于社会最底层的女性,诚如戴锦华所说:"女性在我们这个社会中,从古至今是处在被看的位置上"②,"女人仅仅是男人文化、心理、生理,或者说男性目光的对象,一个永恒的客体"。③ 中国电影又何能逃出好莱坞的视觉快感模式和叙事成规?如果说诞生于 1905 年的中国第一部电影《定军山》,是没有女性的舞台,但有"商人之先觉者"之称④的任泰丰,他最初考虑的仍是商业经营。很快,由小麻姑扮演的《纺棉花》(1908)搬上银幕,接下来,梅兰芳主演的《春香闹学》(1920)、《天女散花》(1920)中的人间天上的"女性"形象夺人眼球,可以说无声电影时代的电影经营者多为纯粹的商业运作,以盈利为最终目的。女性形象伴随着商业运作自然而然地出现于银幕,当然,其中也不排斥融会着男性电影人对女性的同情和声援。

1913 年中国民族电影事业的开拓者郑正秋、张石川导演的第一部短故事片《难夫难妻》,是中国故事片摄制的开端,首开家庭伦理剧之先河。"从媒人的撮合起,经过种种繁文缛节,直到把互不相识的一对男女送入洞房为止。"⑤ 清一色皆由男性扮演。同年,曾在上海经营过亚细亚影业公司的美国人布拉斯基出资并提供技术,由在香港"人我镜"剧社的黎民伟以华美影片公司的名义拍摄的短片《庄子试妻》中,黎民伟的妻子严珊珊在剧中饰演了配角"扇坟"的使女,成为中国第一个现身银幕的女性。如果说《难夫难妻》只不过初具家庭伦理剧的雏形,那么,历经《黑籍冤魂》(1916)中一个家庭在鸦片的毒害下由兴到衰的悲憾、《劳工之爱情》(又名《掷果缘》,1922)一对年轻男女向家长争取爱情的嬉闹,再到《孤儿救祖记》(1923)中一个家族十年的变迁,已发展成为典型的家庭伦理剧。剧中女主角余蔚如的饰演者王汉伦成为中国银幕第

---

① [美]杰克·贝尔登:《中国震撼世界》,转引自周晓明《中国现代电影文学史》,高等教育出版社 1987 年版,第 215 页。
② 戴锦华:《犹在镜中——戴锦华访谈录》,知识出版社 1999 年版,第 199 页。
③ 同上。
④ 《北京电影事业之发达》,载《电影周刊》第 1 号,1921 年北京出版;转引自李少白《影史榷略——电影历史及理论续集》,文化艺术出版社 2003 年版,第 258 页。
⑤ 转引自程季华《中国电影发展史》,中国电影出版社 1963 年版,第 18 页,据前引钱化佛口述《亚细亚影戏公司的成立始末》。

一个女主角演员，也成了大众眼里认同的"贤媳/良母"形象。余蔚如在夫亡的悲痛中，又受人中伤离间，被公公逐出家门，忍辱负重生下遗腹子余璞，含辛茹苦十年培养儿子成才，最后还救了公公性命和家产，终真相大白，以大团圆结局。

《玉梨魂》（1924，郑正秋改编，张石川、徐琥导演）改编自鸳鸯蝴蝶派鼻祖徐枕亚的同名长篇小说。小说中，"发乎情、止乎礼"的年轻寡妇白梨影因郁郁寡欢而亡，何梦霞的新妇也难产而死。电影却有着光明的结局：书生何梦霞投笔从戎、离家出走，梨娘死后，何梦霞新妇筠倩带着梨娘的遗书和孤儿千里迢迢寻找夫君，两人终相拥和好。《歌女红牡丹》（1931，洪深编剧，张石川导演，胡蝶主演）中京剧女艺人红牡丹对无赖丈夫的折磨虐待忍气吞声，丈夫卖女儿失手杀人关进监狱后，红牡丹仍想方设法救他出狱！精诚所至，金石为开。她的丈夫终被感动了。

白梨影、筠倩也好，余蔚如、红牡丹也罢，她们的隐忍，她们的忍辱负重，都是为了丈夫、为了儿子、为了家族，一言以蔽之，为了男性，为了男性社会而活着，才能活出个样儿，善始方有个善终。这些银幕之花，再现了代表男性铸造的传统妇女观的女性总体形象。在男权统治的社会下，她们无一能逃离悲剧的人生命运。悲苦无着，孤立无助，她们的历尽磨难修成正果，绝非强者，而是灵魂的弱者。女性沦为男性的附庸，是男性中心社会手中的女性木偶，是按照男性话语方式、男性道德范式、男性审美标准，约束、规范、扭曲出来的第二性，否则便无立锥之地，女性仍是无足轻重的、被忽视的，是真正的缺席者。

纵览横观近百年的中国家庭伦理剧，已然成了中国电影乃至今日电视剧一以贯之的重要类型剧。在中国早期电影的家庭伦理片中，女性多是苦情中的悲剧旦角，是伦理整合家庭重建的符码。通过伦理的再次整合、家的重新建立，稳固了危机中的社会秩序；即便涉猎爱情，亦通过青年男女伦理的结合，完成了秩序的延续。同时，以塑造和强化女性的悲苦形象来赚取观众同情的眼泪而获得票房号召，也是中国早期电影不言而喻的叙事和商业策略。女性身体和精神的双重悲苦被展示在银幕上，在男性欲望和部分女性漠然的观看下，成为流泪的风景、叹息的对象。

二 抗争中的无奈结局：男性援助中的女性放逐与逃离

1925年，由南星影片公司的谢采真自编自导自演了一部电影故事片《孤雏悲声》，谢采真成了中国电影史上第一位女导演，为女性与电影的真正结缘揭开了序幕。同年，长城画片公司摄制的故事片《爱情的玩偶》上映，该片的编剧濮舜卿是导演侯曜之妻，她也是中国第一位电影女剧作家。

可惜的是，这样的女性导演、编剧在中国第一代、第二代中寥若晨星，实属凤毛麟角。女摄影师更是百年空缺。女性在电影领域，除了银幕之花大放异彩，其他的仍处于边缘位置，难以与男性抗衡。

西蒙·波伏娃言："所有男人写的关于女人的书都应加以怀疑，因为男人的身份有如在讼案中，是法官又是诉讼人。"[①] 所以，西方女权主义者认为，任何男性作家对女性命运的叙述，客观上都不能超越其男性的视角，那么，中国男导演镜头中的女性形象能超越男性视角吗？应该是不乐观的，但同时要承认的是，对中国女性深受社会与家庭压迫和折磨的困境，不少进步男导演是真诚同情的，他们深恶痛绝恶势力，并深情呼唤"新女性"的诞生。然而，由于性别的隔膜加上多灾多难的民族所处的社会环境，三四十年代中国电影中的女性形象很快与反帝反封建等重要社会历史问题融合一处，在强调女性视角的同时实际上又放弃了女性视角的强调。从左翼电影《三个摩登女性》《女神》《新女性》《丽人行》等皆可见一斑。

1933年，《三个摩登的女性》（田汉编剧，卜万苍导演）由联华公司出品，吹响了左翼电影运动第一声号角。影片叙述"九一八"事变后，东北姑娘周淑贞携老母从沦陷区逃难来到上海，她不知道从未谋面的未婚夫因不满包办婚姻也到了上海，且成了男明星。周淑贞到沪后自强自立，做了一名电话接线员。在"一二八"上海抗日前线救护工作中，她不畏艰险一马当先抢救伤员，偶遇一男明星，才知晓正是"逃婚"出走的未婚夫张榆。而此时小有名气的张榆，已历经了两个"摩登女性"的情感

[①] ［法］西蒙·波伏娃：《第二性——女人》，湖南文艺出版社1986年版，第10页。

纠葛。一个是热情女性虞玉，不想转眼已成富翁妇，实是一追求享乐的堕落的资产阶级女性；另一影迷陈若英，则殉情自杀，实是一爱情至上、空虚绝望的小资产阶级女性而已。张榆面前的周淑贞，自食其力，理智、勇敢，在罢工斗争中，张榆终于与周淑贞走到了一起。田汉以周淑贞为新女性样板——只有像周淑贞这样的人，"才是当代最摩登的女性"。

然而，1934年蔡楚生执导的《新女性》，却给了"此路不通"的回答，留给人们的是"天绝人之路"的悲憾。片中的女主角韦明是一个受过高等教育、追求独立自主的新女性。她违抗"女性是弱者"的传统定律，要自己主宰自己的命运。追求自由婚姻，却应了始乱终弃，留下女儿这一苦果；独立谋生，却因抗拒好色奸商而遭到学校的解雇；洁身自好中，因女儿病重，为救女儿不得不走"卖身"之路，又落色狼奸商手中，再次抗拒，招来的是小报记者的造谣中伤！上下求索、屡屡抗争，却不得不以屡战屡败而告终。无路可走，只有自杀！从最初清坚决绝的抗争到绝望再到生命最后的呼喊："我要活——"是一个新女性对社会的血泪控诉。该片上映后，居然引起小报记者的聚众抗议，真是荒唐又可怖。更令人可怖的是，片中韦明的经历和结局，很快成为阮玲玉人生结局的预演！这个被称为"中国的嘉宝"的伟大的女演员，重蹈韦明的覆辙，于1935年"三八"节服毒自杀，结束了她年仅25岁的年轻生命，留下"人言可畏"之遗言。无论剧内剧外，女性的抗争、沦落和绝望实际象征了"新女性"一样逃离不了"被放逐"的悲惨命运。"似乎在这一类电影中，在可以被看作为中国女性主义话语的目标与超越性别特殊性的某种统摄一切的、宏大的、国家的、集体斗争的语言两者之间有着一种含混（ambiguity）和令人不安的张力。"①

歌女红牡丹的遭际，女教师韦明的悲剧，与30年代电影明星阮玲玉、周璇等的人生真相交错交融，难解难分。即便有所谓进步男性的援助，也难以落到实处，只不过是纸上谈兵而已。

"新女性"尚且如此，更不用说《神女》（1934，吴永刚编导）中的为了儿子的妓女、《小玩意》里的做玩具的叶秀秀大嫂和《马路天使》里的歌女小红和妓女小云等生活底层之女性了。

---

① 鲁晓鹏：《中国电影史中的社会性别、现代性、国家主义》，《民族艺术》2000年第1期。

《丽人行》(田汉编剧,陈鲤庭导演)呈现给观众的是又一组"三位丽人",恰如片头字幕所言:"田汉先生塑造三个摩登女性,她们身世不同、生活悬殊,仿佛互不相干,可是她们呼吸在同一时代,分担着中国妇女的重重困难,并且承当着一个民族的劫运。"故事发生在1941年,苦难的时代。当想做太太而不得的若英、遭日寇强暴又被丈夫误会的女工金妹想走绝路时,女革命者李新群来到她们的身边,向她们伸出了救助之手,三丽人终坚强地挽起臂膀,面对冷酷的现实。

然而,这种姐妹情谊又能如何?再加上男女爱情又能如何?君不见《十字街头》(1937,沈西苓导演)结局一行年轻男女手挽手在十字街头激情徘徊?

女性,依旧没有同盟。

阮玲玉和她所饰演的电影角色已然成为中国现代女性的象征。这是个真实的答案,在男性虚拟的援助中,女性依旧遭受放逐的命运,无处逃离!

三 难以超越的男性视点:好得完美的"殉道"女性

视角即聚焦,"聚焦就是视觉与被'看见'被感知的东西之间的关系"[1]。照热拉尔·热奈特的观点,视角分析的是决定投影方向——即通过选择或不选择一个限制性"视点"调节信息的人物是谁的问题。[2]

我们以第二代杰出导演蔡楚生的影片《一江春水向东流》和费穆的《小城之春》为个案解析,蔡楚生和费穆可以说是中国电影史上的两座至今也难以逾越的高峰,这两部电影作品历经岁月长河的淘洗,愈显现其永不褪色的光华。但他们超越了男性视点吗?

《一江春水向东流》(1947,蔡楚生、郑君里编导)由联华影艺社和昆仑影业公司出品,主演有陶金、白杨、吴茵、舒绣文和上官云珠等。

故事发生在抗日战争岁月。上海纱厂夜校青年教师张忠良与善良的女

---

[1] [荷]米克·巴尔:《叙述学:叙事理论导引》,谭君强译,中国社会科学出版社1995年版,第114页。

[2] [法]热拉尔·热奈特:《叙述话语 新叙述话语》,王文融译,中国社会科学出版社1990年版,第126页。

工素芬相恋结婚,儿子出生于"卢沟桥事变",取名抗生。日寇进犯上海时,张忠良积极抗日,参加救护队,并奉命撤出上海,这一别竟是八年离乱!历经九死一生的张忠良来到重庆,生存无着,竟拜倒在坏女人王丽珍的脚下,自此,灵魂腐败堕落,醉生梦死。而素芬母子与婆婆这祖孙三代从上海逃难到乡下,公公被日寇吊死,叔叔离乡抗日,三人又辗转回上海,历尽生死折磨。到得上海,婆母跌伤脚,素芬去给人帮佣,儿子做报童,但仍在苦难中等待胜利的一天。这一天来到后,张忠良做接收大员回沪,却住进汉奸温经理的公馆,且将温太太作为秘密"接收夫人",等到在温公馆为王丽珍接风的酒会上,在温家帮佣的素芬看见了——离别八年的丈夫!张忠良也认出了素芬!王丽珍大吵大闹大撒其泼,并寻死觅活,素芬还能怎样呢?即便张母和儿子站在张忠良面前,他也回不到从前了!伤心欲绝的素芬奔跑到黄浦江边,儿子抗生追到了她,可是,她还是把儿子支开,纵身跳了黄浦江!留下的是儿子撕心裂肺的哭喊声,婆母也赶到了,只有哭着喊:天啦,这世道还有没有公道啊——张忠良也来到了江边,可是,他又能怎么样呢?江边停着的小轿车上,王丽珍无情地按响了催命的喇叭……无尽的江水滔滔流去,江面上重又回荡起那悲怆的歌声:问君能有几多愁,恰似一江春水向东流……

《一江春水向东流》是名副其实的悲怆史诗,其中八年抗战大背景的铺垫和渲染很是到位,富有浓烈的纪录色彩。素芬一家的悲欢离合镶嵌其中,其磅礴雄浑之气势与细腻曲折家庭变迁浑然一体。这部电影被称为由家庭伦理剧走向了社会剧的升华,由一个家庭的遭际折射出"八年离乱"和"天亮前后"社会各阶层之状态,震撼了千万观众的心田。蔡楚生毕竟深得第一代编导郑正秋之真传,学于郑又高于郑,将社会问题、个人遭际、荣耀毁辱、情感变异与家庭伦理道德、人性的温暖或沉沦结合,以此替代形而上的思考和批判的电影叙事,是很符合中国民众传统的观赏习惯和审美期待的,因而具有很强的煽情效果。《一江春水向东流》刚在上海上映,便出现了"成千万的人引颈翘望,成千万的人涌进了戏院的大门"①的沸腾景象,从1947年10月到次年1月,连映3个多月,继《渔光曲》(1934,蔡楚生编导)之后,再次掀起社会热潮,创造了国产影片卖座的最高奇迹。当时官方的"文化运动委员会"也授予这部影片1947

---

① 蔡洪声:《创造奇迹的大师——简析蔡楚生的创作道路》,《当代电影》2004年第4期。

年度"中正文化奖"电影奖金牌。

但是,这部史诗般的作品仍是难以超越的男性视点。在艰难的非常岁月,弱女子素芬的肩头,毅然决然地扛起了国难家仇的重担,她能面对日寇的令人发指的暴行活下去,能挺直腰杆解决衣食无着的困窘活下去,能在狂风暴雨中独自支撑上有老下有小的破屋活下去,这本是柔弱女性的"强硬"写照,但是,面对负心丈夫的背叛,却如此不堪一击,只有一死了之?为什么?难道说八年腥风血雨中,全是这个男人"每当月圆的时候,我就在想着你"这句话给了她无穷的力量?显然,太夸大了这份"爱情",或曰男人的作用。况且,她的儿子抗生还十分懂事,还需要她这片绿荫。但悲剧结局势在必然,这是"被看"的需要,也可美其名曰:悲剧,是把有价值的东西撕毁给人们看。美丽、善良、忠贞、坚韧、完美的素芬还应该是节烈"殉道"的。导演和观众都不去思考素芬自杀的动机可靠否?值不值?有无意义?电影文本的意义何在?被看的焦点落在吞噬了素芬女子的一江春水上,不尽江水承载着女人的千古悠悠之愁与恨。

反过来,王丽珍这个交际花女人就坏得很彻底了,引诱霸占了别人的丈夫,非得闹出人命还不善罢甘休,这么狠、毒、恶,令人发指,真应了"世上最毒妇人心"这句话了。

在一个好得完美的女性符号和一个坏得彻底的女性符号之间的男主角张忠良,就有了逃遁之所。他之所以堕落,与社会,与这个坏女人王丽珍分不开;他对素芬,其实还有难弃难舍之意,看他那万不得已的焦头烂额的模样,只是奈何不了这个坏女人!一个堕落腐败的男人形象就这样解脱了被万众唾骂的窘境。谁也不去追究他人性中的罪恶的因子在怎样的土壤里萌生,以致走上堕落、腐败,不认妻儿和白发老娘的不归之路的。伟大的蔡楚生也难以完全超越男性视点。

1948年,费穆导演了《小城之春》,今天,《小城之春》仍以其清新隽永的民族风格博得电影人极高的评价和赞赏,半个世纪后,田壮壮重拍《小城之春》(2002),可看作是对前辈费穆的致敬。

《小城之春》讲述的是抗战结束后的江南小城的故事,一幕"发乎情而止乎理"的不浓不淡的情感悲剧,这在中国尤其在非常岁月中是常遭遇的,自古至今,因为战乱、变故、谋生等缘由而离散,使有情人生离如死别,待到数年乃至数十年后的邂逅,真个是如梦如幻,亦真亦假!已经失去的爱能否失而复得?抑或再遭遇一次重创?谁知道呢。费穆"化腐朽为神奇"，镜头聚焦死水一般的小城死水一般的戴家，当春风吹绿野草杂树时，医生章志忱的出现犹如一石击破水中天，他既是戴礼言的同窗，又是玉纹失散的初恋之人！戴礼言与玉纹的夫妻情、玉纹与志忱的旧爱新生、妹妹戴秀对志忱的爱慕等纠葛一处，于无声处听春雷，有的是灵魂深处的苦苦挣扎，而没有谁对谁错的判决。费穆以娴熟的电影语言对人物内心深处的痛捕捉准确、深刻而细腻；对画面则以中国传统美学进行写意处理，古老的城墙、破败的小庭院、灰色的书屋中，却有着虽杂乱却生机不死的杂花乱草，有着娇柔挺拔的兰花和小盆景，有着波光粼粼河面上的泛舟；黑夜的压抑感与释放感，月光的柔媚与冷漠；长时值的摇移镜头与丰富的景深镜头的相得益彰；人物内心的激烈冲突，演员形态动作的沉稳缓慢；等等，营造了"古老中国的灰色情绪"，构成了对人物心境的象征，从而表达了那个时代知识分子面对抉择的煎熬苦痛和无从选择。从影片开始时出现的老城墙到片尾的老城墙，这种好莱坞式的叙事结构和镜头语言上的封闭型的循环，从终点又回到了起点，是人性的徒劳的苦苦挣扎。被称为诗情电影，当之无愧。

但是，在这里要说的是，影片仍然是男性视点。何故？影片的最大冲突发生在戴秀生日之夜，志忱和玉纹借酒消愁，酒酣人醉，旧情难抑。这一夜，恰因警报而熄灯，在这个小城的无灯之夜，外在世界全隐遁了，只有心灵与心灵的对话。是酒醉的玉纹主动到志忱住的书房中，主动倾诉了自己的情感；而章志忱，不仅坐怀不乱，而且坚拒了玉纹的爱，这让玉纹伤心却又深感内疚。这样的处理，既不合情更不合理，玉纹善良温存，一直默默承受死水般的生活，她并不是一个大胆勇猛的女性，况且毕竟身为人妻人嫂！主动的应该是单身医生章志忱，走南闯北，沉稳细心，从他一边婉拒戴秀的追求，一边尽量让戴家欢快，便足以见他城府之深、爱玉纹至深，导演却硬要把酒酣的他处理成清醒的抵御者，真是作秀，真是败笔，这是导演的男性视点使然。为了使这个进退维谷的男人保持完美的君子形象，不惜让善良无助的玉纹疯狂一把，仿佛果真"荡妇有节烈一刻，贞女亦有淫荡一瞬"似的。

劳拉·穆尔维说："电影为女人的被看开阔了通往奇观本身的途径。电影的编码利用作为控制时间维度的电影（剪辑、叙事）和作为控制空间维度的电影（距离的变化、剪辑）之间的张力，创造了一种目光、一个世界和一个对象，因而制造了一个按欲望剪裁的幻觉。"①

倒是《太太万岁》（1947，张爱玲编剧，桑弧导演）是一部从女性视点出发的喜剧电影。无他，因为编剧是女作家张爱玲。

太太陈思珍，可谓八面玲珑，事事乖巧，丈夫、婆婆、娘家，仿佛是她人生中看不见硝烟的战场。丈夫懒惰、娇气、无用，却又自视极高，太太陈思珍看在眼里放到心里，对外却处处替丈夫遮掩还吹嘘不已；婆婆骄横、独断独行，其实遇事又无主见，太太陈思珍心知肚明，不仅不顶撞反抗，反而事事顺着婆母，讨其欢心；娘家吝啬无比、父亲视钱如命，她又岂能不知？但太太陈思珍却硬是心甘情愿替娘家撑足面子。在太太陈思珍的斡旋下，悭吝的父亲终于拿出一笔钱来资助女婿办了一家公司，也是时来运转，丈夫居然发财了，太太陈思珍总该过上几天舒心的日子吧，哪知丈夫一阔脸就变，竟然与个年轻的交际花混在一起！太太陈思珍这回可是忍无可忍了，她一面搅散了这对野鸳鸯，一面决心与丈夫离婚。可就在此时，她的丈夫生意赔了老本！面对霜打了茄子般的他，太太陈思珍又能怎样呢？她到底下不了这个决心。这样的太太，你说她中庸之哲学、处世之圆熟，忍辱负重、顾全大局，未免太抬举了她；虚伪、狡诈，成天戴着面具，算计别人还算计自己，这未免太冤枉了她。你说她的内心能不苦痛？她的情感能不在这些大大小小的咬噬中变得千疮百孔？她的生命就这样一寸寸地磨蚀，这样的太太，能不喊一声万岁？这是喜剧，喜剧中却让人发出说不清道不明、模糊又清晰的一声叹息。

女人的心事，到底是女人懂得。

"当妇女作为作家进入创作表现过程时，她们也就进入了一个用特殊方法铭刻妇女神话的历史。"②

信然。

纵览1949年前中国电影中的女性和创造这些女性形象的女明星，与劳拉·穆尔维解析好莱坞女性形象和女明星被当作景观置于观看的中心位置，情况要好得多，因为毕竟有左翼电影的巨浪翻腾，但即使如此，也很难超越男性视点。其风靡一时的女明星阮玲玉、胡蝶、徐来、陈燕燕、王人美、叶秋心、黎明晖、袁美云等等，她们形象的打造是通过被动性的被

---

① ［美］劳拉·穆尔维：《视觉快感和叙事性电影》，《电影文化》第1期；收入李恒基、杨远婴主编《外国电影理论文选》，上海文艺出版社1995年版，第575页。

② ［英］朱丽亚·斯温蒂斯：《维多利亚时代中写作和工作妇女》，剑桥大学，1985年版。

观看，以形象各异的类型化、装饰时尚化、银幕内外真真假假的绯闻等建构而成，她们各自拥有众多的"追星族"，既成就了票房，又在某种程度上成了男性欲望的指称。

（胡辛、何静《江西社会科学》2008年第2期）

犹有花枝俏：在迷茫中坚守自我审视

朱丽亚·斯温蒂斯认为："当妇女作为作家进入创作表现过程时，她们也就进入了一个用特殊方法铭刻妇女神话的历史。"① 西蒙·波伏娃在她的名著《第二性》中则说："在人类经验中，男性有意对一个领域视而不见，从而失去了对这个领域的思考能力，这个领域就是女性的生活经验。"② 因此，女性的意识、女性的生存、女性的心理、女性的追求在男性作品中都不可能获得源于真实生命感受的表达，要完成这些专属于女性性别的表达，只有对女性生存有着切肤之痛的女性。

女性电影，普遍认为是由女性执导，处理女性议题并且具有明确女性意识的电影。而女性意识，具体到影片中，包括两个层面的含义：一指影片文本中应蕴含和体现出女性独立自主、自强自重的精神气质和男女平等、互敬互补的平权意识；二是指影片文本不把女性置于男权文化的视域之下，成为男性的"色情奇观"，而是力求刻画和呈现女性自身的命运遭际、价值观念和心理特征的形象塑造意识。③

一　满园春色关不住：无法遮蔽的性别

1949 年以后，毛泽东同志豪迈地宣称："时代不同了，男女都一样。

---

① ［英］朱丽亚·斯温蒂斯：《维多利亚时代中写作和工作妇女》，剑桥大学，1985 年版。
② ［法］西蒙·波伏娃：《第二性》，中国书籍出版社 1998 年版，第 53 页。
③ 郭培筠：《女性意识的嬗变——新时期女性电影创作管窥》，《内蒙古社会科学》（汉文版）1995 年第 5 期。

男同志能做到的事情，女同志一样能做到。"①

中国电影界还真的填补了中国影业44年几乎没有优秀女导演的空白。女导演王苹浮出水面，这是一个与优秀男导演比肩而立的优秀女导演。

随着新中国成立而走上影坛的第三代导演，自觉地把自己的艺术创作融会到时代的讴歌中，无比真诚地担负起用影像来参与时代书写的使命，表述的是大政治书写，是主流意识形态的主题。在那性别消解的年代，自19岁起就投身影业走南闯北的王苹、自16岁起就参加革命的董克娜自然行进在时代的洪流之中。她们与男性导演一样，也是以社会主义新中国的艺术家群体的形象展开影片创作的，她们心甘情愿在时代书写中抛弃个体的声音，隐藏个性，当然也隐藏自己独特的性别体验。但是，身为女性的她们，女性生命的底色，一不小心便在题材选择、切入视角、声画表达语言上显影，呈现出与男性迥然不同之特色。

《柳堡的故事》（1957）是王苹继1956年导演了《冲破黎明前的黑暗》后的又一部作品，距今已整整半个世纪，老去了的二妹子却在一代代观众的心中永不老，伴随着《九九艳阳天》的歌声。在革命战争的岁月里，一部表达军民鱼水情的战斗片子里，一个年轻的军人和农村姑娘二妹子的说又不能说、忘又不能忘、欲说还休的缠绵情感表述得如此行云流水，如此打动人心还没落下批判的结局，在"不谈爱情"的五六十年代的中国影坛，不能不算是个奇迹。应该说，这是无法遮蔽的性别作用，女性的真切细腻所造就的和煦之光。

《永不消逝的电波》（1958）是一部特殊的革命历史题材影片，其创作有真实的生活原型李侠。王苹满怀着革命之情回顾革命战争之一种——地下斗争的严酷和智慧，在没有硝烟的地下斗争战场上，共产党人以大无畏的英雄主义精神迎来胜利的曙光。《永不消逝的电波》中也有着王苹对她和丈夫宋之在上海从事地下工作的个人体验的真情回顾。尽管影片展现的是敌我对抗、剑拔弩张、生死搏斗的地下斗争氛围，但女性导演还是用她的镜头疏针细线地缝织了男女革命者李侠和女工何兰芬因革命需要扮成"假夫妇"，从相识到相知、相爱，终成"真夫妇"，白色恐怖中这个原本作掩护的家便在紧张的缝隙间有了宁静而祥和的若干片刻。这，既真实温

---

① 《毛泽东1964年6月畅游十三陵水库时对青年的谈话》，《毛泽东思想胜利万岁》，1969年版，第243页。

暖，荡漾着人性的光辉，又表达了革命者对爱情和家庭一样珍惜。揪人心肠的紧张的叙事中仍有一份女性的从容镇定，女性导演的精神体验就这样悄然留下雪泥鸿爪，也给叙事带来一张一弛的变幻。

《霓虹灯下的哨兵》(1964)拍摄于"千万不要忘记阶级斗争"的岁月。表现的是新中国成立初期特定历史时期中国民党特务试图对我解放军连队腐蚀和解放军连队反腐蚀的斗争。这是一个严肃又严峻的政治题材，王苹却负重若轻，选择"黑不溜秋的靠边站"的农村战士陈喜与农村姑娘春妮的爱情关系的变化还有童阿男事件为主线来讲述故事，把家庭伦理和社会政治相结合，展现新中国成立之初阶级斗争的复杂性。农村女青年春妮的美好心灵和纯朴爱情也在女导演的镜头下得到温暖细腻的表达。

董克娜的《昆仑山上一棵草》(1962)在表达对"默默奉献者"礼赞的同时，恰恰礼赞了"默默奉献"的小草般的女性平凡的生命。"没有花香，没有树高，我是一棵无人知道的小草"，那时候，影片演绎的便是"小草"的主题。在茫茫的昆仑山脉有个接待来来往往车流的小站，小站里有个默默无闻为大家服务的惠嫂，她是昆仑山上一棵草。上海女青年李婉丽毕业分配到昆仑山，从她的眼睛来看惠嫂——女人的人生就这样度过？后半段则是惠嫂自己的回顾，人生的意义就在这棵草上。小草喻指女主人公惠嫂，一棵小草的生命在磅礴的昆仑山脉——在这宏大的社会背景之中何其渺小，然而，小草的绿意也是生命的意义。虽然影片仍是主流意识形态的宣传，但在潜意识中，女导演独特的女性生命体验还是情不自禁地流露出来。聚焦女性，以女人的视角来观察、以女性的话语方式进行叙事，惠嫂以妻子、母亲的符号，李婉丽以女儿的符号，以女人心灵的对话进行叙事，显示了女导演对女性人生的个性化思考，这种叙事在宏大的时代话语中显得柔弱，但恰恰是文本女性化的体现。20世纪80年代，董克娜又相继导演了《第二次握手》(1980)、《明姑娘》(1984)、《相思女子客店》(1985)、《黄土坡的婆姨们》(1988)等，目光仍然注视着女人们。

概言之，中国第三代女导演们的影片创作和当时所有的艺术作品一样，是时代精神、政治话语呼唤的产物，艺术作为党和政府的宣传喉舌的政治教化作用被提到无与伦比的高度。但是，客观上，女性导演的性别潜意识、独特性别体验不可避免地渗透进她们的影片作品，虽然并不是真正意义上的女性电影，甚至尚无自觉的目的性的女性表达，但是，无法遮蔽的性别特质、特征，还是烙刻进她们的电影作品，时隔多年，蓦然回首，女性之光仍在依稀的灯火阑珊处。

二 第一部真正意义上的女性电影：《人·鬼·情》

20世纪80年代以降，随着女性主义理论译介在中国的迅速传播、女性主义理论研究骤然兴起和女性文学创作繁荣发展，一批女性导演也跃跃欲试，热切地希冀打破男性视点内在化的传统叙事模式，用一种崭新的女性视点来进行电影叙述，她们有意识地调动自己的女性生存经验和切肤感受，自觉地用镜头表达源于生命深处的女性意识，在影片创作中注入女性的声音，并对整个女性性别存在进行思索，创造一种不同以往的"女性电影"模式。这便是"把非常岁月荒废了的时间夺回来"的第四代导演中的女导演群。问题的关键不在于作为女性导演能否表达，而是这种表达是否源自女性的本己经验。黄蜀芹《人·鬼·情》（1987）的横空出世宣告了女性电影在中国的真正出现。

1995年4月2日，黄蜀芹导演在南加州大学电影系举行的座谈会上的发言中说——她希望在自己的电影中表现女性的视点，就像在通常有南北方向的窗口的房间里开一面朝东的窗，那里也许会显露出不同的风景。[1]

戴锦华说："黄蜀芹的《人·鬼·情》，正是在这种意义上成为一部极为有趣的女性文本。从某种意义上说，它是迄今为止中国第一部，也是唯一一部'女性电影'。它是关于表达的，也是关于沉默的；它关乎一个真实女人的故事与命运，也是对女性——尤其是现代女性历史命运的一个象喻。一个拒绝并试图逃脱女性命运的女人，一个成功的女人——因扮演男人而成功，却终作为一个女人而未能获救。"[2]

关于《人·鬼·情》何以为真正意义上的女性电影的阐释已经很多很多，我们想从以下三方面进行梳理。

第一，《人·鬼·情》将现实生活中的真实的女性的人生经历、女性

---

[1] 转引自戴锦华《雾中风景》，北京大学出版社2005年版，第169页。
[2] 同上书，第168页。

生存经验艺术化地搬上银幕,并且当事人亲自出演,这不能不说是中国女性面对全球的大胆言说。该片以著名河北梆子演员裴艳玲的真实经历为原型,讲述了一个以扮演钟馗而饮誉海内外的京剧女艺术家秋芸的情感生活,我们不必去辨析影片中哪些情节是原型的原汁原味,哪些是经过嫁接了的,哪些是纯属虚构,因为秋芸这一形象并非著名演员事业成果的展览,通过这一女性形象的成长故事,时时处处折射的是现代女性生存和文化的困境,是以往中国女性"打落门牙往肚里吞"的属隐私范畴的个人情感波澜,但是,女导演的镜头不说谎,原型女演员在银幕上成功地塑造了沉甸甸的钟馗形象。这种勇气和深邃是女性生命深处爆发的呐喊。

第二,《人·鬼·情》真实地不留情地将所有男性放在了"被看"的位置。秋芸的生父遭遇秋芸和观众的两看:一次是在云遮月的禾场上与秋芸生母偷情时的模糊后脑勺特写,一次是秋芸成名后回到家乡,在小饭馆里看见他囫囵吞面条的后脑勺特写。此后脑勺与《大红灯笼高高挂》中陈佐仟的模糊身影迥然不同,后者是无处不在无时不有的男性的淫威,前者是羞愧难当,无颜面对亲生女儿。秋芸青梅竹马的男孩二娃,当女孩生母的耻辱牵连到秋芸身上,男孩子们群起攻之时,她指望二娃的呵护,二娃不知所措后却迅猛地抛弃她还殴打她!这绝非小孩个人品性的问题,而是千百年男性心理积淀的无意识抬头,"朋友似手足、妻子如衣服",况且你还是这么一件污秽之衣!男性靠不住,哪怕小男孩。女孩的眼望向天空,切入的是舞台上钟馗嫁妹的画面,但很快戛然而止;小秋芸下决心唱戏后,养父无奈让她苦练基本功,苦累至极,她倒下了,云端又接上一幕钟馗嫁妹,只唱一句:"山道崎岖路迢迢";秋芸在县剧团演出大出其彩后,接下来又是钟馗嫁妹;是张老师发现了她是棵好苗子,在男妆的秋芸进女厕所受到众人辱骂时,他挺身而出呵护她,为她解难;当张老师选中她去省戏校,养父独自出城门回家时,渐行渐远的背影中,钟馗嫁妹又接上了——这妹子似乎是永远也嫁不出去了!张老师教给她技艺,使她很快在省剧团崭露头角;是张老师让她情窦初开,懂得爱与被爱的感觉;然而,恰恰是这个张老师,在行政命令、社会舆论和世俗偏见的罗网中,携妻和四个孩子匆匆逃离秋芸。舞台上暗算秋芸的钉扎进她的手掌心,更扎进了她的心!男人靠不住,哪怕他看起来应该靠得住。秋芸的丈夫不见其人不闻其声,丈夫的话语是通过女人转述的,这个男人嗜赌如命,债台高筑,全无责任感和事业心,还要对秋芸百般刁难,"演女的,不放心;演男的，嫌丑"，这个缺席的符号比陈佐仟还要糟糕，没有任何优势但仍要骑在女人的头上，是女人挥之不去的噩梦。贯穿影片始终的秋芸的养父当是个好男人，是秋芸唯一的精神支柱。起初，他坚决反对秋芸学戏，怕她重蹈妻子覆辙；但一旦秋芸选择了戏剧，上戏校遭遇闲言碎语跑回家来时，他将女儿打将回去，为的是让她成才；秋芸唱出名后，他无限欢欣，女儿的成就似乎让他找到了自己存在的意义。但是，这一个男人是被男性中心社会所放逐了的男性，妻子的叛逃是男性中心社会男性的奇耻大辱，在世俗偏见的压力下活着的这类男人，内心是苦痛的，"但在父权制的社会中'女人'并不是完全都是女性，那些地位低和年幼无权的男性也是被当作女人对待"①。如同被放逐的屈原以香草鲜花自诩一样，他们的地位与女性相差无几。秋芸养父能感触到女儿的艰难，但同时因为性别的隔膜，他并不完全懂得女儿心中的痛苦！

第三，《人·鬼·情》给了女性获得独立的答案，那就是全靠自己救自己。影片不厌其烦地将拉康的镜像理论还原为一次次照镜和镜中影像。根据拉康的镜像理论，小孩子半岁到一岁半时就会在镜子前获得自我主体的意识，照镜子本身就意味着自我主体的确认。影片开篇即是秋芸照镜子的背影，当镜头对准镜子中反射的秋芸的正面形象时，观众看到的是一张被五颜六色的油彩抹成丑陋不堪的钟馗的脸。影片结尾，秋芸独立自强，说：我嫁给了舞台！无须讳言，她在事业上是成功的，但一样如同第一个用白话文写作的陈衡哲笔下的洛绮思，拥有了自己的事业，却失去了爱情。秋芸有了展示自己才华的名副其实的舞台，也有了社会的地位和公众的承认，但是，依旧没有爱，没有男女之爱。钟馗是爱着妹妹的，但是这个钟馗恰恰是她自己所扮演的，片尾秋芸的侧面与钟馗的侧面合二为一，是否成了自欺欺人？非也。"从来就没有什么救世主，也不靠神仙皇帝，既不是那些英雄豪杰，全靠自己救自己！"《国际歌》早就唱出了答案，女人如何能将救赎的希望放在男人身上呢？能救女人的还是女人自己！是"黄蜀芹将这种寻找自我、背叛父权社会的女性意识真正发展成为话语的第一人"②。

欲哭却无泪，呐喊却无言。"这正是涉足社会成功之路的现代女性生

---

① 康正果：《女权主义与文学》，中国社会科学出版社1991年版，第44页。
② 张莹：《女性：生存与文化的困境——黄蜀芹电影作品论》，《四川师范大学学报》2001年第5期。

存境遇之一隅；惩罚依然存在，但已不是灭顶之灾；不是示众或沉潭，而只是一根钉——不仅刺穿你的皮肉，而且刺穿你的心灵。"①

"秋芸的故事是一个逃离的故事，是一个拒绝的故事。为了做一个子虚乌有的'好女人'，她试图逃离一个女人的命运，却因此而拒绝了一个传统女人的道路。"②

是的，将20世纪80年代末中国第一部女性主义电影《人·鬼·情》与20世纪30年代中国第一部有声影片《歌女红牡丹》相比，既能找到女性生存困境的胚芽，更能寻觅到女性价值追求中的螺旋式的升华，很难很难，但毕竟在进步。

戏梦人生中，苍凉与悲怆中透出的是人世的沧桑无奈。

三 80年代"第二性"觉醒后的寻寻觅觅

第四代导演中的女导演群，她们在与男导演一样热衷于思索"作为历史人质的个人"价值和命运的同时，也在清晰又迷茫地重建银幕上的女性形象。张暖忻、黄蜀芹、史蜀君、王君正、王好为、鲍芝芳等皆以无须隐晦的勇气和智慧，试图解构以男权为中心的传统文化观念体系，探索女性自我意识，寻找属于女性的真正生命视野。她们影片中的女性形象既不同于以往男导演镜头中不是温顺贤淑忍辱负重集东方传统女性美德于一身的"圣女、地母"型，就是淫荡无耻泼辣恶毒的"荡妇、妖女"型；也不同于第三代女导演镜头中终归概念化平面化歌颂型的革命女性。她们镜头中的女性形象丰富多彩，有立体感，也往往成为她们自己观点的代言人。但是，真正源于女性生命的女性意识是"永远不能被界说"的，这一代女导演群尽管尽心尽力、自觉自愿地在影片中以觉悟的女性意识表述女性的人生、女性的生存，灌注进女性的情感体验，但是，即使是几千年的男权中心的枷锁一夜之间砸了个粉碎，女性自身的集体无意识也会使女性手足无措、惶惑茫然！况且，依然生活在男性中心社会中。这群女导演在她们的作品中，自觉不自觉中会出现视点混乱的现象，一不小心便重新

---

① 戴锦华：《雾中风景》，北京大学出版社2000年版，第177页。
② 同上书，第172页。

坠入男性视点对女性的审视中,偏离女性主体性的叙事,仍然由传统男性视点左右着她们的叙述,女导演和她们影片中的女性形象就这样跌跌撞撞地在"看"与"被看"的夹缝间冲撞成长。

张暖忻是其中的佼佼者。她既以《电影语言的现代化》(与李陀合著)树起第四代突围戏剧化传统风格、回归电影本体的艺术追求旗帜,又以其电影《沙鸥》(1981)、《青春祭》(1986)等实践诗意现实主义,并在有意无意间开中国准女性电影风气之先。

《沙鸥》是张暖忻的心声。影片中的沙鸥是国家队女排运动员,面对组织让腰部重伤的她离队休养的决定,面对母亲催促她与多年恋人沈大威结婚的恳求,她却"爱荣誉胜过生命",发誓:"不打成世界冠军决不结婚!"在国家登山队的沈大威理解她并支持她,组织上也批准她出国参赛,她顽强地与伤痛作斗争,刻苦训练,然而,中国队与世界体坛毕竟隔绝多年,冠军丢了,在归国轮船上,她痛苦地将银牌投进大海!更大的痛苦已尾随着她,沈大威在登上珠穆朗玛峰后返回基地途中,遇雪崩而牺牲。突如其来的灾难让我们的主人公无须再选择,她一无所有了。叙事至此,在一个为国争光的主旋律中,内核仍是女性在事业与婚恋家庭两难选择中的无奈。从五四运动一声春雷将蜷缩在地心的女人喷出历史地表,至半个多世纪后,这仍是一个困扰女性人生的两难选择的难题,是鱼与熊掌不能两全的选择,而沙鸥更惨,因为她连选择权都没有了。这个有着强烈事业心的独立自强的女性,渴求问鼎事业最辉煌的高峰得到社会的认可和实现她女性的个人价值;社会对女性宽容度接纳度的增加,男性的观念进步使女性的选择成为可能;然而,一切都是徒劳,女性的天空依然是低的,而不仅仅是天灾人祸所致,影片凸显了女性独立价值追求如山崩地裂般的艰难。但影片的叙事却出现了峰回路转的重生,沙鸥徘徊圆明园遗址,面对民族的耻辱柱,重新振作起来,返队当了教练,并得到韩医生的爱情表白。数年以后,中国女排终获得世界冠军,已经瘫痪坐在轮椅上的沙鸥在疗养院从电视里目睹这一瞬间,不禁热泪盈眶。沙鸥走出了两难境地,也抹去了女性角色的独特思考,在象征性的国家民族荣誉中灵魂得到栖息。

此后张暖忻在《青春祭》中,女性独立意识和对文化传统的思辨再次交融。被人赞叹为"诗一般柔和明丽深情无限"。[①] 影片中,张暖忻

---

① 倪俊:《当代中国女性导演及其电影研究》,《戏剧》2000年第3期。

借原始蛮荒之地——傣族山寨这个纯天然的自然场景来展开故事，寄寓她的女性性别之思。汉族女知青李纯着灰布衣裤插队到傣族山寨，这身抹去男女之别的灰布衣裤在"灰蚂蚁"的世界是麻木的，然而在山寨秀丽的自然风光和多彩的筒裙中，却很是扎眼！在民风民情诱引下，李纯终于脱下灰布衣裤，换上了用床单裁成的筒裙，戴上了漂亮的耳环，找回了女性爱美的本性。女导演聚焦傣族女性对美的热爱和追求，聚焦原生态的、女性性别特征的东西。而当李纯女性意识苏醒、穿上筒裙，成为"傣家竹楼里的人"后，女导演却又借李纯的主观镜头，对现代文明与原始蛮荒的对照进行审视。两个迥然不同的男性进入李纯的视野：房东大哥身披虎皮，粗鲁憨厚，拦路示爱，原始生命的美与蛮荒部落的粗鲁在他身上都体现得淋漓尽致；而与之相对的是理性深沉的知青任佳，知识渊博的他以启蒙的姿态开导李纯，含蓄理性、文明教化是这位知青的特征。李纯在这样两个男性之间审视，实际上是对人类文明开化与原始蛮荒的社会历史文化的反思。最终，任佳葬身泥石流，李纯考上大学告别傣族山寨重新回到现代文明的怀抱，这在历史文化的选择上是对现代文明的肯定，但同时于女性自身而言，也意味着女性要获得独立解放，就必须在对现代文明的追求中，让女性意识由自发到自觉，成为女性生命的自觉阐释和追求。

两部电影都运用了女性叙述人进行女性故事的叙事，女性不再是被讲述的客体，而是采取了一种女性"说话"的立场，打破了传统男权中心规范中必须以男性作为话语主体的神话。尽管在女性的叙述话语中难免夹杂着男权中心的"语词"或"语调"，但"女性声音"作为影片的结构者和推动者，以女性视角来引导、评说和阐述一切，其本身就已经表明了女性的主体地位和叙述能力。当然，我们不能说女性叙述视角就一定是女性视点，但没有女性叙述视角必定没有女性电影。

懵懂摸索中的中国女导演与西方女性电影的激进、毁灭快感式不一样，她采取某种温和的、甚至很不彻底的叙述方式来结构影片文本，这是国情使然，也是女性叙事策略使然。

史蜀君的《女大学生宿舍》（1983），《失踪的女中学生》（1986），《女大学生之死》（1992），则将镜头聚焦女学生，关注女性成长故事。《失踪的女中学生》（1986）指涉女中学生早恋这一敏感的社会问题。已然走过青春岁月的女导演以诗一般的镜头语言描绘了女中学生王佳单纯美丽的初恋之梦，含苞未放之奇葩，有惜别的慨叹、逝去的同情，但是，代沟与主流话语的制约，决定了导演不可能走得太远，只能以过来人的理性和镇定，在对少女王佳的初恋寄寓同情的同时，仍不忘记以"母亲"的身份承担教育者的职责，失踪的女中学生还得回归社会为她指定的适当位置。女性导演既在影片中渗透着身为女性的独特性别体验和思索，但又往往与主流意识形态话语混合，致使女性意识的表达朦胧迷茫。

本来，导演王君正试图走进《山林中头一个女人》（1987）的内心世界，她借一个当代戏剧学院女生林楠为毕业创作进到大森林搜集素材的所见所闻，来寻觅和还原山林中女人的生命体验。但非常遗憾的是，当林楠采访到一辈子伐木的老倪头时，叙述视点即变成了老年男性对往事的回首：他与柔弱的妓女小白鞋真心相爱，打算攒够了钱第二年春天为她赎身，没想到小白鞋被恶霸践踏而死！女性叙事人则成为旁听者或虚设。接下来视点又转为"客观"的叙事，讲的是在妓院干粗活的丫头的故事，她胜过男人的力气和自作主张让男人们望而生畏，得到"大力神"的绰号，然而，当她无可救药地爱上了林区男人小勃带后，心甘情愿地被他榨干血汗，小勃带嫌妓院女人不能生育，花钱娶了农村女秀女，秀女却又逃离，这时，大力神毅然决然进山林，还跪下对天盟誓要为小勃带成家立业、养儿育女——这就是"山林中头一个女人"！老天，女人活成这样，再肥沃的土地转瞬也变为荒漠，"大力"又有何用？这种混乱的视点，实质上是突围中的重陷围城，女性自己放逐了女性话语，女性自己埋葬了女性意识，可能还不知不觉。

无独有偶，鲍芝芳执导的影片《金色的指甲》（1988），从片名来看，时尚前卫，女性的金色的指甲在电脑键盘上起伏，但金色的指甲能敲击出怎样的新意呢？影片中，所谓女性意识的寻寻觅觅却充满了矛盾与迷惘，一团乱麻般地无处告别。剧中四个女性皆不安分，皆为爱痛苦并为爱苦斗着。年轻的曹玫爱上了有家室的祝大同；两个离婚女人：沈修文已是插足的第三者，苏亚芬则想再度建立安稳的家庭，有能力的丑女俞晓云力图事业成功来找到好男人……女人呵女人，想的是男人，念的是男人，她们的痛苦和苦斗无一不是为了得到男性的承认和青睐！女性并没有走出依附男性的传统观念，尤其是影片"皆大欢喜"的结局，更是对女性意识的贬斥和放逐，男性秩序依然固若金汤，女性意识瞬间的清醒后很快又自觉地迷失，"她们的影片常以一个不'规范'的、反秩序的女性形象、女性故事始,以一个经典的、规范的秩序/道德/婚姻情境为结局"。① 循规蹈矩方是"正道"。

女导演中还有一种矫枉过正的说法:"在这个男性长期占统治地位的社会里,男性有着天生的优越感,女性则长期处于依附地位。她们只是把希望寄托在男人身上,男人一旦抛弃了她,她的精神世界就会崩塌。女性为什么不站起来自己改变自己的命运呢?我喜欢拍那些孤军奋战的女性,那些在双倍的艰难中奋斗的女性。我反对女权,但追求女性在人格尊严上的平等。我希望职业女性既要当好妻子和母亲,还要干好自己的工作。虽然这是不容易的,但女性往往有令人惊异的坚韧,可以做得到。"② 这段话的前半部分体现了女性独立意识,但后半部分则矫枉过正,这种对女性的双倍要求,实际上是另种奴役,它是男权社会中"男女都一样"对女性的更为苛刻的要求,如若女性认同这种男性社会的新女性标准,那无非又多加了一道绳索,这实质上也是一种可怖的认识上的局限性。

崛起于80年代中期,以张艺谋、陈凯歌为旗帜的第五代导演群中,张扬个性、才气逼人的女导演,如胡玫、刘苗苗、李少红等,是第五代不可忽略的女性的另一半风景。

胡玫无疑是非常优秀的一个。独特的家庭人文背景和曲折的生活经历使她对女性的生存遭遇有着特殊的感悟。因此,她作为导演出手的处女作《女儿楼》(1984)较早地正面描写了女性的欲望,表达了独具个性的女性意识。影片讲述十年动乱中,纯真的15岁少女乔小雨有幸参了军,成为山区野战医院的护士。这期间她与患者丁鬻之间产生了爱情的火花,然而,严格的军纪和领导的告诫成了隔绝的高墙。虽然剪不断理还乱,终究还是快刀斩断情丝,乔小雨被埋葬了的初恋如荫翳笼罩着她的成长,许多年后,当她顺应世俗,准备与一个并不相爱的人结婚时,结婚前夜,她到底选择了逃离。这仍是一个事业与爱情婚姻两难抉择的母题。影片的叙述是女性化的,"有意识地表现了一种社会禁止的情欲和浪漫主义的爱情以及由国家所支配的主体之间的分裂"③。但毕竟是探索之初,女性生存境遇、爱情失落的主题融会进个人与集体的大主题中,女性意识的张扬并不

---

① 戴锦华:《雾中风景》,北京大学出版社2000年版,第155页。
② 杨树根:《梅花香自苦寒来》,《电影通讯》1999年第6期。
③ [美] E. 安·卡普兰:《令人困惑的跨文化分析:近期中国电影中妇女的地位》,转引自《当代电影》1991年第1期。

理直气壮。

  当然,女性导演并不意味着女性意识,更不必然代表女性电影,中国女性主体性的认知必将是一个漫长曲折也许还充满误读的艰巨过程。对此,美国女权主义电影理论家卡普兰一针见血地指出:"中国妇女的根本问题似乎不是走进社会生活——工作的权利,同工同酬(西方女权主义者五六十年代和七十年代所关心的问题),而是作为一个新的、没有充分表述过的问题,那就是对主体性的认识。"[①]

(何静、胡辛《中国高教影学会视教育委员会2009年年会论文集》)

[①] [美] E. 安·卡普兰:《令人困惑的跨文化分析:近期中国电影中妇女的地位》,转引自《当代电影》1991年第1期。

子非鱼，安知鱼之苦乐？

——1949—2007 中国男导演镜头的女性叙事管窥

摘 要 随着新中国的成立，中国女性解放的道路与民族解放的胜利获得同构性的呈现。自此以来电影银幕上男导演对女性时代最强音的叙事，以女性性别的消失为代价，但并不等于性别认同，依然是对女性性别特征的漠视。从一向执着于表现女性生存状态的著名导演谢晋、张艺谋影片中的女性形象来看，对女性生存的展示和叙述依然未摆脱男性视角；香港导演关锦鹏虽是一个例外，女性角色成为叙述主体，但并非女性生命体验。子非鱼，实难知鱼之苦乐。

关键词 男导演 女性叙事 母性之光 女性欲望

1949年金秋，在人民翻身做主人的欢歌中，中国女性备感激越和骄傲，因为几千年以来，女性蜷缩于历史的地表下，即使是五四惊雷让她们浮出历史地表，也很难与男性比肩而立。而新中国成立后的社会主义建设高潮，让女性纷纷走出家庭，成为自食其力的劳动者，在消解性别中女性获得了一定的经济权，这是女性独立之基础。"迄今为止，中国仍是妇女解放程度最高，女性享有最多的权利与自由的国度之一。"[1] 同时，中国电影出现了崭新现象：女性形象在男导演的电影中以不同于以往银幕女性而奏响了时代的最强音。

一 消除性别并不等于性别认同

《白毛女》中的喜儿（田华饰）比《渔光曲》里的小猫（王人美

---

[1] 戴锦华：《雾中风景》，北京大学出版社2000年版，第89页。

饰）遭遇的灾难要深重得多其性格也坚韧得多，并获得了解救；《南征北战》中的女村长赵玉敏（张瑞芳饰）、《渡江侦察记》中的刘四姐（李修君饰）比起老版《花木兰》，已脱下了乔装男性的战袍，呈现"不爱红妆爱武装"的女革命者形象；《青春之歌》中的林道静（谢芳饰）走出了《新女性》韦明（阮玲玉饰）的困境死境，在革命的洗礼中脱胎换骨；《李双双》中李双双（张瑞芳饰）爽朗的笑声取代了《小玩意》里叶秀秀大嫂（阮玲玉饰）凄厉的哭喊；《沙家浜》中的阿庆嫂（洪霞飞饰）智斗胡传魁和刁德一，《杜鹃山》中的柯湘（杨春霞饰）改造土匪成革命队伍，好生了得……这些银幕之花，新鲜强健，英姿勃发，让人耳目一新。毋庸置疑，这是自1949—1979年这段特定的历史段落中，男导演镜头中女性形象女性叙事的重要表征，但是，我们还要看到的是，随着时间的推移，银幕女性从表象到实质呈现着愈演愈烈的中性化、阳刚化、男性化的趋向。如果说在《白毛女》的女性叙事中尚有被欺凌的喜儿怀孕症状，有她为逃脱黄世仁的谋害躲到山里，在风雨中产下死婴的悲惨画面，伴随着复仇的歌声撼人心魄，那么此后的电影，生育、经期、哺乳期等女性独特的性别特征和生命体验基本绝缘于银幕，仿佛成了羞于启齿的不健康的东西；两性之情也日趋淡化，到了八个"样板戏"电影中，女性形象基本上是"孤家寡人"，有家庭者也绝对"不谈爱情"。

性别被消解了，女性、男性一个样。然而，消解性别并不等于获得了真正的性别认同。只强调男女都一样，而不强调男女还有不一样的一面，这依然是对女性性别特征的漠视乃至抹杀。回溯历史，早在五四知识精英的现代认同中女性解放便与男性主体的民族国家话语纠结一处，男性的现代性认同与对女性的性别想象处于历史同构性。女性解放中的公共性被凸显，而"女性"则被忽略。所谓银幕之花并非本真存在的实在女性主体而是作为男性价值对象的客体。1949年后的男导演镜头的女性叙事愈演愈烈，彰显的仍是女性意识与国家思想相交融的一面，男女都一样，实际上是女性失去了自己独有的性别表征性别意识，这也是男性视角对女性解放的另一个极端标准。女性只能集体服膺在象征男性力量的符码下，处处以男性为参照系、为楷模重塑自己，成为男性主体的话语资源和阐释空间。女性并没有与男性一样拥有同样的天空，更没有在同一地平线上开始携手并进的新的历史征程。

二　谢晋影片中的女性之光

在众多的男导演中，没有谁像谢晋那样，始终为银幕女性倾注了真诚和崇敬！

谢晋是伟大的。他从中国第二代导演的视域中走出，成为第三代导演的中流砥柱，横亘第三、四、五代导演的黄金岁月，且与孙子辈第六代共享阳光。如果说蔡楚生深得郑正秋伦理剧之真传，且升华为社会剧，那么，"50年代之后继承郑正秋、蔡楚生这一电影传统的代表人物，当数谢晋"①。谢晋继往开来，将家庭伦理情节剧的类型模式投放到大时代大政治背景中，从家庭的变异折射时代的主旋律；这种"政治伦理情节剧"的谢晋模式得到官方和民间的认可与欢迎，遂成为正统的中国电影主流类型。其女性叙事多以博大的爱化解政治的沉重苦难，其女性形象不分城乡老少，无论文化高低，多闪烁母性之光，与道德之光融合为精神之光。

《女篮五号》（1957）是一部别具一格的体育片。为国争光打篮球，新旧社会两重天。片中的女篮五号林小洁在教练田振华（刘琼饰）的培养下茁壮成长，但他们之间似还有种依稀难辨的父女之情。事实上小洁母亲林洁（秦怡饰）果真是田振华昔日的恋人，却硬是被崇洋媚外的球队老板——小洁的外公活活拆散、天各一方。林洁被迫嫁商人后忍受不了欺凌，离家出走，独自抚养女儿成人。田振华则一直独身，最终这对别离二十年的恋人终两手相握。当然，田教练并非小洁的生父，编导的处理是很干净的。体育片也还是以政治/伦理/爱情为内核。

《红色娘子军》（1961）高奏的是时代的主旋律。影片展示了苦难岁月里奴隶女性吴琼花翻身求解放的历程和思想的升华。被南霸天关进水牢仍不屈不挠的丫头吴琼花（祝希娟饰），为化装成富侨商的洪常青（王心刚饰）解救后，在洪的指引下投身革命，参加了海南岛红色娘子军。她对他的感恩之情中潜藏对异性的崇敬和爱慕，但那个时代，为了人物形象的纯洁性和高尚性，她与他之间只是很纯净的同志情，虽然在洪常青壮烈

---

① 罗艺军：《我的同路人》，杨远婴主编：《华语电影十导演》，浙江摄影出版社2000年版，第43页。

牺牲的那场戏中，琼花的情感像火山一般爆发。历经血与火考验的琼花最终成为娘子军连新的党代表，这也可以说是对洪常青的纪念。影片同样涉及女性主义的母题：独立意识、姐妹情谊等，只是"阶级斗争""革命道路"遮蔽了琼花生存、反抗以及娘子军连姐妹关系的女性视点而已。

《舞台姐妹》（1965），从片名来看，就是姐妹情谊的主题。《舞台姐妹》中的春花（谢芳饰）和月红（曹银娣饰）原本是患难之交，但后来因各自的追求而分道扬镳。春花跟着党走，公演《祥林嫂》；月红则沦为唐老板太太，又被抛弃。解放后，春花找回月红，这对舞台姐妹又歌唱于江南水乡。非常有意思的是，编导在这部影片中启发春花走上革命之路的是一位女记者江波，合理合情，无懈可击。但是，解放前舞台姐妹的"决裂"却不合情理。邢素梅、邢月红父女俩是挣扎于社会底层的"处处无家处处家、年年难唱年年唱"的戏班子人，而且极富正义感，父女俩曾不顾一切搭救逃跑的童养媳春花；此后这对舞台姐妹在与恶霸、地痞、警察、班主的欺凌中一直生死与共。姐妹俩于上海滩名声大振时，春花依然故我，月红却贪恋起钱财，并与春花反目，这不能让人信服，虽然人是会改变的，女人也不例外，但是月红的骤变缺乏变异的土壤和自身的缘由，之所以变，主题先行需要使然。

在"拨乱反正""改革开放"的新的历史时期，谢晋电影反思灾难性历史，以"悲歌"形式，推出了《天云山传奇》（1980）、《牧马人》（1981）、《芙蓉镇》（1987）系列。从表象来看，《天云山传奇》的主角是"纯得像水晶一样"的错划右派罗群（石维坚饰），《牧马人》的主角是出身不好被贬为牧马人的许灵均（朱时茂饰），《芙蓉镇》的主角之一是落魄潦倒的小知识分子秦书田（姜文饰），都是在历届政治运动中蒙受不白之冤的受难男性；但是，这三部电影皆有完美的女性支撑，心甘情愿"伸头戴枷"的冯晴岚（施建岚饰）、从四川逃荒过来的农村姑娘李秀芝（丛姗饰）和出身不好的胡玉音（刘晓庆饰），三位女性为受难男性撑起了一片天空和绿荫，治疗他们的创伤，抚慰他们的心田，以期他们重振雄风。

如果说《天云山传奇》《牧马人》中的好女人还只是配角的话，到了《芙蓉镇》，胡玉音至少是与秦书田平分秋色的女主角。在这三个女性形象的身上，谢晋将他心目中的理想女性还原到极致——母性之光大放异彩。《天云山传奇》中，是冯晴岚跟随被错打成"反革命"的罗群到农村；是她拉着卧板车上病重的罗群在风雪中前行，是她给了罗群一个简陋却遮挡风雨的家。她爱罗群。然而，罗群爱她吗？罗群爱的是宋薇，罗群对冯晴岚有的只是感激感动感恩，而不是两情相悦之爱，这对冯晴岚是不公平的，但罗群接受了，接受的是升华了的"母爱"。她把爱全给了他，也把世界给了他，当罗群平反复出之时，冯晴岚像绝大多数一辈子操劳的母亲一样，颓然倒下，并没有得到爱的回报。这就是让人心恸心酸的母爱。

《牧马人》中的许灵均，海外的生父给他带来灭顶之灾也给他带来飞来的"幸福"。在没有前途的日子里，万念俱灰的他甚至有了轻生的念头，却是小小的秀芝给了他活下去的勇气和力量，还给他生了个儿子清清，许灵均的第二次生命是农村小女子李秀芝给的。小女子一样闪烁母性之光。"故母氏又可比于陶人，盖磁土性柔，可随意操作，可为碗碟，亦可为盆杯。是在陶人之手耳。"①

《芙蓉镇》里卖米豆腐的芙蓉仙子胡玉音，美丽善良、勤劳朴实、正派开朗，但美丽和出身都给她带来灾祸，初恋之人黎满庚无情地抛弃了她，老实巴交的丈夫桂桂死了，虽命运多舛历尽磨难，可她始终"活下去，像牲口一样活下去"。"文革"时，当她与落难书生秦书田走到一起后，被批斗扫马路，却能双双挥动扫把跳起了华尔兹！这真是大地之母，风刀霜剑严相逼，一样春华秋实，母性之光与精神之光的融合，温暖着身处严冬的人们。

当然，坏女人则是丑恶的化身。《芙蓉镇》中坏得彻底的女人，那就是"文革"运动残酷的执行者的代指李国香。谢晋镜头中的坏女人，仅此一人而已。

谢晋电影叙事往往以有个好女人的"家"作为缝合主流叙事的乌托邦策略。这一个个好女人的生存和苦斗，无一不是为了男人的需求，她们心里只装着男人！将这些好女人视为"一些情感和道德的代码，是男人们精神上的守护神"②，也并非完全的贬义。歌德在《浮士德》曾言："永恒的女性，领我们飞升。"③ 问题是，这只是男性镜头（视点）一厢情愿的理想女性，女性只是反映男性欲望的一面镜子，是从男性的需要建

---

① 陈钱爱琛：《贤母氏与中国前途之关系》，《新青年》2卷6号，1917年2月。
② 屈雅君：《女为悦己者容——关于男性电影的女性批评》，《当代电影》1994年第6期。
③ ［德］歌德：《浮士德》，钱春绮译，上海译文出版社1982年版，第737页。

构女性、用男性权威话语来叙写女性的新贤妻良母。由此根本上造成了对女性欲望的误解和扭曲,填充的是男性对女性的欲望和道德、甚至贞节观的规范。2006年的《云水谣》,导演尹力将刘恒的剧本做了一实质性的改动,那就是剧本中的王碧云到底嫁给了孟小路,并生有一女孟小芮,这是很人性化的;而尹力的电影则改成王碧云终身不嫁,只有一侄女王小芮"穿针引线",王碧云便成了新型的"节妇"。可见贞操观的"洁癖"何其根深蒂固,即使优秀的男导演,也跳不出几千年铸就的窠臼,而压根没想到应掉个位以女性视点对女性进行观照,站在女性立场去考虑女性个体生命的经历和真实的情感体验。

三 男性欲望的舞蹈:张艺谋电影中的女性"狂欲"

在"双峰并峙"的第五代领军人物张艺谋与陈凯歌的电影叙事中,陈凯歌在对中华文化的阐释中始终未能聚焦女性,《黄土地》中的翠巧,《霸王别姬》中的菊仙,乃至《无极》中的满神,皆为苍白迷蒙、指代含混的"虚焦"女性符码。秦人张艺谋不同,从独立执导的第一部电影《红高粱》起,就展现了他"女性视角"的外观。此后,不改初衷,女性形象一直是张艺谋电影故事中不可或缺的浓墨重彩之符号。也许,他试图通过影像去追寻从漫漫历史的那一端艰难走来的女性的足迹,从足迹的斑斑血迹诠释并放大女性创世纪的博大之爱? 在他的影片中,女性也的确都比男性勇敢顽强、锲而不舍,尽管承担着比男性多得多的压迫和欺凌,但依然不回头,有一种不计后果的执着和决绝。

《红高粱》中,不甘命运摆布的九儿偏激出格,《菊豆》中的小镇女人为乱伦何其惨烈,《大红灯笼高高挂》中成群妻妾争风吃醋折腾个没完没了,《秋菊打官司》中讨个说法的农妇秋菊倔强执着,《一个都不能少》中的代课小女子魏敏芝也是个"一根筋",《我的父亲母亲》中的母亲招娣往事并不如风,《幸福时光》中的盲女单纯却不简单,《英雄》中的女侠飞雪艳如桃李、冷若冰霜、情炽如火,《十面埋伏》中的舞伎小妹百媚千娇、侠骨柔肠,《满城尽带黄金甲》中骄横寂寞的王后情欲撕掳成血河……张艺谋的电影世界里不能没有女性。

如果说莫言的小说以男性视角,展现了"我爷爷""我奶奶"的生命故事；那么，张艺谋《红高粱》(1987) 的镜头却处心积虑改换成"我奶奶"在"看"：九儿初嫁，在轿内就不安分，撩开轿帘看轿夫生命力的奔腾，哪怕颠轿颠个天旋地转。路遇打劫的，正是九儿"看"轿夫余占鳌，给了他力量，杀死了打劫的；还是九儿的"看"，在三天回娘家的日子里，两人终于野合于高粱地。是女性的生命欲求压倒了一切，是女性的主动给了男性之力量。然而，果真是女性视角？非也。女性九儿只是满足了男导演和观众的观看期待，仍只是一个"被看"的客体。是男性导演从男性性别出发，自以为是地过滤并诠释出来的女性，是男性希望的而不是女性真实的符号，从真实传达女性的情感体验和心灵之声来看，实在距离遥遥。

电影《菊豆》(1990) 比起刘恒原著《伏羲伏羲》，淡化且弱化了侄子天青的主动性，极力强化的是菊豆的主动与狂欲。固然，哪里有压迫，哪里就有反抗，菊豆受尽了年老体衰性无能的杨金山的非人虐待和蹂躏，叛逆和反抗是必然的，但不必把这位农妇演绎成天青性的引领者。杨家大院、染坊、染池，状如瀑布的染红染黄的布匹，与其说是美感，不如说是触目惊心，当菊豆与杨天青不顾一切相拥时，菊豆的脚有意无意踩到了机关，高悬的染布猛地哗啦啦跌落染池，真是赴汤蹈火般的勇猛和灾难！她与天青生下了儿子天白。等到杨金山死去，这乱伦的一对在"七七四十九回挡棺"的丧葬仪式中碾碎了灵魂，也许会有重生？但杨天青正是被亲生儿子小天白推入染池活活淹死，童年的眸子燃烧的是仇恨。绝望的菊豆将房子点上大火，那长长的从横梁上挂下来的染布，在火中缓缓飘舞。或许，这就是狂欲乱伦的下场？女性的悲剧由女性"自编自导自演"，不可逆转？

《大红灯笼高高挂》(1991) 中的颂莲是个高中生，电影开场她即自己走上门嫁到陈家做四姨太，而与接嫁轿子背道而驰，这是象喻，也是反讽，是一种对命运的认同又不甘。她到了陈家后，一切叙事就局限在这座封闭的古老的建筑里，作为封建父权夫权的代表陈佐千老爷从不露面，偶尔显形，也是模糊至极，但他的威严和专横无时不有、无处不在。影片极力渲染"点灯""上灯""封灯"仪式。"上灯"即"宠幸"，"封灯"即"打入冷宫"。"上灯"之争，是男性霸权淫威下女性之间的明争暗斗，可怖又可哀！在四个大小老婆"争风吃醋"的屋子里，颂莲一样大打出手，假装怀孕、整死小丫头、告发三姨太的偷情、想博得大少爷的同情乃至

"爱情"……但当一切都落空,她被"封灯",三姨太也被活活打死后,她清醒了,也疯了,"这个家里的人,什么都像,像狗,像耗子,就是不像人!"她在"大红灯笼高高挂"却分外死气沉沉的陈家大院终喊出:"你们杀人!"唱京剧的三姨太像她一屋的红、蓝、黑、白四种颜色的京剧脸谱一样,张扬的是泼刺刺的个性和宁死不屈的抗争。可根深蒂固的封建男权统治坚不可摧,任何一个女性个体反抗在它面前都太渺小微弱单薄,随时在一句"封灯"中灰飞烟灭。然而,影片强化和清晰的是女性的争风吃醋相互杀戮,淡化模糊的是男性的挑拨离间和借刀杀人。

到了《十面埋伏》(2004),张艺谋视点中制造的女性狂欲在数字化技术中重演。唐大中十三年,奉天县命刘捕头(刘德华饰)和金捕头(金城武饰)在十天内将反朝廷的飞刀门新帮主缉拿归案。刘捕头怀疑牡丹坊舞伎小妹(章子怡饰)是已故帮主柳云飞的女儿,于是,刘捕头便设计将小妹拿下,押入天牢,又由金捕头化名随风大侠夜间劫狱救出小妹,再随小妹逃离,以查出飞刀门行踪。没想到,小妹亦是为寻找杀父之仇人而扮成舞伎的。更没想到的是,风餐露宿日夜兼程中,小妹与金捕头之间竟假戏真做,碰撞出爱情的火花。星月之夜,两人终究在漫山遍野花海草地上滚做一团的影像,已成燎原之势。出人意料的是,暗暗跟踪他们的刘捕头也不顾一切地爱上了小妹!可以说花海相拥的图像是《红高粱》中九儿与余占鳌野合的翻版,只是全然没有原创性了,多了狂欲的渲染、多角的驳杂和色彩的艳丽夺目,却少了仪式般的庄重和出自生命深处的悲凉。

《满城尽带黄金甲》(2006),展现了五代十国乱世一隅。一禁军都尉领兵造反自立为王,为政治利益,弃发妻(陈谨饰)而留儿子元祥,续娶梁国公主(巩俐饰)为后,又生下二子元杰和三子元成。王神出鬼没东征西伐欲称霸,寂寞的王后竟与元祥私通,无所不知的王便以慢性毒药欲置她于死地。元祥也移情宫娥蒋婵,殊不知蒋婵的生母正是自己的生母!王后眼见性命和情欲都即失去,决心鼓动元杰起兵政变,于是,重阳佳节成了血溅宫廷之夜。全死光了,只留下霸道的王。王后与《雷雨》的繁漪似一符号,却实在不是同一符号,她比繁漪贪婪,比繁漪有野心,比繁漪疯狂,是一个肉欲性欲情欲权欲永远填不满的女人,这个女人成了个狂欲至极的女人;至于那个蒋婵,已然没了《雷雨》中四凤的纯朴和清丽,也只有袒胸露背的肉欲,窃窃地与王后争风吃醋而已。观众只是被满城满宫用黄金（钱）堆起来的奢靡布景搅得眼花缭乱，还有结尾那首与厚钱铺出来的华丽电影不相称的带着淡淡伤感的流行歌曲！的确是视觉夜宴，但是，都是钱做出来的，只有钱的味道。满目男人女人的欲望，尤其是女人的欲望、女人的狂欲。爱比恨更冷酷，更凶残。不叫"阴谋与爱情"，应该叫"阴谋与性欲"。

真糟糕。

固然，"食色，性也"，但是，张氏银幕女人强烈的"性欲"狂舞以丰富多彩的镜像语言赤裸裸展示叙述时，是很难得到女性观众的认可和认同的，因为这与女性生存的历史与现实境况背道而驰，男女婚恋关系中，男性多处于"选择"地位、女性则处于"被选择"地位，这自然是不公平的，也是女性独立意识应该颠覆的，但是，变成"性诱惑者"，只能使女性的处境更为悲惨！

当然，话还得说回来，张艺谋怀有的真诚是无可抹杀的，他认同执着的个性："这的确与我个人有关系，我大概是一种比较执着的人，……每个人物吸引我们的就是那种不回头的精神，对于这种精神来说，结果不重要。"[1] 但男人毕竟不是女人，生理不同、心理不同，几千年积淀的集体无意识不同，生存的现状、思维习惯不同，所求所需不同……男性与女性的体验上的隔绝，使张艺谋和他的影片绝非真正的女性视角和女性叙述，他同样无法破译女性生存的真相，无法正确阐释女性经验，无法真正理解女性的心理和生理事实。"这些渴望与压抑的故事，将典型的男性文化困境移植于女性形象，女人又一次成了男人的假面。"[2]

四 说不尽的"胭脂扣"：关锦鹏的"女性电影"

美国女权主义电影理论家克莱尔·庄斯顿言："女性形象始终在电影里充当着神话学意义上的符号，即她在影片叙境中的符号价值（表象之为能指，类型意义之为所指），将在男权神话，或曰建立在性偏见之上的意识形态的意义层面上第二次被'榨干'或'抽空'（叙境中的符号/类

---

[1] 张艺谋：《〈我的父亲母亲〉创作谈》，《当代电影》2000年第1期。
[2] 戴锦华：《不可见的女性：当代中国电影中的女性与女性的电影》，《当代电影》1994年第6期。

型之为能指，神话素/意识形态之为所指），以填充、负荷特定的意识形态意义于其中。"① 中国男性导演所创作的影片中的多数女性形象也难以逃脱这种只承担意义而不创造意义的"符号"命运。他们以男性的自我需要为中心，以男性对女性的虚幻想象或欲望来建构女性形象，他们不可能跳出男性中心的窠臼。大陆男导演如此，港台男导演也无例外。吴宇森的暴力美学自然让女性"靠边站"，侯孝贤的长镜头影像叙事中，女性永远是配角，都在做着《童年往事》中奶奶坐上人力车就能回故乡的梦；李安的镜头千流百转，已伸进男性的中枢神经，无论是"父亲"辈还是"男同性恋者"，但是女性只能是不讨人欢喜的配角，《饮食男女》里的老父亲，以一压群芳，三个女儿和寡妇母女几个女人的戏份敌不过一个老父亲的深度！李安实质上也并不了解女性，女性为细枝末节的非理性感动不可重复更不可理性化，以至于在改编张爱玲的《色·戒》时他将"买戒指"瞬间细节变成情节，多次出现，铸成对女主角的错读。

但也有例外，关锦鹏的女性电影则是另类。关锦鹏，他用男性的眼睛，换位女性视角，把对女性的切身感受和悲悯情怀投射到电影中的女性，在他的镜头叙事中，女性角色成为叙述的主体，而不是被看的对象，不是男性的点缀和陪衬，女性的人性内蕴和价值尊严都得到了应有的尊重。

《胭脂扣》（1984）一反香港"鬼片"类型和"风月戏"模式，真诚地对一个风尘女子如花无爱的绝望和无意义的殉情进行悲剧言说。"如花"如梦如幻，似人似鬼，在20世纪30年代和80年代的时空中飘忽穿插，寻寻觅觅，却原来"痴心爱人"十二少仍浑浑噩噩赖活着！问世间情为何物？对男人而言，如果原是一件华丽外衣，时间终将"情"变为破烂。导演的立场和情感无保留地倾斜于如花身上，寄寓了女性生命和爱的尊严。

《阮玲玉》（1989）的女性意识可谓登峰造极。从历史与现实、老电影与现场还原、饰演者（张曼玉）与当年阮玲玉的同代人的多向交流、套中套中套这三层套的纵横交错的结构中，开掘出女性独有的生命与情感体验。通过对大量的珍贵影像历史资料的占有和使用，作为一个真实女性

---

① 克莱尔·庄斯顿：《作为反电影的女性电影》，转引自鲁妮《境域之中——西方女性主义电影理论综述》，《上海文论》1992年第4期。

的阮玲玉,她的生活与悲剧被导演的艺术想象与历史还原演绎得逼真而感人。也使观众对阮玲玉死因有了更深层面的认识:把救赎的希望寄托在男性身上等于自杀!阮玲玉的一生,是一次对"女性历史"的"个人化"叙述,达到了女性视点叙述的诗学境界。

然而,随着《蓝宇》(2001)的面世,关锦鹏的"同志"情怀告白天下:"以往我拍的所谓女人戏,很大程度上也是一种同志创作。不过是把同性的幻想转化到异性恋的角色关系上,我觉得这方面,我是颇为独一无二的。"① 所以,"关锦鹏其实是以女性形象,求证男性导演自身的阴性气质和同性恋取向"②。与其说他是以自己的生命流程感知隐秘的女性生命体验,不如说是从银幕女性中寻求自我性别认同角色。此后,《长恨歌》(2005)虽力挺王绮瑶之上海女性形象,但反响平平,是否渐渐失却了导演心中常驻的那份女性悲剧诗情呢?

性别之别,如鱼饮水,冷暖自知。子非鱼,安知鱼之苦乐?

(胡辛、何静《江西社会科学》2008年第8期)

---

① 《〈蓝宇〉关锦鹏的同志写作》,《香港电影面面观》,香港艺术发展局,2001—2002年,第63页。

② 傅莹:《性别身份——论关锦鹏的另类镜像》,《当代电影》2006年第4期。

女大学生青春期性教育管理与反思

摘 要 当代大学生中出现的各类青春期问题：比如情感纠纷、未婚先孕、堕胎、同居、性病等，成为一种令人担忧的教育和社会问题，引起社会的广泛关注。本文以女大学生为调查对象，以青春期性教育为突破口，通过问卷调查、小型座谈等方式，研究女大学生青春期性教育的现状及存在的问题，并力求找出相应的解决方法。

关键词 女大学生 青春期 性教育

大学生本科、专科的年龄一般分布在17—24岁之间，（硕士生和博士生的年龄层则悬殊较大，但直接从本科毕业考上硕士生，硕士生毕业考上博士生的约占了1/3；毕业两三年再攻读硕、博的也占据相当大的比例，约占1/2，40岁以上的比较罕见）所以，绝大部分正处于人生成长的第二个发育旺盛期——青春期。青春期是人生成长的重要阶段，伴随着生理和心理的变化，兴奋与无奈、追求与困惑、理性与感性、清晰与懵懂……人生观在青春岁月渐渐形成并影响人的一生。所以，青春期的性教育是不可回避的极其重要的问题。女大学生由于历史和社会的缘由，对她们的关注和呵护就尤为必要和重要了。女大学生虽然是中国女性群体中拥有较高知识的阶层，但并不等于她们对青春期的性教育就有自觉自主的意识和观念，相反，从另一角度来看，处于传统与现代观念冲撞交融的风口浪尖上的她们，可能还存在着别样的误区和盲点。女大学生需要什么程度的青春期教育，她们所拥有的青春期性知识同她们的身份是否相称？越来越开放的性观念和行为方式是学校教育的结果还是缺乏教育带来的后果？女大学生青春期性教育的重要性何在？带着这些疑问，本课题组在江西高校中抽取了600名女大学生进行了各类调查。

一　数据与分析

调查问卷反映出以下问题。

问题一：对青春期性知识了解情况

（1）生理卫生基础知识

问卷显示有80%以上的女生在初中或者高中阶段学习过生理卫生课，但知识到达率极低，例如女性生殖结构，各部位的名称，乳房保健知识，月经卫生等基础知识并不知晓。这与中学阶段学习任务过重，学校不重视此类课程，师资安排不科学有相当大的关系。有的教师在涉及性或者男女生殖结构、生理表现方面的内容时，往往采取学生自学或一笔带过的方式，在学生心理上造成一种性神秘的印象。

（2）性行为知识

两性行为虽是人类的天性，但是，正确的、科学的、人性化的、有情感的两性行为是必须接受正确的性教育的。当今，书籍报刊、电影电视、网络传媒等等给两性行为的教育传播起到了一定的正面作用，但是负面影响也不小，尤其是不健康的乃至黄色传媒的信息起到了很坏的作用。据问卷调查显示，仍有3%的女大学生对两性行为一无所知！这些性无知者多来自农村的女生，也有城市女生，这些女大学生又以单亲家庭或父母外出打工的为多。

（3）避孕知识

避孕知识包括安全避孕，体外排精避孕，工具避孕，药物避孕等。通过问卷调查显示，62.3%的女大学生知道在发生性关系时如何保护自己，但并不完全了解避孕的知识；37.7%的女大学生不知道该如何保护自己，对避孕知识完全不了解。另有部分女大学生在性行为中存在侥幸心理，并不积极采取避孕措施。避孕知识的缺乏和安全意识的薄弱使意外怀孕的概率增多，增加了女大学生生殖系统受到伤害的可能性和患性病的概率。

（4）性病知识

受传统观念的影响，女大学生一般不会主动去了解性病知识，即使有人知道某些性病的名称，比如：淋病，尖锐湿疣，梅毒等，但并不是从书上或者课堂得知，而是从一些电线杆、墙角的小广告上看到的。但是对艾滋病知晓率较高，了解艾滋病的传播途径，知晓性行为中女性比男性更容易感染艾滋病，但对其他性病（如：淋病，尖锐湿疣，梅毒，非淋菌性尿道炎，生殖器疱疹，软下疳，性病性淋巴肉芽肿）的传播途径及症状并不清楚。

问题二：青春期性心理变化情况

青春成长过程中生理上的变化伴随着心理成长的变化。问卷显示，有40.9%的女生对生理上的变化感到很害羞，觉得自己突然变成了大人；有13.2%的女生感到很害怕、恐惧，无所适从；还有45.9%的女生态度很复杂，选择了其他。面对青春期带来的"麻烦"，有45.5%女生有不愿做女孩而想做男孩的想法。性别意识相对明确，和异性相处时有28.1%的人会感到很尴尬、不自然；69.1%的女生很在意异性对自己外表或其他方面的评价。

进入大学后，女大学生在形象和气质方面趋于成熟，对异性由好奇转向爱慕，亲近，依恋，表现方式更加明显和大胆，有7.5%的女生表示如果和男生宿舍是邻居，会有偷窥他们的欲望。恋爱愿望强烈，恋爱比例明显增加。也有一部分女大学生偏理性，意识到在校恋爱所带来的负面影响，坚决不谈恋爱，和异性也刻意保持着距离，压抑自己的情感。

问题三：对性的态度

（1）婚前性行为较普遍

婚前性行为主要是指未婚男女在结婚以前自愿发生的性交行为。随着经济的发展，社会观念的解放，西方开放的性文化的影响，以及生理上的成熟，性激素的旺盛分泌，现代女大学生对婚前性行为持开放态度，传统的保守的性观念逐渐被颠覆，有8.2%的人在第一次性冲动时就发生性关系，37.7%的人可以接受同居、流产。

在恋爱期间，大学生在校外租房同居已经成为一种普遍现象。但是同居者的动机或目的却各不相同。首先，多数女生认为，同居是一种比较好的试婚方式，只有经过了同居阶段才能彻底了解对方，才能确认是否可以走向婚姻，组建家庭。其次，在大学中，另有一部分同居者是经过了漫长的恋爱过程，只是物质条件没有达到而不结婚，比如双方还是学生，暂时没有条件结婚，同居生活就成了共同生活的首选。这种理性的同居者在大学校园中也占有一定的比例。他们大都是年龄偏大的硕士、博士，对生活的思考已经比较成熟。最后，同居者带有很大的盲目性，只是受到性冲动或者是受到了周围环境风气的影响而做出的一种随波逐流的行为。

先天的性别决定了在对待性和爱情的关系上，女性会有很多浪漫的想象成分存在。27.5%的女大学生认为，性是爱情的升华，而并非是一种本能的冲动。只有2.5%的女生认为性很脏，是一种不洁的行为。问卷也显示出这样一个现象：所学专业的不同也会影响女大学生对性的看法，文科女生受文艺作品的影响，普遍倾向把爱情和性联系起来，比较感性；而理工科的女生偏理性，认为性就是一种生理反应。

(2) 对未婚先孕态度的自主性

婚前性行为的普遍和对性态度的开放，以及对避孕知识的贫乏，未婚先孕比例逐年上升，女大学生对这种现象表现出极大的理解和同情，问卷调查显示，60%的女生选择自己面对未婚先孕情况时会去做人流，30%的女生选择结婚，10%的女生选择既不结婚也不做人流，做未婚妈妈。而只有个别极少数女生选择不知所措。这说明现代女大学生行为自主性明显加强，能掌控自己的行为，女性自主意识加强这是社会的进步。在所调查的女生中有56%来自农村，但是在对未婚先孕的看法上，没有显示出地域的不同，这说明在观念上，农村和城市的差别正在消失。

虽然女大学生们对未婚先孕能够表示出同情和理解，但是对校园里未婚先孕现象还是较一致地持反对态度。大多数认为，在学校可以恋爱，但是不能超越社会对大学生的道德规范。有趣的是，对在读女研究生怀孕生小孩却表现出极大的认同和宽容。

(3) 传统的贞操观念淡漠，表现形式多样

中国传统的守贞观念作为束缚女性婚前性行为的一种文化意识，已经深入到了中国文化的骨髓，纳入社会道德的范畴。但是在现代中国，特别是女大学生中，守贞观念已不是她们应该和必须要遵守的道德规范。据问卷调查显示，47%的女生选择赞成婚前守贞，但意义却发生了变化，选择守贞只是对自身保护和负责的表现，是一种洁身自好的生活方式，而不是盲目的要遵守传统意义上的礼教，不是禁欲；同时她们认为这样的生活方式应该得到人们的尊重，而不应该被那些所谓的潮流人士们或者性解放人士们嘲笑、讥讽；而53%的人选择了其他三项：反对守贞者占到12.5%，认为是违反人性，是对女性的禁锢；5%的人认为新时代的女性不应该有这样的行为，是落伍的表现；35.5%的人选择了其他。同时47%的人能够接受自己的男友或爱人不是处男。这说明在贞洁观念上，女大学生持男女平等的观点，心态是成熟而理性的，这也是一种进步。

在对贞操这一概念的看法上，部分女生也表示了愤怒，认为这种提法本身就是不合理的，是社会通过女性生理结构的特殊性强加给女性的枷锁。但当社会把道德和贞操画上等号，而个体的女性无力去抗争而却要获得幸福时，女性也会妥协，采取到医院去修补处女膜，或者用一些小智慧隐瞒事实真相，让男性心理求得安慰。

问题四：青春期性知识来源渠道

（1）对青春期的性教育，大学教育近乎缺席。从问卷调查显示，85%的女大学生所在的大学没有开设过青春期及性教育的课程，只有15%的女大学生在大学里系统学习过这方面的知识，她们认为受益匪浅，两相比较，说明大学课堂在性教育方面几乎处于缺席状态。70%的女大学生认为学校应该开始这方面的课程，至少应该让她们知道一些基本的生理知识、性知识，认为这方面的课程对于她们来说很重要；只有5%的女大学生认为没有必要开设，可以从网络或其他渠道获得，另有25%的女大学生从来没有想过这个问题。在所调查的女生中，低年级的女生对性知识的了解愿望要强于高年级女生。

（2）家庭教育存在，但不全面、不系统。不同于学校教育，家庭教育对于女大学生的成长来说，是一个很重要的获得青春期及性知识的渠道，但家庭教育也存在着零散不系统，代代相传且有些信息并不科学准确的现象。接受问卷调查的女大学生只有20%的人从妈妈或者姐姐等家人处得到过某些信息。

问卷显示，有的家长为了保护孩子，不仅不讲正确的性知识，还会采取带恐吓性质的方式，告诉孩子一些错误的信息，比如，有些大一的学生天真地以为接吻就会怀孕等。这样的信息并不能对保护女性起到什么正面作用，反而会造成一种不太健康的性心理，乃至错误的性认识。

（3）女伴教育情况普遍。目前中国女大学生的集体住宿现状，决定了宿舍是一个获取青春期性知识的重要场所，55%的女生从同学之间的闲聊中获取过信息。这些信息涉及问题的多样和深度是家庭教育没有办法企及的。通常，女大学生们会把遇到的困惑和疑问，如恋爱技巧，恋爱心理，同居经验等等拿出来供室友讨论和分享。当然，因为同伴的信息来源渠道多种多样，如有的是道听途说，有的是切身体验，有的来源于书籍或课堂，人际传播的特点明显。信息的真实性和系统性存在问题。

（4）自发搜寻信息渠道扩大。自发的了解信息的方式多样，62.5%

的女大学生会通过网络了解青春期及性方面的知识；45%的人通过影视作品直观的获得经验，62.5%的人会从书中找寻答案。另有4%的人通过其他渠道获取信息。自发搜寻信息的多样化，说明了在课堂信息源缺失的情况下，其他信息源将被充分利用，学生的自发意识明确。有42.5%女生对黄色网站或黄色书籍的存在表现得无所谓，表示偶尔也会去看。

总之，从青春期及性知识来源方面来讲，渠道变得多种多样，是一个可喜的现象，但是其中所存在的问题依然很明显，家庭教育和学校教育所占比例的严重不足，网络和影视作品所占比重的过大，容易混淆信息的真实与模拟的界限，这是非常危险的。

二 相应建议

青春期性教育包括性生理教育，性心理教育，性道德教育以及预防性病、社会性现象教育等方面。本调查报告对女大学生青春期性教育情况进行了初步的了解，从分析中我们可以发现，青春期性教育与女大学生的身份是不对称的，女大学生在青春期出现的各种问题都与教育的不到位（无论是学校、家庭和社会）是密不可分的，这归结到一点是教育观念的偏颇而致。

虽然国家教育部和卫生部在20世纪80年代和90年代颁布的《学校卫生工作条例》《大学生健康教育课程基本要求》等文件，要求加强大中学生青春期教育。但是真正开展青春期及性教育的学校不多。上文已经提到，只有15%的女大学生上过这类课程。现阶段，高校应组织相关专业老师，认真研究女大学生的青春期知识获取现状，制定科学合理的知识系统，打破性神秘，普及基础知识，让女大学生从思想上、知识储备上具有自我保护的意识，理性对待性问题。加强性道德教育，提升大学生对性冲动和不良性行为的自我克制能力，树立高尚的性道德观念。积极开展安全性行为教育，普及性病、艾滋病知识，让她们懂得性病的传播渠道，性病的危害以及预防方法，从而自觉地抵御性病的侵扰，阻断传播途径。在家庭教育方面，家长也应该纠正认识上的误区和偏见，针对青春期女生的各种表现，及时地进行心理疏导，让女生积极正确的面对青春成长过程中的困惑和迷茫，消除生理发育带来的紧张和恐惧。

我们应建立良好的社会氛围，加强社会性现象教育。作为生活在校园里的大学生们，她们的生活观念，行为方式与社会环境的浸染也是密不可分的。现在社会上存在的黄色网站、黄色书籍，随处可见的带有色情性质的广告、影视作品，以及包二奶、傍大款等不良社会现象，对未婚先孕事实的包容等等都对女大学生的性道德、性心理造成了不良的影响。所以要加强社会道德建设，建立一个健康向上的社会和谐氛围。

从报告中分析中我们还发现，女大学生们的表现也没有社会上一些流传的那样严重，她们值得称赞的地方颇多，比如，大多数思想开放但却不失理性，观念新潮也不无坚守传统道德，独立意识和自主意识明显加强。在学校教育不能满足她们知识渴求的时候，能够发挥主观能动性，填补知识空白。她们的思想，观念，行为体现了当代性。

开展青春期性教育、引导女大学生健康成长，形成勇敢、坚毅、积极向上的生活态度，对树立科学的人生观、价值观有积极重要的作用。这不仅是教育的意义，也是社会文明发展的需要。

参考文献：

张永泽：《浅谈中学生物教学中的青春期性教育》，《甘肃科技纵横》2007年第2期。

孙明江、邵佩萱：《一个不敢再不谈的古老的话题——中学生青春期性教育》，《辽宁教育》2007年第3期。

王蕾、吴波：《开展青春期性教育刻不容缓》，《宁夏教育科研》2006年第2期。

郭进：《浅论青春期性健康教育》，《河套大学学报》2006年第3期。

古晓：《探索建立有中国特色的青春期性健康教育体系》，《中国性科学》2006年第4期。

陈一筠：《艰苦拓荒十余载　播种耕耘盼开花——青少年性健康教育的实践与思考》，《中国性科学》2006年第4期。

张枫：《国内青春期性教育的现状及思考》，《中国性科学》2005年第2期。

（林丽萍、何静、胡辛《科技广场》2008年第11期）

我与作家出版社女编辑的姐妹情缘

《这里有泉水》是我的第一本独著，收了不短的短篇《四个四十岁的女人》、配对篇《四个四十岁的男人》，还有《昌江情》《海的女儿》和我的第一个中篇《这里有泉水》。大概是1986年的第一版吧，当年我也不太明白保留原版本对作家何其重要——相当于财富中的"固定资产"！"著作等身"怎么个等法？那是要一本本或薄如脆饼或厚若城墙砖的书垒将起来的呀。实话实说，当初没这个理念、买的也不多，别人向你索要是看得起你，你不给，是自高自大，是看不起别人，所以，没多久就空了。等到评职称评奖时，我身边居然一本都没有了，曾托责编好友李玉英到作家出版社购买，她进到书库实地搜寻，灰头土脸出库时买下了仅存的六本寄给我，派用场后还剩下最后一本，然而，我仍是不知珍爱，搬了几次家，竟找不着了！希望有一天，它会冒将出来。记得书皮是墨绿色的，上面有中学课堂的桌子和老师办公用的椅子，还有老师上课用的三角板圆规之类，不大的封面上有只很突兀的狗或是猫？画法故意稚拙。我想封面设计者一定读过这本不厚的小书，因为《这里有泉水》展示的就是鹅湖中学六个老师的故事，那时候的老师还是很清贫的，校园也被称为一方净土。至于狗或猫嘛，也是设计者的匠心独具，因为所收作品皆是日常化的生活，有点而今所有传媒不分纸质和电子都嚷嚷的"民生"况味。我却与狗或猫无缘。20世纪70年代初在景德镇做老师时，曾于家访中被学生家的小狗咬过一小口，穿透的确良长裤，在小腿上留下犬齿痕，可怖！我从来没养过猫，我母亲家也从未养过猫，我们家住市区大桃花巷时，逢到猫叫春的季节之夜，瓦片哗哗声伴着猫凄厉的叫声，很是惊心动魄。后读张爱玲的小说《等》，有"一只乌云盖雪的猫在屋顶上走过，只看见它黑色的背，连着尾巴像一条蛇，徐徐波动着。不一会，它又出现在阳台外面，沿着栏杆慢慢走过来，不朝左看，不朝右看；它归它慢慢走过去了。生命自顾自走过去了"。最后一句有着一种平静的震撼。我北京的小舅舅家倒是养了一只猫，我去北京住舅舅家时，舅妈告诉我还是从内蒙古带来的，是正宗纯种的波斯猫，有七八年了。猫的身躯庞大，老了，很是慵懒，成天蜷缩在舅舅的藤椅里，那一双碧绿的眼珠子定定地盯着你，我是有点发怵的，觉得它通人性，在揣摸你在想什么。

言归正传。1983年《百花洲》第6期发表了拙著《四个四十岁的女人》，责编是我的同龄人周榕芳先生。接下来，一个偶然又必然的机遇，让王蒙老师读到了："那天黄昏等待晚饭的时候，我坐在一张低档次的人造革面长沙发上，顺手打开了新寄到的杂志《百花洲》，读到一篇小说《四个四十岁的女人》，那种真实的生活气息，真实的艰难和痛苦，那种历尽坎坷仍然真实、仍然活跃着的一颗颗追求理想、挚爱而绝不嫌弃生活的心感动了我。也许这样一种心地被一些人认为'过时'了，而又被另一些人认为不合标准？读到那位身患绝症的教师柳青——是这个名字吗？——的故事的时候，我落泪了，我推崇了这篇小说，我记住了这篇小说的作者的名字——胡辛。"王蒙老师在为《蔷薇雨》序中如是说。千里马常有，伯乐难得。况且我只是一匹不太努力的驽马。感谢恩师王蒙。

1984年初春至1986年初春的日子却不太好过。因为并未立志当作家的我毫无旧作储备，也无思想准备，硬着头皮一边上课一边创作，发表作品寥寥！有人讥笑我"只生一个好"，沉不住气的我立马反击："总比尔等尽生葡萄胎好！"快人快语自然更遭遇明打暗算，但是吉人自有天相，如果不是快人快语这一天性，那么，我与这第一本书差一点点失之交臂。因为就在那一年省里大力扶植本土作家出书，拨了一笔钱，于是作协"分田分地真忙"。分的结果公布，我与一位姓胡的一位姓徐的男作家三人合出一本书，总数字不得超过10万字，也就是每人33333个字吧。首先，我必须声明这两位男作家都很优秀，因从未走往过，也无任何过节，彼此当很友善，其中一位还给我来过短信。但是我不知哪根筋搭错了，我不想出，我想把我的字数匀给这两位兄弟。我去到作协言放弃，这让对方难以接受，问究竟为什么？我这辈子大概嘻嘻哈哈惯了，就打趣说，要是三个都姓胡，同姓，我也就出了；如果是三个女的，同性，我也就出了。否则没有个由头，仿佛我们成了杂牌军似的。我的自以为幽默实蠢头蠢脑的话的后果可想而知，圈里人皆批评我不知天高地厚。说，你才出道就有了出书的机会，我们一辈子才等到这一回呢，知足吧。可我既然傻了，傻就傻吧，人生有几回心甘情愿地傻呢？

也就在此时，突然，我接到来自作家出版社的一封信，署名李玉英，字体绝对娟秀中透出刚劲，她给我带来了福音！信的大意是：作家出版社正在出版新星丛书，她想请我加入第三辑，但绝对得是处女集，也就是说你如果出过集子，哪怕是合集都不行！我读着信就跳了起来，简直是天助我也。这叫什么？缘分啦！即给李玉英老师挂电话，对方是一口极其脆生生又温柔的京片子。记得她说到1984年春颁发1983年全国优秀短篇小说奖时，她在海员俱乐部见过我——说我就是一个挺朴实的中学教师。记得我是傻傻地笑个不停。她说正是从《人民日报》的广告栏中见着《芙蓉》杂志做的预告中，有我的中篇小说《这里有泉水》排头版头条，这才冒昧跟我联系云云（这里边又有个小故事，《这里有泉水》还得感谢其时在《芙蓉》做编辑的蒋子丹呢，没有她的侠义心肠，就不会有《这里有泉水》的发表）。李老师这些贴心贴肺的话，让我与她的距离一下子拉近了，我想象着她的样子，一定善良温柔，从话语中感到没有大多京都人皆有的自傲。而且当我忐忑不安告地知她我已38岁，可能不适合新星丛书作者的要求时，她真诚地说，江西老表真是厚道，就凭这一点，也得把你收进丛书。拙著中曾慨叹："四十岁，对于女人来说，真是个不可宽恕的年龄。青春，彻底地在这个门槛上告别；衰老，不可遏止地从这里起步。"但作家出版社不嫌弃，连青春的最后的尾巴都没有了时，还让我进入到璀璨的新星群夜空中。

这样，我有了好友玉英，一个可以诉说一切，甚至可以随心所欲使点小性子的好友。她的先生苏国荣教授，苏东坡的后人，挺拔、儒雅的中国风学者，他对我们赣剧的扶植，功不可没。通过玉英，还结识了好友侯秀芬，一个有着火辣辣大眼睛的漂亮女子，眼下她已是作家出版社的总编辑，温柔热情又风风火火，她本也是舞文弄墨者，可惜这些年几乎所有的精力和时间都给了出版社了。玉英的形象则是慈善，以致走在路上都会有人拉着她说：你的样子真好，就像观音。她的声音非常甜美，纯正京腔却没有油味，过了六十，电话里听起来还像个纯情少女。她毕业于北京大学中文系，文学功底可是倍儿棒！我成为她的作者，她成为我的京都责任编辑，我以为是我创作路上的幸事，因为她不仅水平高、有激情，而且基本功太扎实，拙作中的错跑不出她的视野，她是一个一辈子为他人作嫁衣裳的真正意义上的编审。后来，我成了作家出版社的一位常客。在处女集《这里有泉水》后，又出版了我的第一部长篇小说，还有长篇传记文学《陈香梅传》。写《陈香梅传》时，我父亲突然脑溢血去世，一时间我无法从悲痛中自拔，这时，玉英向当时出版社社长李荣胜先生汇报后，立即让我上北京撰写。我到北京后，居西斜街的江西3S书屋，因为董事长席殊与我算是忘年交吧，那时他们的宿舍皆为地下室。当天，玉英和李社长来看我，李社长一句话也不说，即收拾我的洗漱用具，我还没明白怎么回事时，他已拎起了我的行李箱上到地面了，玉英更不由分说把我接到中国文联招待所住下。我一下子噎住了，心头哽哽的，亦说不出话来。人与人之间的温情，是不需要更多的语言的。也就在1995年5月的蔷薇雨中，我在玉英的家中过了五十大寿，她邀请了几位女客，除侯秀芬还青春年少之外，其余几位都年龄偏大，但是，大家在一起切蛋糕、吃寿面、喝红酒，品尝玉英亲自下厨做的美味佳肴，其乐融融，一点也不觉得青春已逝，韶华不再！酒醉饭饱后，又将玉英母女的大衣橱敞开，大家兴致非凡地试穿一件件衣裙，玉英则豪爽地说，谁看中什么，穿着合适，就拿去！又是在玉英的张罗下，于1996年暮春雨时，作家出版社为我出版了四卷本自选集，收长篇小说《蔷薇雨》和三部传记文学《蒋经国与章亚若之恋》《张爱玲传》《陈香梅传》，畅销并长销着。一个地方作家就这样早早地进入了皇家出版社的殿堂。不敢说作家出版社真有胆识，因为那有自我吹捧之嫌；但是，作家出版社的胸襟、面向全国扶植作者的责任感，这份感动，难以忘怀。

1996年暮春，为了庆祝自选集的出版，为了答谢作家出版社对我的无私的扶植，由电视圈的两位朋友做东，请作家出版社的领导，还有玉英、秀芬上梅地亚宴会厅，我坐在主人的位子上，真有诚惶诚恐之感。尽管有了这么一种仪式，但我仍觉得不能表达我对作家出版社对责编的感激之情。我与玉英、秀芬的友情随着岁月的流逝而浓浓淡淡，但我们彼此勿忘，彼此牵挂。而电视圈的两位朋友，我对他们的形象都记不太清了，他们在你方唱罢我登场的电视场中，大约早已将我从名片夹中扬弃了。这，或许也是书籍文化与视听文化的区别之一吧。

我与京都也真是有缘，每年至少要去个一两次，不过每次都是去也匆匆，回也匆匆，经常亲戚家都难得造访，但怎么也得与玉英小聚片刻，记得1996年我在京西宾馆参加全国作代会时，实在没时间，她夜间来看我，夜深了，我们手挽着手，在街灯通明却几乎不见人影的长安街上款款而行，总有说不完的话，寒风凛冽，树影摇曳，真是神清气爽又如梦如幻！走过千年时，我却陪着玉英在风中垂泪，苏国荣老师离开了人世间，带走了他的满腹经纶，带走了他的忧国忧民，也带走了他的学者风范……

跨越千年，一晃又是8年！我从文学向影视游走，却终是游走，忘情不了文学，也被影视折腾乃至折磨。《四个四十岁的女人》《这里有泉水》《蔷薇雨》《聚沙》都改编成影视剧，《瓷都景德镇》《瓷都名流》《千里踏访颂师魂》《红绿辉映》是我们原创的电视片，但影视终是集体结晶，不是文学，只有文学才是永远的个体户。

个体如独木，难以成林。作家出版社的内涵和风格是有着海纳百川的胸襟，有着植树全球的气魄，所以，我这个江西的小女子一直到老，也还有那么一点枝叶婆娑。但岁月"不朝左看，不朝右看；它归它慢慢走过去了。生命自顾自走过去了"，只有姐妹情谊如泉，滋润着绿树常青。

胡辛

2008年10月14日于南昌大学

（《回眸——从"文学新星丛书"看一个
文学时代》，作家出版社2008年版）

生命如蔷薇　绽放过足矣
（学术自传）

面对"学术自传"，我如同初中生作文审题般困惑，气虚血亏，实乃实力不够之故。身为南昌大学教授，能不是学者学人吗？可而今，名实不副者太多太多。我呢？1967年毕业于江西师范学院中文系，非常岁月发配至景德镇村小三个月，此后，下迁中学（城市中学迁至山村）、城市中学、城市重点中学、省职工子弟中学、省中专、大学都待过，曾自我挪揄：中国现有的各类教育形式，我都插过一腿子。扪心自问：论做老师，44年没缺过课，不负"认真"二字。当然，并非完全的主动。论当学者，研究方向倒也是明确且执着的，为中国现当代文学和影视艺术学。发表论文近百篇，论著不多，三五本；专著不少，三十多本。但是，在这些学术领域中无甚影响，力求创新，难有建树。此外，还有一些杂七杂八的影视作品。答卷作毕，回眸总结：我只是个杂人，尚未成为杂家，年已六十六，前景还会出现锦绣吗？

触摸灰色大厦

理论是灰色的。在我的梦中，理论是很久很久以前，由几个先知在大地之上苍穹之下用花岗岩大理石垒出的巍峨宫殿，横亘东西，牵扯南北。凡胎肉体们起初不以为然，甚至嘲笑他们不食人间烟火，但毕竟得仰视之。后世的先觉们攀入门槛，为其添砖加瓦、局部装修或加建回廊亭台，使其古典庄重威严中叠印太多的斑驳元素，在岁月中越来越沉越来越近尘世，使更多的后觉蜂拥而至。

1984年，39岁的我，也这般跌跌撞撞企图走近它触摸它。

这一年的三月，南昌已见莺飞草长，北京却仍是春寒料峭。我以《四个四十岁的女人》登上海员俱乐部的舞台获得1983年全国优秀短篇小说奖，与其说这一时刻无比辉煌，不如说战战兢兢冷汗如浆，因为我以往未做过"天才梦"，一切来得太突然。

获奖会上，如绸缎般美丽的北京评论家吴宗蕙老师说我此作品有女性独立意识，在爱情、婚姻、事业、姐妹情谊方面的思考是否受西方女权主义的影响？我的天，那时我对此的确不甚了解，对西蒙·波伏娃略知一二，弗吉尼亚·伍尔芙就很朦胧了。而且后来知晓，我能获奖，是王蒙老师鼎力推荐的缘故。那还是一个纯真年代，以文获奖，不沾一点杂质。所以我想，我不可能是一个彻底的女性主义者，这个世界本来就是由男性和女性组成，女性独立能独立到哪里去呢？至今我仍认为性别是存在的，大分歧是肯定的，但人是以个体存在的，人与人是不一样的，在这一点上，男人女人都一样。优秀、一般、邪恶都有。

获奖改变了我的人生之路。我在北京领奖时，江西大学党委书记关键同志就将我要去，档案材料都过去了。想自己功底浅薄，急忙生猛补课。我们这一代很纯洁，很简单，很无知。我就读的江西师范学院前身是中正大学，成立于1940年，还算有资历的高校，藏书丰厚。但很快发生了一件事使我们感到了麻烦：同班一男生，因家贫寒假留校，在校图书馆做一点勤工俭学，他无比感伤给人写信，说他们将清理出来的"封资修"的书籍焚烧——是对人类文明的毁灭！这封信不知何故被查获。这事情从来没有公开过，不胫而走却更让我们不寒而栗。1968年夏，我们这届延迟了一年后才分配，分配时各奔东西各式情感早已是千疮百孔，直到40年后才有了第一次不冷不热的聚会。毕业时，我作为"反动教授"的女儿分配到景德镇兴田村小。家已几度被抄，我的行李极其简陋：一床被子一只箱子，书籍只有《毛泽东选集》四卷和一本《毛主席语录》。以后16年的教学，日复一日，生活在运动和劳动中，就课本讲课本，谁都说你讲课好，从没感到缺乏理论，马列主义、毛泽东思想武装头脑就成。为跨进高校，西方文论、尤其是女性主义理论进入视域，从陈旧的书堆里寻找或熟悉或陌生的身影：陈衡哲、庐隐、冰心、苏雪林、丁玲、萧红……我终究是一个感性的人，希望与她们神交对话。不知何故我直到1987年夏才进入江西大学校园。这在以往可能会纳闷乃至愤然，感谢女性主义理论，让我对已发生、正在发生或将要发生的性别不平感到释然，对虽有进步但依然如故的男性中心社会有心理准备，在宁静致远中获得超然。一进江西大学，我开出公选课《中国女性文学研究》，那时还是文学火红的年代，选课者踊跃，300人的大教室座无虚席，让我不解的是男生占了4/5，我笑说这可不是生理卫生课，一计算机专业男生笑答：老师，我们想肯定是心理卫生课。哄堂大笑，真是机智可爱。

1988年第1期《文艺理论家》发表了我的《创作的反思——传统·地域·自我的寻觅》，人大复印报刊资料"现代当代文学研究"1988年第5期转载；1988年第3期《江西大学学报》发表了我的《当代女小说家的审丑意识》，《高等学校文科学报文摘》1989年第1期摘载，这事引发了点小议论，意即一个写小说的，写论文还上了高规格的文摘？1989年，我将14个中国现代女作家的评传组织成一本书《女人写写女人——热闹深邃处的荒凉》，百花洲文艺出版社女编辑许洁很热心地为我申报了选题，社长一度为这本书的宣传作了策划，可是，后来一讨论，居然引起了"公愤"，理由是一个写小说的，凭什么来抢理论界的地盘？"地盘"一词如此刺耳，但无论花草树木没有土壤成吗？这对我肯定是伤心的一击，可想想，人家也言之有理，如若出版了，肯定起了个大早，但留下的遗憾会多一些，毕竟稚拙，也无理论。1995年春，海峡两岸同步出版了我的评传《最后的贵族·张爱玲》，褒多贬少，获得华东地区优秀畅销书奖。我比较喜欢将女作家的人生与作品联系起来阅读，而不认同钱钟书先生的"吃了这只蛋，何必认识下蛋的鸡呢？"我觉得"百闻不如一见"，作品只是"闻"，人生才是庐山真面目，尽管云遮雾障，但毕竟是"见"。喜欢将现代女作家与当代女作家做专题比较研究，似乎想从中寻觅出女性意识那么一点点螺旋式的前进抑或倒退。

1996年潘际銮校长应高锟校长之邀率四人小组到香港中文大学做学术交流，我是其中之一。其时，高锟校长在双方互赠礼物时，给我的不是男的一律领带，女的一律丝巾，而是一沉甸甸的镀白金小相框架！潘老很高兴，因为除了诺贝尔奖没得过的高锟校长对我如此"另眼相看"，回校后，潘校长命我出山，担任文化艺术教学部主任，生活轨迹出现岔道，自此，我在全校开设影视课程，2003年从中文系成功申报戏剧影视文学专业，并获批广播电视艺术学硕士点。理论方面主要做中国电影史和电视剧类型与叙事研究，相关论著有《电视艺术十二讲》《百年回眸——名导名片管窥》《百年声画——跌宕起伏的中国电影潮流》等，同时风风火火做实践如同上战场。

在女学者如云、江山代有人才出的今天，我喋喋不休陈芝麻烂谷子，更是自惭形秽，但敝帚自珍，何况付出的是心血与汗水。

生命之树常青

《百花洲》1983 年第 6 期上发表拙文《四个四十岁的女人》，母亲看后说你这篇文章跟庐隐的《海滨故人》的意思依稀仿佛；父亲则说解放前有部胡蝶主演的电影《女儿经》，你的结构像这部电影——每个女人说一段。我傻眼了，我说我都没看过呀。我母亲生于 1921 年，父亲比母亲大 3 岁，毕业于福建音专。母亲 17 岁从南昌女中高中毕业时，因战乱匆匆嫁给了我父亲。解放时父母不满三十，可也是旧社会过来的旧知识分子，上一代的知识积累实在比我们丰富，但时代让他们过早地老气横秋。女儿"出名"让他们晚景备感欣慰，哪怕他们生病的日子，也生怕耽搁了我写书和教书。记得在南昌签名售书的那个冬日，他们不顾我的劝阻，硬是冒着风寒来到广场新华书店，像陌生读者一样排队购书，至今想起来不禁泪水潸潸！父母辞世已快 20 年了，"树欲静而风不止，子欲孝而亲不待"，成了永远的憾。

我最初提起笔来也确实是有感而发。那是 1983 年 3 月 8 日深夜，我在江西省商业学校名副其实的寒舍写下"女人为什么要有自己独立的节日"时，百感交集。其时春风已绿江南，万物花开，我的梨形器官却被怀疑有恙！那年我 38 岁，人近四十天近午。两个儿子，大的 13 岁，小的 11 岁，先生还在他乡执教。我第一次正视自己的身体，第一次思考生存与死亡。这也是一种身体写作吧。后来复查验证是虚惊一场，大姐送我一盆月季，我把它移栽到家门前，翌年获奖归家时，月季怒放，总有几百朵，鲜艳欲滴，云蒸霞蔚般灿烂，成为商校一小奇景。天生性情硬邦邦的我，为柔弱生命不顾死活的绽放而感动，1990 年我在百花洲文艺出版社出版了 41 万字的长篇小说《蔷薇雨》，蔷薇不是月季，月季月月开花，蔷薇一年才绽放一次，是暮春最后的花。那一年，文学形势发生逆转，长篇小说很不景气，我的责编周榕芳先生力挽狂澜，征订数逾万，此书多次印刷，且由多家出版社出版。都说女人经不起老，如蔷薇转眼就凋零，这部长篇却永远是年轻。后来改编成28集同名电视连续剧，热播大江南北，也是不争事实。北京大学戴锦华教授曾告诉我，说她的妈妈蛮喜欢看这部电视剧的，她的妈妈是典型的知识女性，外交官夫人。这部长篇获1990华东地区优秀文艺图书一等奖、省政府二等奖。

接下来本应再接再厉，在长篇领域辛勤耕耘的，可是，命运却让我在传记森林里忙碌采撷。由出版社命名或传主诚请，我写了《蒋经国与章亚若之恋》《张爱玲传》《陈香梅传》《网络妈妈》和画家《彭友善传》。前三部传记在海峡两岸出版，在世界华人区中有较大的影响；《网络妈妈》获华东地区优秀教育图书一等奖；2005年我被评选为中国十大当代优秀传记文学作家。我觉得受之有愧。中国不太作兴传记文学，而且多不尊重传记作者的著作权，这真是误区！要知道，传记文学的老祖宗可是司马迁呵。我的传记如同张爱玲所言"历史如果过于注重其完整性，也就成了小说了"，我的传记当是传记小说。我的理念是"虚构在纪实中穿行"，有人喝彩，有人斥责。但硬邦邦的我喜欢直言，喜欢用女人的眼睛看出写作的真相。我的散文集《女人的眼睛》亦获1998华东地区优秀图书二等奖。

但我钟情的不是传记仍是小说，我的长篇小说《陶瓷物语》（《怀念瓷香》）是一部关于陶瓷的小说，在这部长篇里，我从我并不算丰厚曲折的经历中已积淀太多的性别不平感中走出，胆大包天地探求女性文学史被遮蔽的源头，也许就是那个编织草篮糊上黄泥放进篝火中的女人吧，陶应当是女性创造的第一种物质，尽管艺术家们都说陶是男人气的，瓷的精细脆弱才属于女人。

我的作品被翻译成英文、日文。我曾随中国作家代表团出访美国、马来西亚、捷克，随文联代表团出访埃及。

影像叠印中的追忆青春

我自小就爱看电影，当然，我们那一代谁不是从看电影中长大的呢？在我主持影视学科的建设以来，老妇聊发少年狂，率学生走上千里万里的实践之路，这是很苦的，而我，是自找苦吃。

江西不富,但江西的文化资源是丰富的,"物华天宝,人杰地灵""红色文化""绿色文化"和"古文化",是传媒视野取之不尽的文化"富矿",更是江西文化永恒的亮点和标识。我们几度去到千年窑火景德镇,拍摄《瓷都名流》《千年窑火》;踏遍江西11个地市的村庄湖畔,《千里踏访颂师魂》;走进井冈山,将镜头对准《红绿辉映领袖峰》;上北京、赴云南、进庐山,寻找植物界泰斗胡先骕的足迹;深入山的深处义宁陈寅恪家族当年的老屋……这些作品都在省级以上电视台播放,颇获好评。2007年由师生自编自导自演自摄自制的24集电视连续剧《聚沙》亦在中国教育台和江西电视台播出,成为中国高校第一部原创性的长篇电视连续剧;眼下,8集电视连续剧《沙之舞》又已告成。我们的辛苦实践得到《中国青年报》、新浪网、新华网等40多家媒体的关注和赞许。屈指摄制影视作品已有15部60集,而这一切,事前并没有项目经费,我笑言,是用井冈山精神双手劈开生死路的。为此,我自己为自己而感动。

不止一个朋友劝我"适可而止",叹息我"种了别人的地,荒了自家的田!"可是,我不知道哪是自家的田,哪是别人的地,我是一个老年"漂"者,我不想随波逐流,可我也不可能率性而为,我只是边走边唱,痛,并快乐着。

引摘我的"自画像"片段:

"如果女性注定与花有缘,那么开在五月末的最后的蔷薇恐怕该属于我。过了盛期,不见缤纷,却有兀敖;不见娇柔,却有单瓣野蔷薇的清芬与野气;自然,还少不了也能刺痛人的不算少的刺儿。

"我赤诚我也装饰着矫情,我聪明我也愚蠢,我直心直肠我也能曲里拐弯,我大大咧咧我也会使小心眼,我宽容随和我也不忘报复,我充满激情我的激情也填充着偏激。我播种真诚却有时收获叛逆,我撒出虚伪却有时网住了礼赞,我勤奋刻苦却一事无成,我抛却一切却在瞬间得到命运的青睐,我孤独时渴望理解,理解的开始却又伴随着叽叽喳喳的热闹。我看不透别人我更看不透我自己。我述说我的人生时人们说我在编小说,我编出小说时人们却说那是我的人生!我的真实的人生不乏传奇,我的虚构的小说却编不出传奇。或许,人生的美就在于无常的变幻和无止境的探寻?

"我自信我留着一份懵懂的真诚,对人对己。

"爱读惠特曼的诗:'我愿意走到林边的河岸上/去掉一切人为的虚饰/赤裸了全身/我疯狂地渴望能这样接触到我自己。'"

我们得到的是我们从未有过的,我们轻易抛却的却是我们甚至我们以后的几代人所要苦苦寻觅的。

倾诉于土地：化作春泥更护花

创作的反思
——传统·地域·自我的寻觅

如果说文学作品是长青之树，传统便是哺育滋润它的河流，地域则是绿树赖以生存的那片土壤。

我曾这样比喻。

这就决定了我的为数寥寥但毕竟是我自己的作品中——传统的题材、传统的手法、传统的风格和传统的语言，即现实主义创作手法。

当今，社会发生变革，传统思想方式、生活方式和思维方式受到强烈冲击，触觉原本极其敏感的文学亦出现了"全方位跃动"，我该如何选择？

继续固守传统的阵地，冷淡、漠视纷至沓来的新观念、新方法，心甘情愿用陈旧的审美规范羁绊自己？还是否认以前的自我，挣扎出传统的框架和硬壳，激发起创新的主体意识？

对于我来说，这实在是一个两难选择。

我对于传统尊重、珍惜，是真诚的膜拜者。

因为没有这条河流便没有我。

我亦诚挚地爱恋脚下这片热土。我属于你，你属于我，生生死死不分离。做一颗种子泥土里埋，生根开花为了你……

因为没有这片土壤便没有我的作品。

这是一片峰峦起伏、丘陵连绵的美丽而贫瘠的红壤山地。那山地中有一座奶山——两块巨大滚圆的赤褐色岩石深深地镌刻进我童年的梦里，那是母亲的乳峰，没有羞涩、没有诱惑、没有奥秘，只有原始的、袒露的、赤诚的、无私的爱！是的，苏区一位极其普通的农家妇女——红军战士的妻子，善良、质朴、坚忍、倔强，她用甘甜的乳汁哺育了三个不同家庭出身的孩子。她的一生，只知馈赠，没有索取，当她艰难而又沉稳地走完人生的路，昔日涌出生命之泉的乳峰，只留下一片荒凉的、干瘪的、收割后的秋后的原野！

我真诚地抒写了这个普通的女性的一生，笔触或许粗枝大叶，但情意切切，我讴歌东方女性的传统美德和传统人格，还有什么比得上这种并非血缘却忘我的母爱呢？

在这片红色的土地上，有多少这样平凡而又伟大的母亲或妻子？试想想，二十五万烈士的鲜血染红了这片土地，他们的妻子、他们的女儿是怎样在痛苦和磨难中奋然前行的呢？

在这片红色的土地上，非常年代毕业于农学院的土壤工作者艾小雨留下了她娇小而坚实的脚印，她默默地耕耘、默默地改良，她的追求，她的希冀：知否？知否？应是绿肥红瘦！这一切能为人们所理解吗？她的衣着打扮、她的情趣爱好，她的观念行为依旧执着地停留在五六十年代，在她爱人眼中：她亦是一名被现代化潮流抛弃的落伍者。

我对她充溢着同情，不，崇敬。

不错，生命的确是无穷无尽的享受。但这内涵和外延都极其丰富的"享受"，应包含忘我的奉献。

我执拗地以为，这乃是中国的脊梁。尽管在她的血液中，传统人格精神是那样地浓烈！正是艾小雨的同龄人——默默献身山村小学教育的女教师柳青使我得以跻身文坛。她的纯洁孤独高傲又高尚的灵魂，她的爱情的不幸和忠贞不渝的生死恋，我相信曾赢得读者的眼泪，我在写她时，笔端确实倾注了真诚的泪水和心血。

她亦坚忍、忘我。她的形象符合我们民族几十年积淀的崇高的悲剧审美境界。

这些，可以说是我创作中、短篇小说《我的奶娘》《粘满红壤的脚印》《四个四十岁的女人》等的创作契机和灵感冲动的源泉吧。

我怎么割弃传统？

我又怎能拔地而飞？

泰戈尔说：一个民族，必须展示存在于自身之中的最上乘的东西。那就是这个民族的财产——高尚的灵魂。要抱有伟大的胸怀，超越眼前的局部需要，自觉地承担起把本国文化精神的硕果奉献给世界的责任。

路是遥遥的。跋涉者是从不畏惧这"遥遥的"。

然而，我总感觉心境并不轻松满足，在她们光辉伟大的传统人格的另一面，一种沉甸甸、干涩涩的东西压着我心头，堵着我喉咙，那或浓或淡或强或缓的悲剧的色彩音响刺激我的神经，不仅仅是含着敬和爱的泪水模糊了我的双眼……

为什么？为什么这些女性有这么多的苦难艰辛曲折坎坷？面对这一切，她们又为什么如此坚忍忘我？我忽然想到普罗米修斯盗来的火种、丹柯掏出的心。她们像他们吗？像，又不像。

人，本来就是有七情六欲的血肉之躯。

我从来畏惧苦行僧，也从不愿他人自觉地做苦行僧。可是，是我还是她们自己苦苦压抑了感性生命的原始的强烈的冲动呢？我似乎看到我所崇敬的女性形象颈脖上套着沉重的传统之轭……

我从膜拜中抬起了头，正视这神圣的传统。古老的中华民族传统文化几千年延绵不绝，当然因其有极旺盛的生命力，所以才具有无比强大的延续力。然而这生命力延续力中也必然积淀了陈腐和因袭。中国传统价值观的一个重要特点就是以伦理原则作为绝对的价值尺度，主体对客体的评价总是以道德为原则。"罪莫大于无道，怨莫深于无德。"在绝对伦理的原则下，其中一个重要的价值取向就是"重义轻利"。

我的奶娘在翘首盼来的胜利之日，却没有扑向红军哥的怀抱，因为她不能"负义"——那救过她"母子"命的痦子阿贵还在人世苟延残喘！她重了这个"义"，却使她与当年红军哥的整个一生陷在苦涩断肠的相思之中。为了他人而削足适履，压抑和虐杀个性及情感。这种义值得讴歌否？

对柳青的命运，一个读者致信说："柳青的爱是宽厚的、深沉的、撼人的。但你对她的爱是吝啬的、刻薄的、甚至是残忍的。"一位友人与我打趣："柳青还活着不？该致信省人才交流中心，才女窝在山沟沟里教小学，未免大材小用吧。"我不以为他们的话完全正确，但他们有自己的思索，这思索比我更有现代感。

尤其是对柳青的"柏拉图式的爱情"，我还仅仅用一笔带过。须知爱情是人类情感最深沉的冲动，是一道看不见的强劲电弧，它在男女之间产生精神和肉体的强烈倾慕之情。柳青的爱情像天使一样纯洁，两颗没有肉体的灵魂在缥缈的云端至死不渝地融合。这种爱情固然绝对的高尚纯洁，但又是多么脆弱无力，令人感到这只不过是作者的虚构幻想。那坚忍、忘我的品质和精神一直为传统文化所讴歌赞美，可是，在忘记了"我的无穷尽的'忍'"中，是否意味着独立人格、独立意志的扼杀和掩饰？人的沸腾的感性生命的冲动和欲望渴求的被扭曲被禁锢呢？时至今日，我仍不否认坚忍忘我值得讴歌，但其中又有值得诅咒的东西，我实在无法将它们分割。

有哪一条奔腾的河流不是泥沙俱下呢？

完美无缺的人便不是凡人。透射出传统思想光芒的人物过分的理性化，因而失去了个性，个性意识和人格意识被传统吞噬消融掉了。

这样的人物形象往往是可敬不可爱的，不说失败，至少也不算成功。而人物形象蕴含着作者的个体意识，折射作者的心灵之光。

正视这点，是痛苦的。

在战战兢兢怀疑传统的挣扎中我寻觅挖掘生命的泉眼，似乎听到了隐隐约约的泉水奔突的汩汩声……与柳青、艾小雨同辈的树云怯懦又勇敢地凿开了生命之泉！在她刚跨进生活的门槛时，就为传统道德——不婚而孕的耻辱压弯了脊梁！一个哺育私生子的女教师，这在中国这片古老的土地上淳厚的民风中是不能宽容的，她低眉顺眼过了十八年。改革的浪潮汹涌澎湃，浪涛岂止沾湿她的鞋袜？飞沫岂止溅上她的秀发？她整个地卷进了激流中！是湮没？是勇退？还是做勇敢的时代弄潮女？她是那样的谨小慎微、瞻前顾后，却又是那样的不顾一切，她一面为传统的围堤虔诚地添土砌石，一面又大胆淘气地在围堤上痛痛快快戳个洞，哪怕是小得可怜的洞！

我为树云流下欢快的泪水，我感触到她的生命之泉在流泻。

我感谢美术老师马良，这个与众人格格不入的强悍的男子汉！他的貌似放荡不羁、玩世不恭，实质上是对以儒家传统为核心的中国文化那道貌岸然、庄严典雅、循规蹈矩的冲击。马良叫人痛快！

改革，不仅仅是体制的改革，更为重要的是国民心态的改革。自然界没有两片相同的绿叶，万物之灵的人又如何能用一个传统模式来熔铸呢？

我相信，《这里有泉水》开始了自我的寻觅。

我在传统的河畔徘徊踯躅，我的双脚踩着坚实的土地。红壤的自然属性在年复一年中得到改造，满目青翠似乎无大动干戈迁徙生命之树的必要。河流呢，依旧滚滚滔滔，有源头的清冽甘甜，也有沿途的泥沙浊物，甚至还有现代的工业污染！但是她并未凝滞，更未干涸，绝无古埃及文化、巴比伦文化或玛雅文化停滞毁灭之先兆！似乎也没有不饮家乡河流水的反叛必要。

我糊涂，却又觉得悟出了一点什么。

"传统，不是已逝的梦影，不是风干的遗产。传统是一种时空的交织，是在一定的空间范畴内那种有能力向前流淌，而且正在流淌、将要继续流淌的跨时间的文化流域"——我极欣赏余秋雨以如此抒情的笔调描绘了"传统"，他使我茅塞顿开。

固然，比喻难以做概念定义，但传统确实是一条源远流长的河。它绵延于过去、现在以至未来。它是在各个时代社会文化心理的深层结构的发展中积淀下来的内在本质。从来没有绝对纯的传统，也绝对没有永恒的传统。人类文化大系统派生出各民族文化子系统，而各民族文化子系统系由各地域文化子系统所组成。各民族的文化从未间断过相互的渗透和交汇，正是在这不断的"拿来"的扩展中，各民族文化传统之河滚滚向前。反之，若禁锢，若停滞，就意味着毁灭和衰亡。

理解了这一点，便不必纠缠在绝对的"保传统"和绝对的"反传统"的鏖战中。

而传统，何尝是硬壳？是模式？看来，将传统浇铸成硬壳、熔铸成模式的，还是我们自己。

"它永远处在制作之中，创造之中，永远向'未来'敞开着无穷的可能性或说'可能世界'。""从我们今日来说，就是要创造出过去的中国人不曾有过的新的现代化'民族文化心理结构'；而所谓'批判的继承'，也就并不是在过去已经存在的东西中挑挑拣拣，而是要对它们的整体进行根本的改造，彻底的重建。"（甘阳：《传统、时间性与未来》）何必作茧自缚？何必自己跟自己过不去？

我倒是很钦佩当今中国文坛傲然而立的"寻根派"，他们将文学之根深植于民族传统文化的土壤里，热情而偏执地开凿自己脚下的"文化岩层"，从而蜂拥出以地域为单位的作家群，我以为他们生气勃勃的创造正在延续和开拓着传统，只要不把传统奉为圭臬，传统就能生生不息。因为地域文化极有助于文学个性的形成，而在众多的地域文化基础上形成的中国文学是最有希望跟世界文学对话的。

不是吗？威廉·福克纳不断写"家乡的那块邮票般大小的地方"终于"创造出一个自己的天地"，形成他自己独特的题材与风格，成为美国现代最重要的小说家之一，蜚声世界文坛。

或许，立足自己熟稔又挚爱的地域，更能寻觅到自我，从而超越自我？

在这片美丽而富饶的土地上，其实我早该发现，镶嵌着一块富丽的宝地，那便是闻名世界的高岭土！距离高岭村不足百里地是神秘古老的瓷都，舒缓古老的昌江似乎使你更真切地感受到传统的脉搏和气息。古都，交织着历史与现实的古都，那烈焰腾腾的古柴窑变幻着多少诱人的古老传说？那明清时代留下的手工作坊里，时髦的现代派青年灵巧地给白胎瓷彩绘，那歪歪斜斜直刺天穹的单砖黄泥烟囱叫初来乍到的外乡人惊骇，而气派的自动化隧道窑又分明让你灼到时代的热浪！进到"集历代名瓷在一宫，述千年史迹于一时"的陶瓷博物馆里，民族传统文化的自尊和骄傲激起你怆然涕下。一个每砖每瓦每寸土地都饱浸着传统文化的古镇！然而，正是在这座燃烧着火的艺术古镇，典型地积淀着我们民族阻碍自身向前的冥顽的保守和惰性，那保守和惰性竟如同生物性一般溶进古镇人的血液之中。这是何等的伟大又是何等的哀怨！

古老的瓷城有一条古老的瓷街，古老的瓷街居住着陶瓷世家的子孙们：做坯的、烧炼的、满窑的、彩绘的、包装的、雕塑的……昔日威名赫赫的传统工艺如肉眼看火把桩、禾草包装瓷瓶等，今日却奏起了一曲悲壮哀婉的挽歌。别了，我的辉煌的昨天。迟暮匠人的眼中淌出浑浊老泪。然而，摈弃的岂止是古老的工艺技巧？

在淳厚质朴的世俗民风中，传统的理性与生命情感的骚动在痛苦又小心地撕扯着、掳打着，天知道谁胜谁负？

年轻有为的瓷业改革者陶景兴卷进情感的纠葛之中。在疯狂的情感火焰和传统道德的栅栏禁锢之中，他理性地扑灭了前者，心甘情愿寻求后者的庇护。只有这样，他的心才能回归平静。因为他的血脉和筋腱，是纯朴的瓷工的。他是属于瓷街的。瓷街的氛围、人情、习俗、不成文的法律把个活生生的景兴浇筑在这框架模式里。他道德吗？实质上他伤害了古镇两个女子的感情。他是真诚的虚伪。他果真虚伪吗？真诚。

古怪的古陶瓷学者的女儿谷子——瓷街生、瓷街长，学的是陶瓷雕塑，却泼剌剌地从瓷街跳出来的反叛者，她天真活泼、俏丽浪漫、无忧无虑、一派乐天。她并不空虚寂寞，也没有矫揉造作的苦闷吁嗟，她有对事业的认真执着的探索追求，只是她不遵循传统的道德规范，一反约定俗成的瓷街人的行为模式。于是在人们眼中,她的言行成了疯疯癫癫的谷子式,她大胆而懵懂地逾越了瓷街的传统道德樊篱,成了荒谬绝顶的大逆不道者吗?她是恶的?还是善的?我只觉得她是坦白的,坦白的人生需要付出何其大的代价!她不像那位满嘴反传统的记者,一来真格儿的眨眼便成了"银样镴枪头",她也不像景兴,既然虔诚又怯懦地墨守成规,又何必偷吃禁果?或许这一切正印证了狄德罗所言:说人是一种力量与软弱、光明与盲目、渺小与伟大的复合物,这并不是责难人,而是为人下定义。

如果在《瓷城一条街》中流露出我的哪怕微弱的主体意识倾向,宣泄出我对传统、地域的依恋又反叛的复杂情感,我孤寂的心将感到温暖的欣慰。

在另一篇小说《"百极碎"启示录》中,18岁的女学生小弟该是我的忘年交。古老的瓷都古老的"品陶居"与比谷子更坦白更率真的小弟形成更强烈的反差。我赞赏小弟这句话:活着不能光看别人脸色和专为别人而活着。小弟并不完美,甚至从头到脚充满了缺憾。可是不完美的人才是健全的人啊!知道陶瓷中的珍品百极碎吗?由于工艺上的错误,陶瓷外衣釉的膨胀系数与胚胎的不合,于是釉面上形成无数裂纹,像牛毛、像密爪、像柳絮、像冰片……工艺上的错误缺憾却缔造了臻精臻美浑然天成的艺术美!也许,这是瓷工艺上的小小的"反传统"?

古镇古瓷古传统,该给我多少灵感和启迪呢?

你
卑贱的生命之泥
揉搓着妖娆的水的精灵
孕怀着梦幻般的希冀
坠入炽烈的火的胸膛
苦痛 呻吟
呐喊 狂喜
是新生命的挣扎拼搏
亦是云霞般的憧憬
于是
天地归于平寂时
流泻出爱的神圣又神秘的结晶

精莹 高贵
　　典雅 清逸
　　却极易破碎——

瓷这是炼瓷，也是人生情感的炼狱？亦是我的创作的反思吗？……

在困惑中探索，在探索中困惑，或许这就是人生。

人生永远不能解脱。

极端的保传统与极端的反传统都为我所不取，似有中庸之嫌，可我只能做出这样的选择。

艾特马托夫说：每个民族都有自己的民族性格和自己的民族文化财富。

又说：民族在文化艺术领域不应排挤或唾弃别的民族，而要善于用自己的色彩和格调去为全人类艺术镶嵌图画增光添色，这才是最崇高的目的。

可能或需要时，来点意识流象征荒诞魔幻黑色幽默也未尝不可。溯源寻根，现实主义的创作方法并不属于我们民族的专利，孔子曰："诗可以兴，可以观，可以群，可以怨。"将"兴"置于四者之首，可见中国古代的文人并不太重视客体其家的再观，而是注重主观情绪的抒发与表现。

我尊重别人的选择，也希望他人尊重我的选择。我也只有用自己独立的色彩和格调流泻我的主题意识……

　　　　（《文艺理论家》1988年第1期，人大复印报刊资料
　　　　《中国现代、当代文学研究》1988年第5期全文转载）

乡土·民俗·小说家

一方水土养一方人。

乡土，是人类最古老最牢固的根系所在。所谓"野人怀土"，所谓"树高千丈，叶落归根"，无论你是乡野本土人还是城市现代人，你若寻根，仍在乡土。

乡土，当是最悠久最丰富的民俗事象的孕育地；民俗，当为地域文化最为斑斓的外衣，又最忠实形象地折射出民族心理和个性。

乡土、民俗袒露着纯质无瑕的自然美，蕴含着人情古朴的淳美，闪烁着大量鲜活的信息美感与最令人动情的质地，关联着人的生命形式和生存状态；然而，乡土、民俗这一村社群体文化，古老悠久相伴着陋俗恶习，那冥顽而依旧强大的惰力，禁锢扼杀着无数生命个体的本质力量。一代一代小说家的视野便为乡土、民俗诱惑着、吸引着、激活着思绪，爆发出灵感，从表层到深层，进行多角度多层次的寻觅和发掘，乡土、民俗实是最佳的审美对象，却也是最佳的审丑对象。小说家在寻找乡土、民俗的同时，他自己也被乡土、民俗所寻找，一切难解难分，或许，这就是小说家的地缘。

画卷：美善与丑恶的镶嵌

在中国，当五四惊雷震撼古老的大地时，新文化运动中有一支独具特色的作家群沉静而自信地崛起，其作品，鲁迅称为"乡土文学"。沈从文则赞鲁迅"于乡土文学的发轫，作为领路者，使新作家群的笔，从教条观念拘束中脱出，贴近土地，挹取滋养"。乡土的民俗图，是这群小说家描摹的对象。许杰的《惨雾》，展示的是一幅野蛮原始弥漫血腥气的世族械斗图，为了争夺一块土地的种植权，两村酿成血的悲剧。王鲁彦的《菊英的出嫁》，描绘的是浙东的冥婚，母亲为死去十年的女儿做徒劳的出嫁的操劳！台静农的《烛焰》，却是鲜活的姑娘翠姑为冲喜而出嫁、很快成了寡妇的惨剧！《红灯》中守了一辈子穷寡的母亲，在鬼节放河灯安魂，超度她的被杀了头的儿子，情不可谓不真，智不可谓不愚。蹇先艾的《水葬》，展现的是贵州山区原始野蛮的习俗：对小偷处以水葬的酷刑。可被水葬者与看客们原本麻木的灵魂，倏地燃烧起同样的刺激的兴奋！这一幅幅或凶险或悲凉或喧闹或冷峻的民俗图，莫不流泻出小说家对人间辛酸与凄楚的同情，莫不凸显小说家对乡土陋俗世相鞭辟入里的剖析！至于卖妻典妻的民俗事象，一次次撼动小说家的魂灵，许杰的《赌徒吉顺》、台静农的《蚯蚓们》、柔石的《为奴隶的母亲》、罗淑的《生人妻》，卖妻或典妻都成为构思的情节，这种陋俗的本身便明白无误告之：女人不是人的最惨苦的命运！这些小说家尽管风格各异，但都清醒又痛切地看到：乡土的荒凉民俗的荒凉人性的荒凉，他们是名副其实地在"乡土写实"。乡土小说家中的另一支却以清丽奇诡的笔致，描摹出恬淡幽美的乡间民俗图，竹笛横吹出一支支田园牧歌。废名的《桥》，以唐诗宋词的空灵，宋元绘画的神韵，呈现一件件民俗事象：打杨柳、清明上坟、送路灯，还有塔的民间传说，朱光潜便赞叹说："全书是一种风景画簿，翻开一页又是一页"，"《桥》里充满的是诗境、是画境、是禅趣"。同是鬼节送灯的民俗，台静农的《红灯》浸染的是透骨的悲凉，那漂在最前的小红灯，与其说像负了崇高的神秘的力量，不如说那是一颗悲苦无告却又愚昧迷信的母亲的心！废名的《送路灯》情调全然不同了，灯笼的光映在水里仿佛一条条金蛇远远出现，风俗与风景融为一体，宗法制的乡村，给人幽香古朴的安宁与美感。沈从文的《边城》，茶峒人的居住饮食交通民俗、节日喜庆民俗、唱三年零六个月情歌的恋爱民俗，由小说家娓娓铺陈而来，宛如抿着醇酒，是种微醉的享受。尽管结局是一悲剧，却是美丽的悲剧，没有丑和恶，留给人们的是自然的美和人性的善，天长地久般的悠悠。这是过滤了的乡土民俗，这是理想化了的乡土世界，可小说家和读者都愿意信。如若将乡土写实与田园牧歌拼凑起来，那真不知是"美善的背景上镶嵌着丑恶"？还是"丑恶的现状中镶嵌着美善"？

唯一可称为乡土女小说家的萧红却将两者天衣无缝地镶嵌起来了。那女性的聪慧敏锐的目光，对乡土与民俗既审美也审丑，纷繁杂陈的民俗事象在她的笔下呈现多种的美学品格和功能。萧红生前最后一部长篇《呼兰河传》，简直就是家乡呼兰河城的民俗长画卷：有看火烧云的景观，有食豆腐的谐趣，有唱秧歌、野台子戏的火红热闹，有四月十八娘娘庙大会求子的虔诚与骚动，有小团圆媳妇的婚俗，有扎彩铺的鲜艳与悲凉，有跳大神的荒诞与神秘，有产妇葬礼的凄惨……一幅幅民俗图像如走马灯似地挨次到来，似热闹隆重，却更见其单调呆板，然而终究给这方水土灰暗的日常生活平添了大红大绿粗线条的原始色彩！这方水土上赖以生存的人们呢？麻木又敏感，愚昧又蛮横，却又实在没有害人或自害的意思，他们只是照着几千年传下来的习惯思索与生活，该怎么办就怎么办而已！这一幅幅古老又鲜活、陈腐又闹腾的民俗图像实在已超越了民俗本身，而是同构了历史与现实、社会与人生。读着读着，你会扼腕长叹：这就是中国！这就是中国人！重新觉悟到因年深月久而日常生活化了的痛苦，虽习惯了却硬是彻骨。民族生存是这样的沉滞与悲凉！茅盾称《呼兰河传》："它是一篇叙事诗，一幅多彩的风土画，一串凄婉的歌谣。"似轻巧了些，它实是一幅美善与丑恶镶嵌的民族性格和人生视景的长画卷。

寻觅：传统与现代的纠结

山药蛋派与荷花淀派是解放区绽开的两支乡土文学奇葩，并一直影响到今天。名儿就取得满是泥土味，贴切生动。山药蛋派的赵树理、马烽、西戎、束为到新时期的韩石山、潘保安、马力等，作品风格朴拙厚实，恰如山药蛋。赵树理的《小二黑结婚》，百读不厌。二诸葛的黄道黑道、不易动土，三仙姑的摆案请神、绣鞋官粉，皆为地地道道的民俗事象，小说家只借此数笔，就为艺术长廊勾勒出两个永远鲜活难忘的形象，似远远胜过小二黑与小芹这两位正面形象。荷花淀派恰如出水荷花，高洁清芬，却不离泥水的滋养。孙犁的《荷花淀》开篇即是弥漫诗情画意的民俗图：芦花飘起苇叶黄时，白洋淀周围垒起了苇子的长城，潮润润的又薄又细的苇眉子在女人怀里跳跃，女人在编席，于是，院里是一片洁白的雪地，淀里也是一片银白的世界。这是白洋淀特有的自然景观，这是白洋淀特有的生产民俗事象。如若没有这幅民俗图为背景进行烘托渲染，冀中女人的形象如何能这般完美丰满？给人留下久远的回味，宛若淀中的荷花。荷花淀的风格熏染着韩石山、丛维熙、刘绍棠、房树民，直至铁凝。

铁凝的《哦，香雪》，那份清丽隽永，亦给人久远的美的感受。台儿沟的姑娘香雪被火车带出去三十里地，当她黑夜走山路归家时，怀揣着那现代化的铅笔盒，那是山里人对现代文明的向往与憧憬。将过隧道时，她弯腰拔了一根枯草，插在小辫里，因为娘说，这样可以"避邪"，然后向前冲去。正是这几乎可忽略不计的细枝末节，因为它的浓郁的民俗味，还原了香雪的山村姑娘的本色，更让人感到香雪的真实和亲切。

新时期小说流派纷繁、变幻莫测，但林林总总中，人们并不难发现，那斑斓绚丽的分明还是乡土色彩，那土土洋洋传统与现代的纠结中分明还有着恋乡情结。仍然是一方水土养一方人！"京东北运河两岸风情民俗尽收刘绍棠的眼底，商州风情映显出贾平凹特有的音色，李杭育低吟浅唱葛川江古吴越挽歌，李宽定弹唱的是黔州女儿曲，朱晓平的桑树坪苍老浑厚，峭石的关中农村粗犷奔放。"小说家不只是属于本乡本土，知青出身的小说家抒写的第二乡土，乡土风味别样浓郁。或许诚如老舍曾言："生在某一种文化中的人，未必知道那个文化是什么，像水中的鱼似的，他不能跳出水外去看清楚那是什么水。"郑义的太行山的《远村》《老井》，是生命与自然的对抗，更是生命对自然的依赖。羊户杨万牛给人"拉边套""打伙计"的陋俗，却不是为了生存，而是为了对贫穷无奈的爱情！杨叶叶死后杨万牛给她送棉衣的陋俗，不是迷信也是出于爱情！"这生活，就是两扇磨盘，喂养着人可也磨碾着人！"种种民俗表象已上升为文化，向文化的深层结构去探悟生命的意识，小说家在做文化寻根。扯起寻根大旗的韩少功，一部三万字的《爸爸爸》似试图浓缩人类社会的历史？拨开怪诞魔幻象征引喻的现代派迷雾，展现在我们面前的仍是蛮荒鄙野的一幅幅民俗图：山乡泽国的乡规土语、迷信掌故、服饰饮食、图腾"简"歌，神奇又荒诞；杀个头发密的男子祭谷神，为欲炸鸡头峰而引起野蛮的械斗，杀牛占卜预测胜负，猪与冤家尸体的碎块在鼎中煮沸，全村分食之以同仇敌忾！死村中的狗欲吃尚未死的人！死为了生生换来死！但生的欲望种的绵延希望却不泯灭，就有悲壮的老弱喝下雀芋毒汁殉古，就有剩下的活着的人抓一把热土，齐喊着"简"歌的更为悲壮的过山！这浸染着原初意象的民俗，最能典型地袒露民族心理的沉疴和传统文化的积垢，可是又最能感受到生命的挣扎！在诗意的苍凉感中，民族的古老根系在苦痛地战栗。乡土，不只是小说的背景；民俗，不只是背景的色彩和点缀。对种种民俗的纵深的发掘探照，不只是获得了民族历史与文化重现的景观，而且获得了生命与创造的绵延感。在昨天与今天的交融中，在传统与现代的纠结中，小说家奔忙于向后的寻根与向前的超越中！

所谓的新感觉派小说红高粱系列，小说家虚构的家乡东北高密乡，红高粱奇景的夸张变形，颠轿的狂野与闹腾，酿酒的荒唐与不可思议……小说家以对民俗美的新感觉描摹，凸显的仍是渗透民族文化心理特征的人。现代派的手法与古朴乡土古朴民俗的杂糅，异化了乡土小说，却也是别开生面崭新的一页。

方兴未艾的新写实主义，多多少少浓浓淡淡总与乡土与民俗有着种种纠结。因为这些小说家用世俗的视角去观照世俗的生活，柴米油盐婚丧嫁娶，原本就是五花八门的民俗事象！只不过新写实小说家的目光似更钟情都市与民俗罢了。刘恒却有一半恋着乡土，《狗日的粮食》写的是为了吃的兽般的挣扎，《伏羲伏羲》则是性的兽般的挣扎，都有乡风民俗的描绘，但审丑浓于审美，农村悲凉的生存状态生命情态跃然纸上。古老的乡土古老的民俗与小说家的当代意识撕掳纠葛，传递出人生深层的啜泣与战栗！

李锐的《厚土》系列，倒是真诚地归真返璞。在荒凉岑寂古老的厚土世界里，生存的悲剧不是在激烈的戏剧化的冲突中，而就在这与世隔绝麻木停滞的生存中！厚土的底蕴原来是人生的悲剧？这一页，什么时候能彻底翻过去？

思虑：突围与依恋的困惑

二三十年代的乡土文学，曾摄下湘、皖、鄂、黔、蜀、浙等地的风情民俗，却似乎未留下赣地的影踪。

新时期文学流派汹涌澎湃的潮头中，也似少见赣地的弄潮儿。黑土地上众多的知青小说家已一遍遍收割过，黄土地上刮过西北风也仍爱着信天游，湘楚、齐鲁、晋地厚土都有过寻文化之根的躁动与执着，而赣地似乎总是寂寞的、沉静的。曾有过《小镇上的将军》，那为将军送葬的赣北民俗撼动过人心；也有过《缺男户》，改革的春风掠过老区的红土地；也有过宋清海的乡土纵横，从《鸡鸣店》到《馕神小传》，但他终究是北人恋北地！况且一个一个，仿佛河道上的灯塔。于是，走了很久很久，才回头眺望——寂寞沉静中，红土地上已长出一片乡土文学之林！眼下似非栋梁之林，却也绝非幼苗之辈。而且周围的喧闹渐趋冷清，这片林子便很有几分挺拔了。摩罗的《深的山》悲凉且温馨，萧亮的《高山人家》凄美且蛮荒，胡桔根抒写着红土地的"乡场上"，刘勇让赣江船帮黑道搅起历史与现实的风浪，李志川的鄱湖素描有浪有静有起有伏，熊正良的红土地迷惑着人们的视野，傅太平的山村却叫人思虑出什么！

  熊正良的红土地，似乡土非乡土，红河抚河，红地无边，虚虚实实捉摸不定。时代的背景也似淡化，却并非淡化，片言只语托出详而又详的时代背景！有了这样的乡土和背景，小说家便拓宽了视野做出种种创新突围。一手是浓笔艳彩随心所欲地涂抹原生态的自然景观，一手是人性的丑与恶的揭露与解剖，两手相交相悖相融相混，却又精心尽心将自然的审美推向极致，亦将对人性的审丑推向极致，于是涂抹出一幅幅反差极大的人类生存景况图！惊愕、痛切、震撼中却仍获得美的感悟。有阅读的疲劳感，却又有难以释手的迷惑感，阴冷与美丽，荒漠与热烈，沉郁与蓬勃、险峻与平淡，美丑与善恶全杂糅一处，成了一片令人眼花缭乱的红土地！不是你所熟稔的红土地，却又仍有着刻骨铭心的亲切，这，便是小说家的创造，是突围出乡土后对乡土的观照。

  李志川却依然依恋乡土民俗。鄱阳湖，这世界第一大淡水湖，给人的印象却是永远的默默无闻，宽厚沉静，不骄傲不炫耀，却也不好惹，它有它的性子，小说家写它便分外老实。《漂流的村庄》，题目就叫绝，那是鄱阳湖与男人的世界。男人的类别是：大老板、打鼓佬和排佬。大老板保着木排闯关，若散排就吃砒霜仰面大叫我的木排就葬身鄱阳湖，硬铮铮鄱阳湖男子汉！打鼓佬擂鼓闯关遇上险情将儿子也绑在将台上满是共存亡的豪气与杀气，也是硬铮铮鄱阳湖男子汉！排佬多是打光棍守单身，就是有老婆也守不住，排佬就得放排，哪能孵在家里？终也是硬铮铮鄱阳湖男子汉！这是男人的世界。男人与湖相依相恋又相斗相搏的世界。也有女人，女人是洗衣妇，排帮规矩女人不准上头排，女人只是男人的点缀。可正是女人在排尾搅起了炊烟，架起了晒衣的竹竿，种出了青青的菜畦，养起了活泼的鸡们，于是，水上的世界才完整又完美。小说家为鄱阳湖与男人，还有点缀用的女人留下了画卷，有沈从文的恬美悠远，还有沈从文没有的凶险与无情，却依然没有丑与恶。鄱阳湖的男人没有留下姓与名，但鄱阳湖的男人就是鄱阳湖的男人。小说家对鄱阳湖的风情民俗果真做了老老实实的描摹？谁知道呢，也许如陆文夫所说："应在似与不似之间。"

傅太平的《小村》博得京都人的喝彩和推崇，或许并非出于偶然。可以借用几句话评介：《小村》，是一篇叙事诗，一幅多彩的风土画，一串并不凄婉的歌谣。锦河畔红土地上的小村，仍是一宗法制的小村。小说家以白描手法，将民俗事象质朴地铺陈出来：冬日里车水捉鱼分鱼的热闹，古老祠堂外晒太阳讲古的舒心舒意，大姑娘出嫁的悲欢排场，未来媳妇初次进村上门的"发始"规矩的雅兴，寡妇光棍相帮相合的宽容，再嫁再婚的繁文缛节，过年前打麻糍、做冻米糖、炒薯片的忙活，三十夜的团年、发火和祠堂分烧饼的家规族规，正月里男人打狮子的雄劲和醉一场的烂相，草台班子的几辈子也看不厌的旧戏，渡口老艄公总也听不厌的唢呐和古老情歌……平常无奇的民俗画面不轻不重撩拨你的心弦，你寻觅到流逝的童年，思恋起故乡的山水，心灵产生虽不强烈却格外浮沉的共鸣。小村，满是暖意融融、温情脉脉，笼罩着自然的质朴之美与人性的淳厚之美。这是小村乌托邦，新时期的桃花源！这画卷与废名、沈从文的画卷似无多大区别，古朴、陈旧，但你却不得不惊异地承认：依然鲜亮醇美！宛若醇酒，年代越久还越醇厚芳香呢。小村，张扬着我们民族的传统美德和人情之美，难怪疯子在小村的生活中终在一个雪天突地不疯了，小说也正是在这极亮的亮色中趋于尾声。但亮色似乎太亮了，那"不知有汉，无论魏晋"的小村的封闭落后、陈规陋俗，便分外触目惊心！那般缓慢呆滞的小村节奏，那般浑浑噩噩的日脚，那般糊糊涂涂的处世，没有都市社会的喧哗与骚动，却也没有了改革开放现代文明的向往与追求！辅木和汝桂为争开荒地而打架，祠堂前论公道的结果是各打五十板，罚出米饼后，两人又和好如前，地却是荒了！小说是有意还是无意阐明了此民俗文化的惰力呢？是有意还是无意蕴含一种悲剧的调侃呢？京都人的热衷，是否夹杂着对嘈杂喧嚣的都市文明的逆反心理？对错综复杂的人际关系的厌倦呢？

归真返璞吧。

固然，小说家的实践对于社会的文明或进步，只有那么一点点大的作用。但小说家若能在时光的流逝中，用自己独到的视野，拥有或大或小但相对完整的一方水土，那么，小说家也就拥有自己的世界。能为这方水土这方人留下一点文字的摄影、笔墨的录像，便是永恒的慰藉。关键在于，不要为这方土地而禁锢自己的灵魂。突围后的返视，依恋中的批判，揭示出历史的深层结构，寻出历史的无意识基础，这就是走向哲理。

1991.11

(《创作评谭》1992年第2期)

市井·民俗·小说家

市井与小说当有不解之缘。

市井，简释为"街市"。究其源，"立市必四方，若造井之制，故曰市井"。"古者相聚汲水，有物便卖，因成市，故云市井。"

东汉班固作《汉书·艺文志》，在九流十家之末列有小说家一类，班固以为："小说家者流，盖出于稗官，街谈巷议，道听途说者之所造也。"

从神话到小说的雏形魏晋六朝志怪，从"至唐代而一变"，"始有意为小说"的唐传奇，到说唱于瓦舍（瓦子）勾栏的宋元话本，从明代崛起的长篇小说到清代近代的各类小说，其创作内容、其传播途径，无不与市井息息相关，不可分割。

历代文学作品中，诗歌散文或许只钟情于田园之悠闲、自然之淳朴、山水之宁静、边塞之壮美，或正向或逆向表现的是根深蒂固的乡土情结；而小说，却一开始就迷恋于市井并为市井所青睐。在宋话本中，小商小贩小手工业者、店伙奴婢娼妓等市井小民，已成为话本的主角，说话艺人活跃于瓦子勾栏中，招徕市民踊跃而至听得如醉如痴。

市井，实是乡村变都市的悠悠过渡模式。市井文化，实是各种文化的大杂烩。市井民俗源于乡村民俗又不同于乡村民俗，市井民俗一样成为市井文化最绚烂多彩的外衣，一样涌动着大量鲜活的信息，一样沉滞着传统文化的惰力，自然一样濡染并铸造市井人。于是，小说家的视角便为之诱惑。第一部由文人个体创作的长篇白话小说《金瓶梅》，便对其时市井中的饮食民俗、妇女服饰民俗、娱乐民俗、节日民俗、丧葬民俗等都做了生动细腻的铺陈描摹：各种酒名、茶名、肉食、菜肴、糕点、宴会席位娓娓道来，女人的穿戴、衣裙的样款色泽、头饰手饰皆千姿百态，打秋千、蹴鞠、投骰、诗谜皆有滋有味，元夕的放烟火放灯浓墨重彩，美不胜收……

这些斑驳杂陈的民俗事象,不只是地域特色、民俗风情的背景载体,而且凸显了这方市井这方人独特的心理状态,因而留下了永恒的活生生的过去。

市井小说,我以为当是小说的正宗与主流。然而到了现代当代,市井小说却为不少小说家批评家们鄙夷,所幸的是仍有小说家执着勤奋地在市井民俗这方厚土上耕耘,经时间长河的淘洗、时代潮流的冲撞,市井小说依然如故展示她久远的鲜亮。

画卷:城市民俗与乡村民俗的难解难分

现象美学家杜夫海纳说:"艺术家在寻找自我的同时,自己也在被寻找。"

"在世界文学中,城(以及不限于城的具体地域),与人的缔约,是寻常的现象。巴尔扎克与巴黎,十九世纪俄国作家与彼得堡、莫斯科,德莱赛与芝加哥,乔伊斯与都柏林等等,等等。"①

在中国,以古老的北京与小说家的缔约最为长久最为牢固。曹雪芹与北京,写下不朽的《红楼梦》;老舍与北京,被称为现代文学史上最杰出的"市民诗人";当代的或土籍或外籍的小说家与北京,形成京味小说流派。北京,永恒魅力何在?因为她身为古都今都,昔日浩荡皇气今日政治经济军事的中心,而具有的慑服力?是因为她的丰厚深邃的历史文化积淀,弥漫着"典丽堂皇,幽闲清妙"?我以为,对于小说家,那是因为她是"具城市之外形,而又富有乡村景象之田园都市"。② 好一个"田园都市"!北京,将田园风情和乡村习俗有机地融会于自己的外形和灵魂中。换言之,京都具有极其浓郁的市井民俗味,这样说,未免不恭。然而,中国城市的乡村化便是中国城市的特色,这是中国城市的尴尬状态,却又是极其吻合中国人的文化心理心态,一面渴求着都市的文明,一面又依依不舍乡野的宁静无为;追求到的是你所没有的,而你再想得到的却是你曾拥有却刚失去的!市井正是人们这心理心态的缓冲坡,小说家们便迷恋又迷

---

① 赵园:《北京,其城与其人》。
② 郁达夫:《住所的话》。

惑于这市井民俗中。

　　无规矩不成方圆。北京，是座极讲究规矩的古都。北京的中轴线由北而南，从钟鼓楼地安门景山经故宫天安门正阳门前门珠市口天桥到永定门。东南西北以中轴线为对称构建。北京市民居住的"四合院的格局处处体现出一种特定的秩序、安适的情调排外的意识与封闭性的静态美"①。四合院在北京的胡同里。"大胡同三千六，小胡同赛牛毛。"小说家们的视角偏爱这些胡同：小羊胡同狗尾巴胡同烧酒胡同……这是北京的市井氛围，四世同堂的大家族，大杂院中的七姓八户，依旧烙刻着宗法制的影子；端阳节有樱桃、桑葚和粽子，中秋节有兔儿爷，腊月二十三酉时燃起高香和柏枝，供上糖瓜关东糖送灶王爷上天；大年夜包供佛的饺子，边缘要捏出花，精巧又结实，若把饺子煮破视为不吉祥，其中有枚小钱放饺子里，吃到者终年顺利；元宵夜看灯，城隍庙有五官往外冒火的火判儿，东单西四鼓楼前有纱灯牛角灯冰灯麦芽龙灯……这些岁时民俗与北方乡村民俗别无二致；北京人的"洗三典礼"，槐枝艾叶熬成的热苦水中，有铜钱、花生、红白喜蛋"添盆"，有姥姥边洗边颂祝词，北京人的迎亲嫁女，至今也讲究选个阳历阴历都是双数的日子……这人生仪礼分明弥漫着浓烈的乡村民俗气息！民间传说、历史掌故俯首即是，古色古香的琉璃厂展览的硬是文化；鬻画眉糊风筝、听大鼓唱京戏却又是京都人的闲情逸致……北京，古老又鲜活，乡俗与市俗，历史与现实在这里难舍难分。这画卷，具有"质朴的以浓烈的色块和明快的搭配取胜的民俗美"，诱惑着一代代小说家的视野，滋养着一代代小说家，成为小说的背景、氛围、风味和内蕴。

　　江南也有一座幸运之城——苏州，因了小说家陆文夫的耕耘而添风骚，因了女小说家范小青的轻声呼唤而增神秘。苏州，如陆文夫所说，既不是政治、经济中心，又不是兵家必争之地，建城格局更是严谨封闭的，城墙内有的是曲径小巷，小巷里有门洞，门洞里套院落，院落还套院落。就在这小巷院落的生存空间中，"小家子气"的苏州人平平淡淡从从容容过日子。这是人生安稳的一面，虽琐屑世俗，却有着永恒的意味。另一面，姑苏古城又是历代或失意或得意的知识分子归隐之地。"小隐隐陵薮，大隐隐于市"。这"市"，当有田园乡村之风味。试看那玲珑剔透的

---

① 刘心武：《钟鼓楼》。

园林艺术，那小桥流水人家的幽闲，是诗化的乡野；试听那咿呀的摇橹声，深夜卖馄饨小贩"的笃"的敲竹梆声，流泻的是淳朴的古风；而那安居乐业知足常乐的处世，与井边飞短流长的幸灾乐祸，依旧是小农经济的思想哲学！姑苏古城的画卷，融城乡雅俗于一体。

上海这座名城，以她为背景的小说家并不少，也曾几番扯起"海派"旗号，但终不如"京味"火红，亦不如"小巷"隽永。有位上海作家说，她并不很看重也未曾留意上海的地域色彩。是否因为该城对各路移民民俗兼收并蓄太杂？还有西化都市味太浓？偏偏有个女小说家王晓玉，写出里弄味的上海女性系列，亦被人称为"海味"。这海味乃市井味也。

不要鄙薄市井。市井的天空，笼罩着乡村的影子；市井的土地，联系着盘根错节的乡土根系；市井里或胡同或小巷或里弄，牵动着世俗人生的喜怒哀乐悲欢离合。市井，是古老又新鲜、多彩又沉重的画卷。

寻觅：都市意识与传统意识纠结冲撞

文化人类学家基辛说："没有城市，文明就很少有可能兴起。"

城市，毕竟是对乡村的前进，是对乡村以宗法制关系聚结的自然村落的反叛。

小说家在描摹市井民俗画卷时，该有怎样的眼光和魄力呢？

老舍的笔端，情满北京。在丰富多彩的京都风俗画卷中，展现着一个又一个大杂院的故事，塑造出形形色色的市民形象：小商小贩小职员，洋车夫民间艺人革命党人，洋场恶少市井无赖……老舍既肯定了市民性格中勤劳刻苦正派进取的一面，又犀利地剖析出传统习俗实是滋生惰性恶习的温床。"二百多年积下的历史尘垢，使一般的旗人既忘了自谴，也忘了自励。我们创造了一种独具风格的生活方式，有钱的真讲究，没钱的穷讲究。生命就这样沉浮在有讲究的一汪死水里。"这何其深刻何其振聋发聩！老舍痛切地指出："他们在蛐蛐罐子、鸽哨、干炸丸子……等等上提高了文化，可是对天下大事一无所知。他们的一生像作着个细巧的、明白而又有点糊涂的梦。"（《正红旗下》）老舍，冷静深刻地剖析了这群实乃农耕文化血统的市民群像，从传统文化的弊病上挖掘出根子。这就是老舍的杰出之处：道是有情却无情。

当代文学中，陆文夫的市井小说亦为高品位的民俗小说。"高"处有二：一是对苏州民俗的描摹，于"似与不似之间"，小说毕竟是小说，不应等同风物志读物；二是陆文夫与老舍一样，民俗描写是为了对传统文化的反思与批判，因此，已是一种社会文化小说。小说《井》这样描摹这口井："东胡家巷里有个信息中心，专门提供有关饮食男女的信息。这个中心不是新近创办的，它的存在至少也有二百年；它不设主任和顾问，召集人实际上是一口井，一口古老而又很难干涸的井。"小说家用时髦的语言描述古老而又很难干涸的井，井是世俗的，又是象征的。正是这传统意识仍在作祟的市井小巷，将悲剧女性徐丽莎推向毁灭，虽然改革的阳光已漫进这湿漉漉的市井小巷！小说家没有沉溺于苏州古城雅致闲适的民俗风情中，小说家清醒的当代都市意识与传统文化意识的负面因素激烈地搏击。道是有情却无情，而这"无情"，恰恰是为了对这方水土这方人的"有情"。

当代市井小说家似有"北邓南陆"之称。邓友梅的确毫不隐讳地宣称："我向往一种清明上河图式的小说"，并将自己的小说称为民俗小说。小说家也确写出了不少老北京的旧市民和新北京的老市民。也难为他，同是没落的八旗子弟，那五与乌世林禀性气质却迥异；同是民间艺人，聂小轩宁折不弯重气节重感情，画儿韩精明绝顶亦重义气重感情各显光彩……小说家对这些市井市民群像有叹惜更有怜爱，于不知不觉之中对旧民俗旧风情有种把玩之态，故有人评之为流露出"无可奈何花落去"的怀旧情调，不是没有道理的，这样的民俗小说比之前者，自是略逊一筹了。这仅仅归咎于小说家当代意识的淡薄是不够的，从中可洞察传统力量的惯性和惰性何其强大！像男人的辫子女人的小脚，这是显而易见的旧中国的陋俗，然而当代小说家却也会出现多多少少的迷误，市井民俗一样不可掉以轻心。

刘心武的《钟鼓楼》，将当代都市意识与传统文化意识的纠结冲撞，集中于一普通四合院从卯时到申酉之交的12个小时中，可谓大手笔！小说家以薛家的婚礼为导线并为贯穿始终的红线，牵引着四合院中九户市民及院外与之有瓜葛或无瓜葛的枝枝蔓蔓。曾当过喇嘛的商场退休职工，曾当过八路当过工人的修鞋匠，年轻的工人、年轻的翻译、工程师、医生、大学生、京剧演员、正局长、与皇室沾着点边的老太、养鹌鹑致富的农姑、忠于职守的老编辑、正在发迹的诗人、丐帮和他的孙子、"大茶壶"

的儿子……真谓之北京市民全景观！小说家自始至终不弃婚俗描写：由当代京都婚俗而追溯解放前婚俗的烦琐仪式，中华人民共和国成立后婚俗的几经变革而眼下多多少少的回归，同时夹叙夹议夹描写京都的居住民俗、饮食民俗、民间组织民俗、民间游艺民俗、口承语言民俗和民间禁忌等，"展览的是20世纪80年代初北京市民社会的特定文化景观"。小说家并非孤立地展览这些，而是让历史与现实、乡俗与市俗、封闭与开放、美善与丑恶放在这四合院的12小时中或激烈或和缓地纠结冲撞。古老的没厕所的四合院与乘机出国考察纠结，古老的道德规范与没有程序的爱情多向碰撞，古老的传说与收录机流行曲争鸣，更有科技信息与集邮、鹤翔庄同热，中西合璧的食谱与土味同香，迎亲送亲老太的百样禁忌与食客小流氓的百无禁忌同存……真个是"共时性"的经验放进了"共时性"的框架中，让人们"感受到了那原本一去不复返的时间"。也恰如小说家自己所说："对于这个院落中的这些不同的人们的喜怒哀乐，生死歌哭，以及他们之间的矛盾差异，相激相荡，我们或许一时还不能洞察阐释，预测导引，然而在尽可能如实而细微的反映中，我们也许能有所领悟，并且至少可以为明天的北京人多多少少留下一点不拘一格的斑驳资料。"（《钟鼓楼》）小说家的视野不仅关注着昨天和今天，还凝眸明天，这是小说家的高处。可惜的是，在这部极有市井民俗味的小说中，小说家理念太强，有些民俗事象小说家干脆如说明文一般罗列并加以说明，这实际上淡化了市井民俗味。而对这方水土这方人心态性情的刻画也似有浅尝辄止之感，但不管怎么说，小说家又为80年代的京都市民奏响了生活交响乐。小说家选择钟鼓楼下的胡同里的四合院，寓意是明白的，钟、鼓皆是为了时间而设，小说家以"怎样认识时间"为"不是结尾"的结尾，本身就意蕴无穷。《钟鼓楼》给人的感觉不是"草色遥看近却无"的恬淡的渐变，而是于平淡乃至平庸的市井中，分明感受到"惊涛拍岸"！

思虑：向前拓展与向后寻根的困惑

美国文学批评家莱昂内尔·特里林说："一种文化，不是一条河流，甚至不是一种合流，它存在的形式是一种斗争，或至少是一种争论——它只能是一种辩证的论证。"

随着东西文化板块的交流冲撞，现代都市意识与传统文化意识的交流冲撞，乡村民俗文化与城市民俗文化的交流冲撞，地球会变得越来越小，那么，将会世界文化趋同？地域色彩民俗文化将会淡化乃至消亡？乡土民俗小说与市井民俗小说将会成为过去时？

我想，答案当是否定的。

尽管鳞次栉比的高楼日益取代胡同小巷的四合院门洞里巷，讲究营养的饮食结构挤兑各地各家的食俗口味，世界流行色淡化着原本各异的服饰民俗……况且还有没有补丁也没有历史的崭新的现代化都市拔地而起，但是我们不得不惊讶地正视：城市，尤其是崭新的城市，那腾起的民俗热，炽热又持久。古城新城争相成立民俗村民俗博物苑，岁时民俗与贸易交流装点着城市景观，婚俗丧俗明明暗暗地回归半旧俗，电脑世界香火一样旺盛，年节的爆竹被人讥为"城市的月经"，电视电影广告宣传处处标榜着"民俗"！这其中，有浮躁有迷信有虚假，但也正表现了城市人的复杂心态，追求着城市文明，同时也感到失落，这种民俗文化心理认同，大概因为城里人，究其根系依然在乡村之故吧。还因为这些乡土民俗事象，虽然有迷信的色彩，或不可思议的逻辑，但是这是最原生态的东西，具有原始的最鲜活的生命力。市井民俗脱胎于乡村民俗，并与之难分难解，这也是中国城市乡村化的重要染色剂吧。即便一崭新的都市，市民皆来自五湖四海，都市民俗也将在各方人的民俗库中冲撞、淘洗、交融、创新出这座都市别于其他都市的民俗，而绝不会淡化乃至消亡这座都市的特色。人，以个性为美；都市，亦以个性为美。

对于小说家来说，民俗当具有永恒的诱惑力。而我以为，乡村民俗在城市民俗之前，然而市井小说却在乡土小说之前。所谓乡土小说，不论作者是城里人还是乡下人，但都受着城市文化的熏陶，因而可看成城市人对乡土的返视，这类乡土民俗小说，不论是文化批判模式还是生命本体模式，大概都应了这句颇含哲理的话：历史上向前的变化拓展，往往伴随着向后的探本究源。

然而时至今日，最富恋乡情结、本土意识的中国小说家，当其返视乡土时，田园乡土却也正在巨变中！甚至变得面目全非。根系何处？何处是归家？

萨特这样说过："我们不是在某种隐居中发现我们自己。而是在路上，在城里，在人群中，一件事物在众事物中，一个人在众人中。"小说家的视角还是不妨切入市井民俗吧。说来荒唐，读当今新潮的新写实小说，有些竟嚼出了市井民俗味！范小青的苏州味有别于陆苏州，却也是地道的苏州味。那信手拈来云遮雾障的传说典故，那门洞里巷的琐屑平淡凡人小事，何必去分辨"裤裆巷"是传统写实，"光圈"才是新写实呢？其外观其底蕴都是姑苏小城姑苏人。方方和池莉，"实"都实在武汉三镇，或许池莉比方方较有意识地注重市井百态风物民俗的展出，但方方亦始终不弃脚下的这方水土。评论家们以为，新写实是对生活进行原生态的逼真描摹，或曰对生活具体描摹又还原成为如同生活本身那样的生动形态。我想，市井民俗，便是市民文化传统最深厚的积淀，民俗事象本就是具象的世俗人生，是历史文化在日常生活中频繁又活跃的演出，新写实与民俗，怕不会是井水不犯河水吧？试看《单位》里依旧散发着市井气，不过胡同小巷的变形而已；《一地鸡毛》等同琐屑平庸，《烦恼人生》《不谈爱情》《太阳出世》阐释为"柴米油盐""婚丧嫁娶""传宗接代"，未免过分，但确实囊括这些。人，总是出类拔萃者极少，普通平凡者极多。人，尽管仰慕诗化的生活，但生活，毕竟是世俗的。张爱玲说过："设法除去知书识字的人咬文嚼字的积习，从柴米油盐到肥皂，水与太阳之中去寻实际的人生。"（《流言·必也正名乎》）生活，应有理想有追求有浪漫，但平平淡淡从从容容却也是真。

　　市井，小说源起和繁荣之地；民俗，小说家耕耘的传统基地；小说家挥动现代化工具再做发掘，怕不会没有价值吧？

　　哥伦比亚作家马尔克斯的《百年孤独》，有人称之为民俗小说。古老的神话、民间传统、婚俗丧俗礼仪俗宗教习俗和风土人情皆染上了魔幻色彩，而人们说，唯其如此，才更凸显了现实生活，展现了哥伦比亚乃至整个拉丁美洲的民族史和文化史。小说地域：加勒比海沿岸小城马贡多。此城，大概既不能叫作乡村，怕也不能称为都市。那么，是市井？太荒唐吧。

（《百花洲》1993 年第 2 期）

饮食民俗与当代小说

民以食为天。吃，是人类生存最基本的需求；吃，是人类最基本的文化。

人类的食，从"食草木之食，鸟兽之肉，饮其血，茹其毛"到"烹"，归于火的使用；人类对盐的使用，又使"烹"丰富为"烹调"。人类的饮，在最普通的水、动物的奶汁之外，又发明了酒和茶。世世代代岁岁月月，各方水土各片地域便孕育传承出形形色色的饮食民俗。被誉为茶的故乡和烹饪王国的中国，其饮食民俗在诸多的民俗事象中，可谓历史最久远，内容最充实，色彩最绚烂，也最富有魅力的民俗事象。饮食民俗最能折射出时代的风貌，最能凸显地域性格和人情的淳美，最能透视出人的生命形式、生存状态和思维动态。

饮食民俗便诱惑着当代小说家的视野，压迫又激活着小说家的灵感，制约并诱导着小说家的审美趋向，而饮食民俗亦获得高层次的审美化。

一方水土养一方人。那最直接最根本最丰富的"养"便是"吃"，不论你有意无意，那饮食民俗事象已融于你的生物属性中。饮食民俗，也可说是一方地域民俗集体的"吃相吃趣"，是生活物态化的样式，又分明蕴含着深沉的文化底蕴。何况，饮食民俗最具有美的自然质，它们是那般流畅活泼，不安分地渗透于岁时民俗、社会民俗、人生礼仪和精神民俗之中，于是饮食民俗于创作主体，或成为作品整体结构的一个生活片段、一抹跳跃的色彩，或成为小说者苦心构架整体的主线和灵魂；或仅仅是一种背景场景，作为氛围濡染或烘托，或深邃又痛苦地搅腾起沉甸甸的文化积淀。饮食民俗与当代小说的撞击中迸发出多种美学品格和审美功能。

负重若轻：承载着浓缩的历史

如果有"饮食民俗小说"这种分类的话，我想，当首推陆文夫的《美食家》。

陆文夫17岁时乘着木帆船闯进了苏州小巷。数十年来他到过不少地方，但梦中的天地还是苏州小巷。苏州，早在唐代已经是"十万夫家供课税，五千子弟守封疆"，到得明代更是"翠袖三千楼上下，黄金十万水东西"。这秀美玲珑物产丰富的地域，既不是政治经济的中心，又不是兵家必争之地，多少年代以来，便成了名人隐迹的精神田园和俗人享乐之地。太平安乐则酿造出精美绝伦的园林文化和饮食文化。于是在浓淡相宜的苏州园林背景中，新聚丰、义昌福、松鹤楼的美食菜系，陆稿荐酱肉、马咏斋野味、采芝斋虾子鲞鱼、玄妙观油氽臭豆腐干、某某地头家的糟鹅，还有深夜小巷中"的笃"竹梆声中的馄饨担子组成的小吃体系，加上高雅得志之士开创的苏州菜的另一个体系——将苏州名菜极丰富的内容以极淡雅的"家菜"形式表现出来，这一切便构成一幅独具苏州色、香、味、形、器特色的饮食民俗图，苏州众生的吃相吃趣，恬静从容、雅致精巧、闲适悠然，蕴含着这方地域悠久绵长的文化积淀，表现出这方地域众生的性格共性。

然而，《美食家》中的两个角色朱自冶和高小庭，却偏偏背离苏州地域饮食民俗的传承，分别走向两个极端。破落的房产资本家朱自冶，解放前食不厌精饱食终日还一副饕餮之徒态，解放后他的寄生虫生活受到冲击便躲起来吃，困难时期没得吃则想入非非解馋，"文化大革命"时为了"保护、满足那只小得十分可怜而又十分难看的胃"，"他会采取一切手段，不顾任何是非"，这么一只吃食癞皮竟戏剧性地摇身成为"美食家"，是历史的玩笑？是物极必反的报应？作者并不掩饰对他的莫可奈何的嘲讽。

身为苏州名菜馆经理的高小庭，解放前是为朱自冶买小吃的"小厮"，由对朱自冶吃相的深恶痛绝到对"吃"的革命，虔诚、简单的高小庭幼稚、偏执地走向了另一个极端，高小庭在"吃"上的幡然猛醒和猛醒中的依然迷茫，展示了城市工作几十年的起落曲折和复杂。当然，作者亦不掩饰对高小庭的宽容的谅解和谅解的宽容。

正是借朱自冶的饕餮之态，才能在不大的作品框架中容纳了纷繁悠久的苏州饮食民俗事象；而正是这丰富多彩的苏州饮食民俗，令人们对高小庭式的失误痛惜、喟叹和深沉地反思。

一部《美食家》，借两个吃态"畸形"的角色，鬼斧神工地铺陈、展现了苏州饮食文化，而在这流畅从容的展示中，分明烙刻下历史与社会运行的苦痛与扭曲的轨迹，不只是浓缩了城市工作几十年的历史，不只是浓缩了苏州地域饮食文化史，而是浓缩了人类生活的历史。

庞泽云的《夫妻粉》亦是以饮食民俗构架而成的，虽嫌直露，却也明白无误。风味小吃本是最富地域色彩和人情味的饮食民俗事象，蜀中小吃更是馋到人喉咙里都能伸出爪爪来，有根有本有典故的"夫妻粉"在作者不惜笔墨的渲染中，以前清光绪年间雅州府大人亲笔所题的牌匾、以那稀罕珍贵的调料——娃娃椒和雅鱼汤诱惑着人们。真善美是传统文化的精粹，也是饮食文明的准则。然而在物欲横流金钱挂帅的浊流冲撞中，"夫妻粉"的传人也干起了"以次充好"的并不算黑心的勾当，是是非非中变迁两年，钱赚了，摊发了，但"夫妻粉"摊主鲍大勺的良心不能平静。终于有一日，摊子上飘起了一副对子，上联：精下料不欺世道，下联：细调味善对人心，横批：自是夫妻粉。摊主的心这才回归到传统道德的规范中，心安理得了。似乎这是一个古老的故事、古老的准则，牵连着古老的饮食民俗传承。但你的心弦终究被不轻不重地拨动了，是在针砭时弊，更是在检测自己的良心。可谓：一碗夫妻粉，窥见世态情。

靠山吃山，靠水吃水。靠着海的闽南人许谋清在他的《海土》系列中，流泻着对故乡民俗别样的眷恋。说到吃，则口角生津。"闽南能吃的鱼有多少？五百多种呢。螃蟹和螃蟹就不一样，这至少得说有十来种。下鲟、毛蟹、毛蟳、花蛣……"娓娓道来，叫人疑心作者就是位"美食家"。海味连接着海的怀恋，于是就有了小说《填海》。《填海》中的小点缀——土钻冻，是昔日闽南人爱吃的价钱贱到二分钱一块的无名海味。不过从滩涂里挖出来，用石磙碾，洗干净后熬成冻就成了。可这小玩意儿打围海造田后就少了，就稀罕了，就勾起人对海的纠纠葛葛的思念。那影影绰绰的叫卖土钻冻的女子的声音便诡谲、便神秘，便维系着那逝去的并不遥远的岁月，便复活着在那岁月中不该埋葬的灵魂！土钻冻，不只是《填海》的点缀，而是魂。

小说轻舟,承载着浓缩的历史,负重若轻中让我们观照、感受到那原本一去不复返的岁月,是小说家的能耐,也是饮食民俗的亲切的审美功能。

厚积薄发:感悟人生哲理

饮食,不只是饮食。历史、社会、人生与饮食相伴相依。那饮食民俗的表层深层里里外外便分明或朦胧地闪烁着理性的思辨之光。

动物的奶汁,既是食物又是饮料。蒙古族的白食习俗,就以奶为主。醍醐,是一种古老的奶食品、纯酥油。酥,乳之精华;醍醐,酥之精华。

"醍醐是人世间最珍贵的美味珍馐,绝不应该丢掉它。美好的东西都不应该丢掉!"在人世间历经九十个寒暑、挣扎到死亡线上的老额吉,为了醍醐——别人很不理解的事牵拽着又活转过来。在草原上一个恬静、肃穆的黎明,她点燃了圣洁的火,开始提炼神圣的醍醐,草原上除了她,再找不出第二个会做这种珍奇食品的人了!而这片草原是醍醐贡区,当年乾隆皇帝曾夸这里的醍醐味道最为纯正。醍醐是什么味道?她不知道,因为醍醐绝不是普通人能吃的。

生命已处于最后的一跃。用剩下的生命灰烬中的火星去提炼醍醐,于是在那金黄色的酥油的神秘的辉煌中,逝去的岁月小河便在烟雾中汩汩倒流:少女青春的烂漫,母亲的苦难与虔诚,生活的磨砺与骄傲,都融会进这神圣的醍醐中。她忘记了时间和存在,忘记了衰老和死亡,心中只有一片明净和痛畅!忘情与欢乐!不是吗,草原上人们最爱唱的《六十个美好》,她在提炼醍醐更在提炼人生中的美好——人们和整个世界都像眼前的浅蓝色的草原一样,纯净、美丽。乾隆也好,醍醐也罢,与她有何干呢?然而,终究有沉甸甸的压抑,当她贪婪地嗅了一口圣物的气味时,她负罪般祈求神佛宽恕:"……唵、嘛、呢、叭、咪、吽……"这笼罩着北南草原的六字真言啊!

这是怎样的人生!邓九刚的《醍醐》到底要诉说什么?或许在他篇首所引的诗《神》里可寻端倪:"一条清凉的小溪/从山顶弯弯曲曲地流下/你说/这哗哗的水声/归于你/那清澈的溪水/属于我。"似给我们作了迷蒙的回答。

　　酒，与中国，与中国人数千载来可谓结下了不解之缘。酒是喜庆的象征，是壮行色增豪气的氛围要素，是骚人墨客灵感之源，但鄢远征的《酒衅》却写了清河镇遗老般的酒店老板以命殉酒的故事。为了什么？为了一位洋少般的"通事"对清河镇对整个中国大地的肆无忌惮的贬斥，以及对威士忌对外国的顶礼膜拜。这位穿着西装的炎黄子孙大言不惭："这种清淡寡味的蹩脚货清河大曲一气可干掉五瓶，而威士忌呢，一瓶就叫你烂醉如泥。"真是外国的月亮都比中国的圆。酒店老板挺身而出，一气喝光两瓶威士忌，"通事"败下阵来狼狈逃窜，而酒店老板却因饮酒过度当夜与世长辞。这场不无悲壮色彩的酒衅，或许酒店老板也过于偏执，但正是从这偏执中，那不惜以生命来捍卫中华民族尊严的赤子之心跃然纸上。清河大曲中积淀着清河镇祖祖辈辈的魂灵吧。

　　的确，饮食民俗事象不只是纯客观的事象，其中凝聚着世世代代人的魂灵、精气、情感和生命。那以烹调为业的名厨高师，在饮食民俗的熏陶和浸染中，该有一种怎样的民俗识别标记呢？该有怎样绵长牢固的心意传承呢？高岸笔下的《狼爪子》，写一厨子世家后代郎三儿的沉沦史。祖传技艺满汉全席拿手，又有宝刀霍霍在手，郎三儿的手被誉为"狼爪子"。然而，他身为破落世家的"世仆""义仆"，主子无条件让他驰骋技艺，外面要"借调"他，主子又三令五申横加干涉，狼爪子空怀绝技嗟叹而已。等到一日借出"上阵"，他竟如鬼魂附体一般，冲决主子的束缚，横了心要做名菜"炸小烧"和"冬瓜羹"！这是相思般郁积的爆发，是生命的焦渴的企盼，是心意传承的不可压抑的奔腾！但命运多舛、天意不助，责任不在他却硬是叫他砸了锅！他的情趣、慰藉、寄托、依恋遭到了致命的一击！他不再有灵气，不再有情感，六毛钱卖掉了宝刀，混迹街头地摊棋赛，他被主子赶出了家门。以后有人见他在老虎灶上拉风箱。再以后呢？谁还记得狼爪子呢？这是一曲厨子世家的哀歌，弥漫全篇的是一种近乎窒息的压抑，在顽固桎梏的压抑中，人才消亡与毁灭的哀歌。烹调原本是有生命的灵性呵。

　　陈世旭的《圣人余自悦》为出厨正的奉新之厨子世家余自悦作传。祖上好几代就在九江站稳了脚跟开了个"浔阳楼"的余家，却让"敬师学徒"借川菜"炮打响牙城"硬摘了匾牌遭了暗算；一夜为解放军做了十二袋面粉馒头带来了荣也招来了祸；"见青不吃，见下水不吃，见调料不吃"的刁钻首长的宠幸让他战战兢兢逃之夭夭；哑巴儿子承包饮食店的喧闹也终被他灭绝……这其中，无不展示人世间的纷扰烦恼、钩心斗角、起起落落！几经荣辱沉浮的余自悦，终归于无为的宁静，进入抱着孙儿打着瞌睡的大自在境界，或许作者是借这位厨子张扬老庄哲学，但这本身就是一绝妙的嘲讽：谁能不食人间烟火呢？不过，要做饮食者一味地迎合饮食者的胃口，以饮食者的意志为意志，而不能用自己的技艺去诱惑折服饮食者，这对厨子世家应该是一种失去主体意识的压抑和扭曲，既如是，倒不如不为。

饮食是艺术，艺术是极有灵性的。

返归原始：思虑于生命的困惑

当饮食返归为仅仅为了生存时，透过这一幅幅冷峻严酷的画面表层，人们不得不思虑生命的困惑。粮食，始终是泱泱大国众多的子孙们面临的最基本也最大的问题，因为它是生存的最基本的保证。

刘恒的《狗日的粮食》与宋清海的《馔神小传》可谓有异曲同工之妙，虽然刘恒的灵巧精粹，宋清海的厚重质朴，但他们都以深邃忧患的目光探索生存的困惑！

出身"农业世家"的宋清海谙熟古老乡村围绕着"粮"又渗透于人生仪礼的种种民俗乡风。从延续生命链条的聚亲来看：新娘到婆家的坐车垫褥下得撒着五谷，新娘到婆家下车，拜堂、坐炕，都是踩着婆家人撒下的五谷上的，以示新娘不踩无谷之地；新郎新娘对桌吃饭，只要五碗菜，又象征着五谷；之后由新娘盛上一碗冒尖的饭、插一双红筷子，捧到粮囤当尖放好，为庄严的"添囤"，象征永不缺粮；夜里，老婆婆要在新房里撒五谷，表示五谷丰登、儿孙满堂，五福不断线。当然，拜堂要在老屋里。

"倒插门"的女婿呢？走之前要将五谷撒到自家地里，表示不带走自家的五谷；在大门口脱下鞋，将鞋底拍打干净，表示不带走自家的土。

唉，敦厚善良的庄稼人对这些事象一丝不苟地执行，怀着虔诚又恐惧的祝愿。而可怜的梁仓满老汉，尽管五个儿子都以粮命名（梁万斗、梁万升、梁万库、梁万囤、梁万石），五个儿子却都背弃了种种祈粮的习俗：大儿二儿三儿娶媳妇都誓不进老屋拜堂，四儿子入赘，简直如逃走一般；参了军回来探亲的小儿痛恨老父觅粮的"贱"相，竟也不归老屋。老汉的心田被犁开了多少血淋淋的伤口？他视粮为生命。不，他整个的生命都折腾于觅粮找粮积粮，真正的老虎食人的肚子呵！不如此，他和子孙都无法生存。他勇敢地开发代食品，"研究课题"遍及木本植物、草本植物、动物类、菌类、昆虫类……即便尝遍百草的神农怕也望尘莫及；他不顾脸不顾腔只要能换取粮受人耻笑也浑然不觉，甚至在日子好过了，到孙发达了时他仍"贱习"难改。他人格越来越低下，当年"拉倒骡子"的雄赳赳壮汉，换得的是轻蔑的"馕神"绰号！屈辱、羞耻、苦痛麻木于老汉的心田，而当种蘑菇发了的大儿将责任田让给了李家，李家按旧习俗装上一车粪从老汉老屋前碾过时，猥琐卑贱的老汉如火山爆发一般，顶天立地于套车的骡子之间！为了粮食的根本——土地，他又闪烁着"拉倒骡子"的英雄的光辉！

笼罩着《馕神小传》的还有神圣神秘诡谲的丧葬习俗，这习俗亦离不开"粮"。

送葬必备物是两把板栗枝、一个红布袋。袋内分五格。装入五种谷物：苞米、高粱、谷子、大豆和糜子。状如粮囤，当中有小酒盅当灯，叫"五谷灯"。正月十五要给坟茔地送福灯，若夜里纹风不动，灯直燃到油尽，则预示着明年风调雨顺；若风刮灯灭，就预示着有天灾。若结的灯花是圆的，就收苞米和大豆，若结的灯花是穗状的，就收高粱谷子；若不结灯花，那就糟了……梁仓满老汉的大儿媳早送葬物诅咒老人，老人把辛酸吞进肠胃，拎着葬物去到老伴坟前，祈求保佑子孙们永远五谷丰登。这荧荧灯光笼罩着老汉的一生，每年每年为他原始的生存方法点燃着希望之光。

梁仓满老汉的生存方法似是返归到"食草木之食，鸟兽之肉，饮其血，茹其毛"的原始时代，馕神身上的"返祖现象"让我们震惊、痛思，却无法嘲笑。有人说，馕神即饥饿之神，说白了，就是"饿鬼"。但显然作者就不会表示完全赞同，篇末作者为老汉立的"馕神"之碑，虽有画蛇添足之嫌，但分明流泻出作者对老汉的复杂又亲切的感情。老汉或许是卑微的渺小的封闭的落后的，但又是执着的坚韧的甚至可以说是伟大的。他的灵魂积淀入不幸的中国农民世世代代的追求和希冀，凝聚着生活的痛苦和欢愉，生存的智慧和局限，他应该还是粮食之神。他对粮食的忧患意识绝非杞人忧天。

《狗日的粮食》展示的也是一幅饥饿而至的饮食生存返祖现象图。作者已将外在的民俗事象融会进生命和生存的质中。因粮而成为人妻的瘿袋女人,生下一窝六个也用粮食命名的儿女,于是为了大小八张嘴,女人勤奋地种粮、偷奸使滑、顺手牵羊捞"粮",骡子拉下热粪里的"粮",耗子洞里的"粮"也逃不脱她的眼手……瘿袋女人是丑陋的、凶恶的、野泼的、强悍的,可这顽泼的生命却因购粮证的遗失忽地就像游丝般地断了!她临死前慨叹:"狗日的……粮食!"是她充塞着痛苦、丑恶的扭曲的一生的概括,同样富有震撼人心的悲剧意义。吃,曾如此困扰着我们的生产粮食的农民!粮食,"是过去代代人日后代代人谁也舍不下的,让他们死去活来的好玩意儿"!这是一种无比遥远又深沉的人类的声音,它让我们回返到生命最深邃的源头,思虑生存之困惑。

韩少功的《爸爸爸》,为人们展览出一幅湘西地域祭祀打冤家生存繁衍的民俗图。尽管充塞着迷信神话乃至荒诞奇异的云遮雾障,但拨开云雾无非仍是围绕着生存之根本——"吃"!死神人祭谷神是为了粮,鸡头寨与鸡尾寨打冤家也是因为粮。鸡峰头朝鸡头寨,啄尽了田里的谷,就要炸鸡头峰,鸡尾寨受益于鸡屁股,不让炸,就械斗。屡败屡战,屡战屡败,鸡头寨几乎成了死村。粮本是为了生命的生存,而生命的浴血又是为了粮,这是怎样的恶性循环!鸡头寨为了种族的生存和绵延,老弱服毒身亡,寥寥健壮男女竟引吭高歌"过山",或许当年引他们的祖先来稻米江边的凤凰又扇动起沉重的翅膀,去寻找哺育生命之源的另一条稻米江?生命的律动生存的困惑饮食之艰难令人掩卷痛思,真要像馕神梁仓满的农业大学毕业的孙子那般仰天长啸:"粮食呵——历史呵——子孙呵——"

但愿这一页永远永远地翻了过去。

民以食为天。这古训,这俗话,是人类生存原生态的写照,是人类痛苦又不失自信的慨叹。透过深厚的文化积淀,裸露出遥遥牵连着的漫漫历史的另一端。吃饭难。但人类绝不会仅仅满足于吃饱。诚如陆文夫在《写在〈美食家〉之后》中所说:"吃饭之所以难,还在于它会水涨船高,永无止境地向前发展。温饱仅仅是个开头,人对食物的味觉、视觉、触觉、营养以及心理作用等等是个难以对付的魔鬼。"而这个"魔鬼",又是富有魅力的可爱的"魔鬼"。不是吗?北京的豆汁儿、麻酸辣的炒麻豆腐、蜀中的麻婆豆腐、关中的油泼辣子龘䴙面,晋中的香油辣水好调的莜麦面鱼鱼，草原上的冰凉的酸马奶，喷香的酥油茶……诱发出多少人的乡情！诱发出多少人的游兴！诱发出多少小说家的灵感和激情？

饮食民俗与小说家当有不解之缘。

(《创作评谭》1991 年第 2 期)

流变与永恒

——试论江西革命历史题材文学创作与发展

摘　要　江西革命历史题材文学创作由来已久。根据江西革命历史题材文学创作发展的特点可分为：萌发时期（1949—1966）、潜流时期（1966—1977）、崛起时期（1978—1999）、蓄势时期（2000—　）。本文以各阶段主要文学样式和代表作家分别论述，力图把握江西革命历史题材文学创作所走过的60余年发展脉搏。

关键词　江西　革命历史　文学

红土地江西，在浸染无数革命英烈的鲜血、浇灌满山杜鹃花的同时，也养育出了一块饱蕴革命气质的文化厚土。有着"苏区情结"的作家们在以各种文艺样式保留和纪念着江西的那段苦难悲壮的革命历史，已构成革命历史题材文学创作和主旋律文艺创作中的独特现象。如果说20世纪20年代产生于第二次国内革命战争时期、反映苏区战斗生活的文学是江西革命历史题材文学的最早源头的话，那么中华人民共和国成立后，人们以回忆录和诗歌的形式即时礼赞缅怀逝去的岁月和英魂，便是对她创作热潮的开始。随着中华大地对"文革"的拨乱反正，江西革命历史题材文学迎来了崛起的春天，杨佩瑾、罗旋等作家以平静反思等当代意识来观照曾经发生的江西革命历史，体现各自的人文情怀。21世纪以来，一个多元的审美空间扑面而来，江西革命历史题材文学创作在机遇和挑战中执着前行，影像、舞姿、音乐等成为回望那段历史的最爱。因此，根据江西革命历史题材文学创作发展特点可分为：萌发时期（1949—1966）、潜流时期（1966—1977）、崛起时期（1978—1999）、蓄势时期（2000—　）。本文以各阶段主要文学样式和代表作家分别论述，力图把握江西革命历史题材文学创作60余年的发展脉搏。

一 萌发时期（1949—1966）：激情与使命的歌唱

江西革命历史题材文学创作由来已久，早在 20 世纪 30 年代江西苏区人们在如火如荼的革命战斗、欢欣鼓舞的分田分地的闲暇之余就以火热的激情抒写对革命的向往和礼赞，创作了大量的文艺作品，其中既有普及革命思想、宣传发动群众的红色歌谣和大众戏剧；也有大义凛然、饱蘸革命气节的烈士诗篇；还有老一辈无产阶级革命家戎马倥偬之余的古体诗词；这些诗歌戏剧充溢着战斗的豪情和革命的乐观主义，见证了风雷激荡的苏区历史，可谓是江西革命历史题材文学最早的源头。

1949—1966 年是江西革命历史题材文学创作的第一个时期，活跃在文坛这一时期的大多数作家是在"我们的文学艺术都是人民大众的，首先是为工农兵的"① 文学观念熏陶下驰骋文苑，他们中的许多人都是民主革命时期不同阶段的参与者，怀着对革命先辈的崇高感情和为人民大众的神圣使命感而对革命历史礼赞。对于他们来说，文学写作与参加革命是同一事情的不同方面，文学是服务于革命事业的一种独特方式。他们离那段历史如此的近，近得使他们等不及经受时间的积淀，就迫不及待地复制那段历史。他们真诚地歌颂英雄，鞭挞黑暗，向人们传达出一片革命事业的艰辛和成功后的喜悦和欢乐。回忆录在这一时期受到特别的提倡，它以形象的手段确立对现代中国历史的权威叙述。比起虚构的小说创作，她更具有追求革命起源神话的真实感和直接性。因而，革命回忆录成为那个时代写作最为兴旺的文学样式。亲历战火洗礼的领导干部和人民群众热心地拿起手中的笔展示出当年如火如荼的艰难岁月，勾勒出一幅幅生动而真实的革命画卷。这种文体连同作者的身份，在读者的阅读心理上，加强了历史叙述的可信性和权威性，其中的《鹰的眼睛》《艰难的岁月》《两条半枪闹革命》《死亡线上的斗争》《潘虎》等的革命回忆录的作者们充分调动自身的生活积累，挖掘大量的原始素材，把革命历史的真实性与文学性高度统一，取得当年江西革命回忆录写作的丰收。这一时期，《红孩子》

---

① 毛泽东：《在延安文艺座谈会上的讲话》，《毛泽东选集》第 3 卷，人民出版社 1991 年版，第 850 页。

《燎原》《翠岗红旗》《赣水苍茫》等电影和《方志敏》《八一风暴》等戏剧也引起了较大的反响，成了革命传统教育、革命理想教育的经典生动教材。

源于先天性的地域优势，20世纪五六十年代江西诗坛，围绕着革命历史题材这一重要主题纵情歌唱。在蔚为大观的诗人队伍中，郭蔚球、吕云松、周劭馨、李音湘、徐太行、万里浪、陈良运、朱昌勤、孙海浪、徐万明、李一痕等以井冈山、安源和赣南等地的革命历史为题材创作了大量的诗篇，而文莽彦更是"在整个50年代，（他）深入江西苏区体验生活，脚迹遍及井冈山、八一城、红都瑞金、安源煤矿、赣东北以及上犹等地，置身于当年苏区革命斗争历史和建设情景之中，感受着惊天动地的火热生活"①，并且"诗人把革命年代的风雷和现实生活紧紧连接起来，向苏区人民心灵深处开拓，努力表现苏区人民的精神面貌，展示社会主义建设者的精神世界"②，创作了大量革命历史题材诗歌，其中《春满井冈山》《井冈山谣》《请茶歌》以及诗集《井冈山诗钞》《井冈山颂》与徐万明《故乡的土地》、李音湘的《大庾岭抒怀》、吕云松的《兰花吟》、孙海浪的《井冈山下种南瓜》等诗歌诗集颇受当时人们的欢迎和称颂，有些谱曲至今久唱不衰。由于时代发生了巨变，从战争年代进入和平建设时期，因此诗的题材、主题以及艺术表现形式都发生了相应转变。这些有着"苏区情结"的诗人们纷纷把革命传统与现实生活交织在一起，追求诗歌主题的历史纵深感，以战歌的诗歌模式表达革命成功后的喜悦和乐观，具有质朴、清新的江西诗风。这与五六十年代那种崇尚雄伟刚健的政治抒情诗相比，他们更多地濡染了民歌和古典诗词的气质。在这些诗歌中，抒情主体或叙事主体因充分融入于无限的整体中使它对现实的关注迅速转化为土地革命历史的真切把握，以其独有的艺术气象构成了20世纪五六十年代中国当代文学中政治诗的重要组成部分。

当然，任何时代的东西，在具有鲜明时代特点的同时，也必然不可避免地带上时代的局限。从文学审美价值上判断，该时期的诗歌及其他文学样式成就还远未达到理想的状态，真人真事的拘泥、艺术手法的单一、结构的松散和非此即彼的二元对立创作思维等影响着他们艺术成就的高度。

---

① 吴海、曾子鲁：《江西文学史》，江西人民出版社2005年版，第964页。
② 同上。

然而，也正是对祖国、对党、对人民的一片赤诚，作家和诗人们总是以自己的思想挖掘对象，用自己的情感浸润对象，在主客观的契合中真诚地熔铸着饱含着深情的诗篇，至今读来犹有穿越时光的青春的朝气。

二 潜流时期（1966—1977）：赣鄱大地上的点点星火

"文革"十年浩劫，"大革文化的命，……新生的日趋活跃的江西当代文学创作遭受了严重的打击"①，包括革命历史题材在内的各种文学创作陷入了低迷状态，随着历史主义的颠倒和文学思潮的激进，"三突出"创作原则成了江西革命历史题材文学创作的"法宝"，文学写作的复杂过程也被要求为"表象（事物直接映象）—概念（思想）—表象（新创造的形象），也就是个别（众多的）——一般—典型"② 僵化而又简单的公式。观念的直接美学化、艺术上的概念化和公式化致使不少作品成了政治的"单纯传声筒"和激进意识形态的附庸。然而文学的真正魅力和生命终究是不会消亡的，真正挚爱红土地的作家们决不会亵渎手中的笔，他们顽强地抗争、挣扎于压迫之中、艰难地维护艺术的尊严，创作了一些有艺术价值的作品，长篇小说《映山红》、短篇小说《闪闪的红星》及改编的同名电影就在沉寂时刻冲破桎梏的黑暗，为革命历史题材文学创作带来了荒原上的点点星光。这些作品尽管难以摆脱文学从属于政治的阴影，不可避免地带有长期以来形成的"左"倾思潮，但这些作品毕竟是作家们勇敢捍卫艺术尊严后的真诚结晶，它们犹如废池边沿的小花，孱弱却别有风姿。

三 崛起时期（1980—1999）：红色历史的别样诉说

时期的到来，开创了江西当代文学的新纪元。改革开放的和煦春风使江西革命历史题材文学创作迅速崛起，一批批作家把笔墨伸向这一领域，

---

① 吴海、曾子鲁：《江西文学史》，江西人民出版社 2005 年版，第 867 页。
② 洪子诚：《中国当代文学史》，北京大学出版社 1999 年版，第 108 页。

大批的优秀作品也竞相问世，既有舒龙、王一民、彭永辉、吴则谦等人的影视剧作；也有李国强、石凌鹤、黄仲芳、余伯流等的传记文学、更有杨佩瑾、罗旋、胡辛等作家的革命历史题材小说。他们把目光投向革命斗争的诗性生活，开拓新的题材领域，着力追寻作品认识价值之外的审美价值，成为革命历史题材创作中的奇葩。这一时期，受"伤痕文学""反思文学"等文学主潮影响，作家们不再像以往那样澎湃激昂引吭高歌，而是以当代的人文意识和批判意识审视曾经发生的革命历史，这种反思等人文精神品格的不断的楔入标志着江西革命历史题材文学消退萌芽期的稚气、潜流期的俗气后开始迈向成熟的历程，开始从社会政治表层转向历史文化和生命本体的探询和追问。

　　小说便是崛起时期承载人文反思和历史厚度的主要文体样式。一直耕耘在江西革命历史题材这片热土上的老作家杨佩瑾在20世纪70年代末80年代初分别推出他的"天意三部曲"，竭力从刻意追求情节、塑造人物到挖掘思想内容和人性深度的转变。《红尘》写的是发生在湘赣边土地革命斗争的故事，小说把地主家小姐丁月英从参加革命到最后被逼自杀的悲剧置入苏区龙门游击队惨遭毁灭的历史大悲剧中，在表达对革命者无限同情之时锋芒直指"左"倾路线，同时丁月英的爱情悲剧也带给人们关于革命与爱情、党性与人性两难的深思。扎根于赣南的作家罗旋以土地革命时期苏区斗争生活和三年游击战争生活为题材创作了大量的革命历史题材小说如《南国烽烟》《梅》《红线记》《郁孤台下》等。其中《白莲》更是反思批判"左"倾路线的力作，小说中的雪妹，一个善良的红土地的精灵，不断被人猜忌和怀疑、不断地受到战火和各种政治运动的伤害，最终屈死。人性之恶和历史之误在作品中得到最大张力的表达。在这一时期，邱恒聪、刘欧生、傅汉青、贾献文、罗政球等作家也纷纷拿起手中的笔，以江西革命历史为题材投入小说的创作，呈现出江西革命历史题材小说创作的纷繁多样的格局。胡辛被京都评论家誉为"红土地的青枝绿叶"[①]，她生于瑞金、长于赣州，如今工作于南昌，一生紧紧和红土地相连；红土英风触发着她、激动着她以独特的眼光注视着在这片曾泼洒鲜血和泪水的土地，连续创作了《我的奶娘》《情到深处》等多篇革命历史题材小说。她的小说没有正面描写战争和战争中两军对峙的激烈场面，"战争""革

[①] 侯秀芬：《红土地上的青枝绿叶——胡辛创作20年》，《江西画报》2003年第6期。

命"的意义在她的笔下被表现为给存在于民间生活中的淳朴人性人情提供一种充分展示的典型环境,在发生革命斗争的红土地上,作家以她情感化的想象,来创造极致的生命形式和人际关系。因此,作家从人性出发,将艺术的视角伸向革命年代普通人们的悲欢离合、喜怒哀乐,在历史与现实的穿行中构建独有的沉思。相比于同类题材的男作家创作,"她的小说,少了份粗犷,多了份细腻和柔情;少了大开大合险象环生的刺激,多了份烟雨迷蒙的诗情画意;少了份根基不扎实的乐观,多了种深思后的忧伤和感悟"。《情到深处》中作家以清新隽永的笔触叙写了一位出身官宦家庭的女子帮助意中人为红军送饷送药,但意中人不幸牺牲的故事,着力凸显了战争环境下周君与二小姐坚忍执着的爱情。这里的人物都是有血有肉、有情有欲的普通人,二小姐也似乎仅仅出于个人的爱恋而"一不小心"成为革命者。在这里作家把微妙的情感投放到特殊的年代,以她的女性意识凝视着历史,提出了具有永恒意义的爱情思考,打出一面历久弥坚的爱情大纛,给那些坚守纯洁爱情的人们以呼应,也给那些扭曲于物质利益中的情爱以严肃的考问。《我的奶娘》以家庭成员"我的奶娘"为主角,采用自叙回忆的方式讲述了奶娘辛劳挣扎的一生。"我的奶娘"是红军的妻子,可她的革命事迹却是那样的普通和简单:砍柴、捎个物件、送个信、带大孩子;而且她面对丈夫的虐待所因袭的传统心理也让人不无遗憾;但就是这样一位平凡甚至有缺点的奶娘以她的乳汁喂养了烈士的后代、教授的女儿和地主的儿子;并在岁月的流变中,以她母性的本能护卫着几个不同阶级不同血缘的后代。在这里作家从人性起程,以普通家务事、儿女情取代惊心动魄的革命传奇,以人性的善良取代了简单的阶级对立,礼赞了在艰难中生存、在坚韧中博大的女性情怀。承受一切的红土地女性形象在作家的浓浓深情中树立起一座永恒的丰碑,给人们带来了长久的记忆。20世纪30年代艾青在诗歌《大堰河——我的保姆》中为中国奶娘倾情礼赞,时隔半个世纪,我们又聆听到对苏区妇女的一曲真挚的颂歌,这是作家"为这方水土这方人留下一点文字的摄影、笔墨的录像"[①]文学理想的一次真实践行。

  江西新时期的革命历史题材文学创作在作家和艺术家们的不懈努力下,不仅有丰硕的数量成果,而且艺术手法也有新的突破;作家杨佩瑾更

[①] 胡辛:《乡土·民俗·小说家》,《我爱她们》,二十一世纪出版社2005年版,第49页。

在80年代末颇有见地地发出革命历史题材文学创作"突破五老峰"的呼吁之后，以实际行动创作了《黑眼睛天使》，获得了人们的好评。然而，我们清醒地看到，当作家莫言、乔良、陈忠实、尤凤伟、刘醒龙等在20世纪八九十年代及21世纪以来以全新的思维观照革命历史，创作出具有意识流和魔幻色彩等新革命历史题材小说之时，江西革命历史题材文学艺术手法依然在传统写实主义路上行走，具有时代难得的质朴之气。这种质朴气氛中所流溢的持重甚至保守的心态也为那个时代的文学创作留下些许的遗憾。

四 蓄势时期（2000— ）：回望中的红色记忆

伴着改革的春风，赣鄱大地在这轰轰烈烈全国经济建设的大潮中稳步前进，市场机制的逐渐形成既推动经济的发展，也改变着人们的精神走向、影响着作家们对题材的重新认识和选择。无疑，市场机制为江西革命历史题材的文学创作带来了一次不小的考验，相比于上一时期热热闹闹的小说创作，21世纪关于江西革命的历史倾诉更多地由戏剧影视承载。

21世纪以来怀着红色梦想的艺术家们借力国家宣传革命历史、举办纪念活动的契机以戏剧影视等艺术方式来演绎历史深处的红色梦想、定格回望中的红色记忆。他们深入地挖掘江西革命历史内涵，不断创新题材、演出和制作的形式，将革命历史、艺术形式和时代发展相结合，着力让红色文化达成"革命"和"市场"双重认同。其中音乐剧《围屋女人》、音乐诗画剧《可爱的中国》、音乐剧《等你一百年》等均以独特的方式表现战争环境下的亲情、友情、爱情，揭示人们在特定历史时代中的内心世界和感情追求，塑造出了活生生的、有血有肉的普通人物，赢得了较大的反响。2005年大型情景歌舞剧《井冈山》创作体现了重构宏大叙事的审美自觉，为革命历史和革命精神的史诗性表达探索了一条新路。剧作以历史时序为线索，以重大历史事件和具有典型意义的场景片段为单元的结构方式，将《十送红军》《井冈山上太阳红》《请茶歌》《八月桂花遍地开》等脍炙人口的革命经典歌曲融入现代舞蹈、戏剧、音乐、朗诵中，通过灯光布景把井冈山的美丽风光再现于舞台，以情景交融唤起岁月情感，创造了一种既适应题材表现需要又顺应与时俱进的审美追求的崭新的舞台表现形式，取得了思想性、艺术性和观赏性最大程度的统一。总的来说，这一时期的艺术家们在传统的赣剧、山歌、采茶戏等基础上采用现代舞台科技、现代舞蹈、音乐诗画等多元艺术演绎红色经典交响乐，对江西革命历史题材戏剧的创作进行了卓有成效的探索。

电影电视是当代人们接收信息、娱乐消遣的主要平台，适时的宣传革命精神礼赞先辈英烈对净化心灵、凝聚人心、再塑集体荣誉感有着不可或缺的作用。当我们回望着荧屏记忆深处的烽火岁月，注视着红土地上曾经的爱恨情仇，一种久违的感恩之情潮涌在心田。江西艺术家和江西人在这一时期自拍、参拍的革命历史题材电影电视有《长征》《朱德上井冈》《毛泽东去安源》《先行勇士》《邓小平在会昌》《那时花开》以及开机不久的《井冈山》《坚持》等。他们以真实的历史环境为背景，以回忆的方式纷纷把目光投射到革命先烈走过的每一个平凡和不平凡的日子，用镜头和图景承载革命历史苦难中人们的悲与欢、泪与笑，带去当代人们对英烈们的一份份祭奠和敬仰之情。24集电视连续剧《聚沙》是作家胡辛继20世纪80年代对革命历史别样诉说后在21世纪建构和谐文化大潮中对文艺的再次倾情，电视剧以当代研究生生活为内容，在诉说当代人们的亲情、友情、爱情的故事中直面人世人性的纷繁芜杂，强烈呼喊集体主义精神、艰苦奋斗作风的回归。主人公秋月的养母殷山红，一个来自老区的革命妈妈的出场使整部影片主题熠熠生辉。殷山红的外婆正是电影《党的女儿》、小说《党费》中的玉梅的原型之一，殷山红的慈祥、善良、坚强、无私奉献的红土地女性品格使那些营营于私利的人们黯然失色，她的出现唤起了人们永难忘怀的前尘往事和沉睡多年的心底梦魂，这一形象的塑造接续了当年的"玉梅""妞妞"乃至"我的奶娘"形象，人物的精神品格拥有了挣脱时间羁绊的永恒，让我们看到生于斯长于斯的作家导演对江西革命历史和氤氲其间的革命精神的深情呼喊和再次敬礼。

20世纪90年代末以来，"革命历史"文化在全国再度火热，不仅有一批作家对革命历史的重新书写，而且十七年时期的"三红一创"等红色经典再度流行。然而在这个大环境下，以江西革命历史为题材的文学创作却趋于平静，江西的作家们似乎在低头思考着什么，但是我们有理由相信他们仍在这片天地跋涉。或许作家们正在蓄积足够的力量，正待冲天而起。这一阶段我们称之为蓄势时期，既是当下对江西革命历史题材文学创作现状的客观描述，更寄托着我们对她的热切期望。

五 结语

　　综观江西革命历史题材文学创作近60年的发展历程，她与江西当代文学一道在社会文化嬗变波动中执着前行，既有纵情歌唱的萌芽期，也有点点星火的沉潜期；既有春潮涌动的崛起期，也有蓄势待起的明天。她那迷惘中探寻、耕耘中思索的执着品格无不让人肃然起敬。然而，以江西革命历史为题材的文学至今没有出现史诗性风格的作品，也没有出现如黑格尔所说的具有"哲学的历史"高度的作品，这似乎和那段可歌可泣的历史很不相符。我们反对题材决定论，但是历史是不能忘记的，忘记历史在某种意义上就是对民族和先烈的背叛。江西革命历史理应成为我们文学创作取之不尽用之不竭的宝库，正如一位作家所说："没有老化的题材，只有老化的创作。"① 在发展先进文化、构建和谐社会的今天，就应该对如火如荼的江西革命历史和经久不衰的革命精神给予大力书写和弘扬，要以其深刻的思想熔铸真善美的合力，繁荣江西革命历史题材文学创作，为江西和全国的经济和社会的现代化建设提供宝贵的精神资源。

参考文献：

陈思和：《中国当代文学史教程》，复旦大学出版社2004年版。

吴海、曾子鲁：《江西文学史》，江西人民出版社2005年版。

周榕芳等：《江西新时期十年文学作品选》，百花洲文艺出版社1990年版。

（温江斌、胡辛《科技广场》2007年第12期）

---

① 余伯流：《红土地文艺创作要有大视野》，http：//www.shulong.net/shulong.asp? id=57。

江西革命历史题材影视剧女性叙事初探

摘　要　江西作为中国第二次国内革命战争的主战场，红色资源积淀深厚，自新中国成立以来，以江西革命历史为题材的影视剧产生了较大的影响。在21世纪的影视剧中其独特的女性形象和女性叙事成为惊艳之热点，这既迎合大众审美情趣，又高扬主旋律，在隔代对话文本意义重释中，主流话语与民间叙事缝合。因而，探求以江西革命历史为题材的影视剧女性叙事的创新格局及应注意的倾向，无疑是有意义的。

关键词　江西革命历史题材　影视剧　女性形象　女性叙事

"任何文本的阐释都是两个时代、两颗心灵的对话和文本意义的重释。"[①] 历史不可逆、不可再生，影视剧再现的历史，是创作者对历史的理解和解释。以往史册中或忽略或遮蔽的女性形象、女性故事，遂成了当今文学艺术发掘的对象。从有影响的江西革命历史题材影视剧来看，无论是早期的电影《翠岗红旗》（1951）、《党的女儿》（1958）、《冬梅》（1960）、《杜鹃山》（1974），还是21世纪出品的20集《那时花开》（2007）、26集《杜鹃山》（2009）、30集《党的女儿》（2011）、29集《兴国！兴国！》（2011）、32集《我的传奇老婆》（2012）等，女性形象女性叙事都是影视剧的叙事主体；只是红色老电影于有意无意之间，而21世纪此类电视剧则是有意为之的浓墨重彩，或许，不乏文化产业商业运作，但也是女性意识作为一种重要的社会文化观念的认同，红军长征后留在苏区的女人们的故事，其女性叙事遂成为别样视野中的红色惊艳。

---

① 王岳川：《后殖民主义与新历史主义文论》，山东教育出版社1994年版，第165页。

银屏女性：巾帼英雄与伦理女性的重叠

早在新中国成立初期，江西革命历史题材电影的镜头就没忘却女性。如《上饶集中营》（1950）表现了关押在上饶集中营的新四军将士英勇斗争的史实，而该片最感人的是施珍。骇人听闻的是蒋匪军在皖南事变战场上竟轮奸了她！称施暴者为蒋匪帮，倒是名副其实的。作为叙事符码，施珍不只是一个新四军女战士，而且是一个被蹂躏的纯洁美丽高贵的女性。押到上饶集中营时，她已卧病不起，特务们以"只要自首就给治病"为条件诱逼她，但是她凛然坚拒。她对小学女教员苏琳的帮助，在信仰、同志情之外，还渗透着女性之间的姐妹情谊。

《翠岗红旗》（1951）镜头聚焦主角向五儿，她是红军北上后留在赣南的普通农村妇女的缩影。当新婚丈夫江猛子随部队长征后，怀着身孕的她接着遭遇的是父亲和妹妹被敌团长萧镇魁杀害，无家可归的她只有隐名埋姓流落他乡，生下孩子小鸿，为了生存不得不到地主封之固家当奶娘。但她的心永远向着共产党，多次送出情报给游击队。1949年解放赣南时，萧镇魁负隅顽抗，向五儿母子也被抓上翠岗，但她机智地让小鸿下山接应，将敌军一举歼灭，原来解放军师长就是她的丈夫江猛子！向五儿作为妻子、母亲、女儿、姐姐等伦理关系中多重符码与革命女性符码重叠，主旋律与伦理泛情化叙事结合，其真实感、亲和力、贴近生活，催人泪下。影片在大获好评时仍遇到非难，指责者认为没有突出党的领导，过多展示了敌人的残暴，没有写出"老苏区的人民的斗争"等，幸亏伟大的周恩来拍案而起："《翠岗红旗》这部影片使人很受感动，有的地方催人泪下。向五儿在白色恐怖如此严重情况下，依然坚强不屈，等待红军归来，这怎么不是英雄形象呢？"他还对该片主演于蓝说："毛主席和我一起看了三遍，主席很称赞，并嘱咐干部不要忘记老苏区人民。"这部影片外的真实事件，比影片本身更发人深省。

《党的女儿》根据王愿坚的短篇小说《党费》改编，但《党费》的故事发生在山东老区，然而，影视剧皆将故事的发生地改变到赣南，留在原中央苏区的女性，其符号化的作用和意义都更深。影视剧皆没改变原著的故事情节和催人泪下的高潮。这就是原著的题目——党费！故事临近结尾处，玉梅不仅将自己仅存的一块银圆缴了党费，而且给山里缺盐的游击队筹集了一篮子咸菜作为党费，久未吃盐的女儿妞妞偷偷拿了一根咸菜，被她发现一把夺了过来！在女儿的抽泣和玉梅的眼泪中，观众读懂了作为母亲的玉梅和作为党员的玉梅内心的纠结，在骨肉亲情和游击队同志情之间，亲情必须让位。苏区女人对党和同志的赤诚，在今天也许会认为不可思议，但是回到那个年代，如果人人都亲情第一，那还有什么革命？至今玉梅的形象仍让观众接受，说明了作为大写的人的价值观并未完全被解构颠覆。

同样，《闪闪的红星》中与潘冬子相依为命的母亲，在丈夫北上后，将革命和家庭重担一肩挑，等待着红军归来，最终英勇牺牲，她们是普通又特殊的女人群体，多重身份符码的重叠，已于不知不觉中将"家庭叙事"与"革命叙事"合为一体。这类叙事模式与删除家庭背景和人伦亲情相比，不仅真实还原了当年苏区普通人的生存现状，而且让当今和平年代的观众产生心理共鸣。

这些影片的导演绝大多数是男性，他们当然没有女性身体体验，也可能没有自觉的深省的性别意识形态内涵，但是，他们在叙事主题、主体对象和内容情节方面却是明白无误地选择偏向女性，印证了歌德所言：伟大之女性，引领我们飞升。①

二　女性叙事：主旋律高扬与民间传奇缝合

女性意识是一种重要的社会性别意识，标志着社会对女性的态度。1989 年始，以沃霍尔发表《介入的性别化差异》为标志，开始聚焦于叙事话语的性别含义。凯斯认为男性、女性叙事者都可能采用"女性叙述"。

电影《杜鹃山》将主旋律与民间传奇相结合——被国民党视为山里土匪的雷刚义劫法场，为的是从枪口下抢一个共产党当他们的党代表，以指引航向。这个被抢下的共产党员是女性柯湘，"家住安源萍水头，三代挖煤做马牛"——柯湘原来是江西安源妹子。

电影《井冈山》（1993）让贺子珍的形象正面进入观众的视野，而

---

①　[德] 歌德：《浮士德》，钱春绮译，上海译文出版社 1982 年版，第 737 页。

21世纪金韬的"红色三部曲"长篇电视剧中的贺子珍,其形象作为一个红军女战士、妻子、母亲的宽阔的胸襟和倔强的个性,皆得到了丰满充实和立体化呈现。

29集电视连续剧《兴国!兴国!》,女性形象处理更为圆熟,女性叙事也从辅助成分到与男性叙事平分秋色,该剧虚构与纪实相结合,从北伐写到五次反围剿,史诗般的壮阔,高扬的是主旋律,但又有名副其实的民间传奇贯穿其间,更兼多种情感纠结不已跌宕起伏。三妹夏冬笑本与男主角谢勋东定了亲却有名无分,父亲之命偏偏让二姐夏迎秋嫁给了谢勋东,夏迎秋心仪的却是革命者陈云甫,于是碰撞出许多故事,但是两人在腥风血雨的战场上,在盘根错节的人际纠葛中,反而越走越近,心心相印。后成为叛徒的黄石则倾心夏冬笑,这又勾出恩怨情仇,故事复杂但经络分明。第五次反围剿失败,谢勋东战死。夏迎秋带着他们的女儿金穗在如血残阳中回首,悲壮又荒凉。女性的见证伴随男英雄的成长,英雄的形象赢得女性永恒的回眸。同时,夏家二姐夏迎秋和三妹夏冬笑之间的姐妹反目和终难割裂的姐妹情谊做到了有张有弛,一波三折。女性叙事溢于声画,尽管编导皆为男性。

与《兴国!兴国!》同一个编剧刘奎序的32集《我的传奇老婆》,极力渲染的当是"传奇",这当为了吸引观众的眼球,与娱乐化消费相吻合。与革命历史题材影视剧一以贯之的严肃作风相比,不能不说是一次小心翼翼的试探。故事发生的时代背景依然是红军北上后的赣南故事。该剧仿佛将《杜鹃山》中的男女主角性别对调,"火凤凰"正是土匪的美丽女儿,郝山水则是革命烈士之子,又有留洋学音乐的经历,为继承烈士父亲遗志上山,却错接"火凤凰","火凤凰"并未将错就错,而是将他送到苏区。红军长征后,"火凤凰"劫郝山水上凤凰寨,终被郝山水以坚定的信仰改造成了革命者,并且演绎出一段回肠荡气的传奇爱情。剧名调侃般为"我的传奇老婆",很是合情合理,也不出格。男主角的名字可能也是编剧几度来赣南的真情实感——好山好水,加上传奇老婆,就是"好山好水好女人"!女性叙事中到底是男性的视角男性的叙事。

三 寻找历史纵线与现实生活横线的交叉点

在"历史"和"现实"的关系上,王愿坚早就有自己清晰的阐释:

"有了当代意识就像有了一把特殊的雕刻刀,使我们能够对历史进行艺术创造,历史的纵线和现实生活的横线,一定有个十字交叉点,谁找到了这个交叉点就找到了当代观众特别是青年观众的共振点……就真正如黑格尔老人说的:你找到了,你就永恒。"①

巾帼英雄与伦理女性符码重叠,革命叙事与伦理叙事交融,这无疑是现代性改造的合理路径。因为"家"始终是一个维系中华民族文化血脉,塑造民族共同情感记忆的核心角色。家承载着中国百姓特有的文化心理积淀,在文艺作品中,"家"既是情感和精神的归宿,又是深受百姓认同并富有消费情趣的象征形式,女性叙事将严酷的斗争冲突与伦理化、家庭化叙事缝合,以"小家"折射阔大的社会历史空间。

然而,过度的现代性改造往往会适得其反,如20集电视剧《那时花开》。以"那时花开"命名者,早有流行歌曲、时尚舞蹈和现代电影,该剧将三个加入红军的少女定位于"那时花开",如若演绎成功,将历史与现实对接,能取得载道与商业双丰收,遗憾的是该剧尚欠火候。三个女主角全然符号化定位:望郎媳谢琴英苦大仇深,后成长为红军宣传队歌手;本土商人的女儿柳月雯本是追逐爱情来到苏区,却被爱人——国民党特科系主任陈少卿蒙骗控制,在威胁利诱中不得不为;上海地下党烈士夫妇的女儿黄丽丽在前往苏区时几经坎坷,后成为中央苏区的舞蹈明星。在情感纠葛方面,谢琴英与长生是一根藤上的苦瓜,在误以为长生牺牲后,与山歌团长相恋,而政委欧阳剑也爱她,后来她的这三个恋人和顾岩的妻子梁娟都相继牺牲,谢琴英在经历思想斗争后嫁给了已成为红一团政委的顾岩;特派员顾岩原忠于"左"倾路线,在事实面前终于清醒后,主动请求假叛变打入国民党特务组织,因要保密,这又引起了谢琴英的误会和蔑视……无论是情节还是情感皆盘根错节扑朔迷离,但过度的天马行空,所向披靡,生死酷烈加时尚浪漫,所谓的红白之间的秘密交通线说开辟就开辟,说破获就破获,一派虚拟,这就是缺乏生活结出的涩果,仿佛成了《谍中谍》和《无间道》的红色本土版。作品的质量和厚重并非与时间的积淀、年纪的大小成绝对正比,但是,纵览新近的江西革命历史题材的影视剧,好莱坞类型片的流水制作已具雏形,类型化的故事、符号化的人物、流畅生动的叙事和制作过程。这是好事抑或隐藏着一种忧虑?

---

① 王愿坚:《把辉煌的历史变为辉煌的艺术》,《电视艺术论坛》1989年11月试刊号。

随着女性主义批评和女性主义叙事学的西风东渐，无论是从叙事内容还是从叙事形式进行探讨，显然还有一个本土化的过程；从江西革命历史题材影视剧的历史与现状来看，关注女性叙事情节结构、女性叙事话语、叙事形式对性别的建构等，并非水土不服，相反，探索女性的历史记忆，有益于这类影视剧的健康发展。红色革命历史是五千年中华文明和历史不可或缺的重要部分，我们必须有鲜明的价值取向和健康的审美观，必须拒绝迷离和流失，坚守精神家园，传承革命精神。

（胡辛、鲍欣璐《电影文学》2013年第14期）

影视社会学视域中的江西革命历史题材影视剧研究

摘　要　江西革命历史题材影视剧属于中国红色主流文化，在影视社会学视域中，这类题材影视剧将中国革命历史进程以剧情片形式介入历史，还原历史的影像具有主旋律的代言叙事，以影像来支撑历史论点在理论上的可信度，在现代化精神文明建设中起着不容忽视的作用，尤其对于青少年革命信仰和革命理想主义教育、革命毅力和革命乐观主义教育等思想政治教育方面有着极为重要的意义。

关键词　江西革命历史题材影视剧　影视社会学　青少年　思想教育

革命历史题材被喻为文艺创作的"富矿"。江西这片红土地积淀着深厚的得天独厚的革命历史文化底蕴，在中国第二次国内革命战争历史中具有无可替代的重要位置，对新中国的成立有无可替代的伟大贡献：古城南昌打响八一起义第一枪，井冈山被称为红色摇篮，瑞金是苏维埃共和国临时中央政府所在地，长征从于都河畔和瑞金出发，等等，江西遂成为伟大的井冈山精神和苏区精神的主要发源地。一代代文学艺术家以这方水土这方人为题材，创作出富有江西地域特色的"红色"文艺景观。而江西革命历史题材影视剧无疑是主流红色题材影视剧的重要组成部分，担负着文化主旋律的历史使命，承载着井冈山精神、苏区精神、长征精神的传播，对中华儿女尤其是青少年具有不可忽略的重要意义和积极作用。

2013年，为深入贯彻落实党的十八大精神，在青少年中大力弘扬民族精神和时代精神，激励广大青少年为实现中华民族伟大复兴中国梦而奋斗，中央宣传部、教育部、共青团中央决定向全国青少年推荐100种优秀图书、100部优秀影视剧。其中在50部优秀电影中江西革命题材就有

《红孩子》(1958) 和《闪闪的红星》(1974),23 部电视剧中就有"红军三部曲"《井冈山》(36 集,2007)、《红色摇篮》(29 集,2010) 和《长征》[24 集(前 5 集故事情节皆发生在江西),2001] 3 部 89 集,其重要作用可见一斑。

影视社会学当是影视学和社会学相结合的一门新兴学科。或许,"人类社会的许多情况可以通过政治经济学、社会学、统计学等专门学科来描述和计算,惟世道人心非文学艺术不能反映"①。而影视剧在反映世道人心的同时与社会学等又有着密不可分的多元多方位多层次互动关系。革命导师列宁曾高度重视电影,在同教育人民委员卢那察尔斯基谈发展电影事业问题时指出:"你们必须牢记,在一切艺术中,对我们来说,最重要的就是电影。"② 无独有偶,"上世纪四十年代时任美国总统的罗斯福就曾明确指出,若论什么是影响人们思想观念的最佳武器,电影首当其冲"③。折射出不同意识形态对电影高度关注的一致性。

影视社会学"着重探讨电影电视的社会功能及影视创作中的社会规律,并运用现代科学发展中出现的所有有效的方法,去研究影视社会关系、影视社会过程、影视社会团体、影视社会人口、影视社会起源、影视社会功能、影视社会政策、影视社会心理、影视社会管理、影视社会预测等课题,并通过对这些课题的深入研究,把握影视现象的社会规律,从而指导人们的精神文明建设"④。简言之,即运用社会学范畴和研究方法展示、解释和理解影视的社会条件、社会价值、社会功能和社会效应的现代学科。

本文从影像历史的形象革命教科书、影视与青少年革命理想革命信念传承的互动和还原历史的纪实与虚构的审美旨趣三方面进行探寻。

一 影像历史:形象的革命历史教科书

列宁说过:忘记过去,就意味着背叛。一个民族,如果没有自己的历

---

① 陈众议:《且说好莱坞这部大片》,《中华读书报》2013 年 2 月 20 日。
② 《列宁全集》第 42 卷,人民出版社 1984 年版,第 594 页。
③ 陈众议:《且说好莱坞这部大片》,《中华读书报》2013 年 2 月 20 日。
④ 于沛:《影视社会学的研究领域》,《社会》1987 年第 3 期。

史,或抛弃或斩断自己的历史,那么,这个民族是没有希望的,无法前行的,前景注定是衰亡。而中国是唯一保存有连续并且完整的历史文本的国度。"实事求是地说一个民族的成熟,很大程度上体现在这个民族对于其自身历史的抽象认知和把握上,进而产生所谓的民族历史感总结历史经验并'以史为鉴'观照当下。"①

柯林伍德曾说:历史最本质的东西就是记忆和权威。美国历史学家怀特在《书写史学和影视史学》中,提出影视史学——以视觉影像和影片的论述,来传达(represent)历史以及我们对历史的见解。② 如此,试图让历史借助现代传媒重新走向民众。

国内关于影像史学的概念和理论研究虽然不是很清晰,但是,将影像与历史交会或曰交融,在电影方面则是早已实践之,1949年10月新中国成立,翌年就有两部江西革命历史题材电影诞生。一部《上饶集中营》(沙蒙)以重大历史事件——皖南事变后的上饶集中营为题材,揭露国民党的凶残和分裂行径,讴歌共产党人的坚忍不拔和英勇无畏。一部《翠岗红旗》(张骏祥)铺陈的是红军北上抗日到全国解放这一时间段中江西一革命家庭的变迁,折射出原中央苏区人民在艰难岁月中对革命的无私奉献。1958年,在中华人民共和国诞生10周年纪念前夕,电影界又推出了电影《红孩子》(苏里)和《党的女儿》(林农),两部电影虽然切入的视角不相同,《红孩子》以儿童的视角展示红军北上后瑞金少年儿童团坚持斗争的故事,《党的女儿》则以长征老干部在七一晚会上聆听兴国山歌时找到了失散多年的女儿——酷似妻子冬梅的妞妞——进入回忆,而女儿作为叙述人的叙事重现了原中央苏区的妇女在严酷岁月中守望、坚持、斗争直至英勇牺牲的故事。在万马齐喑文艺荒芜的非常岁月中,却有《闪闪的红星》(1974,李昂、李俊)让人耳目一新,这部至今仍被称道的江西革命历史题材剧情片,其叙事已将《翠岗红旗》《党的女儿》等江西苏区女性的故事与《红孩子》的儿童故事相缝合,其叙事策略叙事主角从女性(母亲)转移到儿童(儿子),潘冬子已不同于《党的女儿》中的妞妞,也不同于《红孩子》中的小伙伴群体,影片强化的是潘冬子在严酷的革命斗争中的成长和接班,从而与《小兵张嘎》成为南北呼应屡演

---

① 仲呈祥、陶冶:《大事不虚 小事不拘》,《中国广播电视学刊》2010年第1期。
② 转引自吴紫阳《影视史学的思考》,《史学史研究》2001年第4期。

不衰的革命历史题材经典影片。

跨越千年，随着电视剧在荧屏上的风起云涌和成为老百姓的精神晚餐，江西革命历史题材的电视剧得以大气堂堂又细腻深刻的展现。金韬的"红军三部曲"应运而生，三部曲将中国红军1927—1935年这长达8年的历史画卷徐徐展现。如何还原历史的真实？金韬说得好："我的艺术创作最为重要的一点就是尽量做到历史真实，历史一般包括以下几部分：历史过程、历史事件、历史人物和历史细节。力求历史真实，但有些地方就得进行艺术改造，要不然就不一定很好看，为什么？因为历史除了一些人的回忆录，还有历史教科书上写的那些精神以及历史的重要性以外，能够让观众喜欢看的，转变为艺术的素材并不多，这就需要艺术家自己去挖掘、去创造，而创造的前提有四个：第一符合历史前进的原则，第二符合历史人物的性格，第三符合历史事件发展的过程，第四一定要有具体的历史细节。"①

2013年在央视一套黄金时段播出的44集电视剧《寻路》（张多福）以驾驭宏大题材和鸿篇巨制的非凡膂力和特立独行的审美创造力，再现了1927—1932年这5年间中国共产党的寻路历程。"四一二"大屠杀、"八一"起义、秋收起义、三湾改编、广州暴动、井冈山会师、五次反围剿、十月宁都会议等重大历史事件以多角度得到展示。毛泽东和他的战友们终于寻觅到"农村包围城市，武装夺取政权"这一条中国特色之路。这部史诗同样具有丰富的精神价值和现代价值。

1921年中国共产党成立，为领导中国人民实现民族独立和人民解放而奋斗不息，从1927年"八一"南昌起义到1934年10月中央红军北上，江西是第二次国内革命战争的主战场，是中国武装革命斗争的中心，发掘这处文艺创作的"顶级富矿"，真实、全面地再现革命历史，在新的历史条件下形象地还原了革命历史的本来面貌，以真正史诗品格书写出中华民族史中最为珍贵且启迪后世的篇章，是江西革命历史题材影视剧应尽的职责。

在影视社会学视域中，江西革命历史题材影视剧以剧情片形式介入中国革命历史，还原历史的影像具有主旋律的代言叙事，以影像来支撑历史

---

① 金韬：《"红军三部曲"的创作理念和艺术追求——〈长征〉〈井冈山〉〈红色摇篮〉导演谈创作》，《艺术评论》2010年第10期。

论点在理论上的可信度，革命历史题材影视剧成为形象的历史教科书，在现代化精神文明建设中起着不容忽视的作用。

二 传承互动：革命信念革命理想永恒

在一个国家和民族的历史记忆中呈现的是民族的灵魂，① 当具有永恒的生命力。历史的册页虽然已经翻了过去，但革命历史的传承却不能断裂，隔代对话文本意义重释当是革命历史题材影视剧当今热播的契机。优秀的江西革命历史题材影视剧不仅复现了历史，而且形象地对发生在江西的革命历史进行了现代性阐释。"历史是被不断阐释的，问题不在于你是否复现了历史，而在于你从哪一角度观看并述说历史。诉述者的主体意识控制每一时期的历史复现，并决定历史复现的面目。或者说，历史的复现就是当代精神的某种折射，是当代创作的某种体现。"② 金韬就直言："两代人之间的心灵交谈是我拍摄《井冈山》《红色摇篮》《长征》'红色三部曲'的创作动机。"红色三部曲以全景式反映了从井冈山的星星之火到瑞金中央革命政权建立的道路形成和精神弘扬的全过程，再现的毛泽东、朱德、陈毅、贺子珍等老一辈无产阶级革命家形象富有极大的艺术感染力。他们领导根据地军民，以坚定的革命信念、崇高的革命理想、艰苦奋斗的革命毅力、坚忍不拔的革命精神战胜一切艰难险阻，进行艰苦卓绝的斗争，谱写的英雄颂歌惊天地泣鬼神。《红色摇篮》总制片人、编剧邵钧林说得好："创作《红色摇篮》就是铭记历史，我觉得不写下这段历史，不让后人了解我们党和军队所走过的艰难历程，于心不安。"③

革命历史题材影视剧担负着传播主旋律的文化使命，江西革命历史题材影视剧其革命叙事将真实的革命历史的本来面目呈现给观众，它重现了革命战争年代荡气回肠的艰苦岁月，展现先辈们为新中国成立前仆后继不畏牺牲的崇高形象，以其深刻的思想和高昂的激情感染感动浮躁的民众，

---

① 胡辛、何静：《论江西革命历史题材影视剧的拓展与创新》，《江西社会科学》2013 年第 2 期。
② 郑工：《论文化立场及创作的"取向"——国家重大历史题材美术创作工程刍议》，《中国美术馆》2010 年第 7 期。
③ 引自高峰《红色摇篮：史诗般的革命历史画卷》，《中国文艺报》2010 年 1 月 29 日。

弘扬正能量价值观，增强民族自豪感和民族凝聚力，让青少年在视听和心灵共同震撼下探寻、认知和理解逝去的历史。无疑为青少年成长给予了精神动力和智力支持，让青少年从影像中感受到一个伟大民族的崛起，对青少年理想信仰的确立、坚韧不拔意志的锤炼、艰苦奋斗精神的养成无疑有重要的引领和陶冶作用。

课题组曾在南昌高校、中学进行了相关问卷的随机调查，调查结果非历史专业的学生，哪怕是其他文科学生，80%以上的同学对江西革命历史的了解除了历史书上的知识之外，源于影视剧和小说等读物。对金韬的"红军三部曲"，85%的同学表示知晓，断断续续看过的占大部分。在方志敏的家乡弋阳，电影《可爱的中国》在青少年中影响甚大。

电影《可爱的中国》（胡雪扬，2009）和《血沃中华》（尹一青，1980）可以说皆为烈士方志敏的传记片，主要情节皆是方志敏从1935年1月29日被俘到同年8月6日牺牲的半年余的狱中生涯，用银幕影像彰显方志敏烈士短暂而光辉的人生。如果说《血沃中华》重在对史实和革命先驱形象的还原，那么，《可爱的中国》则有意识地进行了现代性阐释。电影分别以方志敏在狱中写下的三篇文章《血肉》《清贫》《可爱的中国》成三段式结构，其中《清贫》《可爱的中国》至今仍入选小学课本。《血肉》展现红十军七天七夜的血战突围，于悲壮雄浑中奏响前仆后继的英雄之歌；《清贫》将方志敏被捕时身上仅有一支笔、一块怀表与十几年经手的钱有数百万元两相对比，印证："清贫，洁白朴素的生活，正是我们革命者能够战胜许多困难的地方！"《可爱的中国》既是片名也是全片的高潮，狱中绝笔《可爱的中国》犹如杜鹃泣血，将方志敏对祖国母亲的挚爱倾泻而出。置身于消费主义、享乐主义、极端个人主义弥漫的后现代社会之中的观众的心面对银幕能不战栗？能不为为了信仰信念而浴血奋战、坚守清贫、宁死不屈的革命先驱方志敏而震撼？如此革命者的形象不仅为影视艺术增添了新的亮点，而且其精神风貌让当代青少年追思中崇拜仰望。

编导在领袖人物的塑造上有出新表现。在既展示领袖人物超群伟大的一面，又聚焦于人性化、生活化的细节；在展示历史的多向度与复杂性的同时，又深刻发掘出领袖的内心世界，这使领袖人物走下神龛，让青少年观众觉得近和亲。

还应看到的是，江西革命历史题材影视剧从老电影到新世纪的电视剧,其视点也已由元叙事"大历史"转向民间视野中小人物悲欢离合的命运,"通过野史传说、民歌民谣、家族谱系、个人回忆录等形式保留下来的历史信息来了解历史,获得对历史的总体看法"①。老电影《翠岗红旗》中的作为女儿、妻子和母亲的向五儿,《党的女儿》中的死里逃生最终仍英勇牺牲的党员玉梅,《红孩子》中李家坳少年苏保、虎崽、细妹、冬伢子等,《闪闪的红星》里先与母亲相依为命母亲牺牲后单打独斗终投入党的怀抱中的潘冬子等,故事主体皆为在腥风血雨岁月里坚持斗争的苏区普通妇女和儿童,他们永恒不变的革命信念和革命理想,对当今生长于温室中的青少年,能帮助他们树立正确的人生观、世界观和价值观。

课题组曾对地市县几所中小学进行过观看江西革命历史题材影视剧现状调查,发现有的中学已充分运用江西革命历史题材影视剧资源构建红色教育课题,使青少年学子得到浓厚红色文化的熏陶。因了地域之缘,他们对江西革命历史题材影视剧备感亲切,95%的同学表示观看时被感动,55%的同学表示热血沸腾,了解到今天的幸福是革命前辈用鲜血和生命换来的,对革命领袖内心充满崇敬,潘冬子、苏保、虎崽、细妹、冬伢子这样的英雄少年成了他们学习的好榜样。

江西革命历史题材影视剧在新时代中被赋予了新的使命,其中蕴含的历史内涵和革命精神的正能量对于青少年行为举止、品德规范和价值观念有明显的"塑形"作用,红色革命精神提升了青少年的思想境界,激励了当代青少年为中国梦而奋斗。

三 审美旨趣:还原历史的纪实与虚构

克罗齐言"一切历史都是当代史"。海登·怀特则说:"叙述既是实现历史阐释的方式,也是表述对历史题材之成功理解的话语模式。"② 革命历史题材影视剧应在历史真实与当下社会形态间寻找相通的路径。

2012年4月习近平主席在《纪念中央革命根据地创建80周年座谈会

---

① 陈思和:《中国当代文学关键词十讲》,复旦大学出版社2002年版,第219页。
② 海登·怀特:《形式的内容:叙事话语与历史再现》,北京出版社2005年版,第84页。

上的讲话》中提出加强建设革命根据地红色文化的传承与创新，江西革命历史题材影视剧理应加强传承与创新。文艺是时代的心声。处于经济转型、观念嬗变的今天，文学艺术的内容和形式也必然要随之变革和创新。经济全球化带来的文化竞争和渗透已是不争的事实，而外国商业大片尤其是好莱坞大片作为大众文化和跨国资本主义核心价值的重要载体业已成为一大景观，因而我们更应该守护民族文艺的认知功能和社会主义核心价值体系的建构。

影视创作与社会的关系是双向互动的。影视的创作必然置身于社会的构架之中，受到社会制约，时代背景、主流意识形态、受众的审美定式和趋势等都会影响影视创作；同时，文艺作品潜移默化的教化作用亦以审美的方式长期影响着人们的精神世界，影视艺术亦作为正能量或负能量也给社会给受众尤其是青少年受众带来引导和影响。江西革命历史题材应深度挖掘其所具有的凝聚力、创新力和传播力，加强对青少年的社会影响力和感召力，在一个国家和民族的历史记忆中彰显出民族的灵魂。

江西革命历史题材影视剧的传承与创新可从两方面着手，一是内容，一是形式。江西革命历史题材老电影从新中国成立之初就以其特有的深厚底蕴和别具一格的叙事吸引观众，《上饶集中营》不仅有真实的历史事件，而且电影中的人物也与现实人物有关；《翠岗红旗》《红孩子》《党的女儿》等老电影中的人物形象也源于老苏区；这种纪实在虚构中穿行的风格不仅感人，还引起观众对真实史实的关注和探究。21世纪以来，《党的女儿》《闪闪的红星》《杜鹃山》等由电影相继翻拍扩充到同名长篇电视连续剧，就可看出此类风格的可看性。而《那时花开》《兴国！兴国！》等在渲染江西红色山歌方面尤受到观众热捧，透过当年山歌唱响荧屏，观众对当年的山歌王，从兴国走出的共和国的将军们有了认知的欲求，甚至追寻电视剧主人公到底是哪位兴国将军。也就是说，江西革命历史题材影视剧既注意到还原历史的纪实，又以艺术的细节虚构穿插其间；既以革命人的人生履历作为蓝本，又将其传奇故事糅合交融嫁接，源于生活又高于生活的典型性使影视剧有意义更有意思，深受青少年观众喜爱。

从形式方面来看，影视本来就是高科技与文学艺术的结合。随着全球化娱乐时代的到来，随着数字技术进入影视领域，观众对影视剧的奇观本质和现象有了更高的欲求与希冀。如果说20世纪五六十年代的江西革命历史题材电影作为形象的历史教科书以还原历史为特征,影像风格真实朴实平实,电影《燎原》(1962)形象地还原了20年代初,毛泽东、刘少奇深入安源煤矿发动工人运动的史实,拍摄地点就在安源;《南昌起义》(1981)重现了1927年"八一"起义的历史事件,亦被称为"纪录性的历史故事片";那么,跨越千年,江西革命题材影视剧更多地关注高科技的运用,让数字化彰显其影像奇观魅力。其影视剧中对当年战场的还原很注意利用高科技烘托渲染气氛,让观众身临其境。《八月一日》(2007年)虽也是追溯历史、重现"八一"起义重大事件,但在21世纪的大银幕上则不但使用了数字高科技,而且用实枪实炮火药炸弹营造出战争场面的酷烈,这样的视觉效果可说与时俱进。再如《闪闪的红星》还以动画片的形式深受青少年热捧。《可爱的中国》在还原1935年1月怀玉山战场时,寒冬凛冽,大雪封山,抗日先遣队——方志敏部红十军团与顾祝同部兵刃决战,红十军团八千将士仅余千人不到,枪林弹雨,腥风血雨,血染雪山!导演要让观众看到战争表象中更深的有思想有哲理的东西,在配乐方面也不遗余力,历史审美与时尚审美的交融,也成为影片的一大亮点。

  课题组曾对高校广播电视艺术学研究生进行过这方面的调研,研究生一致认为江西革命题材影视剧必须与时俱进,既加强此类型影视剧的人文底蕴,编好故事讲好故事,开掘当代人所关注的现实点与情感点,又必须在高科技上苦下功夫,以适应青少年观众的审美需求。

  有专家指出:革命历史题材文艺创作不断繁荣是21世纪中国文艺的一个重要特征,并形成了当今世界独一无二的革命历史叙述现象。

  江西红色资源积淀深厚,其文化精神有无可比拟的价值;江西这方红土地上,发生过许多重大事件,而"重大事件和重要人物,从来就是一个民族历史的标志性存在,对其艺术化的、形象化的叙述会形成一个民族的文化符号,既沉淀着民族精神,又对后人产生深远影响"[1]。江西革命历史题材影视剧无论是从主题立意、内容形式还是社会效应等方面在新时代精神文明建设有着积极的推动力量,李岚清曾提出:"运用优秀影视作品加强对青少年进行素质教育肯定是有效的办法。"这应引起全社会的关注和践行。而学校应当有效利用该类型影视剧资源推动校园"红色文化"

---

[1] 引自李滇敏《从历史"现场"抵达创作"气场"》,《江西日报》2011年6月3日。

的建设，深化青少年的思想政治教育，将影视作品视为传播革命文化、传承革命精神的重要途径，以影像支撑历史论点在理论上的可信度，让江西革命历史题材影视剧在现代化精神文明建设中起着不容忽视的作用，让青少年在革命信仰、革命理想主义教育、革命毅力和革命乐观主义教育等思想政治教育方面有着切实的收获。

（曹金燕、胡辛《江西社会科学》2014年第12期）

赣文化视域下的影像叙事

——江西地域影视剧的创作研究

摘 要 地域文化和影视艺术呈双向互动的关系，从地域的视域研究影视剧创作既是一传统的研究角度，又是一创新的角度。江西地域影视剧既呈现了江西秀美的自然风光，又与江西的历史文化紧密相连，风格迥异、鲜活明快的赣地艺术样式成为增加地域色彩、提升作品主题内蕴不可或缺之风景线。

关键词 赣文化 影像叙事 江西地域影视剧

从地域的视域研究影视剧创作既是一传统的研究角度，又是一创新的角度，随着全球化浪潮的席卷，越是地方的倒越是容易关注不无道理。以赣地域为背景或故事主体的电影早在20世纪50年代便已出现，如《翠岗红旗》《上饶集中营》《党的女儿》《闪闪的红星》《庐山恋》《井冈山》等，颇有影响。80年代始，一些与电影同名的电视剧闪亮荧屏，另《京九情》《蔷薇雨》等，也可说起了个大早，但当京派、海派、粤派、陕派的影视剧浩荡袭来，齐鲁风、巴蜀风、西北风、东北风一遍又一遍的吹过，赣地影视剧却仍不见大起色。因而，梳理过往、总结经验，加强文化自信力已成当务之急。

本文所研究的江西地域影视剧指以江西的历史文化为背景，反映江西的风土人情、历史内涵、民间文化、人文景观、城市品格，叙写发生在江西的事与人，在视听感受、文化内蕴上有较浓郁的赣地特色的影视作品，无论编导是否江西籍者。回眸江西地域影视剧的创作历程，从题材角度进行梳理研究，发现覆盖面较广，涵盖了重大革命历史题材、战争题材、都市情感、青春偶像、农村题材、儿童题材、工业题材、神话题材等，从历史与现实、宏大叙事与个体叙事等各个角度来展现江西的文化，着眼于历史与现代赣人的社会生活和思想变化历程,而且与时代联系紧密。

就电影来看,新中国成立后至"文革"结束,革命历史题材占据了绝对优势,如:《上饶集中营》(1950)、《翠岗红旗》(1951)、《红孩子》(1958)、《燎原》(1962)、《党的女儿》(1958)、《冬梅》(1960)、《闪闪的红星》(1974)、《决裂》(1975)等,具有"颂歌"特征,这与信奉电影的宣传教育作用是分不开的,列宁在1918年就曾经说过:在所有的艺术中,电影对于我们是最重要的。

新时期以来,革命历史题材影视剧仍然占据主流地位,电影有《赣水苍茫》(1979)、《南昌起义》(1981)、《血沃中华》(1980)、《大泽龙蛇》(1982)、《红线记》(1982)、《梅岭星火》(1982)等,电视剧有:《封锁线上的交易》(3集,1984)、《铁血共和》(8集,1991)、《宁都兵暴》(6集,1991)、《子夜枪声》(12集,1993)、《毛泽东千里来寻故地》(4集,1998)、《朱德上井冈》(8集,1998)等,但同时题材与主题也得到拓展,如农村妇女从属男性的延续性的反思电影《乡情》(1981)、《乡音》(1983)、《乡思》(1985);匡庐秀美风光和与历史事件的关联为背景展开的爱情故事《庐山恋》(1980);以喜剧手法表现反腐败主题的"社会电影"《夫唱妻和》(1996);具有先锋气质,反思女性独立意识的《同龄女友》(1987)等作品,其中的反思与批判精神引发人们心灵的思考;同时期的电视剧则更贴近现实生活,题材更为丰富。其中有从各条战线反映社会主义建设的《京九情》(8集,1994)、《天缘》(8集,1993)、《黑天鹅》(8集,1996);有反映改革开放以来,赣地人新旧观念斗争、思想情感变化与灵魂挣扎的《蔷薇雨》(28集,1998);有涉及县城中学教育,刻画教师群像的《这里有泉水》(上、下集,1985);展现当代预备役军人部队生活的《兵哥兵妹》(14集,2000);讲述古老的傩文化重获新生的"音乐戏曲电视剧"《傩谣》(5集,1998)……这些作品具有现实主义精神,形成了一种积极向上、维护社会稳定的意识形态的舆论力量,同时也折射出社会变革与转型所引起的社会各个维度的矛盾斗争。

随着市场经济日益深入,文化的渐次多元,21世纪的赣地影视作品在进行严肃创作的同时亦注重娱乐化表达,题材更加丰富,角度和视点开始产生位移,以个体生命的感受和传奇故事作为作品的基调日渐成为创作的主流,对于同一题材的翻拍也开始多了起来。电影《八月一日》

(2007) 与《南昌起义》的遥相呼应；电视剧《长征》（20 集，2001）、《井冈山》（30 集，2007）、《闪闪的红星》（20 集，2007）、《党的女儿》（30 集，2011），是对同名电影的致敬；《浴血坚持》（20 集，2008）、《红色摇篮》（29 集，2010）、《红色黎明》（35 集，2012）仍是革命历史题材。也有借用"90 后"视角，掺入现代人对于革命的思考的《将军日记》（24 集，2012）；有从个体生命的角度反映革命战争的《兴国！兴国！》（29 集，2011）；有将女性嵌入革命历史的《赣南1934》（2011）、《发姑》（2011）、《那时花开》（25 集，2008）、《我的传奇老婆》（33 集，2012）等。还有反映江西传统艺术的《山鼓声声》（2011）、《傩之恋》（2010）、《青花》（25 集，2004）、《景德镇》（30 集，2011），使用南昌方言记录南昌寻常百姓家事的情景喜剧《松柏巷里万家人》（500 集，2005），而鄱阳湖亲情故事《背影》（2010）的编剧是鄱阳人，对话是鄱阳方言，营造出浓浓的鄱湖氛围；还出现了校园青春题材的《聚沙》（24 集，2007）、《沙之舞》（8 集，2011），神话题材《仙女湖之墨仙》（40 集，2011）等。总体来讲，革命历史题材仍是江西地域影视剧创作的主流，这也说明，江西作为中国革命的星星之火燎原之地，已深入人心，发生在 20 世纪早中期的这片土地上惊心动魄的革命故事已成为革命传统教育、革命理想教育的好教材。

影视是以造型——空间的形式展开叙事的艺术，所以影视作品地域性的研究，必然与具有地域特色的叙事空间或曰场景密不可分。"地域"首先是一种地理环境上的概念，虽然它是以自然地理作为基础，"自然的联系似乎是一种外在的东西；但是人们不得不把它看作是'精神'所从而表演的场地，……它也就是一种主要的、而且必要的基础"①。它也是这一地域共同体所置身的社会的、经济的、文化的、政治的、宗教的乃至内心世界的空间。历史绵延至当下，"地域"本身即是一个具有人文属性的概念，地域文化的生存环境离不开自然环境和社会环境，"是以自然地理空间为基础的人文历史空间"。

反映江西的影视剧首先便是对江西自然风光的呈现。电影《庐山恋》以旅游的形式来结构整部作品，于是碧玉般的庐林湖、欲将鄱阳湖一饮而尽的含鄱口、奇幻的仙人洞以及被誉为庐山第一奇观的三叠泉等自然景观

---

① ［德］黑格尔：《历史哲学》，王造时译，上海书店出版社 1999 版。

出现于银幕上,绮丽的风光不知让20世纪多少男女为之神往。电影与后来的电视剧《庐山恋2010》(2010)互为映照,前后两代人的情感遭际在庐山秀美的风光映衬下显得特别纯美,而异时同地,物是人非的情境又带着淡淡忧伤,庐山的变迁跃然荧屏。影视剧《井冈山》在展现20世纪中叶发生在这片土地上的伟大事件的同时,也将井冈山的壮伟雄奇、峰峦叠嶂、漫山杜鹃、云遮雾罩的自然风貌展现得淋漓尽致,五大哨口是御敌的天然屏障,承载着井冈山精神的南瓜汤、红米饭都具有很浓郁的地域特色;还有《景德镇》《上饶集中营》《梅岭星火》《童年在瑞金》(1990)、《赣南1934》(2011)、《仙女湖之墨仙》等,这些作品片名都使用了真实地名,给人以明确的地域能指。而且有些场景并非仅仅作为故事的发生地,其中往往还包含了编导想要传达的深刻含义,电影《庐山恋》将庐山风光与历史岁月中国共产党高级干部的儿子与国民党高级将领的女儿的恋情融合,在风景秀丽的旅游风光中似揭开了人性回归的一幕。而庐山由于其特殊的历史渊源,本身就是一个很有意味的能指,具有隐喻丰富的、多义性的所指,在此不仅是叙事背景,而且参与到叙事当中。

而"电视剧中的空间,不仅仅是一种'戏剧空间'——符合电视剧美学特征的空间,更是一种文化的空间"[①],在这一文化空间中,地域文化的显性因子如:乡村民俗、市井风情、人文景观、建筑民居、音乐舞蹈、饮食服装等文化符号,都参与到整个电视剧的空间叙事当中,将信息以最直观、最形象、最具体的方式传递给受众。它们既可成为影视作品中典型环境的标识,也可在塑造人物时成为细节亮点。胡辛的28集电视连续剧《蔷薇雨》以南昌为地域背景,展示高士徐孺子的后裔——水利总工程师徐士祯一家七个女儿在经济大潮中的迥然不同的命运,将地域文化、儒学文化糅合一处,在历史与现实的对接中触摸时代的脉络。电视剧在南昌与赣州两地拍摄,佑民寺、绳金塔、青云谱、洗马池等自然是实地拍摄,镜头摄取的是活泼泼、热腾腾、充满烟尘味的人生图景;剧中的主要场景徐家书屋选在悠长古巷中的有天井的古屋,名副其实的十几进,古朴的木质结构,似乎还或隐或现地笼罩着神秘的大家族影子。古巷中,女人们洗衣洗菜、聊天打闹之地——古井,千百年来始终在默默地注视着女人们的喜怒哀乐、命运遭际,象征女人的蔷薇花在此是花开花落亦有时。

---

① 王伟国:《走进电视剧——王伟国自选集》,中国电影出版社2012年版,第68—69页。

于是老一辈与年青一代的思想交锋、情感交流也便在这既有历史厚度又有现代气息的场景中展现。"地域文化是电视剧中典型环境的基石和前提。没有独特的地域文化，典型环境的'真实再现'就失去了依托，也难以成为真实的'典型'。"①《蔷薇雨》本是经济大潮汹涌澎湃之际中徐家书屋的家族变迁史的纪实，虽有温馨与从容但也不无悲凉与无奈，但是，我们从勺勺居这个专事赣菜的酒店咀嚼到并不有名的赣菜的原汁原味，红彤彤的山里椒、热辣辣的藜蒿炒腊肉（鄱阳湖里的草，赣人桌上的宝）、香喷喷的粉蒸肉……让人口舌生津、回味无穷。电影《祭红》（1979）、电影和同名电视连续剧《青花》、吴子牛执导的长篇电视连续剧《大瓷商》等，就是以瓷都景德镇和景德镇这方水土这方人为依托撰写的感人故事。《赣南1934》《赣南之恋》（2008）则表现了独特的赣南客家文化。《古村女人》（2011）中安义的古村古貌跃然荧屏。

　　风格迥异、鲜活明快的艺术形式亦是展现地域文化不可或缺的风景线。江西素有"戏曲之乡"的美称，赣剧、西河戏是国家级的非物质文化遗产，除此之外还有各地的采茶戏以及九江的宁河戏、赣州的东河戏、宜黄的宜黄戏、广昌的盱河戏等，另外，鄱阳大鼓、武宁大鼓、万载傩舞、兴国山歌、萍乡春锣等，文化生活样态丰富。影视剧借助这些特定的艺术形式凸显地域文化，不仅有标志性特色，而且升华作品的主题内蕴，扑面而来的地域风味始终萦绕画面。这些艺术样式，有的成了影视剧中的点缀，让人惊鸿一瞥，我们从《蔷薇雨》中小赣剧皇后的唱腔中体悟到赣剧的"美秀娇甜"；有的作为主题音乐、背景音乐贯穿影视作品的始终，如《井冈山》《长征》中的《十送红军》《红军阿哥你慢慢走》等兴国山歌，时而雄浑悲壮，气势磅礴；时而轻吟浅唱，柔美抒情；时而是唢呐独奏，高亢嘹亮；时而是女声合唱，深情款款；时而协奏，时而变奏，变换种种，让观众的情绪随之百转千回、跌宕起伏，从而获得情感上的审美享受；而有的是作为故事的主要线索而存在，江西的民间傩舞、傩戏是中国传统文化很重要的组成部分，也是江西独特的民间文化。电影《傩之恋》不仅通过万载傩舞承载了一个浪漫的现代爱情故事，还颇有深意地传达出两岸同根的历史文化渊源，并以此为窗口，展示了万载的四项国家级非物质文化遗产：万载开口傩、万载得胜鼓、万载花炮制作技术、万

---

①　萧盈盈：《中国电视剧中的地域文化》，《现代传播》2005年第6期。

载夏布织造技艺，可谓一举多得。电视剧《傩谣》则反映了传统傩文化在新时代的发展，故事结尾随着人们之间的矛盾得以解决，情感得到修复，千年傩面具亦失而复得，青年傩表演队通过自己的努力取得了出国演出的资格，传统艺术在现代焕发出新的生机。此外还有讲述武宁人民对武宁大鼓的保护与传承的《山鼓声声》，以江西卫视的当红节目《中国红歌会》作为切入点，从而与当下文化现象形成对接的《红色恋歌》（2011），一曲红歌联系了相隔70年的两代人，美好的情感永远不会凋落。

  当下，地域文化和影视艺术呈双向互动的关系，一方面，艺术与诞生它的环境的关系似植物与土壤的关系，从古至今，在人类文明的长河中，以地域为标识的文学艺术流派流光溢彩。地域文化已然成为影视作品最有生命力的基底，在文化产业发展得如火如荼的今天，是影视作品最具辨识度的斑斓外衣。另一方面，现代传媒的崛起，为地域文化的纪录、保存乃至传播提供了快捷通道。

（何静、胡辛《青年文学家》2013年第5期）

选秀文化主流化的成功
——《中国红歌会》个案分析

摘 要 选秀文化多归属商业、大众文化，但中国红歌会却成功地融入了主流文化，既彰显了主流话语力量，又是大众娱乐化的典型。对这一个典型范例成功的探因无疑为中国电视娱乐化提供了可参考的路径。

关键词 中国红歌会 选秀文化 主流化

中国电视的发展似乎超越了人们的想象，娱乐风暴从1997年始，席卷原本由主流文化引导的电视传媒，使其传播方式由以传者为中心逐渐转向以受众为中心，"电视作为明眼人都可以感受到的大众文化演练场，已经大规模踏入娱乐文化的追求中不可自拔"。[①] 矫枉必须过正，随着市场观念的形成和竞争现实，电视传媒对于节目定位的多元化，此现象本无可厚非，但是此时江西卫视以代表本土主流文化的《中国红歌会》的屡屡成功，如"万绿丛中一点红"，将"选秀文化"融入主流文化，其理性回归值得思考和总结提升。

一 主流文化的理性回归

1. 娱乐当道的反拨

英国学者尼古拉斯·阿伯克龙比在《电视与社会》一书中如是说：

---

① 周艺：《中国电视电影形态特色的思考》，《电影艺术》2005年第4期。

"电视主要是一种娱乐媒体,在电视上亮相的一切都具有娱乐性。"[①] "任何一种电视节目的兴起与衰落都不是孤立的,它必然与电视节目所赖以生存的社会政治、经济、文化息息相关。"[②] 市场经济将受众带入了"消费时代"的这个大前提,电视节目的娱乐化已然成为大势所趋。不可忽视,真正引起中国电视娱乐化变革的是真人秀时代的到来,真人秀节目的娱乐体验就在于平民的参与,平民以参与者的身份拉近了与电视的距离,游戏的体验也提高了平民参与的决定权力,由此,电视传媒机构、受众、节目紧紧地捆绑在一起。从电视行业的内部竞争环境来看,"人们拥有了更大的选择空间,可以从许多新的传播者那里选择特定的媒介内容。这就是所谓的受众细分"[③]。而中央电视台频道专业化以及2004年省级卫视集体改版,广告成了企业化管理的电视台生存的重要依托,亦标志着市场新一轮争夺的开始。地域文化的特色、亲和力与诱惑力,也就成了吸引受众细分的亮点之一。江西卫视以丰富的红色文化资源创办了《中国红歌会》,此真人秀节目区隔于其他选秀节目,植根于主流的文化背景,其举办成功用事实见证了选秀节目本土化制作的可行性,同时也让我们见证了主流文化的理性回归。

2. 主流文化力量的彰显

回顾"中国红歌会"的历程,起始于2006年十一黄金周井冈山上,大众踊跃参加,名家担纲评委,掀起热潮;2007年的五一黄金周,第二届"中国红歌会"重上井冈山拉开了序幕。7月推向全国,在老革命根据地湘鄂赣、晋冀鲁豫、陕甘宁、云贵川和北京等唱区唱响。红歌潮带动红色的收视潮。《中国红歌会》高扬主旋律,一改选秀节目的同质化与媚俗化,让真人秀与观众在欣赏红歌、回忆经典的同时接受传统的革命教育,主流文化悄然进入电视选秀文化。2007"中国红歌会"全国五大唱区共有10多万人报名参加,80岁老翁、四五岁孩童皆踊跃参赛。从2007年《中国红歌会》晋级赛播出的收视率来看,居全国省级卫视同时段的第三名。最后一场总决赛"红色英雄",全国收视总人口按收视率及覆盖率推算达2000万人[④]。红歌会还将"舞台"搬到社会,真人秀去到老革命根

---

① [英] 尼古拉斯·阿伯克龙比:《电视和社会》,南京大学出版社2001年版,第6页。
② 张静民:《电视节目创作与编导》,暨南大学出版社2004年版,第218页。
③ [美] 约翰·菲斯克:《电视文化》,商务印书馆2005年版,第3页。
④ 数据来源于江西电视台。

据地实践比赛,虽然是短时间的锻炼,但对坚强、自立、艰苦奋斗精神的传承无疑是红色的一课。精英文化的代表——学者们也对《中国红歌会》认同,并感慨良多。著名指挥家滕矢初评论说:"红歌涵盖了深厚的文化和历史内涵,表现了特定时代的特定意义,选手们参赛不仅是为了结果,重要的是在演唱中得到熏陶,受到教育。"

二 《中国红歌会》成功探因

中国电视节目的娱乐化历经综艺—游戏—益智—真人秀等阶段,其娱乐狂欢,《超女》已到巅峰,似乎将青年受众带向遥遥无期的明星梦,但低谷与巅峰同在,一窝蜂的选秀节目同质化已引起受众的厌倦和反感,并对电视文化的庸俗化深感忧虑。中国红歌会的横空出世,红色娱乐给受众带来了一片清新,对电视娱乐泛滥是一个制衡和反拨。中国红歌会生逢其时,她仍是选秀节目,是大众娱乐化的典型,却一样彰显了主流话语力量,是主流话语与大众(商业)话语的理性融合。其成功探因,有以下几点。

1. 红色历史资源的发掘

江西,无疑是一块凝聚着革命精神的土地。南昌、井冈山、瑞金作为江西红色文化的三个地标讲述着中国共产党的革命历史,颂扬着自力更生、艰苦奋斗的革命精神。这在当下消费娱乐时代是久违了的缺失。而《中国红歌会》在比赛的环节设置上,突出地域特色,很好地运用了红色资源,使节目生动而感动。《中国红歌会》在比赛设置、评委选择、播出时段等方面都显示了浓浓的"红色情怀"。从比赛唱区选择上来看,选择了在全国具有代表性的革命根据地设立分唱区;在比赛评委的选择上,阎肃、牟玄甫、李双江等是红歌成长与发展的见证者;《中国红歌会》的播出时段与整个大的收视环境相契合,建军节、国庆节和党的十七大召开期间,全国的电视屏幕上洋溢着红色主流浪潮。

第二届红歌会围绕着每期的核心主题,讲述一个感人的红色故事。如兴国烈士李英群马前托孤、84位烈士阵亡通知书的故事,还有《英雄儿女》中王成的扮演者刘世龙老人的经典台词"为了胜利,向我开炮!"等,红色故事的穿插与红歌的演唱相得益彰,红色娱乐与革命教育浑然一体。

2. 社会语境与集体无意识

娱乐选秀行至 2007 年，其繁荣与同质化共存。而与此同时，红色经典影视剧改编的讨论也如火如荼。而《亮剑》《沙场点兵》等一大批红色精典电视剧也随之兴起，这无疑为 2007《中国红歌会》的推出形成了一个良好的助推力。

中国民众在第二次国内革命战争、抗日战争和解放战争中，已将"红歌"的作用发挥得淋漓尽致。《送郎当红军》《东方红》《南泥湾》《延安颂》《新四军军歌》《太行山上》《游击队歌》《中国人民解放军军歌》等红歌脍炙人口、流传久远。新中国成立后，通过大型歌舞剧《东方红》又将红歌舞得以普及和提高，《长征》组歌曾风靡一时。红歌是原有的文化积淀中形成的文化特性，老百姓已有集体无意识。所以，中国红歌会的成功是有其丰厚的土壤的，当然，是与电视选秀这一现代性娱乐文化的融合的成功。

3. 红色当代主流的引领

约翰·菲斯克在谈及电视文化时说："我把电视看成是意义与快乐的承载体和激励体，而文化则是这些意义与快乐在社会中的生成与传播。电视是一种文化，是使社会结构在一个不断生产和再生产的过程中得以维系的社会动力的重要组成部分，而意义、大众娱乐和传播就是这一社会结构的组成部分。"[①]《中国红歌会》注重意义的传播，对中青年来说，红歌是岁月的回忆、历史的缅怀；对青少年而言，红歌倡导红色文化、爱国主义精神，反对极端个人主义、拜金主义和享乐主义。红歌会还引发"红歌"定义的界定和意义的探询。无论是狭义的还是广义的概念，都认定红歌健康向上、感情充沛，唱出的是时代精神，是中华民族几代人共同的诉求，是红色文化传播、传承的载体之一。其电视文化特性将红歌推向老中青三代，以王镇为代表的少年一代，以黄训国等为代表的青年一代，以邢建中为代表的老年一代同台高歌，是"受众细分"的有效组合，对此前选秀类节目受众为单一"青年"是一突围和拓展。

在物欲横流的当下，对于传统文化的保存与传承显得尤为重要，"我们今天得到因我们从未拥有过的，我们今天轻易丢却的却是我们甚至我们

[①] [美] 约翰·菲斯克：《电视文化》，商务印书馆 2005 年版，第 3 页。

以后的几代人所苦苦追求的"①！况且，红色文化所彰显的革命精神一样含有"拼搏、追求、梦想"等现代时尚元素，只是相对于流行文化，更见其厚重和崇高。

三 选秀文化主流化启示

1. 电视娱乐化下的媒体责任重构

英国社会心理学家玛罗里·沃伯经过多年的研究得出一个结论："越不用花脑筋、越刺激的内容，越容易为观众接受和欣赏。这几乎是收视行为的一项铁律。"② 这条所谓的"铁律"几乎成了确保收视率的"法宝"。固然，在商业化操作下，电视媒介不得不与打广告的企业、受众共同操作这场游戏，受众（潜在消费者）的接受或拒绝关乎传播者的直接利益。收视率可造就营销传奇，可打造电视节目品牌，但是，此时媒体的责任意识更显得重要！"媒体的主要社会功能是监视环境、协调社会关系、传承文明、娱乐服务。"③ 选秀文化主流化也即是电视娱乐化下的媒体责任重构。而且我们从中国红歌会的成功也可证明"铁律"并非铁律，有俯视观众且将观众"群盲化"的倾向。

2. 穿越时空的红色精神倡扬

从红色文化特质分析，红歌伴随着中国革命漫漫岁月，穿越时空；红歌是江西的，更是中国的，因而红歌没有时代限制，更没有地域限制，她是流行的，但在精神品质上又与其他流行歌曲有所区别有所关联。红歌与民歌水乳交融、血脉相连。《东方红》就是陕北民歌，《十送红军》就是赣南采茶调。但两者并不等同。红歌当是进行时的，所以，有人将红歌定位为自中国共产党建党以来，反映中国共产党和人民在革命时期和社会主义建设时期所表现出的与红色文化精神品质相匹配的歌曲，大致是不错的。比如1998年抗洪抢险时诞生的歌曲《你是谁》，在2008年5月的抗震救灾中所展现出的解放军和全国人民对灾区遇难者不离不弃的《生死

---

① 胡辛：《另一种方式论女性》，二十一世纪出版社2005年版，第75页。
② 转引自苗棣《解读电视——苗棣自选集》，北京广播学院出版社2004年版，第152页。
③ 杨玲玲：《提升品质 抵制低俗——再论传媒的责任与使命》，《声屏世界》2007年第6期。

不离》等抗震救灾歌曲，都应是典型的红歌。对红歌的界定既要有利于红色资源的开发和利用，又要保持其经典性。

　　选秀节目主流化作为一种策略在《中国红歌会》中的运用获得成功，这是中国选秀类节目的一个里程碑。自此，中国的电视娱乐节目的策划和操作终走出了一条不拷贝和抄袭西方娱乐理念和模式的本土化之路。立足本土，放眼全国，在节目的形式和内容上凸显自己的特色。受众、收视率终将是电视生存的基石，但是何以求得这些？当代红极一时的真人秀节目，是电视节目日常性、人物平民性的新的特质的凸显，人物就生活在我们身边，或者就是我们自己；同时电视节目又应具备非常性，必须有精神层面的提升，在娱乐中得到精神的飞翔。中国红歌会做到了这一点。

（胡清、吴蟒《电影评介》2008 年第 20 期）

小说家视野里的陶瓷文化

——兼谈《陶瓷物语》等景德镇地域文本的创作

摘 要 小说家视野里的陶瓷文化，以闪烁着千年窑火的辉煌的景德镇为研究对象，结合小说家以此地域为背景的《陶瓷物语》等文本的创作，探研陶瓷文化的母性特征，海纳百川的母性的胸怀；寻觅御窑皇瓷和民间青花的特质及交融关系；感悟炼瓷就像人生历程、人的情感的丰富脆弱犹如瓷的珍贵。

关键词 陶瓷文化 小说家 景德镇 母性 御窑皇瓷 民间青花

10年前，我曾如此感叹：可以说，没有哪种物质文化，比得上陶瓷如此真实、忠诚、完整、丝毫不差地摄录下历史文明的投影。石会崩，木会朽，人会亡，而瓷，即使粉身碎骨，其质却永恒不变。瓷是不朽的文化外衣，历经岁月的风雨，却依然故我地折射出分娩它的时代特有的光辉。

也可以说，没有哪种精神文化，比得上文艺创作尤其是小说创作中作家把自己的情、欲、理、意识和潜意识，整个的灵魂和人格表现得如此充分透彻、淋漓尽致。

岁月流逝，我心依旧。景德镇于我，我于景德镇，笔墨人生交融，难解难悟。

一 千年窑火景德镇

人类艺术的曙光，源于旧石器时代的洞穴壁画和新石器时代的陶瓷制造。陶，是人类创造的第一个新物质。远古先民们最崇拜太阳和火。太阳是生命的本源，火是太阳和雷电所赐予的。火炙烤土产生的种种物理化学现象，便提示和诱使人类创造了陶。陶是陶器时代的标志。恩格斯也指出，人类学会制陶标志蒙昧时代的结束，野蛮时代的开始①。

陶的出现是史前文化中一个普遍发生的现象，也就是说任何一古代农业部落、人群都可能独立烧制自己需要的陶器。神奇而耐人寻味的是由陶到瓷，却是中华民族的专利。直到 18 世纪初，瓷在西方人眼中，仍是神秘的谜、神奇的梦、神圣的诱惑和神话般的艺术。

谁不知道，CHINA—中国，china—瓷，中国，是瓷的祖国。

瓷，当与中国四大发明比肩而立。瓷，是源远流长的中国文化不朽的外衣，是中华文明的太阳永不沉沦的标志。这，也绝不是标语口号式的呼喊。

探索陶瓷文化，绝对离不开景德镇。景德镇以千年不熄的窑火而辉煌。

1982 年 2 月 16 日，国务院批准景德镇为国家第一批 24 个历史文化名城之一。因为景德镇是"古代瓷都，保存了很多古代窑址、明代民居以及宋塔等古建筑，现在是以生产瓷器为主的工业城市"。同年 3 月 12 日，国务院又批准景德镇的湖田古窑址为全国重点文物保护单位。

景德镇的窑火不熄其实何止千年？古镇有文字记载的历史，始于春秋。至于陶瓷史，"新平冶陶，始于汉世"。唐时改称昌南镇，曾有瓷匠将所制瓷器运到京都长安，被誉为假玉器，瓷匠也就讹传名陶玉，但毕竟未成大气候；天宝元年改为浮梁县，茶倒是小有名气了，白居易诗《琵琶行》中叹曰："商人重利轻别离，前月浮梁买茶去。"在宋代，汝窑、官窑、龙泉哥窑、定窑、钧窑五大名窑早已名噪一时，相比之下，古镇只是个小女子，并非一枝独秀。

直到公元 1004 年，"宋景德中，始置镇，因名。置监镇一员，以奉御董造"。"宋真宗遣官制瓷，贡于京。即应官府之需，命陶工书建年景德于器底，天下于是知景德之器矣。"② 古镇崭露头角，是得益于宋真宗的厚爱，命在器底写上他的年号"景德年制"，景德镇由此得名，沿袭至今。为何宋真宗情有独钟？陈列于景德镇陶瓷馆的一只传世的北宋影青白

---

① 《陶瓷史话》编写组：《陶瓷史话》，上海科学技术出版社 1982 年版，第 1—2 页。
② 梁淼泰：《明清景德镇城市经济研究》，江西人民出版社 1991 年版，第 4—7 页。

瓷斗笠碗或许能作解答。白里泛青，江南的春意都融会在里面了，名副其实的"白如玉、青如天、薄如纸、声如磬"，宋真宗也许会喜欢。这种斗笠碗是"吃"茶的，南方的古音"吃"茶——喝光水后还得嚼尽茶叶，古人小拇指留长指甲就是为了方便把茶叶钩到嘴里去。这碗形，太顺溜了。宋真宗是皇帝也是人，他可能是在吃茶的那一瞬间感到了此碗正合"寡人之意"，一时龙颜大悦，也就是在这一刹那间命名了今天的景德镇。当然，据陶瓷史记载，那时的人爱用黑釉碗"斗茶"，但是，或许正是影青白瓷独具一格呢？

与宋代经济重心的逐渐南移相适应，景德镇已由瓷业初具规模发展为"业陶都会"了，瓷业也在由乡村工业向都市工业转变，这一过程到明代才完成，历时数百年之久[①]。

著名中国古陶瓷学者刘新园先生考证：景德镇官窑设于元代，《元史·百官志·将作院》有"至元十五年设浮梁瓷局"的记载。1898年，珠山北侧出土了大量元代卵白釉、青花和金彩残器，器件上都绘有双角五爪龙纹，印证了元代文献。英国古陶瓷学者约翰·艾惕思曾写信问他：为什么元王朝要把唯一的瓷局设置在景德镇？龙泉窑不是当时生产规模最大、技艺水平最高的窑场吗？元青花流行的六瓣花是什么花？其视角独特且细致入微，也许正应了"旁观者清"这句话。刘新园说：提出这些问题比解决这些问题更有价值，其难度更大。

元代统治者又在宋皇帝定点的地方烧炼御瓷，何故？元太祖的选择与其马背上得天下似有关系。将士血染疆场，白骨累累，而战争期间是没有办法厚葬的。等到他自己登基做了皇帝后，为笼络人心，便对死去的将士重新进行厚葬，于是需要大量的祭器，祭器要白瓷，况且北国人尤其是游牧民族，白云白雪白羊群，酷爱且崇尚白色。龙泉的瓷是青釉，而景德镇的高岭土和瑶里釉果可以达到甜白的效果，景德镇依凭得天独厚的天然资源——"水土宜陶"，又以海纳百川的胸襟"集各家之长，成一家之法"，后来居上。加上当时龙泉窑粗制滥造，自家毁了自家。当然，也许元太祖就是看上了景德镇。景德镇其时水路也很发达，早有海上"陶瓷之路"。在元代出现了青花瓷，我以为不是偶然的，元代统治者虽然崇尚白色，但景德镇毕竟是在江南，满眼青绿，这里还是喜欢青色，所以，在白底子上

---

① 梁淼泰：《明清景德镇城市经济研究》，江西人民出版社1991年版，第4—7页。

出现了青花，青花釉里红自然也应运而生，"万绿丛中一点红"是妙不可言的意境。

到了明代，朱元璋又把景德镇作为御厂，制瓷也是供上用。为什么明代又选中了景德镇呢？朱元璋与陈友谅在江西鄱阳湖血战多年终发迹，从一介草民当上皇帝是很不容易的，他选中景德镇烧炼御瓷似在情理之中。有记载的是洪武二年在珠山设置了御厂，并烧制出第一口大龙缸。史料记载的瑶里，盛时几百架水轮车旋转，几千支水碓翻滚，晴天响雷数里，这该是怎样的人间奇观！

景德镇千年窑火不熄，康熙、雍正、乾隆三朝可以说是中国瓷业的历史高峰。乾隆八年，卓有成效的督陶官唐英奉旨编制《陶冶图编次》20幅，不只是出色地描绘了当时制瓷工艺流程，而且渲染还原了中国瓷制作过程的严谨细致精益求精，以及热气腾腾的创造精神。乾隆年间做出的转心瓶，蕴含的是科技含量。但最繁华时也是最凄凉，因为他们已经在追求繁文缛节，没有过去那种大气，已经在走下坡路。

清末民初，景德镇瓷业可说是日暮途穷、气息奄奄。1922年，王琦、王大凡、汪野亭等成立"瓷业美术研究社"，遭军阀掳掠被迫解散后，1928年秋，他们与邓碧珊、刘雨岑、程意亭、毕伯涛8人又重整旗鼓，组建"月圆会"，后又有徐仲南、田鹤仙、张志汤、方云峰、汪大沧等陶瓷名家相继加入，于苍茫昏暗中托起景德镇本不该坠落的太阳。

1934年至1937年，著名的爱国实业家、卓越的民主战士杜重远先生，应当时的江西省府之邀，先后三次来到景德镇。据《景德镇文史资料》第5辑所载，他在其《景德镇瓷业调查记》中写道："车近镇边，已见其衰落景象，盖烟筒百余座，出烟者不过十之一二"，"道途污秽，民多菜色"，满目疮痍一落千丈的瓷都让他痛心疾首，他试图"用科学方法改良国瓷"，拯救"日暮途穷的景德镇"，可惜不得天时，终半途而废。

新中国成立后，景德镇的陶瓷业蓬勃发展，一直被放在非常重要的地位，国家领导人出国的礼品瓷几乎都是这里烧炼出来的。毛泽东同志用的7501餐具亦是这里生产的。

世界各国的陶瓷考古学者、陶艺家皆有一个共同的心愿，那就是来景德镇"朝圣"。不管翻开哪本词典，世界制瓷业通用的白色陶土皆称为"kaolin"（高岭土）、"kaolinite"（高岭石）。这源于我们景德镇高岭村的白色土。直到18世纪初，西方人还烧制不出高温硬质瓷，他们把中国瓷叫作嵌玻璃的艺术,说是蛋壳做成的云云。清康熙四十四年(1705),法国传教士昂特雷科莱从鄱阳湖乘船来到了景德镇,此时这位里昂贵族之后已在广州、鄱阳传教7年之久,他给自己取了个中国名字叫殷弘绪。是存心还是有意无意间,他探研起制瓷的奥秘;1712年9月,他给法国耶稣会寄去了汇报书简《中国陶瓷见闻录》。他,轰动了整个欧洲!因为他揭开了制瓷的秘密。他寻找到了瓷的"骨骼",这"骨骼"便是白色土——高岭村的土!1720年,他被调升到北京;1721年底,年近六旬的他,竟又冒着严寒风雪,再来到景德镇做了一个多月的考察,于康熙六十一年(1722)1月25日寄出《中国陶瓷见闻录补遗》,解答了欧洲人烧制硬质瓷的种种疑难。他是杰出的文化使者,抑或工于心计的科技间谍?结果是西方也闪烁起瓷之光。高岭土是白色的,拿一撮白色土放进玻璃水杯里,它会像白玫瑰一样一瓣一瓣开放,但是转瞬间就变成一摊白粉末了。这让我想起莎翁之句:女人像蔷薇,转眼就凋零。这些感触,我都放进了长篇小说《陶瓷物语》中。我去过高岭几次,高岭村窝在高岭里边,高岭因为堆积着历代高岭土的尾砂,扑入视野的是白色的荒原,就像默默奉献了一切的母亲的坦诚的胸怀。

景德镇得天独厚的文化底蕴怎能不诱惑着小说家的眼球?

二 海纳百川的母性的胸怀

正是怀着这样的感动和震撼,在景德镇生活了八年的我,以这一地域为背景留下了一些笔墨文字。如长篇小说《陶瓷物语》,中短篇小说集《地上有个黑太阳》,且有小说《瓷城一条街》《昌江情》《"百极碎"启示录》《禾草老倌》《河·江·海》等,散文《瓷都梦》《窑门:女性图腾》《渣胎碗》《雪白山青》等,散见于《人民文学》《中国文化报》《福建文学》《星火》等报刊。在影视作品方面,早在1990年由江西电视台和景德镇市委联合摄制的9集电视系列片《瓷都景德镇》获得中国电视二等奖和江西省人民政府奖,可说是关于景德镇的最早的大型系列片,我担纲两撰稿之一,且始终跟拍。

小说视野,是小说家(主体)与其所展示的景象(客体)的关系。是主体对客体的审美视角的选择和把握,也是客体对主体视角的诱惑和压迫。

现代人文地理学有句名言：文化产生于自然景观。

小说家叹：说不尽、写不尽、拍不尽的景德镇！

景德镇的魅力何在？地域色彩是小说家想象力的酿造器。

小说家曾经逡巡于这方地域。黑色的烟囱森林天空、白色的高岭土和红色的窑火，黑、白、红是典型的东方色调。袖珍古镇手工作坊星罗棋布；乡野山地源源输出高岭土和釉果；无数松林砍伐成金字塔般的窑柴柴垛！没有哪个城镇，能像瓷都这样将城市与山乡的色彩情调气息融为一体！将历史和现在熔铸一起！

瓷都是偏僻的又是开放的，既早早地走向海洋，又是严谨的、墨守成规的、带着浓郁的农民和小手工业者意识的封闭的内陆山城！瓷都是我国最早出现资本主义萌芽之地，也是最早的开放城镇。她是中国历史上罕见的没有城墙的古镇。那依依环抱古镇的水，似乎替代了坚固的闭关自守的城墙。"9至10世纪以后通过陆上交通路线把若干中国陶瓷运往西方，但把大量中国陶瓷普及到西方世界的主要还是依靠海上交通，这一点已经很清楚了。"① 自明朝开始，景德镇就供奉妈祖海神。天后宫中雕梁画栋上的宏伟海景，是陶瓷由昌江鄱湖经海上陶瓷之路出口的真实写照，也是景德镇人对海洋的呼唤与向往。1998年我曾踏访遗址，只剩硕大的木柱和雕琢精美的石础依然傲立，像是天地间大写的感叹号。

1990年我随江西省电视台拍摄《瓷都景德镇》时，景德镇陶瓷学院一个长发披肩的男陶艺家对我说，他讨厌瓷，因为瓷太细腻，阴柔气太重，完全是女性化的；而他喜欢陶，陶粗犷，把男子汉的力量、线条都表现出来了，是阳刚之气。我虽不同意他对瓷"女性化"的偏见，但我顿悟，瓷的确是女性化的。因为瓷确实很细腻、精致、鲜润、漂亮，富有女性之美。瓷在日常家居生活中，饭碗菜碟茶杯坛坛罐罐及瓷板瓷砖，平平常常还琐琐屑屑。艺术瓷无论是高贵的颜色釉瓶还是低廉的小玩意儿，都能给艰辛沉重的人生带来艺术的陶醉和休闲。或许瓷不能像钢铁那样大气磅礴地铺铁轨架大桥，但就看那小小的电瓷，不是给人带来安全和稳妥么？或许那精致繁缛、集雕捏镂刻等于一体的瓷瓶瓷篮，太像女人的注重枝节又爱使小性子的禀性，但如果艺术只有简洁大气的美，那美岂不太单

---

① ［日］三上次男：《陶瓷之路》，文物出版社1984年版，第155页。

调?或许那蝉翼一般的薄胎瓷,太容易叫人联想起女人的娇柔纤弱,但是,这样的娇柔纤弱也是从烈火中千锤百炼出来的呵。温润如玉的瓷,感觉就是一种女性的、母性的呵护。

色彩的激活、历史的激活,只要一点火——烧窑!那神秘的窑门便以勾魂摄魄的魅力,激活了小说家的整个视野。

窑门——神秘的窑门。那是女子赤裸着的半个身子。那一对红彤彤的匣钵,是流泻生命之汁的玉乳;那丰硕的双腿,那四方形的放柴口,是分娩生命的神秘甬道。翻遍陶瓷记载,只有"窑眼以验生熟";然而没有一个老窑工不堂堂正正地告之:是光身子的生崽女人啊。没有猥亵,只有神圣的崇敬!

伫立窑门前,小说家便觉着一种异常的冲动和释放感,无比遥远又深沉的人类声音在心头回响,小说家似乎正认识并返回自己灵魂的故乡,寻觅到回返生命最深邃的源头的小径……视野中便幻化出史前艺术中法国拉塞尔的执牛角的女裸像、奥地利威林多夫女神像、我国最早的生殖神——青海乐都县柳湾三坪台出土的母形裸体人像。"为人们最熟知的威林多夫的维纳斯就是这一时期(第一繁荣期)的作品。它是一件夸张了乳房和腹部的石灰石女像。孟通裸女是由滑石雕刻的女头像,也特别夸张了乳房和阴部。布桑波利女神是一个象牙雕刻的女头像,在西伯利亚马尔泰和中俄哥斯丁基及瓦工利诺发现的骨、牙女像近20件,其造型特点大都与上述者相同。在法国拉塞尔石穴中发现了一对男女裸体浮雕,男像似在挽弓,女像手执牛角,它们至今仍然是世界上发现最早的人体浮雕像。"[①]

窑门亦给我们女性崇拜的图腾昭示。

远古社会的初民们无法释开生命之谜,凭着直观的现实,以为生物的大量繁殖能够刺激人类的繁庶,而人类的生殖更可以诱发生物的丰茂。这种心态的积淀,便产生了一系列的图腾崇拜仪式,古代文学原始艺术中以生殖女神为爱神和美神。窑门的奇异怪诞的原始色彩作为一种文化意象获得了广阔的象征意义,流泻着永恒又莫测的变动。推究柴窑状如蛋窑又名卵窑。乐平方言,称蛋为卵;景德镇方言,蛋称子。卵也罢,子也罢,皆与生殖繁殖密切相关。窑门实则是集体无意识的载体,它积淀着人类有史

[①] 邓福星:《艺术前的艺术——史前艺术研究》,山东文艺出版社1986年版,第52—53页。

以来的经验和感情最深层的部分。这种母性文化，大约与老子"贵柔守雌"的主张有着共同的东西，养育万物的母性文明（玄牝之门）是绵绵不断的，不管多么雄刚都保持着一种温柔的女性态。

然而，恰恰在这充满女性崇拜的古柴窑中，历代对女人的禁忌是最严酷也最考究的。柴窑的昔日严禁女人入内，否则会倒窑。满窑前，窑户老板先要在窑门上张贴风火神像举行祭祀仪式，尔后点火烧窑，直到熄火开窑，窑屋不分昼夜，皆要点燃荧荧如豆的油灯。窑屋里古色古香的椅子是把桩师傅的"专座"。这一切如果仅仅看作封建迷信，或轻描淡写为简单而热闹的民俗场面，那未免肤浅。这实质上蕴含着悠长深远的文化积淀和文化渗透，这是男性文化的张扬和渲染。当窑门仍绵绵联结着漫漫深沉的历史那一端时，窑屋禁忌便是对女性崇拜的反叛和补充。

小说家曾试图以清丽明快的色彩绘出《瓷城一条街》，又以浓墨重彩涂抹出《地上有个黑太阳》，到得《陶瓷物语》，人称："这是一部土洋结合的书，是一部皇瓷镇源远流长史与当代沸腾又浮躁相拥又相撞的书，是一部琐琐屑屑的陶瓷技艺与人生感悟浓得化不开的书。"① 书中以"天圆地方"电视台拍摄皇瓷镇的专题片为前行链条，在拍摄陶瓷的历史和制作过程中，撰稿的女子见到了20年前的大兄林陶瓦——已是鼎鼎大名的古陶瓷学者，学者仍有一颗未衰老的心，无论是对事业爱情抑或经济大潮；而从英格兰来到这方水土朝圣的神秘的母女俩，又与白色土有着另番纠缠……家族谜、古瓷案中，演绎一出出缠绵悱恻欲说还休的情与爱的故事。老一代的艺人，有的无可奈何花落去，只有唱一曲生命与手艺的挽歌；有的却硬是从绝处逢生，居然领导艺术时尚的新潮流！茭草师傅、把桩看火师傅、雕塑龙凤瓷的、做观音做五子罗汉的等等，他们自有他们的表演空间和恩怨哀乐，用"一声叹息"是概括不了他们貌似简单实则丰富的哀乐人生的。这个时代的人们，到底要什么呢？这氤氲不散的两难神秘氛围便弥漫于景德镇地域小说中。古老的窑屋、徒有虚名的瓷器街，富有传奇的罗汉肚、走向世界的陶瓷学院……是现实历史未来回首又超越的扑朔迷离的小说境界。于是就有了第一个闯窑的女人——泼辣风流的骚寡妇！立马就有捍卫祖宗规矩的把桩师傅报以拳脚交加。在这对异性文盲盲目的文化的生死搏斗中那一窑的瓷却烧得分外好，寡妇和把桩师傅莫名其

---

① 李玉英：《白色土的倾诉》，《文艺报》2001年12月18日。

妙也顺理成章做了相好。不是悲剧不是喜剧也不是正剧，也不能算一出闹剧。与其说是对男性为本位的儒家文化的诅咒和挑衅，不如说是人对两难氛围的混沌模糊状态的又一次非自觉的懵懂的碰撞和突破，人们（包括把桩师傅）对骚寡妇闯窑的认可，也可以说是对女性神秘的追慕回归。

然而，小说视野中的陶瓷文化陷于永恒的两难之中。那视野中矗立的城雕就叫："陶"与"瓷"。制陶者是一半裸女人，制瓷者是转动辘轳的男子。造型粗犷、气韵沉雄，古朴的文化气势将中国陶瓷发展历史凝固其间。由母系到父系社会，由陶到瓷。当然，人类社会发展史与陶瓷史不能进行生硬的牵强附会的类比，但是，陶瓷家们困惑寻觅追求的瓷的阳刚之气到哪里去了？小说视野中的陶瓷家们不论老少不分男女如痴如醉如疯如癫地寻寻觅觅，他们为5000年前荒野上的陶的文明而撼动，试图找回陶瓷生命本体的律动。《"百极碎"启示录》中的大兄、《瓷城一条街》中的谷子、《地上有个黑太阳》中的火崽、《陶瓷物语》中的林陶瓦、毕一鸣等，都想从瓷中重现粗糙粗野粗犷，从而敲破厚厚的文化外壳，归真返璞，让生命还原于没有外衣的生命。可是，能成么？陶瓷者渴求陶瓷不只是陶瓷者的载体，而是生命本体的冲动。小说家又如何能将小说作为其载体呢？由陶到瓷到对陶的气质的回归，不只是审美情趣周而复始的圆的变幻，小说家能否透过这氤氲不散的两难神秘氛围，将其深刻内涵阐释出来呢？那小说视野中的陶瓷文化即演绎为《易经》太极图，《易》的纲是阴阳，阴阳实质上也就是男女。阴阳不灭，两难又哪有尽头？

封闭？开放？既封闭又开放？这是古老又新鲜的似是而非的两难地域，小说家的灵魂便为这片土地而躁动。

三 皇帝的瓷与民间青花的交融

景德镇是名副其实的皇瓷镇，宋元明清，一直是御窑之地。皇家文化贵族情趣宫廷艺术是景德镇"正宗正统正名"所在。有张清康熙二十年御器厂图刻本，标明具体御窑址为：南临珠山路，北接斗富弄，东止东门头，西止东司岭，即今日繁华的瓷都中心市政府所在地。1982年铺设管道时，仅掘沟1米多，就发现明永乐、宣德窑堆积数层，零碎瓷片不计其数。无怪乎学者惊叹：景德镇每寸土地都是历史！拥有极其丰富的地下宝藏!

　　明灿灿的阳光流泻在一筐筐破碎的瓷片上,不要以为皆为当年御窑的"工业垃圾",要知道,御瓷千里挑一,或干脆人为地制造珍品孤品,不入选者一概敲碎埋入地下,不得流入民间。而今,残器碎片经古陶瓷研究者们修复后竟身价百倍,成了无价之宝。透过皇家威严森严尊严笼罩的金灿灿冷飕飕,进入小说家的双眸:"瓷片就像是一片片神奇的甲片,静静地沉睡在……荒凉的城镇遗址和古窑址的各处。当我看到它那不加修饰的、可爱的身姿,便不由得伸出手去把它拾了起来。于是它内在的美便化作歌声轻扬,而藏在它身上的历史就涌现在我的眼前。"①

　　譬如有只鲜红甜白龙纹架形小壶,再现的便是一幅神奇的历史画面:朱元璋没有把皇位传给儿子,而是传给了孙子,就是建文帝,结果"靖难"之役中,朱元璋四子燕王朱棣在严冬清晨率军造反,他红战袍上的霜花竟然凝成了白龙纹!三军以为瑞兆,后果然大捷。真乎?假乎?事实是侄儿皇帝下落不明,朱棣自立为帝,第二年改元永乐,朱棣就成了永乐帝。

　　譬如有只永乐前期地层中出土的青花冲耳三足大鼎,满绘汹涌又宁静的海之潮水纹,当有纪念出海之意——生性极为好动的永乐帝最大的功业怕还是派遣郑和六次出使"西洋",开创了中西直接国际贸易和文化交流。带去的货物,最受欢迎的是景德镇青花瓷,带回来的对中国陶瓷影响最大的则是苏泥麻和胭脂石。苏泥麻是青花瓷色料,胭脂石是祭红釉色料之一。明代,是中国景德镇瓷的黄金时代,而又以宣德瓷为最。宣德帝朱瞻基是永乐帝钟爱的孙子,这位多才多艺的皇帝在位仅10年便英年早逝。宣德五年六月,他又派遣郑和拉开七下西洋的帷幕,历经20多个国家,3年之久才回朝。生长于故元大内的永乐帝有着北国的豪放,生长在南京的宣德帝却风格婉约,他又喜欢南宋宫廷画,表现得更多的是江南才子的情怀,所以他喜欢青花瓷。两个皇帝的审美情趣不同。成化瓷也是好的,但已没有进口色料,成化年间的瓷工仍然在自己制作的瓷器上写有"明宣德年制"字样,古陶瓷学者刘新园解释说:他们不是作伪,而是恨不生于宣德时代——真是文人的满怀情感的理解和解释。皇帝的审美情趣制约和影响一代的审美走向,这方地域的上空硬是笼罩着赫然又森森然的

---

① [日] 三上次男:《陶瓷之路》,文物出版社1984年版,第145页。

皇气！

譬如同治帝婚典用的全套日用及摆设瓷都是从景德镇烧炼的，那时候景德镇的陶瓷业已经很凋敝了，但还是做出来了。

……

可以说皇帝的建功立业、征战祭奠、婚丧嫁娶乃至吃喝拉撒睡等，都和这方水土息息相关。景德镇的瓷真是有太多的故事，这就是历史底蕴。历史绝非皇帝创造的，而是人民创造的，景德镇千年不熄的窑火，是一代代瓷工血泪与智慧点燃的，历史却很少记载他们的姓名，也可以说，根本没有留下他们的真实名字；似乎只有顺着一个个皇帝的名号年号，把握他们的好坏优劣精明昏庸，揣测他们的艺术情趣审美走向，才能凸显中国陶瓷演进的线路，这是怎样的不公和悲凉！

然而，分明有异样芳醇的一隅诱惑着小说家的视野——那是景德镇东郊的湖田窑遗址。从宋至明，700余年窑火不熄。1990年拍专题片时，只见沉寂荒芜，空留野草青青的古窑包、水草淤塞的古埠头！旷野疏阔中却分明矗立着无形的古瓷工的历史丰碑！这里曾是纯粹的民窑云集之地，朝廷曾无数次出榜严禁"私造黄、红、绿、青蓝、白地、青花等瓷器"，既如是，民窑何以生存？差矣！偏偏是民窑于生存缝隙中绽出的民间青花，如绚丽奇葩，绵延千年。那泥土的芬芳依旧醇美袭人，让无数外国人竞相折腰！小说家的视野中充溢着陶瓷生命热烈的张力，悲怆而壮阔的情感则无边无际地舒展着。

当御窑沉溺于龙凤呈祥繁缛纤巧的格局时，卑贱的民窑青花自信地绽放，器粗犷，花简朴，寥寥几笔，似花非花，传神极了；即使画龙凤，也气韵生动，奔驰着生命的节奏。如渣胎碗，我们小时候老百姓家中吃饭都用这种碗。有趣的是，它们眼下被誉为民间青花代表，更有趣的是民间青花的一种纹饰，据刘新园考证，竟是来自宣德御窑蝶耳杯上的小朵折花枝。民间青花有高贵的皇室血统？不过细想想，亦在情理之中。在广袤又苍茫的文化背景下，南文化与北文化在战争与和平中交融，民间文化与皇家文化在森严的禁忌中热切地渗透。陶瓷文化在多方位多渠道的交融中生生不息，如同层韵涌叠着层韵，御窑民窑何能不交流不杂交不相融，以至水乳交融？又有哪座御窑不是老百姓在淌心血挥汗水呢？况且明里暗里都在"官搭民烧"。诚如一位陶艺家说得好：所有西方现代派艺术奇葩，其根都能在中国民间艺术的沃土中寻到。这是哲理之言。

御窑也罢，民间瓷也好，展开的是开放与封闭，生命与衰亡，燃烧与荒芜，禁忌与交融……一切在小说家的视野中清晰又迷蒙，在可知与不可知的求索中，小说家的灵魂便因无可奈何无所适从而困惑而焦灼而骚扰而浮躁，这是一方怎样的地域！一块庄重斑斓的七色土，一片郁郁葱葱的芳草地，一部深奥倔聱的隐形线装历史书！既弥漫笼罩着廊庙朝廷庄严的阴影，又泼剌剌跳跃着田坊巷陌的野趣光斑。哲人感悟，史家喟叹，经济学者觊觎，地质学者耕耘，商贾云集且川流不息……

小说家呢？不多的小说家的视野流连着这方地域，茫然无绪于剪不断理不清缠绵纠葛的文化根系，然而，就在这一次一次又一次的茫然无绪中，小说家依稀仿佛一瞬间对准了焦距，透视到似深非深的文化形态，就让它似是而非，让它充溢着两难吧。

四　炼瓷犹如人生情感

很多年以后，我读到第一位获诺贝尔文学奖的法国诗人苏利·普吕多姆的诗，他生于 1839 年，卒于 1907 年。名副其实的上上世纪的诗人。其《破裂的花瓶》，在当时广为流传：

> 马鞭草枯死在花瓶中/花瓶碰到扇子裂痕暗生/扇子只是轻轻一碰/裂痕在悄无声息间生成……
> 依然完好/在世人眼中/心儿自感伤口扩大作痛/伤口细而深/心儿悲泣不停/它已破裂/不要去碰。

读到这首诗时，我陡然发现这和我对瓷的感悟是相应的。

感悟最深的是炼瓷的过程。卑贱的泥土、清纯的水，经人的热心热手揉成一处后，进到火的恋膛里，是相知相交相融，却也是拼搏撕搏改造，是撕心裂肺的呐喊，更是情切切的憧憬希望！等到天地归于寂静时，砸开窑门，捧出匣钵，看看都变成了些什么吧！也许大多数都属正常也平常的产品，可也有期望为精品的就成了精品，可仍有次品，还有废品，乱七八糟的什么也不是。偶有那意想不到的巧夺天工之极品，真让你大喜过望！这就是一窑千变的火的艺术。可不管结局如何，一句话，它们再也回不到从前了，不可能再还原为当初的泥土和水了。而越是精美的瓷器越怕碰撞，一不小心，它就会粉粉碎。整个炼瓷的过程就像人生一样，特别是像女人的人生和女人的情感。

俗话说：一方水土养一方人。

论地域，论氛围，是为了论人。

景德镇这方地域，这种生存环境，这般集工商于一身的经济背景、成一器"过手七十二"的严谨生产方式，这样悠远的陶瓷文化通过纵横交错的渠道渗透和潜移默化人的心理心态思维行动，终于积淀为特有的集体无意识，溶进瓷都人的筋腱血脉细胞中，成为生物属性，形成共性的景德镇人。

这是几千年陶瓷文化的凝聚力、向心力，也是制约力、束缚力。

古朴淳厚又精于生意经的民风，机敏灵巧又固执倔强的民性，恪守成规的严谨，忠于传统的虔诚，不思改革的惰性……在瓷都地域小说视野中，不论气质或豁达或乖戾的陶瓷学者、艺术家，还是性格或暴躁或绵软的短衣帮，都有意无意将外在的强制性规范悄悄溶为自觉的行动，循规蹈矩于固有的无始无终的圆圈中，不能或很难有超越自身的远大目标，这是瓷都人的平和，也是瓷都人的悲哀。

但是陶瓷文化毕竟是陶瓷文化。陶瓷文化早早地便有涵纳异质文化的胸怀和气魄，它并不是纯血种的孤家文化。而且陶瓷文化就其本身而言，还蕴含着非文化的超文化的即生命本体的不可束缚的奔腾力。因而，陶瓷文化在熏陶制约景德镇人的同时，又往往诱惑激活人的潜意识中不安分的因子，那原始生命力被岁月和文明驯化了，野性倏地苏醒过来，于是就痛苦就骚动就挣扎就呐喊，就有或轻或重或缓或急的碰撞冲突，那激起的火花或燃起大火或稍纵即逝，谁知道呢？但总碰撞过闪烁过。美国人露丝·本尼迪克特在《文化模式》中指出：冲突是生活的实质。没有它，个人生命便没有意义。而且能获得的也仅是甚为肤浅的生存价值。

《禾草老倌》中的禾草老倌，《瓷城一条街》中的厂长景兴，《地上有个黑太阳》中的陶艺家龙隆隆，《陶瓷物语》中的马黑子父子……是一群按照传统框架打造自身，心理心态凝固封闭的瓷都人。但是，禾草老倌终因禾草包装瓷器的淘汰而失落自身，改革厂长在理与情的纠结中失重飘游不能抉择，陶艺家在无法解开的情欲链条中失态失真。灵魂的一半牢牢系缚于传统道德传统文化，另一半压抑着的原始生命力却焦渴企盼奔腾。他们也罢，小说家也罢，皆陷入无所适从的两难选择之中，谁知他们是对是错？半对半错？不对也不错？

《"百极碎"启示录》中的大兄，《地上有个黑太阳》中的火崽、哑子，《陶瓷物语》中的林陶瓦、凤飞飞……却是炫耀着鲜明的浓烈的阳刚色彩的瓷都汉子，不论干粗活还是做学问，堂堂正正地谈爱情还是偷鸡摸狗，都宣泄着火辣辣的带野蛮气的强悍、火辣辣的压倒一切的气概。这种文化反叛性格，是火的性格。然而他们亦有他们的痛苦和困惑。这诚如土和水在火的炼狱中的挣扎和拼搏，人，永远无法完全征服自然，更不能完全认识自己；可人又是倔强地从不放弃奋争，这就是生命的价值。

小说家视野中的瓷都女性呢？目不识丁却胆敢闯窑最后征服把桩师傅的骚寡妇，活泼新鲜的现代派大学生谷子，命运多舛都总也不向命运低头的老三届大学生景景，清澈似一泓水、热情如一捧火的纯情女中学生小弟、水妖般的水红莓……都烙刻着瓷都女性"火"的特征，虽然她们的结尾都多带悲剧色彩。骚寡妇因没名没分终是晚景凄凉，谷子因道德不容、景景因法律不容都只能独吞苦果，唯有小弟虽感受承受到生活中的忧和累却仍无忧无虑。人的生命瓷的生命绝对有可能有这样那样的遗憾和缺憾，或太幼稚或太玄奥或太粗野或太精细或太浅显或太深邃。总之，难以完美。但只要有自己生命的独特个性，这就够了。有缺憾的百极碎是瓷中珍品，有缺憾的人生才是真正的人生。

女小说家欲将女性意识融入生命意识之中，倾听来自生命深处的女性的集体无意识呼声。作为中国文化重要组成的瓷文化，其本质也许是女性化的。或许，这是以性别言说进行胆大妄为的历史文化的重构？

两难地域，两难氛围，生存此空间的人又怎能不彷徨于两难选择中？但是，景德镇人两难悲剧心态中却又分明蕴含着诙谐幽默、世俗又超然的意味，小说家的视角便不由得探视到陶瓷文化中的宗教色彩，拉法格曾称宗教是"古代风俗的贮藏库"，或许也是种族心理积淀的贮藏库？

景德镇的陶瓷无论造型绘画乃至纹饰，无不笼罩着中国大文化儒释道三家并存的气氛。忠孝节义的关羽、大慈大悲的观音、形形色色的罗汉、飘飘逸逸的过海八仙、起死回生的太上老君……在陶瓷家族中共存共荣。如果对这一切仅仅以皇家贵族和小市民的情趣嗤之以鼻，便无法解释它们的千秋万代并为不同阶层的人所喜闻乐见之故。这里有"驱邪降福"的祈求，隐含着生命链条连绵不断的祝祷，是处于两难选择中的人的自我麻痱，也是一种解脱甚至是升华。

激活小说家视角的是景德镇陶瓷文化中别开生面的风火神。风火神是实实在在于这方地域中生存过的人——童宾。童宾亦不过这方神奇地域中并不神奇的普普通通的窑工。明万历年间，神宗派太监潘相来景德镇督造大龙缸，但久久不成，窑工受尽鞭笞乃至捕杀，童宾悲愤难忍，纵身跳入龙缸窑膛，像是僧侣以焚身抗议一般。童宾的死激起了1万多窑工奋起罢工，并烧毁了御窑厂。明神宗直到死也没得到大龙缸，如今定陵地下宫殿中那用来点燃长明灯的三只龙缸是祖父神宗时的产品。以后景德镇便有"佑陶灵祠"，祠中风火神便是童宾。是人神化？抑或神人化？有趣的是风火神两侧的各位神像：把桩的看火的架表的托坯的收兜脚的打杂的以至小伏手二伏手三伏手⋯⋯这些全是烧窑工工种名称，神像情态宛如现实主义雕塑，再现了烧窑工人的"工作照"。几百年来，这些平凡又熟稔的人神或神人承受窑工们的香火和朝拜，神与人之间亲切随和融洽得无一丝隔阂。这种信赖的程度是儒释道三教无法比拟的。每隔20年，火神庙还要举行盛大庙会，附近乡民亦来赶热闹，人山人海，据载日食"千猪万米"。这种充溢着人神同乐普天同庆的民俗，体现了博大的人情和诙谐的民间风趣。人即神，神即人。两难又有何难呢？

刘新园先生曾说过：七下西洋的舰队和屹立在大江、钟山之间的宝塔早已消逝得无影无踪，长达28000余卷的《永乐大典》，除了残存的几本之外，也都已化为灰烬，唯独有趣的是我们将要讨论的瓷器——那些微不足道且极易破碎的瓷器，却历尽沧桑，在世界各大博物馆以及东南亚和中东的一些中世纪的遗址里依然如故地闪烁着那个时代特有的光辉。①

这方热土本应与文学有缘，因为她是这样的神秘坦荡、神奇普通又神圣卑贱。她本应像北京、上海、西安、苏杭、开封，乃至伦敦、巴黎、罗马、威尼斯等城一样，与文人有着不解之缘的。可遗憾的是，在文苑，景德镇是冷清的。走进了中南海的是演奏瓷瓯，值得一提的一部电影是《祭红》，长篇小说《瓷魂》铺陈的还只是阶级斗争。由花城出版社出版的长篇小说《陶瓷物语》会怎么样呢？

明代书法家王世懋在《二酉委谈》中提到江西景德镇烧造瓷器，火光烛天，因而称之为"四时雷电镇"。当代好几位学者据此而认为此即工

---

① 刘新园：《景德镇珠山出土永乐宣德官窑瓷器展览》，香港市政局1989年版，第13页。

业超时代发展的征象。实则王世懋的本意，是在于从堪舆家的眼光出发，不满当地居民穿凿地脉，以致没有人登科中举；而后来时局不靖，停窑三月，即立竿见影，有一名秀才乡试中试①。

王世懋这种说法自然荒谬，不足信。但是，这座手工业城市是否过于注重经济，而忽略文化的建树呢？"文章不能锅里煮，百无一用是书生"？

其实，陶瓷与文化早已烧炼为一体。陶瓷作品是有生命有灵魂的，文字是有生命有灵魂的，面对景德镇陶瓷文化，我们是否有"扑通"一声跪下去的激情和虔诚？是否有"高山仰止"的敬畏和仰慕？是否有扼腕长叹仰天长啸的痛惜？是否有超越前人的执着和脚踏实地的努力？

瓷都窑火 1700 余年始终不熄，可以说在这片土地上浓缩着中华陶瓷文化。一个小说家如果以景德镇作为地域对象，其视野该如何透视陶瓷文化？让人们观照、感受那原本一去不复返的时间，把人们"历时性"的经验放到一个"共时性"的框架里？

视角的选择，视野的开拓是小说家面对地域题材困惑中的追求和超越。同样的色彩，同样的画面，同样的声音，同样的隐喻，因为视角视野的不同，便成为面貌迥异的小说。创作主体和对象客体间的关系是怎样地变幻莫测！特别是当今小说视野窗口是这样的繁荣又芜杂。小说家视野久久流连陶瓷文化，却是小说家永恒的慰藉所在。

悠久深厚的陶瓷文化宛若深深的大海，海的底层静于凝止，却给赖以生存的万物不可抗拒的渗透和濡染；小说家呢，总异想天开，寻找视角寻找机遇来一次或若干次的海底火山爆发，将热灼灼的岩浆搅起叹为观止的海啸，展现于小说视野之中。

犹如痴人说梦。犹如夸父追日。犹如精卫填海。这也是小说家生命价值的追求。爱弥尔·左拉曾把艺术品定义为"通过某种气质所看到的自然的一角"。小说的视野终究也只是一角。

[《南昌大学学报》（人文社科版）2003 年第 4 期；
人大复印报刊资料《中国现代、当代文学研究》
2003 年 12 期全文转载]

---

① 黄仁宇：《万历十五年》，生活·读书·新知三联书店 1998 年版，第 4 页。

一树高花明远村：论景德镇陶瓷文化题材影视剧崛起

摘 要 《祭红》是中国第一部景德镇陶瓷文化题材的电影，但此后这类题材的影视剧仍寥若晨星，进入21世纪后，却出现了一系列与景德镇陶瓷文化题材相关的影视剧，如《青花》《大瓷商》《雾里看花》《景德镇》《正阳门下》等，大导演大明星阵容，出现了收视的新趋向。当然，这与中国经济繁荣、政通人和、"盛世藏瓷"不无关系，但也从中折射出中国人对陶瓷文化正本清源的觉悟。景德镇陶瓷文化题材影视剧却仍存在不少问题，最严重的是"名不副实"，品牌是景德镇，内容是陶瓷，但实质上缺少景德镇的地域特色，因而，强化景德镇地域历史特色，彰显无可替代的景德镇陶瓷叙事，方有景德镇陶瓷文化题材影视剧一枝独秀的天地。

关键词 景德镇 陶瓷文化题材 影视剧

CHINA—中国，china—瓷，中国是瓷的祖国，景德镇是中外闻名的瓷都，以青花瓷、颜色釉瓷、粉彩瓷和青花玲珑瓷享誉中外。而电影电视剧作为城市名片无疑对推介这座城市地理历史面貌与文化遗产精神传承等方面起着重大作用。在中国电影史上，早在"1927年2月21日伦敦举行中国影片《青花瓷盘的传说》首映仪式……这是有确凿记载的一部最早在海外上映的中国影片，而且当时的英国王后陛下玛丽王后亲自出席了这次文化盛典"①。后来以景德镇陶瓷文化为题材的电影却一直捱至1979年才出现一部《祭红》（编剧鄂华，导演张辛实），虽轰动一时，但此后此

---

① 沈弘：《〈青花瓷盘的传说〉——试论填补中国电影史空白的一部早期古装默片》，《文化艺术研究》2012年第4期。

类题材的影视剧却又寥若晨星,然而,跨越千年,21世纪十年之交,银幕荧屏却出现了一系列以景德镇陶瓷文化为题材的影视剧,如电影《青花》(桑华,2004)、25集电视连续剧《青花》(平江锁金,2004)、35集电视连续剧《大瓷商》(吴子牛,2008)、30集电视连续剧《雾里看花》(钟少雄,2009)、30集电视连续剧《景德镇》(滕文骥,2011),还有与景德镇陶瓷文化若即若离的40集电视连续剧《青瓷》(李骏,2012)、44集电视连续剧《正阳门下》(刘家成,2013)等,虽难望火爆的谍战剧、长寿的历史剧、亲近的家庭伦理剧之项背,但比起此前这类影视剧和文学作品的灯火阑珊,怎么也是一种突破性的绽放。固然,这与中国社会由政治性向经济性转型,所谓"乱世藏金,盛世藏瓷"、收藏市场集体发热升温等不无关系,但从深层次来考量,其中亦折射出中国观众对最具中国传统特色的陶瓷文化的回归认同,而陶瓷的烧制过程与人生、与情感之间的某种暗合亦让人产生太多的联想。为此,本文对这一影视现象进行了思考和解析。

一 瓷元素绽放于史诗中

瓷都景德镇窑火千年不熄。

陶,是人类创造的第一个新物质,耐人寻味的是由陶到瓷,却是中华民族的专利。瓷当与中国四大发明比肩而立,是源远流长的中国文化不朽的外衣,是中华文明的太阳永不沉沦的标志。而探索陶瓷文化,绝对离不开景德镇。世界各类词典皆把制瓷的骨骼命名为高岭土,而这名称源于景德镇的郊区高岭村,国外的古陶瓷学者和陶瓷工作者将去景德镇敬为"朝圣"。

历史不可逆,不可再生,故而景德镇的瓷都地位不可动摇。"新平冶陶,始于汉世。"公元1004年,"宋真宗遣官制瓷,贡于京。即应官府之需,命陶工书建年景德于器底,天下于是知景德之器矣"[①]。其时,已有五大名窑,而景德镇,却依凭得天独厚的天然资源,又以海纳百川的胸襟"集各家之长,成一家之法",后来居上。《元史·百官志·将作院》记

---

① 梁淼泰:《明清景德镇城市经济研究》,江西人民出版社1991年版,第5页。

载：忽必烈在灭宋之后的第二年即至元十九年，在景德镇设置了唯一的为皇家生产瓷器并兼造棕、藤、马尾笠帽的官窑浮梁瓷局；明太祖朱元璋于洪武二年在景德镇珠山设置了御器厂，并烧制出第一口大龙缸；明永乐、宣德、成化瓷是中国瓷业的辉煌，公元 1405 年（明永乐三年）开始的郑和七次下西洋带出的景德镇瓷与带回的苏泥麻色料，既展示了中国陶瓷的辉煌，又繁荣发展了中西文化的交流；清代御器厂仍在景德镇，康熙、雍正、乾隆三朝为瓷鼎盛期，工匠商贾每日不下数十万。而且所产瓷器"行及九域，施及外洋"，以至康熙时，欧洲货币皮阿斯特尔可在景德镇贸易中通用。法国传教士昂特雷科莱两次来到景德镇考察，并向罗马教廷寄出了高岭土制硬质瓷秘密的书信。景德镇人口稠密，商贾喧嚣，市井错综，物类荟萃，与朱仙镇、佛山镇、汉口镇并称为四大名镇。1982 年 2 月 16 日，国务院批准景德镇为国家第一批 24 个历史文化名城之一。同年 3 月 12 日，国务院又批准景德镇的湖田古窑址为全国重点文物保护单位。瓷都景德镇，既以御窑皇瓷享誉世界，又以民间青花芬芳全球。

《祭红》是中国第一部名副其实的景德镇陶瓷题材故事片，片名"祭红"寓意深刻，题解多多。祭红是高温颜色釉中最名贵的一种，始创于明代永乐、宣德年间，是景德镇瓷工继钧窑铜红釉后的又一创制。祭红难以烧炼，配方中有珍珠玛瑙乃至黄金，而且一窑千变，火的艺术难以把握。成功的祭红，其色泽与朝霞晚霞霁色，故名霁红。因色泽安详深沉，故朝廷常作祭祀用；又一说因民间有"孝女跳窑"方烧成的传说，故传为祭红。电影《祭红》的片头也正演绎了这一传说，作为传说悲烈感人，但生产恶俗中以童女掷窑，那就太惨烈残忍。

《祭红》采用第一人称回叙形态，贯穿全剧的红线是阶级斗争，将陶瓷工人的血泪仇凝聚其间。其结构形式为因果式线形呈封闭循环形。影片从 1957 年老陶瓷艺人程瑞生面对展厅中一只祭红大瓶，对外孙女周莹童的回忆始，倒溯至 1929 年瓷城土地革命时期。其时程瑞生带领女儿莹童和徒弟徐红宇，立志研制出已绝世的祭红烧炼秘方，后在游击队长周丹的相助下，烧制出了一个祭红美人肩瓶。大瓷霸之子冯家宝上门抢夺，程瑞生宁为玉碎不为瓦全，亲手摔碎了这只绝世之宝。此后，冯家宝软硬兼施，甚至厚颜无耻要迎娶程莹童，皆遭程家坚拒。莹童与徐红宇结为夫妻，冯家宝杀害了组织瓷工大罢工的徐红宇，抢走祭红瓶，还将程莹童押进大牢，程莹童在狱中生下女儿，取名小莹童。周丹劫狱，程莹童却已被押赴刑场，周丹收养了小莹童。解放后，周丹任陶瓷研究所党委书记，带小莹童去祭扫徐红宇之墓时，邂逅瑞生老人，祖孙得以团圆……结尾再次"无巧不成书"，就在祖孙回忆往事时，程莹童不期而至，原来，她死里逃生并参加了革命。一家人终团圆于祭红大瓷瓶前。今天来看，这一悲欢离合的叙事显然过于巧合；从祭红烧炼的技术历史来看，也不符合史实，祭红在明代中期的确一度销声匿迹，但失传百余年后，在景德镇瓷工的探索下，于清康熙朝得以恢复。

2004年同年出品的25集电视剧与电影不约而同以《青花》命名。"青花瓷产生于唐，成熟于元，而它的全盛期是在明清，这已成为史界的共识。"① "元人汪大渊（南昌人）著的《岛夷之略》一书的记载，青花瓷器已经大量输往海外作为贸易之用了。"②

25集电视剧《青花》展示的是一传奇故事，或曰江湖恩怨情仇。围绕着民国时期国宝青花日月樽中的"月樽"被盗和追找为红线编织故事。一时间，北人南下：豪侠任凭风、前清遗老——大内总管秦建栋、北帮等相继来到景德镇查找寻宝，而盗取月樽的日本间谍宫本潜伏景德镇已多年，且野心勃勃虎视眈眈景德镇著名青花世家薄家的青花秘籍，司马家为争青花王不择手段，官商勾结、纠葛难缠，但司马弓最终醒悟，转而护国宝和秘籍。就这样在情感纠葛织就的错综纷繁的网中，上演出一幕幕家族恩怨、民族情仇之大戏。

36集电视连续剧《大瓷商》比起《青花》，更见其中国陶瓷史诗剧之格局和气魄。该剧以景德镇为背景，以陶家、赵家两陶瓷世家的恩怨情仇为主线，展示了几代陶瓷人的悲欢离合，既上接明末清初景德镇制瓷业的变迁，又下连民国抗战民族陶瓷业的兴衰成败，其叙事时空从民国四年秋延展到抗日战争胜利后，在时间跨度上长达30余年；从空间的跨度来看，从瓷都景德镇到省会南昌，从南昌到浙皖鄂粤沪到马六甲海峡，"坐地日行八万里，巡天遥看一千河"，纵横捭阖洋洋洒洒。从陶瓷手工业到陶瓷机械化工业，从制瓷秘籍到技术革命，从工业到商业，从景德镇到省内外，从中国到日本到法国，从陆上陶瓷之路到海上陶瓷之路，《大瓷商》之"大"使出了浑身解数，海阔天空，不可谓不大，彰显了编导视

---

① 万明：《明代青花瓷崛起的轨迹》，《故宫博物院院刊》2008年第6期。
② 《陶瓷史话》编写组：《陶瓷史话》，上海科学技术出版社1982年版。

瓷文化的发掘展现为己任。

史诗格局的《大瓷商》依然凸显瓷元素，一是大龙缸，二是釉里红之美人醉。开片即是景德镇官窑主赵孚生烧制皇帝祭天用的祭红大龙缸失败，祭红与血腥弥漫，信誉与生命相关。众所周知，在生产技术不够发达的时代，大龙缸和薄胎瓷亦是景德镇四大名瓷之外引以为傲的两大奇观。大龙缸以其巨大威严、厚实又灵秀博得皇帝的青睐，成为故宫内防火、用膳、养鱼的龙缸，也用于皇帝地下寝宫点长明灯。而釉里红之美人醉属名贵的高温颜色釉。此外，珠山八友群体也出现在故事中。

瓷元素镶嵌于情感纠葛中。官窑主赵孚生有一子如鑫一女如意，如意自小与民窑主陶盛仁的儿子昌南订了娃娃亲。技艺高超正直侠义的陶盛仁为救赵孚生和童女而以身殉职，但赵孚生却恩将仇报，不仅与眼见衰败的陶家解除娃娃亲，而且落井下石。陶昌南与卫县长的女儿卫秋禾一见钟情，但赵如意却不能忘怀陶昌南，因而处处作梗。当陶昌南夫妇重振家业，研制出美人醉，并将事业拓展至苏皖粤沪等商埠，赵家父子竟耍尽阴谋，欲置陶昌南于死地而后快。赵如鑫后来竟然被日本间谍拉下水成了名副其实的汉奸！这时的赵孚生才良心发现，将儿子逐出家门。最终，赵如鑫误杀妹妹后羞愧开枪自杀。陶昌南之子则远赴法国留学。

这是大导演吴子牛继《大国医》后又一部直面中国传统文化之国粹的电视剧，家族的变迁人物的命运与炼瓷售瓷难解难分，瓷文化的寻根，昭示着中国传统文化是中华民族赖以生存的根基所在，必须寻根，必须代代薪火相传。

与吴子牛齐名的另一位大导演滕文骥2011年也将视角投向景德镇，由他执导、老作家胡正言编剧的30集电视剧《景德镇》理应引起人们的热切关注，但迟迟未能一睹真容，其缘由可能与滕导拍摄期间心梗有关。该剧号称历史剧，主人公张天三从青春18岁到耄耋之年，六十余年其命运虽坎坷多舛，但他始终特立独行，在烧制奇瓷奇器上历经种种磨难却九死不悔。张氏家族几代人、形形色色瓷艺名人、仿古鉴古高手等，生为瓷而生、死为瓷而死，从元青花到明瓷百花盛开，一起演绎出《景德镇》传奇。

立足中国，放眼世界，对陶瓷史和陶瓷艺术的研究，国内外始终为热点，因而将景德镇陶瓷文化题材故事搬上银幕荧屏，定会受到业内外观众的喜爱，是大有作为的。在陶瓷历史上，既有童宾跳窑、孝女跳窑、青花姑娘等民间传说,又有督陶官中英明干练的唐英、郎廷极,凶恶贪婪的潘相等真人真事,还有褒贬不一的法国传教士殷宏绪等,虽然有的已拍成电视剧,有的发表了电影文学剧本,但瓷史传奇多多,仍值得挖掘和拓展,而不仅仅只是家族情仇录。

二 瓷哲理蕴藏于民间叙事

作为史诗式的影视剧,当属元叙事,然而,纵览景德镇陶瓷文化题材的影视剧,编导仿佛不约而同地采取了民间叙事与主流叙事缝合的叙事策略。一是叙事内容多为家族形式,二是叙事情节多为传奇,三是叙事宗旨多以瓷的象喻哲理来探讨人生。正是:人生如炼瓷,真情当珍惜。

瓷,是民族文化与精神的浓缩。"木会朽、石会崩,人会亡,而瓷,却在岁月的长河中依然故我地折射出诞生它的时代的光辉。"瓷哲理昭示着什么呢?瓷是土与水在火的恋膛也是炼狱中的结晶,越是精美的瓷器越害怕碰撞,哪怕轻轻一碰,它就会摔得粉粉碎。这太像人生,又太像人的感情,更不用说女人的感情!

电影《青花》其象喻就十分深刻且清晰,岁月可穿梭,多元显分裂。这部号称为了纪念景德镇建镇 1000 周年而特别拍摄的电影,在形式上的确做了一番现代性的创新探索。《青花》以青花瓷为主线,串起了三个不同时代——元代、清末和民国抗战时代的故事,三个故事应该是各自独立的,但编导让同一个演员杨子扮演同一个名字杨放的角色,恍惚间,造成时光交错,身份重叠,既有中国封建民俗转世之影,又有西方后现代的"穿越"之风。《青花》的影像渲染并凸显扑面而来琳琅满目的瓷的世界,营造出流淌的瓷河的氛围。元世祖忽必烈马背上得天下,为悼念追随其出征而以身殉职的将士,在景德镇御窑厂烧制甜白瓷以纪念,因北人崇尚白,而处于南方的景德镇喜爱的是满眼青绿,雪白山青,审美定式与审美迥异的碰撞,北国风光与江西青秀之交融,使白地青花瓷更上一层楼,元代的杨放是为了青花瓷的创制呕心沥血的大师;清代的杨放留美归来,脚踏被列强凌辱的土地,传统的忧国忧民之心与留学西方的开放,让他想成就一番青花瓷业以报国,然而,报国无门感叹无语。民国时期的杨放仍有着潇洒倜傥的外表,却实质是一利欲熏心的伪君子,无论是对青花瓷还是她的女友青花……也许编导的意图是演绎瓷的长河中人性的异化扭曲，情爱如瓷般柔美又脆弱。

同样，同名电视连续剧《青花》，以及大导演大明星阵容的《大瓷商》，无论是状瓷还是绘人，在家族之间的爱恨情仇争斗纠结的民间传奇中，无论是国宝青花日月樽也罢，祭红大龙缸也罢，都是一种瓷哲理的彰显：人生如炼瓷，土与水的糅合，历经火的炼狱，是成极品精品普通品还是废品，只有出窑才见分晓，但有一条，再也回不到过去了。

40集电视连续剧《青瓷》通览全剧，似乎与瓷的关系不大，更与景德镇不搭界似的，只有个青瓷会所，3D拍卖公司董事长张仲平与扬帆起航地产管理公司总经理颜若水常到此品茶下棋聊天而已，当然，也是雅贿之所，青瓷鸟食罐、青瓷莲花樽、青釉四系罐、刘墉的对联……行贿者心甘情愿将赝品以真价买下。商场如战场，没有硝烟却见迷雾。沉稳睿智的儒商张仲平与老奸巨猾的贪官颜若水的相互利用与分道扬镳；胆大妄为的徐艺对姨父张仲平急不可待的背叛和阴谋、对市长女儿周辛然的利用，以及与祁雨的色钱交易皆赤裸裸令人发指；而张仲平与妻子唐雯及女记者曾真之间的三角恋却又似乎回归真情的追问；法官的家与儒商的家又是另番叛逆……血缘、亲情、友情、利弊等构成盘根错节的关系似乎在实践着瓷哲理！如同《青瓷》副标题所直指的"中国式关系"！在中国，人与人之间的关系就像青瓷一样，充满了珍惜和毁灭。难道官商勾结就是整合资源？难道不择手段为利来往就是人生的最高境界？青瓷，又名青釉瓷，当是中国瓷的鼻祖。唐代诗人陆龟蒙用"九秋风露越窑开，夺得千峰翠色来"来赞颂越窑青瓷。龙泉窑的青瓷则达到了登峰造极的地步。"青瓷"的历史悠久博大精深含蓄温润当是中国式关系的一面，而另一面内敛深藏亦明亦暗似是而非却让人欲说还休，却道天凉好个秋！

其实早在2009年出品的30集电视连续剧《雾里看花》已拨开社会迷雾，看清的是如瓷般精巧又脆弱的人性之花。它为观众揭开古玩领域之神秘一隅，展示了鉴古玩中既有正直慧眼也有邪恶无耻，收藏古玩中既有情义相加也有欲壑难填，仿古造古者中既有技艺精湛生命相托也有以假乱真贪婪捞利。而古瓷是古玩的重要组成，古瓷见证了中国古代文化的博大精深，如同河床，承载着中国源远流长的文化艺术。

《雾里看花》看起来与景德镇也只是打了擦边球而已，其实不然，贯穿全剧的红线当是"朱仿"惹的祸！我们要问的是，仿古瓷有谁仿得过景德镇人？高仿又有哪方水土高得过景德镇？景德镇自公元 1004 年的宋代即与皇家结缘，元明清一直都是皇家用瓷生产地。在科技不发达的古代，皇帝喜欢什么瓷，拿个样品，景德镇人就能仿成以假乱真乃至以假超真。《雾里看花》中的"朱仿"——指的就是圈内第一造假高手朱伯勤的古瓷高仿，他是人是鬼是神？他有天分又勤奋，对古瓷高仿如醉如痴，元青花大瓶、粉彩大瓶皆能以假乱真，却不想祸害人世，件件作品皆留暗记，然而，他又分明抛妻弃子！据称他已死于景德镇窑厂的一场火灾，但他分明活着，大隐隐于市，他就隐在景德镇！或许他就是个景德镇人。他曾被收藏家黄立德利用，黄"囤积"了大宗"朱仿"，后又被道貌岸然的张老绑架以榨取其心血！"朱仿"重现，让拍卖公司、博物馆炸了锅，甚至闹出人命——佟馆长因走眼而自杀！佟馆长的学生郑岩是安蒂克拍卖公司的青年鉴古专家，下定决心探寻"朱仿"的秘密，为老师讨回公道，却原来朱伯勤正是抛弃他的亲生父亲！拨开迷雾，郑岩的正义阳刚聪慧决断，黄亿江的纯情执着，总经理唐景明的坚守原则，夏开林、老鳖对古玩的有情有义，皆张扬着人间真、善、美；而张老的险恶贪婪，黄立德的多重人格，夏海生的蜕变堕落，陈汉书的两面三刀，又揭露出人性的假、丑、恶。最终清者自清浊者自浊，张老、黄立德皆难逃法律的罗网，而朱伯勤郑岩父子不仅得以团圆，父还传子仿古秘籍。古瓷古玩与商战元素搅和，道德学问与黑幕阴谋较量，加之复杂难辨的种种情感纠葛，当代社会人生百态的画卷徐徐展开，与其说是鉴瓷鉴古玩，不如说是鉴人鉴心！

  2013 年热播的 44 集电视连续剧《正阳门下》说的是皇城根儿一群"60 后"知青回城后成长成才的故事。正阳门俗称前门，故事就发生在正阳门下的一个大院里，这群男女返城后，找工作的，考大学的，下海的，风风雨雨中，正直、善良、爱国且能与时俱进的群体有韩春明、苏萌、孟小枣，还有前辈破烂侯、关大爷、韩大妈等；只有一个程建军，打小就是坏种，没干过一件好事儿，嫉妒心极强、损人利己、损人不利己都积极干。俗话说，兔子不吃窝边草，可他就专吃窝边草。他将韩春明视为敌手，阴险告发，结果韩被食品厂开除，又在小车事件上钻空子让苏萌蒙羞，为的是与春明争苏萌，仍不可得后转而拆散李成涛与蔡晓丽，进而离弃蔡而娶了孟小杏，为的是联手坑人赚缺德之钱。他在制假窝点做瓷器赝品，找来玩坑的人演戏，先坑郭大爷，差点出人命，再坑苏萌和她大舅六千万，害得他们倾家荡产。真是心狠手辣！还有喜欢倒腾古董到国外赚钱的关大爷的不孝儿子儿媳。在好坏之间有一群不好不坏亦好亦坏中不溜秋的人物：春明的朋友李成涛、关大爷的孙女关小关、精明自私的蔡晓丽、进城巨变的孟小杏、破烂侯的女儿侯素娥、孟小枣的丈夫李跃进、二哥韩春生等，在一切向钱看的物欲横流的社会中，他们为了自己的私利上演了一出出让人啼笑皆非的小戏剧，但终归没有彻底丢掉人性的善良和真诚。

这部剧可称跨世纪的北京平民创业史，涉及食品厂、建筑工地、拾破烂、恢复高考、去南方、贩汽车、做房地产、做边贸、开雅轩私人博物馆、做环保新材料等等，林林总总、包罗万象，但是，44集中最出彩的还是古玩，尤其是古瓷！虽然涉猎到清代檀木箱子、乾隆亲笔金丝楠木贴盒、明代的面条柜、地主刘满堂家的床等，但让人难以忘怀的是四个珐琅彩小碗的前世今生，茶罢楼、再回楼、聚半仙和茶飘香，瓷与茶难解难分。程建军在制假窝点守着窑口烧制瓷器赝品祸害人间；清乾隆官窑的斗彩罐，写有硬笔的梅瓶，差点要了郭大爷命的青花大瓷瓶，破烂侯祭奠关大爷摔了的哥窑高足八方杯又被他复活了，让韩春明"走眼"的十万大洋的清代高仿笔筒……这一个个真古瓷高仿瓷演绎出人的故事，还是善恶忠奸、爱国主义精神与金钱至上价值的较量。关大爷的"死而复活"见证了人生百态、人心背向，韩春明跟关大爷学到的"决不允许一个好物件流出国内"就是爱国主义赞歌。

韩春明与苏萌长达21年的爱情马拉松，亦是一支哀婉又高亢、悠长又怦然的爱情颂，其中亦蕴藏着瓷哲理。

三　瓷都题材影视剧反思

古陶瓷学者刘新园先生曾说过："七下西洋的舰队和屹立在大江、钟山之间的宝塔早已消逝得无影无踪，长达28000余卷的《永乐大典》，除了残存的几本之外，也都已化为灰烬，惟独有趣的是我们将要讨论的瓷器——那些微不足道且极易破碎的瓷器，却历尽沧桑，在世界各大博物馆以及东南亚和中东的一些中世纪的遗址里依然如故地闪烁着那个时代特有的光辉。"[①]

[①] 刘新园：《景德镇珠山出土永乐宣德官窑瓷器展览》，香港市政局1989年版。

作为世界瓷都的景德镇，理应以相关的电影电视剧为城市名片，推介与张扬这一个城市的地域风貌与历史文化积淀。瓷都景德镇陶瓷文化题材影视剧在21世纪的崛起无疑是大好事，其热度呈稳步上升之势，但是纵览各剧，却仍存在不少问题，值得我们反思。

1. 故事背景空壳化，名不副实

景德镇陶瓷文化题材影视剧的软肋最严重的是"名不副实"，品牌是景德镇，内容是陶瓷，但实质上少景德镇的地域特色，所谓陶瓷元素换成青铜器柴米油盐也可将故事演绎到底，因而，强化景德镇地域历史特色，强化无可替代的景德镇陶瓷故事，当是景德镇陶瓷文化题材影视剧独具特色的努力方向。

譬如《大瓷商》竭力营造一"大"字，但时空的跨越，虚晃一枪处多多，情节内容跟进不够，为海阔天空而海阔天空。虽然立意是高的，但貌似大瓷都大瓷商的史诗，说到底不过是民窑主陶盛仁家族与御窑主赵孚生两个家族的爱恨情仇，还是一二元对立的阶级矛盾。再说"民窑主"这一耳生的词语好理解，所谓民窑主肯定指的是一座民窑之主，景德镇民窑多至几百座是肯定的；而御窑主就有点怪异了，史料载景德镇御器厂生产规模"官窑从洪武时的20座，扩大到宣德时的58座，"① 御器厂明末停造。"清代到康熙十九年（1680）才重建御窑厂。这个御窑厂与明代的御窑厂，已有很大的不同了。"② "这个御窑厂是怎样生产呢？兰浦的《景德镇陶录》记该厂有23个作（与明代的23个作不同），而不记瓷器窑。唐英的《陶成纪事碑记》和历朝地方志，也不见官窑场，看来，清代的御窑厂已不自己烧窑，而是全部官搭民烧了。"③《大瓷商》的故事发生在民国初年，应该没有官窑主。历史上也只听说过朝廷派到景德镇的督陶官，还没听说过什么御窑主。该剧一开始就是赵孚生烧制祭红大龙缸失败得问斩，赵孚生扯出传说要用童男童女烧窑；陶盛仁为了娃娃亲的亲家和无辜孩童，才请命代烧皇瓷的。然而，民窑主如何能替代官窑主烧皇瓷？在有官窑民窑之分的时代，且不说民窑绝对敌不过官窑水平，在等级森严的封建社会，如何能让民窑主来主持官窑烧炼皇瓷呢？在"官搭民烧"的清朝，不存在官窑，就没有官窑主。何况窑主并不烧窑，负责烧窑的喊

---

① 许涤新、吴承明主编：《中国资本主义的萌芽》，人民出版社1985年版。
② 同上。
③ 同上。

"把桩师傅"。电视剧固然不是历史书，不是学术论文，还可以虚构，但历史背景真实一点，故事虚构一点，地域特色岂不更浓点？艺术魅力岂不更强点？或许是孤陋寡闻之故，历史上有祭红大龙缸吗？大龙缸多为青花，也有黄釉、红釉或彩釉。

《正阳门下》那头上生疮脚下流脓的坏小子程建军，是一既非出自陶瓷世家，又无陶瓷专业学习的北京返城知青，只是瞧着仿古瓷能赚大钱，就在京郊搭建的窑里烧炼起来，中间倒是交代了去景德镇学习了半年，但就这么做出了以假乱真的仿古瓷，这也太小瞧了景德镇的仿古技能！为什么近年来两万余名世界各国的陶瓷艺术家成了"景漂"，甚至在景德镇安营扎寨，成了"景德镇人"，或许这就是"橘生淮南则为橘，生于淮北则为枳"（《晏子春秋·内篇杂下》）的问题了，还得有景德镇的地气天气人气！

2. 故事编织同质化，依稀仿佛

故事编织雷同是中国影视剧的惯性弊病，大至题材的趋炎附势，辫子剧、谍战剧的一窝蜂，小至同一题材剧的情节细节的雷同。21世纪景德镇陶瓷文化题材影视剧的热闹中故事编织的同质化已很明显。如《大瓷商》与《青花》，故事结构、人物设置、情节起伏等大同小异。皆是两大家族的对抗，一方代表正义、智慧和刚毅，另一方则为邪恶、愚蠢和阴险。就连多角情感情节也依稀仿佛。25集电视剧《青花》中的情感纠葛如几团乱麻，剪不断，理还乱。薄家与司马家两家族彼此及与其他各方的恩怨情仇，纠缠难解。美丽寡妇夏鱼儿是薄家掌门人，大女小文任性，小女小桃是残疾，大儿薄剑兰厚道。豪侠任凭风来到景德镇后即与夏鱼儿一见钟情，大女小文也对任凭风执拗单相思，更有三春茶楼老板娘李凤白对任凭风痴心一片！这就酿就了纠结不已的四角恋。司马弓则早年丧妻，有独女彩云。彩云深爱剑兰，但司马家大徒弟常野却想当上门女婿，而又垂涎绣娘柳鸣儿，而柳鸣儿恰是司马弓的相好！这又是乱麻一团。接下来最让人懵了的是，原来司马弓是女扮男装！她与柳鸣儿是女同性恋？还仅仅是为了青花瓷？让人看得眼花缭乱，匮乏的是人文底蕴！爱为何爱？恨为何恨？制瓷秘籍与武侠片中的"葵花宝典"已混为一谈。哪有景德镇真正的内质和气息？

《大瓷商》里赵家、陶家两家，陶家又是寡妇当家，又是坏蛋赵家女儿如意挚爱陶家男儿；陶昌南酒后又有个雪玉；卫秋禾又有个法国男友，爱与情生出多角多岔；虽然比《青花》晚播出 4 年，但是，两部剧在观众的脑海中还免不了交叉穿越，混沌朦胧。

在 2008 年春节晚会上，周杰伦一首词雅致、曲古典加通俗的《青花瓷》，醉倒海内外国人。其实，词曲作者及演唱者并没有真正懂青花瓷，青花瓷一点也不朦胧，它的美是：青是青白是白！一青二白。

现实剧《雾里看花》由古玩看人心识人性悟人生，古瓷，尤其是高仿瓷占了很大的分量，播出后收视率和反响都不俗；于是，《青瓷》干脆由瓷来象喻中国人的形形色色的关系；《正阳门下》也将高仿古瓷作为重头戏。看来看去，你中有我我中有你，大同小异。其实，景德镇陶瓷文化题材太丰富多彩，后者不必跟进前者故事的思路，虽然这样做可借力可讨巧，但是，创新才是真正的生命力。

3. 情感纠葛人为化，过于求异

《大瓷商》中，赵父不仁不义落井下石恩将仇报，但赵家女儿如意仍在意陶昌南，最后为护卫昌南而死在呵护自己的哥哥赵如鑫的枪口下，这样的深情挚爱本可让人惋惜慨叹，但剧中此女子却非善良之辈，因忌恨与陶昌南相爱的卫秋禾，竟借助来景德镇传教的英国神父华莱士，指使青羊山的土匪刘猛子在县城劫走了卫秋禾，幸亏陶昌南在寻找卫秋禾时巧救刘猛子的老母，孝子刘猛子才放回卫秋禾。固然不能说，婊子绝没有贞节的一刻，烈女绝不会有淫荡的一瞬，但是，人物性格心理的多态多变的塑造总得合情合理，让人信服才好，否则就成了精神病患者。

从剧中人物命运的展示来看，有过多的巧合、误会和突变，人与人之间的情感纠葛竟纠结在这么多的偶然性上，编造痕迹重，看着都不踏实。陶昌南与卫秋禾的相识相爱过于罗曼蒂克；赵如意对陶昌南的痴情缺乏铺垫，如若处理成忌恨使然的话，这个女人就不可能如此善良和忠贞！陶昌南与卫秋禾之外的第三者王雪玉更不可思议，父亲为报答救他于破产边缘而后活的恩人，也不至于献出女儿去做他人之妾吧？偏偏这个王雪玉又是个先人后己的善良情种，忍气吞声忍辱负重，从心甘情愿做妾到献出儿子默默离开到皈依佛教；看来编导有根深蒂固的妻妾同堂情结。而且，也没让卫县长的女儿秋禾闲着，她还有个将她从病魔手里夺回来的法国同学麦克伦呢，不过，他们只是纯洁的中性友情，因为剧终是麦克伦夫妇带着陶昌南与王雪玉的儿子陶思北到法国去深造以报效祖国为结尾。这让人想起将瓷器的骨骼高岭土寄到法国去的传教士殷宏绪（中国名字），正是这个法国人让硬质瓷的烧制传到了欧洲，但他是科技与和平的使者，抑或是一个科技间谍？也很难说得清。剧中还有一丧尽天良的英国传教士，所以，编导很可能仅仅根据景德镇瓷都历史的碎片，或只不过一鳞半爪而想入非非。

  中国影视剧必须有中国文化特色。"中国古老文化可供电影发掘的资源何其丰厚，何以火爆全球的《人鬼情未了》（1990）是美国电影？拉坯制陶瓷竟成为美国式镜头经典？中国是瓷的祖国，可夺得当年威尼斯电影节银狮奖的沟口健二的《雨月物语》（1953）恰恰是凭借了陶瓷的神秘与神奇意境。"低矮的窑屋、拉坯胎的辘轳车、冒烟的柴窑、茫茫雾霭、夜运瓷器的小船、女鬼若狭……陶瓷意味、聊斋意蕴，依稀仿佛、似曾相识。"[1] 不能不让景德镇人扼腕长叹！而今，到了景德镇陶瓷文化题材影视剧崛起的时候了！日本古陶瓷学者三上次男说："瓷片就像是一片片神奇的甲片，静静地沉睡在……荒凉的城镇遗址和古窑址的各处。当我看到它那不加修饰的、可爱的身姿，便不由得伸出手去把它拾了起来。于是它内在的美便化作歌声轻扬，而藏在它身上的历史就涌现在我的眼前。"[2] 难以计数的数字符号和立体形象显然可以还原演绎出景德镇的陶瓷文化故事，但重要的是把握传统历史文化的"本真"，成为瓷都景德镇的货真价实的名片，而不是对历史的背离，对地域的似是而非。

（胡辛、何静《江西日报》2013 年 11 月 25 日；
胡辛、鲍欣璐、何静《江西社会科学》2015 年第 3 期）

---

[1] 胡辛、邓煜：《中国电影民族化与数字化兼容思考》，《艺文论丛》，江西教育出版社 2012 年版。

[2] ［日］三上次男：《陶瓷之路》，文物出版社 1984 年版。

瓷行天下

> 木会朽，石会崩，人会亡，
> 而瓷，历经岁月的沧桑，
> 哪怕粉身碎骨，其质也不变，
> 依然故我地折射出分娩她的时代特有的光辉。
>
> ——刘新园

1

喜欢书名《瓷行天下》。

天下者，我们的天下。青年毛泽东20岁的豪言壮语，文白相夹的大汉语言，至今仍振聋发聩，一种天下主人的自信，从《国际歌》的不屈的悲壮，到满目苍凉大老中国土地上湘江青年的霸气和从容，当是永恒的铭记。

瓷行天下，其主语是"瓷"。中国自古有"行天下"之精神，秦汉发扬至极。

近人许之衡在《饮流斋说瓷》中谓："瓷虽小道，而于国运世变亦隐隐相关焉。"瓷，历经岁月的沧桑，无论是传世于人间、埋入地底、沉入海洋，哪怕粉身碎骨，其质也不变，不仅仅只是承载和折射出中国的历史，而且由于瓷的不朽，还可以说，她就是硬质的"史记"，是中国与世界来来往往的不朽的外交书，是超前的瞬间艺术，是另类的影视摄像的定格、定格、再定格……瓷，却又是世俗的，是最早走向海外、流行最广的承载着中国文化的世界性商品。

无须讳言，中华民族以农耕文化立身，以黄色文明著称，黄河黄土地是炎黄子孙的生存之根，同时，中国还是一个濒海大国，海岸线总长度3.2万公里，有1.8万多公里的大陆海岸线，海洋面积达300多万平方公里……自古以来，中国人祖祖辈辈从不以海为尽头，在此止步。溯中华文明之源而上，距今大约7000年的河姆渡新石器时代遗址中，遗存物中就有六支木桨，还有一具夹炭黑陶质的独木舟模型；湖北宜都县红花套遗址中，也出土过独木舟形陶器；龙山人在渤海及黄海北部沿岸和岛屿上，遗留下逐岛漂航前进的足迹。新石器时代，沿海中国人已在海上搏击，浪遏飞舟！安阳殷墟妇好墓中出土过上千枚作为货币的海贝。在沿海临近岛屿之间进行短距离的航行早习以为常，而创烧印纹陶器的赣地干越人也一样善驾舟楫……现代人很难想象远古人类跋山涉水的跨地域交流，更大大低估了他们挑战海洋的冒险精神和航海探索的实践。

　　黑格尔说过：平凡的土地，平凡的平原流域，把人类束缚在土地上，把他们卷入无穷的依赖性里边，但是大海却挟着人类超越了那些思想和行动的有限圈子。

　　仿佛依恋土地成了农耕文明难以超越的代价。人类从狩猎到农耕，有人说是八千年前从一只女人的手采集种子开始的；翻开权威性的《中国陶瓷史》第2页，见："陶的出现无疑应归功于女性。"那么，烧制出第一件陶器的是什么时候何方女人呢？这双手淘泥盘筑成或蚌、或植物果实、或磨凹石头的样子，并一不小心在火上烧成了可盛水盛物的容器？陶瓷历史莫非真是一部隐形女性史？试看今日，如我国云南傣族和台湾高山族，制陶还是由妇女来承担；西方陶吧最受青睐的也还是妇女。

　　以往学界共识：陶器的创造为全球各地各族前后相差不远的共同发明，然而，2012年6月28日美国《科学》杂志发表《中国仙人洞遗址两万年陶器》一文，公布中美联合对万年县多次考古的结果——石破天惊！经提取陶器残留的有机物进行直接测定，将中国早期陶器出现时间确定为两万年前！这是目前世界已发掘出土的陶器的最早年代。出土遗物夹粗砂条纹陶、绳纹陶，是世界上目前发现年代最早的陶器标本之一。比"中国广西桂林庙岩遗址出土的素面陶，西伯利亚阿尔穆河地区符米、乌斯季洛夫卡三号遗址、日本国大平山1号遗址出土的早期陶器"早2000—5000年。中国江西省万年县当之无愧是世界陶器起源地。陶史的改写不是偶然的。要知道，在距今1.2万年的万年仙人洞新石器时代的地层中发现了野生水稻植硅石标本，印证先人们已经在采集野生水稻作粮食；又在距今 1 万年左右的地层中发现的水稻植硅石标本具有栽培稻的特征，印证此时已在人工种植水稻；还在距今 0.75 万年前后的地层中发现的水稻植硅石标本全部都是人工栽培稻，有力地证明了万年是迄今为止发现的世界上最早的水稻发源地。农业遗存与文化堆积相映生辉。"万年"之称名副其实。距万年仅 200 里之遥的景德镇为公认的世界瓷都，这，应该不属偶然现象。

陶是人类创造的第一个新物质，是人类社会发展史上划时代的标志。她是人类最早通过物理化学变化创造新物质的创造性活动，是人力改变天然物的开端，恩格斯在《家庭、私有制和国家的起源》一书中认为人类学会制陶术标志着人类蒙昧时代的结束，野蛮时代（新石器时代）的开始。说到底，陶瓷本就是人类的物质文化历史。

从泥台盘筑到慢轮修整，从露天平台堆烧到棚内平地封泥烧制；红陶、白陶、黑陶、灰陶、印纹硬陶、原始瓷……由陶到瓷，是人类物质精神文明的再次飞跃。硬质瓷让中国独领风骚 1700 年，是走在世界各族前面的持久的先锋！

中国，是陶的摇篮，是瓷的祖国。瓷、丝、茶，当与中国古代四大发明比肩而立，堪称七大发明；瓷本身成为永恒的中国符号和不朽的史书。

中国原始瓷始于 3000 多年前的商周时代，到了两汉时期，原始青瓷逐渐走向成熟，发展成青瓷。1700 余年前的东汉，我国就有了真正的瓷。

从秦汉至大清帝国，既遇太平盛世，更经战火动荡，在改朝换代的腥风血雨中，名窑名瓷改换门庭，甚至远逝消亡，但任凭跌宕起伏迁徙流沛，中国瓷却"西方不亮东方亮，黑了北方有南方"，窑火熊熊几千年不熄。尤以江西景德镇后来居上，成为名副其实的世界瓷都。

中国外销瓷自是中国陶瓷史不可分割的一部分，构成全球一体的世界文化史的绚丽篇章。有学者梳理出中国外销瓷的三个高潮：晚唐五代到宋初，达到第一个高潮；宋元到明初是中国瓷输出的第二个高潮；明代中晚期至清初的 200 余年是中国瓷器外销的黄金时期，为第三个高潮。如此提炼，自有其道理，但似乎过于纠缠，其实，不如干脆为唐、宋、元、明、清五次浪潮，各有潮涨潮落、跌宕起伏，只是委屈了汉代。

汉武帝雄才大略，国富兵强。汉武帝时代张骞两度出使西域，其后苏武、班超、甘英等的前赴后继，不仅谱写了民族魂正气歌，为抵御外族侵扰写下了可歌可泣的篇章，而且于战争中开拓了传颂千古的友好和平丝绸之路。丝绸之路从长安出发往西，经甘肃河西走廊及当今的新疆地区，远达中亚、南亚、西亚，以至地中海东岸各国和南欧、北非等地，绵延7000多公里。

海上丝绸之路亦形成于秦汉之际，既开辟了通向朝鲜半岛及日本列岛的东海航线，又开辟了通往印度半岛南部和斯里兰卡的南海航线，从文献记载、出土出水传世馆藏等考古资料相印证来看，中国的瓷器、水稻自秦汉就有抵达日本、朝鲜、越南、印度等国家，并热情向其传授制瓷技艺和栽培方法。

泱泱大唐，既以恢宏的气度撒播华夏文明，又以博大的胸襟海纳域外多元文化，正是在东西文化交流碰撞中成就了大唐耀眼的辉煌。陆地丝绸之路之外，广州通海夷道延伸了汉代由徐闻出海的航路；唐代已可建造五六十米长、带有水密隔舱的先进大船，可满载远航至阿曼、波斯、巴林沿海一带，还可换船经红海运至北非埃及等国家。彼地商船也可直接同中国广州、泉州等港口通航。在这些异域港口旧址，都曾先后发现大量中国瓷器及碎片。1998年"黑石号"阿拉伯沉船打捞出的唐代瓷器，尤见证了这个熠熠生辉的时代。

瓷，又经三国两晋南北朝在器形装饰釉料上的潜心发展，至唐代上了一个高峰。鲁迅言：唐室大有胡气。泱泱大唐以自信、开放、包容的阔大胸襟向海外运销瓷器、丝绸和茶叶，又以"拿来主义"丰沛大唐文化，如吸纳外域元素创烧的唐三彩陶就风靡一时热销外域，在辐射与交流中，奈良三彩、波斯三彩、埃及三彩、新罗三彩争奇斗艳。唐代的诗情画意浸淫于外销瓷中，飘溢于葡萄美酒里，伴随驼铃声声，行走于陆上丝路，豪放、绚烂、张扬。在伊朗的麦什特、尼夏浦尔、累伊、伊斯法罕、阿尔德比勒、大不里士、西拉夫、忽鲁谟滋等地皆发现了唐代至清代的中国瓷器。其中，丝绸之路必经之地累伊便出土了大量唐越窑青瓷邢窑白瓷和南宋龙泉青瓷等。

海上丝路一从扬州或明州（宁波）经朝鲜或直达日本；二从广州出发，到东南亚各国；或出马六甲海峡进入印度洋，经斯里兰卡、印度、巴基斯坦到波斯湾。有些商船还可继续沿阿拉伯半岛西航抵非洲。在这两条航线上的亚非各国陶瓷遗迹中有出土晚唐五代宋初的瓷器。

至宋朝，北南五大名窑风采迥然各领风骚，瓷的远销盛销掀起中国外销瓷澎湃高潮。瓷器在海外还是一昂贵的奢侈品，只有皇室贵族富豪才能享用，而在中国早已进入寻常百姓家，为日常生活用品。宋朝风花雪月、精致多彩的慢生活，宋词的婉约与科技的突飞猛进，仿佛烧融进宋代的单色釉瓷里，才有了赤橙黄绿青蓝紫的辉煌灿烂，但到底敌不过天青的纯洁高贵缥缈玄妙。难怪外销瓷成了海外贸易的大宗，如12世纪旅行家伊不·朱拜儿所见所言："舶货中以中国瓷器为大宗。"从北宋到南宋，江山半壁，国运渐衰，然而，海上陶瓷之路却空前繁荣，宋元时期，景德镇崭露头角，东南沿海遍布烧造贸易瓷窑场，瓷，成了宋朝经济支柱之一。

而此时外销瓷运输的航线，主要有航行到东北亚、东南亚诸国的航线及通往波斯湾等地的印度洋航线。印度洋航线贸易的繁荣则是当时中国航海成就的重要标志：一是可从波斯湾沿海向西行至红海的吉达港，之后上岸陆行至麦加；或在苏丹边界的埃得哈布港上岸，驮行至尼罗河，再顺河而下到福斯塔特（古开罗）；还可以从红海口越曼德海峡到达东非诸国。二是开辟了从马尔代夫马累港直达非洲东海岸的横渡印度洋的航线。

到了元代，马背上的游牧民族在横刀跃马踏平欧亚的同时，却能敏锐地把握纤细的瓷作为贸易主打，粗犷霸蛮却不乏精明的生意经。《马可·波罗游记》为元初留下开放全景。消逝几百年的唐青花因了波斯蓝钴波斯匠人的加入，元青花终在景德镇能工巧匠的极致发挥创新中强势绽放，征服了广大的伊斯兰教地域，仰视于神庙神龛，静默于墓碑，亲切于餐盘茶盅，好一个瓷行天下！元青花外销成国库充实经济繁茂之举措，迅猛掀起外销瓷的又一次高潮，南昌人汪大渊在元末两次践行海上陶瓷之路后，著述《岛夷志》，以所见所闻指证景德镇的青花瓷已成外销瓷的主打。

毫不夸张地说：明清时期当是中国瓷器的黄金时代，明清瓷器曾经征服天下。景德镇则为"天下窑器所聚"，以海纳百川之胸襟，一跃成为独步天下的世界瓷都。明代外销瓷很值得深入探究。郑和七下西洋，无论是炫耀国威朝贡情结说还是发展外贸维护和平说，客观事实是中国外销瓷已形成大高潮，是一次次主动的重拳出击，远早于大海洋时代的地理大发现。但是，为什么会失之交臂？至晚明政治腐败与外销瓷贸易火红的强烈反差，是被动性不无虚假的繁荣，却又是一次懵懂的错过，而历史给每个民族腾飞的机遇和选择是不会太多的。

明代中晚期至清康熙盛时，中国瓷器外销潮蔚为壮观。尤其是康乾盛世为巅峰，但是，最繁华时也是最荒凉。巅峰之后是再无悬念的低谷和逆转，非"竞争就是如此残酷"的轻描淡写，而是瓷运与国运的互为象征象喻！

珍贵的瓷，本是历朝历代千千万万能工巧匠的心血汗水凝练，然而，大历史几乎忽略"瓷器"二字，陶瓷历史也极少记载瓷匠姓名甚至根本没有留下其真名实姓。所谓陶瓷史的正本清源，所谓御窑皇瓷的精品鉴赏，所谓民窑瓷器的洞天别地，甚至当今升温的外销瓷热，有哪一样不是随着改朝换代的变迁，顺着一个个皇帝的名号年号把握皇帝们的好坏优劣精明昏庸揣摩他们相同相近或大相径庭的艺术情趣审美走向去推测猜测探研之？似乎只有以官窑御瓷为主，才能凸显中国陶瓷乃至世界陶瓷演进的线路，而民窑瓷与外销瓷无论怎样冲缺，也难逃皇家的天罗地网，又怎能柳暗花明另辟蹊径？这是怎样的不公和悲凉！但是，当你漫步于景德镇布满古窑址的土地上，徜徉于或依旧繁华或已湮没的港口，航行于浩瀚海上往昔今朝陶瓷之路时，在你的寻寻觅觅和深情呼唤中，那原本静静地沉睡的破损的瓷与碎片便苏醒过来，悠悠地向你行来，古老的瓷文明被轻轻地叩响……

你不能不承认，帝王的意志、眼光、魄力和情趣主宰着一代代瓷的命运，浓烈地影响濡染着一代代瓷的审美走向，并且决策着把握着瓷行天下的有无、近远、力度和影响，禁海开海屡禁屡开，但毕竟广州、泉州、明州、杭州、厦门、福州、月港等从未完全彻底禁闭，禁中的输出输入不绝如缕，正如黑格尔所言：存在的就是合理的。景德镇之外，靠海的浙江福建广东瓷业亦蓬勃发展，高质量的德化白低质量的汕头器也为海外富贵者贫贱族爱不释手。瓷器在海外也从庙堂之高普及到黎民百姓，改变世人的饮食品质生活格调和审美情趣。而西方瓷的接受史研发史又岂能离开一个个皇帝的为瓷而狂？无论是大小语种南腔北调说着同一句俗话：一方水土养一方人。无论是智者庸者也说着同样的话语：帝王也是人。普普通通的人。帝王如何能割裂与一方水土与平民百姓的种种关联？御窑民窑又何尝不是在官民竞市中碰撞？如同层韵涌叠着层韵，何能不抵牾不交流不杂交，以至水乳相融？唯其如此，瓷文化才生生不息吧。

外销瓷，又名贸易瓷、输出瓷，是今日对古代行至外域瓷的种种称谓，其定义定位多可商榷，约定俗成中暂通用之。学者王光尧提出的输出瓷，涵盖政府外交用瓷器、官府贸易瓷器和民间对外瓷器贸易三部分。在不同的历史时期内，因国家政策的变化，民间贸易分为公开的、受政府鼓励的正当贸易和政府禁止的走私贸易双重形态。王氏界定比较客观全面。

当下外销瓷热中有一种倾向，将官窑（御窑）瓷排斥在外，这既不符合事实，更不符合策略。民窑瓷器民间贸易输出，固然是瓷行天下生机勃勃丰富多彩的组成，但有研究者称：外销瓷完全可以与官窑瓷比肩而立，甚至称外销瓷已超过了官窑瓷的质量云云，似偏激。官窑之精益求精、不惜工本、百里挑一等，是民窑难以超越的；况且，官窑瓷没有外销吗？官窑瓷为朝贡贸易外交赏赉也是不小的需求，皇帝对朝贡之国的赏赉瓷器，虽说遵循"厚往薄来"的原则，但是，到底是有来有往，与民间互市并无本质性的区别，无非是各自特产的交换，实质上仍是一种特殊的贸易。以瓷器来说，其含金量在于技术，而非物质成本。欧洲文献记载，1541年，一件装饰葡萄牙王室徽章的中国瓷器约相当于几个奴隶的价格；1717年，奥古斯特二世用600名全副武装的龙骑兵，换取普鲁士国王的151件康熙瓷器，一件中国瓷器，价值四位壮士……这是史实，近乎神话，但永远不再。因为其时仍只有中国能烧制出臻精臻美的瓷器，别国只有艳羡；一旦瓷技泄密，也就后来者居上了。

外销瓷可粗分为三大类型：一大类与内销瓷一样，其器形纹饰风格皆传统型，只是卖给外国人而已；另一类则是迎合外域风格或干脆按照外国商人的要求甚至由外国人设计的定制瓷，这一类如伊斯兰风格瓷、克拉克瓷、纹章瓷、外国定制瓷等，这类瓷当时在国内罕见；第三类是前两类的结合。

2

明代的瓷器输出，当是该书浓墨重彩的核心章节。它既承接了来自秦汉唐宋的瓷贸易外交丝路，发扬光大了元青花外销风靡域外之传统，又奏响了清代青花、粉瓷征服世界的序曲。青花，有明一代于外销瓷的主流的同时，随着质的飞跃，已替代臻美单色釉瓷上升为国内瓷之主流，唯有青花真国色。不排斥审美逆袭之故，但是，青花与中国水墨画的异曲同工当是无论雅俗贵贱皆认同并喜爱的重要因素。虽然明为清所亡，但瓷文化的传承与交流却始终涌动于域内海外，平添了别样的灿烂绚丽和苍凉悲怆。

洪武初年，草根出身的皇帝朱元璋，即有非常严厉的海禁："片板不许下海。"仿佛农民的狭隘性使他目中无海，一夜之间断送了自汉唐以来愈见繁荣的海上贸易，然而，史实究竟是怎样的呢？不错，朝贡体制和

"海禁"政策是明早期外交政策的两大支柱,也是海外贸易的两个极端。然,《明史·食货志》载:"洪武初,设于太仓黄渡,寻罢。复设于宁波、泉州、广东。宁波通日本,泉州通琉球,广州通占城、暹罗、西洋诸国。"朝贡贸易于明初做得风生水起。而朱元璋人生经历与长江、鄱阳湖和景德镇有着不解之缘,于争霸称雄中何能不识水性水路?从洪武二年便迫不及待地在景德镇珠山建御器厂,从他对陶瓷生产的异样关注和不惜工本的探研中,是否可推测这位农民皇帝不同凡响的远见卓识?并以此影响朱家王朝三百年经济策略和审美偏好?

永乐大帝的伟大,并不因他的种种恶行而湮灭。英雄与魔鬼就这样交集于朱家老四一身。永乐三年(1405)七月,郑和奉明成祖朱棣之旨,率208艘宝船、27000余成员组成浩浩荡荡的水师舰队,从南京龙江港起航,经太仓刘家港集结出海,驶向福建长乐太平港驻泊,等到秋冬之交东北季风起,即从福建闽江口五虎门出洋远航,到达越南归仁、印度尼西亚爪哇、马来西亚、马六甲、苏门答腊、斯里兰卡、印度各地……郑和在古里(印度南部)立下明朝下西洋的第一块纪念碑,于永乐五年(1407)九月归国——史无前例的壮举就这样从容沉稳又隆重热烈地拉开了序幕。是中国大海洋贸易的开启?乃至是世界大海洋时代的先驱?对此,众说纷纭,莫衷一是。肯定者认为郑和下西洋具有划时代的意义,扬国威,显军力,耀明朝。郑和一行充当的是和平外交、文化交流使者,与东亚、东南亚各国在朝贡体系内建立了新的贸易秩序,与西亚、东非建立了直接贸易关系。这是主流的政治和外交上的意义。开创了中西"直接国际贸易和文化交流"。尤其是带回了青花瓷所需的苏麻离青,红釉瓷所需的胭脂石,还有香料、苏木、染料等重要用品,正是外需内需齐拉动,似乎向着"万邦低首拜王朝"的最高境界渐行渐近。否认者则认为是全然劳民伤财的"面子工程",与外贸无关,分明是追捕建文帝……其实,各论点只要退一步便海阔天空。朱棣是伟大的也是自私的,是要面子也是会算账的,既达到了政治和外交的目的,又查到建文侄儿没在海外兴事,何乐而不为?从洪武之治、永乐盛世、仁宣之治到弘治中兴好年华,前后68年,没有海上贸易,强撑得了吗?性格决定命运,霸气的永乐帝一言九鼎,摧枯拉朽,于瓷上,明永宣青花国内海外前世今生从未凋萎,其红釉蓝釉瓷亦让后辈自愧弗如。靖难之役谁对谁错?宫闱争斗的血腥残酷自古如此,而背上"篡位弑侄"罪名的朱棣倒是大胸襟大气魄,干出了让整个明朝,不，至今也难望其项背的轰轰烈烈大事业！

让我们穿越六百余年的时间隧道，遥看郑和七下西洋，几百张风帆或迎风张扬于波光万顷的海面，或顶风冒雨沉稳行驶于水天之间，或静驶于万籁俱寂的星光月色下，27000多名将士佩剑持刀的水师方阵，却只为和平友好往来，而且七下西洋，皆安全往返，何故？除上苍眷顾、顺乎天意民情之外，是明朝已拥有先进的航海设备和技术，白天以指南针导航，夜间以观看星斗和航海罗盘定向，即使在洪涛接天、巨浪如山的险恶条件下亦能云帆高张、昼夜星驰。要知道，郑和下西洋比意大利哥伦布远航早87年，比达伽马绕过好望角到达印度早83年，比麦哲伦完成全球航行早了107年。

从宣德帝朱瞻基力排众议，主持郑和七下西洋的决心，可看出他对祖父的敬仰和继承，然而，在六朝古都南京成长的他，江南风情的濡染熏陶，风流倜傥中还有"斗促织"之嗜好！如果说豪气霸气的永乐瓷器偏偏追求清新秀丽，那么温和雅致的宣德帝却恰恰向往厚朴雄浑；宣德龙云纹瓷十分凶猛昂然，张牙舞爪，气势逼人，为什么？宣德八年（1433），郑和倒在第七次回国途中，而正是在这一年，宣德帝一次就命景德镇烧造各样瓷器443500件！难道不是为其踌躇满志继续第八次下西洋而烧制的吗？然而，后继无人。下西洋戛然而止。龙云纹是否是宣德帝内心的宣泄？那斗蟋蟀的小小雅好，是玩物丧志还是郁闷的另一宣泄口？从宣德青花瓷特殊的淡雅晕染中，仿佛嗅到李隆基、李煜、赵佶的文艺气息。宣德青花瓷的器形纹饰等波斯化减弱，有回归传统之倾向，是青花国色的前奏。宣德帝在位仅10年，36岁就撒手人寰，壮志未酬。宣德时期，民窑亦数量大增，质量颇佳，外销暗流汹涌。

随着朱棣驾崩、郑和病逝、宣德离世，人亡政息。郑和前后28年费心费力所建立的与远航贸易航线相匹配的基点网站也随之衰败消解，空留断壁残垣、荒草野蒿。郑和七下西洋是声势浩大的国家行为的"瓷行天下"。朱棣、郑和没有错，有过的是后代后人的不珍惜、轻言放弃抛弃。

正统、景泰和天顺时期被学界业界称为瓷器的黑暗期空白期，后出土古瓷否认了此说，但瓷业从鼎盛跌入低谷则是无疑的。值得欣慰的是，瓷的外销并没有完全空白，大概在皇帝自顾不暇时，海上瓷器走私贸易反而获得了空前的自主自由，更见热闹。

成化帝朱见深对瓷细腻至极的感觉和独到之见，成就了一代成化瓷。可谁知瓷的光辉是以皇帝内心的悲哀和无助酿就？从太子到弃子的惊骇，从宫女万贞儿的护佑到他对她的终生依恋,希冀"一团和气"的他似无大作为,只是热衷瓷给了景德镇人探研的天地和动力;成化瓷常仿宣德瓷,成化人自觉地对宣德瓷的致敬:"恨不生同时"也。成化斗彩是以柔克刚以小博大另辟蹊径的创新,其精益求精纤细雅致的审美品位,在当时就为珍稀品,明万历帝、清乾隆帝皆爱不释手。躲进"斗彩"的成化帝,可能从未热心于瓷的外销,可能从未嗅到世界的变化,大西洋的涛声在他:与已无关,有点远。吊诡的是,成化瓷行天下五百年而不败,当今的国际拍卖会上亦创天价。将质量做到极致,便是制胜的法宝。

悲惨童年的弘治仿佛修成正果,完美皇帝真正做到了父亲向往的"一团和气"境界,在瓷的内产外销中亦走着中庸之道,他的节约为本扼制了官窑生产,但独具匠心的"黄釉"也让人眼前一亮。他的仁厚和悲天悯人则让民窑生产和外销一度海阔天空般舒畅。而此时,欧洲人不屈不挠已开辟了新航路,大海洋时代惊涛拍岸,随着葡萄牙人、西班牙人和荷兰人相继东来,异域人要求与中国自由贸易,尤其是做瓷器生意。弘治与其独子朱厚照正摊上这个接点,或曰节点,不能说他们对世界巨变毫无察觉,但是,他们都没有做好充分准备。

厚照——这名字就蕴含着弘治寄予的厚望。但过分的爱,培育出一个超时代的中国古惑仔,宛如当今的恶搞君。话还得说回来,这位混世魔王根底还是善的,他喜爱瓷,尤喜在瓷上大书特书阿拉伯文、波斯文,但器形却从伊斯兰形回归中国传统。他对新鲜事物西洋人物充满了好奇,第一个基本同意接见葡萄牙国王派出的使团,只是造化弄人,31岁的朱厚照死于意外,喜剧变悲剧。在正德时期,景德镇完成了第一批葡萄牙定制的特种外销瓷——纹章瓷,是在他的批准、默许还是浑然不觉中偷偷完成的?谁知道呢。他还营造了外销瓷出口转内销的境界。只是,这些曾被学界淡化或忽略,直到今天,才被学者们发掘拼贴还原出来。从1514年(正德九年)葡萄牙航海家科尔沙利进入广州购买景德镇瓷器10万件回国,至1517年(正德十二年),葡萄牙商船怀揣国书驶入广州港,虽未能签约,但葡萄牙客观上成为欧洲第一个同中国进行直接贸易的国家。以往只能直接抵达地中海和东非海岸的中国瓷器,自此已能绕过好望角沿着西非海岸北上,直达欧洲了。

至嘉靖帝朱厚熜,刚登基还没改年号,中葡即在屯岛海战,这一仗打出了中国国威,但葡萄牙却仍在闽浙沿海纠缠不已。朱厚熜,天性吝啬性格固执心胸狭隘,其小宗出身的自卑使他过分自尊,从登基前夕到在位的45年,争国本、壬寅宫变,久不上朝,朝廷内外谁都没有过上开心的日子。他痴迷道教,不忘搜刮,民间歌谣云:嘉靖嘉靖,家家俱净。至于海外贸易,他反复无常。奇异的是,嘉靖外销瓷终热火朝天,飞速发展。青花瓷当之无愧地成为海内外瓷器之主流主打。

这期间,葡萄牙人已然建立了太平洋西部的跨洋贸易航线。其主航线是里斯本—果阿—马六甲—澳门。以澳门为中心,分为东、西两段,即里斯本至澳门为西段,澳门至长崎为东段。西班牙人则开辟了从马尼拉至墨西哥阿卡普尔科的大帆船贸易航线,在美洲白银的诱惑下,大量中国商船从月港载运至马尼拉,然后由西班牙大帆船横渡太平洋,转运到阿卡普尔科等地,或再转运至中美洲、南美洲,或越过大西洋远销西班牙。于是,跨越两洋、连接美洲和欧洲的贸易航线就建立起来了:漳州月港—马尼拉—阿卡普尔科—塞维利亚。

以中国为中心的环球贸易航线就此形成,真正的海道大通。葡萄牙、西班牙将中国瓷器远航世界各国,从事瓷器转口贸易,大发其财,而客观上也起到了为中国瓷器广而告之的作用,主动为中国瓷器开辟了新的市场。他们到底从中国采购了多少瓷器,目前并无准确的数据。但有学者做过粗略估计,即以葡萄牙从1522年始至1599年每年两艘远航船,西班牙从1573年起也如是,每年航行一次,每次每船装1万件瓷器来看,那么16世纪中国也出口了210万件瓷器。

新航线的开通,也就意味着葡萄牙西班牙掌握了制海权。中国的海外瓷器贸易也就从主动变为被动。尤其是马六甲被葡萄牙侵占,等于反客为主,扼住了中国自古以来与东南亚、西亚的交通贸易的咽喉,阻隔了下西洋建立的贸易网的顺畅。随着中国航海等实力每况愈下,也只有眼睁睁看着由西方人主导世界贸易和航海权了。

但世界资本主义的发展,怎么也逼着中国瓷器海外贸易进入了一个新的阶段。当占着皇位45年的朱厚熜终于撒手人寰,留给隆庆的是一千疮百孔的烂摊子。而立之年登基的皇帝朱载坖,虽平庸窝囊,但朝中尚有名相张居正、武将戚继光、李成梁等,面对白银之需求、财政经济之困,而近海官员不停上疏求开海,朱载坖总算顶天立地做了一回主,隆庆元年,一声"开海",解除了海禁,允许民间私人远贩东、西二洋,对外贸易合法化。一时间,春雷动,春潮涌。景德镇为适应西方而创制出一种有开光图案且纹饰饱满的青花瓷，后被称作"克拉克"的外销瓷。而广东、福建沿海地区凭借天时地利人和，更得以急剧发展。从月港输出瓷器丝织品，而输入的外国产品则多达百余种，吃穿用行珍稀物品，林林总总，无所不包。朱载垕仅坐龙位六年就病逝，其好色，对瓷之色艺却无建树，但海涛声声中闻瓷瓯激越。

至万历朱翊钧，不及弱冠即登位，由宰相张居正辅佐，太后严格管理，像煞今日背沉重书包的小学生。他曾一度奋发图强，励精图治，隆庆和万历前十年被称为大明王朝国运中兴时期。这时"海上马车夫"荷兰后来居上，与葡萄牙西班牙不屈不挠地搏击，又是海战，屡战屡败；又是海盗，倒是旗开得胜，1602年、1603年两度抢劫葡萄牙商船成功，将满船的瓷器在阿姆斯特丹等地拍卖，大获成功。这些瓷器被欧洲人命名为"克拉克瓷"，命名原因至今争论不休，但声名远播。在悲剧喜剧正剧戏谑剧一锅煮时，荷兰红毛番终夺得海上霸主之位，对中国瓷器海上贸易跨越明清而不息。

明廷本应借力大力发展海外贸易，富国富民。然而，自张居正一死，万历帝便如脱缰之马，回归野性烈性，干出了令人不可思议之事。万历十五年，在西方资本主义蓬勃发展雄起的全球化中，神宗却"自此君王不上朝"。学者认为这一年成了大明帝国真正衰败的转折点。其时，因国家对造船规模与载重量的严格限制，造船业逐步萎缩，永乐时代400艘可以远涉风涛的舰船到成化时只剩140艘。至万历呢是否仅剩片板？中国与大海洋时代，起了个大早，却连个晚集都没赶上。反过来却陷入西方"文明强盗"的无尽掠夺之中。又是谁之过？就在景德镇官窑没落的万历年间，仍有一次烧造瓷96624件、239000件等记载。万历时期官民竞市、官搭民烧，民窑硬是蒸蒸日上，其产量无以计数，不仅遍及国内各市场，而且远销至亚、非、欧、美各洲，景德镇瓷可谓独步天下笑傲江湖。

1587年（万历十五年）葡萄牙成立东印度公司；1600年英国成立东印度公司；1601年利玛窦来华，并献油画给万历帝。1602年荷兰成立东印度公司；1604年法国成立东印度公司；1614年丹麦成立东印度公司——这些公司全成立于万历时期！只有瑞典于1731年（清雍正九年）最后成立东印度公司。东印度公司始于万历十五年，并非偶然巧合。

荷兰东印度公司1602—1657年（万历三十年至顺治十年）间，将中国瓷器运往荷兰的总量约在300万件以上。其中，1610年为9227件，

1612年为38641件瓷器，1636年6艘商船为259380件，1637年为210000件，1639年为366000件。从荷兰开往印度尼西亚的船只往返平均约需6个多月，在1602—1625年间平均每年10艘，1626—1670年间平均为22艘，1671—1750年间平均为29艘。1659年，东印度公司拥有商船51艘，其中荷载1000吨以上的商船有17艘。这都还是极其保守的数据。何鸿以欧洲学者根据荷兰东印度公司的材料的统计资料推算：从1602年至1682年，就有1600万件中国瓷器被荷兰商船运到荷兰和世界各地。

万历在位整整48年，且长年不上朝。此后的泰昌朱常洛和天启朱由校，还真是蹊跷。可怜皇帝朱常洛一月集三大奇案于一身糊涂而亡，木匠皇帝朱由校堪称鲁班再世，木匠活儿出类拔萃，却硬是一昏君。等到末代皇帝朱由检试图力挽狂澜时，已回天无力。然而，奇异的是崇祯青花瓷却兀自绽放，富有创意的纹饰别开生面，其意境意趣意味引领着青花瓷的新天地，很有可能是失意文人寄情山水花鸟画之故，瓷画也沾带受惠。崇祯青花瓷很受荷兰商家青睐，崇祯十二年（1639）仅荷兰一国从中国运往阿姆斯特丹港的瓷器就多达366000件。但是，嗡喇喇大厦倾，战事终使欧洲人无法再将瓷器贸易进行到底。大明王朝海外贸易的三条主要航海线路——美洲—马尼拉—中国，欧洲—果阿—马六甲—中国，日本—东南亚—中国——全部中断，荷兰商人遂将目光转向日本，日本虽勉为其难，但决不放弃千载难逢的机遇。有田烧、肥田瓷、柿右卫门瓷原本就是从中国学来的制瓷技艺，后渐融进日本的风格，并转以亮丽的彩瓷，让欧洲人迷恋一时，并用出口港伊万里命名这类瓷器。

崇祯帝吊死于紫禁城后煤山那棵树时，树，战栗不已，它难以承受大明风光无限又风雨沧桑，由极盛走向极衰的276年历史！大海的气息大海的声音似越来越强烈汹涌，而曾经踏平海洋万里浪的大明却终结了，那无限风光的岁月是镌刻进海空的白云，还是没入海底的沉船残瓷？

自20世纪二三十年代以来，中国陶瓷考古学者在继前人研究的基础上，又与国外研究相结合，打开了中国外销瓷探研的窗口，仅在菲律宾、印尼、新加坡、马来西亚、日本和波斯湾的巴士拉、亚丁港、东非海岸、地中海地区就发现了大量的中国历代瓷器与碎片，埃及开罗南部的福斯塔特旧址就出土了12000片中国瓷器碎片——这些不朽的瓷与碎片，忠实地记录下中国瓷外销及文化交流的历史，并折射出分娩它的时代的光辉。

如果说海底沉船默默地留下海上陶瓷之路之路标，那么，曾在时空的彼端穿越的海捞瓷却不甘寂寞地诉说讲述着中国瓷的前世今生。

那艘为史坦·哈彻打捞的"杜利安号",为明洪武三年(1370)沉没;"皇家南海号"为天顺四年(1460)沉没;菲律宾海域的"丽娜号"沉船,其海捞瓷为弘治瓷与正德瓷;而马六甲海峡发现的沉船"宣德号",其实是嘉靖十九年前后(约1540)沉没的;至于海捞克拉克瓷,于万历初年沉没的"南澳一号",万历四十一年(1613)"白狮"号沉船,万历四十三年(1615)"班达"号沉船,还有马来西亚东海岸附近海域的"万历"号沉船,西沙群岛海域的"北礁三号"沉船,崇祯三年(1630)的"圣·康卡罗"号沉船,崇祯十四年(1641)的"康塞普森"号沉船等,均有发现,数量也大。克拉克瓷以各式开光青花盘最为常见,其构图繁复,主题纹饰为山水树木、亭台楼阁人物、花鸟池塘等,其开光内绘花卉、蕉叶、杂宝等;产地为景德镇和福建平和窑,是晚明时期荷兰东印度公司最喜好的贸易瓷。在日本长崎、印度尼西亚雅加达、巴林卡拉特巴林遗址、肯尼亚马林迪格迪古城遗址、美国加利福尼亚海岸中部等均有出土,肯尼亚"蒙巴萨"号沉船还有出水,更不用说东南亚、欧洲等博物馆皆有收藏了。克拉克瓷是晚明清初东印度公司运销的中国外销瓷中重要品种之一,风靡欧洲,时尚流行。至于日本伊万里瓷中所谓华贵的"金襴手",早在明万历二年(1574)沉没于下加利福尼亚附近海域的"圣飞利浦"号中,已打捞出大量这类瓷器,器外加彩贴金和描金,器内绘青花。

据中国水下考古中心的一项报告显示,中国南海海域的沉船不少于2000艘,但不会超过3000艘。据国外一些海事机构的统计,在中国沿海以及中国通往欧洲、西亚的所有航线上沉没的装载瓷器的贸易海船,有记载的就多达2000余艘。据保守性的估计,17世纪中国外销瓷每年输出约20万件,18世纪中国外销瓷最多时每年约达百万件,这是一个何其庞大的数字呵。

领先世界1700余年的中国瓷是如此骄傲!中国人从来不悭吝将"点石成金"的金手指给别国别民。龙泉窑青瓷、景德镇青花、五彩瓷器生产技术就这样传至朝鲜、日本、越南、泰国、波斯、土耳其、叙利亚等地,而看看麦森瓷厂、代尔夫特蓝陶厂,不仅有年深月久翔实的文字档案和实物档案,而且时至今日,其瓷技艺还严格保密呢!而中国式的"大撒把",既可看成中国宽广的胸怀,但也能窥见中国人不珍惜不珍藏的"败家子"风格!奈何。

中国一代又一代的瓷匠们却只是默默无闻地劳作，只有千年不熄的窑火仿佛寄托世世代代中国人的瓷之梦。无论是大海洋时代之前还是之后，输至港口的中国瓷路永恒的是中国人担当，如果说粤闽浙地域的窑口距海港有近水楼台先得月之便利，那么，偏远的内陆山城景德镇，千年以来的瓷器输出却非易事，然而，年年月月，数以万计的瓷器，无论皇帝的瓷还是外销之瓷，就这样源源不断地自景德镇输出！从昌江扬帆起航，入鄱阳湖，至南昌，溯赣江而上，至赣州，再从陆路翻越赣粤交界的千年梅岭古道，再上船经广东九江险滩，顺北江而下，才抵达广州。约自唐宋以来，即景德镇瓷外销的主要路线。此外，还有东至福建泉州、福州、厦门之瓷路，北经大运河至南京、明州之瓷路，还有经赣江长江出海之瓷路，船夫挑夫们用怎样的体力毅力和智慧，默默地步履出人类文化史让人肃然起敬的奇迹！郑和七下西洋的瓷器，可以毫不夸张地说，大多出自景德镇。景德镇，当是郑和下西洋之第一港。

回顾大明王朝，由盛至衰至亡，就瓷器而言，却自始至终为黄金时代，官窑青花民间青花为主流一路芬芳外销40多个国家，成为外交的礼品、贸易的大宗和文化传播的使者。必须正视的是，自明代中叶葡萄牙、西班牙、荷兰等的远航舰先后来到中国沿海，以明明暗暗的各种途径与中国进行贸易，使欧美地区成为中国陶瓷最重要的外销市场。其贸易格局在改朝换代的清初，尤其是康雍乾社会稳定后得到进一步发展和强化，中国不再掌握贸易的主导权，而是在欧洲国家之间转换：从16世纪葡萄牙西班牙平分秋色到17世纪葡萄牙对华贸易衰落，再到荷兰后来居上、独占鳌头；至18世纪，荷兰的优势地位又逐渐被英国所取代；此外，法国、瑞典、丹麦、美国、奥地利、俄国等国，都曾来华从事瓷器及各类商品贸易；与此同时，传统的亚洲区间贸易也在发生着微妙的变化。

从明代早期郑和七下西洋远航的主动出击，到明代中期的失之交臂，再到晚明的被动式随波逐流，原本兴兴轰轰海上繁华梦主人的中国，却变成了欧洲国家急切经营中国瓷器贸易并成为主导的历史。这是怎样的无语。

中国，啊，中国。

3

清康乾盛世的中国外销瓷之盛况虽无郑和下西洋的气势，但兴隆热闹所得颇丰，虽然皇帝对海运时禁时开，但是，民间商家见缝插针，既有体制内的市舶司的增多与完善，又有海上走私的非法组织和信誉；既有五彩、粉彩、广彩、德化白等福建瓷系的繁茂多姿，又有老字号景德镇瓷出海的前赴后继。瓷器是越烧造越精致越繁缛，皇家御瓷不计工本，不厌其烦，不怕其多；民窑供求不惧其俗，不避其媚，不恐其不伦不类不土不洋不中不西，杂烩就杂烩，混搭就混搭，于解构拼贴重组中也杀出条条血路，且渐行渐佳，曙光中有着别样的创新。而欧洲各国对中国瓷，尤其是中国青花瓷顶礼膜拜到痴迷疯狂之程度，创造了一系列的"我为瓷狂"的奇闻佳话。这其中，既有国君重臣，也有贵妇名媛，更有诗人作家戏剧家，充满戏剧性的故事性新闻将中国瓷之潮席卷全球，也许这是中国瓷的最后的辉煌？最后的神话？也就在清代皇帝沉湎于朝贡精神和物质的享乐时，西人却从痴迷疯狂中清醒过来，曾为中国瓷竟折腰且掏空国库的西方，他们以屡试屡败屡败屡试的锲而不舍、坚忍顽强的拼搏精神，正不屈不挠地破译制瓷的秘密；同时，又以传教士为和平使者兼科技间谍的身份堂而皇之进入中国，寻觅到瓷的秘籍。终于，西方也闪烁起瓷的光芒。

　　与中国千年万载的以经验传世积累不同，他们大刀阔斧地操起科学技术的利刃，试图一个箭步就超越中国千年的历程。事实上他们也做到了。

　　中国的士大夫们是不太把中国瓷当回事的。嘉靖万历时期的王世懋就对其时景德镇的火光冲天做了一番贬斥，以为到处挖出窑址是挖断了龙脉，以致景德镇科举成果惨淡，待停烧后却中了几个举人云云……

　　跨越千年，2007年一位年轻的业余作家当年明月，其长篇历史小说《明朝那些事儿》，以对历史史料的娴熟运用，元叙事与民间叙事的杂糅，独特的见解和平实俏皮的文字，轰动畅销。但这部洋洋洒洒150万字的皇皇巨著，"瓷器"两字仅出现两次，一次是正统年间，也先与明廷做生意，以马、羊等换明的瓷器、纺织品之类；一次是嘉靖年间，海盗汪直与葡萄牙商人勾结，将中国的瓷器与葡萄牙换取枪支火药。皆一笔带过。绝非鸡蛋里挑骨头，而是反映出瓷无论在新旧史家笔下皆微不足道。

　　明清时期，中国与大航海时代每每交集又回回失之交臂，让人扼腕长叹！在奋进与踟蹰、张扬与张望、探险与等待中，西人从对中国丝绸中国茶中国瓷的惊叹、艳羡、追慕到苦苦寻觅解密学习，其中，恶念恶行也滋生繁衍于一些执政当权者，海盗式的掠瓷起于"青萍之末"，从海盗互掠到八国联军集结入侵中华大地，帝国主义强盗奸淫掳掠无恶不作，一边抢劫中国文明的载体文物占为己有，一边又试图摧毁中国文明将其沦为半殖民地！然而，回溯历史，人世间终究留存美好。岁月流逝中，中国瓷从皇室贵族的奢侈品走入平民百姓日常生活，在顶礼膜拜与亲切和谐中，中国瓷传递着文化的交流人性的认同审美的共鸣！在景德镇仿佛独步天下的永恒中，广东福建开启出东南海洋性瓷业又一风景。青花瓷仍是中国瓷的巅峰之作畅销长销，成为万邦眼中心里的蓝色中国元素。

我们可以不无自豪地说：CHINA—中国，china—瓷，中国是瓷的祖国，还是陶的祖国。瓷，是源远流长的中国文化不朽的外衣；是中华文明的太阳永不沉沦的标志。

为什么全世界的人，不分种族不分国家不分贵贱贫富，皆能全盘接受中国瓷器？仅仅认为中国瓷器领先世界1700年，那，未免小看了瓷行天下的魄力和魅力。

无可否认，中国瓷器的烧造技术艺术领先天下，这是独步天下的基础；瓷给人类带来物质生活的革命和审美世界的新奇享受，这是征服世界的人类心灵的共鸣。还有，瓷的超前作用，她与人类最早的艺术图画同步，记录了人类的历史，而比图画更有保留价值，比纸等媒质更牢固，就像与时代同步记录的摄像机，西人所以痴迷纹章瓷，因为它让皇家、军团、公司、家族乃至个人流芳百世，不可磨灭，至今还让世界各国的陶瓷研究者们寻寻觅觅，孜孜以求。

但是，瓷的烧炼给人怦然心动的感悟，精神上的震撼或触动，那是最深沉最隐秘最心悦诚服的接纳和爱。

土是卑贱的，水是灵秀的，火是神威的，土与水在火的炼狱中糅合冲撞挣扎拼搏后的结晶，这太像人生历程；而一不小心轻轻一碰就粉粉碎的瓷，又太像人的情感。等到天地归于寂静时，砸开窑门，捧出匣钵，看看都变成了些什么吧。也许大多数属正常也平常的产品，可也有期望为精品的就成了精品，可仍有次品，还有废品，乱七八糟的什么也不是。偶有那意想不到的巧夺天工之极品，真让你大喜过望！这就是一窑千变的火的艺术。可不管结局如何，一句话，它们再也回不到从前了。而越是精美的瓷器越怕碰撞，一不小心，它就会粉粉碎。整个炼瓷的过程就像人生一样，特别是像女人的人生和女人的情感。

学者沈弘，从尘封的国外电影史料中苦心发现寻觅，指证："1927年2月21日伦敦举行中国影片《青花瓷盘的传说》首映仪式……这是有确凿记载的一部最早在海外上映的中国影片，而且当时的英国王后陛下玛丽王后亲自出席了这次文化盛典。"① 而瓷盘图案恰恰是长时间流行在明清外销瓷中的一种纹饰：柳树式样。即在青花瓷上绘依依垂柳、亭台楼阁、小桥流水等中国元素的图案，英国尤其衷情。电影讲述的是一个类似《梁山伯与祝英台》《罗密欧与朱丽叶》的爱情悲剧故事。

人类的情感，往往是相通的，并不需要太多的语言。对真善美的认同和追求，对假丑恶的排斥和抨击，是超越时空超越国界的。

第一个获得诺贝尔文学奖的瑞典诗人阿尔芒·苏利-普鲁多姆的一首诗《碎瓶》在当时广为流传：

马鞭草枯死在花瓶中/花瓶碰到扇子裂痕暗生/扇子只是轻轻一碰/裂痕在悄无声息间生成……

依然完好/在世人眼中/心儿自感伤口扩大作痛/伤口细而深/心儿悲泣不停/它已破裂/不要去碰。

有理由相信，这是瓷瓶，而非玻璃瓶。玻璃瓶的裂缝太过清晰，水的渗出也一目了然。只有瓷，其裂缝可以细如纤毫。景德镇人常人性化地称之：惊了。意思是你吓着瓷了。而且，裂纹会随着时间丝丝延长和悄然扩大。而诗人出生于1901年，在中国是风雨飘摇的清末光绪二十七年，却又是中国外销瓷回光返照时期；成长为诗人的苏利，不知关注到瓷的祖国大清朝走向幻灭不？

跨越千年后，已成中国新民俗的2008春晚上，周杰伦一曲《青花瓷》，竟酿出千载感动，删节似更佳：素坯勾勒出青花　笔锋浓转淡/宣纸上走笔　至此搁一半/月色被打捞起　晕开了结局/帘外芭蕉惹骤雨　门环惹铜绿/在泼墨山水画里　你从墨色深处被隐去

千年中国瓷特有的气息悠悠飘荡。瓷是冰凉又温馨的，是纯洁又复杂的，是坚韧又脆弱的。她的烧炼，犹如一个女子从呱呱坠地到豆蔻年华，从初为人妻到怀孕分娩，从茹苦含辛的母亲到从容老去，瓷，是女性的。谁会说谁又敢说"不"呢？

---

① 沈弘：《〈青花瓷盘的传说〉——试论填补中国电影史空白的一部早期古装影片》，《文化艺术研究》2012年第4期。

正因为瓷是女性的，所以，行天下之"行"，是多么柔肠百结、豪迈阳刚、百媚千娇、铿锵有力。要知道，她有的是束缚她身心的"三寸金莲""三从四德"，然而，她竟然娇弱又强健、轻盈又沉重地飞翔于六大洲五大洋，卑贱又高贵，美轮美奂又亲和家常，既让各国皇帝将相贵族富豪竞相折腰顶礼膜拜，又让各种肤色的平民百姓普通人也终享有瓷的清洁、美丽和快乐。

行天下，是人类的天性，人类的原欲，人类的集体无意识。人生苦短。虽说一生只做一件事，做好，足矣。但是，谁不想看看外面的世界呢？行万里路，读万卷书。中国读书人向往的最高境界，不过如此。无论是仕途失意得意，生活富贵贫贱，情感幸福悲摧。不信请看今日之天下，旅游已成为世界各国的经济支柱产业，行天下已成为不同种族不同身份不同教养的男女老少最佳的娱乐首选。

瓷行天下，壮哉。美哉。妙哉。

因为她赋予瓷以生命的主体，大气磅礴，又灵动飞扬。并非首创，中国陶瓷古籍早有记载：器成走天下。

柔弱精美纯清坚强的中国瓷器，的确是行天下的最早最广的世界性商品。集观赏性实用性文化性艺术性科技性民族性等于一身，却负重若轻。

中国古陶瓷研究的前辈们在中国外销瓷研究上可谓筚路蓝缕、前赴后继。陈万里、冯先铭、耿宝昌……他们的田野调查发现和提纲挈领的论文论著为开路先锋，后一代代的研究都大多在此进行拓展、细化，并有所创新，少走了多少弯路。向真情前辈致敬。

2015年金秋，习近平出访英国在伦敦演讲中引用中国古话："来而不可失者，时也；蹈而不可失者，机也。"又引英国名言："一个明智的人总是抓住机遇，并且把它变成美好的未来。"还引用了莎士比亚的名言：我们所处的时代是各国同舟共济的时代……

《动物世界》曾有主题歌：生命是一首歌，一首什么也挡不住的歌，好像太阳升起，好像星星坠落……

何况人呢？

湿淋淋的太阳从海上东方升起……

2016年元月

（胡辛《瓷行天下》前言，江西美术出版社2017年版）

银幕探微：影像书写的书写

银幕百年：生命记录与虚构的相撞相融

摘　要　电影已经走过了百年。银幕百年，从卢米埃尔兄弟纪实短片的诞生到梅里爱的《月球旅行记》，从格里菲斯《一个国家的诞生》《党同伐异》到英国纪录电影学派的崛起，从好莱坞"梦幻工场"魅惑全球到中国、意大利新现实主义电影的风起云涌，从爱森斯坦、普多夫金的蒙太奇理论到巴赞长镜头纪实美学理论的抗衡，从法国新浪潮到世界各国及地区的潮起浪涌，从叛逆的新好莱坞到伯格曼的深入人的内心的"魔镜"……生命的记录与虚构始终是纷繁变幻的电影流派及理论抵牾相争又互动互补的焦点。然而，电影无法将记录与虚构彻底剥离，因为电影让你认识了你自己，留住了岁月流逝，还得以张扬人类的天性——希冀在梦中飞翔。

关键词　银幕　记录　虚构　蒙太奇　长镜头

银幕是什么？百年来众说纷纭，莫衷一是："爱森斯坦说，它是旨在建立含义和效果的画框；巴赞说，它是面向世界的窗户；米特里说，它既是画框，又是窗户。精神分析学则提出一种新的隐喻，说银幕是一面镜子，这样艺术对象便由客体变为主体。"[①]

任何比喻都是蹩脚的，即使是伟大的理论家。但从某一视角来看，爱森斯坦的画框论与他的蒙太奇理论相关相连，他强调的是导演对一幅幅画面的蒙太奇组合；巴赞的窗户论与他的长镜头难解难分，他所强调的是窗外的不可分割的空间真实性和完整感；法国电影理论家米特里的基本理论倾向是在经典电影理论的两大流派——蒙太奇和长镜头理论中采取持中和辩证综合的立场。他对电影的表述是：电影既是有构形作用的画框，又是

[①] 李恒基、杨远婴：《外国电影理论文选》，上海文艺出版社1995年版，第11页。

向世界敞开的窗户。米特里可谓电影理论从经典的本体研究转向现代理论的桥梁。精神分析学的镜子论,强调的是观众与影片的复杂关系。电影符号学的代表人物麦茨对于电影本性的概括是:电影是"想象的能指",这一表述既不排除电影复制现实的能力,也不排除电影构造现实假象的能力。

所有的电影都是"记录"——记录事件或记录虚构的故事,便大致可分为纪录片和故事片。有人给纪录片的定义是:记录非虚构的生命过程或生存状态。如果说纪录片拒绝虚构、力主"纯洁的纪实主义",那么,故事片是否可称为虚构的艺术呢?非也。哪怕科幻片的天马行空中也有真实的人,故事片并不拒绝纪实,这不仅仅指其内涵和意义,还包含镜头容纳乃至欢迎实录现场。再说纪录片,亦不可能绝对纪实,真实一经镜头的切入取舍和导演的剪辑,就成了艺术,正如本事一经叙述就成了文学一样。

蒙太奇和长镜头是最重要的电影语言,面对纪实与虚构,蒙太奇和长镜头皆为表达的形式,蒙太奇可组合剪接纪实的人物场景,长镜头一样可记录虚构的人物情景。巴赞的纪实美学力主"长镜头",对蒙太奇提出禁用原则性:"若一个事件的主要内容要求两个或多个动作元素同时存在,蒙太奇应被禁用。"[①] 但是,"长镜头"说到底是一种在镜头内部进行场面调度的蒙太奇,是一种特殊的蒙太奇。

电影已经走过了百年。银幕百年,面对浩若烟海、流派纷呈的影片,各执一端的电影理论,每一个试图进行纵观或横论的编撰者,其描摹都只是区区管窥;而电影却给了人们无数双眼睛,让你对世间万物万事有了无数个视角和长长短短的视距。我以为,人类对电影的痴迷,正是因为电影记录了生命又创造了生命,具象地实现了人们在纪实与虚构中徜徉的愿望。

电影从诞生之日起,它就是大众文化,而绝不仅仅局限于电影专业者;许多优秀的电影专家,或编或导或演或评者,他们的成名最初源于走进电影院!意大利、法国合拍的影片《天堂电影院》(1988)是一部关于电影的电影,它展现的视野之一可以说是世界诸多名导演的成长史。

电影让人们走出家门。在简陋的电影院,人们的心在"天堂"飞翔。

---

① 《中外影视大辞典》,中国广播电视出版社2001年版,第41页。

电影似乎蛮霸又柔情地取代了小说对人类的"教化"。美国爱德华·茂莱在《电影化的想象——作家和电影》扉页中记下了列夫·托尔斯泰面对电影所生发的感叹之言:"你们将会看到,这个带摇把的嗒嗒响的小玩意儿将给我们的生活——作家的生活——带来一场革命。这是对旧的文艺方法的一次直接攻击。我们将不得不去适应这影影绰绰的幕布和冰冷的机器。将需要一种新的写作方式。我已想到这一点,我能感到将要来临的是什么。但我是很喜欢它的。场景的迅速变换、情绪和经验的交融——这要比我们已习惯的那种沉重、拖沓的作品好得多。它更贴近生活。在生活里,变化和转折也是在我们眼前转瞬即逝,内心情感犹如一场飓风。电影识破了运动的奥秘。那是它的伟大之处。"

电影似乎实现了古希腊神庙的"认识你自己",这个人类根深蒂固的愿望,并不仅仅是哲人的命题。人类都有顾影自怜的心理积淀,当原始人在水中见着自己的倒影,是多么惊骇却又分明欣喜若狂!摄影的发明正是人类这一愿望的实现,摄影又叫瞬间艺术。电影是在照相的基础上诞生的,电影留住的是无数动感的瞬间。电影,似乎留住了转瞬即逝的时光。谁说此次所涉,已非前番之水?电影纪录片所摄之水,就是你前番之水。法国电影理论家巴赞说得好:电影和造型艺术的产生一样,都是和人类"用形式的永恒去克服岁月流逝的原始需要"有关。

电影理论家克拉考尔说过:"电影按其本性来说是照相的一次外延,因而也跟照相手段一样,跟我们周围的世界有一种明显的近亲性。当影片纪录和揭示物质现实时,它才成为名副其实的影片。"[1] 他的理论也许不乏偏颇。但是,电影之父卢米埃尔恰恰就是照相器材商兼摄影师。

1895年12月28日,法国人卢米埃尔在巴黎卡普辛路大咖啡馆的印度厅里,用他自己研制的电影放映机公映了12部每部1分钟的影片,这便是电影的正式诞辰。卢米埃尔的电影是照相术的延伸,《工厂的大门》《火车到站》《婴儿的午餐》等短片是日常生活的记录。这些影片可以说是纪录片的老祖宗。

接下来是法国人乔治·梅里爱开始把戏剧美学引入电影,如剧本、演员、服装、化妆、布景、分幕等,搬到电影中来。这在很大程度上确立了电影的拍摄程式。由于一个偶然的机会,使他发现了利用摄影机来制造慢

---

[1] 《中外影视大辞典》,中国广播电视出版社2001年版,第36页。

动作、快动作、停机再拍、叠化等原始技巧镜头，他拍摄了一大批充满想象力的神话、传说、科幻电影。梅里爱的技术主义，让人类生出翅膀，从记录走向虚构与想象，代表作《月球旅行记》就向人们展现了一个光怪陆离的奇幻世界。

如果说卢米埃尔执着于纪实，梅里爱则钟情于浪漫的虚构。电影，一开始就在有意无意中纪实与虚构并行，各不相让各领风骚。

1900年前后由威廉逊和斯密士这两个出生在布赖顿的原海滨照相师，则将卢米埃尔的纪实与梅里爱的虚构相融，在英国形成布赖顿学派。

终究还是让美国人格里菲斯独领风骚。他的《一个国家的诞生》（1915）和《党同伐异》（1916）突破了戏剧美学的限制，发展了一系列的电影技巧，如圈入圈出、帘入帘出、分割银幕、景别的不同使用、蒙太奇组接等，格里菲斯的贡献在于他奠定了电影作为一门独立的艺术的基础。他的经典片中反动的政治性、含混的思想性与超越时代的艺术性竟然如此包容统一！毁誉参半的他，历经岁月淘洗，终被公认为使电影成为独立艺术的奠基人。格里菲斯是蒙太奇最早的不自觉的运用者，但《一个国家的诞生》正是以美国独立战争这一史实作为一个时空实体，来衬托两个家族的故事。组成《党同伐异》的四个故事亦是历史记载的故事及当代发生的事件。

将蒙太奇理论化，并使之成为最重要的一种电影语言的是苏联的普多夫金和爱森斯坦。爱森斯坦的"冲突理论"——"由两个元素的冲突而'涌出'某一概念"和普多夫金的"连接理论"——"以若干镜头构成一个场面，以若干场面构成一个段落，以若干段落构成一个部分"影响最大。这并不是两种对立的观点，目的是从新的质而产生出来的新的表象，揭示出现实生活中的内在联系。《战舰波将金号》（1925）中著名的"敖德萨阶梯"、《母亲》（1922）中"冰河解冻与罢工工人汇集"等皆为蒙太奇经典。苏联"电影眼睛派"的主帅维尔托夫则大力主张电影必须忠实地摄录生活，他反对故事片中的一切虚构，却不反对蒙太奇，而要通过蒙太奇处理，去显示生活本身的节奏和诗意。他对他的《持电影摄像机的人》如是说："这部影片仅仅是纪录在胶片上的事实的总和，或者也可以说，它还不仅是总和，而且是积，是一种事实的'高等数学'。"[1]

---

[1] 李恒基、杨远婴：《外国电影理论文选》，上海文艺出版社1995年版，第198页。

美国人弗拉哈迪于1920—1922年拍摄的关于爱斯基摩人的纪实影片《北方的纳努克》，轰动全球。他的长镜头运用真实可信，可他既有实拍也有"摆拍"。最早应用长镜头的范例——因纽特人从冰窟里猎取海豹的过程——恰恰就是摆拍（这只海豹是事先放在冰下的）。

"英国纪录电影学派"的领头人格里尔逊拍摄《漂网渔船》（1929）之后，与弗拉哈迪合拍了《工业的英国》，与安斯梯合拍了《格兰东号拖船》等，皆深刻影响了纪录电影学派。荷兰著名电影纪录大师伊文斯，他的《桥》《雨》《塞纳河与巴黎相逢》《瓦尔巴莱索》等片，先锋派诗意洋溢于纪实之中，这"飞翔的荷兰人"又是一个坚强的反法西斯主义战士，他的《西班牙的土地》《四万万中国人》等纪录片是时代的见证。他认为在纪录片中，"扮演是非常脆弱的武器，使用起来是要非常小心的"①。

与苦苦纪实相悖的虚构翅膀已成铺天盖地之势。美国西海岸的好莱坞原是洛杉矶郊外一荒凉之地，1913年派拉蒙公司在这里建成了第一个名副其实的摄影棚，不过20年，好莱坞电影便以无穷魅力在世界各地长驱直入，以八大公司为代表的巨无霸电影企业，专权的制片人俯视着主宰着一切。这里有水银灯照明的巨大摄影棚，有精心搭建起的城镇、村庄、码头、车站，乃至牧场。在"虚构"的场景中，他们大批量制造"梦幻"：西部片、强盗片、犯罪片、歌舞片、战争片、科幻片……高度类型化特色中枪战、爆炸、爱情、汽车追逐越来越是不可或缺的佐料。好莱坞的著名导演们可谓带着镣铐跳舞的高手：卓别林创造了美国电影喜剧的最伟大的时代；约翰·福特以粗犷雄健的史诗风格确立了好莱坞最具民族特色的片种"西部片"；迪士尼的"米老鼠""唐老鸭"流行至今；希区柯克则通过他的悬念意识把好莱坞的犯罪片推到了一个极致……希区柯克说："电影是把平淡无奇的片段切去后的人生。"② 好莱坞的主流电影精心制造的就是把自身虚构成一种无可挑剔的现实的"完美"，制造的是"完美的幻觉"，好莱坞被称为"梦幻工厂"。在美国，电影就是一种商品，必考虑到它的销售，要有诱惑力，要"讨人欢喜"。他们熟知观众的情趣、胃口，美国电影已变成一种神话，逃避现实，追求梦幻。1957年费里尼因

---

① 任远、邱茄萍：《当代西方人类学纪录片研究》，《世界电影》1999年第4期。
② 邵牧君：《西方电影史概论》，中国电影出版社1982年版，第15页。

美国电影科学院授予《道路》最佳外语片奖时第一次访问美国就大失所望，他在答词中说："对于我，美国电影和美国几乎就是一回事。"① 奥立弗·斯通的《公民凯恩》（1941）则是好莱坞的"另类"，该片以美国报界巨子为原型，一反戏剧化，有着浓厚的"实况记录"气息，而且巧妙地在故事中采用了新闻报道手法。而"关于凯恩的真相究竟是怎样的，就像关于任何人的真相一样，只能根据有关他的说法的全部总和予以推测"②。

20世纪20年代，德国的表现主义学派的影片强调艺术是抒发个人情感、表现自我的工具，《卡里加里博士》（1920）以夸张的、变形的乃至怪诞的形式去表现艺术家的内心世界，是表现主义的发展达到顶峰的标志。但因与主流电影格格不入，逐渐成为明日黄花。

法国先锋派运动稍晚于德国表现主义学派，西班牙人路易斯·布努埃尔堪称法国先锋派主将。他的《一条安达鲁狗》（1928）通过人为剪接技巧、变形镜头等的运用，表现人的潜意识活动。先锋派电影晦涩难懂而"曲高和寡"，于是，"诗意现实主义"电影出现了。代表人物雷诺阿的《幻灭》（1937）和《游戏规则》（1939）堪称经典名作。《幻灭》中大量运用长镜头和深焦距，在如纪录片般的风格中展示了人性深处。《游戏规则》是对上流社会资产阶级虚伪的"纪实"。特吕弗在1975年曾说：从1940年以来，电影史中一切有创见的东西都来源于《公民凯恩》和让·雷诺阿的《游戏规则》③。

1945年前后出现的意大利新现实主义是一次具有世界意义的电影运动。罗西里尼的《罗马，不设防的城市》（1945）、德·西卡《偷自行车的人》（1948）等让人耳目一新。新现实主义特别强调电影的记录本性，希望通过对现实生活的真实记录来反映社会生活的本来面貌。"把摄影机扛到大街上去，把镜头对准普通人"，他们坚持实景拍摄，提倡启用非职业演员和非戏剧化的表演。而且尽量使用长镜头，尽量少用蒙太奇及痕迹明显的剪辑；在语言上，尽量保留生活语言的原汁原味。这与"完美的幻觉"针锋相对，电影成了"现实生活的渐近线"。

---

① ［美］C. 钱德勒：《费里尼自述——我，费里尼》，高骏千译，《世界电影》1999年第1期。
② 郑雪来：《世界电影鉴赏辞典》，福建教育出版社1993年版，第113页。
③ 陈旭光：《电影艺术讲稿》，新世界出版社2002年版，第221页。

法国《电影手册》杂志的主编安德烈·巴赞十分推崇奥逊·威尔斯、罗西里尼和让·雷阿诺。他的纪实美学理论呼唤电影现实主义,而他认为这种现实主义首先存在于照相本性的纪实,即表现对象的真实。为此,就必须展现事物原貌的"透明性",力主"长镜头"。巴赞的照相本体论对蒙太奇提出禁用原则性。另一方面,他又探讨了"景深镜头"的艺术表现特点和可能性。巴赞认为,在新现实主义电影里,"含义与表象的关系在某种程度上被颠倒了:表象始终作为一种独特的发现,作为一种几乎是记录下来的新事物展示在我们眼前,保持着自己生动的和细节的力量。这样,导演的艺术就在于既能巧妙地显示出这一事件的含义(至少是导演赋予它的含义),又能保持事件的含糊性"①。巴赞所谓的忠实记录和"揭示事物的真相"即从此而来。

与巴赞的理论几乎同时出现的还有德国克拉考尔的电影现实主义主张。他们的理论引导电影成为冷眼观察现实的风格展示,这是因为经历了两次巨大战祸的欧美人对于以往电影展示的现实的单义解释开始质疑。这样的冷眼观看接踵而来的必是现代电影。

费里尼和安东尼奥尼的"现代主义"便取代了意大利的新现实主义。费里尼不承认自己是新现实主义者,"费里尼笔记"书名便是《我是说谎者》②。当然,对电影评论家把他捧为法国"作者论"的典型代表,他亦不以为然。他的《阿玛阿德》中的小镇人物明明源于他的故乡的回忆,可是,他一再拒绝承认他的电影带有自传性质,他坚持:"我的电影中有关过去的回忆部分,完全是杜撰出来的,到最后,是真是假,又有什么关系?"③

1958年,法国涌现出"新浪潮",遂成为世界电影不可忽略的亮丽的风景。让·吕克·戈达尔的《筋疲力尽》(1959)、弗朗索瓦·特吕弗的《四百下》(1959)等可谓代表作。他们皆为巴赞的弟子,《四百下》正是特吕弗少年时代的"还原",在现代主义哲学思潮的影响下,反叛、表

---

① [法]安德烈·巴赞:《卡比利亚的夜——新现实主义的终结》,《电影是什么》,崔君衍译,中国电影出版社1987年版,第360页。

② [法]费里尼:《我是说谎者——费里尼的笔记》,倪安宇译,生活·读书·新知三联书店2000年版。

③ [美]彼·邦达内拉:《阿玛阿德/我的回忆费里尼和政治》,《世界电影》1999年第2期。

现自我、张扬个性是他们的追求。所以,又称"作者电影"。"新浪潮"将塞纳河左岸的知名作家席卷进来,就叫"左岸派"又称"作家电影"。阿仑·雷乃执导、玛格丽特·杜拉编剧的《广岛之恋》(1959)将"新小说"的意识流及象征性带到了作品中,时空交错中,人的内心世界被演绎得错综复杂又真实可信。光影移位、镜子映像、声画错乱等表现手法扑朔迷离,但真实的纪录镜头的非少量的穿插,又分明回到现实。《去年在马里昂巴德》(1961)则走得更远,无剧情、反传统,但是,对"真实是什么"探索的勇气却不得不引起人们心灵的共鸣。但我们要看到的是,特吕弗的《最后一班地铁》(1980)却又回到了"完整的故事"。可不管怎么说,新浪潮涨涨落落,席卷世界各国及地区,如日本、苏联、中国香港等,已成为新生代导演超越前辈的精神向导。

法国新浪潮退潮之时,新德国电影运动风起云涌。施隆多夫的《锡鼓》(1976)有着浓郁的哲学色彩,在貌似荒诞中却敲响着历史的警钟。

英国电影中的"文化反思影片",莱兹导演的《法国中尉的女人》(1981),与其说是以现代观点对传统文化、传统道德观等进行审视,不如说是历史与现实的相撞相融。

瑞典大导演英格玛·伯格曼可谓西方现代派电影大师,他的电影世界是充满个性的。伯格曼与电影,如同他自己所言:制作影片变成了一种自然的需要,就像饥饿一样,某些人以写书、爬山、打骂孩子或跳桑巴舞来表现自己,他则以制作影片来表现自己。伯格曼几乎所有的影片都同他的生活经历有密切联系,但是伯格曼并不承认他的作品的"自传性",尽管他的每一部影片都反映出他对世界的观察和思考,抒发出内心情感和心绪。他却说:"我的那架东倒西歪的摄影机是我的第一个魔术箱。即使到今天,我仍然以一种孩子式的兴奋心情提醒我自己说,我实际上是一个魔术家,因为电影根本上是欺骗人的眼睛的玩意儿——当我放映一部影片时,我就是在做一件欺骗人的勾当。我用的那种机器在构造上就是利用人的某些弱点,我用它来随意拨弄我的观众的感情,使他们大笑或微笑,使他们吓得尖叫起来,使他们对神仙故事深信不疑,使他们怒火中烧、惊骇万状、心旷神怡、神魂颠倒或者厌烦莫名、昏昏欲睡。因此我是一个骗子手,而在观众甘心受骗的情况下,又是一个魔术家。"[①] 他深悟电影是对

[①] [美]李·R.波布克:《电影的元素》,伍菡卿译,中国电影出版社1986年版,第1页。

生命纪实与虚构相撞相融的"魔镜"。《野草莓》（1957）的出现，是伯格曼用摄影机直接、全面、大胆地深入到人的内心，将人的意识和潜意识"有形化"了。我们不禁要问：人的内心世界的展现难道不是一种更真实的"纪实"？

波兰导演基耶斯洛夫斯基从《十诫》（1988）到《三色》（1993—1994），给电影界带来的不仅仅是耳目一新。他曾在纪录片工作室呆了11年，拍了18部纪录片。应该说，他后来拍摄的电影故事片抹不掉纪实风格的烙印，但又分明有着后现代艺术的特征。

如果说20世纪50年代是旧好莱坞黄金时代的落幕期，那么，60年代末从电影学院毕业的一批年轻导演以叛逆者的形象崛起，又创造出"新好莱坞"的辉煌。当科波拉的《教父》（1972）、《现代启示录》（1979），斯科西斯的《出租汽车司机》（1975）赫然出现在银幕上时，直逼"纪实"、不安分的反传统给人们振聋发聩之感。奥立弗·斯通的"越战三部曲"在20世纪70—80年代的美国社会则引发揭"伤痕"与"反思"的浪潮。但我们要看到的是，新技术主义在新好莱坞发展已趋向巅峰。乔治·卢卡斯、斯皮尔伯格、詹姆斯·卡梅隆、罗伯特·泽米基斯、史蒂文·索德伯格等新锐导演一同创造了新的"好莱坞神话"。在《大白鲨》（1975）、《星球大战》（1977）等充满视觉冲击力的电影奇观中，人类的想象力在这里获得了一次巨大的释放，然而，新技术主义的新好莱坞神话毕竟引起了这一代导演的思索：电影本体电影灵魂何在？斯皮尔伯格终以《辛德勒的名单》（1993）、《拯救大兵瑞恩》（1998）等"纪实性"的故事，反思历史；卡梅隆的《泰坦尼克号》用高科技逼真再现了20世纪人类遭遇的最惨痛的真实的海难事故，而虚构的爱情影像梦幻竟也征服了全球观众；罗伯特·泽米基斯的《阿甘正传》（1994）将历史、传奇、哲理相融，阿甘的奋斗史，浓缩了美国的当代史。但即使在最艺术的好莱坞影片中，也会看到根深蒂固的类型电影的影响并不随风而去。科波拉的紧凑剧情、斯皮尔伯格的逼真战争场面、卡梅隆的高度惊险的灾难片等依然割不断旧好莱坞模式的脐带。无论新旧，好莱坞电影可视作一种仪式，它潜藏着人类的集体无意识，也就是人类天生会做梦、爱做梦。

日本导演沟口健二的《雨月物语》（1953）被西方评论界称为"东方神秘感"作品，现实与梦幻、战争与性扑朔迷离。小津安二郎的《晚春》（1949）、《东京物语》（1953）等，从传统到现代过渡中的无奈和悲凉弥漫于"冷水泡茶慢慢喝"的闲淡中。黑泽明的《罗生门》（1950）内容太复杂，不只是直逼人性深处，而且从哲理层面思索"真实是什么"。黑泽明以后的一系列作品向世界展示了日本传统的另一面，小津安二郎们与黑泽明合奏出"菊花与剑"。新藤兼人关注土地和下层民众生活，同时在历史环境中对日本人民的生存状态做出了日本式的书写；大岛渚在电影语言方面大力借鉴法国新浪潮，因此被称作日本新浪潮的代表人物。同时，纪录片在日本亦方兴未艾。小川绅介用他贫苦而执着的拍片生涯反映出一种具有人文高度的记录精神，他的代表作《三里冢》里体现出的"时间第一"和"始终在场"等创作信条赋予纪录电影一种神圣感和责任感。

电影在中国，在纪实与虚构的思考和实践，似不像西方那么明晰激烈，而且可以说，仍旧多在现实主义道路上寻寻觅觅，并没有太出格。想当年，随着卢米埃尔发明电影后不久，"西洋影戏"这洋玩意儿也传到了古老的中国。但直到1905年，北京的丰泰照相馆摄制了由谭鑫培主演的京剧舞台纪录片《定军山》，才拉开了中国人摄制影片的历史序幕，似乎一开始中国电影就脱胎于戏剧。到1913年，张石川、郑正秋拍摄了短故事片《难夫难妻》，作为中国电影的第一代拓荒人，已关注现实题材。其后，蔡楚生、袁牧之、孙瑜、费穆等第二代导演群分别以《渔光曲》（1934）、《马路天使》（1937）、《一江春水向东流》（1947）、《小城之春》（1948）等代表作使中国现实主义电影达到某个高峰，却并没有打出现实主义的旗号。1982年，在意大利都灵举行的"中国电影回顾展"上，这几部电影受到高度评价，意大利批评家卡拉西奇甚至赞叹："意大利引以为豪的新现实主义还是在中国上海诞生的！"[①] 1949年后，中国电影呈现大陆、香港、台湾三足鼎立的局面。大陆的水华、崔嵬、凌子风、王苹等第三代导演群通过革命题材和历史题材作品的书写，诸如《白毛女》（1951）、《柳堡的故事》（1958）、《青春之歌》（1959）、《红旗谱》（1960）等，记录了一个时代和一个民族成长的历程。第四代的谢晋、谢飞、张暖忻、黄建中等成长于五六十年代，成熟于改革开放新时期。谢晋以他的《天云山传奇》（1980）、《牧马人》（1981）、《芙蓉镇》（1986）等作品，反思"文革"、书写一代人的青春记忆，仍是传统的现实主义。

---

① 彭吉象：《影视鉴赏》，高等教育出版社1998年版，第180页。

谢飞的《湘女潇潇》（1986）和《香魂女》（1992）、张暖忻的《沙鸥》（1981）等，却多了诗情。他们开始引用巴赞理论，却仍只是在传统现实主义创作规范边缘突围。第五代的辉煌让人目眩，陈凯歌的《黄土地》（1984）、《孩子王》（1987）、《边走边唱》（1991）、《霸王别姬》（1992）和张艺谋的《红高粱》（1987）、《菊豆》（1990）、《大红灯笼高高挂》（1991）、《活着》（1994）及吴子牛的《晚钟》（1988）、《大磨坊》（1989）等，现实的故事与空前的影像造型相结合，趋向完美。斯皮尔伯格、伯格曼等的影像于他们不再陌生。只是90年代后市场化大潮的汹涌冲击，张艺谋、陈凯歌们不得不在商业性与艺术性结合上寻寻觅觅。张艺谋的《秋菊打官司》（1992）、《一个都不能少》（1998）等亲近纪实、进入主流。当第六代渐渐浮出水面时，半个世纪前的新现实主义之风又扑面吹来，血气方刚的他们又扛起摄像机穿街走巷，把镜头对准普通人，与前辈相比，显然少了点沉重多了点无所谓有无所谓无，现代派的特质也随风潜入。等到张元的《过年回家》（1998）、娄烨《苏州河》（2001）、张杨的《洗澡》（1998）、《爱情麻辣烫》（2000）、《昨天》（2001）以成熟姿态进入人们的视野时，那种对小小个体生命真实状态的裸露、对生存的还原有着沁人心扉的感动。他们的电影，似乎正在模糊、混淆或曰跨越纪录片与故事片的界限，纪实与虚构相撞相融。当然，他们的创新，可能也有某种经济上的困窘和尴尬，就像费里尼对新现实主义的解释。

台湾电影可以说未中断过对中国现代电影的传承。侯孝贤的《童年往事》（1985）、《悲情城市》（1989）和杨德昌的《牯岭街少年杀人事件》（1991）皆以纪实为底蕴，往往将自我成长史凸显于台湾历史的真实中，个人的编年史与民族与历史交融为一。大量的生活细节以长镜头表达。这既与中国20世纪三四十年代的中国现实主义流派一脉相承，又走出了中国"作者电影"的足迹，那慢慢道来的从容和抹不去的淡淡忧愁，是中国诗意纪实。而香港素以学习好莱坞的商业制作闻名，他们演绎的是中国情趣的虚构梦幻，尤以绝顶的中国功夫片为最佳，是否可以说，吴宇森在好莱坞拍摄的《终极标靶》（1993）、《断箭行动》（1995）和《夺面双雄》（1997）是中国式的虚构与现实相撞相融的杰作呢？香港的新浪潮一代王家卫、关锦鹏等以其对形式的探索，进而对主题和题材开拓。关锦鹏的《阮玲玉》（1991）、王家卫的《重庆森林》（1994）和《花样年华》（2000）等实虚交融、时空交错，怀旧创新难解难分。李安以《藏龙卧虎》（2000）获奥斯卡最佳外语奖，那是他将中国的虚构与想象发挥到了极致，但他最好的作品当是家庭三部曲：《推手》（1991）、《喜宴》（1992）和《饮食男女》（1993），反映了东西方文化冲突与交融，是中国家庭在这一时空中的纪实。

当然，名导演都必须固守自己的个性和独特创新，其实，他们有意识或潜意识里，就像福克纳说的那样，在写家乡邮票大的地方。而人生苦短，天性中又有种种不甘平庸不甘拘囿于家乡邮票大小的地方的幻想冲动。人类向往长生，向往飞翔，向往许多未知的世界，所以，要将纪实与虚构在电影里剥离得一清二楚，是做不到的。电影让你的生存和向往得以重现和实践，称电影为"梦幻"，在我看来，并无太多贬斥之意。

电影的确是人类交流最复杂又最简单的形式。

电影说到底，是大众文化。无论是引导大众前行还是跟着大众走，电影若离开大众，也就离开了繁荣。从文化形态来看，电影以大众文化走向个人化又回归大众文化再多元并存。电影作为一种表象性的叙事语言，更是通过它的消费对象实现的。大众化的作品比个人化的作品更加贴近群众，能更好地反映社会的集体潜隐心理，以及一定时代的基本愿望。而且它对公众最为关切、最感兴趣的问题的反应是集体无意识的。而母题研究正是一种对群体现象进行宏观研究的方式。是否可以这样说：母题体现了人类的心总是相通的，而电影是人类交流最复杂又最简单的形式，哪怕不翻译，它也能让不同种族不同性别不同观念不同文化程度的人从自己的视角"看懂"。1994年，84岁的黑泽明在他被授予京都奖的纪念演讲中说："我认为，所谓'电影'，就像是个巨大的广场，世界上的人们聚集在这里亲切的交往、交谈，观看电影的人们则共同体验银幕世界里形形色色的人物的人生经历，与他们同欢乐共悲伤，一起感受着痛苦与愤怒。因此，说电影能使世上的人们亲切地交流也正是基于电影的这一特性。"[①]

一位中国电视人曾半认真半玩笑说：要把故事片拍得像纪录片一样真实，把纪录片拍得像故事片一样好看。这，或许是在电影中纪实与虚构相撞相融的较理想的境界。

银幕百年，生命的记录与虚构始终是纷繁变幻的电影流派及理论抵牾

[①] ［日］黑泽明：《我的电影观》，《世界电影》1999年第5期。

相争又互动互补的焦点。可以说，电影永远无法将记录与虚构彻底剥离，摄像机穿大街过小巷的"真实"故事片已屡见不鲜，纪录片亦开始记录故事，因为人们希冀电影使你认识你自己，留住流逝的岁月，同时，还得张扬人类的天性——在梦中飞翔。

[胡辛、李东辉《南昌大学学报》（人文社会科学版）2003年第1期，
　　人大复印报刊资料《影视艺术》2003年第1期全文转载]

心在电影之梦中飞翔

——张艺谋与斯皮尔伯格的美学追求比较

摘 要 张艺谋是中国最杰出的电影导演之一,斯皮尔伯格则创造了美国电影的奇迹,斯皮尔伯格从崇尚新技术主义到回归纪实美学,张艺谋则从造型艺术起家到新现实主义再到技术加唯美主义,两人都在创新求变,但他们是在东西方不同的文化背景中成长起来的,因此也就必然地带有各自的文化烙印,斯皮尔伯格以宏大、张扬、璀璨的电影语言推行扩散着西方的文化观念和价值理想,张艺谋则试图最大限度地弥合中西文化差异,追求一种"主流的",可以"平等"对话的文化空间。

关键词 张艺谋 斯皮尔伯格 造型艺术 纪实美学 新技术主义

1988年7月,中国电影出版社出版的罗雪莹著《红高粱:张艺谋写真》是一部较早地让人走近张艺谋的评传式的论著。其中有一段张艺谋的话:"一位西方记者曾问我:'你喜欢国外哪些导演?'我不假思索地回答:'我喜欢斯皮尔伯格。'他说:'我问过你们所有的第五代导演,他们都说喜欢法斯宾德、费里尼、安东尼奥尼等,为什么你偏偏与他们不同?'当然,黑泽明的悲壮、伯格曼的深沉,我也都喜欢,但我尤其喜欢斯皮尔伯格的天真、单纯,他拿金钱和技术把电影拍得那么好看,把观众弄得神魂颠倒,我很佩服这种本事。"[①]

这应该是张艺谋独立执导《红高粱》前后说的话,折射出他一出道即将目光盯住新好莱坞票房冠军。时间过去了16年,却似乎没有谁对张

[①] 罗雪莹:《红高粱:张艺谋写真》,中国电影出版社1988年版,第51页。

艺谋的这段话从实践和理论上加以关注，张艺谋还是张艺谋，斯皮尔伯格还是斯皮尔伯格，其实，这是一个非常值得探研的课题，诚如王蒙所言："全球化你挡不住，因为它对经济的发展有很大的好处，没有全球化就没有中国这20年的进步，我们改革开放的目的也就是为了使我们能进入这个世界经济的体系。而在全球化的同时，那种地域化、民族化、个性化的趋势也会越来越顽强，越来越强大，这个同样挡不住，尤其是在文化层面，因为文化层面是最难统一的。"① 张艺谋与他的电影在全球化语境中，在东西方文化的碰撞和交流中，其地域化、民族化、个性化如何保持且张扬？中国电影美学之路向何处去？电影被人们称为梦工厂，那么，这两位东西方的"电影天才"，他们张开梦想的翅膀，从各自不同的文化背景中翩翩腾空飞翔，创造出怎样的风景？

向着那梦中的地方去

童年情结、青年情结，对人生命运的把握和影响无疑是巨大的。坎坷和磨难锤炼性格，性格决定命运。如果从家庭出身、成长历程、社会背景来比较两人的成长之路，张艺谋既是不幸的，又是幸运的；斯皮尔伯格则既是幸福的，却又是不幸的。

1951年，古城西安，张艺谋呱呱坠地。这方古老的水土上，早在汉代前就有了陕西皮影戏。《海阳竹枝词》中有诗云："张灯作戏调翻新，顾囊徘徊知逼真；环佩姗姗连步稳，帐前活见李夫人。"那是皮影戏"复活"了汉武帝思念的已亡李夫人。法国电影史学家乔治·萨杜尔称皮影为"世界电影的始祖"。但童年时代的张艺谋对此浑然不觉。他的父亲兄弟仨都毕业于黄埔军校的历史，成了笼罩于他头顶的阴霾，别样的歧视让他埋头书本。然而，非常岁月他像同时代的人一样，从学校下放到陕西乾县插队三年。乾县，这又是传奇之地，是女皇武则天墓和无字碑所在地，也许，这给他的潜意识里烙刻下关于女性关于历史的了然。在秦地，播种耕耘、挑泥筑堤，与农民别无二致，就在几乎断了回城的指望时，忽然有一天，他被招进了陕西咸阳国棉八厂，原来看中了他擅长打篮球。然而在

---

① 王蒙：《全球化能把中国怎么样？》，《南方周末》2001年11月22日。

纺织女工的三班倒"女儿国"里，他的另一种潜在特长不屈不挠地浮出水面！那是摄影。他以卖血的代价买回了一台"海鸥"牌相机。他将周遭的辛劳的女工摄入镜头，更将秦地景观留下永恒的瞬间。又再买了套洗相设备，在拥挤的集体宿舍里的桌子底下自制了一个小暗室。在国棉八厂一干七年，这里，是他通向世界电影之路的起点。

斯皮尔伯格的童年无疑是幸福的。1947年，他诞生于美国俄亥俄州的辛辛那提市，父亲是电子计算机专家，母亲是古典乐曲演奏家。如果说电影是高科技与文学艺术相结合的产物，那么，斯蒂芬·斯皮尔伯格便是逻辑思维与形象思维最好的结晶，仿佛成了日后走上电影之路的命定。斯皮尔伯格12岁得到的父亲送给他的生日礼物便是一架袖珍摄影机，他用这架摄影机拍摄下全家度假的时光，并显示了他与众不同的拍摄天分，不是老老实实的纪实，而是拍成了一部恐怖片《灌木丛中的熊》！镜头在他的手中可以随意摆弄，想象的翅膀尽情飞翔。接着他又拍了一部电影《童子军》，他调动他的伙伴们拿着塑料制的左轮手枪自编自导自演。童子军们都喜欢他的电影，斯皮尔伯格自信地说："从那时起，我知道自己想在后半生里做什么了。"① 16岁时，他用8毫米摄影机拍了一部两个半小时的科幻片《火光》。有意思的是，他的父亲为这部影片租了一家影院放映，一晚进账500美元。小小年纪的斯皮尔伯格以他的电影天才把观众弄得神魂颠倒！

1969年，22岁的斯皮尔伯格拍摄了20分钟的短片《安布林》，这部短片给他带来好几个电影奖的同时，还引起了环球/MCA电视剧制作人肖恩伯格的注意，他们与他签订了一份为期7年的合同，从此，斯皮尔伯格成为一名名副其实的导演。1971年，24岁的他为ABC美国广播公司拍摄了电视电影《决斗》，仅用了16天时间投资35万美元，却赚得了超过500万美元的全球收入，并且被认为是有史以来最好的美国电视节目之一。1974年，27岁的斯皮尔伯格进入影坛，他的《大白鲨》可称第一部成功运用高科技的巨型恐怖片，而且取得了空前的票房成功，从此，奠定了斯皮尔伯格电影在电影界的地位。

27岁时的张艺谋在哪里？那是1978年的西安，仍处于封闭状态中的

---

① ［美］约翰·巴克斯特：《斯皮尔伯格：一个新好莱坞电影人的传奇》，和平等译，海南出版社1999年版，第32页。

张艺谋在一次偶遇中，才得知北京有个电影学院还有个摄影系！当他风尘仆仆赶到北京北太平庄的中国电影人的摇篮里时，又才知晓，27岁已然超过了报考大学的年龄！历经坎坷磨炼的他，不甘心命运之神就此擦肩而过，他对自己充满信心，遂将自己的摄影作品和一封渴求上学的信寄给了当时的文化部部长黄镇，奇迹出现了，知才惜才的部长以伯乐的眼光，为这位日后的中国电影大师打开了艺术殿堂的门扉。这就是中国的传奇。四年寒窗苦，传奇的经历也有负面影响，那就是让他如芒在背。毕业时又遭遇曲折，最后去了广西电影制片厂。不幸？幸耶？广西电影制片厂基础薄弱，也许正因如此，很快就给了这批北影大学生一次拍片的机遇，于是就有了《一个和八个》的诞生。《一个和八个》被称为中国电影"第五代"的发轫之作。张艺谋在其中虽然只是第二摄影，但是，由导演张军钊、编剧张子良、王吉成，第一摄影肖风等组成的摄制组不同凡响，一个抗日战争的故事，却让这群年轻人在电影美学追求上，充满了"惊涛拍岸"般的强烈追求、那种叛逆姿态的电影语言无疑给了张艺谋极大的震撼，当然，他是弄潮儿中的一员。1984年出品的《黄土地》，成为第五代导演的奠基之作。虽然导演是陈凯歌，但张艺谋"就拍这片土"的决断，多项国际摄影奖的摘取，起到了"喧宾夺主"的效果，也难怪，秦人回归秦地，岂不如鱼得水？其光芒，不是根在福建又下放到云南的陈凯歌可以遮蔽得了的。再接下来，张艺谋在《老井》中任摄影并自荐出演男主角，亦获国际奖，貌似木讷的张艺谋亦有"顽童"心态，什么都要尝试一下，如同日后他的电影之路。1987年张艺谋独立执导《红高粱》，自此，张艺谋才得以真正开始像斯皮尔伯格一样作为名导演在电影艺术领域里纵横驰骋，此时，他已是36岁，人到中年了。

纵观张艺谋和斯皮尔伯格各自的电影成长之路，两人各具东西方的传奇色彩，相比而言，仿佛张艺谋历尽磨难艰辛，而斯皮尔伯格却坦荡得意，其实不然，这是对斯皮尔伯格只知其一，不知其二，斯皮尔伯格亦有自己的不幸。小而言之，是家庭的破裂。完美的中产阶级家庭并没有善始善终，就像美国电影中常表现的中产阶级家庭的种种危机一样，他的家庭实际并不稳定，父母的裂痕最终导致离异。大而言之，是社会对斯皮尔伯格的犹太血统的有形无形的歧视。诞生于二战结束后的斯皮尔伯格，虽然没有目睹法西斯惨绝人寰的大屠杀，但是他的亲戚中不乏其人。反法西斯战争虽已取得了胜利，但刚上小学的他，却仍感受到犹太身份的歧视，父母因此常常搬家，似乎是为了模糊犹太背景，但哪能呢？以至中学到大学，斯皮尔伯格的灵魂深处一直感受到"惘惘中的威胁"，隐约暧昧或明目张胆的歧视无形乃至有形地伴随着他，有些同学甚至对他公开侮辱，这使他体验到刻骨铭心的恐怖感！回过头去思，不难理解为什么他端起袖珍摄像机时，便拍成恐怖片，进入好莱坞后他为什么又会拍出巨型恐怖片《大白鲨》！接下来他的《侏罗纪公园》等一系列不乏恐怖的科幻片，正表明了电影成了斯皮尔伯格恐怖心理积淀的倾诉口、释放他和梦幻的空间。当斯皮尔伯格终于以《辛德勒的名单》摘取奥斯卡金像奖时，可以说，这是他对生活经历和体验的反思，是对人性的深沉的思考，最终领悟了主题，从幻想中走出，正视人生和历史，从而成长为一个思想成熟的电影导演。被誉为电影神童的斯皮尔伯格从少年起就在电影的梦工厂里纵横捭阖、自由驰骋，渐渐地，他从天空向着人间低飞，关注着《紫色》里的黑人妇女，《辛德勒的名单》里的焚尸炉的浓烟。

如果说斯皮尔伯格的影梦人生是从"逃避"到"正视"，那么张艺谋则始终是在影梦中对人生"寻寻觅觅"。《红高粱》充满了生命的原始力的热烈奔腾，礼赞张扬的人性，这是张艺谋对苦难、压抑心理的释放和宣泄的寻觅。《菊豆》《大红灯笼高高挂》等片，展示的是封建桎梏对形形色色的小人物的压抑和窒息，其郁闷和严酷，让观者感受到虽触目惊心，却只有难言的钝痛。当《活着》中的主人公富贵和他的皮影戏似麻木似无奈似超脱般活着时，活着的意义在张艺谋的镜头里真不知是重是轻！沉重的张艺谋凭着秦地秦人的倔劲，坚忍不拔地在电影之路上永不停歇，有一天，突然发现电影已让他长出强健的双翅，他从人间飞向天上，古装的男女英雄飞于十面埋伏的刀光剑影中，生命能否承受得起这份轻盈飞扬？

张艺谋：从造型艺术起家到新现实主义再到技术唯美主义

中国文化博大精深，哪怕从这源远流长中取一瓢水，其深厚底蕴也让世人叹为观止，张艺谋的作品一开始就让国人震撼，并吸引西人眼球，大老中国独特的文化底蕴是重要缘由。

中年张艺谋历经《一个和八个》《黄土地》及《老井》的历练，至

1987年独立执导的《红高粱》，可谓横空出世！深谙摄影语言的老谋子，如鱼得水般将现代电影语言诠释着沉甸甸的传统文化。如果说"电影艺术流派的广义分类，可以分为造型派和纪实派两类"①，那么，《红高粱》在展现刚翻过一页的历史时，将红高粱、颠轿、野合、祭酒等富有象征意义的影像表意符码，渲染讴歌了民族文化里雄浑鲜活的生命力，张扬着对压抑扭曲人性的反叛是造型艺术的典范。1989年出品的《菊豆》，菊豆与天青的乱伦之爱，在杨家大院内外，染坊、染池、染布的鲜艳如血的背景里，只见凄厉森森，给人透不过气来的沉重压抑感。杨金山死后，"七七四十九回挡棺"的丧葬仪式，简直就是惨烈，让人毛骨悚然。仍是造型艺术的铺陈。1991年出品的《大红灯笼高高挂》，陈家大院的一串串红灯笼，上灯、灭灯、封灯、槌腿、京剧脸谱的装饰，还有楼顶的鬼屋等也皆为影像表意的符码系统，异样的热烈中弥漫的是血腥气，面目模糊又无处不在的陈佐千老爷如鬼影，把陈家大院的女人男人折磨得像颂莲所说——像狗像耗子，什么都像，就是不像人！三部电影已将张氏标记的造型艺术发挥到了极致，创造了非凡的视觉效果和意象效果。

　　这可看成是张艺谋电影美学追求的第一阶段。主打的红色宣泄着外表麻木中透着冷峻的张艺谋不可扼制的热烈的追求。

　　四十不惑的张艺谋，于1992年摄制的《秋菊打官司》始，美学追求幡然大变。镜头回到了当下，虽仍是故事片，但一只脚已经跃入于纪实中了，由强调空间化的造型艺术走向强调时间性的叙事纪实。村妇还是孕妇的秋菊为丈夫王庆来挨了村长一脚而不屈不挠地讨个说法的故事，尤其是当代农村农民真实的气息乃至粗糙的扑面而来的感觉，让观众眼前为之一亮。张艺谋用电影眼睛纪实乡村、县城、街市，偷拍、抓拍，并大量运用变焦长镜头和运动长镜头，现实时空不再是造型碎片的剪辑连缀，而是从容完整的展示，一切如生活的原汁原味。虽然主演还是名演员，但已启用非专业演员。这一切，让稍有世界电影史知识的人立马会联想到意大利的新现实主义和法国巴赞的长镜头纪实美学乃至法国新浪潮。新现实主义运动以"还我普通人""把摄影机扛到大街上"为旗帜②，《秋菊打官司》正是如此。影片的结尾，难产的秋菊被村长领着村民们抬到县医院，生下

---

① 杨远婴主编：《华语电影十导演》，浙江摄影出版社2000年版，第170页。
② 尹鸿、邓光辉：《世界电影史话》，国际文化出版公司2000年版，第79页。

了一男孩，眼见矛盾化解，就在秋菊要请村长吃满月酒时，村长却被警车带走！秋菊追了出去，追过山坡、田野，追到村头，推出秋菊的面部特写：一张茫然的脸。这让人不得不想到法国新浪潮代表人物特吕弗《四百下》的长镜头结尾：少年安托万冲出球场，逃跑出少管所，穿过丛林和栅栏，跑向大海边……浪涛打过来，安托万不由地转过身，一张稚气却茫然的脸！真有异曲同工之妙。

1994 年出品的《活着》，营造了张氏独具一格的"新现实主义"风格。一改第五代的历史寓言体和文人气息，以凡俗视角来拍摄普通人的生活。张艺谋在《活着》中实现了自己新的审美取向，那就是"我那时正想用最朴实的手法，以平常人的心态拍平常人的故事，以此对自己来一次彻底的'反动'。我所以选择这个题材，是因为这个题材正符合我想要'向过去挑战'的思想。反过来说，像《活着》这种题材也只能用目前这种方法拍最为恰当"①，整部影片朴实无华，如张艺谋所说"用最通俗的方式叙事"②，回归生活的原生态。

1997 年出品的《有话好好说》，镜头跟踪到城市，可看成是张艺谋对新现实主义和现代主义的一次融合的别样实践，同时，还汲取了纪录片流派中"跟腚派"的风格做派。镜头拍摄多用肩扛摄影，摄影机跟着演员跑，整部影片的画面摇晃得观众头昏脑涨，与当今都市社会中物欲横流，都市人一派骚动浮躁非常吻合。

1998 年出品的《一个都不能少》，似乎可以说就是一部彻头彻尾的中国新现实主义作品。不仅是乡村、村小、砖厂、汽车站、县电视台等完全实景实拍，而且，影片人物几乎全是来自现实生活中的普通人！在影片中，该片全部使用非专业演员，生活中是干什么的到影片中仍干什么，甚至就拿演员的真实姓名作影片中人物的姓名，真实的纪录给影片带来了没有一丝"演戏"的朴素的真实感。而且张艺谋还在色彩、音响、灯光等处理上绞尽脑汁，营造趋近于无表现的表现，展现近于"自然主义"的审美状态。

以上几部电影可看成张艺谋美学追求的第二阶段：归真返璞。或许张艺谋没有这么严肃，他只是对百年电影史种种流派进行试验和实践，你要

---

① 李尔葳：《张艺谋说》，春风文艺出版社 1998 年版，第 93—94 页。
② 同上书，第 94 页。

知道梨子的滋味，你就得亲口尝尝。

如果你以为张艺谋从此由绚烂之极归于平淡的话，那可错了。2000年出品的《我的父亲母亲》，风格又似乎跳回到造型艺术派，纪实变为唯美，造型可比他以往的造型艺术更讲究、更奢华，表达更为细腻含蓄，整部片子就是一幅幅油画组成的，而且是中国特色的油画，纯洁、凝重、流泻着美丽的散文诗的韵味。还有一系列民俗事象真实又生动的铺陈：招娣送"派饭"的青花瓷大碗、老师傅"锔碗儿"的技艺、村里做屋上梁、通宵达旦织出最鲜艳的"房梁红"、"窗花"装点教室，货真价实的民俗图借助高技术得到唯美的展览。在唯美的画面里，乡下姑娘与村小老师的爱情唯美、圣洁、崇高，那是今天的人们失落后苦苦寻觅的情感。

2002年出品的《英雄》，风格亦是刻意雕琢的技术与唯美的结合。沧海横流，方显出英雄本色。知天命之年的张艺谋终于实践了大气魄、大制作，投资额达千万！影片中加入了高科技的数码影像，运用了大量的电脑特技效果。至此，张艺谋喜欢斯皮尔伯格才落到了实处！但细细咂摸，《英雄》仍是在造型艺术的极致天地中挥洒才情，奔驰的千军万马，飞逝的如雨箭矢，秦殿中随无名心境而动的一排排烛火光影，无名与长空决斗时，剑穿雨滴的绝景，等等，真个是"拿金钱和技术把电影拍得那么好看，把观众弄得神魂颠倒"！此后的《十面埋伏》对《英雄》并无超越，刘捕快、金捕快与小妹的三角爱在惊心动魄的刀光剑影中的确令人目眩神迷，古色古香的唐朝前事与一点儿也不含糊的高科技融为一体，只是，似乎经不起咂摸，缺了回味。当然，与《英雄》一样，都创造了票房奇迹。你会用高科技，俺老谋子更会用！高科技不就是解放人么？然而，透过这些殚精竭虑的电脑特技，我们仍能感觉到《红高粱》《菊豆》《大红灯笼高高挂》的造型影像幽灵般游荡，只不过张艺谋已今非昔比。

还要看到的是，《英雄》无论是叙事结构、情节设计还是表现手法，还可看出有黑泽明《罗生门》的影子。也许，张艺谋并不规避这里边有《罗生门》的影子，就像他坦言喜欢斯皮尔伯格，也喜欢黑泽明一样。别人尝试过的手法，他为什么不可以"拿来"呢？他就是一个"顽童"，只要在电影史上有过的流派，他都会情不自禁地尝试一下，看在我手里拍得怎么样？这当是张艺谋美学追求的第三阶段。想当初拍摄《红高粱》时，张艺谋曾言："它没想负载很深的哲理，只希望寻求与普通人的最本质的情感沟通。"而玩到《英雄》《十面埋伏》时，离他的初衷是否渐行渐远了呢?

斯皮尔伯格:从崇尚技术主义到回归纪实美学

斯皮尔伯格最初走向电影之路,就是以技术主义横冲直撞的。在美国文化浸染中成长的他,贪婪接受的是现代技术和电视文化,这使好莱坞原本就成熟的科幻类型片在他的手里走向了巅峰!斯皮尔伯格说过:"电影对我来说就是画面,对我更有吸引力的就是摆弄那些画面与布景……"①1975年执导的《大白鲨》中,波涛汹涌的海面上大白鲨连连食人的可怖又刺激的场景;1977年执导的《第三类接触》中,巨大的灯火通明的外星飞船徐徐降落人间;《外星人》中小外星人带着几个孩子骑自行车从月亮前凌空飞翔而过;等等,这些奇特的连续不停的连环画式的运动画面,这些惊心动魄的特技,释放出电影天才斯皮尔伯格丰富无穷的想象力,精心制作的大众梦幻让观众叹为观止,也让评论界将其作品归为"儿童艺术的影像",他也就成了"长不大的孩子"。

1985年,年近四十的斯皮尔伯格改弦易辙,执导《紫色》,从科幻回归现实,进行人文精神的思考。也许是因为他的科幻片冲刺奥斯卡金像奖屡试不爽,"长不大的孩子"给了他太大的压力和刺激,他认真拍摄了这部美国黑人女作家艾丽丝·沃克同名小说改编的严肃电影,该片获得11项奥斯卡奖提名,但非常遗憾的是,皆失之交臂!并招致了许多黑人的抗议。幸而美国导演同业工会将最佳导演奖授予他,这才给了他心灵一抹慰藉。

难道他真是个"长不大的孩子"?斯皮尔伯格仿佛又沉浸于他的一系列科幻片中,1993年,他用近6亿美元的巨额成本制作了《侏罗纪公园》,成为美国有史以来最卖座的十大美国影片中的第一名,另两部科幻片《大白鲨》和《第三类接触》则名列第二位和第八位。②

集科幻、灾难与恐怖于一身的《侏罗纪公园》,是根据当年风靡全美的科幻小说改编的。在中美洲一座边远的小岛上,哈蒙特利用现代生物遗

---

① [美]约翰·巴克斯特:《斯皮尔伯格:一个新好莱坞电影人的传奇》,和平等译,海南出版社1999年版,第35页。

② 李一鸣:《当代欧美名片评析》,北京广播学院出版社2000年版,第148页。

传工程技术使得已经绝迹的恐龙再生,豢养于岛上,使之成为一座侏罗纪公园,利欲熏心中杀机四伏!!小说作者旨在警醒人类不要因为自己的盲目和疏忽而造成对人类自身的致命灾难,电影《侏罗纪公园》则借助数字化影像技术,把光怪陆离的幻想世界实现于银幕上,还有硕大的恐龙追逐搏杀人类的惊悚场景,给观众带来强烈的视听快感和影像冲击力。

长不大的孩子却一直努力长大。就在《侏罗纪公园》播出数月之后,斯皮尔伯格又推出一部史诗片《辛德勒名单》。这部影片夺得最佳影片、最佳导演、最佳改编剧本、最佳美工指导、最佳摄影、最佳剪辑、最佳原创音乐七项大奖,斯皮尔伯格终于圆了奥斯卡金像奖之梦。虽然《辛德勒的名单》仍旧有着斯氏高科技烙印,如片头片尾的彩色、中间战争年代的黑白片便经过了高科技处理。但是,这部影片绝不是靠虚幻影像和高科技特技取胜,而是以类似纪录片式的手法,逼真"还原"二战期间一幅幅犹太人悲惨命运的画面震撼人心;而辛德勒救助1100名犹太人,这种人道精神和人性内蕴征服打动了全世界的观众!当帕尔曼哀伤的小提琴音乐流淌于电影时空时,人们的心被撼动。斯皮尔伯格说:"《辛德勒的名单》让我等待了10年,这仅仅是因为它在我的心目中举足轻重。我一直觉得如果我不能准确地把握它,将会给它带来致命的伤害。如果它不能对那些幸存者的经历表达出敬意和怀念的话,这与其说是善意,不如说是又一次地伤害。所以我身上的责任令我感到畏惧。它是如此令我畏惧,以至于我不得不在长达10年的时间里躲避着它。直到我觉得在感情上做好了准备。"①

1997年,他又再度创建了一个恐龙公园,重返幻想的《侏罗纪公园》的续集《失落的世界》。但他并没有沉迷于幻想世界,很快,1998年出品了火爆世界的《拯救大兵瑞恩》,奥马哈海滩登陆是长达25分钟的片头,那种逼真的血腥、惨烈、恐怖的战争场面:炮弹轰隆、子弹呼啸穿行,海浪腾空、泥土飞溅、一排排士兵倒下,有的被炸得飞向空中,血肉模糊、残臂断肢!一双双惊恐又茫然的眼睛!这一切,斯皮尔伯格并不是用他已熟极的数字高科技手法制作,而是采用传统的"战地纪录片"形式,在急遽的运动和震荡中,从贴近地面的视角中,以一个个局部画面,让人们身临其境,处于血与火的战争奇观中!这是另一种斯皮尔伯格制造,丰富

---

① 李一鸣:《新好莱坞制造者——斯蒂芬·斯皮尔伯格》,《当代电影》2001年第2期。

并拓展了好莱坞电影的视听语言。《拯救大兵瑞恩》的震撼人心并不停留在这25分钟里,而是"拯救",米勒上尉这支8人小分队,接受了一项特殊使命,深入险境拯救正在前线的大兵瑞恩,因为瑞恩四兄弟中已有三人阵亡,米勒所接受的使命就是无论如何要找到瑞恩,并把他安全带回。人性的光辉在充溢死亡气息的战争中,温暖又和煦。小分队出生入死,以牺牲了米勒和他手下士兵的生命的代价,拯救了大兵瑞恩归家,而瑞恩在生死关头的表现又是好样儿的!将人性的关怀推到了极致,这是很容易引起观众共鸣的。

有了《辛德勒的名单》和《拯救大兵瑞恩》,谁还能居高临下说斯皮尔伯格是个"长不大的孩子"呢?他仍是一个技术主义者,但他不再唯技术,他把技术同人文精神的探索融合一起,创造了独特的斯皮尔伯格的技术美学,这种美学追求在特技效果、惊心动魄的动作画面里注进了人文思考,一切就有了灵魂。

东西方互看视域中的张艺谋与斯皮尔伯格

个性就是美。张艺谋与斯皮尔伯格同属于对电影充满感性认识的"天才型"导演。斯皮尔伯格说过:我觉得,我就是我的电影;我知道,我所有的电影也就是我。张艺谋则说:艺术是什么?艺术首要的是个性。不管怎样,独特的个性是最有吸引力的,最有魅力的。

但艺术家谁也离不开培育他的那方水土那方人,离不开千百年积淀成的丰厚的文化传统。张艺谋与斯皮尔伯格毕竟分属于东方西方,成长于不同的文化背景和语境中,他们在美学追求上的惺惺相惜,应该说是源于他们对于电影本性的共识;但他们在美学追求之路上有着各自的选择与各自的特色,这除了个性的差异,还有就是各自不同的民族文化性格。

张艺谋是属于中国的。斯皮尔伯格是属于美国的。

中国文化博大精深,张艺谋的电影一出道,即显示了深厚的文化底蕴,他的电影绝大多数以小说为底子,与文学"血肉相连"又"脱胎换骨"。《一个和八个》改编自郭小川的同名长篇叙事诗,《黄土地》改编自柯兰散文《空谷回音》,《老井》改编自郑义的小说《老井》,《红高粱》改编自莫言的小说《红高粱》,《菊豆》改编自刘恒的小说《伏羲伏羲》,

《大红灯笼高高挂》改编自苏童的小说《妻妾成群》,《秋菊打官司》改编自陈源斌的小说《万家诉讼》,《活着》改编自余华的小说《活着》,《一个都不能少》改编自施祥生《天上有个太阳》,《我的父亲母亲》改编自鲍十的小说《纪念》,《幸福时光》改编自鬼子的小说《师傅越来越幽默》,只有《代号美洲豹》不是由小说改编的,还有新武侠巨片《英雄》和《十面埋伏》,似乎就少了点东西!张艺谋曾坦言:"我一向认为中国电影离不开中国文学。"

斯皮尔伯格则伴随着电视长大,早在他的童年时期,他就非常喜欢看电视,电视、电影和漫画对他的影响远比文学的影响大。斯皮尔伯格的一系列科幻片,被人称为连环画式的电影世界,在连环画式的电影世界里,主题不必深刻,人物性格无须复杂,情节明快叙事清晰,缺乏文化底蕴和深层的人性挖掘,但是,它看重的是画面,以画面的可视性取胜;讲究人物景物的造型效果,动作的可看性,画面的神奇、瑰丽乃至惊心动魄。所以,斯皮尔伯格这个新好莱坞电影人,他把冒险、暴力、恐怖、喜剧、拯救等等心理元素编织进他的电影文本中,在虚拟与现实之间完成着一个个"造梦"工程。深谙老好莱坞的各种成熟的电影语汇,认识到观众的心理期待就是电影的生命,其审美观念源于电影的"造梦"机制,"梦"便具有了恒久的美学意义和人性价值。

张艺谋则更重视电影的"戏剧"效果,历史、民俗、戏剧性是张艺谋电影的必备元素。这和中国电影的诞生和发展史有着千丝万缕的联系,哪怕第五代做过激烈的反叛。张艺谋说过:"中国是个发展中国家,电影也应有自己的发展方向。我个人认为,我们的方向应是有民族特色的影片,而不是好莱坞式的大商业电影","我总觉得本民族的电影是不倒的","我是不奔大,不奔洋,也不奔热闹,这是我的选择"①。

他们都验证了鲁迅早在30年代就曾说过的话:"现在的文学也一样,有地方色彩的,倒容易成为世界的,即为别国所注意。"② 当然,无论是张艺谋还是斯皮尔伯格,电影就是他们的梦。他们又为人类大众造梦。人类悲哀的不是爱做梦,而是连梦都没有。电影是什么?电影就是人类的梦。当美国大片浩浩荡荡进入国门,斯皮尔伯格的名字已让年轻观众耳熟

---

① 《张艺谋一席谈》,《文艺报》1998年第7期。
② 《鲁迅全集·致陈烟桥》,人民文学出版社1981年版,第391页。

能详时,张艺谋的名字也早已漂洋过海,为世界瞩目,中国电影走出了国门,走向了世界。

但从电影全球化的大背景解读张艺谋和斯皮尔伯格,电影文化交流应该是双向的、平等的,但在目前情势下,双向交流在很大程度上成了单向强势尤其是好莱坞电影文化的单向输入。从文化的差异性来看斯皮尔伯格与张艺谋的电影,"西方"与"东方"、"中心"与"边缘"、"强势"与"弱势"均成为我们不能不面对的文化现实。斯皮尔伯格的电影无可避免地折射出美国文化中心论和大西洋文明的优越感,他以宏大、张扬、璀璨的电影语言推行扩散着西方的文化观念和价值理想。

面对这种强势文化,张艺谋不会没有感觉,在博大精深的几千年的传统文化和深厚的美学积淀中,让中国的电影"以小搏大,坚守一方净土",充分尊重本土观众对自身文化价值渴望得到充分认同的心理需求。而且,他已拓宽了文化视野,在积蓄力量,厚积薄发,试图最大限度地弥合中西文化的差异,追求一种"主流的",可以"平等"对话的文化空间。但我们不得不感叹的是,斯皮尔伯格已被人们称为"耽于幻想的孩子终于长大了",而我们的张艺谋呢,可别一味地"返老还童"呵!

背靠传统,面向世界,他们强健灵动的翅膀还将飞多远多高呢?

(胡辛、邓煜《南昌大学学报》2005年第2期)

浅议"新民俗电影"的审美旨趣

所谓"新民俗电影",主要是指 20 世纪 80 年代中期以来的民俗电影,在这些影片中民俗事象已经"从地方色彩、环境氛围、人物情调的构成因素升格为审美创造的中心,由题材参与和背景介入升格为叙事主体和主题载体"。① "新民俗电影"作为新时期以来当代中国电影的一种风格独特的艺术电影样式,备受瞩目。一批电影人在历史使命感和文化责任感的驱动下,纷纷把镜头推向繁复多姿的民俗文化,从中开掘出许多以往为人们所忽视的历史内涵和文化意蕴,实现着对民族传统文化的另一种影像书写。"新民俗电影"尤为看重对民族文化传统的阐释,这种阐释既体现了一种历史的眼光考察传统中国向现代中国的发展变迁,这构成了此类电影的主题;同时,又从民俗文化中进一步提取属于本民族的文化意识和艺术精神,从而在影片创作中构建起极富民族本土特色的审美旨趣。

一 崇尚自由之美

电影和所有的艺术一样,可以为人们在日常世界之外开辟一处诗意的世界,一个更为自由的生存空间。帮助人类获得并竭力展现这种精神的自由境界,正是艺术的独特意义与价值所在。人在现实的困厄中,心灵深处总有许多对理想与自由的渴望,当这种渴望始终被现实的力量遏制时,它就越会在艺术中旺盛地滋长起来。于是,对人作为主体存在的自由本质的考察成为艺术家们在创作中所竭力张扬的主题之一。自由即美,已经成为

---

① 刘德濒:《民俗化:对民族历史与现实的电影阐释》,《电影艺术》1997 年第 3 期。

一种共识，就像席勒所言"事物的被我们称之为美的那种特性与自由在现象上是同一的"①。中华民族同样是一个对"自由"极为推崇的民族，庄子的"与天地共生，与万物为一"的自由境界表征着一种已经挣脱自然和社会的双重束缚的生命形态，而反映到美学上，这成了我们民族恒久追求的一种人格美和意境美。作为自觉承担起探究民族历史文化内蕴的艺术电影，"新民俗电影"中的一些代表作品充分尊重"自由"作为生命价值最高体现的美学观，在影片创作中把美好的情感与浪漫无羁的想象倾情泼洒给饱含着热度的自由的生命活动，从而使我们能够强烈地感受到"自由"实质上是具有最高意义的审美价值！

《红高粱》作为"新民俗电影"的扛鼎之作，通过对种种虚构的民俗事象的铺陈渲染，把一种欢腾又痛苦的自由生命意识高扬在火红的高粱地里。一曲坦坦荡荡、自由率真的人性颂歌让我们初识张艺谋充满感性的电影世界，在这个艺术世界里人们感受到的是压抑已久的生命力获得了一次大气而张扬的喷发。从北方高粱地里向我们大步走来的是一群粗俗又可爱的人，他们痛快地生，又痛快地死去，这个人群里处处涌动着生命最原初的活力。《红高粱》借助大写意的艺术笔墨尽情书写着狂放恣肆的生命意识，有力地体现了中华民族自由的人生精神，影片解构了我们民族对理性与道德的过度崇尚，颠覆掉中国电影长时期以来重理轻情、重功利轻审美、重集体轻个体的僵化艺术观念，把粗犷有力的美和强烈的生命意识都灌注进作品中。《红高粱》尤为看重人物的感性冲动，服从人的灵魂深处的召唤，把感性冲突置于理性思辨之上，人的自然欲求在影片中挣脱了理性的束缚与压迫，获得了毫不掩饰的表现。一群男人的"颠轿"闹剧，颠掉了传统民仪的拘谨与呆板；"我爷爷"和"我奶奶"的"野合"仪式则进一步颠覆掉了所谓传统道德的虚伪与扭曲。红色的高粱迎风开合，似在欢情地歌舞。唢呐声、鼓点声传达着人物内心的激情，这浓墨重彩的风动高粱的画面，构成了中国电影史上的造型经典，无所顾忌的影像风格大胆突破了传统电影美学的戒律，真切地揭示出人在自由生命的情状中对情性的尊重。

《红高粱》所竭力展示的生命冲动是人性与人情的合理需要。从社会学的角度来看，片中男女的炽热之爱是正常的情感追求，他们狂放的举止

---

① ［法］席勒：《美育书简》，中国文联出版公司1984年版，第155页。

正体现了对一种腐朽的婚姻制度和反人性的封建伦理道德的一种不妥协的抗争；从美学角度而言，影片对自由生命意识的张扬，对中国电影艺术在美学上的新突破有着十分重大的意义和影响。在我们的艺术传统中，在"情"与"理"这一对美学概念之间我们总是重理轻情。"发乎情，止乎礼义""乐而不淫，哀而不伤"的艺术理念体现了中国文化的"中庸"思想，强调"中和之美"。当代的中国文艺，重视理性的集体宏大叙事，而轻视情欲的个体表达的倾向一直很强烈，以至于当代文艺的抒情与宣泄功能在很长一段时间里蛰伏着和压抑着。《红高粱》的出现是一次反叛，策动着一场影像美学的革命。影片以对"自由生命"——这一崇高美学境界的推崇为中国电影建立起一种崭新的艺术表现形态。

张暖忻导演的《青春祭》则以另一种格调对自由的人性美进行了讴歌。在"以阶级斗争为纲"的动荡岁月里，女知青走进了傣家寨子，独特的民风民俗在她的眼前呈现的是祥和与安谧的景象，女知青被压抑的情感，被紧绷的精神在这里得到了舒展，自由的生命状态在这个动乱年月里依然没有泯灭。影片让观众看到了一个崇尚美和自由的傣民族健康的精神心态，讴歌了人性和美好的事物。

二　悲悯苍凉之美

人类的艺术行为表达了对世界的直觉认识，其实质是对人的深切观照。一切艺术都应是以人为本的，当这种观点确立的时候，艺术家的眼光会有意识地投向人之为人的存在。无论是一己生命的沉浮起落，还是群体生命的悲欢歌哭，这当中都满蕴着对人的文化命运的关注和对人性的悲悯情怀。对文化的思考，很大程度上就是对人的生存的思考，在"新民俗电影"中也表征为创作主体对一种世间苍凉之美的悲悯与思索。

陈凯歌的处女作《黄土地》作为震撼新时期影坛，堪称"第五代"艺术宣言的重要作品，呈现的是一幕幕静止的黄土高原上的斑驳景色，画面造型的凝重朴拙，象征隐喻的设置所传达出的生命意识虽然也有"光着膀子，打腰鼓"的欢腾，但更多的是压抑、麻木和呆滞，陈凯歌起步之初就对这片黄土地和黄土地上的中国人发出了深沉的喟叹！在这块瘠薄的黄土地上，人物生存状态的窘迫和单调借助静态的镜头，呆滞的画面所营造出的这个既厚重又压抑的表意空间得到了揭示。瘠薄的土地上却有着热情与疲乏并存的人群,在这里诞生了古老的文明,这是人与环境之间的胶着与酣斗;是人与环境之间的依存与反抗。在环境方面,大块大块的黄土地成为中国电影难得的艺术造型,夸张的黄色是构成环境的主色调,黄色荒原上的几孔窑洞,还有黄河岸边的千山万壑;在人物方面,袖手而坐或走来走去的老汉,时常呆立着的陕北娃娃,把腰鼓敲打得震天响的"光脊梁"们,匍匐在地跪拜祈雨的人群,当然还有红盖头下面的翠巧,和揭开这盖头的那只"黑手"……这一切都进入了导演深情又忧郁的人文目光中。这种目光从民族历史与文化的视角俯瞰着一种文化的生存,也不可避免地流露出对身处于某种文化境遇中的苍凉人性的抚慰与悲悯。导演深情关注的这个古老民族既可以把"腰鼓"敲打得震天响,却又可以匍匐在地祷告祈雨;这个民族既能开垦出如此灿烂的文明,却又只能坐视迎娶"翠巧"们的花轿在黄河岸边走了一年又一年,默然看着无数个"翠巧"被浑浊的河水吞噬掉。

张艺谋在经过了《红高粱》的激情勃发之后,对人性的苍凉沉郁之美也倾注了自己的艺术才情。《菊豆》无疑是一曲人性的悲歌,山区封闭的杨家染坊圈禁着菊豆和杨天青的孽情。影片的画面构图在绚烂中渗透着阴郁沉闷的色调,红色的染池、红色的染布已经没有了《红高粱》里的对自由生命的礼赞,这里有的只是一种窒息的美、扭曲的美。"红色"在片中构成了无可逃脱的宿命,红色的染池先后吞噬了两个"父亲";"红色"也构成了诱惑,菊豆在院子里晾晒着红色的染布,金色的阳光洒落在她的身上,天青抬头看见了她,她似一尊女神,又似一个女巫将充满"罪与罚"的爱情降落在杨家染坊里;红色还成了"冲动""狂躁""血腥"的符码,完成着一幕"俄狄浦斯"式的命运悲剧。在张艺谋精心设计的"七七四十九回挡棺"的丧葬仪式里,我们看到导演在这个段落里大量使用了叠化的镜头处理和慢镜头,再配合悲怆凄切的唢呐声,营造出死者"虽死犹生",生者"悲苦无告"的强烈反差,有力地传达出艺术家对深陷于困厄的生命僵局中的人性所给予的悲悯情怀。《大红灯笼高高挂》里的点灯仪式、房事前的捶脚、京剧脸谱的室内装饰等的确很铺张、很绚丽,但这些并没有透射出一点生命的亮色,相反,这些虚构的仪式在陈家封闭的四合院里显现出"权力与人性"的冲突,导演大量使用定点长镜头拍摄,画面沉滞舒缓,那高高挂起的大红灯笼之下是人性的血泪,以"大红灯笼"为标志的家规深深窒息着美好的生命,从"颂莲"一类女子的身上我们看到了非人道的旧文化所构置的"循环式"悲剧。同样的人性悲剧在《活着》里再次得到了平静而冷峻的书写,在这部影片中,导演刻意设计了几处表演民间传统皮影戏的段落,这些段落无疑都负载着抒情的功能,导演在冷峻而逼人的生存现实中总是抑制不住地把温情洒向这些承受了如此众多苦难的平凡人物,作品由此获得了一种撕扯人心的精神力量。同时,当"活着"的权利不断受到来自血腥战争和疯狂动荡的威胁,甚至是命运的捉弄时,罩在人生存意义上的光环不存在了,人变得多么渺小而无力,"皮影戏"似乎也成了对人物命运的一种隐喻,我们无法主宰命运,"真实"不过也只是个"谎言"。

苍凉,是人性悲剧的底色,也是对悲剧精神的升华。因此,苍凉也成了一种满蕴着辛酸、感伤与无奈抗争的独特的美。诚如张爱玲所言"人生是一袭华美的长袍,里面爬满了虱子"。

三 探询神秘之美

新时期以来的中国文艺在"寻根潮"和魔幻现实主义的影响下,开始注重借助民族文化的神秘色彩来丰富和展现属于本民族的艺术审美风格。神秘也同样构成着美,因为艺术的起源、生命的起源和世界本身就是神秘的。探求一种文化的神秘特性,将开辟出一个新的审美空间,这一点在"新民俗电影"创作中也有所表现。

导演田壮壮的作品《盗马贼》作为新时期探索电影潮中的重要代表,影片用新的电影语言探讨着"人与自然""人与宗教"之间的神秘联系,从中显示出一种"神秘之美"。《盗马贼》所展现的地域——西藏,本就是一个充满神秘色彩的"佛国"。片中大量铺陈了藏传佛教的种种宗教礼仪:天葬、晒佛、叩长头、圣水洗浴、插箭、抬河鬼等。主人公罗尔布对宗教怀有无比的坚定与虔诚,宗教成为他生命的内在需求,是他的精神支柱,也是生存的支柱。可是,他的生存似乎从来没有被虔诚的祈祷应验过,他被头人冷落,又被逐出部落,儿子病死,生存艰难,遭人歧视,最后这个曾经彪悍的"盗马贼"只有自己挣扎着爬向天葬台,渴求飞翔的神鹰把他的魂灵带向天国……在片中,"人为什么能够始终无怨无悔地信仰宗教？""宗教为什么始终无法救赎无比虔诚的信徒们？""人的价值何在？""宗教的意义何在？"……一系列疑惑似乎成为导演要探讨的主题。

　　藏族的文化很大程度上就是宗教文化。在藏传佛教里，"今生受苦，来世得报"的思想是根深蒂固的。在这样一种信仰的支配与依托下，藏民们世代沿袭着自己的生活方式，这种生活方式由于浓重的宗教"救赎"意识而显现出很强的神秘色彩。《盗马贼》是不具备故事性的，仅有的情节线索"罗尔布盗马—被逐出部落—四处飘零—悲惨死去"在片中也是若隐若现，断断续续。影片所要着力探讨的似乎是一个建立在"罗尔布生活片段"之上的具有普遍意义的象喻结构——"人与宗教""人与天命"之间的神秘关联。罗尔布一直虔诚地笃信，用今生的苦行来救赎自己的原罪，因此他是个从不抱怨、从不胆怯的"硬汉子"，可是一种宿命的力量却把他引向更大的"罪恶"（因生活所迫，罗尔布不得不去"抬河鬼"，一种藏族人最不屑去做的肮脏事，"抬河鬼"的人被认为是沾染了邪气、不洁的人）。影片的结局中罗尔布艰难地爬向天葬台，他的灵魂能否升天，来世的报应究竟是怎样的，这一切对于罗尔布来说都是不确定的，甚至是无望的。这是一场人与信仰的悲剧，作品也因此将获得一种形而上的力量和意义。

　　导演在《盗马贼》中把命运的神秘莫测隐含在藏民族的种种奇风异俗中，借助对"罗尔布"这个人物的"行为与结局"的关注来喻示人与命运之间的抗争与屈从是一个艰难而永恒的主题。人与命运的关系是神秘的，"神秘"也成了艺术家思考命运之谜的审美产物，"神秘之美"是一个更加辽阔而渺远的思想与艺术空间。

　　从形式上来看《盗马贼》，导演通过对藏传佛教里种种习俗的铺陈，在片中营造出具有象征意味的神秘世界，在这个世界里，所谓现代文明的喧嚣与浮躁隐退了，这是一个渴望与"神"展开对话的神秘领域，这里包孕着许多对生命与人生的感悟与理解。

　　在陈凯歌的《边走边唱》里也有着传统文化对"人"的神秘启示；何平的《炮打双灯》里也有神秘的"族规"和无所不在的"祖宗"在无形中规范着人们的言行。人与命运之间的联系似乎总是神秘的，也许命运本身并不神秘，但我们对命运的把握是神秘的。

　　崇尚技术理性的现代社会在一定程度上泯灭了人们心灵中美好的道德观与价值观。而艺术的使命之一就是慰藉人的心灵，提升人的情感。作为民族电影的一种典范,"新民俗电影"对民族历史与文化传统的承继不仅仅是对民族精神的张扬与对民族性格的书写,还有对中华传统文化所孕育出的独特的美学观念和审美方式的继承。这些影片所看重的是营造出一种文化氛围,在这种氛围里有效地彰显出一种传统的文化精神,人性与生命可以在这里得到滋养和提升。当绚烂的异乡异闻、蛮荒古俗、原始民风、远古歌谣等大量走进当代中国电影,这些"历史的遗留物"似乎在艺术领域具有了化腐朽为神奇的力量,像苍凉又清新的"旷野的风"吹皱了当代中国影坛的一池春水,民族电影鲜明的文化与美学个性呈现于世人眼前。对自由之美、苍凉之美和神秘之美的银幕书写只是这股美学潮流的几朵美丽的浪花。"新民俗电影"是当代中国电影的一次美学改造,一次对当代电影修辞语汇的丰富与提高,其美学意义值得肯定!

(沈鲁、胡辛《艺文论丛》,百花洲文艺出版社2003年版)

数字特技彰显电影的本性

——目眩神迷的"奇观"叙事

摘 要 电影特技的演进历程与电影流派、类型相伴而行,数字特技对电影本体貌似颠覆性的解构实质是革命性的建构作用。因为它使电影本性"奇观"得以彰显,在极致美的表现中且发挥了奇观的叙事功能,并具有象喻与点题作用。奇观与虚拟美学血肉相连,是符合并满足消费时代的受众需求的。

关键词 电影数字特技 电影本体 "奇观"叙事 虚拟美学 人文精神

电影是高科技和文学艺术相结合的结晶。在流光溢彩的113年的电影历史长河中电影特技始终如影随形。但前80年传统电影特技在流派纷呈相争、电影本性、本体论等的确立中,它只不过起"缝缝补补的针"的作用;而后30余年电影由于数字特技长驱直入,迎来了前所未有的电影的新时空,掀起了对电影本体论的疾风暴雨似的革命,电影的天性——奇观性终浮出水面,虚拟美学以巨大的冲击力挑战纪实美学,在对传统电影语言的解构中,新的电影语言体系正在建构,数字特技已跃为电影创制中不可替代的"开天辟地的斧"。

数字技术在电影制作中的应用,是电影领域最具革命性的变革之一。它不但带来了全新的制作手段,改变了传统的电影制作手段,而且对电影的本质及创作观产生了强烈的冲击。

在当代西方电影理论中,电影本体论包括两个不同的含义。

第一种含义是"影像本体论",由安德烈·巴赞提出,成为电影理论体系的基石。1945年,安德烈·巴赞在《摄影影像的本体论》一文中对此做了全面的论述。"其核心命题是:影像与客观现实中的被摄物同一。

摄影取得的影像具有自然的属性，它产生于被摄物的本体，它就是这件实物的原型。'摄像本体论'认为，'一切艺术都是以人的参与为基础的，唯独在摄影中，我们有了不让人介入的特权'，因此，电影再现事物的原貌的独特本性是电影美学的基础。"①

影像本体论的心理学依据是人类总期望留住一去不复返的时间，总想用逼真的模拟物替代外部世界；摄影的客观性即真实性，因此，摄影的客观性可以赋予影像以任何其他艺术形式无法具有的令人信服的力量。

大凡人们涉及电影本体论，往往只提巴赞学派的界定，强调电影再现世界的完整性、时空的真实性和影像与客观世界中的被摄物的同一性。其实，还有另一种不同的含义，那是20世纪70年代后期，美国电影学家雷杰纳·考威尔在探讨美国先锋派电影的某些形式主义倾向时提出的，这种本体论着重探索作为物质形态的影片、片基的物质性、光对电影的作用、声画关系等范畴。"这样，电影的本体论便从电影是在没有人的干预下再现自然对象和事物的手段（存在于光化学过程中的固有性质）的传统概念，转变为对光化学过程以及涉及电影制作其他过程的特性进行自觉探索的现代主义概念。这一理论上的核心是对片基、光影、声画等电影性元素和情节、叙事、表演等非电影元素进行严格区分，探索电影性元素的表现力。"②

第二种含义已是对第一种含义的解构和新的建构，已凸显对电影元素表现力的探索，注重的是光影声画，是人的介入。这种理论对西方实验电影产生了一定的影响。也就在同一时期，数字技术的运用使美国科幻电影取得了巨大的成就，其夺人眼球的奇观性使我们不禁追忆起20世纪初期梅里爱的科幻奇观电影！于是幡然猛醒："梅里爱及其创作的含义已不仅仅只是'电影特技'这一不关痛痒的问题。其中显露的是一个潜伏于电影历史过程悄然演进和丰满的电影观念和观念之后的本质属性——电影的奇观本性的问题。"③ 是否可以这样说，无论是理论的抑或实践的，无论是先锋实验电影还是大众化的科幻片，不约而同地探索已逼近电影的奇观本性，或曰天性？

---

① 《电影艺术词典》，中国电影出版社1986年版，第63—64页。
② 同上。
③ 虞吉：《电影奇观本性——从梅里爱到美国科幻电影的理论启示》，《当代电影》1998年第5期。

数字技术对电影的冲击，一方面对电影本质的再认识悄然发生革命，另一方面，数字技术使虚幻的世界和我们认为真实的世界结合在一起，达到了全新意义上的超真实境界。数字电影特效为我们提供了一种让思维想象力自由驰骋的可能和途径。

一　电影本性"奇观"得以彰显

巴拉兹在20世纪初就曾预言："随着电影的出现，一种新的'视觉文化'将取代传统印刷文化。电影作为视觉文化，就是要给观众'看'的。视觉性是电影的主要美学特征之一。"①

追根溯源电影自诞生之日起，提供给人们"看"的就是一种奇观，奇观也一直存在于电影史中，并非只是数字电影才有的现象。从根本上来说，电影强调的是不同于日常生活经验的视觉体验，观众审美经验的积淀是超日常的，无论是真实的纪录还是想象的虚构抑或特技制造的非凡在封闭的如黑夜般的电影院观众凝眸银幕光影，很快与电影时空融为一体，不知"天上人间"！即便银幕上放映的就是你本人的纪录片，也有陌生感的间离效果。一言以蔽之，电影所提供的经验皆与我们的日常生活相区别，皆为一种广义的"奇观"，且构成满足人们电影消费的重要内容。

回眸电影长河从爱迪生、梅里爱到好莱坞崇尚技术主义，偏重奇观；欧洲先锋实验派与艺术电影亦与奇观有不解之缘；从卢米埃尔、新现实主义到巴赞、克拉考尔纪实学派，则将纪实推崇到极致，"摄像本体论"有贬抑奇观之嫌，可自身也不乏偏颇。但是，现实主义在人类文学艺术历史上永远占主流地位，即便是美国好莱坞、苏联蒙太奇学派也是以"现实"作为基石的。所以，电影的奇观天性长期被忽略乃至被遮蔽，也在情理之中。但是希区柯克给电影下的定义——"电影是把平淡无奇的片段切去后的人生"②，倒也一语中的。

今天，数字技术全面渗透进电影创制的全过程，使电影的视听奇观波澜壮阔、汹涌澎湃。美国艺术批评家格林伯格曾言："每门艺术都不得不

---

① 转引自蔡贻象《影视文化美学研究》，中国广播电视出版社2004年版，第62页。
② 转引自邵牧君《西方电影简史》，中国电影出版社1982年版，第15页。

通过自己特有的东西来确定非它莫属的效果。显然，这样做就缩小了该艺术的涵盖范围，但同时也更安全地占据了这一领域。""如此一来，每门艺术将变成'纯粹的'。并在这种'纯粹的'中寻找自身具体标准和独立性的保证。"① 而富有视觉性美学特征的电影在数字化时代，已越来越趋向于奇观化，并通过追求奇观化来体现这种纯粹性。

也只有在数字电影蔚然成风的今天，回过头去思，对痴迷特技，将特技视为目的而不仅仅是手段的乔治·梅里爱，"今天我们从更长远的历史回应与重叠间却发现他是真正认识与突兀电影奇观呈现本性的第一人"②。而电影的奇观性——"在百年电影史中却往往被电影史论家们指认为表面的、手段性的、花里胡哨的'浅层娱乐价值'"③——实则为电影最为本质的特性便浮出了水面。

奇观于电影是与生俱来的。但传统电影特技创制的奇观仅仅是"缝缝补补的针"，而数字特技创制的"连篇累牍"的奇观累积，则构成了当今观众热捧、业界学者专家探研的奇观电影。

1. 奇观类型的极致美

电影奇观就是"指非同一般的具有强烈视觉吸引力的影像和画面，或是借助各种高科技电影手段创造出来的奇幻影像和画面"④。

巴赫金曾这样描述奇观电影：奇特影像的"狂欢"。奇观使电影真正实现了它自身纯粹的视觉艺术本体论，不再屈从于其他非视觉的要求，而是服从于自身的视觉奇观要旨。

对电影奇观的分类，法国电影理论家让-米歇尔·弗罗东认为"有两种特技效果存在，一种是展现在你面前，可见的特技效果，产生震撼的效应。这就是《星球大战》的外星人和《金刚》（彼得·杰克逊，2005）的猩猩。还有一种是不可见的，隐性的特技效果，为影片增加了许多叙事成分。一个突出的例子就是摄影机令人难以置信的运动"⑤。

---

① 转引自周宪《视觉文化：从传统到现代》，《文学评论》2003年第6期。
② 虞吉：《电影的奇观本性——从梅里爱到美国科幻电影的理论启示》，《当代电影》1998年第5期。
③ 同上。
④ 周宪：《论奇观电影与视觉文化》，《影视艺术》2005年第2期。
⑤ ［法］让-米歇尔·弗罗东：《电影的不纯性——电影和电子游戏》，《世界电影》2005年第6期。

显性奇观富有惊心动魄的感官刺激：如闻所未闻见所未见的科幻影像，如战火纷飞、枪林弹雨、血腥杀戮等难得亲见之惨烈，如大灾大难天崩地裂、山呼海啸、飓风暴雨等地球末日之可怖，如妖魔鬼怪骇人听闻之惊悚，如怪物、动植物、玩具总动员，等等。此类奇观令人眼花缭乱、头晕目眩，却能带来极大的感官刺激，这类奇观具有西方，尤其是美国传统特色。

形形色色的外星人、太空云天的星球大战、不死的液态金属杀手、灭绝又复活的恐龙、食人的大白鲨、变异巨蜥蝎哥斯拉、未来水世界、深渊、奥马哈滩头抢滩恶战、珍珠港空中大战、"爱丽丝"飓风、洛杉矶龙卷风、曼哈顿海啸、活火熔城、冰海沉船、冰冻纽约、水啸雾都、角斗士、绿巨人、透明人、吸血鬼、木乃伊、扭曲的脖子、变形的头颅、穿透头颅、胸腔的大洞、首身异处、蝙蝠侠、蜘蛛侠、章鱼博士、蚯蚓博士、指环王的魔戒、怪物史莱克、精灵鼠小弟、虫虫、蚁哥、玩具总动员……一幕幕"完美风暴"席卷充塞银幕，纷至沓来于观众视野，大开"眼戒"中，这些如"榔子砸脑壳"的"暴力奇观"，冲撞着我们东方集体无意识之审美心理积淀，对娱乐第一的文化消费便趋之若鹜，如痴如癫，让人欢喜让人愁。

隐形奇观则富有东方美学意蕴，乃真实生活中不可能见到之审美享受，如徐徐舒展之清明上河图式的赏心悦目，精彩绝伦，即便孤魂鬼影、暴力斗殴、枪击箭穿等等，也都将美感浸淫，这类奇观富有东方特色，尤以中国新武侠为最。

张艺谋的《英雄》《十面埋伏》《满城尽带黄金甲》，穷色彩之极，唯画面之美，旌旗蔽日的秦兵战阵、疾如流星的飞箭雨、庄严肃穆的秦王宫、敦煌的大漠孤烟、九寨沟的山清水秀、"牡丹坊"的艳丽奇瑰、乌克兰的草原花海、巍峨阴森的宫殿、金色如海的菊花台……以摄影机的俯仰旋转运动，长短焦距的景深变化，主观客观视点的交叉，快慢动作激情交替，雨水竟在空中凝住，剑和人飘飘欲仙，晶莹水珠成了利器，缓缓下坠悠悠开，此景不应人间有；飞雪与如月人起剑出，风摇红叶色彩缤纷，实乃奇观如流、目不暇接！陈凯歌的《无极》画面或磅礴或诡谲或如诗如画反差极大。鲜花铠甲军队、蛮人黑衣牦牛军队和北公爵无欢的白衣群体在交响乐中各显威风；落英缤纷中，满神长发竟直飘云空，魔幻玄乎；群山白雪皑皑、戈壁一片荒凉。冯小刚的《夜宴》的小桥流水江南风光，越人歌剑之舞飘飘欲仙，伴着或浓或淡的哀愁，如泣如诉如梦如幻，却也一样不缺血腥杀戮和阴谋诡计。数字特技美化神化亮化了这些繁花似锦的银幕大片，给观众一次次捧上视觉盛宴，带来史无前例的奇观的震撼力。如梦如幻，让人神怡让人醉。

当然，随着东西方文化的碰撞交融，两大类奇观也呈相互渗透之势。如中国大片《天地英雄》《集结号》等，美国大片《黑客帝国》（沃卓斯基兄弟，1999）、《霹雳娇娃》（McG，2000）等皆有东西合璧之神韵。

奇观类型的极致美把电影的表现力推向了一个近乎登峰造极之"完美"境界，数字特技的惊心动魄又美轮美奂的奇观效果进入了影像本体的叙事功能，这种美学追求推动了电影视听语言的丰富和进步。而"好奇心与求知欲是人的天性和本能，在电影欣赏活动中，这种好奇心表现为观众对于影片题材的新颖、主题的独创、风格的奇崛、电影语言的创新等方面的审美需求"[①]。因而电影奇观是满足观众好奇心的屡试不爽的法宝。

2. 奇观的叙事功能

数字电影时代的观众已渐渐从传统的对影片故事的认同移情于对电影奇观的欣赏，并了然电影的"不真实"内涵，而接受并认同电影的新的叙事方式——奇观叙事。因此，"制造奇观影像的数字技术已不再单纯是一种成像技术，而是关乎电影本性、关乎电影语言、关乎电影制作、传输、接受等各个环节的技术与方法。因此，把数字时代的奇观影像定性为具有'语言叙述'功能的电影表现手段应该不算过分"[②]。

有学者认为："叙事不过为一根链条，造型点为一个个珠宝。用前者把后者穿连起来，显示光彩的自然是那些色彩斑斓的珠宝。"[③] 笔者却以为，"造型点"本身也是叙事链条。数字特技的奇观叙事既与故事叙事血脉相通，又富有特殊的震撼力。以卡梅隆《泰坦尼克号》为例，它取材于一历史真实事件，即1912年白星航运公司的豪华巨轮泰坦尼克号首航，在大西洋撞冰山沉没，船上1500名乘客遇难这一人类工业文明史上的悲剧。与40年前轰动一时的《冰海沉船》（罗伊·沃德·贝克，1958）同

[①] 彭吉象：《电影审美心理的奥秘》，《当代电影美学文选》，北京广播学院出版社2000年版。

[②] 郝冰：《奇观影像的百年回顾——电影特技的发展及其对电影本体论的革命》，《当代电影》2004年第1期。

[③] 宋家玲：《论电影叙事之当代生存状态》，《解放军艺术学院学报》2004年第1期。

出一辙,皆真实再现了泰坦尼克号遇冰山沉没的悲剧。

在《冰海沉船》中,航行在海上、沉没于海中的这艘满载2000多名乘客和数千吨货物的超级巨轮,因传统特技的限制,只能远眺不能近观,而且全景每每"稍纵即逝",海水亦波澜不兴,明眼人指出是一艘轻巧而无人乘坐的模型;尤其是轮船撞上冰山、船身严重倾斜沉没的灾难画面亦有破绽,当然,这些"欠真实"处对这部反映"人与灾难"的轰动一时的影片无疑是永远的遗憾。

《泰坦尼克号》多了一段凄美的爱情叙事,但说到底,不过是《罗马假日》(威廉·惠勒,1953)、《一夜风流》(弗兰克·卡普拉,1934)的翻版,并无新意,将"旧瓶装新酒"换成"新瓶装旧酒"而已。如果没有数字特技打造的露丝与杰克在船头"飞行"的场景,是不能刺激现代人在花样翻新的爱情游戏中已然疲惫了的身心的,即使是影片中露丝的裸体模特儿画面,与其对照也黯然失色。在美妙的音乐声美妙的船头"飞翔"中,在30余次镜头切换、景别变换中,有三个大幅度的运动镜头:由船右侧仰角远景推移至船左侧俯角的全景,巨轮犁开海面,溅起波浪;在杰克的帮助下露丝踏上船头栏杆,高高挺立的她伸展双臂,衣裙飘飘,紧张又陶醉;杰克双手紧紧扶住她的腰肢,满脸幸福,紧张却自信;唯美画面中爱情如看不见的电弧划过男女的心田!既展现出泰坦尼克号恢宏的全貌,更流动着男女主人公的激越。"实际上这个镜头也是依靠数字技术制作完成的,这个镜头是先在绿背景下用运动控制捕获技术拍摄主要人物的活动,然后将摄像机移动与缩小的1/20比例的轮船模型进行运动合成,轮船的远景镜头、海洋以及行船时溅起的水波都是用数字化的方式制作的。"① 而正是这些镜头完成了露丝与杰克爱情叙事质的飞跃。

沉船灾难的奇观化成为叙事的重点。当船头翘起、船尾开始倾斜到90度,上千人绝望地惊叫着从230英尺高度跳入大海逃命时,其惨烈场景,撕心裂肺,数字特技真实地再现了海难的一幕,在惊心动魄中把故事推向了灾难的高潮!在突如其来的巨大灾难面前,生死瞬间,芸芸众生何其渺小!然而,正是灾难的反衬高扬了人性的尊严和高贵,毕竟有很多很多的人在生死抉择时,把"生"留给别人,把"死"留给了自己!因而,前面的不脱俗套的爱情故事才释放出炫目的光华。也正因为可以自如地运

---

① 信息来源自 www.acc.com.cn 网站。

用数字特技合成各种图像，制造出各种超乎人们想象的灾难镜头，所以这无与伦比的奇异景观使《泰坦尼克号》的叙事如此与众不同！巨大的视觉冲击形成强大的叙事张力，当观众从爱情飞翔的美轮美奂跌到空前灾难的惨状时，真的不需要更多的语言，奇观叙事有着使人降服的魅惑力和感召力，前所未有的奇观影像和奇观叙事震撼了世界影坛。

再从《拯救大兵瑞恩》片头长达25分钟的奥马哈海滩登陆的战争奇观场面、《太极旗飘扬》时长为7分钟的夜战段落奇观和《集结号》中上半部的惨烈火爆的真实的战争奇观来看，均是影片不可或缺的叙事内容，既是叙事策略，也是叙事本身，无论是对影片主题的凸显还是对人物形象、个性的塑造都极其重要，可以说，奇观叙事与故事叙事血脉相连。

3. 奇观的象喻与点题

奇观不仅可以叙事而且能够画龙点睛突出主题和有着象喻作用。"象喻"是中国古代诗学提出的一种诗性阐释方式。它最根本的特点是借助一些生动具体、含蓄隽永的自然美的意象或意境来喻示解释对象的内在精神和整体韵味。现以《阿甘正传》片头的羽毛、《云水谣》片尾的老鹰、《夜宴》片头的蝎子和《赤壁》中的信鸽为例做比较分析。

《阿甘正传》片头片尾那片随风飘动的羽毛，是全片最长的合成镜头。一组羽毛飘动的镜头在演播室绿屏背景前，用风扇吹动系在细线上的羽毛，然后在电脑中把几十个羽毛的镜头连接在一起；另一摇臂长镜头含天空、城市建筑、大树冠、街道、轿车和路边长椅上坐着的阿甘；最后将羽毛的镜头去除绿色背景后与城市长镜头的背景合成。羽毛飞过汽车的挡风玻璃和车顶时，连羽毛的倒影都清晰可辨，这种心细如发的数字特技堪称完美无缺。片尾——阿甘将儿子送上校车上小学，羽毛从笔记本里掉落在草地上，又被风缓缓地吹起到空中飘舞，一代又一代……这片羽毛的制作费据称50万美元！但是，值。不仅仅是吸引观众视线的奇观，激起情感的流动，而且片头片尾反复出现构成了象征意义。飘浮无定的羽毛，使人想起了司马迁所言："人，固有一死，或重于泰山，或轻于鸿毛"，而人世间，如羽毛般的芸芸众生比比皆是，但恰如美国人所言：人生像一盒巧克力，我们永远不会知道自己将得到的是些什么？我们必须勤奋努力地去争取。《阿甘正传》中的羽毛绝非导演随手拈来，可见无论是东方西方，对生命的古老形而上命题的哲理思考是殊途同归的。这为影片增添了诗意，提升了哲学品格。

《云水谣》片尾是一个与片头相呼应的数字特技"长镜头":"镜头从陈秋水的纪念碑前拉起,越过珠峰雪山,然后飞过祖国群山峻岭、丘陵平原、江河湖海,最后拉起到太空中,视点俯瞰到大陆与台湾——这个有一定寓意的图景关系时,全片结束。导演希望通过这个镜头表现时光如梭,山河如粟,表达在大时空背景下海峡两岸的阻隔原本是微不足道的含义。"① 飞越雪山的老鹰更是电脑制作,以一种生长在高原的猛禽鹰为模板,其羽毛排列形状、毛发质感、羽毛纹理等等费尽周折!飞翔盘旋的老鹰的象喻意义也是很深刻的,男女主角的跌宕起伏的悲欢人生亦如鹰击长空,终归融入到历史长河之中。

《夜宴》片头的数字特效:一只毒蝎子随着泛黄却仍显华丽高贵的古代宫廷画卷缓缓爬动,蝎子在古画上的投影都清晰可见,爬到一座高大的宫殿前,蝎子停下来却张牙舞爪,似乎觊觎皇帝宝座,顷刻间宫殿化为篆体"夜宴"同时起火,烧出点点黑洞!可以说起到了点题的作用,但似乎浅白了一些,象征"无毒不丈夫"?"最毒妇人心"?

所谓历史巨片《赤壁》(上)(吴宇森,2008)中数字特技自是比比皆是:曹操的八十万大军,战船无数桅杆林立都是数字特技的化简为繁。据称片中有一"最值钱镜头":一只从诸葛亮手中放飞的白鸽——窃取曹方情报——飞过长江上曹军雄伟齐整的战船阵列,飞过联结战船水陆的栈桥,似跟随着一队奔驰骑马的将士进入中军帐,密密匝匝的武将们围着曹操,曹操正气定神闲地观看蹴鞠比赛……虚实相生的数字特技缝合成天衣无缝的长镜头,堪与《阿甘正传》的羽毛媲美!但如果从象喻的意义看,和前几部相比可说是"强弩之末"了,因为除了表现诸葛亮的"神乎其神、玄乎其玄",可能只剩下对数字特技的炫耀了。

诚如社会学家拉什所言:"我的看法是,近年来的电影中——尤其是如果我们把奇观的定义扩大到包括有攻击性本能的形象上去的话——'奇观'不再成为叙事的附庸。即是说,有一个从现实主义电影向后现代主义电影的转变,在这个转变中,奇观逐渐地开始支配叙事了。"②

奇观呈现方式是最为电影化的方式;奇观呈现价值也是最为独特的"电影价值"。但不等于没有奇观或奇观很少的电影就不是好电影,无奇

---

① 赵忠文:《云水谣:片头片尾的电脑制作》,《电影艺术》2007 年第 1 期。
② Seott Lash, Sociology of Postmodernism. London: Rout ledge. 1990: 188.

观少奇观的电影一样能以其朴素的真实性、叙事的魅惑力为观众所珍爱，百花齐放、万紫千红才是春。

二 虚拟美学与消费时代的受众需求

奇观与虚拟有着几乎不可分割的血肉关系。

这是一个后工业时代。近代工业革命的飞速发展，开创了以计算机电子技术为代表的第三次工业革命，诞生了不无夸张定义的"图像时代"。电影电视互联网彻底改变了人类接触世界的方法和模式，学者陈旭光指出："一种强化影视艺术假定性美学特征，强劲地冲击颠覆原先艺术所恪守的所谓'真实性'原则的假定性美学原则正在崛起。"①

这种美学特征，有着强烈的平民化、娱乐化和商业化色彩，带有浓厚的后现代风格。娱乐，是消费时代电视剧不可或缺的元素。"商业化叙事中，最重要的法宝，就是始终遵循快乐原则进行欲望书写，又以道德原则适当地加以改造。"② R.G.柯林伍德说："娱乐世界和日常事务之间存在着一堵滴水不漏的挡壁，娱乐性艺术首先必须创造一种虚拟的情景。"③电影的虚拟美学大行其道也就在情理之中了。

数字特技运用于各类影片中，《天下无贼》的神偷神技，《疯狂的石头》中的穿越墙壁，尤以《功夫》中的种种数字特技搞笑不亦快哉，蛤蟆功粉碎围墙，火云邪神用左轮手枪对着自己的脑袋开枪，子弹飞出，却又被他两个手指轻轻地夹住！火云邪神用头将阿星顶上云霄，不想阿星与如来佛打了个照面后从天而降把火云邪神打进地底，地上留下如来的五指巨掌……

人们喜爱这些影片的亦真亦幻，真真假假的玩笑，喜欢以快节奏、强冲突的奇观画面获得刺激，喜欢大量的信息以最直观的影像来撼动人们麻木的神经，以暂时消除心理上的疲劳和压力。

这是一个科学极其发达的时代。飞到月亮上去，探索太空奥秘，是人

---

① 陈旭光：《"后假定性"美学的崛起》，《和而不同——全球化视野中的影视新格局》，中国传媒大学出版社2005年版。

② 杨新敏：《电视剧叙事研究》，文化艺术出版社2003年版，第114页。

③ ［英］R.G.柯林伍德：《艺术原理》，中国社会科学出版社1985年版，第80页。

类千百年来的幻想。从加加林乘坐"东方"1号宇宙飞船,完成了世界上首次载人宇宙飞行,到我国长征二号F型火箭将神舟七号飞船顺利托举上天,航天员翟志刚成功出舱并进行太空行走。截至2008年7月底,全世界共进行太空行走319次,共有353名航天员出舱。……人们对神秘的、不可预测的外太空生命现象有着极大的兴趣,并非专业探险,只想多多少少知晓一点,既娱乐也时尚。来自好莱坞的高精尖制作的科幻片便及时地提供了神游套餐,在充满了幻想与激情的观影过程中,你在"超时空接触"中"回到未来"。离奇的情节,大胆的想象,奇特的夸张,古往今来、人间天上、天马行空、无拘无束,穿越历史时间、突破地域空间,优哉游哉。科幻色彩、神秘与奇特都成为电影进行商业推销的最佳卖点。

这是一个情义失落的时代。对情义的呼唤和对侠义的渴求,催生了唯美奇观的东方新武侠片。《英雄》中武功了得的侠男侠女,《十面埋伏》中舞女的东方式的"子弹时间",《无极》中的浩浩荡荡左冲右突的牦牛阵,《夜宴》中的血腥与唯美的交融,《功夫》中火云邪神偷袭的暗器飞旋半空,却化成千瓣花瓣散落于哑女身旁……虽然从中一样难寻无价情义,但饱了眼福也是收获。

这是一个自然灾难纷至沓来的时代。龙卷风、火山地震、海啸等等。奇观故事本身敲响了人类在面对可能到来的灾难的环保警示。

凡此种种,可作市场分析,即有观众需求,就有票房价值,所以,数字特技打造的虚拟奇观有商业卖点,可给电影带来商业盈利。盈利又可给投资方带来再创辉煌的信心,由此,数字奇观电影进入良性循环,何乐而不为?

当然,也让人不无忧虑:"数字电影给我们带来的游戏心态,是对视听奇观的享受而不是对银幕现实的认同。因为很多数字电影虚拟的不是'现实',而是22世纪杀人网络中的数字杀手、恐龙复活的侏罗纪公园、彗星撞地球这样的'非现实'。"①

但我们想,也不必过虑。数字技术肯定是把双刃剑,只要处理好技术与艺术、技术与人文精神的关系,数字技术给电影艺术带来的肯定是利大于弊。

况且,人类天生爱做梦。神话便是人类童年的艺术,当数字技术引领

---

① 郝建:《错位困境与艰难抉择》,《当代电影》2001年第2期。

电影人重造五彩缤纷的神话梦境,亦是归真返璞之举。罗贯中在《三国演义》开篇词的下阕吟道:"白发渔樵江渚上,惯看秋月春风。一壶浊酒喜相逢,古今多少事,都付笑谈中!"而一以贯之崇尚技术主义的好莱坞始终认为电影具有梦幻功能,梦幻是电影所独有的特殊表现形式。其时,艺术象征主义的代表人物苏砌·朗曾宣称:"电影按其实行的方式是与梦幻相符合的,它创造想象中的现在,创造直接感觉到的幻象的序列,这也正是梦幻的方法。"①

  虚拟美学,符合人类的天性。

(胡辛、邓煜《南昌大学学报》2009 年第 5 期)

---

① 转引自邵牧君《西方电影史概论》,中国电影出版社 1982 年版,第 17 页。

中国电影民族化与数字化兼容思考

摘　要　在电影数字化蔚然成风的当下，数字之风使富有民族特色和美学意境的中国武侠片如虎添翼，以此为主流，向家庭伦理片、爱情片、战争片等多元类型数字化辐射，已给中国电影带来了前所未有的生机；而实现影像大历史与个体生命的数字化链接，是深入人性的民族性超越；数字化给凡俗人世带来狂欢，源远流长的中国神话更有可能凭借影像数字化奇峰突起。数字化为中国电影民族化拓展了平台和提供了可操作的手段。

关键词　数字化　民族化　武侠片　神话　历史　个体生命

当今，电影数字化已是不争之现实，那么，中国电影能否在数字化与民族化走兼容之路？回答是肯定的。数字化于电影，不仅在技术层面，而且在思维、受众接受等诸层面，都是现代化的标志之一。如果说中国电影民族化与全球化、现代化是构成必要张力的一个维度，那么，数字化与民族化不仅不相悖，而且为中国电影更强烈地彰显中国的民族特色和营造中国美学的意境广开渠道、拓展平台和提供了可操作的手段。

在业界与学界一致公认的富有民族特色的成熟的类型片是武侠片，数字之风使之如虎添翼，21世纪以来，国产武侠大片涌动，虽褒贬不一，但已成为跨国传媒热点和获得令人艳羡的票房，已在全球掀起了中国电影数字化的第一次高潮。而数字化还辐射渗透至家庭伦理片、主旋律电影甚至颇见荒凉的灾难片与恐怖片等，的确已给中国电影和民族化带来了前所未有的生机，且将宏大的诗学美感与小人物沧桑搏击血肉相连；而源远流长的中国神话更有可能凭借数字化奇峰突起，中国式现代性后现代性的"疯狂实验"与娱乐潮共舞之风景也已凭借数字化夺人眼球。

一 奇武与民族侠义之数字旋风

2000年，华人儒生李安竟以武侠片《卧虎藏龙》一举夺得美国奥斯卡电影金像奖最佳外语片奖，且在全球市场猛夺3亿美元的票房，这无异于给中国电影注入了一剂强心剂！一时间武侠片化腐朽为神奇，众名导纷纷登场，抢占武侠题材。张艺谋紧接其后，将"荆轲刺秦王"一番改写，以数字奇武推出气魄宏大细处精美至极的《英雄》（2002），并再接再厉，推出唐大中十五年的故事《十面埋伏》（2004）和发生在公元928年的故事《满城尽带黄金甲》（2006），可谓虚构在年之凿凿的时间里金光灿烂；陈凯歌走得更远，《无极》（2005）竭武奇威雄之魅、尽排山倒海之势；何平的《天地英雄》（2005）演绎盛唐中国西部大漠边关武侠之魂；中国贺岁之王冯小刚也改弦易辙摆出神秘美艳又血腥的五代十国《夜宴》（2006）；《霍元甲》（2006）、《投名状》（2007）、《赤壁》（2008）、《锦衣卫》（2010）、《狄仁杰之通天帝国》（2010）等掀起了中国特色的新武侠电影数字化浪潮，且凭借着东方美学优势在弱肉强食的世界电影市场为中国赢得了一席之地。

汹涌澎湃的中国武侠潮不禁让人回望中国电影的开山之作《定军山》（1905），这一由谭鑫培主演的戏剧舞台纪录片，请缨、舞刀、交锋等京剧武打场景的记录，仿佛揭开了中国电影与武打结缘的序幕，而实质上，"中国的武侠电影与中国武术有一种天然的血缘关系"[1]。追溯中国武侠文化，实乃源远流长，"武侠文化之源……产生于先秦时代，兴盛于战国，秦、汉后渐衰，但流风不绝"[2]。当侠士身影渐行渐远成为珍稀之族后，武侠文化却在民间土壤中根深叶茂，武侠小说武侠戏剧武侠电影为中国民间雅俗共赏之。从《火烧红莲寺》（1928）引发的"火烧"系列，展示了武侠电影经久不息的强势火爆；20世纪50年代后，武侠片一度在中国大陆绝迹，直至1980年，准武侠片《神秘的大佛》（张华勋）在民间传奇色彩和惊险悬疑气氛中才续前缘。而《少林寺》（1982）、《武当》

---

[1] 贾磊磊：《中国武侠电影史》，文艺出版社2005年版，第14页。
[2] 陈墨：《刀光剑影蒙太奇——中国武侠电影论》，中国电影出版社1996年版，第15页。

(1983)的跑火才使大陆武侠电影重热。但在中国香港武侠片却一直绵延不绝。邵逸夫就策划将中国武术、美国西部片打斗与电影特技结合创制新型武侠电影，张彻正是在他的支持下拍出了具有实验性的硬桥硬马风格的《虎侠歼仇》(1964)。70年代，李小龙以《唐山大兄》(1971)、《精武门》(1972)、《猛龙过江》(1972)、《龙争虎斗》(1973)等"拳脚功夫片"闯入国际影坛让人耳目一新。胡金铨以平剧、绘画和科技三大元素融合于香港武侠片。袁和平、成龙等人则将高难度动作性、惊险性和娱乐性融为一体开创了功夫喜剧；香港武侠片之先行者徐克，《蝶变》(1979)将传统与现代、神话与科学、东方与西方集于一身，以科技演绎动作；《新蜀山剑侠》(1983)第一次引进美国先进特技被称为大型科幻武侠片。90年代，《笑傲江湖》《新龙门客栈》将武侠电影演绎得分外灵动飞扬，酿成视觉奇观。金庸武侠小说的改编、无厘头的后现代主义、王家卫的影像实验等影响使武侠电影真正开始影像化和文本化。吴宇森则将"暴力美学"带到了好莱坞。《终极标靶》(1993)、《断箭》(1995)和《夺面双雄》(1997)成功地将东方侠义精神和高科技结合，并侧重于对人性与人情的探索，形成吴氏独特的影像世界，东西方文化就这样碰撞交融。正如大卫·波德维尔所言："电影风格的产生在于技巧的历史条件限制和有意选择两者的结合。"①

千古文人侠客梦。没有如此丰厚的积淀，没有中国电影人在武侠漫漫路上的上下求索，何来一介儒生李安的折桂？何来21世纪中国电影武侠潮？这当是中国武侠文化的厚积薄发。

而数字技术则为中国武侠电影寻觅到最佳载体。《卧虎藏龙》含蓄又奔放地流泻出中国民族特色的美学意境：在青山绿水茂林修竹青蓝色调清幽的中国山水画的诗意中，夜阑人静月影憧憧，梆鼓声声忽远忽近，却见男女侠刀光剑影飞舞搏杀，姿态蹁跹中又见赫然杀机，生死拼杀中却又难舍人伦亲情，绿意葱郁中的搏杀打斗，惊心动魄又灵动飞扬，浓缩出寒光冷影又虚无缥缈的东方武林天地。

张艺谋的《英雄》在"武之奇"上可谓后来者居上。中国传统文化的代表符号剑、琴、棋、书、画的奇观展示疾徐有致，一幅幅飞扬的画面

---

① ［美］大卫·波德维尔、克莉丝汀·汤普森：《电影艺术——形式与风格》，彭吉象译，北京大学出版社2003年版，第347页。

将中国古老文化的象征写意泼洒得淋漓尽致（这在其后的 2008 年北京奥运会开幕式上的精彩表现又是一见证）。残剑从书法中感悟剑术，由书法笔力动静相生、气韵连绵，而将暴力拼杀转化成中国武术神韵；长空与无名之间在棋艺馆院内的"双雄对决"，也是一场武术奇观，细雨飘洒、古琴悠悠，静寂的棋馆只有剑声、琴声。张艺谋将中国传统古典美学的特殊内涵通过电影数字化这一现代艺术形式得以转换。即便为世诟病的《无极》，那无欢与昆仑绕屏之战，其轻盈飘逸、灵隐倏忽，自有一种东方清新明净的空灵意境。更不用说冯小刚在《夜宴》中营造的"悲凉之雾、遍及华林"的中国式伤感气氛。

令人叹息的是，仅仅十年工夫，21 世纪武侠潮便有退潮之势，众名导大动干戈后纷纷淡出，不再给力，迷茫中更见偃旗息鼓之态。那么，究竟是什么惹的祸？难道真是数字奇观无限膨胀，过度的"武之奇观"导致 21 世纪武侠片"肥辞瘠义"？数字特技沦为披着东方意境美学外衣的商业包装策略？笔者以为这未免言过其实。武与侠紧密关联，但并非血肉相连。武是武侠文化的外衣，当然亦是侠之魂的载体。两者既可形神兼备，也可若即若离，还可能貌合神离。武艺高强者不一定有侠义之心，但侠士必定得武艺高强，否则只能是心有余而力不足、名不副实了。在中国 21 世纪武侠电影发展视域中，数字奇观化的美学形态还仅仅是开始，不仅不是"肥辞"，而且还有开拓的空间，可谓任重而道远。如果武之奇观已泛滥成灾，如何解释有着百年观影心理积淀的人类，会如此前赴后继地涌向影院一睹为快？尽管边看边骂，但骂的绝对不是"肥辞"，而是"瘠义"。观众或陶醉或惊叹的正是东方美学意境之武之景观，由此而带来的猛烈的视觉冲击和震撼力！"知否知否？应是绿肥红瘦。"奇观为绿，主题立意为红，万绿丛中一点红，点睛即可。张艺谋的失误或曰错误是在"绿肥红瘦"的"瘦"上使用的是瘦肉精，这可如何了得！片末对秦王的无限拔高，使原本充溢江湖的侠客的个性光辉黯然失色，在皇权的淫威面前侠客之血性荡然无存，在"义"上剑走偏锋，这如何能得人心？梁羽生言："'侠'比'武'更为重要，'侠'是灵魂，'武'是躯壳。'侠'是目的，'武'是达成'侠'的手段。"[①] 当然，张艺谋在数字武侠大片三部曲上，呈"一鼓作气，再而衰，三而竭"式的下滑趋势，是源于人

---

① 转引自傅其林《论儒侠文化精神》，《青海社会科学》2001 年第 2 期。

文精神的失落,缺失的是文学,而不是武风太"肥"。

中国武侠电影作为一种民族文化的载体,"是最具有中国民族文化特征的中国类型片"①,"在塑造民族形象和构建民族文化认同中具有强大的功能"。② 因而,从优秀武侠小说中汲取养料当是正道。人们似乎有意无意地淡化《卧虎藏龙》改编自王度庐的武侠小说,其实这是成功的前提之一,历经岁月淘洗的优秀小说改编的电影本身就带有母胎的文学底蕴。《卧虎藏龙》故事引人入胜和寓意深刻的"天人合一"的道禅哲学,无疑是红绿辉映。张艺谋屡屡获奖的电影作品,又有哪一部不是改编自优秀小说呢?张艺谋也曾心悦诚服地感谢小说,而今怕是时过境迁了。

2010年卡梅隆的《阿凡达》浪遏飞舟,似让中国武侠潮相形见绌,学者黄式宪指出:"我们应该在《阿凡达》热映后考虑两个问题。首先是中国大片文化品位的问题,其次是我们怎样在和好莱坞既抗衡又合作的文化关系里面,来寻找大片的生路,中国的大片必须坚持以民族文化的主体性,在差异性中寻求共存。"③ 这是我们都应思考的。

二 大背景与小人物的数字镶嵌

"中国是一个有漫长历史的大国,使它经常引以为豪的便是自己的'源远流长'。与历史短暂的民族与国家相比,它的文学自然会更多地关注历史——历史是它的文学的主要资源。"④ 电影亦不例外。但大约由于经济实力不足的缘故,纵览中国电影史,大历史巨片实在不多,而稗史电影倒是从未断层过。所以,大历史背景中小人物故事或曰传奇是中国电影的传统做派。而随着新历史主义理论的西风东渐,本土民间意识的苏醒和草根艺术的勃发,"从时间的长河中攫取生灵,使其永生"⑤ 的电影也流

---

① 尹鸿:《国际化语境中的当前中国电影》,《当代电影》1996年第6期。
② 金丹元、陈犀禾:《新世纪影视理论探索》,学林出版社2004年版,第2页。
③ 《提升文化软实力 增强国际竞争力——新世纪10年电影发展嬗变分析与国家文化软实力提升》,《中国电影报》2010年5月13日,第14—15版。
④ 曹文轩:《20世纪末中国文学现象研究》,北京大学出版社2002年版,第213页。
⑤ [法]巴赞:《摄影影像的本体论》,见李恒基、杨远婴《外国电影理论文选》,生活·读书·新知三联书店2006年版,第282页。

行将大写历史小写化,以后现代主义将正统历史寓言化、娱乐化,将崇高还原为庸常人生,将单线历史多元丰富化构成了新历史主义电影的精神指向,从而让观众触摸到另一类历史。数字技术功不可没。

事实上,21世纪以来,数字特技有以武侠片为中心,向其他各种类型影片渗透扩展之势。如诗情伦理/爱情片《云水谣》(尹力,2006)巧妙合理成功地运用了数字特技,将一对男女的生死恋儿女情演绎得缠绵悱恻又轰轰烈烈撼人心魄;战争片《太行山上》(韦廉、沈东、陈健,2006)、《集结号》(冯小刚,2007)中的"战壕真实",将大背景生存与小人物命运进行了数字镶嵌;灾难片《超强台风》的数字技术虽被人讥讽,但这正是黑泽明提倡的"蛤蟆的油"精神;富有后现代性的小成本《疯狂的石头》(宁浩,2006)、《大电影之数百亿》(黄渤,2006),巧用数字技术,都有了前所未有的表现。

学者饶曙光认为主流电影逐渐变革,呼唤类型化。他说:一种是国家主流电影,一种是主流商业电影,前者如《建国大业》《风声》,后者如《十月围城》,在这两类电影成功的背后,可以看到的是两种主流电影不断地相互靠近。《风声》融入了谍战等商业元素,《十月围城》借鉴了国家血色,这些影片讲述过程极富商业性,而主题则符合了主流价值观,所以得到了观众的认同,取得了高票房。[①]

2007年上映的《集结号》(冯小刚),从1948年初冬华东腹地汶河战场一场恶战揭开序幕,三营九连全体阵亡,仅谷子地一人得以死里逃生。1951年他赴朝鲜战场,出生入死;归国后,为了给汶河战场阵亡者正名,谷子地百折不挠、一生就为了完成这件事,是自己对自己良心的承诺。他数次重返汶河战场故地、无论山河巨变,他痴心不改,直至为死难者正名,完成心愿,1987年病故于汶河。貌似小人物的个体生命史与酷烈的战争场面、史诗般宏大叙事进行了数字化链接,不仅彰显了谷子地的执着和崇高,也展示了一群有名实质也无名的小人物英雄群像,对个体生命价值的关注溢于影像。

2009年《十月围城》(陈德森)再现1905年香港中环保卫孙中山之战的"大事件"(亦是推断的"真实"),原本应是绝对主角的孙中山却

---

① 《提升文化软实力 增强国际竞争力——新世纪10年电影发展嬗变分析与国家文化软实力提升》,《中国电影报》2010年5月13日,第14—15版。

遭遇影像淡化,银幕生风的是商人李玉堂父子、戏班主父女、人力车夫、乞丐、赌徒……原本社会底层的引车卖浆者流成为浴血奋战的主角。史书上微不足道的无名氏,在银幕上却予以正名,且举足轻重、可歌可泣。通过数字化影像的链接缝合,实现了对历史的补充或曰改写。

让人振聋发聩耳目一新的《建国大业》(韩三平,2009)亦运用了数字特效,B24轰炸机轰炸延安、重庆朝天码头夜景,毛泽东在北平西苑机场进行大阅兵、率大军撤离延安时的千军万马等等,意在还原出真实的历史场景。而对大人物人性化细节化的塑造也让观众缩短了距离,走近了大人物。

其实,大历史与小人物之关系,以家庭变迁折射出社会的变革风云,以个体生命生存成长轨迹反映出人生社会百态,原本就是文学艺术的出发点和最终归宿。翻阅中国电影史的相关著作,尤其是20世纪90年代前的史论,对家庭伦理片的定位是不高的,都强调社会片。《孤儿救祖记》就是定位于关注现实的社会片。[①] 自然,《黑籍冤魂》《红牡丹》又何尝不是从家庭伦理片上升为社会片?更不用说《一江春水向东流》《八千里路云和月》等影片了。事实上,这些片子中已有国家形势民族危亡的大背景图像展示。20世纪末的新写实主义作品强化坠入庸常,柴米油盐酱醋茶、婚丧嫁娶烦恼人生,由此改编的影视剧显然不同于《十字街头》《马路天使》(袁牧之,1937)、《乌鸦与麻雀》(郑君里,1949)那般别样的青春残酷物语和市井传奇,但无论远近,皆洋溢着民间性的鲜活淋漓的美学形态。数字化的链接是否有益于个体生命从"一地鸡毛"中走出呢?但不管怎么说,从大历史到新历史的影像展示,至少使正史所忽略所遮蔽乃至抹杀了的"另类历史"浮出水面。

三 神话与凡俗人生的数字游走

面对中国电影民族化全球化的问题,"科幻魔幻题材缺失"是一大缺憾,而数字技术在好莱坞运用最拿手的是科幻魔幻片及其变奏变异。遗憾的是,中国的科幻片至今都单薄得令人汗颜,但中国是神话、传说、志异

[①] 郦苏元、胡菊彬:《中国无声电影史》,中国电影出版社1996版,第2页。

极其丰富的国度，嫦娥奔月、仙女下凡、牛郎织女、孙悟空大闹天宫、哪吒闹海、柳毅传书、田螺姑娘、白蛇传、聊斋……我们的老祖宗天上地下、动物植物、天马行空，当代人何以思维、想象如此贫乏枯涩？中国古老文化可供电影发掘的资源何其丰厚，何以《人鬼情未了》火爆于美国电影？拉坯制陶瓷竟成为美国式镜头经典？中国是瓷的祖国，可夺得当年威尼斯电影节银狮奖的沟口健二的《雨月物语》（1953）恰恰是凭借了陶瓷的神秘与神奇意境。低矮的窑屋、拉坯胎的辘轳车、冒烟的柴窑、茫茫雾霭、夜运瓷器的小船、女鬼若狭……陶瓷意味、聊斋意蕴，依稀仿佛、似曾相识。2001年法国导演让·皮埃尔·热内《天使爱美丽》在继承了诗意现实主义传统的同时，加入神奇魔幻元素，如阳光的光斑在树叶间闪烁，温暖又迷离。爱美丽蓦然发现自己的存在可以改变其他人的生活，于是开始扬善惩恶，充当别人身边的天使，重整别人破碎的心灵。该片被称为雷锋的法国版，而留下了好事无数的雷锋的国度，学习雷锋好榜样半个世纪的中国人为何不能学得更本质更富有活力？电影数字化帮助人类将人类无穷无尽的想象付诸银幕，中国电影当奋起直追。

回眸中国老电影，《金钱豹》（俞震庭，1906）开启了中国神话题材电影的先河。《西游记》则为中国早期神话题材电影和动画片提供了丰富的故事情节资源。新中国成立后，根据戏曲改编的电影如《梁山伯与祝英台》《天仙配》《追鱼》《柳毅传书》《孙悟空三打白骨精》《画皮》，舞剧《宝莲灯》等，雅俗共赏，脍炙人口，且风靡东南亚。

神话诞生于人类童年的混沌无知中，鲁迅言："昔者初民，见天地万物，变异不常，其诸现象，又出于人力之所能以上，则自造众说以解释之。凡此解释，今谓之神话。"① 无知无约束中想象力特别丰沛，犹如"童年无忌"，且伴随着人类的成长而异彩纷呈。《山海经》《楚辞》《神女赋》《搜神记》《博物志》《艺苑》《古镜记》《枕中记》《柳毅》《梦溪笔谈》《续夷坚志》《搜神广记》，一路花香鸟语天马行空，而明清时代《西游记》的横空出世，《封神演义》《四游记》的广为流传，豆棚瓜架下的《聊斋》，神仙狐鬼精魅活灵活现，说者口舌生津，闻者心已飞翔。史书典籍的记载之外，还有散落于民间市井的神话传奇口耳相传！历经古史典籍、楚辞汉赋、唐传奇、宋元诗话、明清小说等体裁演变，浸透于民

---

① 鲁迅：《中国小说史略》，百花文艺出版社2002年版，第7页。

族文化中，凝聚成民族的思维精神，成为根深蒂固的集体文化积淀。为什么我们的导演编剧不从中哪怕舀其一瓢饮之，而非得胡编瞎造呢？也不知《无极》中的"满神"来自何方神话传说？看看《画皮》在中国大陆与香港反复演绎，数字特技的融入硬是先声夺人，受众却仍觉新鲜！咬定中国神话、传奇，相信凭借数字技术定能奇峰崛起。

从远古神话旧时传奇回归到凡俗人世间，食人间烟火者一样可以在数字化中畅想畅游。

尹力的《云水谣》的片头片尾和开片成为脍炙人口的数字长镜头典范，片头台湾海峡疾风暴雨浊浪排空中帆船上陈秋水逃亡大陆的片段、片尾雪域高原悲壮雄伟陈秋水夫妇双双牺牲的意象化情境，以及开片台北街巷的世俗风情，既交代了故事发生进展结束的时代历史背景，又有着暗喻象征的美学意蕴。尽管影片并没有以宏大的叙事去凸显人物命运的悲欢离合，而是用个体化生活化的细节缝缀出凄美的爱情故事，但是仅仅这几个数字长镜头无疑提升了伦理爱情片的宏大诗学效应，历史间隙下个体生命的无常也还是镶嵌于波澜壮阔的大历史之中。仍然是在大历史中生发的对爱情、对生命存在的终极意义的思考。因而，这部影片既没有完全割断《十字街头》（沈西苓，1937）、《一江春水向东流》（蔡楚生、郑君里，1947）《小城之春》（费穆，1948）、《早春二月》（谢铁骊，1963）等的疾舒有致、从容淡定的民族化叙事风格，即仍然充满了中国文人的情怀与逸趣，而数字化运用和现代音乐、色彩等时尚元素的融入又给观众带来完全不同的视听震撼。

君不见《疯狂的石头》《大电影之数百亿》是多么的深得人心！小人物的挣扎或曰拼搏或曰奋斗，人世间的种种龌龊卑鄙险恶，如若少了数字技术的四两拨千斤的影像透视，那该少了深刻犀利少了淋漓尽致少了谐趣轻松！当导演姜文穿过《阳光灿烂的日子》，背离《鬼子来了》的尴尬，好在《太阳照常升起》，成为没有麻子的张大麻子手执长枪，瞄准了几匹马拉着的奔驰的列车，"让子弹飞——一会儿"的工夫，竟然让岁月变得短又长！一个分明荒诞却又非常现实的故事，一个匪夷所思却又充满哲理思辨的故事，正是数字技术使马识途的《夜谭十记·盗官记》穿越时空，依然透视出社会的顽症，人性的绝望和英雄的落寞！也许这是数字技术中虚拟化的另一"英雄情结"，然而具有超强奇能的绿林好汉张牧之、曾经的蔡锷军中骁将，又能怎样呢？《让子弹飞》引起网络热议，大约也跟观众潜意识中寻找精神世界中的新的神话原型有关吧？

总之，在电影凭借数字技术的翅膀而叱咤风云的今天，民族性的坚守和现代性改造无从回避。从中国本土特色的武侠电影打开缺口，将其从电影数字化走向数字电影，无论是战略意义还是战术实施都是正确和智慧的，21世纪第一个十年中国武侠电影潮起潮落，眼下的淡化是我们不愿意看到的。中国的导演尤其是名导们是否心浮气躁了一点？受众也过于恨铁不成钢了一点？名导们与文学结缘的欲望淡了点，受众走进书店手不释卷的欲求也稀了点？名导们对故事的漠视多了点，对人文精神的思考少了点，受众对娱乐的天性也强调过了点？相互都多一点鼓励，多一点宽容，让中国的武侠电影在数字时代东西方文化的碰撞交融中成熟起来，成为富有精神内涵、人性深度和中国美学意境的武侠大片，从而受到世界观众的喜爱。巴赫金倾向于将世界和人生看作一种共时结构，把文学置于文学之外的象征性语境中。这样看来，把数字时代中国电影放在整个世界电影中来研究将更加有利于挖掘其复杂的美学和文化关系，以求展示普遍性的人类经验，不啻是有益的举措。

无论是扬长还是避短，我们不能忘却更不能抛弃电影的另一特性，即它的真实性和叙事性。没有数字技术的电影可能成为一部优秀的电影，而没有内涵仅仅由数字技术组成的所谓电影是无法成为真正意义上的电影的，因为那不如看成是魔术或杂技的集锦，而魔术与杂技，观者看重的是同一时空的面对面，那才叫货真价实，多了银幕或荧屏的中介，人们总有几分被遮眼了的感觉。

电影大师黑泽明说得好："我认为所谓'电影'，就像是个巨大的广场，世界上的人们聚集在这里亲切交往、交谈，观看电影的人们则同体验银幕世界里形形色色人物的人生经历，与他们共欢乐同悲伤，一起感受着痛苦与愤怒。因此，说电影能使世上的人们亲切地交流也正是基于电影的这一特性。"[①]

数字时代的电影民族化也还是使人类能更亲切地交流。

（胡辛、邓煜《艺文论丛》2012年12月江西教育出版社）

[①] ［日］黑泽明：《我的电影观》，《世界电影》1999年第5期。

浅析电影画面空间的呈现方式及其叙事表达

摘 要 电影的结构原则是空间，电影的叙事表达离不开画面空间。按照在电影画面上的呈现方式来划分，电影空间可以分为画内空间与画外空间。景别的选取、拍摄的角度、光线与色彩是画内空间叙事表达的极其重要的基础性元素，而基于镜头的运动、演员的调度和借助声音的作用则使未展示的画外空间得到想象呈现，从而使叙事的表达更为丰富和鲜活。

关键词 画内空间 画外空间 叙事表达

电影作为一门时空结合的艺术，既是在空间具象中展示时间的艺术，又是在时间流变中连续空间的艺术。乔治·布鲁斯东曾指出："电影的结构原则是空间……电影采取假定的时间，通过空间的安排来形成它的叙述。"[①] 所以，空间不但是电影发生的场所，而且在电影的叙事表达中发挥着重要作用，也成为电影艺术创作中不可缺少的主要元素之一。

电影空间由其在影片画面上的呈现方式不同，可以分为画内空间与画外空间两种形态。画内空间又称为被表现的空间，是指涵盖在摄影机的取景框内的场景空间；画外空间也被称为未展示的空间，是指一个被画面提示和隐藏的三维想象空间。[②] 本文将以电影的画面空间为对象，通过对画内空间与画外空间呈现方式的分析来具体探讨画面空间的叙事表达。

---

① ［美］乔治·布鲁斯东：《从小说到电影》，高骏千译，中国电影出版社1982年版，第66页。
② ［法］玛丽-特蕾莎·茹尔诺：《电影词汇》，曹轶译，中国电影出版社2006年版，第79页。

一 画内空间

　　画内空间作为直接由摄影机抓取的场景，既是呈现给观众的具体空间，又是影片故事发生与发展的最为直接的载体。它能够将导演所构造的故事空间毫无保留的展现在屏幕上，在影片的叙述过程中完成着推动影片叙事的重要功效。具体来看，画内空间主要是通过以下几个方面进行叙事的。

1. 景别的选取

　　景别是指被摄主体的画面形象在影片画框结构中所呈现的大小和范围。它作为画面构图的重要造型手段，其变化可以引起画面视点的变化，满足观众从不同的视距全面观看被摄主体的心理需求，使画内空间更好地进行内容表达、主题诉求和信息传递。因为景别的变化限定了画内空间的取景范围，能够有效地引导观众的注意力，有助于情节的顺利发展与叙事的明确表达。具体来讲，景别一般分为远景、全景、中景、近景和特写五种形式。

　　远景与全景作为两种取景范围较大的景别，通常用来展现较为宏大的场面以及呈现画内空间的全貌。由于它们饱含了巨大的画面信息量，所以在影片叙事表达中大多用于交代故事发生的时代背景与环境气氛。例如在影片的开头与场景转换的时候，多会采用远景或全景来进行画内空间的构造，并以此推动影片叙事的发展。而中景与近景能够有效地展现出影片内部的人物关系与举止神态，因此，经常作为完成影片叙事性的描写和引导观众进入影片剧情的手段。它们多用来表现人物之间的对话与动作交流，将画内空间限定在人物所处的局部环境中，用突出强调的手法来进行叙事的表达。例如在《卡萨布兰卡》中，男主角里克与倒卖护照的尤加特在酒店的场景中，就是用中景与近景将影片的空间限定在两人的交流中，并且透露出里克握有通行证的剧情信息，从而使影片的叙事表达更具吸引力。此外，特写是着重表现被摄主体的某一局部特征的画面，是最具有突出强调作用的景别。例如在影片《飞越疯人院》中，通过对主人公麦克默菲同护士长拉奇德两人眼睛的特写空间的选取，将他们相互之间的情绪及态度表现得淋漓尽致，更加突出了两人之间对立冲突的关系，也为影片叙事的表达起到了重要的强调作用。

2. 拍摄的角度

拍摄的角度作为画面构图的重要的造型元素，是一种极具创造力的艺术手段。它对影片画内空间的选取有着至关重要的作用，也暗含着导演的创作意图与叙事目的。拍摄的角度可以分为拍摄的方向与拍摄的高度。

所谓拍摄的方向，主要指摄影机在摄制过程中与被拍对象在水平平面上所建立起的一种联系，即通常所说的正拍、背拍或侧拍。在画内空间的造型中，拍摄方向的选取，通常会透视出拍摄对象之间的关系，暗含了一种叙述人的隐藏视点以及叙事意图。例如在拍摄两个人交谈的场景中，将两人面对面放在画内空间中心位置与过肩的正拍其中一人，这两种拍摄方向的选取对于画内空间有重要影响。第一种作为客观视点并没有突出某个人，而第二种则用主观视点来突出面向镜头的说话者。由此可见，拍摄方向的不同决定了叙述人的不同视点，从而影片叙事表达的侧重点也不同。

所谓拍摄的高度是指摄影机镜头与被摄主体在垂直平面上的相对高度，主要分为平角、仰角和俯角三类。在影片画内空间的营造中，拍摄高度的选取决定着画内主体的呈现状态，同时也规定了观众观看画面的高度，从而在影片叙事表达上实现不断渐进的效果。例如在影片《十月》中，独裁的克伦斯基在众人簇拥下来到冬宫的场景中导演用一个仰拍镜头来表现他头顶上方的画柱而且画柱顶端的雕饰仿佛是罩在克伦斯基头上的光环。这个仰拍角度的选用不但增强了画内空间的立体感，也暗含了对独裁者自认为无上尊荣的反讽；从而画内空间可以直接作用于观众的感官意识，增强了影片叙事表达的能动力。

3. 画面的光线与色彩

光线与色彩作为电影画面的重要造型元素，对于画内空间的作用显得尤为突出。它们不仅是一种辅助性的表意手段，而且更是一种完成画内空间的主体塑造与构图功能的重要方法。导演可以通过对光线明暗和色彩冷暖的选取，表现出符合影片创作意图的画内空间，在画面层次感与视觉节奏上形成明显的变化，从而实现电影叙事表达的不断渐进。

例如在影片《黄土地》中，顾青初到农家与翠巧爹及翠巧说话的场景中，前景是由翠巧的棉袄映现出的暗红色的半身侧影，后景则是穿着军服的顾青灰白色的影像与翠巧爹的黑色的背影，而在他们中间的油灯将这两组具有明暗对比关系的影像区分开来。这样一来，画面由于光线的对比和各个人物形象色彩的不同，便构成了极具表意性的视觉冲击效果，从而在画内空间的造型下实现了叙事节奏的变化。再如在电影《辛德勒的名单》中，德国军队在犹太聚居区进行搜捕的段落中，站在山顶的辛德勒用望远镜俯瞰一个穿红色衣服的犹太小女孩的身影，这也是这部黑白影片中的唯一色彩。从画内空间的角度来看，这个红色的缓慢移动的小女孩夹杂在一片黑白的影像之中，暗含了一种强烈的求生的信号。黑白色与红色便形成了两种色系的鲜明的对比，成功的创造出画内空间的象征性效果，也在整体上推动了影片叙事的表达。由此可见，画面内部的光线和色彩的选取与组合，为画内空间提供了多种多样的叙事表达的话语方式与选择的可能性。

二　画外空间

画外空间是一个暗示性的场景空间，虽然它不直接出现在影片的银幕之上，但是在电影空间叙事中和画内空间同等重要。正如安德烈·戈德罗和弗朗索瓦·若斯特所言："未表现的空间、未展示的空间在很多情况下，会获得几乎与被表现的空间同样大的重要性。"[①] 画外空间通过镜头运动、演员调度和声音三种方式呈现自己的同时，也在影片叙事表达的进程中发挥着重要作用。

1. 基于镜头运动

镜头的运动是导演最为常用的一种展示画外空间的方式，也是完成电影空间叙事的重要表达手段之一。在具体的创作过程中，通过摄像机镜头的运动可以将画面内容逐渐远离影片所要表达的重点，这样不但可以简单明了地表现出画外空间的存在，而且能够完成影片叙事中心的转移。例如影片《西伯利亚的理发师》中，在表现男女主人公相会的场景中，当镜头由珍妮转向年轻军官托尔斯泰时，已经不在画内空间的珍妮继续在讲话，而画内空间中留下的只是男主角魂不守舍的神情。这时观众关注的仍是珍妮而不是画内的托尔斯泰，而且影片叙事的中心也随着珍妮的出画由

[①] [加] 安德烈·戈德罗、[法] 弗朗索瓦·若斯特：《什么是电影叙事学》，刘云舟译，商务印书馆2005年版，第112页。

画内转向画外，显然画外的珍妮远比停留在画内更令人浮想联翩。还有在《黄土地》中，战士顾青与翠巧全家在黄河边吃饭的场景中，摄影机的镜头先是直接摇到天空，只在画内底部留下老农的头部；随后又直接摇向黄土地，而只在画内上边框留下一线天。导演通过摄影机镜头上下摇动的过程，以此来分别表现画外空间中的天与地，而且也暗含农民靠天吃饭的朴素思想，也是对影片叙事的发展所做的铺垫。

2. 演员的调度

演员的调度作为场面调度的重要方法之一，也可以通过此种方法来暗示画外空间的存在，从而实现导演借助画外空间完成影片叙事的意图。在影片创作中，为了达到画外空间的叙事效果，可以通过调度演员朝向画外运动或使其视线转向画外的方式来实现。例如影片《四百下》的结尾部分，从主人公安托万冲出少管所的球场起，就一直朝向画面一侧跑去。他跑向围墙，从一个洞里钻出去，然后继续向前跑。沿着塞纳河，他穿过树林，越过田野，滑下陡坡，一直跑到茫茫的大海边。突然，他转过身面向镜头，迷茫的眼神仿佛在直接与观众对视，这时观众的注意力已经转向画框之外的空间。这样不但暗示出画外空间的存在，也在推进影片叙事的同时实现了导演的创作意图。

此外，有些导演也常常让画外的某人或某物突然闯进画框之内，以此来暗示画外空间的存在。例如在影片《小武》中，当小武来到小勇家送结婚的份子钱时，为婚礼操持酒菜的人不经意间闯入画内。这样的演员调度不但强调了画外空间的存在，也使观众的注意力由小武转向他人，从而实现了画外空间的叙事推进。

3. 借助声音

声音作为表现画外空间最有效的手段之一，它对于画面空间的拓展有无可比拟的优势，因为画框只能限定影像而无法框住声音。电影中的声音主要包括人物的语言、音乐与音响三种形式。从画面空间上看，正是由于声音的多源性，更好的实现了电影的叙事空间由画内向画外转换。具体来讲，既可以通过声音来表现与画内空间同一时空的画外空间，又可以表现与画内空间分属不同时空的画外空间。例如在伊朗导演阿巴斯的影片《何处是我朋友家》中，开场是一个一分二十五秒的固定镜头，画面呈现一个虚掩的浅绿色的门，而声音却是门内孩子们的嬉戏打闹声。阿巴斯在这里充分利用声音的多源性，由虚掩的门走向门后嬉戏打闹的孩子们，使画面空间由画内走向画外。这样不但增强了画面的立体感和厚重感，也使观众从嘈杂的背景声音中，通过孩子们的对话，提取有用的信息，用来实现推动影片故事的发展。再如电影《童年往事》的开头，画面表现的是阿孝童年的生活场景，而画外则传来已经长大成人的阿孝的旁白。这时的画外音就展示出一个现在的画外空间，也就表示出影片叙事是倒叙的手法，对于推进故事的发展具有重要功效。

总之，通过对画面空间的分类来叙说电影空间的呈现方式及其叙事功能，主要是以画内空间与画外空间的诸多造型元素为基点来组织论述的。在具体的影片创作过程中，我们有时需要将以上诸多元素结合起来综合运用，以便能够清晰流畅地推进影片的叙事发展，从而实现我们所需要的创作效果，这才是电影画面空间叙事的目的所在。

（张治国、胡辛《电影文学》2010年第21期）

论黑色幽默在中国大陆影像表达中的视听语言

摘 要 20世纪80年代，西方黑色幽默出现于中国当代小说中，进而扩展到中国的电影领域。虽然中国电影尚未形成此一特定的流派，但黑色幽默已然成为当代中国电影中的一个重要元素。黑色幽默在影像表达中有其独特的视听语言，其寓言化的镜像语言、"戏仿""拼贴"的娴熟手段、"挪用""误置"的台词等，丰富和发展了当代中国电影的艺术表现形式。

关键词 黑色幽默 影像表达 视听语言

"黑色幽默"是20世纪美国文学的重要流派。《大英百科全书》认为"黑色幽默是一种绝望的幽默在文学上的反映，它试图引起人们的笑声，作为对生活中显而易见的无意义和荒诞的最大的反响"[①]。20世纪60年代自海勒的小说《第二十二条军规》发表以后，相继出现了托马斯·品钦的《万有引力之虹》、冯古内特的《五号屠场》、纳博科夫的《微暗的火》等，因其人数众多的作家和丰富多彩的作品，黑色幽默成为美国一个新的小说流派。

西方的黑色幽默极大地影响了电影创作，如战争片《陆军野战医院》《全金属外壳》《无主之地》，暴力片《低俗小说》《两杆老烟枪》《偷抢拐骗》等，都带有浓厚的黑色幽默色彩。黑色幽默"作为现代电影喜剧范畴中一种非常典型的美学表达形式，实际上也是创作者观察世界、表达世界的一种独特方式。相对于常规意义的喜剧幽默有着更高层次的要求，需要有更智慧的故事讲述、更精彩的场景细节、更巧妙的人物塑造和更个

---

① 转引自修倜《当代中国电影中的黑色幽默》，《电影艺术》2005年第1期。

性的影像风格"①。

20世纪80年代以来，随着王小波、王朔、刘震云等作家为代表的黑色幽默流派在文学上的悄然兴起，黑色幽默也逐渐进入中国大陆的电影之中。如《芙蓉镇》（1986）、《活着》（1994）等影片就带有一定的黑色幽默元素，同时，一些中国大陆的导演也逐渐形成了黑色幽默的风格，如黄建新、张建亚、冯小刚等，他们的作品中所表现出来的喜剧色彩，很多也带有黑色幽默的性质。进入21世纪以后，宁浩以《疯狂的石头》（2006）掀起了一股由黑色幽默带来的另类喜剧风潮，相继出现了《疯狂的赛车》（2009）、《倔强萝卜》（2009）、《斗牛》（2009）等带有个性化风格的影片，产生了较大的反响。

"黑色幽默可以区分出两种主要的不同形态：'荒谬的黑色幽默'着重于其中幽默、不和谐的一面，'怪诞的黑色幽默'则侧重表现其黑暗的一面。"② 纵观中国大陆电影中的黑色幽默所表达的主题，涉及很多层面，有对历史和战争这类严肃主题的消解，有对现代都市生活中人们的种种焦虑和异化的反映，有对社会底层和边缘人物生存状态的关注，也有对"狂欢化"和"游戏化"的个性追求等，总的来说，中国大陆的黑色幽默带有浓厚的本土化特色，取材比较平实，假定性和风格化程度不高，大多都保持了生活的外在形貌，更多地倾向于"荒谬的黑色幽默"。

约瑟夫海勒曾说过"我要人们先开怀大笑，然后回过头去以恐惧的心理回顾他们所笑过的一切"③，也就是说，黑色幽默是以喜剧的形式来表现悲剧的内容。反复、悖论、反讽、逻辑游戏等通常是黑色幽默的表现手法，试图以此让观众对其中所包含的"悲剧"内容产生一种"间离感"，这种间离感能够激发观众理性的思考。这些表现手法运用在银幕上，就必须借助电影所特有的视听语言，如独特的声画处理、寓言化的镜像语言、"戏仿"或"拼贴"的片段、"挪用"或"误置"的台词等。

---

① 张燕：《彭浩翔电影的黑色幽默和文化呈现》，《当代电影》2007年第3期。
② ［英］马修·温斯顿：《布莱顿黑色幽默与黑色幽默》，转引自龚园泽《喜剧理论在当代世界》，新疆人民出版社1989年版，第105—106页。
③ 宋德发：《黑色幽默的前世今生》，《世界文化》2008年第1期。

一 独特的声画处理

银屏是由画面和声音共同构筑的视听形象空间。"自然,声音与画面的结合并不只是简单的画面加声音,而是一种新的审美创造。"①

在黑色幽默的表现上,影视制作者惯用声音和画面的处理来渲染"黑色"或是制造"幽默",如《十七岁的单车》(2000)的开片,一个个人物特写进行快速切换快速剪辑的手法,加上冷冰冰的居高临下的问话声以画外音的形式出现,城里人对农村人的冷漠与轻视渗透银幕。影片结尾,城市依旧喧闹繁华,背景音乐却格外苍凉,被城里混混揍得鼻青眼肿的小贵艰难地背着单车在人们无视的冷漠中茫然走过,17岁农村孩子、17岁城里孩子和单车的故事让我们唏嘘感慨,事情怎么变成这样?究竟错在哪里?

声音及配乐在影片的结构性方面也起到很强的烘托作用。音乐与影片节奏的精彩合璧,是《疯狂的石头》做得很让人称道的一点。中式和西式、古典和现代,不同类型的雅或俗的音乐表象上看起来像是"大杂烩",但却不仅不突兀,反而像是浑然天成,起到了意想不到的奇特效果。如以有源或无源等形式在不同场合出现的《我爱你亲爱的姑娘》《洗唰唰》等流行歌曲,另类搞怪却又符合剧情的彩铃,在关公庙火警后追逐时配合追击场面的京戏锣点,以中式乐器和摇滚音乐共同演绎作为垫乐的《天鹅湖》,三宝被骗后在天安门广场出现的《我爱北京天安门》的背景歌声……似是漫不经心,实则匠心独运,每一个趣味点都因这些点缀其中的音乐或配乐得到扩大,这种充满天才的创意和手法让人拍案叫绝。《疯狂的赛车》依然沿袭了这种声音和画面完美结合的手法,台湾黑帮在船上进行枪战时,适时出现的闽南风格特色的闽南语歌曲《浮沉的兄弟》,其戏谑的歌词,怀旧的旋律,消解了杀气腾腾的黑帮出场时的血腥与暴力。李法利误杀其妻子后,插曲为声音和曲风都与蔡琴的《百媚千娇》类似,与画面和情节形成鲜明的对比。同时,影片中还出现了《我要我的音乐》《双节棍》等流行歌曲,甚至到最后,还要毫不留情地整出

---

① 赵智、彭文忠:《影像解读》,湖南人民出版社2006年版,第114页。

一首搞怪版的《送别》，让人叹为观止！

二　寓言化的镜像语言

讲究技巧和形式设计是黑色幽默的写作特点，因此黑色幽默小说表面化的题材下往往蕴含着比较深刻的主题思想。它所采用的亦谑亦虐的手法，荒诞不经的情节，以及充满反讽性的语言，往往昭示着某个形而上的主题。这就使黑色幽默小说往往呈现出寓言化特征。"所谓寓言化指的是小说的故事情节不追求细节上的真实性，而是追求整体上的象征性、寓意。"①体现在影像表达中，则是凭借丰富的电影语言，以表面的违逆生活真实达到最大限度逼近生活本质，从而实现更高意义上的真实。

　　导演黄建新自言当初就是想将《黑炮事件》（1985）拍成一部非写实的电影，"但它又是发生在生活中的事，怎么拍得非写实呢？我决定进行一些影像的改变，从构图上向寓言体象征意味靠近。在电影里我特别强调间离感的营造，因为间离才能产生理性"②。为此，导演在镜像语言上使用了很多夸张的形态，在色彩的铺陈和渲染上别具匠心。大写意式的"红"的色彩主基调表达的却是焦虑之情的视觉宣泄，而"红色"之外，又有意识地运用了夸张的"白色"。如在第一次会议开始时，除了人的头发和石英钟上的指针，人们的衣服、桌上的玻璃杯、作为背景的墙壁都是白色，配以几乎占据整个画面的石英钟的大特写镜头，营造出单调枯燥和沉闷的气氛，同时也隐喻了与会人员"统一"的思想。在暖色调和冷色调的对比冲突之外，影片还穿插了动感十足的《阿里巴巴》的歌舞表演和朝气蓬勃的足球赛，增加了影片的不真实感，同时也透露出压抑不住的激情。"我不想让观众看完影片仅仅产生对一个人物命运的巨大同情，而要激发他们思考：为什么这个人物的命运是这样的？我们的社会、我们的生活出了什么问题？我希望观众能进入理性层面去想问题。"③

　　另外，寓言化的镜头语言还体现在运动镜头的使用上。如《我叫刘跃进》（2008）的开端处，一个摇镜头先仰视现代化的林立高楼，继而降

---

① 毕天华：《黑色幽默的艺术特色》，《外国文学研究》1998年第1期。
② 方舟：《黄建新口述——黑色幽默的领军人物》，《大众电影》2007年第24期。
③ 同上。

摇，俯视低矮的胡同民居。这个运动的镜头隐喻着叙述者的视角，视点的出发点或是略带嫉妒地仰视，或是略带嘲弄地俯瞰，隐含着处于上层的精英和处于下层的平民，都被描述成有某种行为或者道德缺陷的群体。而《寻枪》（2002）中镜像语言的使用也十分考究。影片开始就用角度不同景别相似的四个镜头，展现了在逼仄矮小、光线不足的阁楼上马山略显奇异的睡姿，而接下来用主观镜头表现马山的妻子爬上阁楼叫他起床，其妻子的近景从屏幕上方自上而下地倒立，隐喻着影片颠倒错乱的非正常叙事。而在马山推测谁最有偷枪的可能时，陈军—老树精—周小刚等被怀疑的对象不停地快速闪过，一组组快速剪辑的闪回镜头，既将人物之间的关系干净利落地交代清楚，又形象地表现了马山面对丢枪的变故趋于紊乱的思维；在四处寻枪的过程中，大量晃动的主观镜头与急速的推、拉、跟镜头相配合，令人目眩的运动镜头，辅以节奏感十足的背景音乐，既有力地揭示出当事人因丢枪而惶恐不安的内心世界，同时也不留喘息空间地将观众强制带入焦灼烦闷和危机四伏的紧张氛围中。

三 "戏仿""拼贴"的片段

"戏仿"，从文学上看，是指作家"在作品中对历史事件和人物，对日常生活中的某些现象，对古典文学名著的题材、内容、形式和风格进行夸张的、扭曲变形的、嘲弄的模仿，使其变得荒唐和滑稽可笑，从而达到对传统、对历史和现实的价值和意义以及过去的文学范式进行批判、讽刺和否定的目的"[①]。在影视作品中，戏仿则是采用经典文本风格的独特之处，制作出一些嘲弄原作的模仿，受众通过模仿的片段联想源文，在仿作与原作之间的差异中得到刺激和快感。同时，"在影视戏仿者的背后存在着这样一种感觉，即有一种特别的语言规范，与被嘲弄的原作风格大不相同"[②]。也就是说，戏仿还是一个再创作的过程，在让人开怀的同时，也蕴含着创作者看待时事和人生的另一种眼光。

张建亚的《三毛从军记》（1993）中，就有很多的细节和段落源于对

[①] 杨仁敬：《美国后现代派小说论》，青岛出版社2004年版，第36页。
[②] 曾耀农：《现代影视美学》，中南大学出版社2005年版，第71页。

经典的戏仿,同时导演也进行了改进和演绎。如演员们在水上舞台慰劳军队的场面是借鉴了《现代启示录》,但导演却增加了台下大兵望远镜飞起来的这种戏谑的手法。炸弹飞到池塘里将鱼炸死,是模仿《希望与光荣》,但第二颗炸弹将鱼烤熟,却是源于导演非凡的想象力。此外,观众在片中也能找到对《沙家浜》和革命样板戏的戏仿片段。

张建亚的另一部影片《王先生之欲火焚身》(1993),片中也有大量的片段对《红高粱》《大红灯笼高高挂》《战舰波将金号》等影片的戏仿,通俗地讲述一个悲欢离合的故事的表层下,蕴含着导演针对文艺创作的调侃。

《大腕》(2001)以喜剧的形式包装明星的葬礼,人们观念中沉重肃穆的葬礼完全变了味。同时通过戏仿,对文化圈内存在的各种黑幕和假冒伪劣产品广告的大肆泛滥,进行了淋漓尽致的揭露和讽刺。"搜狗网""报丧鸟""可笑可乐""乐哈哈""硕士伦""金鸟奖评选"等,这些似曾相识的名词无不让观众捧腹,戏仿带来的反讽作用得到了张扬。

"拼贴,像戏仿一样,是对一种特殊或独特风格的模仿,戴着问题的面具,说着已死的语言;但是它是一种中性的模拟方式,没有戏仿的隐秘动机,没有讽刺的冲动,没有笑声,甚至没有那种潜在的可与很滑稽的模仿对象相对照的某些'标准'东西存在的感觉。"[①] 黑色幽默作品在艺术范式上,力图拆除悲剧与喜剧二者之间的森严壁垒,创造出"悲喜混杂剧"的艺术形式,其本身就带有了拼贴的内在属性。在外在的表现形式上,MTV、电子游戏、动画、高速节奏、分割画面等各种元素都能在影片中得到巧妙的拼贴,广告、摇滚音乐、插图、新闻播报、动画漫画等流行的大众文化皆能轮番出场。

在《三毛从军记》的开头,电视剧中常见的"本故事纯属虚构,如有雷同,纯属巧合"声明变成了"本故事全无虚构,如有雷同,不胜荣幸",而影片基于这句声明出现了大量新闻纪录片片段。另外,动画中才有的手法也在这部真人电影中重现:被车压死的人变成了纸片,人撞在玻璃上留下了一个人形,训练官被炸弹炸得焦黑,被榔头砸死的人还不时翘下脚以示挣扎等。在张建亚的另一部抗战片《绝地逢生》(1994)中,也穿插了现代体育竞技的拳击、标枪等项目的片段;反映现代人情感危机和

[①] 曾耀农:《现代影视美学》,中南大学出版社2005年版,第72页。

异化性格的影片《谁说我不在乎》（2001）中，也多次出现 flash 动画。张建亚打破传统，将各种元素融入到了影片中，并不会让人觉得做作，反而更具喜剧效果。

《疯狂的石头》中也使用了拼贴的手法，如谢小萌被绑架后，在道哥的胁迫下给父亲打电话，导演分别将谢小萌、道哥、警察与谢厂长同时置于一个画面中，谢厂长的气定神闲、谢小萌的苦苦哀求、道哥的匪夷所思与警察的莫名其妙，诸多表情形成鲜明的对比和反差。再如结尾处，麦克与冯董飞刀对决，双方各占一个画面，气势汹汹呈对峙状，这时中间插入了一个"忍"字的画面，"忍"的含义与剑拔弩张的情境构成了反讽的语境。画面分割手法的使用，产生了强烈的喜剧效果，让人忍俊不禁。

通过"戏仿"和"拼贴"的手法，笑的张力得到了有效的铺展与延续。乍看之下，这类大杂烩似的影片，似乎有些荒诞不经，然而正是这星星点点散落在影片中的细节构筑起黑色幽默的风格：在电影中调侃电影，调侃艺术，最主要的还是调侃一下人们自己。这样的调侃和自嘲轻松随意却又不失幽默睿智，荒诞滑稽之余又能令人在细细回味时感到一丝淡淡的辛酸。

四 "挪用""误置"的台词

台词是影视声音中最积极、活跃，同时也是信息量最大的因素。黑色幽默往往将荒诞无价值的事物表现得庄严合理，而将合乎情理的事物表现得荒诞，为达到这种陌生化的审美效果，很大程度上取决于违背正常逻辑的语言"挪用"和"误置"。

《疯狂的石头》和《疯狂的赛车》两部影片中，黑道人物的台词"误置"比比皆是，具有浓烈的黑色幽默感。比如道哥，十分注重形象，在黑皮犯傻时他最常用的一句话是"注意你的素质，素质！"当女朋友找他出去玩时，他说"你们这些个女人呐，就是不明白，这个阶段正是我事业的上升期，我怎么能走得开呢?"而当自己被女朋友戴上绿帽子之后，他第一反应居然是给律师打电话，"我们是没有结婚，可我们有真感情啊，结了婚都没人管，还有没有王法，你他妈是什么律师啊?"最后面对女朋友出轨这个事实，悲痛欲绝的他还流下眼泪，发出感慨"世道变了，就没有好人了"。而他的属下黑皮,这个头脑简单粗暴残忍的二愣子,却一本正经地对出轨的道哥女朋友说:"我跟你说,这纯属道德问题,我都不稀说你。"国际大盗也一再声明"我的招牌是讲诚信"!而在《疯狂的赛车》中,来自台湾的黑帮老大在几次遭到阴差阳错的戏弄后,发出怒吼"本地帮会太不讲规矩了",而两个业余杀手也会认真地说"干一行,爱一行",并经常把"专业"挂在嘴边。

《落叶归根》(2007)的强烈喜剧色彩在很大程度上也取决于违背正常逻辑的语言"挪用"和"误置"。如劫匪冲上长途汽车后其头目吼道:"通知一下啊!我们开始打劫了!"在劫匪头子从男乘客的腰间搜出手机打开后发现:"车上有劫匪赶快报警"时,骂道:"呵,你他娘的还会'盲发'?老子最恨这'暗箱操作'的人!""通知"和"暗箱操作"从劫匪口中道出,原有的语义空间被打破,带有强烈的戏谑和反讽色彩。

按照一般人的共识,作为反面人物的盗贼和劫匪,他们的价值观念和游戏规则都是与普通人的准则相违背的,但是通过台词的"挪用"和"误置",他们的身份和语言产生了"错位",另一个文化系统的标准被挪用在他们身上。这种突如其来的语言"错位",同样拆解了约定俗成的能指和所指的搭配,颠覆了长久以来形成的正与反、褒与贬、丑与恶、高级与低级的语言逻辑和等级秩序,起到了"陌生化"的反讽效果。

在《阳光灿烂的日子》(1995)中,童年的马小军有一段精彩的台词:"我最大的理想就是中苏开战,因为我坚信,在新的世界大战中,我军的铁拳定会把苏美两国的战争机器砸得粉碎,一名举世瞩目的英雄将由此诞生,那就是我。"虽然只是青春时期的吹牛与放肆,但是战争在一个小孩子的眼里,仅仅只是一个成为英雄的条件,其表现出来的诙谐与讽刺的意味,耐人寻味。

黑色幽默在中国大陆电影中的出现,代表了一种精神的超越与自由,显示出国人审美心态的开放和成熟,有了嘲笑荒诞事物的心胸和气度;同时,也丰富和发展了当代中国电影的艺术表现形式。其在中国大陆的影像表达中有其独特的视听语言,对当前国产电影的发展也具有一定的借鉴作用。

(胡清、李姜江《南通大学学报》2010年第5期,中国人民大学复印报刊资料《影视艺术》2011年第1期全文转载)

历史长河 谁主沉浮？
——本土新历史主义电影叙事策略探析

摘 要 20世纪80年代后，随着西方新历史主义理论传入中国，形形色色的本土新历史主义电影此消彼长，以民间意识将大写历史小写化，以后现代主义将正统历史寓言化、娱乐化，将崇高还原为庸常人生，将单线历史多元丰富化构成了新历史主义电影的精神指向。通过对影片文本叙事轨迹的寻觅，以透视出创作者的叙事策略，从而触摸到另一类历史。

关键词 新历史主义 叙事策略 人性化

岁月悠悠，历史厚重。中国是唯一保存有连续并且完整的历史文本的国度。子在川上曰：逝者如斯夫。人类叹息一去不复返的时间，而电影，"从时间的长河中攫取生灵，使其永生"。[1] 电影与历史，当有不解之缘。中国第一部电影《定军山》（1905），虽然借以戏曲的外延，但其内核仍是东汉末年诸侯纷争三国鼎立的历史再现。

新历史主义诞生于20世纪80年代的英美文化界，随后进入我国催生了本土化的新历史主义，影响着中国文学与影视。经典历史主义认为历史可以影响叙述者的时代，叙述者的时代却不允许进入历史的空间，新历史主义则强调"对历史而言，文学不是次等的被动存在物，而是彰显历史真正面目的活生生的意义存在体。它并不被动地反映当时历史的外在现实，而是建构历史的现实动因"。并认为"任何文本的阐释都是两个时代、两颗心灵的对话和文本意义的重释"。[2] 在新历史主义的苍穹下历史

---

[1] ［法］巴赞：《摄影影像的本体论》，见李恒基、杨远婴《外国电影理论文选》，生活·读书·新知三联书店2006年版，第282页。

[2] 王岳川：《后殖民主义与新历史主义文论》，山东教育出版社1994年版，第165页。

是一部书，有无数种解读阐释的可能。

20世纪80年代以后，以全新的视角解读历史的本土电影层出不穷，因各自的观念、创作意图不同，因而在背离传统所采用的叙事策略也各不相同。

一 大写历史的小写与人性化

传统历史主义将历史提炼成大事件梗概和主宰者英雄人物的简介，芸芸众生则湮没于历史长河之中。而新历史主义电影往往将视点投向游离于正史之外的细部，将改朝换代的"大历史"，转化为民间视野中的家族沉浮、小人物悲欢离合的命运；即便是对英雄人物，也聚焦于人性化与生活化上，以此展示历史的多向度与复杂性。

1. 小人物凸显于大历史

2009年《十月围城》（陈德森）再现1905年香港中环保卫孙中山之战的"大事件"（亦是推断的"真实"），原本应是绝对主角的孙中山却遭遇影像淡化，银幕生风的是商人李玉堂父子、戏班主父女、人力车夫、乞丐、赌徒……原本社会底层的引车卖浆者流成为浴血奋战的主角。史书上微不足道的无名氏，在银幕上却予以正名，且举足轻重、可歌可泣。通过影像的缝合，实现了对历史的改写。其实，2007年的《投名状》（陈可辛）就已经对清末四大奇案之首"刺马"进行了现代性改写和阐释，直逼的是人性深处的"恶"。

同于2007年上映的《集结号》（冯小刚），其插入的六段字幕言之凿凿是历史："1948年初冬·华东腹地"，"三营九连全体阵亡，仅谷子地一人得以死里逃生……""1951年·朝鲜中部横城郡""1955年·汶河战场故地""1958年的冬天，汶河县大兴水利……""1987年谷子地病故于汶河……"从解放战争、援朝战争到和平年代的史诗般宏大叙事中，塑造的新英雄群像焦大鹏、姜茂财、老刺猬、罗广田等，赋予的却是传统战争片很少涉及的关于人性的新内涵，表现出对个体生命价值的关注。

回溯中国第五代导演的领军之作。《一个和八个》（张军钊，1984）正是以另类视角追寻"叛徒"的历史。陈凯歌的《黄土地》（1984）、《边走边唱》《霸王别姬》《无极》等，无论对其是褒是贬，陈氏所发掘铺陈的是不同于以往的历史新拼图；更不用说张艺谋的《红高粱》（1987）、《菊豆》《活着》《大红灯笼高高挂》《十面埋伏》《满城尽带黄金甲》等，皆是"通过野史传说、民歌民谣、家族谱系、个人回忆录等形式保留下来的历史信息来了解历史，获得对历史的总体看法"①。这是陈思和所说的有别于"庙堂的历史意识"的"民间的历史意识"。吴子牛的《大磨坊》、姜文的《阳光灿烂的日子》《鬼子来了》则走得更远，正史所遮蔽乃至抹杀了的"另类历史"浮出水面。即便是尹力的《云水谣》也并没有以宏大的叙事去凸显人物命运的悲欢离合，而是用个体化生活化的细节缝缀出凄美的爱情故事，音乐、色彩、青春等时尚元素的融入给观众带来完全不同的视听感受。别样的历史图景彰显了创作者关注的不再是历史本身，而是历史间隙下个体生命的无常。

2. 大人物人性化生活化

《建国大业》（2009）是中华人民共和国成立60周年的献礼作品，展示了从抗日战争结束到1949年中华人民共和国建国的风云岁月。再现了毛泽东、蒋介石、周恩来、宋庆龄等众多历史人物以及他们的活动，但正如导演黄建新所言：在角度和题材上有出新，而在领袖的塑造上，将更加人性化、生活化，充分展示出领袖的内心世界，把领袖还原成一个个普通人。电影摆脱了传统历史电影的模式，一些鲜为人知的故事被挖掘、表现，其中就有蒋介石与蒋经国父子之间关系的深入描写。

对秦始皇这个统一中国的暴君，新历史主义电影的阐释可谓五花八门。周晓文的《秦颂》中，高渐离击秦王的壮举被改写成一个情欲故事，情欲交织中，爱恨错位，在不可理喻的奇闻逸事言说中完成了对历史文本的另类解读。张艺谋《英雄》镜头中的秦始皇——几个侠客间的爱恨情仇仅仅是铺垫和烘托这位一统天下之"英雄"?！无论结论对否，这也仅仅是一种阐释而已。"任何阐释都不是最终的阐释，只是可能的阐释的一种，是历史书写的主体'置身其中'的一次对历史的发现。故而历史进入视像文化也只能是历史的当前存在方式，绝不是对历史的复原和重现。"②

---

① 陈思和：《中国当代文学关键词十讲》，复旦大学出版社2002年版，第219页。
② 朱中元：《大众文化背景下历史影视文化样态界说》，《甘肃高师学报》2003年第1期。

二 历史的现代性与后现代性改造

克罗齐说"一切历史都是当代史"。新历史主义认为，话语讲述的年代必然要受到来自讲述话语年代的影响。无可规避商业属性的电影，必须满足大众的审美需求，因此，在历史中融入现代话语，进行现代性和后现代性改造，遂成为新历史电影的叙事策略之一。

1. 前世今生　时空穿梭

新历史主义受到解构主义、女权主义及后现代主义等的复杂影响，既解构历史的线性发展，又无意于开掘历史深度，喜好时间并置，让波澜起伏的历史自由又神秘地流淌于过去、现在和未来。

《古今大战秦俑情》（程小东，1989）中，从秦始皇到20世纪70年代，宫女冬儿与蒙天放的不了情，历经三世轮回千变万化，不变的是超越时空的爱情。2005年的《神话》（唐季礼）明白无误地是《古今大战秦俑情》的翻版，秦朝大将军蒙毅和玉漱公主之间的爱恨情仇与当代考古学家杰克对神秘记忆的探寻交织，寻找的是"你是我的唯一"！只是《神话》在复调叙事和秦陵视觉奇观上更胜一筹。《无极》虽然走火入魔，但是昆仑奴用接近光速的奔跑以期"时光倒流"来复活爱人倾城，爱的执着是动人的。但这种种时光穿梭，未免玄幻。

关锦鹏的《阮玲玉》（1992）所采用的多层叙事结构，将"前世今生、岁月穿梭"演绎得令人拍案叫绝。当年的阮玲玉生命的片段、今天的摄制组对阮氏同时代人的采访和张曼玉还原的阮玲玉故事在声画中穿梭，恍若隔世又分明在今世，女性命运何尝不在无休止的轮回中？

2. 现代话语　现代传播

2006年，《霍元甲》（于仁泰）的成功，似印证了历史理论家海登·怀特所言："叙述既是实现历史阐释的方式，也是表述对历史题材之成功理解的话语模式。"① 影片中的观念、对白和念白都有"与时俱进"之神采，在历史真实与当下社会形态间找到了相通的路径。

---

① ［美］海登·怀特：《形式的内容：叙事话语与历史再现》，北京出版社2005年版，第84页。

2009年，《风声》（陈国富、高群书）又是另番风景。如同《罗拉快跑》将电影与电脑游戏嫁接、《贫民窟里的百万富翁》将电影与电视益智类节目交融一样，《风声》这部革命历史题材电影不同于《永不消失的电波》等老电影，而更像一出"被革命历史化后的杀人游戏"。① 寥寥数人被圈禁在幽暗的古堡，影片的叙事在压抑诡异人人自危的冷酷中，在惨不忍睹的酷刑血腥中，仍有旗袍美女的优雅洒脱，喋血壮士的视死如归。在不断的怀疑与否定中，"杀人游戏"不仅赢得了票房，而且依旧有寓教之意。

三　历史游戏化与娱乐历史

　　真实性是传统历史题材电影的生命，但是，一些"新历史主义电影采用了一种类似于后现代性文化的叙事策略，在拼贴、戏仿、古今同戏中完成众声喧哗的游戏"②。要知道，既是民间视角，戏仿、"无厘头"这类滑稽搞笑本就是民间集体智慧，何况娱乐是人的天性。问题还是一个掌握"度"的问题。

1. 别样视野中的历史游戏化

　　《三毛从军记》（张建亚，1992）改编自张乐平的漫画，与1949的《三毛流浪记》风格迥然。三毛在抗战背景中的一系列荒诞离奇的遭遇，"与其说漫画中的三毛因置入历史的语境而具有相应的历史感，倒不如说诸如征兵、军训、狙击、犒劳等这些战争中最为仪式化的历史空间，因容纳了三毛而被戏拟为历史的漫画"。③ 影片中还拼贴了纪录影像、京剧等元素及漫画手法，在戏仿中将历史的真实和权威湮没在一堆杂乱中。与此类似的《举起手来》（冯小宁，2003）、《绝境逢生》（张建亚，2005），亦采用游戏化的叙事策略，不仅在新的角度上阐释了历史，而且也对电影重新做了阐释。

2. 无厘头娱乐历史

　　1993年，《青蛇》（徐克）解构民间传说，添枝加叶，更见人间烟

---

① 陈捷：《〈风声〉中传来怎样的历史讯息？》，《电影艺术》2009年第6期。
② 王晓通：《新历史主义与新历史电影》，硕士学位论文，华南师范大学，2007年。
③ 范志忠：《世界电影思潮》，浙江大学出版社2004年版，第309页。

火、人世龌龊和人性升华。《唐伯虎点秋香》（李力持）对历史人物唐寅则进行了颠覆性解构，风流倜傥的才子变成了放荡不羁的现代都市青年，现代话语长驱直入历史情境，不可思议却又让人忍俊不禁。1995年周星驰的《大话西游》在轰动与嬉笑怒骂中成为无厘头经典之作。他的《大内密探零零发》（1996）更将皇城宫廷、"直升机"、"机关枪"、减肥机、鸳鸯铲等一锅煮，由古人演绎出现代版的传奇故事，无厘头叙事游戏娱乐历史反而对市场效应起了推波助澜的作用。

　　历史不可逆，不可再生，无论是影视、文学，还是写历史，都只是给历史以理解和解释。新历史主义电影拆解了传统历史文本的权威性，在电影美学上有新的开拓，其反叛和探索的精神无疑值得肯定。但是，"今天我们得到的是我们从未拥有过的，而我们今天轻易抛弃的却是我们，甚至我们以后几代人所要苦苦寻求的！"[1] 如果将新历史主义视为可以随心所欲地胡编历史，一味将历史碎片化、庸俗化的话，其结果是消解历史，历史变为无意义。当然，这会是人类的悲哀。

（胡辛、顾璟《电影文学》2010年第16期）

---

[1] 何静：《多元语境下的叙事变奏》，江西教育出版社2007年版，第12页。

新世纪以来的青春电影思考

摘 要 21世纪以来,随着国产电影投资主体的多元化,作为以中小成本制作为主的青春电影展示别样风景,第六代导演的嬗变与回归,六代后新锐导演的加入,使大陆青春电影在21世纪以来既有对过往青春的怀念,更有对当下年轻人生存状态的关注,同时商业化倾向的青春片也逐渐增多,其多元化呈丰富性的一面,却淡化了20世纪八九十年代青春片所拥有的深刻文化意义和独特个性。

关键词 青春电影 大陆青春片 青年文化

青春电影,这一概念近年来作为类型片种出现于中国电影的理论探研中。究其源头,是美国的校园电影20世纪60年代传入日本后,重点展示年轻人的生存状态和心理情感,70年代末,"'青春片'的概念首次由日本影评家提出"。①

在中国内地,长期以来无"青春片"概念,但并不代表没有此类电影,相反,中国早期电影《十字街头》《马路天使》《桃李劫》《新女性》等可谓名副其实的青春残酷物语,并且在中国电影史中占有重要地位,缺少的是理论体系的研究。20世纪90年代第六代导演出道之初推出的风格各异的作品,其实也都是形形色色青春日子和情感的展现,可称"青春片"或青春电影。进入21世纪,随着国产电影投资主体的多元化,作为以中小成本制作为主的青春电影展示别样风景,第六代导演的嬗变与回归,及新锐导演的加入,使大陆青春电影在21世纪以来既有对过往青春的怀念,更有对当下年轻人生存状态的关注,其历史意义和现实意义更加深厚,出现了不同以往的新特点。如《十七岁的单车》(2000)、《北京乐

---

① 阎景翰主编:《写作艺术大辞典》,陕西人民出版社1990年版,第979页。

与路》（2001）、《站台》（2000）、《无法尖叫》（2004）、《青红》（2005）、《孔雀》（2005）、《红颜》（2005）、《独自等待》（2005）、《十三棵泡桐》（2006），等等。同时商业化倾向的青春片也逐渐增多，其多元化有其丰富性的一面，却淡化了20世纪八九十年代青春片所拥有的深刻文化意义和独特个性。

一　"第六代"导演叛逆中的回归

20世纪90年代，第六代导演是青春电影创作的主力军，鲜明的反叛风格和边缘人物表达，使他们的影像风格更显另类。进入21世纪以后，"第六代"导演在继续坚持记录当下青年人生活和质朴的影像风格的同时，逐渐被主流意识形态接纳，逐渐成为大陆电影创作主力军，"王小帅浮出水面之后也完成了一部讲述农村青年和城市青年的生活因为一部自行车而发生联系和冲撞的《十七岁单车》（2000）"[①]。《十七岁的单车》讲述的是城乡两个青年与一部单车的不乏辛酸的故事，反映了他俩各不相同又殊途同归的成长过程。而获第58届戛纳电影节评委会奖的《青红》则将视线转向刚翻过的一页，青红的父母为了给女儿一个好前程，千方百计想返回上海，为此粗暴地扼杀了青红刚刚萌芽的爱情，青红脆弱之身难以抵抗强势的父权，青红的追求者小根也付出了惨痛的代价。

张扬的《向日葵》表现的是普通而不另类的青春成长史，着力表达在成长中父子之间的冲突和对抗。"文革"中失去画画的手的父亲，将自己的遗憾寄托在儿子身上；儿子的叛逆表现为不愿做时时向阳的"向日葵"，而《向日葵》之所以能够触动每个人的神经是因为其表达出来的个人印记具有普遍意义，中国的大部分家庭都能从中找到自己的影子。

王小帅、张扬、娄烨们不再刻意追求青春的叛逆和颠覆性，不仅仅是个体"自我"的言说，而是将人物置身于所处的社会环境，平淡而不平凡的叙述中流露出淡淡的感伤和脉脉温情，是对青春成长的感伤和无奈，表达的是这一代人的集体青春记忆。

"贾樟柯的《站台》（2000）和《任逍遥》（2001）继续着他青春生

[①] 陈墨：《当代中国青年电影发展初探》，《当代电影》2006年第3期。

命的酸涩旅程"①。贾樟柯继续表现边缘化、草根化的小城镇青年的生存状态。《站台》中的崔明亮、尹瑞娟们和《任逍遥》中的斌斌、小济是生在不同时代,具有相同特点的小人物;长镜头传递出漂泊、迷茫的不确定情绪。《站台》是那个时代年轻人的成长史,崔明亮这些追求流行文化和爱情的青年在时间的流逝中青春不再,泯然众人矣。《任逍遥》中的斌斌和小济在幻想着"你想干啥就干啥"的逍遥人生。通过人物在飞速向前的时代中对物质追求的叙述,将年轻人特有的盲目和感性、挣扎、压抑、瞬间的快乐等表现得淋漓尽致。小济和彬彬打劫银行后,长达三分钟的长镜头诉说了这代青年的迷惘和茫然。

可能是现在的导演大多为中年人的缘故,大陆的青春电影对青春的表达大多是集中在20世纪七八十年代。它注重过去成长时段的集体记忆而不是淡化历史记忆的同时转向个体的叙述,这不同于20世纪90年代前期第六代导演更加个人化、私语化的创作。如贾樟柯的《站台》、王小帅的《青红》、张扬的《向日葵》等作品中就运用各种叙事元素重构过去的时代特点,将个体的青春成长融入对集体回忆的回想之中。《站台》中充斥着零零碎碎的80年代的记忆碎片:喇叭裤、蛤蟆镜、摇滚乐……而"站台"也本是那时的一首流行歌曲的名字,崔明亮的朋友张军从广州带回的电子表、录音机和红棉吉他也是那时的流行物品。"《青红》中真实地再现了一代人的青春记忆:广播体操、地下舞会、高跟鞋、喇叭裤、萌动的青春、悄悄送出的情书、偷尝禁果、怀孕、离家出走……漂流在历史长河中的苦涩青春,纯真而又轻盈,忧伤而又酸楚,但依然有一种温情,淡化了两代人的冲突和与时代抗争的残酷力量。"②

《向日葵》中将历史的大背景悄悄隐藏在平凡人家的日常生活中。唐山大地震、毛泽东逝世、粉碎"四人帮"等等事件均在剧中人物的一言一行中表露出来。对时代而非自我的回顾,对集体记忆而非个体生存的表述,让人们恍惚中对电影的主题阐释感觉模糊;与其说是青春成长毋宁说是怀旧。21世纪以来第六代导演的转变之一,就是对时代、集体、社会等宏大叙事逐渐超越对个体意义上的成长经验、青春记忆的表述。

---

① 陈墨:《当代中国青年电影发展初探》,《当代电影》2006年第3期。
② 郑静:《青春电影的成长道路》,《电影评介》2007年第5期。

二 "新锐"导演的青春残酷物语

　　浮出于21世纪的一些导演，无论长幼，对青春题材有着别样情怀，如顾长卫的《孔雀》和《早春》、李玉的《红颜》、颢然的《青春爱人事件》、吕乐的《十三颗泡桐》等，多是青春残酷物语。这些青春电影多以青年女性为题材，表现青年女性融入社会、家庭过程中的创伤和无奈。

　　顾长卫的《孔雀》、吕乐的《美人草》、李玉的《红颜》虽然运用各种叙事元素重构过去的时代特点，但终将个体的青春成长融入到对集体回忆的回想之中。

　　《孔雀》充满冷色调的影像风格中着力刻画充满梦想的女子高卫红与命运和时代抗争的青春故事——消瘦清秀的女孩，一种清教徒似的气质，但内心刚烈执拗，可以为了梦想狠得下任何心。在高卫红单纯、充满幻想的世界中，周围的各色人物近乎病态，然而，影片在冷峻的视角下展现她梦想的破灭和青春的逝去，整体弥漫着彻骨的伤感，反衬青春的苍白。李玉的《红颜》中的小云和顾长卫另一作品《立春》的女主角王彩玲，不同的遭遇却有近乎相似的残酷命运，一个是16岁的少女怀孕生子，一个是因丑陋怪异的行为相貌，在周围人的白眼中"耻辱"地活着，呈现出来的是或阴暗或冲动或懵懂的理想追求，以及理想幻灭、尘埃落定的过程。相对于其他的"大龄青年"，《十三棵泡桐》是更为典型的青春片，十六七岁的花样年华，风子和她的伙伴们为观众打开了"80后"，乃至"90后"们充满激情与迷惑的青春情怀，早恋、校园暴力、师生恋……这些本不该发生的事情发生着。

　　顾长卫说《孔雀》"是一部拍摄给中国人看的电影，更具体一点地说这部电影是自己对那个时代的回顾"。兄妹三人的青春、梦想、爱情带有那个时代人太多的印记，藏着那个时代人抹不去的回忆，寄寓着那个时代人过于沉重的感慨。《美人草》是对当年上山下乡知青生活的描述。

三 娱乐化倾向的青春消费

　　市场经济的发展，使得大众文化发扬光大。"这些大众文化类型致力于世俗梦想的表达,是一种开放的文化游戏和文化消费,在很大程度上,形而上的关怀变成了'性'而上,娱乐游戏至上、消费至上。"① 21世纪,中国青年亚文化对主流文化的反抗性与颠覆性逐渐减弱,取而代之的是娱乐性和消费性。一些走商业化之路的青春片大多是表现"都市时尚青年"的情感消费生活。青春电影在第六代导演手中是构建集体记忆和表达个人意识形态的工具。而商业和娱乐色彩的青春题材电影则表现出对都市生活和小资情调的向往。21世纪以来,中国内地的一些商业化青春励志或青春偶像片越来越多地运用流行音乐、舞蹈、动漫等青春特色元素,使得影片的整体格调更显时尚和快节奏。张婉婷作品《北京乐与路》(2001),以全新的方式演绎北京地下摇滚乐青年的情感故事。影片更有知名音乐人罗大佑亲自担任音乐总监,随着动人的音乐旋律,我们看到的是一群生活在边缘的年轻人为了爱情、事业而奋斗的感人故事。不同于90年代初《北京杂种》的愤青色彩,这部影片具有年轻人追求自由的奔放性格;再加上香港当红明星吴彦祖、舒淇为主角;甚至还有俗套的"三角恋"故事,使得影片更显娱乐色彩和消费倾向。

"一些电影采取了这样的策略:主动迎合时代背景、强调人物的都市身份特征、营造纯粹的银幕都市青年生活时空,在此过程中唤起观众对此话语场的归属感。"② 2005年的《独自等待》也是一部类似的以都市青年为题材的影片,影片采用精致的画面语言彰显北京的都市感和时尚感,力图呈现一种不同于以往第六代导演眼中的灰色城市,而让城市更显亮丽和明亮。导演伍仕贤的MTV影像风格和运动镜头的大量采用把城市街道和年轻人生活行云流水般展示,这座城市给予我们的感受不是烦闷、紧张,而是充满挑战、饱含激情。此外,《独自等待》中的语言带有强烈的时尚流行色彩,正是都市年轻人熟悉的腔调。

显而易见,这样的策略有着明显的商业意图,有别于曾经以群像面目出现的第六代导演钟情的以呓语或是呐喊表达出的非常个人化和情绪化的青春残酷。这种城市生活和小资身份却又与大多数底层青年人的生活相脱节。商业化倾向的逐渐加重,使得我们不得不思索青春片的主题和价值意义是什么?它和青春偶像剧有无区别?戴锦华教授曾对此论道:"所谓青

---

① 陈旭光:《当代中国影视文化研究》,北京大学出版社2004年版,第20页。
② 刘帆:《小议都市青春电影中的标准语境》,《电影文学》2007年第1期。

春片的基本性,在于表达了青春的痛苦和其中诸多的尴尬和匮乏、挫败和伤痛。可以说是对'无限美好的青春'的神话的颠覆。"另外她认为:青春偶像剧是"青春神话的不断复制再生产,它作为特定的世俗神话的功能,正在以迷人、纯情、间或矫情的白日梦,将年轻的观众带离自己不无尴尬、挫败的青春经验,或者成功地以怀旧视野洗净青春岁月的创痛"[①]。从某种意义上说,青春片和青春偶像剧是完全不同的概念。青春片的社会意义和文化价值显然大于矫揉造作的青春偶像剧。

21世纪以来,随着电影投资主体的多元化,各种风格特征的电影同时涌现出来,作为以中小成本制作为主的青春片在多元化的投资方式下,也表现出类型各异的风格特征,既有走艺术化路线的影片,又有追求商业娱乐效应的作品,这种百花齐放的现象,在商业上来说,对大陆青春片的创作有着积极的作用,但同时,青春片的主题和题材更加多元化,淡化了八九十年代的青春片所拥有的一些深刻文化意义和独特个性。

(胡辛、蔡海波《电影文学》2010年第20期)

[①] 戴锦华:《电影批评》,北京大学出版社2004年版,第163页。

中国武侠电影"武打"风格浅析

摘 要 武侠电影是中国电影中发展成熟的类型影片,其武打风格随着时代的变化而不断演进,20世纪60年代以来,张彻、李小龙、成龙、徐克等都代表了不同的武打风格,带给观众不同的审美享受,迈入21世纪,李安的《卧虎藏龙》又引发了新一轮"武打"风格的转变,武侠电影的重要元素"武"打出了新意,打出了"诗意",也打出了"民族精神",令人振奋。

关键词 武侠精神 硬桥硬马 谐趣武打 特技化 诗意化 舞蹈化

"中国现代武侠文化热潮的掀起,其重要的原因之一,就是对中国人的'好文而不武'的一种痛苦反省的结果,是对中国人的身体与精神的懦弱的一种反拨,对'东亚病夫'这一耻辱称号的一种精神反抗。"[①] 自从鸦片战争以来,中国人民尝尽被列强欺辱的痛苦,1928年由中国第一代导演郑正秋、张石川编导了一部武侠电影《火烧红莲寺》之后,便掀起了中国武侠电影的第一次高潮,数年内跟拍了18部。中国武侠电影始终在努力弘扬着富国强兵的民族精神,承担着宣扬自强不息的民族精神的责任,这也是中国观众对武侠电影情有独钟的原因所在。

在武侠电影中,由中国功夫主导的武打段落是中国民族精神的集中爆发点,而从60年代以来,中国武侠电影的武打风格也是跟随时代发展,风格不断演进。

---

① 陈墨:《武侠电影漫谈》,《当代电影》1994年第1期。

一　热血刚强　硬桥硬马

　　20世纪六七十年代武侠片的武打是"硬桥硬马"的纪实美学风格，一招一式，强调真实感，完美表现中华武术的十八般武艺。"硬桥硬马"风格的典型代表人物便是张彻与胡金铨，表现的是江湖豪侠的"阳刚"之美。

　　以张彻为例，"1963年张彻以何观为笔名写影评，提出'阳刚电影'的口号，以后以身作则，以自己一生的电影创作来实现其弘扬'阳刚电影'的美学理想"①。张彻武侠电影中的主角都是铁血男儿的英雄形象，他们性格刚强，是非恩怨决不含糊，正义感非常浓烈，他们重情重义，恪守"一日为师终身为父"的信条。其影片中的暴力战斗场面更是血肉暴力感十足，筋肉虬结的英雄袒胸露背，面对敌人血腥杀戮，刀刀见血，在影片最后经常上演一出"盘肠大战"，《独臂刀》《大刺客》等是其典型的暴力武打写实风格的代表作。

　　提到张彻就不得不提及一位武术大师和著名导演——刘家良。"在中国的武侠电影的创作群体中，刘家良曾被认为是'功夫片最正统的继承人'。"②刘家良从九岁开始跟从父亲习武，而刘家良的父亲刘湛是一代宗师黄飞鸿的入室弟子林世荣的亲传弟子。这样的身世与刻苦练功的成长经历，使得刘家良的武侠电影烙上了深深的中华武术的印痕。而刘家良也曾在张彻身边做过多年的武术指导，所以在日后刘家良独立导演的武侠电影中，都是硬桥硬马的武术风格，一招一式，用纪实的武打形式来展现中国功夫的魅力。

　　硬桥硬马的"拳脚功夫片"是李小龙的杰作。李小龙更是中国武侠电影里程碑式的人物，对中国武侠电影的发展功不可没。在电影领域内，李小龙主演的《唐山大兄》《精武门》《猛龙过江》等是技击类武侠电影的里程碑式作品。虽然也是硬桥硬马的武打风格，但是贵在李小龙完成了一次转型，以前的功夫在影片中的展示是以刀、剑、棍等器械为主的，虽

---

① 贾磊磊：《中国武侠电影史》，文化艺术出版社2005年版，第84页。
② 同上书，第169页。

然也有徒手搏斗，但是所占比重非常少，而在李小龙的影片中，功夫的打斗场面变成了以拳脚功夫为主，完成了中国武侠电影功夫打斗器械与拳脚这两种表现类型模式的转换。同时，也以强烈的李小龙风格而使"中国功夫"名扬天下。

硬桥硬马的纪实风格的武侠电影，在港台和内地影响巨大，不得不提1981年张鑫炎导演的《少林寺》。张鑫炎导演在回忆拍摄《少林寺》时讲道："在东南亚和世界许多国家的人都知道中国武术。所以这部影片我就想一定要突破以前的模式！于是我提出来能不能冒一次险——全部都在中国内地找演员而且不要电影演员我要武术队的人。"① 张鑫炎导演的愿望实现了，在《少林寺》中的演员都是有真正功夫的人，他们施展的多是真实的中国功夫，在拍摄制作中又多用长镜头，呈现了中国传统武术的变化莫测与丰富多彩，给观众造成了强烈的视觉刺激。

二 谐趣武打 风生水起

"喜剧化是消解暴力最有效的手段之一，暴力场面的喜剧化处理使许多武侠电影摆脱了传统的正剧面目而换上了一种时而轻松愉快、时而惊险紧张的兼容主义的美学风格。"② 20世纪80年代，香港经济发展迅速，是"亚洲四小龙"之一，经济繁荣，社会稳定，原本血腥暴力风格的武侠电影不再适合市场需求，观众开始转向轻松愉悦的喜剧，武侠电影的武打风格便随时代变化而加入了喜剧元素。

暴力的喜剧化为中国武侠电影注入了新的生命力，以往高高在上的英雄人物、武林侠客走向了平凡的人群，使得武侠电影塑造的人物由英雄向平民转变。这方面的代表人物便是成龙，成龙电影强烈的武打喜剧风格给传统武侠电影的"武""侠""传奇"这三个基本元素增添了新成员"趣"，"趣"元素的加入，使得中国武侠电影再一次爆发出强大的生命力。

从20世纪70年代末开始，成龙的喜剧功夫片风生水起。成龙在成功

---

① 贾磊磊：《〈少林寺〉导演张鑫炎谈武侠片》，《电影艺术》2000年第6期。
② 贾磊磊：《中国武侠电影史》，文化艺术出版社2005年版，第86页。

出演《蛇形刁手》（1978年）、《醉拳》（1978年）之后开始形成自己的独特风格，开创了中国武侠电影的一个新类型——谐趣武打片。成龙的谐趣武侠电影是喜剧与功夫的结合，在打斗中，成龙会怪招迭出，笑点频频，既消解了武打的暴力场景，使暴力不再血腥，又使得中国功夫在一种让人开心发笑的情景中展示出来。成龙的谐趣功夫片在武打场景中的谐趣表现在多方面，在打斗中，成龙总是会以观众想不到的方式与对手过招，例如在其代表作《红番区》（1995年）中，成龙采用了舞蹈的音乐旋律进行打斗，面对强悍的对手，成龙把身边的每一件物品都当作了武器，同时也当作了舞蹈的对象，把舞蹈当功夫使用，让观众大开眼界。

提到喜剧化，就不得不提及周星驰的"无厘头"喜剧。周星驰在武侠电影方面的代表作《鹿鼎记》（1992年）、《武状元苏乞儿》（1992年）、《唐伯虎点秋香》（1993年）、《功夫》（2004年）等，都是武侠电影与喜剧电影相结合，周星驰以独特的"无厘头"喜剧方式，将喜剧功夫片推向了极致。周星驰的"无厘头"式的喜剧武侠电影表现的是隐藏在热闹非凡的武打场面之中的浓浓的后现代风格。在看似毫无逻辑的嬉笑怒骂的打斗中，凸显的是对现代各种社会现象的解构，在荒诞的电影叙事中，经过狂欢式的开怀大笑之后，往往让人体会到影片小人物心中的那点点酸楚，在戏谑之后，往往很容易让你想到现实中的自己，这便是在武打中融入了后现代意识所产生的效果。

三　天马行空　特技当道

在20世纪80年代末90年代初迎来了中国武侠电影的大爆发，这一阶段中国武侠电影的暴力美学借助于高科技手段形成了天马行空式的武打风格。传统武术与高科技的联手，特技剪辑、吊威亚、数字技术相继运用到武侠电影中来，使得武侠电影在"香港新浪潮"的潮流中，形成鲜明的特色，武打设计天马行空，留下了众多经典的中国武侠电影。

武侠电影的武打设计与高科技手段联手，是以徐克为代表的。徐克在1979年执导《蝶变》的时候，就开始探索如何将现代高科技与中国传统武侠电影融合在一起。在《蝶变》中，徐克让侠客穿上了刀枪不入的现代风格的"盔甲"来代替传统武侠电影中的"金钟罩""铁布衫"功夫，用"飞镖发射器"取代侠客的"掌心雷""飞剑"等神秘的武术。虽然第一次试验并不成功,观众不买账,但是他拉开了武侠电影暴力形式转化的序幕。1990年,徐克拍摄《笑傲江湖》,大获成功,真正拉开了中国武侠电影"新影像时代"的序幕。

20世纪90年代是中国武侠电影发展史上的一次辉煌的高潮,各大武侠导演名动影界,徐克、程小东、袁和平等王牌导演、监制大名如雷贯耳,成了武侠电影的金字招牌,在"香港新浪潮"运动中,他们创造出了华美与壮观、暴力与诗意、悲情与诙谐相结合的武侠电影风格,在视觉冲击震撼观众的同时又意境深远。《笑傲江湖》系列、《黄飞鸿》系列、《太极张三丰》《方世玉》《精武英雄》等电影,观众至今仍然念念不忘,成了武侠电影中的经典之作。而在维系电影生存的票房上面也取得了丰硕的成果。以徐克为例,徐克引领了中国武侠电影的"香港新浪潮","徐克作品"也成了卖座的标志,"在大陆,每有一部新的徐克电影上市,都会在不甚景气的电影市场上引发一场轰动"[1]。"1992年,台湾十大卖座影片中,徐克电影就有三部,即《笑傲江湖2·东方不败》、《新龙门客栈》、《黄飞鸿2·男儿当自强》。而其中的《东方不败》与《男儿当自强》在香港也同样名列十大卖座国片之中。"[2]

四 暴力舞蹈 诗意美学

到了21世纪,中国武侠电影的开篇便是让国人大呼过瘾的摘得四项奥斯卡大奖的《卧虎藏龙》(导演李安,2000年),在填补了奥斯卡奖华语电影空白的同时,引领中国武侠电影创作潮流,各大名导相继推出了《英雄》《十面埋伏》《夜宴》等国产大片。"暴力美学"的表现形式更加绚丽多彩,暴力呈现出舞蹈化、诗意化的特征。

"诗意的浪漫是许多暴力美学导演着意在电影中表现的,它一方面增加了画面的绚美感,另一方面激起了观众心中的浪漫情怀,为暴力蒙上了一层温情的面纱或者更确切地说是将暴力引向浪漫。"[3]

---

[1] 陈墨:《中国武侠电影史》,中国电影出版社2005年版,第236页。
[2] 王海洲:《港台武侠片概论》,《当代电影》1994年第4期。
[3] 周星、谭政:《影视欣赏》,高等教育出版社2004年版。

暴力的舞蹈化、诗意化表现在武侠电影打斗中的武打动作的舞蹈化和画面的唯美，尤其是以女性曼妙的身姿，将舞蹈融到武功之中，再配以纯净的画面，诗意全出。典型的代表便是《卧虎藏龙》，在影片中，令人难以忘怀的便是"竹海大战"一段。李慕白追赶玉娇龙，利用吊威亚技术，使得李慕白与玉娇龙可以在宁静的湖面上点水而过，以表现身轻如燕的轻功。整个画面的背景是南方水乡宁静的乡村古舍风光，蔚蓝的天空，平静的湖面，都给人以朴素、安宁的诗意美感。在竹海穿梭一段，画面以绿色为主，随风飘动的竹林充满画面，李慕白与玉娇龙以不同的运动轨迹如鸟儿般在竹海中飞翔，如诗如画，令人陶醉。暴力的诗意化、舞蹈化风格正是对中国传统文化中含蓄美、意境美的开发，如诗如画的镜头，给观众送上了视觉奇观大餐。

中华武术是中国武侠电影的重点，是核心元素，迈入21世纪，中国武侠电影的"武"打出了更广阔的世界，随着《叶问》《十月围城》《精武风云》的上映，影片主题与国家命运紧密联系，"功夫"将民族精神散发到了国人的心间。而在2009年《机器侠》的推出，也让观众看到了中国数字技术的进步，展望未来，中国武侠电影的"武"的精神将会被不断地激发与开拓，在银幕上呈现出绚烂的武侠盛宴。

（胡清、马元强《电影文学》2011年第7期）

顾长卫《立春》难解之"孔雀"情结

摘 要 继《孔雀》后顾长卫独立执导的第二部影片《立春》问世，影片彰显的是一个个孤独又纠结的中小城市的另类，因了对音乐、美术、舞蹈等艺术的钟情爱好，总想出类拔萃，于是屡战屡败、屡败屡战，结局是绝大多数回归庸常。与其说这是一部关于"理想与现实"主题的影片，不如说是一部人与人之间难以理解、沟通、宽容却又仍要理解、沟通、宽容的影片。从情感的角度来看，还是哈代说的那句话：呼唤人的和被呼唤的，很少能够相互应答。

关键词 立春 孔雀 出类拔萃 回归庸常 宽容

雪莱诗云：冬天到了，春天还会远吗？

中国二十四节气歌曰：春雨惊春清谷天，夏满芒夏暑相连，秋处露秋寒霜降，冬雪雪冬小大寒。

立春是春季的第一个节气，春寒料峭，乍暖还寒，应该是这个时段。

顾长卫独立执导的第二部影片《立春》，续《孔雀》结尾之画外独白："我记得爸爸走的时候，离立春不远了。"于是"立春"来了，从影片中出现的倪萍与杨澜主持新春晚会的电视屏幕，清晰地显示了故事发生的时代背景，这也是老实人顾长卫的实事求是的影像风格。顾长卫言：《立春》讲述的是20世纪80年代到90年代之间发生在我国北方一个工业小城中的故事，依然延续着《孔雀》中"普通人梦想与现实碰撞"的主题。但是，人物命运结局大同小异，无他，这是顾长卫的深刻之处，人类的命运大都如此，出类拔萃者永恒的是少数，所以才有"只问耕耘，不问收获"和"生命重在过程"的哲理之言。

影片彰显的是小城中一个个孤独又纠结的另类人物，但归根结底仍属底层大众——城市平民。是"边缘人"吗？是，也不是。把他们称作

"理想主义"者，高抬了一点；或曰"活得不耐烦"，又贬低了一点。因了对音乐、美术、舞蹈等艺术的钟情爱好，又总做着出人头地的白日梦，"不想当将军的士兵不是好士兵"，于是屡战屡败、屡败屡战，结局自是绝大多数向凡俗人间妥协，因为"将军"不可能太多！人生，到底就是这么回事。

  蒋雯丽只因戴上假牙变成"吃里爬外"的龅牙、脸上装点了黑斑，肥了肚皮和臀部便变成了丑女王彩玲，从而反证美容广告的可行性。当然，蒋的气质犹在，尤其是一双会说话的咄咄逼人的眼睛，倒也符合女主人公外形与内涵的要求。虽丑陋，但对音乐的痴爱和狂热使自命清高的她一遍遍往京都跑，想用三万元买个北京户口，再一遍遍往中央歌剧院跑，想进中国音乐的最高学府做甚都行！说她是痴人说梦，也不尽然，她的歌喉的确美，但这美在她生活的小城中知音甚少，在雪花轻飘的街头义务演出时，人们对跳芭蕾的"二尾子"胡金铨报以轻蔑不屑，给她也无甚好果子吃，是纷纷散去的冷漠。也许，她与胡金铨是"同病相怜"的一对，但是，当胡金铨迫于世俗无处不在的沉重压力，哀求她假结婚时，却遭到她斩钉截铁的拒绝，原因是"因为我是个女人"！这个女人也有"知音"——一个酷爱朗诵，朗诵也是包头普通话的老粗男人周瑜赏识她，且以菠萝、呼机等来"巴结"她，在她崩溃之时欲娶她，她却瞧不上眼，答曰："宁尝鲜桃一口，不吃烂杏一筐！"然而"鲜桃者"何许人也？一个跟她一样发"艺术高烧"的狂热者黄四宝，他每年都要进京考中央美院，每年都名落孙山后，每年都喝成酩酊大醉倒在家乡车站等处。对这样的"艺术疯子"，连他的母亲都费解，而王彩玲理解，并懂得。透过窗口，盘腿坐在地上的黄四宝将一长纸条卷成筒状放地上，那随风或缓或急舒展的纸筒便成了一幅流动的画。当然，这是因了顾长卫的捕捉和感觉，将艺术情趣落到了实处。因为懂得，她对他是慈悲式的"一见钟情"！并且在他又一次从京都失魂落魄归来，深更半夜主动倒进她的房间后，她与他结合了。怀着无限美好瞬间记忆走向课堂，她给学生上的这堂课也分外美好。然而，美梦并不只是昙花一现，而是被这个疯狂的男人疯狂地当着全校师生的面扇了个粉碎，他吼叫——"我的感觉是你强奸了我！"他有什么资格说出这样不要脸的话？！就因为他长得有这么个样？就因为她是一个丑女？！即便如此，不是他自个儿送货上门的吗？她自杀了，从高楼坠下，却没有死成，于是活着，成了一个名声极不好的女人，度日如年地面对她所生存的世界。

年轻的、漂亮的、受过良好的专业训练的、自身条件也不错的女人出名就很容易吗？非也。当一个自称患了癌症、将不久于人世的光头女孩高贝贝与其母来到她的陋室，且扑通一声跪倒在她的面前，说，她临死前的最大心愿就是上北京参加青年歌手大奖赛，拿个名次。丑女被感动了，她从买北京户口的人手里要回了剩下的一万多元钱，全心全意帮助这个光头女孩，光头女孩的传奇——不，是神话变成了现实。王彩玲自己为自己所感动——艺术生命的链条是这样地环环相扣！光头高贝贝却又是扑通一声跪倒在她的面前。坦白说这只是一个骗局，她没有病，母亲也不是她的母亲，但是她的男友患了癌症，男友又是她的音乐老师，这是男友的心愿云云——鬼晓得是真是假！难道说人世间一切都是假的，只有假话才是真的吗？

然而，这种种挣扎、拼搏、奋斗、探求，总能在观众的心里引起共鸣，"少年不识愁滋味"，哪个没有过不切实际的抱负和梦想？以至老了也难以忘怀？然而在与现实的抵牾磨损中，哪有不跌跌撞撞，乃至头破血流的？无奈中的回归更见无奈！当然，也总有个别的在经过久久的等待之后，梦想成真。就像《孔雀》结尾，你以为它不再开屏时，它却在瞬间绽放！就像王彩玲终于突兀地在北京音乐厅堂皇高歌，真让人目眩神迷。可是，不要说这只是导演的一厢情愿，即便如此，孔雀开屏之时，自己亦毫不留情地展示出了自己的屁眼！有时尚名字的高贝贝如是；恶俗名字的黄四宝如是，终沦为开婚介所行骗的油子；与英姿勃发周瑜同名者如是，竟以讹诈黄四宝老母的钱买一对呼机送王彩玲一只自留一只！王彩玲同事兼邻居小张发的是"爱情高烧"，总在丑女前炫耀！事实就是这么残忍。而王彩玲也并非一味善良单纯，对周瑜的居高临下，对胡金铨的断然拒绝，对爱情破灭、前来哭诉的小张的冷酷：你想找我做垫背？！只因为小张说了：我就要变得比你还不如了！还有她面不改色的"谎言"：我马上就要去北京了，中国歌剧院就要调我啦！这些都只能归之于丑陋。

所以，与其说这是一部关于"理想与现实"主题的影片，不如说是一部人与人之间难以理解、沟通、宽容却又仍要理解、沟通、宽容的影片。从情感的角度来看，还是哈代说的那句话：呼唤人的和被呼唤的，很少能够相互应答。①

如果说《孔雀》聚焦于一个小市民家庭，那么，《立春》在散点透视中专注王彩玲，平民家庭淡化为背景。女主角王彩玲农村的家——善良的言语不多的老母、痴呆症的老父成了人生季节的意象背景，老母放鞭炮迎春已成经典镜头。男主角黄四宝的绘画房间成了与蛮不讲理的恶俗母亲代沟对抗之张力。王彩玲与修复好兔唇的养女在天安门前游览的画面是人生链条总得环环相扣的象征，也是回归"家"的图景。

显而易见，《立春》已全面与世界接轨，贯穿全片的西洋名曲、声情并茂的美声唱腔、芭蕾舞、油画，无疑使西方观众无论在内容还是形式上更易沟通和认同。说这是一部"媚俗"之作，为国际电影评奖而拍摄的影片，可能也不会太冤枉。无论是王彩玲的美声，还是胡金铨的芭蕾，抑或黄四宝的人体素描和油画，一概都是西方艺术殿堂的高雅艺术，它们的美是华丽的，甚至可以说是奢华的，并非中国老百姓所喜闻乐见之艺术。但话说回来，意大利语演唱的《为艺术为爱情》《乘着歌声的翅膀》等歌剧名段，与剧情和王彩玲的心理是多么地丝丝入扣，直逼人性的深处，渗透文化的厚度，这也是洋为中用。而且说到底，人类最早的艺术当是绘画、音乐和舞蹈，绘画起源为的是记录，音乐舞蹈则是人类生命的原始力奔腾。人类的心到底是相通的。

艺高人胆大、胆大艺越高。顾长卫将镜头对准北方小城的"立春"时节——北方小城赤裸着，既无白雪皑皑的冬景，也无"草色遥看"的春的气息，他却能将灰色的背景和灰色的小人物演绎得流光溢彩。人生的华丽、素朴和丑陋融会进镜头，从人们熟视无睹的呆板庸常中过滤出诗意，从琐屑烦恼的日常生活蒸腾出人气和活力，通过他的场面调度、摄影视角而"化腐朽为神奇"。海德格尔言：人诗意地栖居。顾长卫将这哲理之言附丽于平民百姓的生存空间。如果你曾为《我的父亲母亲》北国油画之美所震慑，为新千年数字技术大片的空前之美所征服，那么，你不由得不为顾长卫坚守质朴而感动，他让你不得不感喟：活着，真好。工作着是美丽的。但是，人们都说《立春》胜过《孔雀》，我们却不以为然，《孔雀》中的姐姐在小城闹街上骑着单车，绑在车架上的自制降落伞如孔

---

① ［英］哈代：《德伯家的苔丝》，张谷若译，人民文学出版社1957年版，第66页。

雀开屏般华美——这让人瞠目结舌的美将定格于中国电影史，如同《渡江侦察记》中李四姐竹篙点岸，轻轻一跃上舟的画格，后人无法替代。《立春》缺的是这个。

(何静、胡辛《电影文学》2008年第15期)

陈可辛电影叙事探析

摘 要 陈可辛在中国导演群中独树一帜。在多元共存的文化语境中，他于电影叙事策略的选择上，以草根大众话语为本，并自如地将主流话语缝合其间，同时智慧地彰显精英话语；在叙事结构上，复调对话又做环形的回归；在叙事类型上，擅长模式的颠覆和新的整合交融。于是，陈可辛电影负重若轻地让商业与艺术共舞，终成为当代电影之传奇。

关键词 陈可辛 叙事策略 叙事结构 类型整合

21世纪以来，以张艺谋为首的中国数字大片曾一度笑傲江湖，但未免"英雄"气短；而小成本独立电影虽以"疯狂的石头"杀出一条血路，但起点即成高峰；皆仍在突围与重陷困境间寻寻觅觅。中国电影前途何在？却有一位香港导演陈可辛另辟蹊径，既在商业娱乐与精英文化之间走平衡，让"下里巴人"与"阳春白雪"二重奏；又向主流文化靠拢，将大历史大事件与草根平民血肉相连；既张扬追求艺术个性，蕴含深厚精神内涵，又做到了曲高和不寡，且赢得了市场，不能不称之为当代电影之传奇。

至今，陈可辛已执导11部电影，监制近30部电影，几乎没有失手过，他已成为华语导演品牌。作为监制，市场预测的眼光当选择什么样的故事放首位；作为导演，喷薄的艺术才华和激情，渴求追求的则是怎样讲故事。对集监制与导演于一身的陈可辛电影叙事的探析，无疑很有意义。

一 叙事策略：多元语话的融合

陈可辛直言不讳："我从来千方百计地拍和观众接近的电影，大众喜欢的电影不要说是商业片还是文艺片，它就是大众电影，我从来不拍小众电影。"① 其实，骨子里是知识分子气质的他，积淀与张扬的是精英话语精神。他导演的处女作《双城故事》（1991）虽见青涩稚嫩，其基调和情调就已是两种话语精神的融合。原本一个不乏俗气的草根阶层三角恋故事，却演绎成在大海的怀抱里，友情高于爱情。俗故事有了诗意的升华。

陈可辛第一座高峰《甜蜜蜜》（1996）中，草根话语与精英话语已呈水乳交融状。故事时间段自1986年早春至1995年暮春5月。故事的男女主角是名副其实的草根人物。早春时，小军从无锡、李翘从广州"南漂"至香港"淘金"，生活轨道的交叉让他们相遇相识，邓丽君的《甜蜜蜜》让他们擦出爱的火花，但李翘点醒他：她到香港的目的不是为了他，他亦如是。于是李翘傍上了黑社会豹哥，小军接来家乡的未婚妻，然而，爱是一首什么也挡不住的歌。他们欲不顾一切结合时，意外的变故却让他们天各一方。数年后的美国纽约街头，她在豹哥暴死后意外地看见了跑外卖的他！然而，稍纵即逝。幸而，1995年5月8日，邓丽君去世日子的《甜蜜蜜》的歌声终于让他们再次相遇——故事戛然而止。导演不动声色地表达了他的爱情观：在这一个漂泊人生、峰回路转又蓦然回首的故事中，看似平常偶然实则刻骨铭心的爱，谁也忘不了。这是很文人气的，慨叹着人生命运，充满了哲理的思考。而陈可辛早早地将目光聚焦来自内地城市的一对男女"奋斗"的足迹，折射出历史的变迁，见证了那个时代文化与价值的嬗变。可以说是一种自觉的主流话语精神的选择。

《如果·爱》（2005）则走得更大胆、更远。来自农村的女孩孙纳草根得可以，三里屯歌舞班里的小妞，在低档饭馆狼吞虎咽大碗面，追着外国导演的车可怜巴巴哀求……男生林见东则是从香港来京追电影梦的穷学生，亦属草根；内地导演聂文身世不详，但灵魂深处的不安全感是明显的。回眸《如果·爱》，除了这些草根表征的碎片之外，从内容到形式皆是精英话语的展览，引起业界的喝彩是精英的共鸣而已。在形式上影片将好莱坞源远流长的歌舞片中国化，且负重若轻。聂文大段大段的内心独白唱词极富哲理，是陈可辛心声借聂文的嘴吐露："谁是自己生命不该错过的真爱，特别在午夜醒来更是会感慨，心动埋怨还有不能释怀，都是因为你触碰了爱，如果这就是爱。"从片名到内核是对爱的不确定性和寻寻觅

---

① 柳彦：《陈可辛穿黑风衣讲爱情故事》，《电影》2005年第11期。

觅。陈可辛说："透过这个电影,我最希望把'痛'这东西表现出来,戏中的主角都深深痛过,受伤之后便知道爱是什么。"这类精英话语的探讨,平民观众不见得接受,也正如陈可辛的感叹:"《如果·爱》时,我发现自己的爱情观跟观众远离了。周迅的爱情现实了,观众就不能接受了。"

《投名状》(导演、监制,2007)投资三亿元人民币,由李连杰、刘德华和金城武分别饰庞青云、赵二虎和姜午阳,明星阵容在商业化娱乐化的今天是必要元素。同时,《投名状》将一个类《水浒》故事进行了现代性阐释。精英话语精神表现在导演对影片人物新的深度诠释,是直逼人性深处的"恶"。个人野心、权欲的无限膨胀灭绝了人性。《投名状》征服了大陆观众,陈可辛有些莫名:"《投名状》中,李连杰的人性更灰暗,观众却接受了。"其实不必疑惑,因为像庞青云这样权欲熏心的角儿就在我们身边,影片赤裸裸地展现出人性的真实,其中的人文思考是深刻的,也是无奈的。这也是陈可辛很忧虑的东西。

《十月围城》(监制,2009)这个投资2300万美金的半虚构故事就更见炉火纯青。影片荡漾着久违却仍熟悉的"革命和牺牲"的辞藻。在陌生的熟悉中,影片把观众带到1905年的香港中环,在保卫孙中山之战中,一介书生陈少白冲锋陷阵;商人李玉堂献了家产还献独子!献出生命的还有戏班主及女儿、车夫、沦落为乞丐的刘郁白、为了女儿而醒悟的赌徒……原本的市井之徒在浴血拼搏后成为革命义士。《十月围城》得到主流文化、精英文化和草根文化的一致认同。陈可辛说:"内地是我的终点",他的抉择是对的。

二 叙事结构:复调与环形回归

俄国文学评论家巴赫金认为:"许多种独立的和不相混合的声音和意识,各种有完整价值的声音的复调确实是陀思妥耶夫斯基小说的基本特点。"[1] 纵观陈可辛电影的叙事亦呈现复调,多重语义共时性地平行展开,

---

[1] 转引自刘荣、罗婷《论克里斯特瓦的复调理论与诗性语言》,《外国文学研究》2002年第3期。

呈现出开放性的对话关系和"众声喧哗"的局面。

《甜蜜蜜》的爱情故事拧绳式前行。李翘、小军是不同的"双声"，如果说小婷的声音被弱化，那么豹哥的声音和踪迹是李翘与小军爱情线断断续续的关键点。正是不同声音的交锋，使故事与叙事声音之间充满了张力。

《如果·爱》是繁复的"戏中戏"结构。现实"三角恋"与歌舞片"三角恋"既重叠又错位，六个人物的声音各自独立。孙纳坚信"最爱你的人是你自己"，林见东寻爱路漫漫兮近乎偏执，聂文爱孙纳也清醒地知道孙纳不过是利用自己；歌舞片中的小雨纯真，马戏班班主真心爱她，而昔日恋人张扬的不期而至酿成三角恋。在这重叠又错位的多声部中，各说各话，谁之错？也许是孙纳，但孙纳的声音让人心惊——"他们要是有我小时候那么苦的话，自然就会努力"！最终班主与导演的"合二为一"则将爱的升华推向高潮：空中飞人场景中，班主对小雨，也即对孙纳说："放手吧。"现实故事的画面凄凉动人，唯美纯情，无声胜有声；歌舞片的声画却热烈奔放，撼人心魄，即便"撒手"也缤纷灿烂！千回百转的回叙、插叙，纷繁流动的切割拼贴，复调结构的"对话"拓展了叙事的时空意义，波诡云谲，让观众唏嘘：相爱何其脆弱，背叛义无反顾！"如果·爱"，虽然再也回不到从前了，但会在环形结构中重新开始。

《投名状》在纳投名状、舒城之役、杀二狗子、攻破苏州城杀降兵等故事情节带动中，庞青云、赵二虎对立的声音与姜午阳叙述的多声部共时性地平行展开，不同的人生观、价值观激烈地争论、交锋，而姜午阳的叙述是人物自身内心的对话。大结局姜午阳手刃庞青云，不是很简单的"大快人心"，而是"一种很挣扎的状态，连观众的内心都会很挣扎"。

《十月围城》的众声喧哗镶嵌于惊心动魄的华彩武打中。保卫孙中山的一群人：陈少白阎孝国师生是尖锐对立的双声；李玉堂李重光父子、戏班班主父女、车夫与瘸腿未婚妻是别样和谐的双声；赌徒一家、乞丐刘郁白一家是潦倒人生悲欣交集之声，多重奏跌宕起伏繁而不杂又扣人心弦。

三　类型的颠覆与整合

类型化是好莱坞屡试不爽的法宝。"电影类型是一个观众熟悉的、有意义的、一致性的、负载价值的经验系统,是观众和电影生产者经过长时间的生产实践和观看体验之后,共同达成的一种默契、合约和双赢。"①但同时,"还因为类型片事实上满足了观众对'破格',即突破原有类型的新鲜感和审美欢愉的期待"②。监制出身的陈可辛,既把观众需求放在第一位,又大胆地对类型进行颠覆和整合。

他拍得最多也最擅长的爱情片,恰恰摈弃了爱情片惯有的套路,不断地花样翻新。演化为歌舞片的《如果·爱》与《甜蜜蜜》形式迥异,陈可辛将影片中的歌舞发挥出多重功能,丰富了人物内心活动、表达出导演本人的哲性思考,所以,《如果·爱》到底还是一部深刻的爱情片。即便是惊悚片《三更之回家》和今日的《钟馗》也将恐怖与温柔化为一炉;历史战争片《投名状》故事源自清末奇案"张汶祥刺马新贻"。马新贻与黄纵之妻私通,且暗杀黄纵,张汶祥为报兄仇则刺杀马新贻,最后张汶祥也被处死。从"三结义"到"兄弟相残",是因为一个女人!?《投名状》偏偏淡化"情杀"元素,莲生全然颠覆了旧时"奸妇"形象,清纯简单,反衬的是庞青云的复杂。陈可辛自言:"最初很多人以为它是动作片,其实《投名状》是文戏……因此在剧本及人物描写上花了很多时间。"③ 这段话耐人寻味。

陈可辛扎根北京后,"人人电影"抛出的第一束重磅炸弹是《血滴子》《钟馗》《皇后大道开膛手》《财神》和《十月围城》五部电影,鬼神戏、武打戏、清宫剧、现代轻喜剧和史诗片交相辉映。在陈可辛的创意里,《钟馗》会导成"一个古装版蝙蝠侠、古代超人。《血滴子》应该说是中国版的《壮志凌云》……这是个阳光的古代警匪片。……《财神》是金融危机下应景的喜剧,……《皇后大道开膛手》取材于英国著名变态杀手'开膛手杰克'的故事,讲他来到香港皇后大道,所引发的一系列连环杀人案"④。至于《十月围城》属于什么类型片呢?有人称之为史诗片,有人称之为动作片,陈可辛自己是这样界定的:"《十月围城》这个故事好像《泰坦尼克》:既有动作,又有每个人的故事,还接近灾难

---

① 吴琼:《电影类型:作为惯例和经验的系统》,《北京电影学院学报》2004年第6期。
② 刘亚冰、吴小丽:《类型电影与类型批评》,《上海大学学报》(社会科学版)2004年第2期。
③ 罗卡:《〈投名状〉:华语古装动作片的新尝试》,《电影艺术》2008年第1期。
④ 蒯乐昊:《陈可辛 一口气五部电影》,《南方人物周刊》2009年第21期。

片：大家上船前都有各自的人生，结果都随着船一起沉没了。"① 形形色色的草民百姓在保护孙中山的历史决战中慷慨赴死成为革命义士。主旋律在有血有肉的人物、有情有义的故事和精彩绝伦的打斗娱乐中得以张扬。

  陈可辛在路漫漫上下求索中留下了自己独特的叙事脉络。在他影片中展现出的叙事特色，可为电影制作提供一个获得艺术和商业双赢的榜样，并为华语电影更好更快地发展提供了一定的启示。

（胡清、黄子婵《电影文学》2010 年第 15 期）

---

① 蒯乐昊：《陈可辛 一口气五部电影》，《南方人物周刊》2009 年第 21 期。

刘伟强电影艺术追求探析

摘　要　在风起云涌的香港影坛，在商业与艺术之间寻找平衡，既是生存之需求，更是艺术之追求，刘伟强以他的作品做了精彩的回答。在题材的选择上他着眼于多元化的类型交融变奏，其流变却又始终独特的叙事风格亦让他独树一帜；难能可贵的是，在谙熟商业电影游戏规则的同时，他尤为关注人物精神内核和文化特质，对人性的深入剖析使他的影像作品富有哲理的思考。

关键词　刘伟强　类型变奏　叙事风格　人性挖掘

刘伟强作为香港新生代导演的杰出代表，从摄影师到叱咤风云的导演，至今已执导影片37部，黑帮片、警匪片、爱情片、悬疑片、武侠片等都有涉猎，正是凭借丰富的阅历、敏锐的视角、扎实的功底，独特的思考，刘伟强以多元化类型交融变奏拓宽了香港电影的视野，其流变却始终独特的叙事风格更让他独树一帜；难能可贵的是，在谙熟商业电影游戏规则的同时，他尤为关注人物精神内核和文化特质，对人性的深入剖析使他的影像作品富有哲理的思考。因而刘伟强的电影既获得观众认同创造了巨大票房价值，又在业界赢得了普遍的尊重，可谓引领了香港电影的发展潮流。

一　多元化的类型交融变奏

所谓类型电影，"是按照同以往作品相近、较为固定的模式来摄制、欣赏的影片。类型是按观念和艺术元素的总和来划分的。换言之，在某一类型作品中，形式元素和道德情感、社会观念的题材领域搭配形成较固定的构成模型,而不同的艺术趣味和社会崇尚的观念在整个类型体系中的分布是较固定的"①。类型模式"在创作者是套路的创造、形成和遵守;在观众是套路的熟悉和快感"②。纵观刘伟强20年的导演生涯,黑帮片和警匪片是其主要的创作类型,《古惑仔》系列和《无间道》三部曲是刘伟强电影创作生涯的两次高峰,也成为类型交融变奏的影像奇峰。

　　黑帮片是香港类型电影的主要形态之一。刘伟强则以六部《古惑仔》系列强劲推出了另一种青春版黑帮片,"尽皆过火,尽是癫狂"③!诚如策划王晶所言:《古惑仔》不是黑帮片,而是青春片。信然。《古惑仔》系列改编自同名漫画,漫画的夸张幽默和离奇怪诞给影片注入了鲜活的想象力。古惑仔皆为草根青少年,从贫民区"屋村"出来混。打打杀杀、刀光剑影、腥风血雨中生生死死,可谓青春残酷物语。但吊诡的是沉重茫然中又充满了温情和搞笑。古惑仔英雄陈浩南和山鸡之间的兄弟情谊,他们对师傅B哥的忠诚和不惜生命为其报仇雪恨,是快意江湖的无价情义。小结巴与陈浩南另类爱情的穿插、神父在电梯间的喋喋不休和该出脚时就出脚等搞笑喜剧元素,成为残酷物语中的一抹亮色。陈浩南和山鸡,一个帅气还不失儒雅,一个仅多彩发型就引领时尚,皆不同于以往香港黑帮片中的江湖英雄形象,但又与传统藕断丝连,仍然闪烁着古典侠义之光;而其桀骜不驯、反叛躁动心理又与青少年尤其是问题青少年引起强烈共鸣!古惑仔们于生存困境中"欲罢不能"的迷茫无助,穷途中奋起抗恶除暴的宣泄狂欢,于颓伤悲凉喧嚣中表达并张扬出"青春与黑帮嫁接"的另样宣言。

　　警匪片在香港电影界产量最高,颇受青睐。警匪片是"以警察或执法人员和强盗、不法分子为主人公,描写他们之间的冲突的电影类型"④。传统的警匪片中警察是英勇无畏的正义符码,匪徒黑帮则是阴险奸诈的邪恶符码,"警匪片不像强盗片那样着重展示恶的毁灭,而是更多地表现善的胜利"⑤。正义战胜邪恶是警匪片永恒的主题。而刘伟强的《无间道》三部曲却另辟蹊径,一改以往警匪片给力于警匪矛盾正面冲突上,而是展

---

①　郝建:《影视类型学》,北京大学出版社2002年版,第59页。
②　同上书,第61页。
③　[美]大卫·波德威尔:《香港电影的秘密》,何慧玲译,海南出版社2003年版。
④　郝建:《影视类型学》,北京大学出版社2002年版,第272页。
⑤　同上。

露渲染卧底潜伏暗算智斗的一面,而且是双向卧底,匪中有警、警中有匪,因而,无论是打进黑社会的陈永仁,还是潜入警察署的刘建明,叙事中心都没有偏颇,而是"平分秋色"。或者说,失去了一方,另一方便黯然失色。所以,在《无间道Ⅲ》中,多出了一个正邪难辨、曲终才见真面目的警司杨锦荣。而在传统警匪片中枪战、追车等必不可少的视觉图谱退居其次,而是将武戏文唱的"查内鬼"放置中心,将悬疑、侦破元素融入,将爱情作疗心伤之药剂。这无疑开拓了警匪类型片的另一片天地。其影响,我们在今天热播的《潜伏》《风声》等影视剧中仍可看到其无穷之魅力。

刘伟强导演的韩国影片《雏菊》(2006),则将爱情片与动作片杂交,在一曲唯美纯真又溢出哀愁的爱情小夜曲中,突兀地闯入枪战、暗杀、毒品、黑社会与国际刑警的血腥较量,女人死去,爱情却不死,爱情的力量到底有多大?类型的冲撞中有爱的哲思。

《伤城》(2006)该归属于何种类型片?警匪片?悬疑片?心理片?黑帮片?恐怖片?文艺片?在总督察刘正熙与过去时警察邱建邦之间,曾经的上下级,至今的好友。面对家庭情感,一个温文尔雅、不动声色,一个丧妻酗酒、大伤大恸;你以为前者幸福美满,后者悬疑惊悚。没想到的是,扑朔迷离中,前者遮蔽着两宗惊天血案,既目睹了自家满门被斩,又精心策划灭了仇家满门!而后者的伤心是自律自省中爱的升华。与其说是邱建邦对刘正熙的推理侦破,不如说是爱的解读与引领;与其说在一场场惊悚后悬疑如剥笋般解开,不如说在复仇的最终实现后竟与人性救赎殊途同归!

"类型电影的本质内涵是'模式化',它的创新是在'模式'基础上的'破格'。"[1] 刘伟强在类型变奏交融和套路破格上每每都有自己的创新。

二 流变又独特的叙事风格

在西方,"风格"一词,源于希腊文,本意为"雕刻刀"。[2]"文学风

---

[1] 刘亚冰、吴小丽:《类型电影与类型批评》,《上海大学学报》2004年第2期。
[2] 童庆炳:《文学理论教程》,高等教育出版社1998年版,第246页。

格就是作家创作个性与具体话语情境造成的相对稳定的整体话语特色。"①作为"雕刻时光"的电影作品的风格亦体现了导演的创作个性和对电影叙事系统的驾驭。

《古惑仔》系列已见刘伟强独特的电影叙事风格，虽基本遵循简单明晰按时间顺序结构的传统叙事模式，以顺应观众的期待视野和审美经验，但已有大回叙小插叙。与众不同的是，身为香港一流摄影师的刘伟强，以手提摄影机摇拍打斗场面，不仅使影片更具质感，而且在快速晃动与死般静寂的对决中，传达出古惑仔们躁动不安、茫然彷徨又真实无奈的生存体验，在把握叙事节奏的同时凸显出人物心理，达到了传神之效果。无怪乎王家卫的摄影师杜可风称赞他"是香港手提摇镜最棒的"，因而烙刻下刘氏独特的风格。

到《无间道》三部曲，刘伟强对叙事系统则做出大刀阔斧的改革，打破经典叙事结构的平铺直叙和简单因果关系，而以多元的叙述视角、多元变幻的叙事时空和非线性叙事结构开创了香港警匪片叙事新模式。《无间道Ⅰ》基本上仍是顺序的叙事结构，但快节奏的平行蒙太奇交叉剪辑，将险象环生安危莫测的两位卧底的命运演绎得惊心动魄。《无间道Ⅱ》是《无间道Ⅰ》的前史，两个卧底的身世，截然不同的性格，各自卧底的缘由，警察的牺牲，原黑社会老大倪坤家族的猖獗和覆灭，韩琛的取而代之等纷至沓来，错综复杂跌宕起伏。《无间道Ⅲ》则以时空的瞬间转换、典型空间的视觉表意传达和定位准确的时间字幕将三部曲重构却仍浑然一体，既阐释交代了故事情节乃至细节，又体现出无间道的"颠倒"与"错乱"。所以，被称为非线性叙事之经典。伯格曼曾言："我像个雷达，我接受东西，然后再像镜子一样反射出来，夹杂着回忆、梦境和理念。"《无间道Ⅲ》便体现了刘伟强的这种艺术追求。刘建明的内心煎熬和极度紧张，陈永仁殉职前的种种追忆，生者与死者共时空的对话，在碎片般的拼贴中，叙事的时间和空间呈现跳跃回旋式流转，让观众全神贯注推断和想象，于是断裂的情节链重新鲜活集结完整，终理清了头绪，且意味无穷。

《雏菊》则以宁静温馨与血腥枪战两极画面造成极大的叙事张力，田野木桥、雏菊陶罐、阿姆斯特丹广场绘画、古董店、雨地颜料……一幅幅

---

① 童庆炳：《文学理论教程》，高等教育出版社 1998 年版，第 246、249 页。

油画般的镜像赏心悦目、舒缓可人，而突如其来的枪林弹雨、腥风血雨刹那间撕裂一切，影片结尾又"夹杂着回忆、梦境和理念"，如果时光倒流，会是怎样呢？

《伤城》的影像却很生活流化，卧室、客厅、酒吧、小街、医院、病床……都市里的人间烟火气息，血腥的往事和当下的血案并没有从容展示，只是以局部放大的形式闪现，却正因巨大的张力而引起人们对人性的反思和拷问。

刘伟强影像风格一直坚守着自己的独特性，所以尽管在流变中，却仍见鲜明的刘氏风格。

三 人性的深度挖掘与拷问

刘伟强电影艺术追求体现的是对人性的关注，注目当代社会中人性的扭曲与异化，通过对影片人物生存状态和心理冲突的折射，敏锐地感知复杂的人性灵魂，寄托了导演的悲悯情怀。

《无间道》中的陈永仁、刘建明因为各自身份的错位，身心皆备受煎熬；他们的工作虽然都是"出卖身边的人"，虽然都生活在自己编织的谎言中而惶惶不可终日，但是他俩工作的意义毕竟有本质的区别。陈永仁处于极端险恶恐怖的生存困境中，只有在心爱的心理医生的诊所才能睡个踏实觉，的确"生不如死"，但因为他从事的是正义的事业，强烈的正义感和对警察事业的敬重使他永不放弃。所以，在刘建明以恢复陈警察身份并以此作交易抹去刘黑社会卧底的紧急时刻，陈永仁仍沉稳地回答："对不起，我是警察。"不仅实践了他少时的心愿——做个好人，而且受世人瞻仰凭吊。反之，刘建明为了保住自己，不仅处处心理设防，而且还必须绞尽脑汁彻底洗底，所以，他虽口口声声言："我想做个好人，为什么不给我一个机会？"但实质上做出更多的邪恶之事，最终心理崩溃精神分裂，疯狂后痴呆，虽生却不如死，成了行尸走肉。他的灵魂何以得到解脱？如此深刻地洞察人性并挖掘出人性深处复杂的潜意识，无疑是警匪片中悲悯的人道主义关怀的新的表达。同时，也彰显出：最深的挖掘，其实是最浅显的道理，仍然是"邪不压正"。

如果说《无间道》反映的是来自现代体制的被动式的人性的扭曲与

伤害，那么，《伤城》之伤却是人在被伤害后的自我放逐或是自我救赎的选择，这是刘伟强对社会和人性所做的更为深刻的思考和反省。《伤城》展现人性的沉沦与救赎，影片充满了细腻的心理刻画和悲情化的情感表达。高级督察刘正熙少年时遭遇全家灭门，而"警匪一家"的现实使少年的他就懂得隐藏自己以求生存。报仇雪恨可能是他活下去的唯一动力，他蓄谋已久为的也是这一天。当这一天终于到来后，他的心灵却备感煎熬。邱建邦的真诚劝导使他挣扎着试图自我救赎，面对谋杀未遂已奄奄一息的病床上的妻子，他能做到吗？妻子死去，他也选择了自杀，死亡是忏悔和救赎吗？《伤城》在对社会的剖析、对灵魂的纵深挖掘上，比《无间道》还要沉重深刻。

《雏菊》的结局却简单轻松许多。25岁的韩国女子金蕙英面对突然降临的神秘初恋，却不知对方是谁，只能等待。她以为是郑宇，郑却是一名国际刑警，在利用她做掩护时真正爱上了她；真正的初恋之人杀手朴义因自知是坏人而不能表白！刑警也好，杀手也罢，都应是铁石心肠者，但是，面对纯洁的蕙英，面对爱情，皆袒露出心田柔软的一隅，这已让人皆柔肠寸断！影片中，一女两男的内心独白，越发濡染出文艺片的韵味。虽然郑宇、金蕙英都倒在了枪声中，但是杀手朴义却放下了屠刀。刘伟强大约相信，爱能拯救人的灵魂，哪怕是曾经的杀手。

或许深刻和简单，原本就是一枚硬币的两面。

（胡辛、李志方《电影文学》2011年第6期）

荧屏对话：百般红紫斗芳菲

电视剧与小说缘分更深

——兼谈《蔷薇雨》的改编

摘　要　电视剧与小说，从植根的土壤和背景，从对故事和主题的依赖，从情节结构人物形象的开放状态，从对语言的情有独钟诸方面来看，较之电影、戏剧等艺术缘分更深。电视剧与小说结缘，相得益彰，尤其是电视剧成功的捷径。作者通过将其长篇小说《蔷薇雨》改编成28集同名电视连续剧并播出成功的实例对此加以论述。

关键词　电视连续剧　长篇小说　结缘

什么是电视剧，或曰电视剧是什么？这在大众眼里怕是个咬文嚼字钻牛角尖的问题。但是，在电视理论界，却是个有关电视剧本体理论意识的问题。

20世纪80年代初，王浩在《正统正宗　名正言顺》中提出："我国的电视剧理论与实践中一个有争议的问题：将那些根据小说改编而成，采用蒙太奇手法的电视艺术作品视为正宗，而把真正的电视剧置于天地难容之困境，这些偏颇的观念，既是对我国电视艺术发展的割裂，亦是对世界电视艺术现状的无视。"[①] 他以为"'电视剧'和'电视电影'这两种不同样式的艺术特色与界线，是十分明确的。目前我国摄制的电视艺术作品中的大多数，是属于'微型电影'，理应划入'电视电影'之范畴。而《秦王李世民》《懿贵妃》《上海屋檐下》《吉庆有余》等等，才是标准的或正统的电视剧"[②]。

必也正名乎。中国人的血液里积淀了太多的正统正宗名正言顺。而依

[①] 王浩：《正统正宗　名正言顺》，《电视艺术资料选编》，转引自《中国电视艺术发展史》，浙江人民出版社1994年版，第341页。

[②] 同上。

我之见，用电视手段拍摄出来并经屏幕传播出来的或短或长的声画故事，就叫电视剧。

不必追究它是小说改编出来的活动连环画儿，或是微型电影，或是实景的话剧戏剧，或是别的什么，不必验明它是正宗嫡传或旁门左道或非婚所生，因为，说到底，电视剧本身就是杂种。

杂种，是世俗骂人的话。可是，从生物遗传学的视角来看，杂种却拥有巨大的优势，它兼收并蓄，生命力极强，生存发展的天地广阔，电视剧无疑拥有杂种的优势。

有人说，它是戏剧和电影杂交出来的，戏剧已有两千多年的历史，电影也有上百年的历史，而电视剧一诞生就由"父母"托起飞速成长。的确，电视剧与戏剧一样是一门综合艺术，至今电视剧仍采用戏剧以人物语言和行动推动情节发展，形成矛盾冲突，完成形象塑造等表现手段；电视剧跟电影一样是声画结合的视听艺术，都得通过流动的画面塑造形象再现生活，语言都是镜头语言，都得采用蒙太奇手法进行剪辑和组合。但是，电视剧跟戏剧、电影仍有很多的不同，最根本的不同我以为是限制和反限制。电影受影院观看的限制，戏剧受剧场观看的限制，所以就有百年千年形成的习惯对观看时间的限制。时间的限制决定了电影、戏剧对故事、情节、人物的高度浓缩，所以电影、戏剧皆为结构封闭的艺术形式。电影的主人公形象不能多，说话不能多，事件不能太多太繁杂，节奏得快，图像得多"动"，观众处于被动地位，来不及想象就被迫接受了电影鲜明多变的画面。戏剧的时间、地点、情节统一的"三一律"，表明戏剧是将生活高度集中化了。尽管电影家们不屈不挠地想冲破种种封闭限制，戏剧家们也做出诸如"打破第四面墙"的实验，但是，限制仍然是限制。当然，歌德名言曰："在限制中才显出能手。只有法则能给我们自由。"但说实在的，许多限制皆出于无奈。

电视剧不同了。电视剧完全可以做到而且应该做到"反限制"。电视剧的发展已成铺天盖地且登堂入室之势。电视机的进入家庭，电视剧的家庭观赏形式，彻底打破了时间的限制，今天没完不要紧，明天一摁钮再来吧，观众是主动的，只要看得下去，十天半个月不打紧，哪怕百天乃至上年也无妨，只要你编得演得好。这种痴迷于电视机前，被几集十几集几十集乃至上百集的电视连续剧所感召，每天每天地候着的永不消减的热情，与我们的前人痴迷于瓦舍勾栏，被那说书人的"且听下回分解"所诱惑有着惊人的相似。从观众的接受心态看来，较之电影、戏剧，电视剧与小说的缘分更深些。

因了观赏时间的限制被打破，使电视剧在故事情节、人物形象、事件场景等等的设置上都呈现"反限制"的优势，完全可进入无拘无束的开放天地，尤其是对电视连续剧。而我认为连续剧不仅是电视剧的重要表现形式，而且还是电视剧艺术淋漓尽致发挥之所在。如果说电视剧与小说的缘分更深，那么电视连续剧跟长篇小说就是不解之缘了。不信请看中国古代长篇巨著《红楼梦》《西游记》《三国演义》和《水浒》皆成功地改编成长篇电视连续剧，电视连续剧和长篇小说一样，不怕人物众多，不怕故事情节曲折繁杂，不受时间空间的限制，旁逸斜出繁花满树那才有看头。长篇巨著也只有在长篇电视连续剧中才能得到恢宏磅礴又舒缓细腻的展现。譬如肖洛霍夫的巨著《静静的顿河》改编成电影三集，但观后感到丢掉的东西太多太多；曹雪芹的《红楼梦》改编成电影和电视连续剧，电影的整体水平无疑比连续剧高，但是，观众认同的仍是有不少缺憾的连续剧；无它，只因连续剧的形式适合长篇小说。反过来说，在限制中显出能手的戏剧若改编成电视连续剧，如曹禺的《雷雨》和《原野》，尽管改编者使出浑身解数，添枝加叶，添油加醋，但是，给人的感觉当是不是滋味，无论褒贬。原著"反限制"中高手的光华黯然了，至少已不再是曹禺的《雷雨》和《原野》了。

小说和电视剧，尤其是长篇小说和电视连续剧的结缘，无论雅俗，却总能相得益彰、皆大欢喜。回溯中国电视剧并不漫长的历史，电视剧与小说的缘分不可谓不深。1958年我国第一部电视剧《一口菜饼子》就由同名小说改编而成，虽然对其思想性艺术性有种种非议，但毕竟是第一部，电视剧与小说结缘绝非纯粹的偶然。"文革"前为数不多的电视剧中有影响的几部也皆由著名小说改编而成，如《三月雪》《江姐》《虾球传》等。"文革"十年，中国电视剧几乎一片空白，其时，戏剧和电影倒是有种异态的热闹。"文革"后，新时期小说一度如春雷响过大地，给中国人民的生活带来非凡的震撼，也即得到电视剧制作者的青睐，尤其是获奖小说。这样的结缘状况，一直延续到今天。从柯云路的《新星》到陆天明的《苍天在上》，从蒋子龙的《乔厂长上任记》到河北"三驾马车"的大厂小村系列，从《篱笆·女人和狗》三部曲到《女人不是月亮》《趟过男人河的女人》变奏曲，从都市的《蓝屋》《四个四十岁的女人》到

《紫藤花园》《蔷薇雨》，从梁晓声的《今夜有暴风雪》、叶辛的《蹉跎岁月》到其后碾出的《年轮》《孽债》，从《寻找回来的世界》到《你为谁辩护》，从《过把瘾》到《北京人在纽约》，等等，这些由小说改编成的电视剧并没有像肥皂泡似地五光十色瞬间就完蛋了，仍有嚼头有回味。现代名作家的名著搬上荧屏也在并不火爆的炒作中沉稳升温。老舍的《四世同堂》、艾芜的《南行记》、李劼人的《死水微澜》、钱钟书的《围城》，被搬上荧屏后，堪称电视剧的精品，而张恨水、秦瘦鸥、茅盾、郁达夫、丁玲等风格迥异、追求不同、评价不等的名家的作品被改编成电视剧后，竟得到观众并无偏见的喜欢和关注。凡此种种，我们不能掉以轻心，以为是偶然的随意的现象，甚至认为非正统正宗，名不正言不顺的孬种，这委实差矣。小说尤其是优秀的中长篇小说无疑为电视剧尤其是电视连续剧的诞生提供了最丰富健康的胚胎，当然，电视剧也无疑为小说的再造辉煌提供了最佳选择。

　　小说改编成电视剧可谓历经实践证明的驾轻就熟的成功之路。电视剧和小说有其本质的规律的相同处：一是同根同土壤同背景；二是对故事和主题的依赖太强；三是情节结构、人物形象都属开放状态；四是皆厚爱语言，尽管一个行诸文字，一个通过说话。

　　从根上说，电视剧虽是电子时代的崭新的特定的文化，但它依凭生存、发展的土壤和背景，应该是也只能是大众的世俗的文化，必须让百姓喜闻乐见。至于小说，东汉班固作《汉书·艺文志》，在九流十家之末列有小说家类："小说家者流，盖出于稗官，街谈巷语，道听途说之所造也。"[①] 小说的出身，无疑是寒门，所写的当是民间百姓自娱之事。而今的小说似已然改换出身跻身于贵族圈且以精英文化自居，可出身说改就真的改得了么？鲁迅谈到小说的起源时如是说："我想，在文化作品发生的次序中，恐怕是诗歌在先，小说在后的。……人在劳动时，既用歌吟以自娱，借它忘却劳苦了，则在休息时，亦必要寻一种事情以消遣闲暇。这种事情，就是彼此谈论故事，而这谈论故事，正就是小说的起源。"[②]

　　故事是小说的源头，更是电视剧的肌体。

　　尽管发展到今天的小说对自家源头很是不屑，故事成了不能登文学殿

[①] 班固：《汉书·艺文志》，转引自南开大学中文系《中国小说史简编》，人民文学出版社1979年版，第1页。

[②] 鲁迅：《中国小说的历史的变迁》，《鲁迅全集》，人民文学出版社1996年版，第302页。

堂的俗文学,淡化故事倒成了先锋派的时髦。但玩来玩去,似乎也无法绕开故事。毛姆说得好:"人们渴望听故事,就如同财产观念一样,是根深蒂固于人的本性之中的。"① 电视剧也必须编织好故事。当今中国电视剧流行这么一句话:要拍得有意义又有意思。理清顺序,先得有意思。在有意思的故事上负载有意义的主题。余秋雨曾形象地称之为"半透明的双层结构":第一层是一个世俗的故事,第二层是这个故事引出的内涵。其实仔细看看小说家者流,无论是传统的现实主义派、寻根派、新写实派、现代派、后现代派、痞子文学等等,哪家逃得了这双层结构呢?

至于故事,不论东西,不分古今,我以为人类爱听的故事无非为两大类:一类是出类拔萃者,即所谓英雄豪杰名流富贵者的故事;一类是老百姓自己的故事。后一类故事让受众觉得亲切、贴近、没距离,容易引起心的共鸣。诚如张爱玲所说,在普通人中寻找传奇,在传奇中寻找普通人。前一类故事迎合了人类天性中的好奇心,爱看看不同于特别是高于自己的天地的人,所谓"不想当将军的士兵不是好士兵",而实际上并没有多少士兵能当将军。如果能将这两类故事结合,也就是普通人成为出类拔萃者的故事,往往是人们最能接受认同的。

至于主题,当是小说和电视剧的灵魂,尽管当代小说爱演奏无主题变奏曲,但是屏声敛气和深呼吸虽是不寻常的呼吸,却也还是呼吸。福克纳说过这样的话:"文学要比人们想的简单得多,因为可写的东西非常之少。所有感人的事物都是人类历史中永恒的东西,都已经有人写过,如果一个人写得很努力,很真诚,很谦恭,而且下定决心永远,永远,永远不感到满足,他会重复这些感人的东西,因为,文学艺术家像贫困一样会自己照料自己,会跟人分享面包的。"②

米兰·昆德拉也说过:"也许小说家们所做的全部事情,就是写一个主题(第一部小说的)及其变奏。"③ 小说如此,电视剧又何能花样翻新走得太远呢?舟桥和郎在《电视剧脚本作法48讲》中倒也说得干脆:"主题是想通过脚本来表达什么,也就是剧作者的目的。""如果有人问这个作品写的是什么?能够用一句话,而且用具体的语言来回答它的,这就

---

① 参见《毛姆小说集·译后记》,百花文艺出版社1984年版,第496页。
② 参见陶洁《记雅俗共赏的福克纳年会》,《译林》1994年第1期。
③ [捷克]米兰·昆德拉:《小说的艺术》,董强译,上海译文出版社2004年版。

是主题。"①

1992年夏,我应中国电视剧制作中心之约,将我的40余万字的长篇小说《蔷薇雨》改编成30集电视连续剧,首先遭遇的当然是故事,接着便是主题。讨论会上"中心"领导突然说:请你用一句话概括你这部连续剧的主题。从未涉猎过影视创作的我愣住了,很简单,这是一部女人戏,当代经济大潮中各种观念尤其是婚恋观的嬗变中,女人的心变化最大。我想了想,回答说:我们得到的是我们从未拥有过的,我们轻易抛却的,也许是我们,甚至我们以后的几代人所要苦苦寻求的呢——我本来还想加一句:尤其是对女人而言,可打住了,我从在场的行家里手的眼光中读出了认同。因种种原因整整5年后这部电视剧才与观众见面,本来一部当代题材的电视剧是经不起老的,可从播出反响来看,似经住了岁月的淘洗,并无"过时"之感。可别说电视剧仅仅是一次性使用的文化快餐,立意的闪念出色与否,在小说和电视剧之中都可让其水平有天壤之别。

就故事而言,电视剧和小说的确有很多的不同,电视剧得比小说编得更"虚"更"假",但又得更实更真。也就是说,电视剧故事该编就得编,哪怕偶然性太多巧合太多误会太多,但故事行进的链条得实实在在,不像小说可以断链条,读者的阅读已习惯了跳跃,意识流般的飞跃也无所谓。但小说和电视剧的故事本质是相同的,大处都虚,满足传奇;细处都实,实实在在人的气息、生活的气息。

就结构故事来看,有人将长篇小说的结构归为三大类:一类是线形结构——生活的长河式展示;一类是板块结构——生活的横向切入和扇形展示;还有一类则是线形和板块相结合的立体交叉结构。这些结构同样适合电视连续剧。《电视剧脚本作法48讲》讲得更翔实更形象,归之为拧绳式、念珠式、公共汽车式、旅途式、大型旅馆式、舞会手册式和马祖卡舞会式等。

《南行记》《围城》大概属旅途式,《编辑部的故事》《爱谁是谁》大概属大型旅馆式,《阿信》《上海一家人》《香港的故事》大约属念珠式,念珠式中将念珠串在一起的绳子是主人公的人生轨迹。拧绳式太多了,《辘轳·女人和井》系列,《雪城》《年轮》《孽债》《半边楼》《外来妹》《情满珠江》等皆为拧绳式结构。

---

① [日]舟桥和郎:《电视剧脚本作法48讲》,王秋妮译,中国广播电视出版社1990年版。

我在改编《蔷薇雨》时,也是采取拧绳式结构:一个故事(白线)又插入另一个故事(红线),红白拧成,交错进展,还可加入第三个第四个等故事,各色线拧成一股绳,但必须保持一定的秩序,这个秩序就是故事的主流(即红白线),其余为支流,支流不能喧宾夺主使主题不清。白线要由始至终地贯穿全剧,余者只偶尔色彩浓重些,但不能超越主流,这就是秩序。①

《蔷薇雨》中古巷书香门第七姊妹中三姐阿玮的故事是白线,二玫的故事是红线,其余的大璞的故事、瑶瑶的故事、小玑的故事、姚律师的故事等皆为支流。离家出走19年的阿玮归家了。她为什么出走?为什么归家?留给观众一个悬念。她回到都市古巷,第一个遭遇的竟是初恋情人凌云,而凌云正搭上了她的小妹七巧;凌云拍电视剧《花非花》,七巧和跟凌云有过黏糊的姚鸿都是剧中角色,原著者梦雨迟迟不露面,却原来梦雨就是阿玮,《花非花》是她19年村小生活的缩影。阿玮归来是为了给19岁的农村学生晓峰治病,晓峰牵动着阿玮一家,知情的大姐、蒙在鼓中的老父、二玫夫妇都关爱这山里孩子,凌云也非常热心,竟当众演说赞叹阿玮金子般的心,毕业分到电视台《女性世界》当主持人的七巧也在节目中歌颂三姐"不是母子,胜似母子"的师生情,阿玮看后却晕了过去;凌云一心要重续旧梦,但阿玮心如止水,他却被姚鸿纠缠又被七巧爱上;而阿玮少时朋友辜述之对她仍一往情深,却又是银样镴枪头一遇小风波就将她出卖;阿玮的苦竹手镯让凌云父亲忆起往事,世界也真是太小太小,晓峰原来是阿玮跟凌云的私生子,抚养晓峰成人的苦竹婆婆正是当年凌父在山里打游击的救命恩人!阔别家乡40余年的姚律师重返古巷,他想要古色古香的阿玮做干女儿并带往美国,可阿玮拒绝了。知道真相的凌云祈求赎罪,可晓峰不原谅他,凌父病重,阿玮终于与凌云同去山村看望,他们会重归于好么?阿玮的故事情节很长,贯穿始终。

小说中的晓峰活到17岁就病逝于山村,电视剧中晓峰的"复活"成了几个故事的纠结,编剧就是原著,并非不忠实于原著,而是为剧情好看而做的改动,同时可丰富阿玮的性格。电视剧故事结构开放,姚律师在小说中直到第三部"梧桐雨"中才出现,到电视剧中,也直到第16集才出场,但丝毫不给人突兀之感。姚律师自身的故事并不重要,但他的出现将

---

① [日]舟桥和郎:《电视剧脚本作法48讲》,王秋妮译,中国广播电视出版社1990年版。

古巷女人们的故事更紧密地纠结且高潮迭起。姚鸿是姚律师发妻改嫁后生的女儿，她对美国垂涎三尺，可姚律师对她不屑一顾；没想到七巧竟以嫁给傻宝宝的条件飞去美国！姚鸿终也闪电般做了美籍华商的填房而殊途同飞。她们似乎都是爱情场上的失败者，古巷中被唾弃的女人。可姚鸿认为，阿玮是最终的失败者，因为她已过时了。姚律师给徐家姚家带来的都是致命的打击，徐士祯的悲怆感叹，宣告清高家族悠长森严的家训家诫毁于一旦？姚师母去了教堂做勤杂工，她的善良和纯洁经受了最严酷的锤打？得到乎？失去乎？

高尔基有句名言：情节是性格的历史。在故事情节跌宕起伏的进展中，古巷女人们的形象性格更丰富，更有层次，更有历史性和社会性，既有独特性又有代表性。只有电视连续剧才能让长篇小说的故事情节得到如此自由舒展又丰富细腻的铺陈。人物形象可进可出不分先后，故事情节越搅越多越拧越斑斓多彩，不必担心千头万绪难以理清，生活本是这样，小说和电视剧原本就是最贴近生活的艺术形式。电视剧与小说的缘分实在更深。

看起来，电视与电影都是声画结构的视听艺术，而小说是以文字来描摹的，文字是象征性的，画面是形象的。但是，电视剧较之电影恰恰不像电影那样要求图像性，而是更多地要求文学性。电视剧的"声"极其重要，不怕说得多，旁白、画外音多点也行，这真像配图配音的小说阅读状态，可专心致志，也可消消停停，像夜间睡前翻翻小说。电视剧中应适当地加入一些闲散部分，不必像电影那般紧凑严密，这也像读小说可跳着读一样。

都说电视剧的语言应该日常化、口语化，当是老百姓舌尖上的语言。不要太经典化，不要太精彩，甚至可以有那么一些废话，因为电视剧应反映生活的本来面貌，原汁原汤，而生活，本来就是这样。因而，切忌语言书面化！

不无道理。但我想，不能绝对化。就像我们阅读小说，太生活化自然主义的终究乏味，况且老百姓舌尖上的语言实在是丰富精彩，并非寡淡无味的，而口才好的知识者即便日常生活中也多见机锋。譬如被誉为电视剧精品的《围城》，将钱钟书对人生的感悟通过电视语言形象外化，而我们必须正视的是，编导者极其珍惜钱老小说中的原话，不敢增删，更不敢乱改。这固然是对名著的尊重，但是也绝对改不得，否则就不是《围城》

了。中国四大名著搬上荧屏，如若全改成大白话，真不可思议！反是这种小说的语言有韵味，使观众信服。

《蔷薇雨》65万字的电视剧脚本1993年10月由中国电视剧制作中心出了打印本，在一年多三易其稿的过程中，"中心"一而再再而三要我改掉语言的书卷气，以为太不生活化了，读小说可以，电视剧得可视可听，会不顺耳的。可我一直舍不得，也改不成。我觉得我的周围出口成章的读书人和伶牙俐齿的小市民太多了，我并没有违背生活的真实。我以为剧中人物的语言符合人物的身份和个性，世代书香门第的人物语言哪能全是大白话？钱嫂子式的小市民也决非杜撰出来的。我就这么执拗地保留着。1995年5月，百花洲文艺出版社为我出版了这部厚厚的剧本，正标题感叹为"花谢花会再开"，后来上海永乐电影电视总公司求索电视制作社和江西电视台联合摄制，1996年11月17日在南昌开机，1997年10月审片时，导演还忐忑不安，担忧语言能否为观众所接受。现在看来，担忧是多余的，观众不仅听得懂而且以为人物的语言蛮有味道，有嚼头，凸显了人物的个性。

剧本中，我用阿玮的内心独白贯穿始终，原意是想加强女性意识的拷问。拍摄时全删了，感谢演员对这一角色的内心世界把握得准而细腻，眼神等表情已将内心独白表达出来。其实，旁白或画外音是电视剧中常用的语言形式，电视剧这种家庭观赏的形式，可边看边听边想边议论，而旁白或画外音实际上是跟观众一块议论。这又体现了电视剧跟小说的缘分的确更深。

强调电视剧与小说的缘分更深，并非否认脚本的其他创作方式，如编剧直接编撰和眼下蛮时髦的方式：一群人先侃出个粗坯，美其名曰策划，尔后由一人或几人执笔写成。后一种方式让集体的智慧撞击出灵感的火花，众人拾柴火焰高，群策群力，与大工业操作方式相般配，而且避免了剧本出来后几次三番的讨论。《渴望》《京都纪事》《情满珠江》《女人们》《英雄无悔》《和平年代》似都是这条路子。但说实在的，人多嘴杂，有时难免为求全反而抹掉了风格，而且淡化了编剧的重要性也减轻了编剧的责任心。小说与电视剧结缘，毕竟是电视剧成功的一条捷径。

而今，电视已成铺天盖地又登堂入室的大众文化。当年鲁迅曾经说过："我们国民的学问，大多数都实在靠着小说，甚至于还靠着小说编出来的戏文。"①并指出，可以"从小说来看民族性"。②那么，今天我们是否可以这样认为，不要小看了荧屏上的电视剧，它在中国充当往昔小说的角色。不要把大众文化看成是应付大众的文化。

[《南昌大学学报》（哲学社会科学版）1998年第1期；
人大复印报刊资料《电影、电视艺术研究》1998年
第3期全文转载]

---

① 鲁迅：《华盖集续编·马上支日记》，《鲁迅全集》第3卷，人民出版社1996年版，第334、333页。

② 同上。

附：我与电视的不解之缘

电视是名副其实的大众传播。

23年前，我们家买进一台9英寸的黑白电视机，是夜，楼上楼下左邻右舍挤塞于斗室，记得是看香港故事片《三笑》，戏终人不散，对这"家庭小电影"感叹不已。而今，哪怕是背投、负离子大彩电堂皇地据客厅显目之位，也无甚客人会表稀罕。主人家似是下意识地常让它"活"着，它便或说教或调侃或娱乐或授业地在你的家中"装腔作势"，太冷落了它是不行的，要么买它干吗？况且这些电家伙，按科学的道理是得常"烧一烧"的。

电视已不再神秘，对电视文化也历经贬褒不一至贬多于褒、褒多于贬乃至不容再分说。20年前"电视没文化"是有文化人的口头禅，"电视会造就一代又一代的电视白痴"似成了有识之士的谶语；当然，也有人赞它毕竟让人实践了"坐地日行八万里，巡天遥看一千河"的豪壮与浪漫。今日，电视已成囊括知识大全的无底囊袋，远程教学为最现代化的教学手段，任谁对电视说三道四也白搭。我对电视一直不温不火，我以为它的魅力之一是因为它是名副其实的大众传播，它不只是走进了寻常百姓家，而且让寻常百姓有机缘走进电视屏幕。电视并不只是官方、专业人员的专利，众多的电视栏目甚至电视剧都让老百姓频频露脸，真相实性让电视平添生气。参与与不参与感受是不一样的。

我的参与从间接开始。那是20年前，《四个四十岁的女人》获全国奖后，即有两家电影厂十余家电视台来函来电话欲改编成电影电视剧，其时我压根不知影视圈的规则，以为多多益善，后来才晓得一女不能许几家，结果第一个跟我联系者获得改编权，那便是国际计划生育中心上海分中心。当时我真有几分迷惑：搞计划生育的也能拍电视？千真万确。而且，联系者声称是名副其实的国际组织，颇财大气粗。我事后想想，写女人的小说，终离不开管女人大事（生育虽是男女共同的大事，但对女人而言终归更大些）的机构来拍摄，这也算是命中注定。分中心倒真是风风火火，夏末始仲秋果拍摄顺畅，又不负前电话中的承诺，请我和家人赴沪看样片。这样我们到了上海，并按分中心的意思打了皇冠的士前往分中心，七转八拐的，进入到一中西合璧的大建筑物中，分明是昔日或许有过光耀眼下早已瓜分成混杂的民居之处，分中心竟匿于其中！让我震惊的是，就这么个逼仄的小天地硬是拍出了电视剧！而且这部电视剧还夺得了飞天奖！以后的岁月，形形色色的电视中心电视公司电视社如雨后春笋般出土于全国各处时，我是信他们能拍出电视片来的，我外里外行地思忖：大众传播只怕有它操作的大众性吧。那回，"根据胡辛同名小说改编"于屏幕上呈快速360°旋转，几乎没有人看得清。

我跟上海终归有缘。是1986年吧，我的中篇小说《这里有泉水》又被电视圈看中。来南昌找我签合同的是上海戏剧学院导演进修班的李君，欲将《这里有泉水》搬上屏幕的也正是这个班的一帮子人。据说这个班的同学日后都在电视圈冒了尖，几乎人人都拿了电视大奖。我要说的是这部反映中学教师生活的电视剧在江西芦溪畔拍摄时，导演为挑选剧中的一名角色——刚出校门的音乐教师余多而煞费苦心，因为其他角色都已到位了。焦虑中于黄昏漫步老街，有意无意间，一个清纯少女映入眼帘——就是她！她就是日后红遍海内外的影视演员陈红，那会儿她是一个中学生。在江西作家写的江西地域作品中脱颖而出的江西妹子，该不忘当年的那一幕。是否可以说电视给原本平凡的大众提供了为数不是太少的出类拔萃的机遇呢？

1989年，江西电视台约请我撰写大型电视系列片《瓷都景德镇》，用了半月余的课余时间，在一张张白纸上构写出15集脚本，其时专题片严格限定每集只能是15分钟，回首那段时光，废寝忘食日以继夜，书籍资料摊了一屋，腾云驾雾如痴如醉走进了景德镇千年窑火的历史与现实中，在我，真是身临其境，因为我在这方水土上开始了教师生涯，且为人妻人母。从策划、构思、撰稿到拍摄，全跟。其中的甜酸苦辣，怎一个"累"字了得！我把感受写进了我的《瓷都梦》系列散文中，也融进了《陶瓷物语》《地上有个黑太阳》等长、中篇小说里。后来总算结晶成了9集电视系列片，当称中国最早的关于景德镇的大型专题片。该片获得中国电视二等奖和省政府的大奖，对该片的主创人员来说，应验了"从喷泉里出来的都是水，从血管里出来的都是血"这句话。

因为《还是这片红土地》的送审和《瓷都景德镇》的筹拍，1990年大年初五，江西电视台领导、省政府同志还携上我去了中央电视台，揣着吴官正书记的亲笔信，面见了当时中央台台长黄惠群女士。还记得她当即拍板要把景德镇的电视宣传推向国际。她的宁静果敢给我留下了颇深的印象。也正是她，在看了我的长篇小说《蔷薇雨》后，给我写了封信，大意是，女同志做事业不容易。现在不是50年代了，一本书很难引起轰动效应，如果我同意的话，她可向中央台推荐改编拍摄成长篇电视连续剧。我自然同意，且心存感激。她是我的人生之路上没有前因后果没有铺垫直截了当就无私扶植的人之一，是位胸怀阔大的女性。

后来因为我母亲的去世等缘由，此事耽搁了下来，黄台长也退休了。但又得助于电视名人、部队作家王朝柱的鼎力相助，该剧到京都一家电视剧制作中心运作，拟由我改编成30集电视剧，苦耕一年半，到翌年秋，剧本打印了，导演派了，以为收获在望，却又因种种原因，翻云覆雨，蔷薇似被雨打风吹去，奈何。辗转多年历尽磨难，其中不乏跌宕起伏的悲喜剧和空白带般的等待，这样我才真正明了触电的恐惧与麻木，可越这样越断不了《蔷薇雨》通电的念头。到得1998年的暮春雨时节，上海永乐影视总公司"求索"电视制作社与江西电视台通力合作，28集《蔷薇雨》终在全国各大城市播出，反响颇佳，社会效益经济效益双丰收，吴冕、池华琼获最佳女主角、最佳女配角提名。于是，久经折腾，悲凉也从容中不由叹曰：好雨知时节。花谢花会再开。

2001年暮春，又应省委宣传部和省教育厅之邀，拍摄反映我省师德师风建设的专题片。我率8个研究生与教育厅、江西教育台同志走遍了江西11个地市的山山水水，不必诗意地诵说庐山脚下、鄱阳湖畔、八角楼旁、赣南山坳留下了我们的履痕处处，东津水库上拍摄村小教师接送学生时，摄影者不慎坠入水中的一幕，至今回思，仍惊心动魄。至盛夏拍摄出电视专题片《千里踏访颂师魂》，教师节时中国教育台、省台和教育台同步播放，金秋十月即获得中国教育电视专题片二等奖，据说差点夺魁。比起默默耕耘的中小学教师，尤其是扎根山区的好同志，我们是播种紧连着收获。伟大出于平凡，崇高何必躲避。电视人在电视之外还要直面自己的魂灵，我想，这是电视有内涵有感召力所在。

有了这么些喜怒哀乐盘根错节的纠纠葛葛，再开电视，那荧屏仿佛才真正有了人的气息，有你自家的呼吸和叹息，可你别指望它能张扬发挥你的个性，它不是你一支笔一张纸就让个性发挥得淋漓尽致的专著论著，高科技电子文化融会了太多人的智慧，它讲究协调，每个人都得收敛点锋芒，或许，这会失掉很多，可它又实实在在让你得到很多。谁要把电视视为"私家圈地"，那么，定会自家玩完自家。

(《南昌晚报》2003年6月29日)

从银幕到荧屏：中国家庭伦理叙事的流变与回归

摘 要 从电影《孤儿救祖记》至今已近90年，从电视剧《渴望》至今仅22年，中国家庭伦理叙事系统历经从家庭的伦理关系、悲欢离合到寄寓国家的盛衰民族的兴亡，再到回归日常、讲述身边老百姓的故事，实现了从银幕到荧屏的家庭伦理题材影视剧跨世纪的繁盛。实质上仍未偏离以家论国、家国同构的集体无意识，同时又加强了对中和之美的追求，因而是最具民族特质，最能彰显民族文化精神的影视类型。

关键词 家庭伦理电影 家庭伦理电视剧 叙事流变 民族文化精神

有学者言：武侠片"是中国叙事电影的一个特有类型"[①]。与中国武侠片比肩而立、交相辉映的当是中国电影另一成熟类型家庭伦理片，家庭伦理片堪称20世纪中国电影的主流形态。"修身、齐家、治国、平天下"这种推衍式的"家国同构"的社会政治模式已然演变成中国人的一种文化理想，因而以家庭伦理叙事来折射社会历史的变迁，是最具民族特质，最能彰显民族文化精神的电影类型。

20世纪前五十年，中国电影受资金、设备、技术等客观条件限制，只能在低成本的家庭伦理片中进行艺术与商业的共舞；1949年新中国成立后，国家对电影高度重视，家庭伦理片上升为社会片，主旋律电影泛情化叙事策略深得人心。20世纪八九十年代后，随着数字技术之西风东渐，

---

① 李少白：《历史性的考察、记录和分析（序）》，引自贾磊磊《中国武侠电影史》，文化艺术出版社2005年版。

电影彰显奇观本性，于 21 世纪始中国电影掀起数字化新武侠电影浪潮，家庭伦理片式微之时，恰恰成就了家庭伦理电视剧崛起之机，亦是受众的接受心理使然。当年鲁迅先生曾经说过："我们国民的学问，大多数都实在靠着小说，甚至于还靠着小说编出来的戏文。"① 舶来品电影则让都市人们走出家门，电影充当了往昔小说戏文的角色；而今天荧屏上的电视剧重新让城乡人们回到家中，从银幕到荧屏，家庭伦理叙事历经种种流变，到底还是回归老百姓自己的故事，让家家户户注目谈议荧屏上的"左邻右舍"演绎出人间哀乐，并引发心的共鸣。

一　伦理电影　根深叶茂

张石川、郑正秋编导的《难夫难妻》（1913）是中国电影史上第一部故事短片，实质是中国家庭伦理片之萌芽；《孤儿救祖记》（1923）则奠定了中国家庭伦理片鼻祖之地位。继而《玉梨魂》《空谷兰》《歌女红牡丹》《姊妹花》等一系列电影形成了具有民族特色的本土化家庭伦理叙事潮流，"改良教化"之言行不时在"悲欢离合"的故事中凸显。

1935 年春，蔡楚生以《渔光曲》捧回了中国电影第一个国际奖，同年郑正秋英年早逝，"表示结束了电影史的一章，而蔡楚生的崛起象征另一章的开头"②。蔡楚生引领家庭伦理片拓展深化为"社会派"之潮流，贯穿声画百年。《一江春水向东流》（1947）成为蔡楚生创作生涯之巅峰之作。张忠良、素芬这"上海一家人"历经"八年离乱"和"天亮前后"煎熬的悲欢离合，映射出国家民族的灾难和人性的善恶，家庭伦理片俨然成为"悲剧史诗"。此外，《神女》《不了情》《太太万岁》《小城之春》《万家灯火》等，亦将戏剧性的日常故事与社会现实相嵌，既有社会批判深度，又在民族化的艺术追求上做出了不懈的努力。

新中国成立后，家庭伦理片一说几乎销声匿迹。但在高奏主旋律的昂扬中，我们依旧可以寻觅到与传统家庭伦理片一脉相承的叙事身影。无论是阶级恨血泪仇的《白毛女》《舞台姐妹》，还是成长女性《青春之歌》

---

① 鲁迅：《华盖集续编·马上支日记》，《鲁迅全集》第 3 卷，人民出版社 1996 年版，第 334 页。

② 柯灵：《从郑正秋到蔡楚生》，《柯灵散文精编》，浙江文艺出版社 1994 年版，第 590 页。

《女篮五号》《李双双》等，怎么都无法完全剥离家庭伦理关系。"文革"非常时期的电影则消解家庭，人，成为了无牵无挂的公有的中性人。

新时期以来，谢晋以《天云山传奇》（1980）、《牧马人》（1981）和《芙蓉镇》（1986）三部曲重创家庭伦理片的辉煌。谢氏家庭伦理叙事，直奔政治反思，对一系列政治运动进行历史评判，并仍维系传统伦理道德的评判。

以郑正秋—蔡楚生—谢晋的家庭伦理片为代表，中国第一、二、三代电影人形成了一脉相承的家庭伦理叙事系统：以家庭的伦理关系和悲欢离合来寄寓国家的盛衰民族的兴亡。

当第四代电影导演还沉浸于非常岁月的反思时，第五代导演张艺谋、陈凯歌、田壮壮等以大刀阔斧的叛逆精神对桎梏人性的传统家庭伦理进行了砍伐。《黄土地》《红高粱》《菊豆》《大红灯笼高高挂》等无不如此。华语导演李安的父亲三部曲《推手》《喜宴》和《饮食男女》展示的也是在东西方文化激烈冲突中中国传统伦理遭遇的解构，但只是一个苍凉手势的定格。当《霸王别姬》（1992）、《我的父亲母亲》（2000）试图重拾传统家庭伦理时，数字大片的西风东渐，家庭伦理片在银幕式微。至第六代及六代后导演，在第五代不熄的光芒遮蔽下，只有"以人为本"冲杀，淡化家庭，关注个人。但像《妈妈》《过年回家》《洗澡》《三峡好人》等一样涉及家庭伦理叙事。家庭伦理片难道成为银幕最后的风景？

1990年，我国第一部大型室内剧《渴望》问世，被称为中国电视家庭伦理剧的开篇之作，始料未及的万人空巷的收视盛况，标志着淳朴的家庭伦理剧在中国仍拥有广阔的天地和热情的受众。随后《咱爸咱妈》《儿女情长》《蔷薇雨》《婆婆媳妇小姑》《牵手》等的热播，为家庭伦理剧在荧屏热身给力造势。

二 伦理叙事 缤纷荧屏

2000年，李安以《卧虎藏龙》横空出世，中国导演在震撼中不约而同奋起直追，《英雄》《天地英雄》《十面埋伏》《无极》《满城尽带黄金甲》《夜宴》等国产武侠大片掀起了中国电影数字化的第一次高潮，席卷东西方，搅得周天寒彻。虽褒贬不一，但巨大的票房和成为跨国传媒热点话题,亦是不争之事实。电影的天性"奇观"浮出水面,虽有家庭伦理片《云水谣》以数字技术炫耀于世,但只是片头片尾的惊艳而已。家庭伦理片淡出银幕,殊不知为荧屏赢得了新天地,电视剧的连续性播出在时长和容量上的优势,加上家庭的收视氛围更适宜伦理叙事的娓娓道来,历时百年的家庭伦理叙事在家庭伦理剧中得以重返青春!

21世纪以来,大量家庭伦理剧涌现荧屏成为独特景观。剧中反映的关乎爱情、婚姻、家庭、伦理、道德等社会现象引起了强烈反响,成为平民百姓津津乐道、专家学者热议的社会话题。

马克思和恩格斯认为:"每日都在重新生产自己生命的人们开始生产另外一些人,即增殖。这就是夫妻之间的关系,父母和子女之间的关系,也就是家庭。"[①] 家庭伦理关系主要包含姻缘关系和血缘关系,前者如夫妻关系、婆媳关系、翁婿关系、妯娌关系、姑嫂关系等;后者如亲子关系、兄弟姐妹关系、祖孙关系、叔侄关系、姨甥关系等等。可谓盘根错节又纵横捭阖。

处于转型期的中国的婚姻现状,传统家庭伦理道德遭遇冲撞,在双重标准乃至多元标准的影响下,既有人性化的宽容,亦有沉渣泛起。于是就有《橘子红了》《结婚十年》《中国式结婚》《中国式离婚》《新结婚时代》《王贵与安娜》《蜗居》《婚姻保卫战》等家庭伦理剧的喝彩与喧哗;更有对家庭暴力探讨的《不要和陌生人说话》浮出水面。

然而,对同甘共苦的平民亲情的呼唤和展示仍是家庭道德良知所在。《贫嘴张大民的幸福生活》《亲情树》《金婚》《牵挂》《双城故事》等理所当然引起广大观众的好评,人生哪能无风雨?毕竟来自家庭亲人的牵挂是遮风避雨的暖意所在。

在五花八门的新境况中对母亲永恒的颂歌仍是编导们不懈的努力,《老娘泪》《中国母亲》《母亲》《我的丑娘》等催人泪下,却也引发争论。

对家庭伦理关系纵向横向的开发是编导的创新之地,姐妹关系、兄弟关系皆活跃于荧屏:《空镜子》《浪漫的事》《大哥》《大姐》《亲兄热弟》等,反响不俗。

最棘手的婆媳关系自然也成了编导进军之地:《双面胶》《麻辣婆媳》

---

① 《马克思恩格斯全集》第3卷,人民出版社1972年版,第32页。

《媳妇的美好时代》等闪亮荧屏，不久的将来祖孙情隔代亲可能会闪亮荧屏。

三 回归日常 美在中和

以大时代为背景，在全景式宏大叙事的构架中，演绎家庭伦理故事，家庭成为社会历史变迁的一个缩影，"以小见大"，成了中国家庭伦理剧的集体无意识。这实际上是20世纪家庭伦理电影的叙事系统在当代荧屏的延续，既是传承，也有嬗变与超越。

传统的家庭伦理片往往积淀着历史的凝重感和沧桑感，多呈苦难叙事的套路，即在破碎的家庭破碎的情感破碎的婚姻中演绎苦难故事。这本是时代使然，无可厚非。但回到当下的日常生活，大悲大喜固然有之，小磨小擦更为正常。夫妻反目、婚姻出轨、阴谋算计、家庭破裂、至爱亲朋虚情假意、所有成员极不负责等不正常的家庭有之，但绝不是普遍存在。哈贝马斯言："公共领域本身在消费公众的意识中被严重的私人化了。"① 那么，电视剧这一公众领域如何发布"私家"伦理故事？在演绎非常态的家庭的同时，应更多地展示常态家庭故事，努力营造家庭和谐，回归"平平常常才是真"，从貌似琐屑的生活原态去表现正常健康的伦理亲情，阐释人生的真谛，当是家庭伦理剧编导的使命，也是观众的期待视野。

50集家庭伦理剧《金婚》似做出了有益的探索。该剧以编年体将"家"与"国"编织一起，展示的是佟志和文丽1956—2005年这50年的婚姻生活，每年一集，每一集都以年代为字幕标识出来，其家庭生活仍然存活于历史变迁大背景之中，让走过岁月者往事历历，让年轻人如翻阅史书。这种"小窗口大世界"的构架，"平民史诗"亦"家国同构"，是符合我们民族的种族心理积淀的，但也只是点到为止。《金婚》更多的是展示平凡亲切琐屑的家庭生活，其平民化视角日常生活化的叙事策略并没有刻意剥离宏大叙事，更不拒绝纯真的理想主义和浪漫主义，但同时又回归日常，柴米油盐酱醋茶、锅碗瓢盆交响曲、磕磕绊绊争争吵吵，七情六欲、人情世故亦融会其间，更有养儿育女、成家立业、住房苦辣、退休酸

---

① ［德］哈贝马斯：《公共领域的结构转型》，学林出版社1999年版，第15—17页。

甜、悲欢离合、生老病死的人生命题，家庭生活点点滴滴、琐琐屑屑式的生活叙事反而彰显出了深切的人文关怀，成为当下文化语境中具有历史进步意义和文化建构价值的重要美学形态。凡人小事为何不能当中心？细枝末节为何不能见真情？世俗人生一样五味杂陈，熟悉亲切中了然平淡悠远。有苦有乐，有泪有笑，即便是大悲大喜也能坦然面对，哀而不伤，矛盾冲突在润物细无声中和谐解决，和谐、包容、平衡的"中和之美"之审美品格，最具本土文化特色，也契合大众所推崇的伦理道德观。所以，《金婚》还被誉为"中国式婚姻百科全书"。

　　家庭伦理叙事事实上已呈辐射渗透之势，主旋律、谍战剧的泛情化叙事策略，青春偶像剧、儿童亲情剧与家庭伦理剧的嫁接，家族剧、移民剧以家族命运变迁为核心的传奇巨制，实质上就是家庭伦理剧之一种。在中国，家庭与社会历史早已成为互涉结构，以家论国、家国同构的文化意义不必削弱，回归日常、美在中和的理念倒是应该加强。

（胡清、廖曼郁《电影文学》2012年第8期）

散落在时代与生活之中的文化之美与幸福之味

——《金婚》的文化意义品读

摘　要　本文从文化的视点出发，以"编年体例含纳社会意义彰显文化精神""平民情怀容纳生活百态呈现平凡之美""和谐视角构建文化之美熔铸幸福之味"三个角度切入，融会其结构、叙事、人物、主题的特质，品读郑晓龙导演的长篇电视剧《金婚》。

关键词　《金婚》编年体　平民情怀　和谐

电视连续剧《金婚》在第十四届上海电视节和刚刚落下帷幕的第七届金鹰电视艺术节上获得多项大奖，得到专家和观众的广泛认可。《金婚》洋洋洒洒50集，以佟志和文丽50年的婚姻生活贯穿起新中国50年风云变迁的历史，其创作秉承现实主义的美学原则，以浓郁的平民情怀对日常生活进行诗意的书写，以强烈的时代精神对历史印记进行深情的回眸，在饱含着酸甜苦辣年复一年的"生活流"般的叙事当中去读解什么是生活、什么是幸福。

一　编年体例含纳社会意义彰显文化精神

《金婚》是一部具有深厚社会学意义的现实主义题材的家庭伦理剧，它将佟志和文丽50年婚姻生活的点点滴滴全部置于50年来我们国家风云激荡的历史变迁当中，巧妙地以编年体的形式进行宏观的结构和展开细腻的叙述，每年一集，每一集都将年代以字幕的形式标识出来，独具匠心地着意凸显出年代的背景，而将家庭生活从历史变迁的大背景中或是浮现出来，或是纠结起来。

《金婚》呈现的故事始于新中国热火朝天的 1956 年，止于 21 世纪风华正劲的 2005 年，这 50 年是新中国历史变化最激烈也是人民生活和价值观念变化最巨大的 50 年，应该说，这 50 年发生的故事在讲述上是比较难于驾驭的，但是《金婚》却独辟蹊径地选择了一种崭新的思路，它以中国人最为熟悉的"家"作为具象空间，以平凡亲切的人人皆可体会的家庭生活作为切入点，把 50 年历史变迁的兴衰荣辱、国家发展的跌宕起伏与人物的命运、婚姻的命运交织在一起，以编年体的形式来表达作者要记录的这段历史。这种家国一体、以家论国的叙事特色既体现出了创作者新颖开阔的思维视野，也使得该剧获得了"小窗口大世界"的社会意义和"家国同构"的文化意义。因为家庭作为社会构成的最基本单位，是一个能动的要素，它随着社会的发展而发展，具有明显的变动性和文化附着性，它的演变是整个人类社会发展的重要内容。我们也的确看到，似乎除家庭之外，再也没有一种社会组织对历史与时代的变迁捕捉得如此敏锐。

进一步来说，《金婚》在编年体体例的整体构架下和家国同构文化理念的宏观指导下，家与国的互动与纠结又更为具体的体现在以下四个方面。

一是人物设计历史留痕。《金婚》在人物的设计和发展上充满了一种历史感，这里面每一个人物都有着浓郁的时代烙印。我国第一部《婚姻法》在 1950 年颁布，在《金婚》里佟志和文丽的爱情萌发于 1956 年，他们可以看作是新中国自由恋爱的第一代，而他们的第一次相识正是在大庄和淑珍的婚礼上，大庄与淑珍的婚姻却是父母之命媒妁之言的包办婚姻，这样的两种恋爱方式正代表着不同时代观念的碰撞，这种时代的思想痕迹也注定打在了人物的身上。然而，更能体现出人物设计赋有历史感的尤在于佟志和文丽的子女们，他们每个人的性格特点和人生选择都有着鲜明的历史感，大女儿燕妮代表着被阶级斗争的时代所耽误后又自力更生勇敢打拼的一代，二女儿南方代表着恢复高考后靠个人能力努力奋斗又赶上出国热潮的一代，三女儿多多代表着崇尚个性自由思想更为解放在商海沉浮最终致富的一代，小儿子大宝代表着正赶上大众文化流行想做明星梦思想前卫推崇个人主义的一代，可以说，《金婚》中人物形象的历史感蕴含在性格之中、流淌在叙事之间、鲜明于影像之上，亦体现出创作者的良苦用心。

二是矛盾设置穿针引线。《金婚》从表面上看是一年一集，一集一个故事，一个故事产生一个新的矛盾又解决一个矛盾，而实际上有许多发生在不同年代的故事，其中的矛盾是环环相扣彼此纠结的，而这些矛盾的初始实际上又都源于历史的事件和时代的缘由。如果不是三年自然灾害经历的困难时期缺食少粮，父母也就不会把南方送给远在重庆的奶奶抚养，也不会有后来文丽与婆婆因为南方的四川话而争论，更不会有长大的南方对母亲的不理解。再有，如果不是佟志为求发展去三线生活，也就不会结识红颜知己李天娇，或许也不会有佟志的精神出轨和文丽的大肆争吵以致两地分居，也不会有佟志因从三线调回仕途受阻郁郁不得志，更不会有长大后的多多指责父母的自私。可以说，正是这些看似不相连接却又彼此纠结在一起的矛盾设置使得《金婚》具有一种"草蛇灰线、伏脉千里"的结构特色，而这些矛盾的设计与处理也鲜明地体现出历史的印记。

三是情感升华润物无声。《金婚》是一部情感剧，它的亮点便在于历史事件参与到人物情感的推进当中，使得情感的发展流畅自然而赋有历史感。谈一个简单的细节，在经历三年自然灾害的粮食极度缺乏的困难时期，佟志将仅有的一碗米饭留给新婚妻子文丽，自己却饿着肚子去上班，没想到妻子也想着在工厂上班的丈夫会更辛苦，于是把那碗饭留到了晚上一直等着爱人回家，可是最后饭却馊了……这样的细节虽简单却动人，十分形象地展现了那个十分艰苦的历史年代中夫妻之间彼此的关爱与相濡以沫，将那个年代普通人之间的真情自然地呈现出来，情感在碾过的历史之轮中悄无声息地流过，自然而真诚地推进并升华，最终渗入每个人的内心当中，无形之中产生了一种"润物细无声"的美学效应。

四是日常生活细节俯拾即是。日常生活的叙事策略是家庭伦理剧的鲜明风格与特质，《金婚》在日常生活的叙述之间重拾那些历史的细节，生动地还原了社会在变迁中留下的那些鲜明印记。那些散落在背景之中的标语、横幅、宣传画不仅暗示了时代的氛围与特色，而且以小见大展现了历史还原了时代。同时，在家庭生活中随处张贴的海报、孩子哼唱的流行歌曲、广播和电视播报的新闻和娱乐节目、家庭成员之间的闲谈中无处不在记录着时代，毛主席去世、两次申奥、香港回归、伊拉克战争、非典疫情无一不在印证着历史，而这些打上了鲜明时代和历史烙印的细节在《金婚》中俯拾即是，让人们在日常生活的点点滴滴中去回味去怀旧。

可以说，《金婚》是佟志和文丽50年的婚姻生活史，同时也是新中国的一部成长史，历史与时代在爱情与婚姻中浮现，爱情与婚姻在历史与时代中沉淀。

二　平民情怀容纳生活百态呈现平凡之美

《金婚》作为一部家庭剧自始至终都贯穿着一种现实主义的美学原则，它渗透着浓郁的平民意识，对日常生活的诗意品质进行着有力地开掘和提升，展示出赋有民族文化意味的质朴之美和富含时代创新精神的平凡之美，彰显出一种贴近生活、贴近社会、贴近群众的大众艺术形态的审美价值。

我们知道，平民意识和平民美学旨趣在当下社会中有着十分广泛的影响力，是当下文化语境中具有历史进步意义和文化建构价值的重要美学形态，它主动剥离宏大叙事，拒绝激情洋溢的浪漫主义和理想主义，真正回归到日常生活的平凡琐屑当中，把观照的目光投向普通百姓和他们生活当中的酸甜苦辣与悲欢离合，所谓"道在伦常日用中"，在琐碎的日常生活与平凡的人情世故中展现人性之真生命之意。

《金婚》主动疏离历史风云变迁的宏大叙事，巧妙地选择一种以家论国的思维视角和日常生活化的叙事策略，将广阔的时代背景拉向幕后，把琐屑的家庭生活推到台前，所以我们看到的并不是激荡的时代变幻也不是重大的历史事件，看到的只是佟志和文丽这一家人朴素的婚姻与家庭生活，只是这一家人的磕磕绊绊、酸辣苦甜，这就是《金婚》创作者平民情怀和平民视角的真诚体现。

中国艺术研究院研究员孟繁树曾指出，《金婚》"可以说是现代中国人婚姻一部全方位的百科全书式的、马拉松式的中国婚姻的再现"。的确，《金婚》在日常生活的展现之中摆脱了以往家庭剧关注视点的单一性，而是从不同的角度来思考家庭婚姻生活。以往的家庭剧有诉说家族命运的如《全家福》《一年又一年》，有讲述亲情故事的如《我的兄弟姐妹》《亲情树》《搭错车》，有探讨婚姻生活的如《牵手》《中国式离婚》，有思考婆媳关系的如《婆婆媳妇小姑》《双面胶》，有展现老年问题的如《咱爸咱妈》，有呈现平民甘苦的如《贫嘴张大民的幸福生活》，有涉及子女教育的如《家有儿女》等等内容，却从未有一部像《金婚》这样以博大的胸怀包容进家庭生活的方方面面点点滴滴，将平民甘苦、情感出轨、精神恋爱、婆媳关系、姊妹关系、邻里关系、代沟问题、子女教育、情感故事，甚至包括涉及民生的住房、考学、就业、退休、广告、经商等等家庭社会生活的边边角角，全方位多视点的来呈现和思考这50年如同爱情长跑般的婚姻家庭生活，为中国的家庭伦理剧提供了一部"百科全书式"的中国婚姻的范本。

《金婚》以其浓郁的平民情怀、多维的思考视角、强烈的现实精神极大地关注普通人的人性美和平凡人的价值观，它塑造了一个又一个行走在时代中间的平凡的小人物，无论是佟志和文丽，还是大庄和庄嫂，抑或是他们的儿女们，人物的光彩都在于人性之真和人情之美，普通人的情感故事、人生遭际自有其独特的美学品质。《金婚》的50年是充斥着锅碗瓢盆、柴米油盐、烟酒糖茶、吵吵闹闹、磕磕绊绊的50年，是融合了七情六欲、悲欢离合、养儿育女、成家立业、生老病死的50年，正是这些真实地散落在生活中的点点滴滴边边角角才织就这起起落落的人生大幕，一天又一天，一年又一年，由此流淌成生生不息的生命长河，无不体现着世俗生活中淳厚浓烈的人情味与亲和力，我想，这也正是《金婚》的魅力所在。

三 和谐视角构建文化之美熔铸幸福之味

西方美学认为优美感伴随完整、和谐与鲜明。而这里所谓"完整"是说它是一个统一的自足的整体，没有缺陷和累赘，而这种"完整"的效果依赖于内在的"和谐"，而在《金婚》中佟志和文丽的婚姻长路是以一纸保证书为起点，以50年的金婚庆典为句点，这正是一种结构的完整与内在的和谐。而这50年他们共同走过了风风雨雨坎坎坷坷，既有温暖的甜蜜也有无奈的痛苦，他们一起体会了困难时期的相濡以沫也一同面对了婚姻出现裂痕的分分合合，他们经历了父母离世的悲痛也经受了白发人送黑发人的哀伤，但无论如何他们一路上栉风沐雨携手相扶，共同面对冲突承担痛苦、一起感受温暖分享快乐，始终坚持一路同行。这在结构上讲是一个大团圆的"完整"结构，从意义上讲它追求冲突的和谐解决，强调人伦之和，从这个角度来看，《金婚》构建了一种和谐的视角。

国家广电总局电视剧管理司司长李京盛曾评价《金婚》说："这部剧有别于以往婚姻爱情剧的不同在于，这是一个构建和谐的眼光，在这个意义上，《金婚》把这种类型剧推上新的深度和高度。"的确，当《牵手》第一次触及在当时被视为"雷区"的婚外恋现象，将"第三者"出现引发婚姻裂痕推向台前；当《中国式离婚》率先直击内因，揭示在婚姻契约下夫妻间的身与心的背叛，放大婚姻的不和谐；当《不要和陌生人说话》首次将家庭暴力这一社会问题冷酷而尖锐地呈现在大众面前，我们隐约感觉到，家庭婚姻生活中的欲望多了、真情少了，私利多了、关爱少了，矛盾多了、礼让少了，暴露多了、和谐少了。因此，我们也亟须建构一种新型的伦理价值观，而直到《金婚》，导演郑晓龙以父母的婚姻为原型，以佟志和文丽50年的婚姻旅程构建起一个和谐婚姻的范本，真实地展现出中国普通百姓"一生都在吵吵闹闹却一直在彼此牵挂不离不弃无法分开"的家庭婚姻生活的原生态。而《金婚》的热播也反映了普通百姓对亲情与家庭的一种渴望与回归，对和谐礼让新型伦理价值观念的一种追求与向往。

也正因为《金婚》在内在精神价值上表达出的"完整"与"和谐"，而使得它在艺术层面具有一种"优美感"，这种优美感不是大江东去，不是惊涛拍岸，而是像林间的小溪、山中的清泉一般寻常而平凡，它寓庄于谐、张弛有度、笑中含泪、苦中有乐。而这些与中国传统儒家哲学所追求的"贵和谐，尚中道""哀而不伤，乐而不淫"的美学追求亦是相通的。

《金婚》半世纪的历史风雨沧桑行过，50年的生活故事太多太多，就像是那副对联"半世纪牵手，养儿育女柴米油盐，苦也恩爱乐也恩爱，磕磕绊绊终生不悔；50年同心，事业家庭酸甜苦辣，哭也甜蜜笑也甜蜜，风风雨雨永世相随"，饱含着太多的人生感悟，在《金婚》里，散落在时代与生活中的那些细腻的文化之美与真实的幸福之味，都值得我们细细地品读与回味。

参考文献：

吴素玲：《电视剧艺术类型论》，中国传媒大学出版社 2008 年版。

戴清：《家的影像——中国电视剧家庭伦理叙事研究》，中国传媒大学出版社 2008 年版。

《〈金婚〉研讨会实录》，新浪网，http://ent.sina.com.cn/v/m/2007-10-09/17581743105.shtml。

（胡清、陈雷《电影文学》2009 年第 2 期）

网络言情小说改编电视剧的女性主义叙事策略探析

摘　要　网络言情小说改编的电视剧塑造了众多性格丰富的女性形象，迥然于传统影视剧中的传统女性形象，尤其在颠覆男性中心叙事、解析女性异化根源和张扬女性主体意识等方面令人耳目一新，且深受观众喜爱。《甄嬛传》《步步惊心》《来不及说我爱你》《美人心计》等网络言情剧的女性形象都展示出女性作者智慧的女性主义叙事策略。无论她们是有意还是无意为之，但其女性主义叙事策略都获得了成功的运用。

关键词　网络言情小说改编电视剧　女性形象　女性主义叙事策略

近年来，网络言情小说改编电视剧（以下简称网络言情剧）以一种崭新的审美文化姿态势不可挡闪亮中国电视剧荧屏。如热播网络言情剧《甄嬛传》（2012）、《步步惊心》（2011）、《来不及说我爱你》（2010）、《美人心计》（2009）等，皆根据网络言情小说改编，其文本作者和编剧皆为女性，也深受观众尤其是女性受众的热捧，或许这是将女性自身的生活体验和对理想女性的期望寄托于网络言情剧的女性形象中，这些网络言情剧在解构男性中心叙事策略、张扬女性主体意识和追寻女性本性异化根源等方面令人耳目一新，可谓最大化地赋予了女性角色话语权力，在"叙事层面上，这种话语权力效应就直接表现为各种不同关系的叙事策略"①，透过权力关系的透析表，从话语体系可知社会不同力量的地位秩序，这些网络言情剧一改传统"男强女弱"的男权中心话语体系，挣脱

---

① 符杰祥：《论当代中国电视剧的女性叙事与话语策略》，《理论与创作》2006年第3期。

"菲勒斯凝视"之下男性对于女性的渴望与期待,颠覆男性主义叙事策略,一改女性作为第二性的以男性为主体的话语秩序,以重新改写、重新定义和重新阐释的积极态度来创造着女性话语,追寻女性的新自我,试图摆脱男性"话语霸权"和"文化霸权"的控制,形成别具匠心的女性主义叙事策略。

一 颠覆男权中心话语叙事

人类的文明史简言之是一部由男性书写的"他史",女性被排斥在话语的边缘地带,成为附属于男性的第二性。网络言情剧却多以女性为主角,无论古今,演绎的是女性的故事。《步步惊心》和《甄嬛传》皆为雍正得皇位前后的宫廷剧,虽一为穿越剧,一为历史剧,皆是戏说,但《步步惊心》不同于以往清宫剧对九王夺嫡中男性争权夺利的细致刻画,反而重点讲述庶女若曦在男性权力世界中的艰苦生存和智慧处世。《甄嬛传》中雍正及几位皇子退居配角,沦为被女性述说和思考的对象,甄嬛走向幕前,以自己的所见所闻和生活经历构成作品的半壁江山。《美人心计》则是西汉初期刘恒争位的宫廷剧,但身为刘恒奶娘女儿的窦漪房却成了这部网络言情剧的主角,实践了歌德所言"伟大之女性,引领我们前行"。《来不及说我爱你》是小女子尹静琬在抗战岁月的故事,两个男子慕容沣和许建璋只是衬托红花的绿叶。网络言情剧女性的世界里有爱情、亲情、友情及对自身安身立命的思考,这使人想起埃莱娜·西苏的话:"妇女必须把自己写进文本——就像通过自己的奋斗嵌入世界和历史一样。"①

在传统影视剧中的女性形象是面"失真的镜子",物化的女性形象只是男人欲望的投射物,要么是善良无辜的"天使",要么就是坏到极致的"妖女",这是男性在男性话语世界里对女性的尽情意淫,而网络言情剧使女性夺得话语主动权,一改被男性述说和物化的两极境况,按照女性经验塑造女性形象。《步步惊心》中若曦与八王、四爷,《甄嬛传》中甄嬛

---

① [法]埃莱娜·西苏:《美杜莎的笑声》,引自张京媛主编《当代女性主义文学批评》,北京大学出版社1992年版,第188页。

和雍正、果郡王的情感纠葛，既彻底解构了男性中心社会对女性"从一而终"的禁锢，又将善与恶、高尚与卑劣融于一身，塑造出立体多元化女性形象。若曦与两位恋人分分合合，主要是为保住自己及作为八王侧福晋姐姐的身家性命，这使得本来对八王有意的若曦最后投入四爷的怀抱，若曦的爱情观其实是理性的可怕；甄嬛的弃旧喜新，则是因为雍正感情不专，对甄嬛无真心对待，相反，当甄嬛被雍正误会打入冷宫之时，只有果郡王挺身而出百般维护她；甄嬛受寺院尼姑折磨，心灰意冷之时，只有果郡王为她安顿生活、让她远离烦恼；这样的男人怎能不让人爱，因此，当果郡王被雍正设计害死，我们也能理解为什么甄嬛能犯上弑君。

这些美丽的女性形象不再是绝对顺从的"天使"，她们有着自身真实的感受和真切的欲求，其实所谓的对异性无欲无私的"爱"是对真实人性的扭曲。妖妇形象在网络言情剧里得到重新演绎，成为一群充满"女性经验"富有生命魅力的女性，她们有血有肉，复杂多变而不是符号化的他者。正是活跃在荧屏的"绵里藏针"的女性群像，一反以往"妇女必须学会沉默，必须完全屈从，不允许她在任何方面对男人施展权力，她必须寂静无声"[①] 的形象，让女人发出自己的声音，展示女性真切的体验和感悟，改变了男性中心话语对女性的窒息。

二　挖掘女性异化之根源

如若仅仅是塑造出不同于传统框架的女性形象，那仅仅是表象，网络言情剧却并不浅尝辄止。在展示女性矛盾丰富多变的性格内涵时，更着力探寻她们本性从善良纯洁到诡谲邪恶再回归善良宽容的缘由，挖掘滋生恶之花的土壤，让观众明了女人之坏之邪之恶并非与生俱来，而是在争权夺利尔虞我诈的男性世界中，为了生存而不得不在刀光剑影或宫闱珠帘中你死我活地献媚争宠，但正因如此，她们在沉沦后的觉醒，自我救赎并救赎他人就成了一种闪光的升华。如《甄嬛传》中的安陵容为了在后宫中争得一席之位，出卖姐妹，设计陷害他人，无所不用其极，是一肚子邪恶计谋的毒女子，然而追溯本源，出身贫寒的她刚进宫时原本温婉善良，却遭

[①]　罗婷：《女性主义文学与欧美文学研究》，东方出版社2002年版，第45页。

尽白眼和暗算，为了生存，她只能趋炎附势，狠下心肠越走越远，其实安陵容哀己不幸怒己不争，她恨他人更恨自己身不由己，但是命运就这么嘲弄人，直至她自杀前的那一刻，她向甄嬛道出了前皇后被杀的秘密，她最后一句话："这条命，这口气，从来由不得自己，如今，终于可以由自己做主一回了。"她才终于做回真正本性善良的自己。类似安陵容式的人物在网络言情剧里不少，她们是男性社会遭受践踏的牺牲品和被害者，为了活下去且活得更好，她们只能靠自己去夺得自己想要的。因而网络言情剧"关注女性自身的内心感受、自我意识和内在要求，并基于自由平等的人权要求，不作过多的道德判断"①。

甄嬛也很难用传统意义上的善良女主角去定义她，她有善良的一面，为人处世宽厚，但她在复杂的后宫争斗中，为了争宠和稳固自己的地位，一样通过阴狠手段对付"情敌"。她对所谓的好姐妹安陵容等，也是利用为主；对待所爱的人，更是一心两用，与皇帝和果郡王暧昧不清。这样的女主角换在传统言情剧中实在不是道德意义上的好女人，但却让人感到甄嬛的性格成因特别真实可信，身为官家女儿的她被迫参加后宫选秀，因为长相酷似前皇后而被雍正青睐，就此卷入后宫是非，从一个单纯无邪的小女人变成了充满心机的妇人。这样丰富饱满的女性形象，很难用简单的好女人坏女人来界定。随着故事的推进，观众关注的是在一个与男性对立统一的世界里，处于动态的真实女性的欲望和情感，在剖析和审视女性的同时更剖析和审视人性。

三　凸显女性主体叙事

网络言情剧在两性关系构建中，尤其在爱情婚姻关系上追求平等和谐的伴侣关系，在"女强男弱"的关系格局里重视女性主体的张扬，这些温柔似水却实质"绵里藏针"的女性形象，有着独立自主的灵魂，在爱情上追求真情，在婚姻上追求平等，在事业上追求突破，即使受到男性的压制，内心却坚持人格的独立，并且伺机待发掌握自身的主动权。她们向往如舒婷诗歌《致橡树》所言的伴侣式爱情，温存大于激情，信任大于

---

① 李霞：《爱情的建构：解读影视传媒中的社会性别符号》，《学术界》2004年第6期。

嫉妒，平淡却深厚。这些女性是有尊严的强者，一旦爱情婚姻遭遇挫折或者男方变心，她们不像传统言情剧的女性那样通过自身的妥协换取男人的回心转意，相反她们会挺着腰板，傲然离去。

《来不及说我爱你》中的四少为保全城池答应谨之婚事，被迫登报与静婉断绝关系，静婉先是去确认，毕竟此时的她已身怀六甲，然而当她发现四少准备把她金屋藏娇时，她断然拒绝，悄然离开。

信之劝说静婉："四少纵然是有千错万错，但你们好歹也是夫妻一场。他只会保护你不会伤害你的。"

静婉回答："保护我？那我的下半生，就会在他的保护之中度过。他给我安排什么样的命运，我都要接受。他让我做什么样的女人，我就要做什么样的女人。他让我一辈子生活在黑暗之中，我就一辈子见不得光明。信之，这是你说的保护吗？"

此语道尽静婉一生底线，女人可以什么都没有，却不能没有自尊。这其实也说出了网络言情剧女性共同的爱情婚姻观——女人要追求真情，但要平等的爱和独立的爱，只有一个懂得爱自己的女人才能有资格被爱。

传统的女性与男性的关系是顺从的、依附的，是经济与精神的全盘依附。鲁迅曾犀利地指出："通俗的讲，钱是很重要的，失去了经济的独立，出走的娜拉只有两条路可走，要么堕落，要么回来。"[①] 爱情也得有所附丽。女性如果没有强大的内心和稳定的经济基础去维系这份感情，那么女性只能作为爱情中的牺牲品和男人的附庸，静婉对此做出了答案。因她有高超的经商手腕，看准黄金市场走向，通过黄金买卖，在十年内战中，孤身一人养活了自己和母亲，并且还有余力去帮助在战争中失去亲人的孤儿，这才能爱得自信、活得自由，经济实力成了女性挺起腰板的内在灵魂。

在男性中心叙事中，"女人形象都具有依附性，她们弱小、温柔、被男人统治，需要男人来解放；而女性形象自身则是空洞的，没有自己的思想和意识；她们付出的爱是无意义的，不仅得不到回报，而且使自己沦为物"[②]。"英雄救美"便成为传统文学和影视作品惯用的情节，往往是柔弱女性遁入死局，男性救星及时出现救助，成为女人的主宰者。但网络言情

---

① 鲁迅：《文艺会刊》第6期，转载于上海《妇女杂志》10卷8号。
② 刘慧英：《走出男权传统的樊篱——文学中男权意识的批判》，生活·读书·新知三联书店1995年版，第18页。

剧颠覆了这种性别成见，女性一改以往的被保护的柔弱形象，以女性个体独有的智慧上演"美女救英雄"戏码，她们以解救者形象出现，为陷入困境的男性指点迷津，辅助督促他们渡过难关，无论古今。如《美人心计》中刘恒身陷吕后猜忌、亲族争权之困，之所以最终能称帝全靠窦漪房和雪鸾这两位女性辅助。《来不及说我爱你》建彰私带禁药被捉，为此静婉千里救夫，使建彰逃过一死。网络言情剧塑造的女性形象是与男性平等抗衡甚至优于男性的主体形象，她们掌握自身的命运甚至把握男性的命运，而绝不做男权或男性的附庸，是生活的强者和胜利者。

网络言情剧中的女性形象为中国当代电视剧增添了独特的审美形象，塑造出人物画廊崭新的富有特色的女性群体，在带给观众全新的审美体验的同时，也让观众思考女性主体的独立意识和女性的价值意义所在，无疑从女性形象中映现出的女性主义叙事策略的成功运用也当给创作者和研究者提供借鉴和探研的新空间。

（胡清、胡青青《电影文学》2013 年第 5 期）

论严歌苓小说的电视剧改编

摘 要 小说的电视剧改编是电视剧剧本创作的重要途径之一，在这一跨媒介转换中，2009年以来严歌苓的《小姨多鹤》《一个女人的战争》《幸福来敲门》和《第九个寡妇》热播于各大卫视黄金剧场，且好评如潮。严歌苓注重"在普通人中寻找传奇，在传奇中寻找普通人"，这是小说与电视剧题材的通约性；她自觉主动地在小说中运用影视语言、深谙影视叙事是跨媒介转换的保证，而浑圆立体化的女性形象则是其小说及电视剧改编的永恒魅力所在。

关键词 严歌苓小说 改编 电视剧

如果说严歌苓以凄美奇诡哀婉的《扶桑》赢得"雅不可耐，高不胜寒"的纯文学之声；以《少女小渔》《天浴》的电影改编让读者和观众敞开了新移民故事的新窗口和老知青故事的门扉，并以与张乃嘉、陈冲的联盟亮相姐妹情谊；还以《梅兰芳》《金陵十三钗》的褒贬不一众说纷纭成为热闹的焦点，那么，21世纪（2009年）始根据她的四部长篇小说改编的电视连续剧，却都分明获得了雅俗共赏的认同和赞誉。34集电视连续剧《小姨多鹤》（2009）与《一个女人的史诗》（2009）一登荧屏就席卷了国内各大卫视，好评如潮；36集《幸福来敲门》（2011）刷新了央视当年电视剧收视率记录；《第九个寡妇》（2012）仍然获得收视狂潮……严歌苓小说改编电视剧的屡屡成功，得益于她注重"在普通人中寻找传奇，在传奇中寻找普通人"的叙事策略，因为这是小说与电视剧题材的本质通约性；她自觉主动地在小说中运用影视语言、深谙影视叙事是跨媒介转换的保证，而以女性视角塑造浑圆立体化有血有肉的女性形象则是其小说及电视剧改编的永恒魅力所在。

一　普通人与传奇的相互寻觅

小说、电影和电视剧从根上说，皆是草根文化。小说乃"九流十家者之末"，电影是杂耍的艺术，电视剧则是老百姓的精神晚餐，替代了早年的说书和戏文。但历经时代的变迁，小说以纯文学身份入居殿堂、象牙塔，电影也变得高深莫测。但随着读图时代的审美倾向嬗变，严歌苓悟出个中真谛，毕竟爱听故事是人类的天性。她自言："当我不去考虑那些复杂的东西，平铺直叙地去讲故事时，反而受到读者喜爱，就像我最近一些年写的《小姨多鹤》《一个女人的史诗》《第九个寡妇》这样的小说，写得舒畅极了，根本没有觉得有任何难度。"①

小说《小姨多鹤》20万字，发表于2008年。写的是日本少女多鹤与张俭夫妇一家的故事。小说中的张俭是东北小火车站站长的小儿子，原名二孩，大儿子被日本鬼子杀害，二媳妇小环受日本鬼子惊吓流产后不能再生育。多鹤是"伪满洲国"里聚集日本人的多浪村的少女，日本战败，村长要求日本村民集体"殉国"，这个16岁瘦弱女子死里逃生。后被卖给了站长（站长在电视剧中改成了石匠），给二孩生孩子以传宗接代，国恨家仇的二孩夫妇当然难以接受她，但传香火要紧，多鹤到底生下女儿和一对双胞胎儿子，但子女却认多鹤是小姨。为掩饰同一屋檐下的畸形关系，加之解放后的各类运动形势，二孩改名张俭，全家南迁至江苏某城的钢厂，多鹤装哑巴，为摆脱笼罩的阴霾，张俭曾弃多鹤于野地，但多鹤历尽艰难还是回到张家，又一次流产后，多鹤对小环痛述身世，于是善良的夫妻俩对多鹤产生同情，滋生出亲情。在男性张俭，还萌生出爱，"他化解了那么大的敌意才真正得到了她，他穿过那样戒备、憎恶、冷漠才爱起她来"！情感纠缠真如梦魇般撕心裂肺！历次政治运动更使这卑微乃至卑贱的一家备受煎熬，但种种苦难到底熬炼出来人性的善与人间的"亲"，就这样延绵40年！中日恢复邦交后，病重的张俭虽随多鹤赴日本治病，但终撒手人寰。他们的后代去日本，一样生存艰难。战争与政治运动的大历史与底层小百姓的遭际纠结一处，摆不脱、甩不掉。故事是传奇的，人

---

① 转引自庄园《严歌苓：我是很会爱的》，《华文文学》2006年第1期。

物，无论是日本女人多鹤，还是中国人张俭及他的父母妻子，混血的儿女，皆为残酷战争的受害的普通人。普通人的辛酸传奇，读过小说，看过电视后，在苦痛的咀嚼中，感受到人性的温暖。

小说《第九个寡妇》也是 20 万字，最早出版于 2006 年。女主角王葡萄的故事与多鹤几乎同样的时代跨度，这个所谓的发生在中原农村的真实故事称之为传奇则轻描淡写了，是惊心动魄的严酷的离奇大案！小说故事起始于 1944 年夏天的一个夜晚。当日本鬼子使毒计让女人们认走丈夫以暴露八路时，前八个媳妇为救八路舍弃了丈夫，唯有 14 岁的王葡萄却领回自己的老公铁蛋，当然，她也很快成了第九个寡妇，于理于情，她当然渺小于前八个寡妇，是辨不清大是大非的浑浑噩噩者；更有甚者，王葡萄还对公爹孙怀清充满孝心，解放初，她见作为恶霸地主的公爹被枪毙后还有一口气，竟偷偷背回，藏于红薯窖几十个春秋！任凭窖外风云变幻，懵懂的她始终与公爹患难与共。同时，作为一个年纪轻轻就守寡的女人，为了情欲，更为了生存，她也先后与不同男人偷欢，但她心里喜欢的实在是丈夫的哥哥。这个童养媳出身的底层女人所做的一切，并非信仰觉悟使然，而是混沌未开的女人的本性本能，凭着的是地母的根芽——自己的男人自家的公爹哪有不救之理？这样的离奇故事在严歌苓笔下依仗着日常化世俗生活化的描述铺陈，却从人间烟火中弥漫出人伦亲情。香港导演黄建勋执导了这部长篇电视连续剧，仍以传奇故事作为叙述主线，王葡萄还是小说中的那个王葡萄，但是传奇的背景进行了改造，与王葡萄对手戏的男性或强化或弱化或删减。

《一个女人的史诗》其实就是严歌苓写《小姨多鹤》和《第九个寡妇》的心语主题，她以新历史主义的观点给大历史中的一个个普通女人作传写史。当然，与多鹤、王葡萄的传奇史相比，《一个女人的史诗》中的小市民家庭出身的田苏菲淡化了摄人心魄的传奇，但三个女人的史诗岁月背景相近。1947 年 16 岁时的田苏菲，只因被骗走的一件毛衣收不回来，一冲动就参了军，进入文工团，无师自通竟会演戏，得到旅长都汉的青睐，欲结为夫妻，但田苏菲钟情的是集狷狂又柔弱、多才多艺又放荡不羁的欧阳萸，虽如愿结为夫妻，但因受富贵书香熏陶的欧阳萸既不随主流，又与田苏菲格格不入。简单、质朴、粗糙的田苏菲却无怨无悔，无论时事发生什么变故，哪怕沧海桑田，她也始终对欧阳萸不离不弃，终于赢得了大团圆的晚年。正是：相濡以沫，共度余生，执子之手，与子偕老。

从一个青葱女中学生到年近半百的老妇,个人情感婚姻经历镶嵌于30余年的宏大的历史事件风雨中。这样传奇又平常的故事,其实更能引起广大百姓心的共鸣。人生就是这样,不像你所想象的那么好,但也决不像你所想象的那么坏。

36集《幸福来敲门》则淡化传奇性,柴米油盐酱醋茶,日常化世俗化的生活氤氲着人间烟火味。36岁的剩女李路对摄影师宋宇生一见钟情,宋的妻子因车祸离世,岳母带着外孙们就居李路楼下,这本是很有缘分的好事,但好事多磨,岳母对李路一贯有成见;一对子女也横加阻拦,这其中,演绎出多少恩恩怨怨!但,李路终以自己的真诚感动了老少们,有情人终成亲眷。这出家庭伦理剧不同于刘慧芳为主角的《渴望》,虽然与王葡萄、田苏菲一般又是一根筋,但正是这份柔韧的执着追求,而不是如传统女性那般逆来顺受忍辱负重,还有她的"放手"让老少明白:不能没有她!在她身上闪烁着新女性的个性亮光。这一波三折的婚姻生活,不仅引起不同层次的观众认同,而且发人深省。因为这样的悲悲喜喜,坎坎坷坷,不正是生活的常态吗?

二 伟大之女性引领我们前行

严歌苓的小说可属名副其实的女性文学,她以女性视角女性叙事倾心于女性形象的塑造,妓女扶桑、少女小渔、女人田苏菲、寡妇王葡萄、多鹤、小环等,无论是久远的还是当下的,海外漂泊者还是本土躬耕者,皆凸显出背负沉重历史背景的地母式的女性形象,她们的人生轨迹烙刻进跌宕起伏的大历史风云中,沧桑坎坷的,是那么的无语和无奈,但是,她们又是那样的坚忍无畏,在苦苦挣扎中并不一味地怨天尤人,浸淫着几千年中国社会性别压迫的女性生命本体,反而表现出一种胜于男性的淡定从容和沉稳乐观,正是她们以希望之光为赖以生存的人世间点亮火苗,从而彰显出繁杂生活中不灭的人性之魅力。正如严歌苓自己所言:"我只是在塑造一个有血有肉、有肤色、有温度的、立体的形象,越浑圆越好。"[①] 这些女性将生命力力透纸背令人难忘。当然,这其中有着严歌苓自身经历的

---

① 转引自庄园《严歌苓:我是很会爱的》,《华文文学》2006年第1期。

女性体验和感悟，智慧的她与她笔下的女性血肉相连。

《一个女人的史诗》飘荡着非常岁月中少女严歌苓的伤感，她在阿姨辈的田苏菲身上寄托了女性对爱的寻觅的执着，这是另一种"一根筋"的女人，"浑头浑脑"，为"我爱的人"困扰一生却永不言悔，为"爱我的人"欣慰一生又歉疚难言。从豆蔻年华到红颜老去，无论没完没了的运动如何翻江倒海，田苏菲始终守护着与爱人与家的一叶扁舟，哪怕千疮百孔。她比她的年轻时就守寡、清贫却体面的母亲幸福，比精于算计的伍妈妈的更"精明懂事"的女儿伍善珍幸福，极端自私的市侩伍善珍虽善变最终仍落个悲剧。但是，田苏菲最终收获的幸福是否已是千疮百孔的呢？只是她始终保持着人性的善良和单纯，哪怕混沌，亦是弥足珍贵的。这部剧与万方的《空镜子》其实有异曲同工之妙。

同样，多鹤的温顺隐忍、小环的包容泼辣，都以失却女性独立的自我为代价；但唯此方能生存，方能维系摇摇欲坠的家，这是悲剧命运的原点，却也是一种无疆的浑然不分的仁爱，唯此，这两个不同民族的女人才能相濡以沫生死相依地扶助同行。王葡萄不可思议的胆大妄为，凭的是天性生蛮的"一根筋"，在男性社会化后，女人的自然本性守住了人伦亲情、人生的正常态。我们想，严歌苓并非讴歌她们的传统东方女性之美，也非欲将她们写成另种女英雄，她只是为这些在边缘夹缝中遭受磨砺的女人写史，在卑微卑贱的人生中闪烁出人性的光辉、女性的光辉而已。

三　媒介转换的渗透与交融

出于传播媒介的特质和传播方式的不同，不同媒介的转换总会有得有失。如小说《小姨多鹤》中多鹤与朱小环的性格虽一柔一刚，但把握适度，而剧中的朱小环却是打翻了的醋坛子，虽然这更符合现代女人的心理特征，但这种"现代性改造"却使原著中20世纪中国女人独有的母性光辉黯然失色，因而，故事虽仍见一波三折，但人物却失去了神采。小说中人的命运被历史的荒谬愚弄的冷峻与悲凉在剧里得以淡化，取而代之的是人性的善良与亲情的融洽。是得是失？见仁见智。

如《第九个寡妇》，从大众传媒的影响面考虑，已将小说中敏感的历史事件做了修改。王葡萄20多年中爱过或者纠葛过的男人有琴师、铁脑、史冬喜、史春喜和朴同志5个,但政治运动或天灾人祸让这些男人一个个都离开了她,她独自的担当才更显现非同寻常的立体形象。而电视剧中男性形象所剩无几,铁脑成为葡萄唯一的精神对象,琴师则成为集众恶于一身的大反派。使这一部女性的农村史诗有失重之感。剧中饥荒年代里也有穿着妖娆艳丽的女人们穿行着,搅浑了历史印痕,削减了原著中深邃的历史感与人性的厚度。

尽管严歌苓声称做影视编剧在她是爱恨交加,"作家长期从事编剧工作对写小说有伤害"。但是,她又说:"我非常喜欢小说里能够有嗅觉、有声响、有色彩、有大量的动作"①,"在故事正叙中,我将情绪的特别叙述肢解下来,再用电影的特写镜头把这段情绪若干倍放大、夸张,使不断向前发展的故事总给你一些惊心动魄的停顿,这些停顿使你的眼睛和感觉受到比故事本身强烈许多的刺激"②。所以,作为好莱坞编剧协会唯一的华裔会员,她的确深谙影视叙事,水到渠成地将影视声画语言、蒙太奇结构等融会到小说创作中,同时,她"是个对语言、对中国各种方言特别感兴趣的人,爱听别人聊天,爱琢磨他们的语言"。她的小说对白已高度口语化,如见其人,如闻其声,如此等等,修建了小说影视改编的直通车道。

如影视同期书《幸福来敲门》,开篇就有一段日常化生活化的描写:

> 北京某部委家属大院,一个上了年纪的、沙哑的声音叫着:"306,江路!接电话!"
> "来啦!"江路一边答应着,一边匆匆穿过院子,朝小卖部跑去。
> 正在二楼阳台上晒棉被的钱淑华撩了撩自己齐耳的花白头发,探头朝院子里瞅了一眼,撇了撇嘴道:"一早上就是叫她的电话!大礼拜天的,街坊四邻连个懒觉都睡不了!"

142字的描摹,不仅交代了时间、场景和人物,而且两个女人的形象烙刻进读者心田。声音刺激听觉、声音伴随人物的出场,画面由远及近的运动,钱老太动作细节的放大,语言表述的由此及彼,由表及里,难怪年

---

① 沿华:《严歌苓在写作中保持高贵》,http://www.china.org.cn/chinese/RS/368020.htm 2003.07.23。

② 严歌苓:《严歌苓文集》,当代世界出版社2003年版。

近四十的剩女江路追求幸福有这么多的磕磕碰碰!

  小说的影视叙事并不是一件坏事,评论家雷达就称道:"严歌苓的作品是近年来艺术性最讲究的作品,她叙述的魅力在于'瞬间的容量和浓度',小说有一种扩张力,充满了嗅觉、听觉、视觉和高度的敏感。"这,当然是影视叙事的特质和魅力。

(胡清、宋丹丹《电影文学》2014 年第 4 期)

中国大陆穿越剧的后现代美学特征探析

摘　要　中国大陆穿越剧（以下简称"穿越剧"）是大众文化盛行的产物，具有鲜明的"后现代"色彩。本文将从大众化审美和别样的时空美感两方面着手，探析穿越剧的后现代美学特征，并对其提出必要的反思。

关键词　穿越剧　后现代美学特征　大众化审美　时空美感

随着后工业时代的到来，"在原有的现代的崇高的位置上，出现了美的回归和装饰，它抛弃了被艺术所声称的对'绝对'或真理的追求，重新被定义为纯粹的快感和满足……它们则完全沉浸在灯红酒绿的文化放纵和消费之中"①。美学向生活的回归为后现代美学的大众化审美提供了重要的发展契机。穿越剧之所以能够在电视荧屏上一路飙红，很大程度上得益于其自身的大众化审美倾向，同时，透过后现代的当下性和"不确定性"，大众把握到了穿越剧所彰显的别样的时空美感。

一　大众化审美

后现代美学大师詹姆逊声称："传统哲学的结束，新的理论的出现，正是以四种解释，或是四种'深度模式'的消失为标志的。"②"它们是：黑格尔的辩证法对现象与本质的区分；弗洛伊德的表层—深层的心理分析模式；存在主义所区分的本真性和非本真性；符号学。消除这四种深度模

---

① 詹姆逊：《后现代主义与文化理论》，北京大学出版社2000年版，第108页。
② 同上书，第201页。

式,即是消除现象与本质、表层与深层、真实与非真实、能指与所指之间的对立。"[①] 深度模式的消失直接造成了后现代文艺作品表面化、缺乏内涵、无深度的审美机制。

从叙事层面上分析,穿越剧总是以"穿越"现象为发端,将视角聚焦于某几位因"穿越"而邂逅的男女主人公身上。剧中主人公的生活轨迹和情感经历往往一波三折,但不论男女主人公能否终成眷属,穿越的一方总会因为不同的原因又穿越回去。观赏过程中,触动观众最深的无疑是穿越时空的另类爱情和浪漫唯美的镜头语言。

显而易见,穿越剧消解了传统美学范畴的"元叙事"和"深度模式",文本所承载的文化现象丝毫未显露出深刻而崇高的审美旨趣。即便有观众解读出更深一层的寓意——"穿越剧"折射出当代都市男女渴望穿越时空以逃避残酷现实的"白日梦"式的内心诉求,但不难发现,这仅仅是为了迎合青年观众消极避世的逃遁心理,并不具备美学维度的深层内涵。

一定程度上看,无深度感的审美特质消弭了穿越剧文本晦涩难懂的读解意味,使文本同大众的审美水平和理解能力相契合。穿越剧因其叙事模式的表层性、主题内涵的浅显性和情节内容的虚幻性,为观众提供了非比寻常的能指盛宴和天马行空的视像狂欢,这正是穿越剧大众化审美的一个表征。

另一大众化审美的表征是亲近的复制性。在后现代社会,"复制"当仁不让地成了美学范畴内最重要的主题之一。传统美学通过典型论、移情论或距离说等方法炮制出的审美落差在后现代复制手段的作用下得到了彻底的消解。由于文化呈现出难能可贵的亲和力,大众内心的审美距离感便逐渐隐退在频繁的鉴赏活动当中,穿越剧的大众化审美特征也得到进一步彰显。

首先,复制性带来了题材上的亲近性。针对不同的穿越时代,已有学者将穿越剧总结为"清穿剧"(穿越回清朝,《宫锁心玉》等)、"战穿剧"(穿越回战国时期,《神话》等)和"秦穿剧"(穿越回秦朝,《神话》等)等类型。剧中,不论主人公穿越至哪一时代,作品主题总离不开英雄主义式的冒险和刻骨铭心的爱情。更有《宫锁心玉》和《步步惊

---

① 张旭:《探析杰姆逊后现代美学理论》,《安徽大学学报》2001年第6期。

心》,不仅同属"清穿剧",且都选取清康熙末年"九子夺嫡"的历史事件作为叙事核心。由此可见,复制性引发了穿越剧内部的"文化再循环"。在这种循环之下,创作者有意选取大众熟知的历史事件和"灰姑娘"式的爱情线索作为文本的叙事元素,一定程度上暗合了大众的审美经验和期待视野,调动起大众在审美过程中的预知能力,便于大众对文本进行先验性解读。

其次,复制性造成了文本风格的趋同性。詹姆逊指出,"随着主体之去,现代主义论述中有关独特'风格'的概念也逐渐隐退"①。显然,复制在这一过程中发挥了极其重要的作用。从《穿越时空的爱恋》到《神话》再到《步步惊心》,每一部穿越剧都力求以一种浪漫而唯美的影像风格夺人眼球,而不以精英式的风格化的艺术情操作为提升文本品位和质量的筹码。似乎"文化创作者在无可依赖之余,只好旧事重提,凭借一些昔日的形式,仿效一些僵死的风格,透过种种借来的面具说话,假借种种别人的声音发言"②。然而,不可否认的是,"作者"风格的离席和"精英意识"的缺失为大众化审美的崛起创造了发展条件,正如金丹元所言,"严格意义上讲,精英文化与大众文化是相悖的"③。事实证明,穿越剧非但没有失去固有的收视群体,反而在更大范围内赢得了认同。

消费式审美也是大众化审美的表征。"传统的美学是一个纯粹的、精神的、形而上的领域,而到了后现代,由于一切都被商品化了,打上了世俗消费的印记,以至于美学领域中也渗透进了资本的逻辑。在后工业社会里,文化与商品意识、消费观念,与工业生产紧紧捆在一起。"④ 毫不夸张地说,"艺术作品正成为商品"⑤,大众审美也带上了消费的色彩。穿越剧消费式的审美倾向是不言而喻的,而多元化的类型杂糅则是构成穿越剧消费式审美特征的重要手段。

从文本类型上看,穿越剧多为青春偶像剧、历史戏说剧和冒险剧的杂交品。青春偶像元素靓丽多彩,迎合了青年观众对青春、时尚等元素的崇

---

① 詹姆逊:《文化转向》,中国社会科学出版社2000年版,第6页。
② 同上。
③ 金丹元:《影视美学导论》,上海大学出版社2009年版,第314页。
④ 同上书,第317页。
⑤ 詹姆逊:《晚期资本主义的文化逻辑》,生活·读书·新知三联书店1997年版,第477页。

拜心理。《宫锁心玉》里的杨幂和冯绍峰,《步步惊心》中的刘诗诗和吴奇隆,唯美的镜头,浪漫的背景音乐,这些无不是构成观众们偶像消费心理的重要元素。

戏说历史消解了历史的凝重感,直接营造出一种历史消费主义的氛围。所谓历史消费即"选择有广泛影响、有大众接受基础的历史题材与消费类型题材要素相组合,把历史史实、历史言说进行各种形式的'戏仿''歪说',并夹杂各种现实的文化消闲的噱头于其中,将历史当下化、生活化、消费化"①。《古今大战秦俑情》中韩冬儿和蒙天放历经千世情劫,共同经历了焚书坑儒、徐福东渡、烧制窑俑等历史事件,文本看似拥有古典和现代两套符码系统,实则是将现代意识融于古典叙事之中,对秦朝历史进行了解构和戏仿,从而形成一种大杂烩般的历史消费奇观。

冒险元素则充分刺激了观众的官能体验,同人们的猎奇审美心理相契合,《剑侠情缘》中五位主角历尽艰辛寻找"九天玄玉"的故事即是明证。经过类型杂糅后,穿越剧的审美维度得以扩展,使大众的消费式审美心理得到进一步满足。

总之,大众化审美是穿越剧最显著的后现代美学特征之一,而无深度感、亲近的复制性和消费式审美既是其重要的实现方式,又是其重要的风格表征。

二 别样的时空美感

在后现代时期,时间和空间观念发生了新的建构,人们的思维感知方式和经验模式也随之改变。作为后现代的文化产物,穿越剧也折射出一种别样的时空美感。

一是永恒的当下性。与传统时空观念不同的是,在后现代社会,人们"用时间的空间化把这两组特征(表面与断裂)联系起来。时间成了永远的现时,因此是空间性的。我们与过去的关系也变成空间性了"②。这意味着"当代社会系统开始渐渐丧失保留它本身的过去的能力,开始生存

---

① 李简瑷:《后现代电影——后现代消费社会的文化奇观》,四川人民出版社2009年版,第398页。

② 钱衍善:《后现代主义》,社会科学文献出版社1993年版,第133页。

在一个永恒的当下和一个永恒的转变之中,而这把从前各种社会构成曾经需要去保存的传统抹掉"①。

"穿越"一词本身就带有解构时空的性质。在穿越剧中,无论是从古到今,还是从今入古,人们赖以存在的时间维度被一种神秘的穿越仪式消解殆尽。空间成了后现代作品人物唯一的存在依据。譬如《女娲传说之灵珠》中的丁瑶,只需转动魔幻的九星轮,她便能穿梭于古今之间;再如《穿越时空的爱恋》里的小玩子,只要触动游梦仙枕的机关,她就可以从明朝穿回到现代。对丁瑶和小玩子们来说,时间是无法令人信服的存在依据。在她们身上,历史感消失了,时间的链条断开了,任何时间维度的生存体验都成了孤立的、裂开的、平行的当下性体验。就像丁瑶,在现世社会里,她是一位普通的大学生;在古代神话世界中,她却是天神转世,法力无边。丁瑶的两个世界互不相干互无联系,唯一对丁瑶造成影响和羁绊的只有那段穿越古今的爱情。与此同时,在穿越剧中,人们的历史意识得到了彻底的颠覆,剧中历史或多或少发生了断层,人们已无法正确地理解和把握历史,沉淀于人类历史的集体意识和文化记忆悄然溢出了传统的层面,在断层状态下,审美主体顶多只能扼住某些类似于历史偶然性片段的"当下性"体验。

二是时空穿越的"不确定性"。由于审美体验的割裂性,后现代美学呈现出一种"精神分裂式"的感官模式。拉康指出:"精神分裂的感受是这样的一种有关孤立的、割断的、非连续性的物质能指的感受,它们无能于扣连一个连续的序列。"②詹姆逊将其解释为"无深度感",伊哈布·哈桑则认为这种感官应归结为某种"不确定性","它包含了对知识和社会发生影响的一切形式的含混、断裂、位移……我们不确定任何事物我们使一切事物相对化。各种不确定性渗透在我们的行为、思想、解释中从而构成了我们的世界"③。

在穿越剧文本中,真实的时空被解构为古今时空、游戏时空、神魔时

---

① [美]詹姆逊:《晚期资本主义的文化逻辑》,生活·读书·新知三联书店1997年版,第418页。

② [日]福原泰平:《拉康,镜像阶段》,河北教育出版社2002年版,第195页。

③ Ihab Hassan, The Postmodern Turn: Essays in Postmodern Theory and Culture, Ohio State University Press, 1987, p. 78. 转引自朱漱珍《中西方影视作品中后现代之"不确定性"解读》,《西安文理学院学报》2008年第3期。

空等若干板块,使其呈现为一种含混而断裂的状态。时空的位移使人物的行为准则、思维模式和认知能力变得"不确定"起来。在改编自同名网络游戏的穿越剧《剑侠情缘》中,我们看到了最具说服力的例证。文本的叙事起点为 2030 年的未来世界,该世界的游戏玩家只需通过某种特殊的游戏终端便能自由出入于虚拟的大唐江湖,感受古代江湖的血雨腥风。人们随意地穿行于虚拟和现实之中。基于这种游戏式的随意性,生死、爱情、理想等主题在文本中凸显为强烈的偶然性和"不确定性"。非但如此,"不确定性"由于现实玩家自身盲目的、乌托邦式的理想追求而得以加剧。剧中,网络黑客赵无忌因为无法在现实生活中实现自身的爱情理想和生活追求而非法侵入了游戏系统,企图建立个人的乌托邦。他通过各种手段使大唐江湖的各方势力相互倾轧,扰乱了正常的游戏秩序,并造成了其他玩家丧失自我和记忆且无法回到现实世界的恶劣局面。无疑,这样的剧情模式是穿越时空"不确定性"的又一个表现。

2011 年 12 月,国家广电总局针对宫斗、穿越、涉案等剧下达了一条"限播令",责令其退出各大电视台的黄金档。对此,笔者以为穿越剧后现代美学特征如同一柄双刃剑,在带来审美奇感的同时,也于一定程度上阻碍了其良性、健康地发展。穿越剧在实现其审美的大众化时,无深度感却降低了文本的审美内涵、复制性导致了题材的枯竭和同质化,消费式审美变相地造成了文化的"唯功利主义"。别样的时空美感虽然给大众带来了"当下性"体验和"不确定性"的刺激感,但一味地提倡个人体验的"当下性"并推崇"不确定性"所带来的刺激感,容易使大众陷入享乐主义和虚拟世界的泥潭而无法自拔。看来,穿越剧对于后现代美学特征的彰显必须适度,且要坚守一定的价值尺度。对于大众的审美诉求,穿越剧应积极引导而不应消极迎合,应发挥想象力出奇制胜但不可天马行空胡编滥造。

"后现代"从来都是个令人棘手的命题,正如詹姆逊等后现代大师对它又爱又恨一般!

(胡清、雷波《电影文学》2013 年第 3 期)

金铁木历史题材纪录片
"新历史叙事"解读

摘　要　21世纪以来，我国历史题材纪录片出现了前所未有的"创作热"现象，并引发观众的热烈反响。金铁木导演凭借着《圆明园》《大明宫》等作品成为这股热潮中最为耀眼的焦点，以其为先导，历史题材纪录片在21世纪的复杂语境中完成了一次华美转身，而这种转变则主要体现在"新历史叙事"的运用上。本文以金铁木纪录片为样本，试图从细节叙事、真实再现、叙事视角等方面解读历史题材纪录片叙事策略的变化及所带来的新审美体验。

关键词　历史题材纪录片　历史叙事　细节叙事　真实再现　视角

作为最具文化品格和历史意蕴的一种纪录片类型，历史题材纪录片因"利用影像形态对历史遗迹、历史文物、文化景观等的记录"，"折射当代人对民族历史文化的深刻认识、体验与反思"[1]而备受关注。然而，由历史文化的天然厚重感和严肃性而引发的"历史叙事"的艰涩、枯燥却往往使观众对历史题材纪录片产生疏离。进入21世纪以来，随着主流政治话语的不断消解和淡化，商业文化主导多元文化格局已成不争事实，同时，由于新历史主义理论不断渗透，历史题材纪录片在结构影片的叙事方式上呈现出一些鲜明变化。以金铁木导演的《复活的军团》《圆明园》《大明宫》《玄奘大师》等影片为代表，历史题材纪录片一改过去沉闷、"宣教"的形象，以可视性、轻松化及文献性相融合的新形象完成了华美转变，受到越来越多受众的追捧。深究金铁木历史题材纪录片成功的原

---

[1]　欧阳宏生：《纪录片概论》，四川大学出版社2004年版，第97页。

因，除了"奇观化"包装、市场化营销以及对历史文化的真诚表达外，从纪录片本体来说，最重要的还是叙事策略上的大胆变革。

一 细节叙事与宏大叙事的结合

对于宏大叙事的理解，马相武先生指出，"它主要是指启蒙运动以来所构建的一种关于世界和人类社会发展的理性主义神话的'大叙述'"。[①] 中国传统历史题材纪录片多采用这种带有理性主义神话色彩的"宏大叙事"方式，运用宏大建制表现恢宏的历史，其叙事视角大多是居高临下，创作素材基本来源于官方文献或主流专家、学者的研究成果。无论是《毛泽东》《邓小平》等历史人物纪录片，还是《丝绸之路》《话说运河》等历史文化纪录片，都着眼于"大文化"的取材视野，虽然也指涉到具体的文化载体或文化符号，但总体上仍给人一种高高在上、胸怀全局的厚重感，遥远的历史与观众之间横亘着一条难以逾越的鸿沟，究其主要原因就在于缺乏细节叙事所带来的亲近感和生命力。

20世纪90年代后期以来，历史题材纪录片不断反思"新纪录运动"平民化表达的极端化走向和传统历史表述方式的恢宏性的、意识形态性等问题，开始"表现出对历史记载中的零散插曲、轶闻轶事、偶然事件、异乎寻常的外来事物、卑微甚至简直不可思议的情形等许多方面的特别兴趣"[②]。历史题材纪录片逐渐抛弃单一的宏大叙事模式，积极融合细腻、感性、具体、带有个人体验的细节叙事方式，使历史题材纪录片有了情节化、可看性等新的属性标签。金铁木导演的成名作《圆明园》曾掀起了一股"历史文化热"，其成功的重要原因就在于在建构历史主体的情况下突出运用细节叙事。宏观上来讲，该片以圆明园为线索，以宏大叙事的方式描绘了中国最后一个封建王朝由盛转衰的历史图景。从细部来看，编导将圆明园与个人紧密结合起来，重现大量"零散插曲"，还原鲜活的历史人物，避免历史叙事陷入编年史的"流水账"俗套中。比如，皇帝作为国家权力的最高符码，在历史题材纪录片的"宏大叙事"中常以威严、

---

① 马相武：《宏大叙事与文学主流》，《中国艺术报》2009年9月8日。
② 王岳：《海登·怀特的新历史主义》，《天津社会科学》1997年第3期。

英明的姿态出现,形象颇显扁平。《圆明园》则采用"搬演"的方式演绎了许多细节,使他们更加接近历史真实。比如康熙在圆明园"偶遇"十二年从未相见的皇孙弘历;雍正把自己化装成文人的形象,寄情于圆明园的山水之间;咸丰批准在圆明园设置一条"买卖街",皇宫里的人可以在这里享受"做普通人"的快乐;一向严谨、正直的郎世宁为使教会获得更大的发展空间从遥远的欧洲给爱好天文地理的乾隆带来天文望远镜……这些"细节"的呈现,使表现对象由单一走向多元,由平面变得立体,由僵化变得生动妙趣,既给《圆明园》相对枯燥和沉闷的园林、清史介绍带来了"人情味",又为历史叙事提供了新的表述方式和内容。

《大明宫》也是细节叙事与宏大叙事融合较好的纪录片,片中通过许多细致入微的描绘使历史变得鲜活、饱满。如通过大明宫高超的鱼形门楔设计来展示其先进管理;以送入寺院的武媚娘给李治做情诗来抗衡青灯终老的宿命表现她工于心计;通过各国使节手捧异邦珍宝朝圣唐玄宗来管窥唐朝国力昌盛,威震四方;以阿倍仲麻吕随日本遣唐使来大唐留学的事件来表明中华文明远播。上述所列的微观性因素对唐朝宏大历史图谱的补充,使历史人物更加饱满,历史事件更加富有质感,纪录片变得有血有肉、充满故事性。因而,细节叙事与宏大叙事的融合不仅加深了《圆明园》《大明宫》等历史题材纪录片的审美价值和文化韵味,更加更新了它的叙事模式。

二　搬演与三维技术的"历史重现"

"真实是纪录电影之所以成其为纪录电影的基础,是纪录电影的生命之源,是纪录电影的灵魂。"① 纪实美学核心的原则就是真实,唯有真实才能体现纪录片的价值。然而,对于历史题材的纪录片来说,逝去的时光已经成为幻影,为了最大限度地还原历史的真实面目,金铁木等纪录片导演毅然踩上了传统纪实美学的"雷区",在片中大量运用搬演(即真人扮演)和"真实再现"的崭新形式来叙事历史。

以《复活的军团》为例,片中关于"长平之战""秦军横扫中原统一

---

① 单万里:《纪录电影文献》,中国广播电视出版社2001年版,第616页。

北方""嬴政挑灯夜读"等场景都是采用演员表演的形式来重现的,这种方式使历史叙事富于节奏变化,具有很强的可视性,因而革命性地改变了传统历史题材纪录片叙事空白、情节性弱、以历史遗迹和文献展示为主的传统。同样,《大明宫》也延续了金铁木导演善于运用搬演重述历史的方式。为了重现中国历史上拥有最高荣耀的唐朝,导演动用了大量专业演员搬演片中所涉及的历史人物,如李渊、李世民、李治、李隆基以及武媚娘等人的风貌都通过真人表演得到重现;此外,《大明宫》还搬演了很多历史事件,如"玄武门事变""唐太宗审阅大明宫设计图""裴行俭俘获突厥首领""武则天设立北庭大都护府""李隆基大秀马球球技为国挽颜面"等,都通过表演的形式得以直观呈现。实践证明,《复活的军团》和《大明宫》通过"搬演"把尘封的历史生动地复活了,也为历史提供了立体化的参照。

因为三维技术具有立体、瑰丽的视觉奇观效果,对平面化历史叙事的形象补充以及表达历史猜想的直观化,因而,"真实再现"成为金铁木导演重构历史时屡试不爽的重要方式。纪录片《玄奘大师》的画面除了沿着玄奘西行路线拍摄回来的真实场景外,还包含了大量古代场景复原的画面,逼真、立体地再现了一千三百年前玄奘时代的历史画卷。著名的长安、龟兹、高昌等古城,以及玄奘求学之地那兰陀寺都在三维技术的魔力下得到重现。同样,纪录片《大明宫》在汲取半个世纪以来中日考古专家对大明宫遗址的研究成果上,通过"情景再现"的方式让中国历史上最宏伟的宫殿建筑群重获新生,从含元殿到宣政殿,从丹凤门到玄武门,整个大明宫尽收眼底。通过三维技术的重现,中国传统建筑的精湛艺术和唐朝政治中心的繁华、瑰丽在镜头前获得重生,观众为大明宫的惊艳而感到无上荣耀,也为它的遗失而哀叹惋惜。

需要注意的是,"搬演"和"真实再现"不能偏离基本史实和现阶段的历史研究成果。在"历史重构"的过程中,"度"的把握很重要,稍有不慎就有可能成为历史文化消费时代的牺牲品。

三 内部视角与全知视角的互补

"视角"是纪录片创作中最活跃和关键的因素之一。传媒学者宋家玲认为，视角"是某一叙事人称下的具体切入角度，视角的存在使叙事形成了不同的层面和相应的讲述方法"①。因而，视角通常又表现为不同的人称叙事角度，一般主要分为第一人称叙事和第三人称叙事。第一人称叙事是内部视角叙事的主要方式，而第三人称叙事又通常表现为无限制的全知视角叙事。中国历史题材纪录片由于长期受到苏联"形象化政论"等创作理念的影响，过度强调媒介的意识形态属性，因而在叙事视角上经常采用"无所不知"的全知视角，一度显现出浓厚的政治宣教意味。以《百万雄师下江南》《解放战争》《大西南凯歌》《毛泽东》《百年中国》等历史题材纪录片表现得尤为明显。有别于传统历史题材纪录片，金铁木的作品在叙事视角上逐渐放弃"画面加解说"的孤立的全知视角，不断采用内部视角，将内部视角与全知视角结合起来进行历史叙事。具体来说，其纪录片的内部视角又表现为"历史见证者"的第一人称叙事和"口述历史"中受访人对历史的重述。

《圆明园》的导演阐释中有这么一段话："传统意义上的纪录片既无法完成圆明园这个'凄凉'的主题，也根本无法进入电影院。我们得做一部'非常态'的纪录片。"② 而要实现编导所设想的"非常态"纪录片，其中一个重要的转变就是采用第一人称叙事。《圆明园》由两个相异的视角来建构故事：主要的视角是建立在三维动画、文献资料之上的无焦点解说，全面展示圆明园兴衰起始的外部视角；辅助的视角则是画师郎世宁以独白的形式讲述圆明园建设进程和皇宫见闻的内部视角。其中，外部视角的无限制性为《圆明园》搭建了良好的骨架，而郎世宁带有强烈主观性的第一人称叙事，以轻松、幽默的方式讲述了许多充满趣味的皇帝秘闻，给纪录片带来很多生动的因素，极大地增强了收视效果。由于《复活的军团》中关涉秦军浴血奋战，横扫北方多国，建立大一统国家的资料主要来源于《史记》，因而该片除了外部视角，也经常出现司马迁秉烛写作，并以他的口吻讲述秦国军团的画面。

内部视角的另外一个表现形式就是"口述历史"的大量运用。由于时空的不可逆性，接近历史真实往往需要借助一定的媒介，除了文献资料、历史遗迹之外，"口述历史"成为越来越重要的历史叙事方式。近年

---

① 宋家玲：《影视叙事学》，中国传媒大学出版社 2007 年版，第 178 页。
② 金铁木：《〈圆明园〉蒙太奇诞生记》，《中华遗产》2006 年第 5 期。

来大量口述历史纪录片（栏目）如《口述历史》《讲述》《我的抗战》以及《复活的军团》的成功便说明了"我"或"他者"的访谈对于完善历史叙事的重要性。包括《复活的军团》在内的这些纪录片通常将对历史见证者或专家访谈与历史遗迹、文献资料等组织在一起，将它们相互比照，以达到进一步接近历史真实的目的。当然，纪录片中讲述者或评述者的言辞并不能作为历史真实，它仅仅是历史潜在的可能性。

（胡清、郭伟清《电影文学》2013年第1期）

电视人文谈话节目：大众传媒中的精英文化绿洲

摘 要 电视人文谈话节目是20世纪末出现的电视谈话节目之一种，它的出现体现了身处电视文化沙漠的人们对文化绿洲的向往和追求。《大家》于内涵丰富而客观理性的叙事中展现嘉宾伟大的家国情怀和动人的人生性情，《开坛》则在自由不羁的讨论中穿越时空，张扬人文精神，为观众奉献精神大餐。他们独特化、个性鲜明的节目制作艺术和共同化的人文内涵追求，是电视人文谈话节目成功的必备条件。但纵观当今电视人文谈话节目，人文精神的缺失正是扼住其发展咽喉的瓶颈，因此，提高从业人员的文化素养，找到市场与文化的最佳合力，既注重节目艺术个性的形成，又重视节目文化底蕴的挖掘，是电视人文谈话节目成功的必由之路。

关键词 电视节目 文化背景 人文精神 人文谈话节目

鲍海波在其论文中做过如下定义：电视人文谈话节目，是以关于人文知识，人文思想，人文精神，人文情怀，人文批判为内容，以知识分子为主体嘉宾所进行的颇具人文含量的聚谈、畅谈。[1] 与美国版《电视百科全书》对电视谈话节目的定义相比，这个定义的偏颇显而易见——它只强调了人文谈话，却没有顾及电视节目。而事实上，"电视谈话节目是一种主要围绕着谈话而组织起来的表演"[2]。电视人文谈话节目是对电视谈话节目在内容上定位的结果，它是一种围绕关于人文话题的谈话而组织起来的表演。谈话节目在中国大陆荧屏上已

---

[1] 鲍海波：《电视人文谈话节目的价值守望》，《电视研究》2004年第12期。
[2] 苗棣、王怡林：《脱口成"秀"——电视谈话节目的理念和技巧》，中国广播电视出版社2006年版，第2页。

有十年的历史,作为一种节目类型,十年来一直呈热闹姿态,而电视人文谈话节目却无意于这种火爆,它独守着一份"俏也不争春"的淡泊高雅,不温不火,却余音袅袅。在电视荧屏上自得一席之地且引得理论界评议纷纷。何以至此?本文将聚焦电视人文谈话节目,以求探讨个中缘由。

一 荒漠中的绿色期望

20世纪90年代,中国大陆正小心地开始自己民主化的脚步,社会政治风云的变迁,带给人们太多的困惑,无论是物质生活还是精神生活,人们渴望被关注,需要一个言说的阵地。在"讲述老百姓自己的故事"的旗帜下,一场媒体视角下沉的运动便轰轰烈烈地开始了,平民视角,大众文化,百姓生活,一度成为媒体的焦点。中国大陆电视谈话节目就是在这种社会文化环境下出现并迅速走向兴盛的。《实话实说》的开播与火爆,引来多少民生类谈话节目竞相尾随;《艺术人生》一夜走红,带动多少明星访谈类节目亮相荧屏;《玫瑰之约》风靡全国又直接挑动多少场荧屏征婚热潮。这些谈话节目,都曾以它们新颖新潮而又平易近人的风格满足着观众诉说和倾听的欲望。关注百姓生活,聚焦平民心声,是这些谈话节目的灵魂所在,以至于一说到谈话节目,平民意识似乎就成为一个无法回避的中心点。然而世纪之交,平民视角走向一个反面的极端,那就是大众化平民化变成媚俗化平庸化。电视荧屏被低俗游戏、恶意娱乐所充斥。曾经因谈话节目的出现而高举的平民大旗被一些纯粹游戏娱乐节目所利用,等而下之竟以所谓的娱乐风暴来对抗着尚存平民关怀的谈话节目,并且在收视率的评价标准下大获其胜,这实在是令人愤懑。朱大可先生最近在网上发表了《收视率追杀高端节目 "超女"引领电视文化沙漠?》一文,开篇就感叹"文化无用论是时下电视从业人员的时髦立场。以谈文化为耻,以搞娱乐为荣,正在成为电视业的一项基本原则。本来就文化素养不高的中国电视业,大多以所谓'央视索福瑞收视指数'和'尼尔森收视指数'为衡量节目优劣的唯一尺度,由此导致中国电视文化含量急剧下降,成为率先实现自我沙漠化的文化行业"①。

此外,还有一个现象不容忽视,20世纪末,《春节联欢晚会》《综艺大观》等央视品牌节目雅俗共赏的神话被打破。人们开始对《春节联欢晚会》褒贬不一,《综艺大观》也在经历主持人的几番变更下走向式微。究其原因,观众们说是萝卜白菜各有所爱,而业内人士则抛出新名词,电视必须走分众化、窄播化的道路。电视节目的丰富给了观众选择的自由,只有能满足观众审美期待的节目才能吸引观众,而不同的个体显然有不同的期待,因此,"广播"变成"窄播",分众化势在必行。

所幸的是,有这么一些知识分子,他们依然背负着传承文明的历史责任,身居象牙塔中,仍然关注着社会文明的发展。而一批传媒精英们也敏锐地意识到"传承文明,开拓创新"的重要性。二者一拍即合,于是,以电视荧屏为论坛,传播历史人文知识,探讨传统文化精神的人文谈话节目就亮相荧屏了。而且,不难看出,电视人文谈话节目在内容定位上就是媒体传播分众化、窄播化的结果。

悠悠中华文明,从夏商到汉唐,康乾盛世,上下五千年,光辉璀璨的文化传统在历史长河中沉淀孕育。回首,英雄时代的部落之争给我们定名"炎黄子孙",第一片青铜的光辉让我们的祖先彻底走出石器时代的落后和野蛮,春秋争霸,战国七雄,始皇统一中国,历法,文字,度量衡大一统,最早的月食日珥记录,最早的子午线测量,造纸术、印刷术、指南针、火药并称四大发明而千古流传,但古代中国引领世界的实在不仅这四大发明。浩浩中华,曾一度走在世界科技文明发展的最前列。然而,这些早已在西方列强炮弹战舰的攻击下随风逝去。历史真正留给今天国人的是春秋百家争鸣,是魏晋风骨气韵,是隋唐法度气象,是宋元理趣意境,是明清个性童真。中庸和谐、礼让勤俭、经世致用、爱国爱家,早已沉淀为我们民族的集体潜意识。这,就是今天我国电视人文谈话节目的文化土壤。中国历史上的百家争鸣为我们奉献了孔孟之言、老庄之道;而西方哲学家柏拉图的思想也总是在苏格拉底和众人的谈话中体现。可见,谈话之于思想,之于人类文化的贡献,实在是不容忽视。因此,传承先人的谈话精神,并借助电视这一强大的传播媒介,记录专家学者们对历史的回眸,

---

① 朱大可:《收视率追杀高端节目 "超女"引领电视文化沙漠?》,http://www.sina.com.cn。

对生命的探问,电视人文谈话节目成为本土化特征最显著的节目。

二　人文苦旅中的美丽风景

电视人文谈话节目出现时,被游戏娱乐充斥的电视业并没有给它留下多少生存发展的空间,明确清晰的内容定位又同时对该类节目的功能和受众做出限定,因此,它不像一般意义上的谈话节目那样模仿者甚多,比较而言,电视人文谈话节目在当今电视荧屏上是寂寞的。然而庆幸的是,在这为数不多的电视人文谈话节目中,中央电视台的《大家》和陕西卫视的《开坛》却让人眼前一亮,给人们带来绿色的希望。

1.《大家》：口述历史,分享光荣

《大家》由中央电视台科学教育频道于2003年5月推出,是一档大型人物谈话节目。每期节目时长45分钟,邀请的谈话嘉宾都是我国科学、教育、文化等领域做出过杰出贡献的"大家"。通过与嘉宾们的谈话,重现他们的人生经历,展示他们的大家风范,以达到"展现当代知识巨子们独特的生命历程与探索精神"和"反省个人与时代、科学与人文的重大主题,并在大师们不经意的讲述中领略人生的真谛,攫取文明的碎金"①的栏目旨意。

"有容乃大"是《大家》的叙事特质。

《脱口成"秀"——电视谈话节目的理念与技巧》一书的作者苗棣、王怡林认为从谈话节目的形态上,谈话节目可分为叙事型谈话、辩论型谈话、专题讨论型谈话和清谈型谈话四大类。② 叙事,是人类伴随着历史发展的一项重要技能,在人类的童年时期,神话故事和各民族的英雄史诗中口耳相传的叙事就给人类留下了宝贵的精神财富,随着历史的发展,各种叙事文体也一再地显示着叙事的魅力,或真实讲述,或恣意神思,都给人强烈的审美享受。叙事型谈话节目就是把口头叙事搬上电视荧屏,在这个谈话场中,讲述一段段真实生动的故事。《大家》就属于叙事型电视谈话节目。叙事的成功,是《大家》的第一名片。

---

① 《大家》栏目组:《栏目简介》,http://www.cctv.com/program/dajia/04/index.shtml。
② 苗棣、王怡林:《脱口成"秀"——电视谈话节目的理念与技巧》,中国广播电视出版社2006年版,第38页。

首先，从叙事者来看，他们都是当代科学文化领域的大家，都有着丰富坎坷的人生经历，这是嘉宾们宝贵的人生财富，而当他们被请进演播室，与主持人的交谈中，其经历便成为节目具体生动的叙事情节。面对嘉宾丰富细致的人生经历，《大家》最常用的叙事策略是截取嘉宾人生重要的横截面，通过主持人和嘉宾的谈话，串珠式地把它们连接起来，形成嘉宾丰富而意义非凡的生命链条。在这样的谈话中，嘉宾一生的历程似乎都在我们眼前流淌，完整、流畅、重点突出，生动有趣。这种叙事方法，我们可称之为"串珠式叙事"。譬如在节目《数学家王元：数学的魅力》中，简要介绍数学家王元的两大数学贡献后，节目组就依次选择了"崭露头角的偶然事件""在4+4基础上前行""审阅陈景润1+2论文稿""反对大家证明1+1"这样几个人生横截面来展示王元的一生。这无疑是王元人生中最重要的几个事件，它们分别讲述着王元走进数学专业领域的第一步、王元数学事业的巅峰、从顶峰退下后对同行的支持以及大家对大众清醒的劝慰。而主持人的功能就是用话语把整个谈话过程串联得天衣无缝。此外，"中心发散法"的叙事策略也为《大家》栏目常用。节目有时搁置对嘉宾生命链条的展现，而围绕嘉宾的专业，从各方面展示他们的人格魅力，譬如在另一期也是关于数学家的节目《数学家吴文俊：我的不等式》中，编导组就巧妙地从嘉宾的专业——数学出发，选择了三个不等式"87岁≠不能创新""数学家≠最喜欢数学""数学≠人为制造"，分别从嘉宾的创新精神、兴趣爱好、与恩师陈省身对数学专业的独到见解这三个方面展现了吴文俊独特的人格魅力。

其次，从叙事态度来看，《大家》的叙事可谓客观理性。同样是人物访谈类的谈话节目，《艺术人生》追求的是"用情感温暖人心"，而《大家》渴望的是"口述历史"。这两种迥然不同的叙事追求，直接导致节目不同的风格，前者一不小心可能落入"滥情煽情"的俗套，而后者却以它的成熟理性自得一份历史的凝重。一张张照片，一份份史料，大量珍贵的历史资料插入，使嘉宾个体的生命在历史的长河里得到观照，同时也更加深了叙事的真实性和历史感。历史是个体生活的既定背景，让嘉宾在历史真实的氛围中讲述，有助于展示他们独特的生命历程和精神内涵。譬如在《我的中国：翻译家沙博理》这期节目中，在嘉宾的回忆性讲述中，就插入了新中国成立前地下党在沙博理的律师办公楼开会，沙博理夫妇在地下党的安排下到北平，以及开国大典等历史图片资料，沙博理在中国的人生历程可说是与这些历史事件紧密相连的，他在这些历史事件中的态度与行动，一再地表现了他的国际主义精神。个体是无法从历史中分离的，尤其是这些对历史做出重大贡献的大家们，他们的名字将在历史的星空中永放光芒，这大概就是"口述历史，分享光荣"①的立意所在吧。

历史真实、家国情怀，这样的字眼，一度是时代生活的中心词，是知识分子神圣的精神家园。曾几何时，它们退到社会生活的边缘，国家、民族、理想、信念这些名词在个人化、私语化、身体化的时代语境下变得虚无缥缈空无依傍。个性、个体、价值多元、文化断裂等取而代之，成为时代的中心语。这一切，让一度处于社会时代中心，指点江山、激扬文字、担负启蒙重任的知识分子感到手足失措、迷茫惊恐。一个世纪，几千年的文化传统似乎走到了尽头，知识分子在无可避免的边缘化中集体失语。但是，心中，还回荡着"居庙堂之高则忧其民，处江湖之远则忧其君""先天下之忧而忧，后天下之乐而乐"的责任感，虽然"五四"思想启蒙运动已成昨夜星辰，但其精神依然熠熠闪光于眼前。他们需要言说，需要借助更强大的媒体渠道向社会发出他们的声音。《大家》就是这样一个知识巨子们言说的阵地。

这片阵地上的言说最令人钦佩的一点，当是言说者对家国情怀的袒露。面对宏大叙事的一切言辞都遭遇解构的时代，他们依然能够发出心底最真实的声音，这实在是有着"堂吉诃德"般的勇敢和无畏，但比之这个文学经典中的主人公，他们更多的是智者大家的理性和智慧。如果说歌德笔下的主人公是喜剧性的，那么，《大家》节目中的每一次谈话讲述都应该定位为正剧。在这一出出正剧里，有爱国如家的赤子之情、有执着不懈的理想追求、有荣辱不惊的人生态度更有精益求精的专业精神，这些伟大的生命，在特定的历史年代里，发出了时代最洪亮的声音。他们把这些个体生命的声音融入民族历史的乐章里，融入人类进步的浪潮中。这些声音，永远是最动人心魄的光荣之音。

这片阵地上的言说最令人动情的，是含而不露的理性述说中所体现出的人性真实。不是《艺术人生》让嘉宾卸下明星光环后的平常人心，大家们的事业理想是与他们的生命浑然一体的。事业在生命中成就，生命因事业而升华，但升华的不仅是人生事业，更是人性真情。在这些质朴的讲

---

① 《大家》栏目组：《栏目简介》，http://www.cctv.com/program/dajia/04/index.shtml。

述里，王元真诚地表达着自己曾经限于时代拘囿对同行保守评价的愧疚，谢铁骊讲述"文革"时倒煤和三个向左转的无奈，沙博理对在上海第一次见凤子的情景还记忆犹新，吴文俊讲起恩师依然热泪盈眶。这些情感，较之上文所说的家国之爱，真正是非常小，小到每个人的心里都可以放下，但是，在今天所谓市场经济，商业价值的追逐下，这些情感又被众多的心灵所放逐，这实在是悲哀。家国情怀、伟大的人生理想是大家们毕生追求的"骨"；人性真情、质朴的人情心愿是大家们的生命血肉。前者使大家们在人生事业的旅途中立得耿直，行得端正，后者使大家们的生命体验充实而生动。它们在大家们的精神家园中缺一不可，它们就是大家们写出的最柔情的撇和最有力的捺，共同成就了大家们对正楷"人"字的书写。

2.《开坛》：人文精神的张扬之地，知识才俊的精神大餐

陕西电视台于2002年1月推出一档"名片"式谈话节目《开坛》，自我定位为"人文精神的张扬之地，知识才俊的精神大餐"①。不同于《大家》的人物访谈，《开坛》属于专题讨论型谈话。较之叙事型谈话节目，讨论型谈话节目缺乏情节曲折生动的引人因素，而且，人文谈话节目的专题讨论由于其人文内蕴的深刻性，一不小心就可能陷入曲高和寡的无奈。但《开坛》却凭着准确鲜明的节目定位，精心独到的嘉宾和现场观众选择，开合自如的讨论过程大获成功，真正成为陕西卫视的名片。

正如纪伯伦所说，谈话是"让你的声音里的声音，对他耳朵的耳朵说话"②的过程，提起谈话节目定位，大家马上想到的就是节目的受众定位——那能够对谈话产生共鸣的耳朵无疑是节目定位至关重要的一个方面，但是，除此以外，还有两方面的定位不容忽视，即节目的功能定位和风格定位。对此，《开坛》的表述清晰而简约，"人文精神的张扬之地，知识才俊的精神大餐"，从受众定位来讲，是"知识才俊"，有较高文化知识素养的观众是节目预定的受众群；从功能定位来看，《开坛》属于满足观众求知欲望的谈话节目，是节目组精心为观众准备的一顿精神大餐；从风格定位来看，有两个词不容忽视——张扬、大餐。看过节目的观众都深有感触，作为一档人文谈话节目，《开坛》的讨论是张扬恣肆的，从一

---

① 《开坛》栏目组：《关于我们》，http://www.sxtvs.com/tvguide/program。

② ［黎巴嫩］纪伯伦：《论谈话》，载张昌华等主编《世界文豪同题散文经典》，贵州人民出版社1995年版，第131—132页。

个人文话题出发，嘉宾和主持人的讨论海阔天空，感性与理性熔为一炉，现实与历史相映成趣。交流、碰撞、争论，这里是放飞思想的自由天空，言说的快意、倾听的满足，都在此一一实现。

嘉宾和现场观众的选择，是节目的质量保证。要保证《开坛》这顿"大餐"的质量和品位，请来上等厨师自然是第一关键。在节目创办之初，余秋雨、张贤亮、毕淑敏、莫言、周国平、阿来、杨东平、梁晓声、黄建新、舒乙、陈汉元等文学界、思想界、学术界、传媒界的知名人士都曾做客《开坛》，为节目最初的品牌建立奠定了坚实的基础。而近来，《开坛》又显示出培养稳定的嘉宾资源的努力。孔庆东、易中天、于丹等一批学者教授型的嘉宾渐渐成为《开坛》节目的常客。重量级嘉宾的坐镇，从一方面保证了节目人文底蕴的开掘和保持，而另一方面的条件就是现场观众的选择，所谓"谈笑有鸿儒，往来无白丁"，高素质的谈话场，是要嘉宾、主持人和现场观众共同营建的。在《开坛》中，我们经常能听到场上观众独辟蹊径的观点表述，他们或与嘉宾的观点相映成趣，或在更加广泛的层面上丰富补充着谈话的内容，正是在他们的共同参与下，节目的演播室呈现出"眼前一笑皆知己，座上全无碍目人"的轻松和谐。

《开坛》的英语翻译是"Opening Forum"，即开放的论坛。在节目中，开放呈现出多方面的丰富含义。嘉宾、现场观众、场外观众在此形成空间自由开放的谈话场。在话题选择上，《开坛》也体现了高度的开放性。譬如节目最近推出的历史系列，口号就是"在历史的故地寻找，以现代的眼光质疑"。这句口号本身，就融合了历史、现代、故地、世界等等时间和空间方面的因素，节目事实也是如此。在咸阳兴平马嵬坡的太真阁前，《开坛》展开了"红颜为谁"的讨论。谈论从李、杨爱情故事切入，讲述民间文化心理与历史真实的隔膜，探讨传统文化中的文人志趣和国民心理，揭示中国传统社会以道德机制为枢纽而忽视制度建设的弊病，进而又触及传统父权社会中的女性命运，探讨女性的人生价值，与西方特洛伊战争和温莎公爵传说及黛安娜之死等事件形成比较对话，讨论东西方文化心理的异同，最后从历史题材中拓展开来，剖析今天的美女经济现象。在这个谈话过程中，对时间和空间的超越显而易见。但是，更令人神往的，是谈话者开放不拘、自由洒脱的谈话之风，这就是《开坛》谈话过程的开放特点。孔庆东是妙语连珠，于丹女性话语中感性与理性自然融合也实在有感染人心的力量，肖云儒话语不多却往往一针见血。观众们的思维也异常活跃，他们不仅能很好地消化嘉宾的观点，而且能在此基础上提出发散性、补充性的观点意见，让人眼前一亮，耳目一新。主持人不高深但绝顶聪明，她把谈论的话语权都给了嘉宾和观众，自己只起一个穿针引线的过渡作用，节目却因她这一穿一引而进行得自然流畅、浑然天成。

作为栏目的总顾问，余秋雨先生曾评价《开坛》："开坛这名字不错，既为文化探索开了坛，又为电视探索开了坛。"① 是的，《开坛》开播四年来，一直致力于电视传媒与历史文化的沟通和互动，这是电视荧屏上的千年论坛，它跨越时空的限制，追踪人文精神的根源所在。

3. 成功原因探析

《大家》和《开坛》两档电视人文谈话节目是当前电视文化沙漠中的绿洲，让人憧憬的绿色梦想；是再度点亮电视文化圣火的火种，蕴含着电视文化的希望。它们开播的时间都不长，但已然在观众的心中扎下了根，获得了初步的成功。它们不仅没有被大众文化的浪潮湮没，而且超越其上，成为大众文化的引领者。因此，对它们的研究，应超越于个案的成功分析之上，进一步研究它们对当今电视人文谈话节目的启发意义。

（1）人文底蕴：共同的追求

真正的精品有一个因素不可或缺，那就是对人的关怀，即作品的人文底蕴。无论是《大家》通过以嘉宾为谈话主体的讲述中体现出来的大家精神风范，还是《开坛》从历史层面切入并逐层深化的讨论中所传达的人文思考，都寄托着节目组对人文底蕴的共同追求。"对历史的一次深情回眸，对智慧的一次自由放飞，对生命的一次坦诚倾诉"②，《开坛》对自己人文关怀的执着追求直言不讳，在具体节目进行中，每一次话题的开坛，由表及里、由古至今、由中而外，无论是话题的逐层深入还是纵横发散，都寄寓着谈话者深刻的历史思考和深情的人文关怀。而《大家》虽然以人物访谈的形式出现，但它总是把人物的讲述放在宏大的历史背景下，把个体的命运与时代背景，与当时国家的现状相联系，访谈追求的是对人的理性和感性层面的终极性关怀。虽然节目立足点很高，"口述历史，分享光荣"，但因为有了这些对人生人性人情的关怀，"大家"大而不空，"历史"历而不死，光荣也变得神圣而亲切了。仁者爱人，电视人

---

① 余秋雨：《序》，见陕西电视台《开坛》栏目组《开坛》，中国青年出版社2002年版，第2页。

② 《开坛》栏目组：《关于我们》，http：//www.sxtvs.com/tvguide/program。

文谈话节目的吸引力首先就来自这份对人的关怀与爱。

（2）制作艺术：个性的选择

在市场经济的背景下，影视往往与产业紧密相连。一提到"产业"，人们就不免想到工业生产的机械性、重复性。这似乎也是当今中国电视节目的最大特点。无人会对物质领域生产的工业性横加指责，但面对模仿重复抄袭成风的电视荧屏，就有人义愤填膺，拍案而起，何故？关键在于影视不能没有艺术。"艺术说到底不是事实的重述和复制，而是人情物理的提示，是心理情感与思想的记录，是生命、灵魂与精神的重铸与创造。"①艺术生产不同于工业生产，它追求的是欣赏价值，而欣赏价值的来源首先就是有差异的个性。人们曾经以非常虔诚的心情欣赏过影视节目，但当大量的电视节目粗制滥造、模仿成性时，这种欣赏便等而下之蜕变为消费，电视成为文化缺席的荒原。而《开坛》与《大家》的出现，似乎是对这种状况的逆转。它们以鲜明的个性显示了自己在电视艺术领域中"这一个"的独特性（见表1）。

表1

	《开坛》	《大家》
形式分类	专题讨论型谈话节目	人物访谈型谈话节目
结构方法	以事件讨论为中心	以人物为中心
历史资料	谈话的切入点	展现人物活动的背景，呈现个人与时代的紧密关系
场地选择	演播室为主，时有以与历史相关的外景为节目的现场	演播室
节目风格	自由洒脱，豪放不羁	沉稳凝重，余韵悠长

在观赏这类节目时，少了一点身体刺激热闹的消费，心中却多了崇敬和激越。个性、独创性是节目的生命，虽然在文化的追求上，全人类有共同的梦想，但在艺术的欣赏上，人们还是追求丰富多样，新颖独到的原创精神。

---

① 丁亚平：《艺术文化学》，文化艺术出版社2005年版，第124页。

三 黑夜中的光明祈祷

1. 黑夜，是谁扼住人文谈话的咽喉

在当今电视荧屏上，电视栏目的模仿复制成为家常便饭，成功的电视栏目总会吸引很多模仿者竞相尾随。但这条规律对电视人文谈话节目似乎并不适用，这类节目数量一直不多，很有点大隐隐于市的淡然和超脱。因为电视人文谈话节目的创业和守业，不仅需要勇气，而且需要才识。

一方面，后现代的时代语境是电视人文谈话节目发展的外在瓶颈。当人类走进后工业社会时，社会生活的各个方面都不免打上后现代的印记。后现代的突出特征包括两个方面：一是从深度的时间模式转向平面的空间模式，另一则是对意义解释模式的抨击和消解[1]。多元化、当下化、追求表面的感官刺激而忽视对生命历程、生命终极意义的关怀，是其具体表现。多少电视节目在市场竞争下选择迎合后现代的特点和趋势，浅薄、媚俗、没有意义、解构历史、消解时间，似乎皆能大获成功，引来追逐模仿者不计其数。而电视人文节目却反其道而行之，无论是《大家》还是《开坛》都旗帜鲜明地标明自己对历史深度、对生命意义、对人文底蕴的执着追求。不是随波逐流，更不哗众取宠，明明知道这种逆境中求生存的艰险，却有着明知山有虎，偏向虎山行的豪情和决心，这实在是需要勇气的。

另一方面，阻碍电视人文谈话节目发展的最根本的瓶颈是从业者本身的素质。著名节目主持人白岩松曾说主持人被接受可分为四个阶段：一是被人用眼睛接受，二是被人用耳朵接受，三是被人用嘴巴接受，四是被人用心接受。[2] 前两阶段所谓用眼睛用耳朵接受，相对容易，但这种感官刺激，来得快当然也去得快，而到了第三阶段的让人用嘴巴接受，就不是那么容易的事了。因为用嘴巴接受意味着观者观后对节目的评判，能够让人口口相传的节目至少也应该是有自己鲜明的特色，并有意蕴值得议论的。用心接受是最高阶段，指观者在观赏中和观赏后在心中慢慢品味、回忆，

---

[1] 转引自陈默《电视文化学》，北京师范大学出版社2001年版，第231—233页。

[2] 白岩松：《电视有文化吗?》，载舒乙、傅光明主编《在文学馆听讲座：喧哗的时代》，华艺出版社2002年版，第113页。

这样的节目甚至对观众的人生观世界观产生重大的影响。而这正是电视人文谈话节目所追求的接受效果。所谓"精神大餐""分享光荣"是这种追求的具体表述。为了达到这样的要求，节目组除了自身精心策划外，还请来各路专家学者参与节目的制作，保证节目保持深厚的文化底蕴，让节目站在一个高的文化基点上。所谓"经天纬地曰文，照临四方曰明"。而在当今中国电视界，具备这经天纬地之才识者，实在是屈指可数。因此，电视人文谈话节目，并不是每个人都可以随便尝试的。

2. 光明，双手合力创造的奇迹

陕西电视台副台长在阐述了市场经济中的文化生产时，作过这样的比喻——"一只手是经济利益驱动，另一只手是人文价值提升。只用前一只手'化'而无'文'，只用后一只手则是'文'而难'化'。我们力求寻找到这两只手的最佳合力，才能在艺术与市场的结合上、人文与娱乐的协调上探索出规律性的理念和操作方式。"① 探索电视人文谈话节目的发展出路，关键点就在寻找"经济"和"人文"这两只手的最佳合力。

首先，电视人文谈话节目应该正视市场。任何电视节目如果只是一味地孤芳自赏，漠视市场规律，都不可能找到自我发展的出路。当然，正视市场并不等于无条件地迎合市场，向市场投降。对于电视人文谈话节目而言，正视市场意味着在市场中寻找到属于自己的正确位置，准确地找到自己的目标受众，引导并提升大众文化。分众化不是电视行业的专用语，当今世界各类市场都存在分众化。窄播化是分众化在电视业内的具体表现。它意味着不同的节目应该有不同的受众定位，四面出击，多方讨好的做法最终极有可能多方受难。在电视人文谈话节目中，这点显然更加值得重视。

其次，电视人文谈话节目的从业人员必须努力提高自己的文化素养。张凤铸先生在《弘扬中华民族文化是维系电视生命力的根本》一文中曾满怀深情地说："中华民族的文化乳汁是哺育新生的电视宠儿的生命力之所在，是维系电视繁花硕果生命力、感染力之根本。"② 海德格尔则说语言是思想之家。在电视人文谈话节目中，节目组总会设法使演播室形成一

---

① 王渭林：《当人文遭遇娱乐——论电视人文谈话节目的生存和发展》，《当代电视》2004年第8期。

② 张凤铸：《广播影视艺术论——张凤铸自选集》，北京广播学院出版社2004年版，第88页。

个和谐活泼的谈话场,如果说这个谈话场就是海德格尔所说的一个"家",那么,这个"家"里最重要的成员就是"思想"。电视人文谈话节目如果忽视了这一本质内容的挖掘,都难有成功的可能。而文化底蕴、人文精神是活性的内容,它必须是由从业人员灵活地注入节目中的,这对电视从业人员无疑是一个挑战,它也无疑是电视业内比拼的根本。因此,提高电视从业人员的文化素养迫在眉睫。

再次,寓教于乐,考察文化包装。电视人文谈话节目最根本的宗旨在于传播文化理念,张扬人文精神,而当今市场,娱乐是主流,平民化、大众化的传播趋势已经推动电视业从"传者中心"向"受众中心"转移,文化传播如果还像过去那样板着面孔以教条主义的形式出现,无疑会遭到观众的抵制。于是,教育学上"寓教于乐"的原则被提到一个前所未有的高度。但是,在实施这一原则的时候,能把握得当的究竟不多。眼下的市场经济中有一个很新潮的词叫"文化包装"(注意并非"包装文化"),指的是给商品包上一层文化的外衣,在此包装中,实质是商品,文化只是装模作样的一层膜。显然,这与用娱乐包装文化有质的不同。当用来作为表面包装的文化被拆除后,空无一物的内容只能带给观众更大的失望。因此,寓教于乐必须以文化为基础,在文化的质上变化出娱乐的元素来。最近中央电视台的《百家讲坛》可谓是异军突起,其重要嘉宾之一的于丹教授更是被网络热评为学术界的"超女",也许有人说《百家讲坛》现场没有主持人,不能算作标准的谈话节目,但是,看着摄影机用心良苦地为我们记录的现场观众的求知的眼神,感受到节目现场强烈的大众化学术氛围,我们没有理由把这曲愉心且悦耳的谈话变奏排斥在人文谈话之外,我们有信心让中国传统学术交流的书院之风通过现代高科技的媒体手段蔓延发展。

这是一个多元的时代,这是一个喧嚣的世界,科学技术的高度发达带来物质文明的发展,但人们在这份精彩中也体会到一丝无奈。因为这是一个向传统说再见的时代,这是一个与历史诀别的时代,人类在拥有大量物质财富的同时,逐渐迷失的是自己的精神家园。但人终不同于无生命的技术或机器,帕斯卡尔就曾经说过:人的全部尊严就在于思想。尽管西方谚语也说"人类一思考,上帝就发笑",但人类却从来没有因为上帝的发笑而停止过思考。短暂的精神迷失并不能代表人类对文化传统的放逐,重新思考我们的文化,重新关注人类的精神家园,电视人文谈话节目的出现本身就可视为文化新生的一个征兆,虽然前途未卜,但只要知识分子"立德,立功,立言"的承担意识尚存,人文精神的重铸就是值得期待的,于是,我们也有理由憧憬电视人文谈话节目摆脱寂寞走向兴盛的明天。

[胡辛、郭敏秀《南昌大学学报》(人文社会科学版) 2007年第5期]

叙事学视野下的《金牌调解》

摘　要　《金牌调解》是近年来江西卫视主打的一档调解类电视情感谈话节目，自推出以来吸引了大量电视观众的目光。该栏目以"模拟法庭"的新颖节目形式，模仿法庭的结构，置一个调解员、多个观察员、当事人、主持人，通过当事人的讲述、观察员的提问、主持人的串联、调解员的分析和建议，来尝试解决纠纷，同时通过上述多种叙事人、叙事角度来向观众完成对一个故事的讲述，因而具有其独特的叙事要素和叙事风格。

关键词　《金牌调解》叙事学　调解类电视情感谈话节目

21世纪以来调解类电视情感谈话节目在众多电视频道大放异彩，受到电视观众的广泛欢迎，形成收视热点。这类节目脱胎于电视谈话节目，"以老百姓生活中的亲情、爱情、友情等情感问题为题材，由当事人讲述其所面临的各种问题及困惑，各抒己见，必要时以相关视频辅助当事人说明讲述，并通过主持人和在场专家的多角度分析、答疑、疏导，从而达到化解矛盾、排忧解难的目的的一类节目"[1]。代表作有东方卫视的《幸福魔方》、江西卫视的《金牌调解》和上海电视台新娱乐频道的《新老娘舅》等。在众多调解类电视情感谈话节目中，《金牌调解》独具匠心地采用"模拟法庭"的形式，把调解类电视情感谈话节目的特点和功能典型化和形象化，同时显示出这一类节目在讲述当事人故事方面的鲜明特点，吸引大部分电视观众的恰恰也正是这类节目所讲述的故事。本文尝试从叙事学的角度对《金牌调解》进行研究，对其在讲述故事方面的独特节目特点和典型意义进行分析。

---

[1]　张丽：《我国调解类电视情感谈话节目研究》，硕士学位论文，陕西师范大学，2011年。

一 《金牌调解》节目概述及其叙事要素分析

借着 2011 年 1 月 1 日《中华人民共和国人民调解法》正式施行的东风，同时敏锐地察觉到社会越发重视调解在解决社会矛盾中的力量，江西卫视在 2011 年 3 月 21 日开播了《金牌调解》节目，由素以知性著称的章亭担任主持人，并邀请上海东方卫视《新老娘舅》节目明星调解员柏万青和江西师范大学硕士生导师胡剑云担任调解员，同时吸引社会各个职业、层次的人担任观察员。节目现场充分模仿法庭：调解员即主法官、观察员扮演陪审员以及法庭观众。通过当事人双方对矛盾、纠结的叙述，主持人、观察员和调解员夹在中间的对事件的追问和合理猜测来展开故事。最后调解员、观察员们对当事人提出建议和帮助，具有人民调解的性质。如果调解成功，当事人双方达成和解，并形成纸质调解协议。

在叙事要素上，《金牌调解》具有鲜明的节目特点。突出表现为以当事人的讲述为主体，主持人、调解员和观察员的串联、分析、推测、建议辅助完成叙事。

1. 当事人的讲述——叙事的起点

《金牌调解》每期会邀请两位当事人参与节目，节目一开始主持人会让两位当事人讲述来的目的和之间的问题。当事人的问题讲述或者说控诉也就形成整个节目叙事的开端。整个节目中当事人的叙述也是叙事的主要构成。而当事人的讲述、表情、反应、争吵以及最终可能的和解，一环扣一环，使整个节目高潮迭起。例如，在 2013 年 6 月 1 日 "赡养背后的情感纠葛" 这一期的结尾，在赡养年迈母亲方面产生严重感情矛盾的姐妹俩终于相互原谅、道出这么多年来争吵之下其实一直在牵挂着对方，真情流露的场景令人动容。

2. 主持人的串联——叙事的控制器

《金牌调解》的主持人章亭是一位知性主持人，极具亲和力。在节目中她一直处于站立状态，拉近与当事人、观众的距离。在故事的进程中，章亭更多的是扮演一位倾听者的角色，聆听当事人讲述事件的经过，将故事的来龙去脉呈现给观众，并在引导当事人讲述的过程中，找出问题产生的原因,其对问题理性、冷峻的分析,如拨云见日,使观众看到事情的本质,也使故事的讲述更为顺畅。是"令人意想不到的一位智慧型主持人,每一段结束语都让人叫绝,堪称冷峻天使。《金牌调解》给了一个让她能够全面展示的绝佳平台"①。

3. 调解员与观察员的分析——叙事的补充

节目中,作为矛盾调解人的调解员和观察员,起着举足轻重的作用。这些调解员和观察员多为心理专家、情感专家、记者、律师或者一些有威望的人,他们能够从专业角度对事件进行分析,给出建议。同时,这些专业人士还能挖掘出事件所蕴含的社会意义和价值。他们也代表不同年龄的人群,不同的社会角度,向当事人提出自己的看法。"当局者迷,旁观者清",正是设置这一节目的初衷之一。

二 《金牌调解》的叙事风格分析

1. 独特的叙事情境设置——"模拟法庭式"的大众倾诉场

《金牌调解》栏目现场设置调解员所处的法官席、当事人所处的原、被告席以及观察员所处的陪审席,真实地再现了法庭现场,给观众一种庄严的感觉,符合节目氛围。节目所处的拍摄环境是一个封闭空间,主持人、当事人、调解员、观察员四方呈圆形分布且两两相对,促进了相互间的交流。从传播心理学角度来理解,"封闭空间"所形成的舞台效果传达给受众的感受是收缩的、专注的,具有潜在向心力。《金牌调解》整个节目的演播室都是以蓝色为基调的,室内背景很大程度上也采用了蓝色。蓝色给人最基本的感觉就是宁静,使当事人烦躁的头脑变得冷静。

在这一模拟法庭式的叙述环境下,《金牌调解》节目采用类似法庭式的当事人陈述事件—观察员询问追究—调解员对故事真实面追求—主持人对故事串联—当事人相互反驳道出真实完整的故事这一独特的叙事方式,形成独特的叙事风格。整个故事真相逐渐浮出水面,其过程先后经过了当事人、观察员、主持人、调解员的多方之口,呈现出带有丰富主观色彩的

---

① 《〈金牌调解〉栏目大受欢迎,胡剑云等被追捧为"铁三角"》,金鹰网,2011年11月14日。

曲折的讲述过程。例如，在2013年5月11日"走不下去的婚姻路"这一期，节目一开始妻子张女士就说自己跟现在的丈夫结婚时（二人均为二婚）给了丈夫自己之前几乎全部的积蓄，但还没等妻子哭诉完，丈夫吴先生就全盘否认了妻子所讲的故事。先是说自己把她的钱都花在了投资和创业（跟朋友合开小餐馆）上，之后又说自己对妻子一直很真诚，但她对自己却缺乏基本的信任。接着观察员们纷纷对事情的客观情况给出自己的猜测。由于在《金牌调解》中，叙事的主要手段是口述，在当事人和诸多观察员、调解员的讲述过程中难免会带有讲述者主观的思想和情感，成了节目独特的叙事特色，而这种事件真实性的难以捉摸反而会激起观众对事件真相的强烈好奇。

2. 以精英文化为大众话语服务——坚持为老百姓服务的立场

《金牌调解》从开播之始，就给自己一个鲜明的节目定位，那就是关注老百姓的生活，为普通老百姓服务。而节目邀请来的调解员又多是属于社会高级人才，比如有"最懂女人心的金牌调解员"之称的胡剑云就来自江西师范大学，观察席中坐着的大部分也是律师、公务员、退休干部等。节目借助属于精英人群、高文化层次的调解员、观察员的比较科学与专业的分析与调解，为老百姓解决矛盾和问题。《金牌调解》始终坚持为老百姓服务的立场，专注于对普通老百姓的生活和烦恼的关心。这点从"被孤立的小夫妻""妻子爆料让形势大逆转""'80后'小夫妻水火不容""妻子执意摆脱纠缠　丈夫挽留为哪般""三句话拆散的十年婚姻"等节目名称均可以看出。

3. 叙事视点的多样性——多个角度讲述故事

（1）当事人第一人称叙事视点为主

《金牌调解》中，事件的讲述主要采用第一人称叙事。节目中每一期都要出现的场景就是当事人一方开始讲述双方间的故事、哭诉自己的委屈、对方的恶行，接着另一方开始解释、予以否认，并从自己的角度来叙述他们之间的故事。第一人称视角又称主观视角，因为个人情感和思维的难以剔除，第一人称叙事有可能严重地掩盖和扭曲了故事的真实性，但当事人双方的相互辩驳、推倒，又使叙事的真实性得以揭开。这种两个第一视点交叉讲述的独特的叙事视点造就了《金牌调解》独特的叙事风格。

（2）主持人、观察员和调解员对叙事的推测与补充

在《金牌调解》中，主持人、观察员和调解员对节目的故事进行起

到了非常大的影响和作用。由于双方当事人会出于种种原因对故事进行利于自己的隐瞒和歪曲,而另一方当事人也往往会对这方当事人的叙述表示驳斥和怀疑。所以主持人、观察员和调解员通过结合双方当事人的叙述对事件进行客观的推测和补充,在一定程度上完善了叙事。通过这些旁观者的冷静分析和判断,查缺补漏,循循善诱,对双方当事人彼此不一致的说辞去伪存真,使故事的呈现更为真实和趋近客观。形成第三人称叙事视点。主持人、调解员和观察员虽然对双方当事人才知道的具体事件并不清楚,但依据双方的讲述、人与人相处的客观规律和自己的生活阅历,他们比较容易看出事件的本质和基本的对错、真假。例如在 2013 年 6 月 1 日"赡养背后的情感纠葛"这一期,当事人是一对姐妹,节目一开始主要是妹妹在讲述,姐姐一直都很沉默,主要是主持人、观察员和妹妹问答来呈现事情样貌,沉默的二姐的形象也主要通过他们来进行塑造。虽然姐姐难以避免地在一定程度上表现出无理、恶毒的印象,妹妹则表现得懂事、孝顺、为难,但在主持人、调解员、观察员的辅助下,故事也较完整地呈现出客观的样貌,并把对双方当事人的形象评价权留给了观众,形成开放性的叙事。在事件的发展和双方人物形象的描画过程中,主持人、调解员和观察员的发言与肯定或否定的推测,起了很大的推动作用。但同时调解员和观察员的发言,也可能会给节目的叙事蒙上一层主观色彩。

4. 高度故事化中叙事的纪实性——纪实在变奏中呈现

《金牌调解》带有明显的故事化特征,节目中极具戏剧性的故事也是这类节目吸引观众的法宝。但其在节目性质的基础上又必须保持高度的纪实性,向观众呈现真实的故事。这就涉及《金牌调解》节目在叙事上的显著特征。基于真实故事上的再创作是谈话类电视节目的共同特征,真实感人的故事是节目的基础,但对这一真实故事的讲述方式又是节目的特色所在。由于再创作是个主观元素占主要地位的活动,编导们为了让生活中的故事听起来富有传奇性,为了让普通人的故事听起来更加曲折、悬念丛生、感人,就需要对故事发展的自然时序等进行打乱、重组、制造悬念,在《金牌调解》中,这种独特的纪实在变奏中呈现的叙事特点体现为:节目一开始先由双方当事人各自主观呈现自己眼中的这个故事,之后通过主持人、调解员、观察员的引导、提问,让当事人通过回忆、争论等方式完善和完成整个故事。叙事人的多元、叙事时序的多种出现,使《金牌调解》在对故事真实性的还原上形成鲜明的叙事风格,同时,产生了电视节目赖以吸引观众的戏剧性。例如在 2013 年 4 月 26 日"他用谎言拯救爱"这一期的临近尾声，男方当事人在密室外焦急等待女方给出分手还是在一起的答案时突然当场晕倒，节目被迫提前结束并打电话请来医务人员把男方当事人送去医院。这个时候所有人的心都提到了喉咙口，因为女方当事人之前就提到男方曾骗她说自己有心脏病。而观众经过长时间的等待，医生检查说男方当事人身体没有问题。接着男方当事人坐在椅子上，承认自己又是假装的。强烈的戏剧性通过跌宕起伏的节目进程体现出来。而男方当事人爱说谎的性格也与女方之前的讲述遥相呼应。

《金牌调解》利用"模拟法庭"的节目形式，通过双方当事人的讲述，主持人、观察员、调解员的推断与评述，相互怀疑、相互印证最终完成对整个故事的叙述，在叙事上具有显著的特征。尤其是整个故事都是由在场的人主观的口中说出，真真假假、遮遮掩掩、相互驳斥又相互印证，故事就在众人的讲述、怀疑、验证中逐渐明晰。

（胡辛、黄志钢《当代电视》2013 年第 12 期）

传媒多样化与青少年成长研究调研报告

摘　要　伴随着新科技的更迭和媒介多元化的融合，新媒体接踵而来。传媒多样化已成为当代生活中一道不可或缺的风景线，对正在成长的"读图一代"的青少年成长产生了不可估量的影响。本调研报告通过对全国各地20所小学、中学、大学三个阶段的青少年进行不同的问卷调查，分别运用个案研究和实证分析等方法，对调查数据进行整理分析，得出传媒多样化在给青少年成长提供丰富知识营养的同时亦带来了众多负面影响，并对青少年在多媒体语境下的健康成长提出一些可资借鉴的合理意见。

关键词　传媒多样化　青少年　成长

在现代信息社会中，作为一种信息产业的传媒业，是最具社会影响力的事业。它指的是专业化的媒介组织运用先进的传播技术和产业化手段，以社会一般大众为对象而进行的大规模信息生产和传播活动。它的存在和发展会直接或间接地影响到一个国家的政治、经济、文化与社会的发展。

伴随着新科技的更迭和媒介多元化的融合，新媒体接踵而来，丰富了媒体种类内涵的同时外延拓展也更为丰富。从传统的纸质传媒到而今的影视电子传媒以及网络传媒，媒体多样化已成为当代生活中一道不可或缺的风景线，对当代的生活和社会环境产生了巨大的影响，尤其是正在成长的"读图一代"的青少年，他们所受的影响更是不可估量。但传媒多样化也是一柄双刃剑，表现在以下两个方面。

（1）传媒多样化给青少年成长提供了丰富多彩的知识营养。首先，多样化的媒体环境信息容量大，信息资源丰富，突破了时间与地域的限制，这为学习能力和接受信息能力非常强的青少年提供了一个非常强大的完善的信息资料库，尤其是网络和手机等新媒体的开放性、方便性，信息内容的多样性和广泛性，拓宽了青少年获取知识的途径；其次，媒体多样化可以将社会上正在发生的各类信息及时地呈现在青少年的面前，拉近他们与现实社会的距离，提高他们对现实社会的参与度。许多青少年在网上开设自己的博客，写日记，谈学习，和同学交流学习心得，而且，随着他们对新媒体的接触度的增加，许多青少年开始尝试着用手机和摄像机拍摄 DV 短片来反映日常生活，完成了从博客到播客的过渡。

(2) 传媒多样化给青少年成长带来的众多负面影响。网络庞杂而无序的信息严重影响着青少年的价值观，"黄魔"肆虐、"黑客"入侵、"游戏"人生、虚拟世界里的凶杀暴力、灯红酒绿、醉生梦死，一样误人子弟，害人不浅！其次，网络上汇聚了三教九流、各色人等。其中不乏居心叵测者，因金钱利益的驱使，在网络上设置不良甚至违法网站，引诱青少年网民上当，导致一些青少年最后走上犯罪的不归路。种种污染网络环境的现象已越来越多地引起了社会公众的指责抨击，青少年网民的家长们尤为深恶痛绝。

为了进一步了解青少年对传媒多样化的印象与评价，《传媒多样化与青少年成长研究》课题负责人——南昌大学影视艺术研究中心主任胡辛教授带领课题组成员展开了"青少年新媒体接受行为调研活动"。这次调研活动分别采用了问卷调查、个案研究和实证分析等方法，并结合时代特点对青少年学生的影视创制进行研究。希冀通过这次调查和分析，对青少年在多媒体语境下的健康成长提出一些可资借鉴的合理意见，一方面促使媒体多样化的轨迹正常朝前发展；另一方面，观照青少年的学习环境和生存境遇，促使他们能充分利用这种宽松、便捷的媒体语境，谋求自身的全面发展。

一 问卷调查数据分析

为了更加全面地评价全国青少年对新媒体的接受行为，此次调研覆盖区域包括了江西、江苏、山东、河北、河南、湖北、上海、天津等省市和地区，分别代表华北区域、中部区域、西南区域、东南区域。调研学校共计 20 所，在类属上覆盖小学、初级中学、高级中学、大学、研究生等不同教育层次，并且根据该群体范围大的特点，分别对小学、中学和大学三个阶段的青少年进行不同的问卷调查。在样本筛选上兼顾城市与乡镇两级直属学校公立学校与民办学校。年龄范围在 6—25 岁，区间内呈现较均匀分布。本次调查发放和回收问卷的时间为 2009 年 2 月中旬至 8 月底（见表 1、表 2、表 3）。

表 1

地区	学校名称	年级	发放份数	回收份数	累计收回份数
江西南昌	南昌京东小学	四、五年级	30	28	
江西南昌	南昌市红谷小学	二、三年级	25	21	
山东日照	莒县第一实验小学	三、四年级	50	50	
湖北天门	天门市王场小学	五、六年级	20	20	294 份
广东茂名	茂名市万寿口小学	四、五年级	55	54	
辽宁鞍山	铁东区育才小学	二、三年级	30	30	
河南泌阳	泌水镇第五小学	三、四年级	40	40	
四川渠县	三汇镇镇一小	五、六年级	55	51	

表 2

地区	学校名称	年级	发放份数	回收份数	累计收回份数
江西分宜	江西分宜中学	高三	20	20	
山东淄博	博山实验中学	高二	50	50	
山东枣庄	山东枣庄市第二中学	高三	40	40	
湖北天门	湖北天门市鱼新镇龙华中学	高三	20	20	
山东安丘	山东安丘市第八中学	高一	40	40	472 份
四川渠县	三汇中学	初二	60	60	
四川达州	达州一中	初三	50	50	
北京崇文	北京市崇文区汇文中学	初二	70	70	
上海	上海市天山中学	初三	62	62	
江西南昌	南昌大学附属中学	初一	60	60	

表3

地区	学校名称	年级	发放份数	回收份数	累计收回份数
上海	上海华东师大	研二、研三	40	40	450份
山东济南	山东警察学院	大四	20	20	
江西南昌	赣江职业技术学院	大一	50	50	
山东济南	青年干部管理学院	大二	30	30	
天津	南开大学	大一	40	40	
湖北	湖北长江大学	大三	50	50	
江西南昌	南昌大学	研一、研二	40	40	
江苏南通	江苏南通大学	大二、大三	40	40	
河北	河北师范大学	大四	50	50	
四川	四川大学	研一	30	30	
河南	河南南阳师范学院	大一、大二	60	60	

依据此次调研活动获得的基础数据，本文首先从青少年群体对新媒体的接触度与整体评价分析；其次，从青少年对新媒体的接触途径、接触目的、涉及内容和范围等角度入手分析新媒体在青少年群体中的接受程度和吸引力；再次，通过问卷中具体问题的调查分析媒体多样化对青少年群体的影响；最后，在整体梳理调研结果的基础上，课题组从不同层面提出了新媒体对提升青少年正面影响力的若干策略，引导新媒体从积极的方面服务于青少年受众。

（一）青少年对传媒多样化的整体认知与接触度

（1）对传媒多样化的整体认知

数据显示，接受调查的学生中，83.1%的中学生和78%的大学生认为互联网是新媒体，72%的中学生和74.5%的大学生认为移动电视和数字电视是新媒体，说明青少年对传媒多样化还是有一定认知的。

对《全国青少年网络文明公约》，超过六成的中学生比较了解，说明网络在中学生群体的学习和生活中已经占据了相当重要的位置，对与网络有关的法律和法规，他们都比较关注。另外，在对公共交通工具上安装移动电视等媒体的态度上，有54.8%的中学生和65.96%的大学生表示"感觉不错，可以打发拥堵和路程上的时间"，对于各种媒体中播放的广告，有2/3的大学生持肯定态度。这表明现代的年轻群体对传媒的多样化表现出比较大的认可度和接受度。

（2）与多样化媒体的接触度

数据显示，91.8%的家庭拥有电视机，81%的家庭拥有手机，而有47%的人家里拥有电脑。表明随着生活水平的提高和科学技术的进步，电脑和手机的普及率已经逐步提高，也就是说，在传媒的选择上，未成年人自主选择的主观能动性得到极大提高，对于未成年人群体，对以网络为代表的新媒体进行信息消费至少在物质层面上已经基本不存在障碍。

数据显示，超过半数的小学生已经接触过电脑，以9—12岁年龄段开始接触的居多，占据38.6%，其次有17.2%的调查对象在6—9岁之间开始上网，甚至还有0.6%的小学生在6岁前就开始上网。由此可见，接触网络的年龄越来越早已是不争的事实。而在接触过电脑的小学生中，超过80%的是选择寒暑假和周末上网，而只有9.4%的小学生选择"父母不允许，只能偷偷上"，而在上网时长上，有50%的小学生每次上网都在半小时以内，只有21.1%的小学生每次上网一小时以上，可见由于小学生没有很强的自制力和自由支配课余时间的能力，所以大多数的上网行为都受到了家长的干预，而通过分析调查结果，可以看出家长虽然对小学生平时的上网采取了一定的限制，但是在周末或者寒暑假，家长也对孩子的上网行为给予了一定的尊重，可见家长对小孩子接触电脑，也并非持完全否定的态度。

通过对上网时间的统计数据显示，有将近六成的中学生平均每天的上网时间为1小时以下，只有1/4的中学生上网时间在1—3个小时，而平均每天上网时间都超过3个小时的，只占调查对象总数的7.7%；而大学生中有将近一半的人每天的平均上网时间为1—3个小时，平均每天的上网时间超过3个小时的，占总数的23%，说明中学生面临着高考的压力，学业比较繁忙，没有足够多的时间来接触网络。而大学生自由支配的时间比中学生要多，少了教师和课堂的约束，学生投入到网络的时间和精力明显增多，这也说明网络比较容易让年轻人长时间投入注意力。

从对课余时间的支配来看，70%的小学生的课余时间都是用来完成作业或者是参与补习班，而其他的小学生，有20%左右的会选择传统的电视或者媒体，只有不到1/10的小学生会选择上网或者聊天；相对而言，中学生的课余生活要丰富得多，有40.3%的调查对象选择在课余时间看电视，而只有25.4%的调查对象选择上网，说明电视依然是年轻人的首选媒体。

（二）青少年接触新媒体的内容和范围

（1）娱乐、互动性是青少年接触新媒体的主要动因

通过对小学生"上网大部分时间所做的事情"的调查发现，小学阶段的青少年在日常生活中使用网络大部分时间用于娱乐活动。其中32.1%的小学生把上网时间花在玩小游戏上；14.3%的小学生在网络上收看动画片（电视或电影）；10.9%的小学生上网时分别选择QQ聊天和查找资料；还有7.4%的小学生会在上网时整理自己的博客（QQ空间）。可见由于小学生年龄小（受访人群在6—12岁）、知识面窄，他们主要接触的是新媒体的娱乐功能。同样的问题，在对中学生和大学生的调查中，分别有33.5%和44%的调查对象将上网的大部分时间用于网络游戏和聊天，可见，娱乐、休闲也是中学生和大学生上网的首要内容。

在对"现在网上流行玩开心农场等类游戏，你觉得大家的目的是什么"的调查中，发现有54.3%的人是因为课余时间过剩。囿于家长和学校的管教，以及经济不宽裕的局限，他们不能走出校园进行其他的消遣或消费，因此借网络游戏打发闲暇时光。而有23.8%的人则是为了满足好奇心，例如通过在开心农场偷菜，玩传奇、魔兽和CS等游戏来群殴、杀人或者做侠客等等，消解内心的变相欲望，使在现实中被禁锢的欲望得到有效的释放。而出于从众心理或带有其他目的的人则相对较少。由此看出，大学生在闲暇时间中无法拒绝新媒体带来的影响，尤其是新媒体的娱乐功能对大学生的影响。

（2）新媒体是青少年获取信息的重要途径

随着科技的更迭，越来越多的新科技应用到教学中，而媒体的多样化发展更是为广大师生提供了大量的可利用资源，当前青少年的学习能力和信息接收能力均非常强，因此，在对"如何在学习中利用新媒体"的调查中，利用互联网查找资料的大学生占75.5%，与没有利用新媒体进行学习的大学生相比，他们之间相差71.6个百分点。调查结果表明，七成以上的大学生在学习时一定会采用互联网进行资源的检索和信息的采集，九成以上的大学生在学习中都不同程度、以不同的方式利用到了新媒体。而在学习过程中遇到疑难问题时，半数以上接受调查的大学生都选择了"借助互联网"，可见新媒体已经成为青少年学习和获取信息的重要途径。

手机作为一种最为普及化的新媒体，它对学生的影响不可小觑。除了其主要的通信功能外，在中学生中手机的电子阅读功能位居第二，占39%，由此表明有相当一部分中学生将手机作为一种学习工具，辅助平常的课余学习，或者阅读小说等调节紧张的学习压力。而大学生更多的是用手机上网浏览新闻，表明大学生更加倾向于使用新媒体获取信息，把新媒体作为一种丰富视野、扩大知识面的工具和途径。

不过数据也显示，有3/5的中学生和7/10的大学生对于网络信息的真实性存在质疑，认为网络信息鱼龙混杂可信可不信。这也表明，当今社会，信息的数量以惊人的速度急剧增加，网络的出现让信息传播如虎添翼，新闻信息飞速增加、娱乐信息急剧攀升、广告信息铺天盖地、使得个人接受严重"超载"。青少年在有意识地获取信息和娱乐的同时，也会无意中吸收了很多与其年龄段不符的经验，因而加大对网络内容的监管，尽量减少不良信息的传播，规避网络传播可能造成的负面影响，进而保证青少年获取健康的信息和娱乐。

通过调查发现，排在青少年上网目的前三位的是获取信息、游戏消遣与交友，说明青少年在上网时实现了心绪转换效用与环境监测效用，这和网络媒体最受欢迎的媒介现实相吻合。

（三）传媒多样化对青少年的影响

（1）对青少年的思维和价值观的影响

对小学生取网名的方式的调查中，只有4.76%的小学生选择用网游人物作为自己的网名，对自己所崇拜的偶像，有45.58%的小学生选择雷锋、毛泽东这些英雄、伟人。另外，他们对于娱乐界的人物也是充满崇拜之情，有25.17%的人选择周杰伦为自己的偶像。这表明，随着传媒的多样化，小学生接触到的媒体日益增多，他们虽然会受到诸如网络等新媒体的影响，但是由于他们接触新媒体的时间等的限制，他们与传统媒体的接触更多，受传统媒体的影响更大。

而中学生则受新媒体的影响比较大。有近一半接受调查的中学生喜欢模仿媒体中出现的判断事情或人物的是非对错的方法，此外，分别有两成左右的中学生会去模仿新媒体中出现的穿着打扮、说话语气语调、生活方式等。这说明，由于传媒的多样化，中学生接触到的媒体方式也出现多样化，在接触的过程中，他们会自觉或不自觉地去模仿，传媒多样化，对青少年的思维和价值观必然会产生一定的影响。

(2) 改变了青少年的交友范围和交友方式

在对上网时的聊天对象的选择上，有50.34%的小学生选择的聊天对象是自己熟悉的人，只有1.36%的小学生会选择和陌生人聊天。有一半以上的中学生和大学生会主动在网络上与陌生人聊天，这说明，小学生由于年龄的限制，他们刚开始接触网络这种新媒体，对于网络的熟悉度以及信任度都不高。而中学生和大学生有了一定支配课余时间的自由和基本的判断能力，迫切希望能够提高自己各方面的能力，通过网络来锻炼自己的交际能力成为他们的一大选择。

而当在生活中遇到难题时，有70.21%的大学生会选择向同学或亲友诉说，此外，有12.06%的人选择和陌生网友聊天或在论坛发帖子，有3.19%的人打电话到电台谈话节目。这说明，传媒的多样化，为人们提供的交流方式增多，当人们遇到难题时，可以通过网络聊天、论坛发帖、电视、广播的谈话栏目来向陌生人诉说，来解决问题。但是，从总体来看，还是更愿意向自己的同学和亲友诉说。

据统计，我国有5800万的青少年学生网民，在我们的调查中发现互联网在青少年的生活中所扮演的各种角色中最受欢迎的是娱乐工具，其次是沟通工具、信息渠道、生活助手。青少年对互联网娱乐功能的使用超过其他任何一种功能。而且随着青少年年龄的增长，他们对于媒体的参与性需求越来越大，表现为从被动地接受网络信息到互动式的网络游戏、聊天，再到主动地建立自己的博客、播客，将自己的观点在网络上发布。

这种现象反映出了广大青少年学生一方面需要通过应用网络提高信息素养，而另一方面在应用网络的方式和领域方面存在较大偏差。这就要求我们必须通过宣传教育和正确引导，使得青少年学生网民将互联网作为娱乐工具的同时，更多地关注和应用互联网的其他功能，使媒体多样化所创造的更多、更广阔的平台服务于青少年成长。

二　青少年学生影视创作

在读图时代，影视电子传媒在青少年的成长中发挥着越来越重要的作用，而媒体多样化的发展也使青少年参与影视创作成为可能。

首先，科学技术的进步促使摄像设备价格下降，从物质上使个人拥有摄像设备成为可能，而小型数字摄像机的出现，使个人进行影像表达的技术门槛降低。

其次，网络技术的发展，为个人影像的传播提供了良好的平台。如网络上涌现出的土豆网、优酷网等视频网站，对视频上传实行"零门槛"，个人可以将自己拍摄制作的作品通过网络进行展示和传播。

再次，风起云涌的各类官方和民间的 DV 影像活动，也使个人影视作品的制作和传播走向正规化、专业化。如由国家广播电影电视总局和中国广播电影电视集团共同主办的中国国际广播影视博览会、北京电影学院主办的国际学生影视作品展（ISFVF）、由上海电视台纪实频道和优酷网联合发起的大学生校园 DV 创意展播、由四川电视台主办的四川国际电视节"金熊猫"奖国际电视节影视作品评选等，除此之外，还有各类非官方的影像展示评比活动层出不穷，这些极大地激发了青少年对影视创作的创新精神，促进了相互交流，增强了实践操作能力，为影视方面的专业人才培养搭建更加广阔的平台。

目前，不少高校的影视学科，抓住青少年对影视创作的兴趣和热情，利用新媒体多样化在技术和平台上所提供的便利，积极引导学生在影视创作方面进行实践，让学生在实验实践中掌握现代电视传媒技术。在 2009 年四川国际电视节"金熊猫"奖国际大学生影视作品评选中，共有来自 62 个国家的 3493 部作品参赛，纵览公布的获提名奖的名单中，共计有 22 个国家和地区 106 部作品 114 个提名。涉及的范围之广，参与作品的数量之多，令人咋舌，高校对影视教学实践的重视，以及青少年对影视实践活动的热爱，可见一斑。而在强手如林的激烈竞争中，本课题组选送的纪录片《在江西的岁月里——邓小平小道》获得纪录片类评委特别奖、《瓷都名流·秦锡麟：大师的奉献》获得纪录片类最佳导演奖提名、《在路上——胡辛老师和我们的〈沙之舞〉》获最佳创意奖提名，《车轴在蔓延》获得最佳社会类纪录片奖提名，《聚沙》获得剧情片入围奖，《瓷都名流·李菊生：此中有人，呼之欲出》等获得纪录片、实验片入围奖，本课题组选送的作品共计 13 项入围，4 项获得了提名奖，在中国（内地和港澳台地区）32 所获得提名的高校中名列第六。南昌大学宣传部和影视艺术研究中心还荣获优秀组织奖。

本课题组成员所在的南昌大学影视艺术研究中心一向注重对学生影视创作的实践动手能力的培养，自 2004 年获批成立江西高校第一个广播电视艺术学硕士点以来，就坚持带领学生走"理论联系实践"之路，迄今为止，已经有了一系列的教学实践成果。南昌大学广播电视艺术学硕士点的研究生们，在导师课题组负责人胡辛教授的引导下，拍摄出了一系列地域色彩浓厚的电视专题片，乃至自编自导自演自摄制电视剧等一系列的传媒教学实践成果。这些作品以江西地域的红色文化、绿色文化和古文化为底蕴，坚持灌输革命传统教育、弘扬中华民族传统文化，在实验实践中学生掌握现代电视传媒技术，无论是前期策划、创作，还是拍摄、后期制作都让学生亲自动手，坚持原创性和创新性。如电视专题片《红绿辉映领袖峰》《瓷都名流》《千里踏访颂师魂》《十年风采 千年跨越》《直挂云帆济沧海》《胡先骕》等，多已在中国教育台、江西卫视播放。2006年南昌大学师生又拍摄了24集电视连续剧《聚沙》，是中国高校第一部由师生自编、自导、自演、自拍摄、自制作的全原创的长篇电视连续剧，2007年五一黄金周由中国教育台首播，《中国网》《新浪网》《中国教育报》《中国青年报》《江西卫视》《江西日报》等40多家新闻媒体、网站等给予了热情的高度评价。继《聚沙》成功摄制播出之后，南昌大学影视艺术研究中心又引导2007和2008级的研究生们拍摄出纪录片《在路上——胡辛老师和我们的〈沙之舞〉》，以及"沙系列"的第二部——8集电视连续剧《沙之舞》，目前正在进行紧张的后期制作。

每个地域都有着自己独特的悠久的历史文化资源，当今的飞跃发展更成为世人瞩目的动感地带。如若每个地域都能以先进的现代传媒技术发掘、展示、传播文化精神，这将是极有利于青少年的健康全面成长的。

结语：几点建议

为什么科学技术越来越进步，人心却越来越隔膜？一群群青少年迷恋网吧，通宵达旦，在虚拟的世界里，他们忘乎所以，人生的目标在哪里？许多家长不得不发出"救救孩子"的呼喊。但网络问题是一新问题，无经验可循，这就要求课题组成员提高自身的文化科技素养，以人为本，从人的需求欲求做深刻的解析。

在调查结果进行分析统计的基础上，我们得出结论，即传媒多样化对青少年成长有着较大的影响，在年龄层次稍高的青少年群体中，正面影响大于负面影响，当然，这种利大于弊的趋势还需要青少年自己的自觉与社会的正确引导。通过召开的8次硕士、博士座谈会，我们针对上述调查情况及结论对传媒多样化如何正确引导青少年健康成长提出相应建议。

（1）根据传媒发展的现状，制定出相应的法规政策。青少年是祖国和民族的未来，处在社会化进程的重要阶段，他们的求知欲强、兴趣广泛，在了解社会及世界、人际交往、学习、娱乐等方面对大众传媒的依赖度较高，但当前大众传媒所提供的信息鱼龙混杂，尤其是网络环境污染严重，所以应当依靠政府和社会的力量，采取网络实名制措施，专门以传媒环境与青少年的关系为范畴，对传媒对青少年的影响实现有效的社会控制和社会制约，协调传媒与社会、传媒与青少年的关系，以确保青少年健康地成长。

（2）以学校为重点进行媒介素养教育。"传媒素养教育是传统素养听、说、读、写能力的延伸，它包括人们对各种形式的媒介信息的解读能力，除了现在的听、说、读、写能力外，还有批判性地观看、收听并解读影视、广播、网络、报纸、杂志、广告等媒介所传输的各种信息的能力，当然还包括使用宽泛的信息技术来制作各种媒体信息的能力。"[①] 据调查显示，青少年的传媒素养还亟待加强，在日益开放的校园环境中，学校应该分析传媒多样化发展过程中所出现的新情况、新问题，并制定相应措施，根据具体情况，开设传媒素养教育课程的通识课课程，以便让青少年正确认识传媒，在利用过程中取其精华，去其糟粕。学校各个部门之间相辅相成，合力举办有利于青少年健康成长的各种活动，让他们参与其间，以便更好地提高他们的素养、水平。

（3）青少年应重视对媒介素质的自我教育。"外因通过内因来起作用"，自律的关键在于要有一种觉悟，与人生观、世界观和价值观紧密联系。在信息时代里，在浩如烟海鱼龙混杂的信息中，青少年应该具备如下能力：知道何时需要信息的能力、知道需要什么信息的能力，如何找到信息以及如何正确判断和评价信息的能力。青少年是教育的主体，只有他们

---

① 张开：《媒介素养教育在信息时代》，《现代传播》2003年第1期。

意识到自我媒介教育的重要性并积极投身其间,才会良性循环,才能享有媒体多样化带来的便利,才能健康茁壮地成长。

(王小娥、何静、胡辛《科技广场》2010年第3期;参加调研的人员还有:南昌大学影视艺术研究中心广播电视艺术学2008级硕士研究生:李姜江、王炎、李玲、夏江玲)

我国电视活动的发展历程及发展态势探析

摘 要 以1960年北京电视台举办的春节综合性文艺晚会作为电视活动的萌芽,将电视活动近50年的发展历程分为萌芽、起步、电视活动化、电视活动品牌化四个阶段;并认为进入品牌化阶段的电视活动呈现出规模化、国际化、新闻化、公益化、市场化等发展态势。

关键词 电视活动 发展历程 发展态势

"电视媒体活动通常是指一项以电视媒体为平台,电视传播为渠道,有目的、有计划、有步骤地组织众多人员参与的社会协调活动。"[①] 电视活动近年火爆荧屏,成为电视媒体新的增长点,代表了中国电视未来发展的重要内容和方向。电视活动有以下三个显要元素:(1)表现为电视媒体某种明确的"主体作为",即活动不是自然发生的,而是典型的"伪事件";(2)这种"主体作为"有明确的目标指向,即无论是组织方还是参与方都期待获得某些收益;(3)有相当的受众参与。本论文尝试对电视活动的发展历程与发展态势做出探析。

一 电视活动的发展历程

研究一种艺术现象的历史,认清楚它的发展脉络和特点,以进一步把握其本质和规律,最好的方法是"分期研究"[②]。我国电视活动的发展与

[①] 王兰柱:《中国电视收视年鉴2007》,中国传媒大学出版社2007年版,第96页。
[②] 钟艺兵:《中国电视艺术发展史》,浙江人民出版社1994年版,第335页。

电视观念的转变、电视改革的深化及整个传媒语境是息息相关的。电视活动推陈出新的过程也是电视主体觉醒、不断发展成熟的过程。不断有研究者对电视活动的发展演变历程做出探讨。《现代传播》2005年的年度对话中，胡智锋先生依据活动与内容的相关度，把近十余年的电视活动分为三个阶段，认为第一阶段活动与内容是相对的、游离的；第二阶段活动与内容开始贴近，开始融合，一半内容，一半节目；第三阶段活动本身就是内容，主办者尽可能将活动的每一环节变成节目的有机内容，甚至配合内容的需要来设计活动，内容和活动二者合二为一。① 也有研究者认为，电视活动产生至今，其演变历程总的来说可分为三个阶段，分别是社会活动节目化—电视节目活动化—电视活动。② 应该说这些看法都是富有见地的。

纵观电视活动的发展历程，笔者认为电视活动经历了从无到有，即传播社会活动时期—策划电视活动时期的跨越过程。早在1958年，北京电视台（现中央电视台）即转播了国庆焰火晚会，1959年直播了建国10周年大型文艺晚会实况，以后"五一""十一"焰火晚会文艺晚会实况转播成为保留节目，现认为这仅是社会活动的节目化，而不是真正的电视活动，电视活动的萌芽始于1960年北京电视台举办的春节综合性文艺晚会。现将电视活动近50年的发展历程划分为以下四个阶段。

1. 萌芽阶段（1960至20世纪80年代初）

电视活动的真正萌芽应该是1960年北京电视台举办的春节综合性文艺晚会，这是北京电视台第一次举办综艺晚会。晚会内容有诗歌朗诵、相声、歌舞等，这可以看作今天《春节联欢晚会》的发端。到1963年，除夕之夜举办的春节晚会已经长达4个小时，1966年也直播了电视台组织的一场迎春晚会。此外值得一提的是1961—1962年连续举办三次的《笑的晚会》，采取了文艺茶座的形式，"体现了受众的'参与性'和节目的'现场性'"③。《笑的晚会》这种以相声、小品为主的节目内容和轻松娱乐的节日气氛为20世纪80年代风靡全国的《春节联欢晚会》也提供了一定的参照和借鉴。很明显，这一时期的电视活动仅限于政治气息较为浓重的节庆晚会。随着1966年爆发"文化大革命"，电视活动刚刚燃起的

---

① 胡智锋、汪文斌：《2004：中国电视关键词》，《现代传播》2005年第1期。
② 俞秋萍、冯佳丽：《"电视活动"的盈利模式及传播学解析》，《东南传播》2009年第4期。
③ 钟艺兵：《中国电视艺术发展史》，浙江人民出版社1994年版，第409页。

火焰被熄灭了。

2. 起步阶段（20世纪80年代初—90年代末）

1978年农历除夕，中央电视台为观众举办了"文革"后的第一次春节联欢晚会，电视活动在"文革"后的重新起步复苏，1983年中央电视台举办的《春节联欢晚会》可谓有标志性的意义。这场我国电视文艺晚会中最具中国文化艺术特色和象征意义的晚会成为中国人过年的"新年俗"，也成为电视文艺晚会的典范。随后地方性春节联欢晚会、华东六省一市等地域性春节联欢晚会也如雨后春笋竞相出现。晚会类电视活动仍然是这一时期最主要的形式。此外，文艺竞赛类电视活动也此起彼伏，成为迅速崛起的另一主要电视活动类型，其中一些成了发展至今的品牌电视活动。这其中包括中央电视台《全国青年歌手大奖赛》（1984）、《电视相声大赛》（1986）、《中央电视台主持人大赛》（1988）、《国际大专辩论赛》（1993），此外，自1985年始，中央电视台还自己主办或和地方电视台合办了舞蹈、民族乐器、京剧表演等电视大奖赛。

3. 电视活动化阶段（20世纪90年代末—2005）

20世纪90年代中后期以来，电视媒体市场化意识不断加强，市场化程度不断加深，"中国电视全面进入以'产品'为主导的阶段"①，具备可观市场价值的大型电视活动越来越被媒体所认识与重视，电视活动已不仅仅作为反映到荧屏的"游离"的节目，更真正作为电视媒体的社会协调行动与营销手段。电视媒体的电视活动营销进入了自觉时期，各大电视媒体纷纷跑马圈地，电视活动炫风不断，这一阶段电视活动的样式也趋于丰富。凤凰卫视在世纪之交陆续推出《千禧之旅》（1999）、《欧洲之旅》（2000）、《穿越风沙线》（2000）等一系列文化考察电视活动；央视《服装设计暨模特电视大赛》（2001）、广东卫视《国际超模大赛》（2003）等电视选美活动亮丽荧屏；中央电视台《年度经济人物评选》（2000）、《感动中国》（2002）、《中国电视体育奖》（2002）等人物评选活动"试问谁是天下英雄"；而自广东卫视2000年推出国内第一个真人秀类电视活动节目《生存大挑战》，到2004年的《超级女声》《梦想中国》《我型我秀》更是把选秀之火烧成了燎原之势，电视活动营销出现"井喷"现象。

---

① 胡智锋、周建新：《从"宣传品"、"作品"到"产品"——中国电视50年节目创新的三个发展阶段》，《现代传播》2008年第8期。

4. 电视活动品牌化阶段（2005— ）

随着各大电视媒体对电视活动的跑马圈地，有的电视台甚至提出"每个部门一个活动，每周一个活动"的口号，这些电视活动恶意克隆、缺乏创新、泛滥开发，造成电视活动有限内容资源的过早枯竭，电视活动市场出现前所未有的疲软状态。"泛电视活动"语境下，跑马圈地已不再奏效，电视活动进入精耕细作的品牌化阶段。

笔者之所以选择 2005 年作为电视活动由跑马圈地到精耕细作，即由活动化到活动品牌化的节点，因为在 2005 年无论是理论界还是业界都显示出媒体品牌化建设的自觉性与紧迫感。2005 年中央电视台正式提出了"专业频道品牌化"发展战略，"专业频道品牌化"战略是对 1999 年"频道专业化、栏目个性化、节目精品化""三化"战略的延续，更是"三化"基础上的战略升级；2005 年的电视选秀活动依然大放异彩，但是已不再热衷于画地为营，而是转而把已切分到的蛋糕做大做强，央视《梦想剧场》、湖南卫视《超级女声》、东方卫视《我型我秀》等最富影响力的电视活动都纷纷举办第二届，走精品化、品牌化之路。

二　电视活动的发展态势

笔者认为，进入精品化、品牌化时期的电视活动呈现出以下发展态势。

1. 规模化

在泛电视活动时代，电视活动要能够脱颖而出，实现影响力营销，必须走规模化道路，以实现其规模效应。具体包含以下两个层面：单一电视活动产品的规模化与电视活动集群。

（1）单一电视活动产品的规模化，即指单一电视活动产品的做大做强，包括电视活动时间上的持久化与空间上的大型化。选秀类活动从前期海选、中间淘汰晋级赛到最后的决赛落幕，一度将战线拉到半年之久，主办方借此不仅增加收视率，并获得不菲的经济收益。尽管 2007 年广电总局曾下发"选秀类活动播出时间不得超过两个半月"的"紧箍咒"，但通过主体活动之外的"前活动"与"后活动"等延伸活动亦可以实现活动品牌的持久化营销。比如 2009 年的《快乐女声》选秀决赛暑假已尘埃落定,但随后的"全国巡回演唱会"、影视剧拍摄、音像图书出版等系列延伸活动此起彼伏,将其延续到年终岁末甚至更长。从空间而言,大型电视活动已经打破长期的行政区域的分割状态,而将电视受众、广告、活动内容等资源配置的空间由地方转向全国;而作为国家级的中央电视台近年举办的大型电视活动其资源的整合配置亦有国际化的趋势。

(2)电视活动集群。单个的电视活动对电视媒体品牌影响力的构建是微弱的,而电视活动"通过'扎堆'聚集一起,通过品牌集群的组合传播,形成整体优势和规模效应,建立与扩大共同的知名度与品牌效应,达成内部资源的优势互补和资源共享,实现 1+1>2 的聚合效应"[①]。具体而言电视活动集群主要有以下两种路径模式。一是电视活动链;即单一电视活动—电视频道活动—电视媒体活动,这些不同层次的电视活动有其相对独立性,而又形成逐步递进的活动集群。二是电视活动的"同类项"联盟。同类题材的电视活动叠加在一起,同样产生此类电视活动的规模集群效应。比如《感动中国》采取"央视主办、媒体联动、群众参与"的运作模式,主动与全国各省、市媒体合作,成立"全国感动联盟",诸如"感动中原""感动宁波"等省、市两级电视台打造的各有特色的"感动××"系列如火如荼。

2. 国际化

电视大型活动应该具有国际化的视野,用世界性的语言来诠释自己富有"中国元素"的品牌内涵,突破地域限制,整合国际化的电视活动资源,实现电视活动品牌的跨区域、跨文化传播。国际化是未来电视活动的发展趋势,电视活动只有主动面对挑战,才能找到更多的发展空间。笔者认为,电视活动的国际化包含以下三个方面。一是参与选手(表演者)的国际化,越来越多的国际友人加入电视活动的嘉年华之中。2007年第五届中央电视台《电视节目主持人大赛》,报名者中首次出现了英国、美国、澳大利亚、法国等 14 个国家和港、澳、台的选手;湖南卫视的《国球大典》,一场本是民间的乒乓嘉年华,2006 年升级为世界乒乓球总冠军赛,成为世界三大乒乓球 A 级赛事之一;而各类"海选"选秀活动,外国友人更是跃跃欲试,也不乏成为"角"的,如 2006 年《星光大道》获得亚军的郝歌。二是电视活动资源整合的国际化。2007 年中央电视台主

---

① 童宁、董岩:《品牌栏目·品牌集群·品牌频道》,《电视研究》2007 年第 6 期。

办的《倾国倾城》便是联合了联合国世界旅游组织、联合国开发计划署及美国国家地理频道等高规格的国际有关机构共同举办的，并且颇具新意的设立"城市观察团"，观察团包括了国外诸多旅游与城市发展方面的著名专家。三是电视活动品牌的"走出去"战略，即具有品牌竞争力的电视活动产品的输出。《同一首歌》已经成功走进美国、加拿大、英国、韩国、新加坡等海外国家；深圳卫视的《中国功夫之星全球电视大赛》，利用"中国功夫"这一世界性的名片，采用全球海选的方式，打造国际化影响的活动品牌，不仅在国内设分赛区，还在美国、德国、俄罗斯、意大利、法国、澳大利亚设立了六个国际分赛区。

3. 新闻化

古语云，"善弈者谋势"，"强者造势，智者谋势"。新闻化也是电视活动发展的态势之一。电视活动的新闻化包含以下两层意思。一是借势，即借助社会新闻事件打造电视活动。电视活动应善于"审时度势"，巧妙借助各种重大节日、时事活动、社会话题、突发事件等时机，以利用受众对这些"议程设置"事件的已有关注，找到电视活动的最佳契合点，催生出有品牌影响力的电视活动。以2008年的电视活动为例，2008年是中国人的大悲亦大喜之年，有两类电视活动在2008年特别夺人眼目，即赈灾晚会与奥运电视活动。湖南卫视取消筹备已久的"小年夜"晚会而及时制作播出《我们一起过年》"爱心大融冰"赈灾晚会；汶川地震后，中央电视台推出的《爱的奉献》抗震救灾大型募捐晚会，以及湖南卫视、东方卫视等举办的抗震救灾晚会，这些举办及时的晚会传达了媒体的责任与爱心，大大提升了媒体的公信力与媒体形象；此外，2008年也是中国奥运年，文艺真人秀电视活动在2008年已悄然褪色，取而代之的是借"奥运"东风举办的奥运电视活动，湖南卫视《快乐向前冲》《智勇大闯关》等体育真人秀活动、中央电视台《圆梦2008》大型社会公益活动、《奥运城市行》奥运使者选拔活动等，普通百姓在电视活动中释放着奥运的集体梦想与激情。二是造势，电视活动自身的新闻化甚至事件化传播营销。随着电视活动市场竞争的愈演愈烈，电视活动"酒好不怕巷子深"的自然传播时代已经过去，电视活动亦应借助电视媒体自身的资源优势，并整合其他平面、广播电视、新媒体力量巧妙造势，不断制造热点、焦点，赢得更多受众"注意力"支持，使电视活动取得最大化的传播效果。

4. 公益化

扶危济困、热衷公益是电视媒体的一种自我修炼与责任担当，纯粹的经营性电视活动不足以吸引受众注意力，打造公益类电视活动，或将公益作为一个重要元素引入电视活动之中已成为媒体的自觉与趋势。电视公益活动以社会和受众为中心，"将扶助、平等、感恩、正义等人性之美与社会责任、道义和公平等公共价值有机融合，在企业商家、公益组织、慈善机构、受众群体之间形成和谐共振，赋予活动以人性的张力、社会的张力和历史的张力"①。

于媒体自身而言，公益类电视活动或者一般电视活动的公益行为，使电视媒体获得美誉度与影响力，增强媒体公信力，给电视媒体品牌的可持续性、可延伸性发展注入了潜在的基因，使媒体品牌更具延伸性、竞争力。

近年，电视媒体已悄然刮起公益活动风。中央电视台的《圆梦2008》《圆梦行动》《慈善1+1》《春暖2007》《我的长征》等公益性电视活动充分整合了企业、慈善、个人等各方资源，成为当时颇具社会影响力的社会事件，央视经济频道更是把2007年定为"经济频道公益年"，将公益活动贯穿全年始终。其他非纯粹公益性电视活动包括选秀类也将公益元素融入电视活动之中，热衷活动的公益行动。"电视湘军"掌舵人魏常林希望快男们做"有情有义"的"快乐男声"，肩负起对社会、民族文化的责任。2007年《快乐男声》，还未进入决赛已开始了公益传播，与贫困山区孩子共享生活、希望捐助、参与都市公益宣传，慈善拍卖将所得款项全部捐给抗洪一线。

5. 市场化

电视活动周期长、投资大、涉及面广，参与人员多，颇费人力、物力和财力，是一个复杂的系统工程。通常的节目制作管理模式不一定能取得良好的效果，对此，有学者提出符合电视活动运作特点之项目管理这一崭新的命题：即把电视活动作为一个个独立的项目整体来运营管理。具体而言，按照项目管理的体系要求，对项目范围、时间、费用和风险等进行有效管理，有效地降低项目失败风险，控制了项目费用，提高了项目的成功概率。② 而作为活动的负责人，其角色也因此由一般意义上负责日常播出的栏目制片人转变成项目经理人。电视活动之项目管理这一充分市场化的

---

① 陈勇：《秉承慈善新理念　建构公益大品牌——大型电视公益慈善活动的创新与突破》，《中国电视》2007年第7期。

② 王谦、陆景峰：《电视媒介活动之项目管理探析》，《现代传播》2007年第3期。

运营管理模式,能有效整合政府机构、企业、媒介、受众等多方社会资源,打造强势电视活动品牌,延长活动产业价值链,实现电视活动经济和社会效益的最优化。2005年的《超级女声》已开启示范意义。为《超级女声》而成立的上海天娱传媒专门负责市场运营,其市场化运作保证了这个节目和"产业链"的有效性和有序性;《超级女声》与蒙牛乳业(集团)股份有限公司的强强合作也堪称典范,事实上,企业也已不甘心早期的冠名、赞助等简单模式,而是从台前走到幕后,扮演起了"幕后制片人"的角色。

(胡辛、廖金生《现代视听》2010年第3期)

神圣的思考

——《师魂》拍摄手记

2001年春，当我捧读各地市报给省教育厅的优秀教师的事迹材料时，在而今难得被感动的年代，我的心却被深深地感动了。

请不要说崇高已然远逝，请不要说世界再没有最后的净土，我从这些并不见润色的文字中聆听到师魂的倾诉。看到的是：爱心、诚心、恒心，是无私、无怨、无悔。师魂涛声依旧。也许这是被一些人讥为过了时的老调子，可是，我仍觉得这是师之魂所在。也许什么都会变，但诚信和奉献不能变。

这学期是我教学任务最繁重的一个学期（四个课头，本科与研究生各两个课头），一开始，我也接不下来。打动我的是胡新明处长的一句话：教授，你也教了33年的书，从村小到大学哪种甘辛都尝过，为普通教师作点小传吧。是的，我曾说过，愿以真诚为这片红土地的人们留下一点文字的录像、笔墨的摄影。这回，可是名副其实地扛机摄像了。任务重大且艰巨。教育厅从全局出发，中小学这一块，全省11个地市，只能各取一两个优秀教师。上报的材料厚厚儿大摞，材料大多很感人，真不舍得筛下！可受时间、经费、人力、技术等的限制，得将十几个人物浓缩于1小时的人物专题片中，每人就那么三五分钟，这在人物专题片中还真是罕见！可即使每人只有三五分钟，你也必须把他当作一个专题来拍！绝不可削减信息量。否则这个人物留不下印象。一位纪录片专家给纪录片下的定义是：非虚构的记录生命的行为。因而在拍摄纪录片，尤其是人物专题时，跟拍、抓拍数年的都不稀罕，最少也得有个把星期吧。可这回绝没有从容拍摄的可能！只有知难而上！

前期准备花了不少时间，将材料反复揣摩，尽量写好详细的拍摄提纲。注意突出每一个人的特色，切忌千人一面，千篇一律。当然，下到现场，还会有灵感火花的碰撞，那就得抓拍抢拍，不可放弃任何一个可挖掘的镜头。

衣带渐宽终不悔

第1次拍摄（4月16日至20日）按社政处的计划，下去5天，要拍5个人。就跟打仗一样。

我带了2个研究生小伙，教育台去了个摄像小伙，社政处刘处负责协调。没有电视导演，没有主持人，懵懵懂懂地就当了编导。

16日赴景德镇，即拍陶瓷学院章义来教授。

17日上午拍摄景德镇一中武智理老师。武智理的名气，实话实说，与输送千余名学生到高校，而且绝大多数是全国重点大学有关。高大魁梧的他，这些年一直肩挑"大循环"，积劳成疾，前年胃出血，住院转院至上海。他想保密，不让学生知道，以免影响他们的学习。可是，在上海住院时，已就读上海、杭州、北京等大学的他的学生们却不约而同地到医院寻找他、看望他！播种爱的，也能收获爱。

中午饭后即驱车赴婺源甲路中学，已是黄昏，正是学生吃晚饭之时。拍！绝大部分学生碗里只有白饭而无菜，有一个学生拿个纸包往碗里撒，问后，知是盐。300余名学生，大多出身贫寒，皆来自各个山村。

20世纪90年代，甲路中学连续二年荣获省级、国家级"化学奥林匹克"奖！在城市重点中学也许算不了什么大事，但在一所农村初中，我认为应该好好做文章。江春林便是辅导他们的化学老师。1987年自上饶师专毕业后，先分到清华镇中学，那可是全县唯一的一所农村完全中学，但4年后，他坚决主动地要求调到甲路中学，他为什么在人生路上做出这样的选择？他的回答是：当时的选择的确很简单——清华镇中化学老师有好几个，甲路中学那时缺化学老师，我就坚决要求来了。话语纯朴。

拍到夜间10点半。校长请我们享受他们学校的淋浴——旷野里一间小砖房，水流如瀑。一天辛苦下来汗湿了几身，算是痛快淋漓。

原安排去婺源县城住，可明早5点就得拍摄日出、升旗、出操、上课等等镜头，别跑来跑去折腾了。女的宿总务主任的新农舍，男的住10元一夜的乡政府招待所。

夜不能寐。脑海里总浮现一大片绿色的油菜地。这里遍野油菜已结籽，却是沉甸甸的绿！比起春天的油菜花开一片金黄，更见深沉、更感生机。明天就拍一堂课外实验课，江春林带领学生走向田野。我相信会拍出"在希望的田野上"的寓意的。

早上的油菜地里，竟有蛙声阵阵。拍摄中，一位棒小伙子赶来了！他便是1994年获"化奥"省级一等奖的甲路学生，现在乡政府做文书，一大早从乡里赶了过来，以倾诉他对江老师的感激之情。这样的镜头是难得的。在油菜地拍了两个小时，多视角多方位，远、中、近和特写都拍了。研究生帮着扛机子，每个人都是汗湿几身。

江春林也是个一心扑在学校的男人。随后采访他的妻子，可不，一个卵巢囊肿的手术竟拖了两年！接着我们让他去乡幼儿园看他的儿子正一（平时他是难得去的）。用的是一气呵成的长镜头。父子相见竟是一场无导情自出的动人场景！江春林在那一刻眼睛都湿润了，他觉得真是欠家人太多了。然而，人生的时间空间就这么多，顾此失彼是常事。

4月19日上午拍抚州一中邬素芳，她是个有成就的优秀教师，《江西教育》等多次宣传报道过她。这一次，我们想从知识女性的视角切入。

下午4点多抵达南城时，天气变阴，且飞小雨。当即决定，赶赴几十里外的浔溪乡李家巷村。山路狭窄，我们的依维柯刚进到山里，就给木尖戳破了轮胎。

村小教师张建国1987年毕业于南城师范，14年都在村小教书。他的执着是，让电脑进村小，让山里的孩子们也能上网学知识。这真是有眼光之举。听说最初是南城县电教馆发现了这么个老师，拍了部片子，就叫《托起明天的太阳》。他爱岗敬业、乐于奉献、敢于创新的事迹经多家媒体多次专题报道后，引起了社会各界的重视和支持，而今，他们有两台电脑上网。到达村小，天已下雨，摄影者强调光线太暗，可我想，再暗也得拍！我相信在这雨天黄昏的村小景色会有它的特色。教室一隅有架破旧的风琴，还有可敲击出乐声的酒瓶子！与时尚的音乐室相比，它们显得粗糙、简陋，还有几分寒酸，却也更显得珍贵和高尚。电脑、乐声，将永远伴随着孩子们的人生！我们要拍的就是这个。天黑尽时，雨也越下越大，因这里无法安排下我们这些人，司机又担心大雨冲了山路，破胎的车出不了山，于是三个小伙子留下，我们先回县城。是夜，电闪雷鸣暴风骤雨！我怎么也睡不着，惊坐起三四次，不知这几个小伙子眼下如何？第二天，是浔溪乡用吉普将两个小伙子接出。见到他们,才放心了。这一夜,对他们当是难忘的。

5天拍摄归来,对镜观容颜,天,比老农妇还要老农妇!两个研究生也都病了。几天就折腾成这样,一辈子在乡下的老师呢?

一片冰心在玉壶

第二次下去拍摄是五一假日之后(5月8日—5月11日),这一回赴九江市拍摄两天。徐小年在修水东津水库畔的程段村小,每周必须用船接送小学生。钱茶花两次主动要求去星子县隘曰镇半山村小,爬山就爬了十年整!湖光山色是出画面的。这两个人物,《江西教育》皆大力宣传过。

教育台出动了3名骨干,我带上两名女研究生,社政处小李负责协调。四天就拍两人,似能拍从容点、精细点。先至半山的山脚,原来竟是陶渊明笔下的桃花源!

一人一校的半山村小撤了,钱茶花和她的半山村小学生已于今年下到桃花源小学。同行者,有主张就拍山下,山上用语言叙述即可。我不同意,坚持拍半山。所谓纪录片的真实,若能同步记录正在发生的一切,那当然最好;可是,对一个爬山十年的村小教师,以往又没有留下录像资料,我以为应该"还原历史"再现真实。原本想跟拍钱茶花爬半山。但是,钱茶花在前1小时就带着她的学生上了山,她得把荒废的村小拾掇出来。这不能不说是个遗憾!

要爬上半山村,山路陡峭,还真有点艰难。岁月不饶人,爬着爬着气喘吁吁,衣服很快让汗水湿透,近两个小时才到达。星子县教委主任一直同行,真诚地感叹:一个女同志,就凭她爬了10年的山,就不简单!喘息未定,就开拍。"摆拍",是纪录片大忌!可没想到的是,钱茶花和她的学生们还有学生家长们压根没想到这是什么"摆拍",他们很快就自然无比地上课、唱歌、做游戏,他们本来就是这样的呀。学生们舍不得钱老师走,很认真地拉着钱老师,不放她走。半山学生家长呢,提起钱老师第一次由组织照顾调到山下的情景,她就真诚地哭诉,说真是舍不得她,她是为了我们耽搁了自己的光阴。仿佛间,历史与现实时空交错。

天全黑才下山。几个村小小女生在前领路,还真是懂事,走走停停,亲切地回头"叮咛"我们当心，一口一个"胡老师"，就像我已教过她们多年！我不禁想起了33年前毕业分配至兴田村的日子！过去的一幕幕如影视闪回到眼前，一不小心，我脚下一滑，双脚跌进湍急冰凉的溪流中，直没膝盖！好在小李是带过兵的团长，死死攥住我，拉将上来。这一幕还真是有惊无险。

5月9日天亮即驱车至几十里外的钱茶花家中拍摄。回趟家，不容易，远，还得搭上二三十元车钱！每到周末，儿女就在家前的石桥上盼妈妈归来！我决定还原这个场景。第一遍拍，就哭成一团，我们也流泪了，摄像的大小伙也不例外。可是，因要同期声，小录音机就别在12岁女儿的裤腰上，拍到背影时，看得清清楚楚，不行，得来第二遍。第二遍又出了点差错，连着拍了三遍！三遍二人都哭成了泪人儿！唉，可怜天下父母心！可怜天下老师的儿女！

11时离去，在雨中翻山进入修水，没想到修水的山水是这样的美！我们说：真有漓江之韵。进县就住在当年秋收起义的旧址旁。5月10日清晨即驱车1个多小时抵程坊乡，再乘机帆船2小时左右至程段。水库幽深清澈。我们慨叹：这是可以与千岛湖媲美的仙境胜地，只是，躲在深闺无人识！

上岸已是11点，烈日当空，拍摄。徐小年那天牙痛，捂着腮帮子上课。草草用了午饭后又马不停蹄继续拍摄，我们必须抓紧白昼拍好水库上接送学生的镜头。当然，不忘安全，再三嘱咐小心小心！昨夜已向修水县教委请借几件救生衣给摄像者，但他们认为"万无一失"。几十个学生穿着金黄色救生衣，在青山绿水间唱着歌鱼贯而行的画面就是诗情画意！还有狗们，似乎也想摆脱长长的寂寞，欢跳着追随队伍！这狗，当是神来之画面。跟着我们跑前奔后上蹿下跳！可就在拍摄机帆船靠岸场景时，一不小心，摄像小南掉进了水库！沉下去3次！他的摄像机始终扛在肩头！幸而小李、老蔡都冲到船上，还有船老大一起，手忙脚乱，才把人给拽了上来！这一幕何止是惊心动魄，就是生死之间！我们吓得话都说不出来！也正是这一幕，让我们深切地感受到：徐小年们肩上责任之沉重！

众里寻他千百度

第3次下去拍摄（5月21日至29日晚），计划10天时间于赣南、吉安、萍乡、宜春等地连续拍摄。因为天气越来越炎热,而时间不等人,暑假前非得将片子做出。

先至赣南。22日一大清早就骄阳似火。清晨5点驱车至大阿镇中心小学,我们没想到,一所乡村小学的晨练是如此丰富多彩!跑步篮球乒乓球舞蹈二胡朗诵绘画,全校600多学生全都动起来了!两位摄影两位女研究生组成两组拍都忙不过来!为了拍全景,小南又攀梯子上房俯拍。大阿镇中心小学的创新教学在全国也小有名气,学生的主动性创造性全调动起来了。校长郭晨光在乡镇小学的教育改革上颇具开拓性的实践和思考,很值得宣传。课间操后,我们想搞个"大制作",让600多名学生簇拥着郭校长走出校门,还真在二分钟内拍成了!只是拥出校门后,这些学生淘气地超越校长,在我们的镜头前手舞足蹈!很好。或许是一种昭示:青出于蓝而胜于蓝。这一天热情高涨,大约我们都为郭晨光的精神感染了,是这样的朝气蓬勃!

接下来拍全南小叶米林场的林玉凤老师,她是印尼归国华侨。通全南的路正在大修,问可否放弃这一个?我想,林玉凤,作为一个华侨女子,在深山老林扎根几十年,是一个典型,不能不拍。最后我们从广东南雄绕道而行,仍几遇路堵几遇险情,盘旋至夜8点多才到。翌日拍摄,觉得很值得。这里边有个爱情故事。25年前,林玉凤为了对她的小李的爱,不顾一切飞进了深山林;那么今天爱的大树,已为山里的孩子们撑起了一片天空,爱得更宽厚更深邃更纯朴更无私!

这两天拍得太猛,小左和一女研究生都病倒了。25日又是高温。我们拍吉安的两个人物,材料是昨夜才拿到的。先赴白鹭洲中学拍数学老师伍绍光,却遭拒,他闭门不出,学校领导出了面也还是不见。也许我们该知难而退。恰好他上午有课,我知道一个老师绝不会无故旷课。便守候在教学楼楼口,当然,拍了个正着。下课铃响时,我们送进一纸条:伍老师:我是南昌大学的老师,千里踏访为颂师魂,希望您接受我的采访。老师与老师的心是相通的——他同意了。同学们闻之,报以经久不息的雷鸣般的掌声。小左不失时机拍下了这一幕。接下来拍得很顺,其实,同学们拼命鼓掌,就足以表达他们对伍老师的敬和爱。伍老师至今从不收半分辅导费,连加班奖金都不领!他非常诚恳地说:上课、辅导等等,都是一个老师应该做的事,绝不能跟家里的困难搅在一起。他只是觉得妻子久病,家中这个样子,自己又有严重的胃病,不知能坚持多久?这些话,一锤锤砸在我们心上，心痛！就像学生对我们说的那样：真不知该怎么来帮伍老师？

吉安仁山坪小学的包静校长，样子还像个小姑娘，可在学校管理上很有魄力和智慧。我们拍摄该校的课外活动，事前他们毫无准备，走去就拍。鼓乐、朗诵、拉丁舞、乒乓球让我们应接不暇。

从吉安到萍乡又是翻山越岭。夜经安源至萍乡。27日星期天，而且下雨！一早拍萍乡六中副校长王回乡，像拍抚州一中的邬素芬校长一样，我仍想从一个职业女性在处理社会角色和自然角色之间的矛盾和选择切入。我想她们的境界是会得到知识女性心的共鸣的。

28日赴几十里外的上栗镇拍泉塘村小的黄先芳老师。她从萍乡师范毕业后，12年来一直工作在村小。这也许不足为奇，奇的是两年前她还动员她先生从上栗镇中下到村小，原因不为别的，就是因为村小学生家长舍不得她走！她先生还是个大学毕业生，他们的女儿也在村小念书。这就很不容易了。在这经济大潮中，多少人往城里涌！哪个不希望自己的子女有个好的学习环境？她却选择了这样的牺牲！她有一件鲜红的上衣，我让她穿着，在绿色的田野里匆匆行走，想用这样的空镜头抒写她的内心。

29日又是雨，而且是大雨！驱车从宜春至上高，拍摄距县城40里地的南港中学陈庆林校长。这一天，学校又是考试！我们只有冒雨拍摄。打着伞保护摄像机，余者都在雨里浇，陈庆林也不例外。南港在两年前是个落后学校，流生几百！陈庆林调进这里两年，改变了面貌。他认为管理重要，而学校领导以德治校更重要。黄昏时，骤雨初歇。刚考完的孩子们按捺不住，就在晚饭前开战一场。他们就想痛痛快快地跑、痛痛快快地踢！我们总算拍下了一组热烈的镜头。

9天拍了7个人物。本来还要拍新余的，可脑海已是一片空白，不能再装了。回去还得写出本子，还得剪辑！

回家不到一周，6月7日，中国教育电视台传真至江西教育电视台，他们要这部60分钟的片子！并预告了27日播出。可是，片子在哪儿？我们还在一个个人物地剪，还没有浓缩成1小时呢。军令如山。你非得如期完成。只有没日没夜地做！

第4次下去拍摄（6月14日至15日），这一次是在剪辑制作中抽时间去拍的。骄阳似火。新余罗坊蒋家村的蒋国珍是一位离休老教师，年过七十。他用自己的工资资助了16名贫困学生上大学或中专，而自己却过着极其清贫的生活，何止是家徒四壁。我们在拍摄中很受感动。但同去的几个年轻人总觉得有点不可理喻。在采访中我们便着重从这一方面进行探讨。他回答得很是深刻，认为是世界观的问题，他决不要别人也像他这样生活，但他自己愿意这样做，让别人生活得更美好。蒋家村有一片片荷塘，我们拍了田田荷叶空镜头，寓意是人人都能理解的。

爱心、诚心、恒心，无私、无怨、无悔。这就是我们千里踏访，寻觅的、歌颂的师魂的内蕴。几个民办教师都干了20多年了，却一次次与转正失之交臂！在他们无怨无悔，但我以为社会应给他们以回报。这次踏访的老师，几乎学历都不太高，可好几位皆为重点中学高二的把关教师，他们做出了极其优异的成绩，但他们都放弃了设计打造自己的机会！他们不是不想考硕考博，可是人生的空间时间就这么多！就像他们常常顾及不到家庭！社会应理解他们并给予回报，让播种爱的也多多收获爱吧。

这部片子因了时间太紧迫，再加上我在技术上的半桶水，肯定会有这样那样的失误。可是，我相信这部片子已融进了我们太多的真诚。在拍摄的过程中，我们常忘了是拍给别人看的，我们常情不自禁地进入他们的空间，一次次将心比心，一次次被感动！我们的灵魂受到冲撞。

是的，我们今天获得的是我们从未拥有过的，但是我们今天轻易抛却的，也许是我们乃至我们以后几代人所要苦苦寻求的！

我期望的是有更多的人，为普通教师拍摄专题片成系列地做下去。

(《江西教育》2001年第9期)

留住的时光：昨夜星辰昨夜风

沉重的历史　别样的诉说

——王蒙"季节"系列长篇小说浅析

摘　要　中国当代文学大家王蒙在其近半个世纪的文学实践中对艺术创作进行了不断探索与创新。其"季节"系列长篇小说倾注了他自20世纪90年代以来的全部心血，匠心独具。

本文以其小说的深刻思想和特殊叙述角度为切入点，分析了"季节"系列小说四部——《恋爱的季节》《失态的季节》《踌躇的季节》《狂欢的季节》，展示了其小说中所表现的自20世纪50年代至"文革"结束的历史进程，那段特殊历史下中国知识分子的命运浮沉、人生境遇、悲欢离合，并试图探寻"文革"发生的深层原因。

王蒙在"季节"系列小说中用睿智幽默的语言，通过带自传色彩的人物钱文展现了历史的辛酸沉重，对于苦难历史给予了一定程度上的宽容和谅解，体现其豁达超脱的胸怀。其作品的深刻思想和对于特殊岁月的宏伟叙述在中国当代文学史上也是难得一见的，值得我们深入研究。

关键词　沉重　历史　别样　诉说　王蒙　"季节"系列

时光如梭，岁月穿行。走过恋恋风尘，我们才知道记忆是人生永远的怀念。岁月里的我们无法拽住时光匆匆的脚步，时空中的我们也无法挽留历史滚滚向前的车轮。历史，封存在我们记忆的某个角落，或许我们在不经意间就已把它忘却。但是，历史是一段永恒，不管你愿不愿意想起，它都在这里。文学大师王蒙以他独特的人生体验和敏锐的艺术感悟力打开了这扇尘封已久的大门，把我们带回那段特殊的岁月，让我们融入其中去细细体会那段历史留给我们的悲与喜，苦与乐，辛酸与浪漫。

王蒙的"季节"系列长篇小说（《恋爱的季节》《失态的季节》《踌

躏的季节》和《狂欢的季节》）四部，凭着自己对中国政治历史的熟悉和把握，以自己独特的人生经历抒写了20世纪50年代初至80年代初中国知识分子所走过的坎坷风雨和心路历程，真实地再现了20世纪中叶以来中国社会的客观现实，那段沉重沧桑的历史。他通过贯穿"季节"系列自始至终且带有作家自传色彩的主人公钱文的经历，用四个季节来划分、写就那段特殊岁月的一系列政治运动。他用文学的方式来追寻、悼念那段沉重的历史，他用如此别样的叙述方式诉说着那段历史的悲欢离合，那段曾经激情澎湃、风云变幻的特殊年月。

"这是一个恋爱的季节，每个人都觉得自己能够爱了，觉得爱正在向自己走来，觉得幸福的花朵已经在每个角落含苞待放，幸福的鸟儿已经栖息在每间房屋的窗口。"[1] 这是一个充满着爱与幸福的季节，是建国之初的新中国的写照。1949年新中国成立，人民翻身做了主人，全国上下都发生着翻天覆地的变化。人们有了新的生活目标，有了新的希望和向往。这是一个新旧交替、除旧布新的伟大时代，到处洋溢着喜庆和欢乐，到处充满着讴歌与赞颂。钱文们就生活在这样一个时代，他们激情澎湃，对于革命、青春、爱情，他们无限憧憬，尽情畅想。钱文出生在一个潦倒的知识分子的家庭，他的父亲虽说曾留学法国，但是只学了皮毛，却总是喜欢把"劣根性"放在嘴边，实际上他自己只是一个不学无术、毛病多多的酸文人。钱文的母亲虽说是读过书，有些聪明，但却被日常生活的艰窘弄成未老先衰、一事无成。幼小的钱文把他们当成旧社会的象征，他无法与这样一对夫妻共处。他"从小就痛恨旧社会，就盼望暴风雨，就期待革命的铁锤把旧世界砸个稀巴烂"[2]。因而他"天然地趋向于革命，趋向于'左'倾，趋向于激进的共产主义——布尔什维主义"[3]。他"从他的父母的仇敌般的、野兽般的关系中得出旧社会的一切都必须彻底砸烂，只有把旧的一切变成废墟，新生活才能在碎成粉末的废墟中建立起来耸立起来的结论的"[4]。因此革命对于他有着无穷的感召力和吸引力，它是这样"有力而又有趣、壮怀激烈

---

[1] 王蒙：《恋爱的季节》，人民文学出版社2001年版，第20页。
[2] 同上书，第63页。
[3] 同上。
[4] 同上。

而又花样翻新，令人亢奋而又令人如醉如痴"①。他12岁就开始办壁板从事革命工作，13岁就成了党的外围组织成员，不满15岁就成为党的地下组织吸收的候补党员。钱文们对于革命的这种"如痴如醉"，从某种程度上反映了整个民族的精神状态。《恋爱的季节》，从某种意义上来说，也是对民族解放运动的再次演绎和抒写。新中国成立，民族大解放，这种历史巨变，具有某种神话般色彩的伟大胜利感召着整个国家与民族，在每个人的心灵深处都引起了巨大的激荡。青年男女为之倾倒不已，对革命神话顶礼膜拜。他们意气风发，朝气蓬勃，为了捍卫这种胜利所带来的一切，上刀山下火海也在所不惜。他们狂热地追求幸福，追寻爱情。在区团委机关大院里的那场激情大合唱可以说是达到了狂热的高潮。这是一个极度单纯的年代，尽情梦想的季节。这是暴风雨来临之前的异常平静。可在这狂热追寻的背后等待他们的将会是什么呢？钱文凭着诗人的敏感，凭着他敏锐的洞察力与人生感悟力隐约地感到了些许不祥。在全民族都为胜利欢欣雀跃之时，当一切都归于平静之后，明天又会是如何？他意识到了"即使最最美好的日子，过多了也会逐渐淡漠，逐渐平常，逐渐枯萎起来，就像花朵虽然美丽，却不可能鲜艳永存一样"②。他知道无法挽留这些美好的日子，即使想起了，也失去原有的色泽与芬芳。他聆听到了生活里不和谐的音符，他甚至意识到前面或许还有更多未知的陷阱。

在《失态的季节》里，"反右"斗争使钱文受到了沉重的打击。他从豪情满怀的少年布尔什维克变成了右派分子，随之而来的是一次次批判和山区农村改造。这种地位的转变，使他由革命的倡导者变成了革命的批判者，这让他措手不及，他思想矛盾，甚至迷失自我。在这个失态的季节里，当大棒打来时，人们没有反对、抗争，而是真诚地怀疑自己、出卖自己，转而怀疑别人、出卖别人。人们在一起只是互相检举，互相揭发，互相撕咬。降级，开除，下放劳动，家庭变故，人性扭曲……一切都反了常态。于是有人病死狱中，有人精神错乱，有人自杀身亡……于是，悲剧上演了。钱文也屈服了，他拼命检讨，他拼命改造。他把自己当成了罂粟水，大毒草，癌细胞，他有些迷惑但又屈于无形的政治压力，他想早日摆

---

① 王蒙：《恋爱的季节》，人民文学出版社2001年版，第63页。
② 同上书，第430页。

脱"右派"这顶帽子，重新回到美好。可是"幸福就像一件薄胎彩绘瓷瓶，惊人的美丽和脆弱，那么容易失手就把它打碎从而失去它。他其实已经把自己的最宝贵的瓷瓶失手打碎了，再也粘不上'锔'不上复原不了啦"①。"他只能远远地回忆着它向往着它膜拜着它，他不再敢走近它了。"② 现实的压力与痛苦折磨着他，他的灵魂经受着一次次拷问和洗涤。作家让他游离与困境与摆脱困境之中，人性得到淋漓尽致地展现，令人发笑，令人深思。一方面他认为"反右"斗争是触及灵魂的必要的修炼，因而他不停地解剖自己，检讨自己；另一方面他又觉察出"反右"斗争的荒诞性与非理性。所以他在这种矛盾心理下苦苦挣扎，欲摆脱而不能。钱文们对现实无法确认，对自我也无法定位。"考验，痛苦，启示，进步；再考验再痛苦，再启示再进步，这就是他的苦难历程，这就是他的心灵史，这就是他的生活的意义。"③ 他们无法改变失态的现状，他们唯一可做的就是为这种"失态"找到一个合情合理的缘由，尽可能不断地改造自己，把自己改造成彻头彻尾的无产者共产主义者来适应这种现实。然而，当他面对这种头绪纷繁、杂乱无章的人生浮沉、命运变迁时，他抓不住线索，猜不出由头，找不到因果关系，他甚至觉得此身、此刻、快乐非己所有。他怀疑，动摇又盲从。这是钱文们内心的强烈激荡，这是诗人气质对生活的独特感悟，也是对整个民族及其生存状态的真实反映。

在《踌躇的季节》里，钱文又一次被生活给耍弄了。60年代初期，历史在这里打了一个旋。文艺战线上的"小阳春"给钱文带来了错觉，让他相信"一切又回到了舒适宜人的轨道上来了"④。他结束了劳改，摘掉了帽子，分配了工作，又回到了正常的生活轨道。他也以为一切都已恢复如从前，然而生活让他又陷入了新的困境。过去的一切在心中仍是有挥之不去的阴影。他怕跟不上形势，怕再受批判，所以他变了，变得虚伪自私，变得怀疑狡诈了。虽然他对于自己的转变也感到内疚矛盾。"他发现月亮是那么清明，纤尘不染。因为她高。他想，而自己总是那么多阴霾。多么可笑，多么庸俗，多么低下呀。"⑤ 但是，为了生活，他也只能如此

---

① 王蒙：《失态的季节》，第268页。
② 同上。
③ 同上书，第380页。
④ 王蒙：《踌躇的季节》，人民文学出版社1997年版，第18页。
⑤ 同上书，第396、400、401页。

选择。生活的磨难已经让他变得更加圆滑越老越世故了,他不再是单纯梦想于恋爱季节里的青年,他走过了失态的季节,在刚摘掉"右派"帽子的阴影里小心地防备着。"一朝被蛇咬,十年怕井绳。"他夹起尾巴做人,他用宏大的道理做掩护,合情合理地发牢骚,不敢越雷池一步。他甚至"只求上级的原谅,领导的体恤妈妈的宽容爸爸的大度饶我一条小狗命,您就当一个家雀一条虫豸把我放了吧,给我一次做真正的孝子贤孙的机会,给我一次变犬变马肝脑涂地效死效命恪诚恪忠的可能吧"①。在现实的重压下,他在精神上已经达到穷途末路,无地自容的地步。他渴望告别,渴望改变,渴望死亡。他渴望一切重新活过一次,但现实中的他终究无法复原了。他为了生活随波逐流,内心又为自己的转变所带来的痛苦忏悔却又无力回天。他只有选择离开,选择自我放逐。"请给我出了膛的炮弹的决绝。请给我出了鞘的刺刀的锋利。请给我金石的铿锵。请给我铁匠的臂膀。请给我炸药包的激越。……"② 这一长串的"请给我",不仅是钱文个人的内心苦苦挣扎,而且是钱文那一代知识分子们对现实生存的痛苦抉择。踌躇的季节,踌躇,巧妙地道出了钱文们灵魂深处的苦苦挣扎与探索。

于是,在《狂欢的季节》里,钱文选择了远离,远离北京远离故乡远离熟悉的一切,他去了新疆。"远行,这是一次力量的证明,幸福的证明,是他的前途仍然广阔道路仍然通畅的确证。"③ 因为远离,所以他多了一份清醒与超脱。他来到边疆,体味到边疆人们的真诚和热情。他开始踏踏实实地过日子了,对现实生活他有了新的理解与认识。"反正不论过去与今后钱文对于'文化大革命'的谴责有多么强烈,也不论当时钱文想起国事来是怎样的忧心如焚,在'文革'中的一大段他确实过上了奇妙的珍贵的难得的也许是对他的后半生意义重大的不平常只因为太平常的日子!"④ 或者说,他体会到了平凡的伟大。他用一种豁达超脱的心去看待生活,看待"文革"岁月。"隐私里还有隐私,故事里还有故事,忧伤与甜蜜里还有忧伤与甜蜜。在"文革"中你度过了三十五岁生日,四十

---

① 王蒙:《踌躇的季节》,人民文学出版社 1997 年版,第 396、400、401 页。
② 同上。
③ 王蒙:《狂欢的季节》,人民文学出版社 2001 年版,第 28 页。
④ 同上书,第 262、277 页。

岁生日。你度过了一段时光，你的重要的时光。"① "可是时间和季节永远不可能是单纯诅咒的对象。它不但是一页历史，一批文件和一种政策记录，更是你逝去的光阴，是永远比后来更年轻更迷人的年华，是你的生命的永不再现的刻骨铭心的一部分。"② "而怀念永远是对的，怀念与历史评价无关。"③ 虽然在《狂欢的季节》里，我们会一遍遍忆起刘小玲的死，充满了无限的忧伤与无奈，但这是对历史无情的另一种记忆与怀念。

  从现实角度看，"文革"使百业凋敝，一事无成。在钱文看来，"文革"是一次狂欢。"这毕竟是中国革命世界革命的一次人民大狂欢，是一次毛泽东的诗意盎然的狂想曲。"④ 他对"文革"的理解，我们更多看到的是他的超脱与豁达心胸。不过，钱文仍是钱文，他的诗人气质，他的情感理念，他对革命的理想，政治的关切，使他无法真正释怀。因而当"文革"结束，他依旧会热泪长流如注。他是为过去的苦与难，真与善流下热泪，也是为这一切的结束，生活又归于常态，为更美好的明天而流下幸福的泪。

  王蒙的"季节"系列小说以大手笔铺就历史宏伟画卷，展示了20世纪50年代初至"文革"结束近三十年间中国社会大起大落、风云际会的历史面貌。更值得一提的是，作家是通过钱文这个人物抒写了一代知识分子在那段历史中的命运变迁、悲欢离合。钱文，贯穿"季节"系列始终，带有作家自传色彩。他的探索和心路历程，正是作家的探索和心路历程，也是那一代知识分子的探索和心路历程。王蒙自己也曾说过，这部书可以说是我的半自传体，我是这些历史事件的参与者和见证人，我力图"讲清楚"。"我讲我知道的，我是诚恳的。我们经历过什么，我们是怎样走过来的，悲哀、奋斗、思考、丢人、现眼、豪情、神圣、扭曲、扭曲中始终保持的自尊和节操，有情和无情，这是个整体性的展示。当然我也是怀旧的。当然也有嘲笑，在嘲笑中也有依恋，有探寻，有超越。我是一个受难者，其中不免有些把我认为好的神圣化，而把另一些人对立化，两极人物黑白化，但我还是力求写出真相。我写我所知道的生活。"⑤ 王蒙就是

---

① 王蒙：《狂欢的季节》，人民文学出版社2001年版，第262、277页。
② 同上书，第276页。
③ 同上。
④ 同上书，第455页。
⑤ 参看佚名《王蒙亮出人生坦荡荡》。

透过钱文这一特殊的叙述角度展示了他个人的人生经历与历史体验,通过钱文们的人生经历展示了那一代人的心路历程、命运变迁,从激情澎湃的青春恋爱季节到失态踌躇的季节,再到狂热狂欢的季节,一切又归于常态。可历史留给那一代人的却是永恒的创伤。他们痛苦过,迷茫过,他们荒诞过,颓废过,他们也曾忏悔过,辛酸过。王蒙以他半自传体的叙述方式,别样地呈现了那段辛酸沉重的历史以及深陷其中的人们的苦苦挣扎与探索。

对于这段辛酸沉重的叙述,王蒙不拘文法,更多运用的是他的纵横捭阖、睿智幽默。有人说王蒙的小说越来越不像小说了。确实,他的小说淡化了情节,也不拘泥于传统意义上的塑造人物的性格特征,而是天马行空、痛快淋漓地抒发自己的感受。我们在他的小说里随处可见的是大段大段的人物言论或心理独白,而且常常是不顾情节和人物性格的发展,只是作家借人物之口表达自己的某种情绪,某种感觉,某些政治见解。于是,为了达到这种天马行空、痛快淋漓,他常常将句子与词语随意堆砌罗列在一起,产生一种强烈的视觉效果,容易与读者达成情感共鸣。他将各种语言、风格任意拼接,产生了一种"游戏成分的诙谐文体"①,用一种游戏诙谐的独特方式来否定嘲弄"文革"的欺和瞒。什么"英雄气短",什么"猫狗情长",这种仿词随处可见。他甚至还将具有某种崇高神圣意味的概念与物质性的意象联系在一起,将崇高庸俗化甚至低俗化,充满讽刺意味。他让我们在睿智幽默中去体会那段颠倒是非的岁月,那段辛酸混乱的历史。

钱文们都是些能说会道的人,他们会讲各种革命道理,会分析各种思想问题,他们为积极而积极。他们是些全仗嘴的家伙,事实上,正因为这张能说会道的嘴,很多人因此祸从口出,被打成右派,多么悲哀的现实啊。英国作家华波尔说:"在那些爱思索的人看来,世界是一大喜剧,在那些重感情的人看来,世界是一大悲剧。"王蒙用他清醒的理性认识和对历史的独特感悟来反思历史。当他走过岁月再回头看时,他能更透彻地认识他们的精神状态。他用讽刺幽默的口吻写出了他们的可笑之处,可悲之处。他用独特的方式嘲弄否定那段历史的欺和瞒。可是,与此同时,那段历史也是作家自己所亲身经历和体验过的。他笔下的人物有着自己的影

---

① 参看陶东风的《论王蒙的"狂欢体"写作》,《文学报》2000年8月3日。

子，那段历史也承载着他的狂热青春，浪漫理想，他的悲喜忧愁，惆怅苦闷。在那段岁月里，他也撒下了青春的狂热与血泪，这是作家永远也无法忘怀和更改的记忆。因而他对于笔下人物的可笑之处更多的是给予了深深的同情、理解和原谅。他曾说过，在对已发生事情的态度中，大致可以区别出人的昏聩卑劣和明智健朗来。人应该正视痛苦、虚幻，甚至是颓废、迷茫、忏悔、荒谬，因为这些东西你必须去跨越，而人生的许多感悟也往往来自它们。因此，王蒙的小说中的幽默、讽刺和调侃，不只是让我们发笑而已。他的作品往往背负着更令人深思的历史重负，让我们在这欢笑之后发现它更深层的历史底蕴与文化反思。这是带泪的微笑。"季节"系列中人们的一切可笑行径都让我们体会到那段历史的可笑，而处在那段历史当中的人们却深陷其中，他们无法超脱。他们经历种种可笑境界却拼命为自己找来正当理由，让可笑变成合理，让一切都在此颠覆。这段历史就是在这可笑声中颠覆着，人们无力解脱。因而在这笑声背后，我们可以感知到那份辛酸与痛苦，那份执着与迷茫。我们可以感受到作家内心的悲苦。难能可贵的是作家并未拘泥在历史的痛思之中，"我在逆境中训练了自己的自省精神，愿意回头去看看，对做不好的，总想去找补找补。我在几十年的遭遇中总能找到积极的方面，这就好了"①。他看到了人生积极飞扬的一面。他总会给人带来希望与光明。"人生需要投入，也需要超脱，因为生活总是不断向前的，感情也要有所超越。人痛苦，不能痛苦一辈子；遇到高兴的事，也不能高兴一百年。"② 或许正是作家的这种豁达超脱的心境，让他总能看到黑暗中的光明，毁灭后的新生。他用一颗宽容理解的心去看待逝去的岁月，沉重的历史。"这是英雄主义与理想主义的狂欢，超前思维的狂欢，这是意志的狂欢，概念和语言的狂欢，天才、智慧和勇气的狂欢，献身精神和悲剧精神的狂欢，是机会和手腕的狂欢，力比多和激情、欲望和野心的狂欢。"③ "轰动了全人类，激发了全世界。"④ 通过钱文的这段内心感受，我们或多或少感受到了作家的体谅与宽容，对于所有逝去的岁月，他沉痛哀悼，也在不断超越。

马克思说过："历史不断前进，经过许多阶段才把陈旧的生活形式送

---

① 参看佚名《王蒙亮出人生坦荡荡》。
② 同上。
③ 王蒙：《狂欢的季节》，人民文学出版社1997年版，第455页。
④ 同上。

进坟墓。世界历史最后一个阶段就是喜剧……这是为了人类能够愉快地和自己的过去诀别。"王蒙的"季节"系列长篇小说通过钱文这半自传体式人物的风雨历程,用他独特的睿智幽默别样地诉说了那段特殊岁月的辛酸苦辣。他看到历史辛酸沉重的同时,也看到了人生积极飞扬的一面,他"愉快地和自己的过去诀别"。这种独具匠心的叙述,这种抒写 20 世纪中叶以来中国社会现实、政治浪潮的宏大手笔,在中国当代史上都是罕见的,具有重大的创新意义。王蒙,作为当代文坛活力四射的文学大家,他在艺术创作的道路上所进行的无尽探索和不断创新,值得我们深入研究。

(林云、胡辛《王蒙文学创作国际学术研讨会论文集》
中国海洋大学出版社 2004 年版)

注视樊篱的目光

——王蒙与女性写作文本

摘　要　女性写作的文字细雨在几千年的男性中心社会里是难以搅起惊涛骇浪的，但20世纪80年代始细雨的呼喊却分明掀起了第二次浪潮。王蒙以师者敏锐的目光和兄长的关爱胸怀，始终洞察着当代女性写作的种种状态。他感受到最早的细雨的飘落，谛听审丑倾向先锋的"弱声"，从母性谱系的解构和彷徨、女性情爱的永恒寻觅和失落中，提出女性的自审和宽容，同时，又为女性写作对男性深层精神分析的透彻而喝彩……王蒙希望女性写作能宽容些，同时他亦极宽容地对待女性写作。走出并拆解男权传统樊篱，女性文学会出现更新更好的觉醒，这也是人类进步的共同标志。

关键词　女性写作　文字细雨　审丑倾向　母性形象　情爱自审

女性写作如细雨，在几千年的男性中心社会里是难以搅起惊涛骇浪的，可是，文字细雨的呼喊却能洞穿几千年女性的缄默和男性的一言堂。王蒙先生在为刘慧英著《走出男权传统的樊篱——文学中男权意识的批判》作序时写道："刘慧英的书稿——我要说几乎是——使我大吃一惊。"[①]

这种"大吃一惊"，是因为"正像刘慧英以丰赡的材料与雄辩的论述所表明的，男权价值标准男权历史意识在生活中在文学作品中的表现真是数不胜数触目惊心！却原来，作为一种深层次的文化意识，实现男女平等

---

① 刘慧英：《走出男权传统的樊篱——文学中男权意识的批判》，生活·读书·新知三联书店1995年版，王蒙序，第1页。

与妇女解放是那么困难,比在法律上制度上社会保障上解决妇女问题困难得多"①!

该书于1995年4月由生活·读书·新知三联书店出版,属"三联·哈佛燕京学术丛书"。

刘慧英对文学中男权意识的批判,从理论上的梳理和提炼让王蒙"触目惊心",但是,"触目惊心者"并非对樊篱无视,更不用说遮蔽了。其实早在该书出版前12年,王蒙已深深地感触到文字细雨的女性呼喊,他的目光已然落到走出或正在走出或只是想走出男权传统樊篱的女性文本。

20世纪80年代,随着中国大陆进入改革开放,繁杂纷扰的西方文化思潮于百年间第二次涌入中国,从19世纪末的早期象征主义到20世纪末的后现代等各种流派扑面而来,然而,植根于西方文化土壤的女权主义理论,在80年代初,并未像叔本华、萨特、弗洛伊德等西方学说思潮那般火爆流行,虽然女权主义独具一格的先锋品质已引起少数学者的关注,但在文坛,创作者理论者实在对其语焉不详。

人们还在摩挲着新鲜的结痂伤痕,还在反思。面对劫难的历史从政治从思想从体制等方面沉思,还很少有人从性别的角度去反思,自1949年解放后,毛泽东响亮地提出:时代不同了,男女都一样,男同志能做到的事,女同志也能做到。妇女半边天的说法,为另半边的夸奖,亦为女性自身的自豪。谁也不曾想到还会有什么"性沟"。要知道,非常岁月,无论是男性还是女性皆在劫难逃。同时,从伤痕从反思中抬眼的人们又感应着时代脉搏的大变动,呼唤改革锐进。

弗吉尼亚·伍尔芙《一间自己的屋子》的呼号,西蒙·波伏娃《第二性》的呐喊,已隔膜着岁月的距离;创建于60年代的西方女权主义文学理论学科,绚烂多姿的喧哗与骚动尚未越洋过海。

这时,从一个被大城市的评论家称之为"小地方"的地方,有一本名《百花洲》的双月刊,在1983年末第6期上,刊载了一篇18000字的不短的短篇《四个四十岁的女人》,文本题记居然不识时务地写道:"女人为什么要有自己独立的节日?——作者问于三八节。"文本中四个女人

---

① 刘慧英:《走出男权传统的樊篱——文学中男权意识的批判》,生活·读书·新知三联书店1995年版,王蒙序,第2—3页。

的问题只不过是作为女性的个体生存状态和生命体验的拷问而已。能得以发表,对于一个从未发表过小说的"小女子",对于这篇"另辟蹊径"的小说,感谢责编眼光的准确,此已是大幸。

更大的幸运是:"大概是1983年吧——岁月匆匆,往事重叠,'数学'也变得愈来愈模糊了。那天黄昏等待晚饭的时候,我坐在一张低档次的人造革面长沙发上,顺手打开了新寄到的杂志《百花洲》,读到一篇小说《四个四十岁的女人》,那种真实的生活气息,真实的艰难和痛苦,那种历尽坎坷仍然真实、仍然活跃着的一颗颗追求理想、挚爱而绝不嫌弃生活的心感动了我。也许这样一种心地被一些人认为'过时'了,而又被另一些人认为不合标准?读到那位身患绝症的教师柳青——是这个名字吗?——的故事的时候,我落泪了,我推荐了这篇小说,我记住了这篇小说的作者的名字——胡辛。"①

诚如崔道怡老师的文章所说:"胡辛是王蒙偶然发现的。那天,1983年冬天的一个傍晚,王蒙收到了《百花洲》第6期,便顺手翻阅起来。《四个四十岁的女人》这题目吸引了他,四个四十岁的女人,鬼使神差地邂逅,使他饶有兴味地读了下去,'柳青'的性格和命运感动了王蒙,当晚就打电话给葛洛,向《小说选刊》推荐这篇'新人新作'。"②

1984年第1期《小说选刊》则作如是说:"一篇短篇小说写四个个性迥异的人物,写一个大故事中的四个小故事,是相当困难的,但作者胡辛的这一处女作负重若轻,一股清溪顺畅地沁入人的心田。"

经过层层筛选,经过评委最后的无记名投票,《四个四十岁的女人》终于当选获奖。虽然位居倒数第三,但对这个小女子而言,无异于一步上青天了。

不过,这篇小说的确是有很坚韧的生命力。改编成电影、电视剧,做过电视大学的教材,翻译介绍到日本、美国,"四个四十岁的女人"仿佛总也不见老。乐铄著《迟到的潮流》中以"四个四十岁的女人"为一节的小标题,或许,这也属女性之间的姐妹情。1989年日本现代中国文学翻译研究会南条纯子主编翻译的5卷本《80年代中国女流文学选》出版发行,其中第4卷卷名为《四个四十岁的女人》,可惜我无缘见着这套据

---

① 胡辛:《蔷薇雨》,百花洲文艺出版社1990年版,王蒙序,第1页。
② 胡辛:《这里有泉水》,作家出版社1986年版,崔道怡序,第1页。

说是很大气的五卷本，主编已然谢世。90年代，朱虹将《四个四十岁的女人》翻译介绍到美国，收编的集子名《白色安详》，大约是走过岁月的女人皆喜爱的书名。1995年我有幸在天津中外女性文学研讨会上见到了朱虹老师，从未见面的我们，居然在眼光对视的一刹那间认出了对方，而且作出了西式拥抱之举。朱虹老师在会上发言说，胡辛的《四个四十岁的女人》接触到女权理论的一个母题——姐妹情。对这个无名女子来说，在40岁的门槛有了女性一种姿态的飞翔。

从王蒙的目光意义来说，那是当代早早地关注到性别写作文本，当然，也许是于有意无意之间。但是，硬是有着善良的敏感和直面两性生存状态的敏锐，他分明触摸到男权传统对女性禁锢的樊篱，也影影绰绰听见了细雨的呼喊。男儿有泪不轻流，这个男人是父兄的胸襟、师者的视野，关注着女性的生存、女性生命价值的寻求。是对别样文字细雨的另一种"心惊肉跳"的感受，因为慈悲，所以懂得。

固然，早在五四时代，陈衡哲的《一枚扣针》、庐隐的《海滨故人》，及以后白薇的《悲剧生涯》、丁玲的《莎菲女士的日记》、萧红的《生死场》、张爱玲的《金锁记》等都浸透着女性主义理论的种种母题：事业与婚姻、姐妹情、爱情、母性、男性形象等等，已见女性视角及女性修辞方式的自觉。但到了当代文学，女性视角女性书写因种种原因，或消逝或淡化或遮蔽了。有当代文学史以为：直到1984年翟永明发表大型组诗《女人》，才以其惊世骇俗的女性立场和奇诡神秘的女性修辞震撼了整个文坛。

当空白之页不再是只记录男性的书写，不只是留下女性贞洁的斑斑血迹，当女性也拥有了某种哪怕是有限的话语权，女性的文字细雨以黑的墨汁与白的乳汁濡染着空白，这种叛逆与解构的女性写作特质始终具有先锋性和挑战性。

要知道，发表《四个四十岁的女人》的小地方，其实是打响八一起义第一枪的大地方。

1985年，王蒙主编的《人民文学》上发表了又一惊世骇俗之作《山上的小屋》，这是带着冬末早春的残雪气息的文字细雨。细雨的舞蹈在有的人眼里灵动神秘，而有人觉着是可怖的"恶声"，王蒙则以为："残雪的小说与其说是恶声，不如说是'弱声'，是一纤细的弱者的哀鸣。堆砌小小的可厌的词儿的只能是弱者。"① 笔名残雪的邓小华也是于1983年在长沙的《新创作》上发表处女作《污水上的肥皂泡》的。以后她的一系列作品《苍老的浮云》《黄泥街》等始终令人瞠目结舌，这种一反清丽秀美的传统尺度的女性书写，率先勇敢地跨到了墙的另一边，罗丹说过：在艺术里人们必须克服某一点。人须有勇气，丑的也须创造，因没有这一勇气，人们仍然是停留在墙的这一边。只少数人越过墙到另一边去。残雪在丑陋、紊乱、晦涩、梦呓的铺陈中凸显现代寓言，全然的审丑倾向。的确，"她喜欢在小说里用'萎缩''坏疽''蚂蟥''疤''截肢''蜘蛛网''老鼠''砒霜''蚊虫''苍蝇''狐臭''臭虫''毒蛇'……这些词眼，对于文学神经正常得不能经受一点不正常的人来说，这似乎相当可怖，也许是可厌恶"②。但是，如果人们第一次见着她，会像第一次读她的作品一样瞠目结舌！她是那样的柔弱无助！那样的善良稚拙！单薄苗条的身体，就像狂风中刚栽下的一株幼树，让人猛醒，这就是"弱不禁风"，且平添怜惜。像婴儿般柔顺的"童发"裹着一张轮廓五官都纤细的女孩的脸，不是涉世未深，而是从未涉世。一双眼，神不见炯炯，力不觉穿透，可正视，可交流，她倒有几分怯怯。像张爱玲一样，她也是极怕见人的，极怕热闹的，她拥有她自己的世界。然而，她绝不拒人于千里之外。又让你吃一惊的是，她的谈锋极健，可她的声音语调又是很形象的淙淙泉水，湘地尾音的湘地泉水，压根没什么咄咄逼人。她是女性的。你会猛然悟到，王蒙对她的言说的定位何其准确。她也总觉得王蒙身上有她父亲的影子，特别是读了《组织部来的年轻人》之后，就更有这种感觉。当年她的父亲任《湖南日报社》社长时也被打成了右派。她的眼中，王蒙老师的胸襟宽广，有海纳百川的气度。也许有人会说，残雪的写作并非女性特质，可残雪自己回答得好：法国的女权主义者克里斯蒂就从女权视角推荐我的两篇作品。我天生中有种独特的个性，这就必定会成为女权主义者。她创作最关键最直接的影响则是80年代西方文学的引进，不过她也只喜欢卡夫卡、博尔赫斯、贝克特的《等待戈多》，还有伍尔芙。萨特开始也喜欢，看多了，就觉得一般了；但是，她非常喜欢波伏娃的《第二性》。

---

① 残雪：《蚊子与山歌》，王蒙《读〈天堂里的对话〉》，中国文联出版社2001年版，第354页。

② 同上。

王蒙注目到这一批中国女作家笔下的别样"母女关系",即异化的母女关系,母亲以"恶妇""淫妇""巫婆"的面目出现。这在五四惊雷中冯沅君的《隔绝》《隔绝以后》曾做过挖掘,不过终浅尝辄止;到得张爱玲的《金锁记》,人母曹七巧则让人毛骨悚然。但这些母亲形象并非西方女权批评中露西·伊瑞格瑞提出的创建新的女性谱系的主张。所谓女性谱系,核心为建立新型的母女关系以取代俄狄浦斯三角关系中的男性中心,在这种女性谱系中,女性之间的关系上升为主体与主体之间的关系。中国的"她们"似还未走到这一步,还是在进行传统的颠覆与解构。也许因为如此,王蒙在读铁凝的《大浴女》时有一连串的反问:"在铁凝的(还有残雪的)不止一篇小说里母亲扮演着颇不正面的角色,小跳为什么不反省自己对于章妩的态度?章妩与唐医生的关系如果是不对的,那么小跳与方兢与陈在的关系呢?为什么一个有夫之妇与'第三者'如何如何就那样令小跳反感,而小跳自己就可以与有妇之夫如何如何呢?这里边有没有性别歧视和双重标准?"① 这或许正应了"旁观者清"?王蒙肯定《大浴女》对尹小跳等一些女性的人生追求和人生遭际的展现,尤其是灵与肉纠葛在一起的生死攸关的精神寻觅、道德自省、尊严维护、感情珍惜与价值掂量等的执着追寻,然而,女性仍需要自审。依稀记得 80 年代王蒙还曾评论过一篇以"贞节牌坊"为背景的短篇小说,那篇小说的立意是贞节牌坊其实牢牢地立在女人自己的心里!记得作者是陈洁。

王蒙希望女性写作能宽容些同时他亦极宽容地对待女性写作。对作为老友的张洁的长篇小说《无字》,他说:"这是一部充满了疯狂的激情和决绝的书,是作者的力作,是作者全身心的投入,是一部豁出去了的书,是一部坦白得不能再坦白,真诚得不能再真诚,大胆得不能再大胆的书。我称其为极限写作,就像横渡渤海湾与英吉利海峡是极限运动一样。"②

从《森林里来的孩子》我们认识了张洁,清纯的坚毅让我们感受到作者宽厚慈爱的母性;《爱,是不能忘记的》催人泪下,早春气息中刻骨铭心的爱的呼唤再一次奠定了柏拉图式的爱在知识女性中的地位。"世界呀,我爱过了。"《方舟》在见姐妹情的同时已对男性的"爱"质疑,《祖母绿》是对男性失望乃至绝望的平和的回眸,《红蘑菇》已梦见疯狂,

---

① 王蒙:《读〈大浴女〉》,《读书》2000 年第 9 期。
② 王蒙:《极限写作与无边的现实主义》,《读书》2002 年第 6 期。

爱情已从缥缈的云端坠落到庸常的日子，到得《无字》，所有的梦与爱都撕碎成一瓣瓣，文字的细雨俨然凝为冰雹，毁灭了一切，我们流着泪，咀嚼着字字血声声泪，回眸一千三百年前的武则天的"无字碑"，便有了心酸眼亮的一刹那，才知晓当了皇帝的女人也不过就是女人，留给世人的是欲说还休的"无字"。

张洁却"用无边的字来表达文字，难矣哉！然而在成功的与不那么成功的文学书写后面，我们感到了作者的比一切有理有力与无理无力的文字更动人的滴血的破碎的心"①。

女性写作似永恒地与爱情寻觅捆绑一处。"在吴为的情史背后，是中国人民近一二百年来甚至几千年来背离封建追求幸福的哀史，从卓文君到崔莺莺，从陈妙常到杜十娘，中国女人到底有几个人得到过爱情尤其是懂得了爱情？太惨了！然后从阿谀奉承阿Q的革命到钱秀才的英语，从莎菲的悲哀到虎妞的违背父命的自由恋爱，从繁漪的发疯再到吴为的癫狂，从鸣凤的投水到陈白露的安眠药到小东西的悬梁，从刘巧儿团圆到杨香草终于离开了小女婿，从知青的'孽种'到'被爱情遗忘的角落'，以及欧阳予倩到魏明伦的潘金莲再评价，从封建的仍然长命百岁与现代性本身的不足恃（现批判现代性是很时髦的喽）……都反映了中国男女告别封建追求现代性这一进程的悲壮、愤激，有时候深刻有时候浮浅、有时候血腥有时候轻薄、有时候伟大有时候渺小、有时候英雄主义有时候丑态百露的可叹可悲可惜可笑与可歌可泣。从这个意义上说，吴为的唐突与碰壁、聪敏异常与意气用事的私人故事仍然联结着历史的大内容大变迁，具有不可替代的典型意义。"②

从刻骨铭心的"爱"到锥心蚀骨的"痛"，女人将生命燃烧为灰烬。爱过、恨过，仍痛着，又能怎样呢？"如果你爱过一个人，哪怕是最后上了当，可以不可以珍藏一点有关他或她的记忆？'道一声珍重，道一声珍重，那一声珍重里有甜蜜的忧愁'（徐志摩诗）即使爱情的乌托邦破灭了，记忆的诗篇会存留下来。"③ 这是退一步海阔天空的宽容，对人亦对己。就像月白风清之夜的二胡声，虽然苍凉，拉过来又拉过去，远兜远转，可话又说回来了，依然回到人间（张爱玲语）。

---

① 王蒙：《极限写作与无边的现实主义》，《读书》2002 年第 6 期。
② 同上。
③ 同上。

可是尽管也知道："在我们撕碎一个偶像的时候，其实也撕碎了自己"，① 但女性写作总有不顾一切者，哪怕冒着把对生命和世界的珍重也撕碎了的代价，也得一吐为快。这也是一种让人肃然起敬的勇敢。

王蒙曾提出过对于女作家的"洞穿"的期望，如今，他又被这种"洞穿"吓了一大跳，但绝非折中。对女性笔下的男性形象，"对各式人等包括一些男性的精神的解剖分析"，他拍案叫绝，仿佛忘记了自己的性别："书中（《大浴女》）对于方兢的描写实在是很有深度。由于政治潮流也由于我们的小儿科式的大众化人物的观念，一般文学作品对于受过迫害的那些人是给以相当正面的悲剧化处理的，而那些被错划过右派被关入过大墙的人也无不自然而然地扮演起了背负十字架的圣徒角色。但是苦难在使一些人升华的同时，却也使一些人堕落，方兢的苦难抹掉了他的差不多所有美好的情愫，而造就了他的厚颜、贪婪、冷血、自私，用书中他自己的话，就是说苦难加基因使他变成了一个不折不扣的无赖。"② 他很赞赏女性在洞穿男性的自私卑琐后，自信奋斗的独立精神。尹小跳对方兢说的最后一句话是"你让我过去"。微波不兴，却透出了内里的刚强。这是跨越，不再为失去的（或曰曾被抛弃）所羁绊，因为那是不值得留恋和珍爱的东西。世界很大，人生很短，成就自己终归还得靠自己。

不要说女性写作始终为男性话语所遮蔽，也不要说男性叙述始终无视女性生存与经验。我对女性的完全彻底的独立倒始终是悲观论者，世上除了女人就是男人，女人要独立又能独立到哪里去呢？如果说男性渴求女性成为他们避风的港湾，那么，女性同样渴求男性成为她们灵魂栖息的航船。

王蒙还尝试用他的另一只耳朵谛听新生代女性的"敲击"声音："单是她（陈染）的小说的题目就够让人琢磨一阵子的。《潜性逸事》、《站在无人的风口》、《另一只耳朵的敲击声》、《与假想心爱者在禁中守望》、《巫女与她的梦中之门》、《秃头女走不出来的九月》、《凡墙都是门》。这一批题目使你悚然心动"③，这样的"巫"与"梦"的领地，这样的"走不出来"的时间段，这样的亦墙亦门无墙无门的吊诡，对于他们这老一

---

① 王蒙：《极限写作与无边的现实主义》，《读书》2002 年第 6 期。
② 王蒙：《读〈大浴女〉》，《读书》2000 年第 9 期。
③ 王蒙：《陌生的陈染》，《凡墙都是门》，中国文联出版社 2001 年版，第 366 页。

代来说，是奢侈的、新鲜的、充满诱惑的、如青春逝去一般不可复得的，许多年来，没有梦，逃避巫，没有另一只耳朵的潜性的触觉。而陈染们的"作品里闺房的、病房的、太平间的气味兼而有之，老辣的、青春的与顽童的手段兼而有之。她的目光穿透人性的深处，她的笔触对于某些可笑可鄙的事情轻轻一击，然后她做一个小小的鬼脸，然后她莞尔一笑，或者一叹气一生病一呻吟一打岔。这也算是一个小小的恶作剧吧？然后成就了一种轻松的傲骨，根本不用吆喝"①。

《四个四十岁的女人》结语，很不文学地感叹："事业、理想、奋斗、爱情、婚姻、家庭……一切的一切，是多么的复杂，处处是问号，女人们啊，答案在哪儿呢？"但这是实事求是的女人的心声。文本中的四个女人：身在福中不知福的玲玲、"两离三结"的叶芸、庸庸碌碌的淑华、冰清玉洁的柳青，选择的答案都是事业和理想，只不过有的为这种选择的达到而无憾，有的为这种选择的无法实现而痛苦。然而，到得《蔷薇雨》，我的寻觅迷惘了，在曾经弥漫书香墨香的窄窄古巷中，有出身书香名门的七姊妹，更有寻常的民间小女乃至"垃圾千金"，在汹涌的经济大潮冲撞下，在各种观念尤其是婚恋观的急遽嬗变中，理与情、灵与肉、人格与本能在抗衡、在崩裂，也在愈合！拥有事业的女性依旧在情海中沉浮！爱情不是生活的全部，但是生活中不能没有爱情！对爱的渴求并不等同于对男性的依附！可怕的并不是当今女性心田中的躁动和喧腾，不是昔日"井然有序"的女性世界的乱步，这毕竟是女性生命的律动的追求。可怕的是又一代愚昧女性的诞生！并非危言耸听、杞人忧天，《蔷薇雨》中的七姊妹怕是知识家庭中最后一代，并非遥远的未来，将有为数不少的七姊妹、十姊妹……"超生游击队"的女后代们，在遗弃、歧视、没有教育的氛围中将扭曲为怎样的畸态女性呢？

那是1990年暮春，百花洲文艺社即将出版我的长篇小说《蔷薇雨》，出版社要我请王蒙老师作序，十天后，序寄到，老师是在北戴河写成的，花了整整五天时间啃几十万字，这怕是极煞风景之事。也幸好在海边阅读，海风、沙滩、秦皇岛外打鱼船，这些大风景会给拙著平添了画意诗情吧。序读后，我感受到的是一种锥心刺骨的感动。

"本书中也还有一些不那么轻易变动的东西。作者像钟情于变革一样

---

① 王蒙：《陌生的陈染》，《凡墙都是门》，中国文联出版社2001年版，第368页。

地钟情于永恒。女性的主题,女性意识的主题,爱情、婚姻、命运的主题,文化特别是在文化爱国主义的主题,人生的主题贯穿在《蔷薇雨》里,它流露出这一切来了么?""呜呼《蔷薇雨》,你的悲伤能不能更深沉,更从容一些呢?你的那些引经据典和指点批注,能不能更精粹些呢?"①

女性写作的理想境界何在?"作家的善良应该是通晓并战胜了一切的不善、吸收并扬弃了一切肤浅的或初等的小善、又通晓并宽容了一切可以宽容的弱点和透视洞穿了邪恶的汪洋大海式的善。真正的高标准的美是正视生活和人的一切复杂性、艰巨性的美。真正的喜悦应该是付出了一切代价、经历了真正的灵魂的震撼的喜悦。真正的艺术的天国只有通过泥泞坎坷的道路,有时候甚至是通过地狱才能达到。"②

几千年菲勒斯中心精心构筑的男权樊篱在高科技的今天也许更为隐性,但是,"我们的社会在进步,我们的头脑在进步;我们正在一步一步地艰难地却也是确定无疑地从必然王国走向自由王国。我们的女性文学会出现更新更好的觉醒"③。

(胡辛《多维视野中的王蒙——王蒙文学创作国际学术研讨会论文集》,中国海洋大学出版社 2004 年版)

---

① 王蒙:《躁动的〈蔷薇雨〉》,《读书》1991 年第 1 期。
② 王蒙:《读〈大浴女〉》,《读书》2000 年第 9 期。
③ 刘慧英:《走出男权传统的樊篱——文学中男权意识的批判》,生活·读书·新知三联书店 1995 年版,王蒙序,第 4 页。

传统之守望　信念之自持

——胡先骕先生的人格魅力论

摘　要　胡先骕是一个典型的中国传统文化和道德所塑造的知识分子形象，无论是在学术观点、思想意识，还是为人处世、社会关系方面，他都践行着"独立之精神、自由之思想"的诺言，他的人格魅力和命运悲剧很值得后人探研和思考。他成为学衡派的中坚，不屈不挠地逆新文化运动潮流而动，一样名垂青史；他的教育理念、治校作风，时至今日仍见其坚硬、正确和前卫；他自始至终保留着知识分子做人的尊严，自自然然地不卑不亢，实实在在的不以物喜不以己悲，谁说他曾被遗忘淡出视野？

关键词　胡先骕　学衡派　传统文化　植物学家

1894年是中国多灾多难的一年，胡先骕呱呱坠地于南昌，幼时便显示出天资过人，清朝末年进入京师大学堂少年班学习，与班上代表一起曾受过张之洞的接见，又曾跪于京城门外，参加西太后、光绪帝的送葬礼。少年的他该有多么沉重的传统因袭之担当？

1913年，19岁的胡先骕得以赴美留学，进入到柏克莱大学农学院森林系学习森林植物学，立志"乞得种树术，将以疗国贫"。

1922年，学成归国后的他历经几番碰壁后，终在东南大学筹划创建中国大学第一个生物系，任系主任。8月，创立中国第一个生物学研究所——中国科学社生物研究所。自此张开了他事业起飞的翅膀。

1923年秋，他再度赴美，入哈佛大学，攻读植物分类学博士学位。同时，在美国结识了胡适，以旧诗体寄赠；归国后，他面对鲁迅、胡适等高扬的新文化大旗，与梅光迪、吴宓等发起成立人文刊物《学衡》，致力于维护中国传统文化，被称为复古派，以文化保守主义者姿态与胡适等论战，人称"南北二胡"。

此后，他随植物研究所由南京迁至北京，仍任教于北师大等高校。抗战爆发后，他辗转至西南，在昆明创建植物研究所。1940年，由江西人吴有训推荐，被任命为国立中正大学首任校长，提出并实践了许多开创性的现代教育思想，因而，让一所非一流高校脱颖而出，他亦被记载为"民国时期最著名、最有影响力的八位大学校长之一"[①]。

1948年，他与郑万钧联手发现并命名的有"活化石"之称的水杉，这一发现，被誉为20世纪植物学最伟大的发现，令他闻名海内外。1948年他当选为中央研究院院士。

新中国成立前夕，他曾以一介书生的"和为贵"之理念，在北京参加"劝和团"；新中国成立后他被卸掉了所长之职；后又未当上院士，但所有这一切，他并不放在心，仍天真地畅所欲言，还不忘他的旧诗词。

1956年，毛泽东称胡先骕为"中国生物学界的老祖宗"。1962年，陈毅为他的旧体诗题词。似乎在他晚年的生命史中又出现了新的曙光。然而，接踵而来的史无前例的"文化大革命"却在一夜之间吞噬了他74年的身体，1968年7月15日，他在批斗后突发脑溢血离世。

回眸胡先骕（1984—1968）走过的一个个脚印，他是一个典型的中国传统文化和道德所塑造的知识分子形象，无论是在学术观点、思想意识，还是为人处世、社会关系方面，他都践行着"独立之精神、自由之思想"的诺言，他的人格魅力和命运悲剧很值得后人探研和思考。他是当年中国青年的先知先觉之一，深忧重虑国瘠民弱，因而奋发图强，远渡重洋留学深造，他是务实的，梦想以种树术来疗国贫，事实上他的一生皆奉献于植物学，虽遭不公，但毕竟赢得盛名。其深厚的传统文化之学养，又造就其文理兼通的独特思维，学贯中西的综合素养，使他在植物学之外的文学与教育方面做出了独特又超前的实践探索，所以，他是少有的在自然科学和人文科学领域都有建树的大师级人物。故而，他特别自信又自持，对中国传统文化与传统道德始终是一位忠诚的守望者，并以自己耿直率真的性格、唯理是求的修养对信仰始终如一的宁折不弯。宁为玉碎，不为瓦全，这在20世纪并非中国知识分子普遍的操守，

[①] 智效民：《八位大学校长》，长江文艺出版社2006年版。

但在胡先骕的心灵中却从未有过一丝动摇，他以他的独特的兼具科学与人文，守望传统文化与博采西方新学的思想理念，形成了风格独特、信念坚定的人格魅力。他对自身科学理念和为人处世原则的坚守，近乎到"顽固不化"的地步，这是近代以来知识分子的逐渐消失的传统道德文化修养和人格魅力，但如果说他仅仅只有审美价值而无实用意义的话，那也差矣，他的一生，于艰难甚至苦难中却一次次放射出辉煌。作为植物学家，他是当之无愧的中国近代植物学的奠基人之一，享有"中国植物学之父"的声誉。经他发现和命名的植物有6个新科，1个新属，151个新种。他是研究现代植物并结合古植物进行研究的第一人，并首次提出一个新的分类系统，被众多植物学家所公认，并沿用至今。作为文学家，他有深厚的古典文学基础，出于对中国传统文化的敬畏，他成为学衡派的中坚，不屈不挠地逆新文化运动潮流而动，一样名垂青史；作为教育家，一生从教四十余年，虽然只任中正大学首任校长，首届学生毕业前夕即被迫卸任，但他的教育理念、治校作风，时至今日仍见其坚硬、正确和前卫。无论是解放前与蒋家父子的矛盾，抑或解放后身不由己地卷入无休无止的政治运动，他自始至终保留着知识分子做人的尊严，自自然然地不卑不亢，实实在在的不以物喜不以己悲，谁说他曾被遗忘淡出视野？他俨然一株迎风傲立的水杉，越来越为人们撒播移植五湖四海。

逆潮流捍卫传统文化

19世纪20世纪之交，中国饱受列强侵略欺凌，1919年五四新文化运动风云激荡，正是众多仁人志士寻找着中国出路之泄洪口，以鲁迅、胡适等为代表的文化旗手提出"打倒孔家店"，颠覆以儒家为主流的中国传统文化，对绵延数千年的传统文化和社会道德观念全盘否定，提倡白话文，崇尚西学精粹"民主"和"科学"，其新时代新浪潮顺应"矫枉必须过正"，本无可厚非，但从美国留学归来的胡先骕、梅光迪、吴宓等虽也积极关注这场新文化运动，却逆势而为，于1922年创《学衡》杂志，批评偏激的胡适及新文化运动，"求以大公至正不偏不激之态度以发扬国学介绍西学"①。胡先骕拒绝写白话文，坚持写旧体诗词，反对毁弃古文，反对全盘否定古典文化，希望另走一改良之路。这与胡先骕自小饱受传统文化之熏陶浸淫，有着深厚乃至偏激的情感不无关系。胡先骕以批评胡适的《尝试集》为起点，继而推出《评尝试集》《批评家之责任》《评〈胡适五十年来中国之文学〉》等一系列文章，表达了他对新文化运动的反思和批评。自然，在追新弃旧的文化激进主义成为文化之主流时，胡先骕等学衡派发出的逆潮流而动的声音成了众矢之的，学衡派也自然戴上了反对新文化运动的文化保守主义者的帽子。

客观地说，在那救亡图存的时代，唯有以求新求变、暴风骤雨的新文化运动方能唤醒民众，启发民众，相比之下，胡先骕等执拗地维护旧文化不仅显得折中保守，而且与时代格格不入，甚至成为新文化运动的绊脚石。

然而，岁月是最好的见证。今天，被打倒的孔老二被重新树立为中华民族信念和智慧的骄傲标志，孔子学说又被尊为国学且享誉世界，成为振兴文化发展的产业资源。回过头去思，胡先骕的观点无疑具有历史唯物辩证色彩。他以为："既不可食古不化，亦不可惟新是从，惟须以超越时代之眼光，为不偏不党之抉择。"② 他强调的是以中国传统文化为本，融以西方现代科学民主精神，在中国传统文化和西方现代文化兼容并包中吐故纳新，以维护和弘扬我民族生存之精神，发扬光大儒家为代表的传统思想，以传统文化的灵魂弥补西方实用文化的不足，以纠正其弊端，而不是极端宣扬西方文化至上论。这与他留学时专业为自然科学中的植物学，又深受白璧德的新人文主义影响有关。"其根本原因所在，就是胡先骕所秉持的中国本位传统文化本位的改良的文化观或渐进的历史文化观，一种融合了现代西方科学精神和实用思想的科学人文观。"③ 试图从文化的继承与改良中带来社会观念和文化思想的革新。

我们还应看到的是，在当时文化激变、新学为主流的语境下，胡先骕逆潮流而动，敢于发出自己的心声，这是需要勇气的，虽然其保守主义的

---

① 胡先骕：《梅庵忆语》，胡宗刚：《胡先骕先生年谱长编》，江西教育出版社2008年版，第82页。

② 《学衡》1924年第31期。

③ 段怀清：《文化精英主义？文化民族主义？抑或文化保守主义？——试论〈学衡〉前后胡先骕的思想文化主张》，《江西师范大学学报》（哲学社会科学版）2009年第4期。

立场和文化观念不过是时代浪潮中的小插曲,但他的特立独行张扬着一位有胆有识的公共知识分子的风格。

我们还必须看到的是,胡先骕对中国传统文化深刻意义的认识是极其自信的。他认为中国传统文化是历经五千年历史积淀的精神财富,是中华民族的根之所在,是中国人的立身之本。他言:"吾国立国之精神大半出于孔子之学说,盖孔子学说为中国文化泉源,与基督教之为欧美文化之泉源相若,然孔子学说之所以较基督教为优者,则因其无迷信之要素,无时代性,行之百世而无弊。"[①] 他在担任中正大学校长时亦强调:"我国民族不可磨灭之精神,足以使吾国文化几废几兴,终不失坠者,仍为昔圣昔贤道德学说之精粹也。"本土文化是一个民族的灵魂寄托之所,丢弃践踏自身的本土文化无异于扼杀自己的生命力。

求真务实的植物学家

"乞得种树术,将以疗国贫。"青年胡先骕的志向是明确的,与当今一窝蜂留洋镀金挂羊头卖狗肉者当是天壤之别。他深知地大物博的中国,植物资源种类非常丰富,而早在16世纪始,就有外国人来华采集植物标本,尔后运回他们的国家植物园或博物馆收藏,因而中国所特有的科、属、种往往被外人抢先研究发表。胡先骕为此痛心疾首,视为民族耻辱。1916年冬,胡先骕一回国后即开始大量采集植物标本,足迹遍及东南各省,比如浙江天台山、雁荡山、小九华山、仙霞岭、天目山,江西武功山,福建武夷山等地,行程一万多里,采集了数以万计的宝贵蜡叶标本。1919年,在南京高等师范学校任教的胡先骕作为召集人,集结了全国7所大学和专科学校、24所中学的师生,亲自率队前往浙江、江西、福建等地再进行植物标本采集。原先这些学校的植物教学所用标本大多为日本引进,不仅费钱,而且日本植物毕竟与中国植物有差异,理论难以联系实际。这次大规模的采集活动改变了如是尴尬局面,为继钟观光之后国人中第二个最大规模采集之人,同时,他开创了中国人用现代方法进行植

[①] 胡先骕:《今日救亡所需之新文化运动》,胡宗刚:《胡先骕先生年谱长编》,江西教育出版社2008年版,第181页。

物分类学研究的新时代。此后十几年，胡先骕从未停止过亲赴全国各地采集标本的行径，他倾注心血的静生生物调查所标本馆成为东亚地区最大的标本馆。由他亲自创立的庐山森林植物园，仅仅三年时间就收藏植物标本20000余件，开辟苗圃160亩，引进松杉和高山植物3100余种。胡先骕接着思考的问题是，不少标本得依靠美国、德国的科学家帮助鉴定，这又是中国人的一种窘境，于是，他于1923年再次赴美留学哈佛大学攻读博士，在阿诺树木园进修深造。阿诺树木园是美国收藏中国植物标本和活树苗最多的科研机构，胡先骕用两年时间考察该园标本，并广泛收集国外对中国植物研究的论文，呕心沥血完成了《中国种子植物属志》，一解国内植物学者标本鉴定之急，为中国植物分类学研究打下基础。

身为植物学家的他，坚定不移地认为植物学研究必须从标本采集入手，强调学习植物学首先要到大自然中去，要注重野外实践，尤其是分类植物学研究者更要多到野外采集标本、观察标本。无论在教学还是科研中，他皆身体力行，艰苦奋斗，诲人不倦。求真务实的态度来自科学的敬业精神，也正凭借着实践和理论的积累，唯有他与郑万钧极其准确地鉴定出世界珍贵活化石水杉，并让本以为绝种的水杉又从中国走向世界各地。

如果务实使他如农民般的辛劳，那么，求真所付出的代价则是精神的深度创伤。1955年3月，应四川大学、西南师范学院等院校邀请，胡先骕撰写并由高教出版社出版了《植物分类学简编》作为教材，这部教材一针见血地戳穿了苏联农科院院长、科学院遗传研究所所长李森科"小麦变黑麦"的论点之荒谬，"指出它是不符合现代遗传学实际的、是反达尔文演化学说的非科学理论，并批评李森科靠政治的力量来支持反科学的理论"[①]。并语重心长地指出："这场论争在近代生物学史上十分重视。我国的生物学工作者，尤其是植物分类学工作者必须有深刻的认识，才不致被引入迷途。"这可捅了马蜂窝，因李森科其时是名重一时的苏联生物学界的代表人物，实质上是有苏联高层背景支持的，他借助政治力量，打击学术上的反对派，所谓"松树变为云杉""鹅耳杨树干上长出棒树"等，全是无事实根据的一派胡言。胡先骕以面对科学的求真精神和担当直批李森科，自然引起轩然大波。很快苏联在华专家提出"严重抗议"，认为胡

---

① 王咨臣、胡德熙、胡德明、钟焕懈：《植物学家胡先骕博士年谱（二）》，《海南大学学报》（自然科学版）1986年第2期。

先骕的《植物分类学简编》是对苏联进行政治诬蔑,国内一些跟风派也跟着嚷嚷,认为他"诋毁苏联共产党和政府,反对共产党领导科学","动机是不纯的",是"唯心的形而上学的孟德尔-摩尔根主义者"等,中国科学院和中华全国自然科学专门学会联合会联合召开的米丘林诞生一百周年纪念会和《人民日报》等皆声讨胡先骕所谓的反苏、反共、反对共产党领导科学的罪行,该书也遭禁售,售出的存书则全部销毁。

面对如此巨大的压力,胡先骕却仍旧以追求真理的科学态度坚守原则,耿直的性格更让他拒绝检讨、继续声称自己的观点没有错误,李森科才是伪科学。甚至出版社请求他可否将《植物分类学简编》一书中关于李森科的内容删除重新出版时,他也毫无商量可言,一口拒绝。"在强大的政治压力下胡先骕保持了一个正直的科学家的本色,讲真话,坚持真理不低头。"① 是否可以这样说,其人格魅力的彰显总伴随着政治的风霜严寒?

幸而随着双百方针的提出以及苏联国内也开展对李森科伪科学的批判,胡先骕冤案才得以平反,科学院副院长竺可桢就错误批判之事专门向胡先骕道歉,被禁售销毁的《植物分类学简编》也于1958年由上海科学技术出版社再版。

德育为先的教育理念

胡先骕的一生大多时光从事教育工作,他曾任教于南京高师、东南大学、北大、北师大、清华等高校,他创建国立中正大学并任首任校长,从事高等教育达四十余年。但他并非一介只知教授植物学的教授,他提出并实践了诸多富有前瞻性的教育观念,即使在今天的教育改革中,他的理念依然具有借鉴意义,他可谓"学衡派中思考中国教育改革最具系统的人"②。

清末以来,战乱连年,社会动荡,新文化运动的风起云涌,有其两面性,一方面给衰败的中国带来力量的激荡,另一面,传统道德观念土崩瓦

---

① 薛攀皋:《"双百"方针拯救了植物学家胡先骕》,《炎黄春秋》2000年第8期。
② 郑师渠:《欧化与国粹之间——学衡派文化思想研究》,北京师范大学出版社2001年版,第306页。

解，新的道德秩序尚未建立，一时间，崇尚功利，唯利是从仿佛成了人生的目标。新人文主义思想代表人物白璧德就曾说过："中国在渴望进步之时，绝不应该效法西方，把孩子与洗澡水一起倒掉。简言之，中国不论如何扬弃传统中仅为形式主义的部分，仍应审慎将事，维护它伟大传统中的真正精神。"① 胡先骕作为其主要译传者，将其思想接纳并融会，倡导在中国进行人文教育："人文教育，即教人以所以为人之道，与纯教物质之律相对而言。"② 胡先骕明确指出："教育之目的在教人如何增进其知能，修养其德性。"③ 他提出人之全面发展的教育宗旨，而道德教育则是提高个人道德修养，完善人格的重要手段。他先后发表了《白璧德中西人文教育谈》《说今日教育之危机》《教育之改造》等文章，从不同层面讨论教育存在的问题，提倡人文教育，抵制功利主义之害，主张学生"庶于求物质学问之外，复知有适当之精神修养"④。他强调作师长，必须言教、身教，身教重于言教；而作学生的也应该在追求知识的同时不忘修养品德。建议学校在课程设置、兴趣培养等方面注意对学生加强精神的修养，将传统道德的精华传授给学生，没有人格素养，仅仅只有知识技能是不完整的，而文史为代表的人文学科更有陶冶情操塑造人格之功效，强调"既贵专精，尤贵宏通，必使诸生多有自由讲习研求之机会，而不可过于专业化"⑤。而对于专业技能和人格修养的关系，他认为"有术而无德，不得为君子之儒，有德而无术，尚不失笃行之士焉"。

胡先骕作为国立中正大学的首任校长，任职期间，开放包容，不拘一格包揽人才，使中正大学名师云集。"胡先骕虽不善行政，但对教师坦诚

---

① 李德成、方卉：《守望传统回归人文——胡先骕人文主义思想刍论》，《华东理工大学学报》（社会科学版）2010 年第 3 期。

② 胡先骕：《白璧德中西人文教育谈》，张大为等编：《胡先骕文存》，江西高校出版社 1990 年版，第 73 页。

③ 胡先骕：《教育之改造》，张大为等编：《胡先骕文存》，江西高校出版社 1990 年版，第 406 页。

④ 胡先骕：《说今日教育之危机》，张大为等编：《胡先骕文存》，江西高校出版社 1990 年版，第 90 页。

⑤ 胡先骕：《留学问题与吾国高等教育之方针》，《东方杂志》第 22 卷第 9 期，1925 年；《胡先骕文存》，第 292 页。

相见,肝胆相照,关心备至,充分体现他对人之价值的尊重。"① 其时,中正大学位于远离闹市的泰和杏岭,校区生活清贫,但师生奋发图强,安心教与学,堪与西南联大媲美。为支持抗战,文学院教授姚名达率学生一行参加暑期战地服务团,赴赣北前线劳军,途中姚名达和学生吴昌达不幸壮烈牺牲,胡先骕率全体师生,在学校大礼堂恭迎两位烈士灵柩,灵车抵达,他抚棺失声恸哭,并亲自写挽联悼念。1943年,杏岭伤寒猖獗,数十名学生感染,13位病逝,他积极奔走集中省立医院最好医生,购买最好药物救治学生,甚至不顾自身体弱请求为学生输血。1942年,西南联大掀起"倒孔学潮",对国难时期孔祥熙携狗上飞机作威作福深为不满,中正大学学生亦进城示威以响应,教育部、省府令胡先骕开除为首学生以示管教,遭胡先骕坚拒,认为事出有因,顶住压力,硬是不开除任何学生。1943年,中正大学再次爆发学潮,胡先骕仍坚持不开除学生,乃至与省政府主席发生正面冲突,终请求辞去校长一职。"师生恍然若失,不胜眷恋。"②

决不低下高贵的头颅

　　国立中正大学是由当时江西省政府主席熊式辉负责筹建的,胡先骕出任校长是在吴有训的推荐下,经熊式辉向教育部推荐任命的。但胡先骕却决不因熊式辉举荐任命而作无原则逢迎。他赴任校长后,发现学校的院长主任等大小官职都已被熊式辉插手安排妥当,顿时恼怒,他认为,作为一校之长,学校的一切人事安排,本应由他亲自选拔任命,并着手重新选拔人选。有人劝说胡先骕,熊式辉是省政府主席、上将,还是国民党中央执行委员,还是不要和他正面冲突为上上策。但胡先骕却坚持认为:有才干的可以留下,没有才干凭关系进来的一律走人。真是掷地有声。他说到做到。听了文法学院院长马博厂的课后,直言不讳:想不到马院长不学无术,以至于此!有我在这里当校长,还会有你的好日子过么?马与熊式辉

---

① 柳志慎、胡启鹏、李红:《原国立中正大学首任校长胡先骕博士的风范——缅怀永远的老师》,《江西农业大学学报》(社会科学版)2010年3月。

② 王咨臣、胡德熙、胡德明、钟焕懈:《植物学家胡先骕博士年谱(二)》,《海南大学学报》(自然科学版)1986年第2期。

关系极密切，但也无可奈何，只有灰溜溜离职，熊式辉虽恨得牙痒痒，但面对胡先骕的勇猛率真和执拗，也不敢硬来，只待日后寻找时机投井下石惩治这位不识时务者。

时机果然就来了。1941年，身为赣南行政专员的蒋经国为创政绩，以中正大学校址泰和杏岭环境欠佳为由，建议将中正大学迁往赣南的龙岭，而胡先骕觉得有违在赣办学的初衷，而且学校刚刚安定，不宜搬迁，所以婉言谢绝。谁知蒋太子不达目的誓不罢休，软硬兼施，纠缠不休，允诺更好的办学条件云云，胡先骕却不吃这一套，均严词拒绝，双方关系剑拔弩张，最后经调解只得在龙岭办一分校。其实这也是胡先骕离职的潜在缘由。以致陈立夫都慨叹："伺候一个人已经够了，难道还要伺候人家的儿子吗？"① 胡先骕离职后，1946年夏，蒋介石上了庐山，听说胡先骕也正好在庐山，就让熊式辉约见胡先骕，胡先骕却不买账，漏夜从好汉坡下了山，他才不稀罕蒋的假情假义。对宋美龄要移植庐山植物园一株古树至美庐，胡先骕亦公然反对，闹到面红耳赤也不退让。所以，胡先骕屡屡"冒犯"国民党上层人物，与蒋经国、宋美龄乃至蒋介石都有过摩擦或不快，他始终倔强地决不低下高贵的头颅。

尽管胡先骕敢于批评国民党当局权贵，但是在新中国成立后的政治环境下，在历届政治运动中，众口一词称蒋介石为蒋匪时，胡先骕却硬是不骂一句"蒋匪"，他顽固乃至愚钝地认为：我不能骂蒋介石，骂了蒋介石，就等于变节。还言之有理地分析道："可是自己明明接受过别人的委任，现在骂人为匪，则何以自处？"② 此中顽固守旧的"忠君"思想，其实与其学衡派"操守"同出一辙。胡先骕出身官宦之家，"四岁启蒙，五岁课对，七岁就能作诗，被誉为'神童'"③，他的家庭和教育都是非常传统的，其字"步曾"，是胡家期望他继承进士出身的曾祖父的功名成就，光耀门庭。他一则以文化保守主义的立场冷眼俯瞰新文化运动，一则在为人处世上以传统知识分子之形象昂然于世，"贫贱不能移，富贵不能淫，威武不能屈"；这是因为中国传统文化传统道德在他而言，并非"熏陶濡染"浅表，而是已融进他的血液中，成了他的生物属性，酿就了方正磊落的人格，这也是胡先骕人格魅力的核心，恪守传统的人文思想、求

---

① 胡启鹏：《胡先骕传》，教育科学出版社2010年版，第187页。
② 黄波：《文化保守主义者的命运——以胡先骕为例》，《书屋》2008年第1期。
③ 胡宗刚：《不该被遗忘的胡先骕》，《生命世界》2006年第8期。

真务实的治学精神、德育先行的教育理念，以及刚正不阿的不识时务均源于此。当然，两次赴美留学的经历，西方民主、自由、科学之精神的耳濡目染，又使他在坚守中国传统文化道德之根的同时，兼容了现代西方科学人文主义。

胡先骕貌似冥顽迂腐的情状行径其实为我们树立了一个标杆，回眸岁月，在沧桑变幻中，多少学贯中西者或为荣华富贵或仅仅为明哲保身，不惜划清界限、检举揭发，乃至造谣诽谤，哪还有什么伦理纲常？其中自有身不由己的难言之隐，但是，前为院士后无学部委员之称号的胡先骕却是一株迎风而立的水杉，笑傲江湖，让人仰视。

胡先骕作为横跨自然科学与人文科学的学术大师，以传统文化的道德素养和人文情怀为本，辅以西方民主科学之风，其守望传统、自持信念、唯理是求、德育优先之坚持，虽势微力薄，但依然灼灼闪光，在20世纪遭遇思想巨变文化激进的时代，他是一个孤独的"另类"，而他耿直率真、坚守传统的性格特征也更彰显他的人格魅力。21世纪已然走过了12年，在经济大潮汹涌，拜金主义、功利主义甚嚣尘上的今天，回望胡先骕先生远逝的背影，其人格魅力实乃高山仰止、景行行止，何其高洁珍稀。

(胡辛、蔡海波《北方文学》2013年第5期；收入江西师范大学主编的《胡先骕教育思想与精神品格》，中国社会科学出版社2014年版)

生命在记忆中飞翔

——《彭友善传》序

2004年4月28日，拙著《彭友善传》首发式与彭友善书画精品展将在南昌同时举行。如果说传记是对传主生命本相逐步意识的历史还原，那么传记凝聚着传记作者与传主共通的生命意识的表达。

彭伯友善是走进我生命中的第一个画家。

读初中时，参观江西省革命烈士纪念堂，在巨幅油画《永生》面前，我们被深深地震撼了。是我们江西的冬天，树枝光秃秃，草儿枯黄。躺在担架上的年轻人死了，是普通战士还是指挥官？他的周围是默哀的人们，有红军有老百姓，一位年老的农妇正悲痛欲绝地要给他盖上被单，跃然画上的是母亲的情怀。我是从这张油画中理解到毛泽东同志的这段话的："成千成万的先烈，为着人民的利益，在我们的前头英勇地牺牲了，让我们高举起他们的旗帜，踏着他们的血迹前进吧！"① 我知道这幅画是彭友善画的，我还知道彭伯的大哥就是在江西苏区牺牲的。

回眸百年古老的中国大地风雨如晦，辛亥革命铁血共和也搅动了江西偏僻的余干城。从沉沉老屋中走出了彭氏三兄弟。这是一热血家族。大哥彭友仁走上了革命之路，1935年在怀玉山保护方志敏突围时壮烈牺牲，他所作的《难民图》上有徐悲鸿题词，今收藏于中国革命博物馆；二哥彭友贤，留学法国巴黎，归国后曾立志开拓景德镇陶瓷工艺事业，可惜壮志未酬于解放前夕在贫病交加中撒手人寰！三弟就是友善，号超真，11岁时即跟着两兄负笈上海求学，得大师潘天寿的指点，并与方志敏相处不少时日。20岁考上中央大学美术系，从大师徐悲鸿习西画，遂毕生寻寻

---

① 《毛泽东选集》第3卷，《论联合政府》，人民出版社1960年版，第1039页。

觅觅于中西合璧之路。1936 年 25 岁的他为抗日救亡而作彩墨画《同舟共济图》酷似油画,极大地拓展了中国画的语言表现力,成为 20 世纪 30 年代"中西合璧"成功的巨作之一。1937 年在全国第二次美展上,他以《噩梦》《大同世界》《华清池》《伴侣》四幅入选。画展规定:入选作品每位画家不过三幅,横幅不过六尺,唯对他一人破例。并为成立中华全国美术会的发起人之一。1945 年抗战胜利时刻,他在万众狂欢中展纸泼墨,作《全民雀跃庆和平》。1946 年在庐山个展时被美国特使马歇尔欣赏,赠送给了美国总统杜鲁门。新中国成立后身为烈属的他,率领创作组从 1955 年至 1957 年,用了两年零两个月的时间采访老区,为江西革命烈士纪念堂创作出 4×8 米巨幅油画《永生》,时任国防部长的彭德怀元帅来南昌时,曾伫立画前,欲与画家见一面,可画家已被打成右派去到山村了。一场场政治运动接踵发生,他无可逃避地承受着一次次命运的冲击,但真善美的追求不变!

  我读大学时,彭友善一家早已回到江西师范学院。十年动乱期间,多少血缘至亲也反目为仇,又哪有谁还提"朋友"二字?可整整十年,我们两家走往依然如故。1978 年,父亲调回江西师范学院,两家过从更密,有一回,就在师大的家属院落里,彭伯夫妇和我父母亲随意合影留念,他们送照片过来时,还带来我父母当年的结婚照!彭伯家也被抄过多次,为何还保存着老照片?原来是彭伯母在非常岁月中冒着生命危险从堆放抄家物件的教室里"偷"出来的!我父母感叹良久,说,恍若隔世又恍如昨日!

  1991 年 7 月 15 日母亲去世,彭伯夫妇吊唁时送的挽联写道:"处世谨慎临危不乱落落风度垂典范　教女成材相夫有方巍巍懿德留人间。"1994 年 12 月 15 日父亲去世,适彭伯大病居北京小儿家,闻讯抱病书挽联,并托人速带回南昌。呜呼哀哉!情深意长,天各一方。少时曾抄录过西方名人名言:真正的友谊永远不会衰老,它像树枝攀不到天空。我们生时任何狂风吹它不动,两人中一人死去,它才告终。可我想,两家的友情绵延怕不那么容易告终。

  当历史翻开新的一页时,彭伯的生命也写出了新的篇章,老树繁花,盛开于新时代。彭伯是江西师范大学美术系已故教授,在曲折坎坷的传奇人生中,以燃烧于心中的火焰留下了一幅幅传世之作,成为一个富有"爱国主义、画艺精湛、风格独具"的艺术家和教育家。

彭伯留下的画不是太多。除重大历史题材之外，彭伯对大自然与女性敬畏又亲近，能将亲和敬、畏和近融为一体，我以为这就是艺术的一个高境界，不是普通的艺术家轻而易举所能到达的。山林兽王虎在彭伯笔下形神兼备、千姿百态。为画虎，彭伯还有厚厚一本画虎艺术专著。彭伯的虎，有威武、阳刚、勇猛、力量的象征符号，但绝没有恶和毒的内蕴和外表，也许，这与自然界的虎不一致，可艺术就是艺术，艺术是作者心的倾诉。少年彭伯第一次见着的虎，是精通中医的外公敬奉的药王菩萨，那传说中为凡间百姓救苦救难的药王菩萨就骑在老虎背上，那老虎，恐怕就是他日后送给马歇尔的画《骀虞》吧。彭伯从少到老还喜欢画仕女，美丽贤淑又新鲜活泼；即便当代题材画中的女性，不论是女游击队员还是山村老妪，刚毅坚韧中不乏善良贤惠。我想，这里边，融会了太多太多的他对奶娘、母亲、曾祖母、祖母、恋人、妻子的依恋情感，说女人是艺术的源泉，大致是不错的。

彭伯青年时代就读过的武昌艺专，在有关现代女作家萧红的资料和传记中倒是提到的，因为萧红萧军从上海到武汉后，住在诗人蒋锡金的家中，那是水陆前街小金龙巷21号，巷口便是武昌艺专。

彭伯在这之前，师从徐悲鸿大师时就读的中央大学旧址，即是而今的南京师范大学，据说被称为世界上最美丽的高校校园之一。老年彭伯到南京办画展时，南京师范大学领导曾盛情宴请这位老校友。彭伯当年参加南京全国第二届美展的旧址倒是老模样，老院门、老楼依旧，树木蓊郁的庭院，我想，不会依旧。不要说人非草木，草木如人一样成长变化。

到得今天，我已过知天命之年，遵彭伯遗愿和彭伯一家的重托，撰写彭友善传，试图以传主身世际遇为"经"、以画家的画作为"纬"，在时代的狂风巨浪中在尝尽了人间的酸辣苦咸后凸显"这一个"大画家始终捍卫人的尊严而艰难飞翔的生命本体意识。画画就是他的生命，他以画作追问着生命的价值和意义。在翻阅梳理彭伯的种种资料中，我了然绘画就是彭伯的生命，而彭伯的画，其中几幅代表作，莫不与有重大震撼的国家大事紧紧关联，可以说，彭伯的史画是高奏主旋律的。然而，彭伯的命运却委实多舛。彭伯是否是个身不由己的跟风派？非也！将时代与彭伯的家族身世纵横交错地比较，纵有千般的艰难，传统的人文精神、强烈的责任感支撑并鞭策着他奋然前行。彭伯实是一个极有学养的中国传统知识分子的典型形象，先天下之忧而忧，后天下之乐而乐，修身治国平天下而已。

彭伯三兄弟的不同选择却又血浓于水的亲情，实在叫人感叹社会的多元人生、多歧命运、无常亲情的珍贵！

我只有力求进入这片家园，重蹈前辈之路，试图从感受中还原历史。我相信我能走近，却无法走进。因为这里有我父辈的气息，况且历经半个多世纪的友情在今日提起，仍有它感人的力量。

在画家去世以后，继1998年中国美术馆《彭友善虎年虎展》后又一次在南昌举办纪念活动，这是画家生命的延绵。愿厚如砖的传记化作一瓣心香，献于父辈的人走过的路、献于父辈的人令人仰慕的友情。廖静文先生在为拙著作序中说："这次彭夫人携胡辛女士撰写的《彭友善传》给我过目，这本传记，文字流畅、传神，其中有关彭先生与徐悲鸿师生情谊的章节尤令我思绪万千、感叹不已，时光仿佛又倒流了七十年，我撩起沉重的记忆帷幕，重新看到了宛然如昔的悲鸿的音容笑貌，也听到了彭友善先生深情沉着的声音，他们的画，亲切地展现在我眼前。我为悲鸿的艺术精神，在江西这一方出过八大山人、傅抱石等大师之地继续得到发扬光大感到十分欣慰。我也希望借这部传记将这种精神流传到更多的年轻一代读者的心中。"自然，这也是我的心愿。

(《彭友善传》，作家出版社2003年版，《江西日报》2004年4月24日从自序和后记中节选两千字刊登)

燕南园访宗璞

永远的大家闺秀。

这是见着71岁的宗璞的第一印象。

麻白色的短发轻拢鹅蛋脸形,五官端庄清秀,肌肤仍觉细腻,中等偏高的身条,着一袭浅蓝底碎花的真丝套裙,落落大方,毫无暮气。即便不微笑,也让人触到慈爱;哪怕不开口,也觉着腹有诗书气自华的气象。

她居燕南园三松堂。

是三松堂让我这毫无方向感的南蛮女豁然猛醒:我已走进了神圣又神秘的燕南园。

幽静燕南园的居所多无院墙,只有三松堂这一排有青砖围墙,院门前还立着一对可爱的小石狮,显出古意。透过栅栏门,芳草萋萋中三松潇洒且和谐,并不见威风。便有过客伫立门前良久,想是知道三松堂的。三松掩映的青砖平房从无喧嚷之声,每次经过,门扉不启,莫非主人外出了?

冯家三松堂。读书人大都知晓。

国学大师冯友兰先生的"三松堂"。他的皇皇巨著《中国哲学史新编》就是在这里完成的。巨著可以说从他85岁开始重写,历经10年,完成重任,也就谢世了。真个是:春蚕到死丝方尽,蜡炬成灰泪始干。大师生时曾真诚感叹:我一生得力于三个女子——母亲、妻子和女儿。他的妻子任载坤先生毕业于北京女子师范学校,当时是女子最高学府,但她终把一切都给了这个家,默默担起了所有的俗务,直到1977年去世。正是宗璞的双手接过了母亲的重担,尽管她自幼体弱多病,尽管她并不擅掌勺烹饪,可她尽心尽力,支撑着父亲的身心完成巨著,而她的多卷长篇《野葫芦引》第一卷出后便一搁多年!能不为憾?可为了父女挚情,值!

我读中学时,便为她的《红豆》流了不少泪水。也许不全是因了故事，更是因了那拂之不去的脉脉温情。"文革"后，她的《弦上的梦》拨动了多少布满伤痕的心弦，优美的《三生石》奇特地写出了荒谬动乱年代中仍存在的一隅绿色，历经九死心田的温情仍不变。这两部获奖的短、中篇小说，也许作者并不是刻意为之，但它们表述的女性之间的友情，分明是今日热点女性文学的一重要命题。而《我是谁》，又不仅仅是对非常年月的揭露，其荒诞还是审美意识上的大胆的追求，像罗丹所言，很多艺术家都停留在墙的一边，很少人翻越到另一边。她却是率先到了墙的另一边。这让我想起了她的姑母冯沅君，这一位五四时期的大家闺秀，以《旅行》《隔绝》和《隔绝以后》等作品而惊世骇俗，留下了那个时代叛逆之女的形象，虽然冯沅君日后走的是学者之路。

记得是20世纪90年代初，我突然收到她的一封短信。原来她的朋友朱虹女士打算将我的作品翻译到美国，请她征求我的意见。当时，我真有点傻眼了，初出茅庐的我真有点诚惶诚恐。要知道，她们都是我心仪的知识女性。

我一直心存感激，后来，见过朱虹，可从未见过她。在三松堂的栅栏外几多徘徊，我不敢搅动这方宁静，又不愿守着咫尺天涯的隔绝。对整个的燕南园，我既心存敬畏，又涌动着莫名的亲切。好些日子后，我写了一封短信，放进三松堂门口的木信箱里，信箱并无锁。她能收到么？没想到，第二天上午，宗璞老师就来了电话！她说，栅栏门压根就没锁的，一推就开。她不无幽默地说，你来。我们是"闲人"了。

如约而至。是1999年6月5日的下午。天气炎热。轻推栅栏，就这样进了三松堂。轻揿门铃，开门的就是宗璞。很随意地说：胡辛吧。同去的还有位三峡学院的访问学者，说，真幽静、荫凉。是的，宗璞说，别人称这里是广寒宫。进到屋里，忽地有迷宫般的感觉，很有情调。至客厅，尚未坐下，见着一尊放大的黑白照，想必是宗璞散文写到的，父母游香山让人"偷拍"的合影，我在照片前默然，竟一句话也说不出。曾在文章中见过大师悼亡妻的挽联，很感动："在昔相追随，同患难，共安乐，期愿望齐眉，黄泉碧落汝先去；从今无牵挂，断名缰，破利锁，俯仰无愧怍，海阔天空我自飞。"这里是否记载着中国知识分子大国小家的心路历程？

客厅里有两单一三人的一组沙发，周围的博古架、茶几十分的古色古香，架上陈列的古董也很是货真价实，书房门口观见沉甸甸的书橱一角更见古意，唯有一薄胎瓷瓶，我总有点提心吊胆，怕是出自赣地的注浆冒牌品。

谈话亦很随意。问及南昌大学，说到校长的女婿还是冯家的远亲，在美国科技界发展；又问三峡工程，高峡出平湖的现状。说80年代一次笔会曾乘船游三峡，至今思来，如梦如幻。那次到了重庆。又若有所思说，40年代也去过。我想，她大概想起已去世的父母和小弟了。这时，三峡学院的学者便请她什么时候去看看。她说，想去的，只是身体欠佳。她的眼睛已不好使，患白内障，几天后将去做手术，所以，最近不太看书了；耳朵也有点问题，跟她说话得哇哇叫。而她说话还跟女孩子一样的娇甜，慢声慢气的，她说话时异常平静，没有半点怨天尤人的腔调。一种超脱的宁静。

说到文学，我问道，《红豆》里的主人公是否有生活中的原型？您今天如何看《红豆》？她回答说，《红豆》所写的就是当时北平的真实情况。解放前夕，她正在清华大学外文系读书。那时大学里，江玫这样纯真的人的想法绝对没有假，而像齐虹这样的有国外背景的人也不是太少，他们的想法也是真实的。我不过如实写来就是了。至于今天如何看《红豆》？她说，曾有人想编一本所谓有争议的作品，打算收进《红豆》，来征求我的意见，我不同意。我认为它根本不是什么有争议的作品，它就是好的作品，只不过在当时那样的境况中，受到了不公平的待遇而已。它当时的确受到批判。但不是太严厉，也不是太多。

《红豆》我已读过多遍。来三松堂前夜，我又读一遍，仍倍觉感伤。我以为她将情感写得太真实了，欲爱不能、欲罢不忍，难、难、难。江玫的柔弱、纯真、痴情和矛盾是真实的，齐虹的自私、复杂、专一和世故也是真实的，她与他的必定分离难以分离终究分离太叫人心堵得慌。她和他各自的选择，一个留在祖国，一个飞去美国，应该说江玫是对的，齐虹是自私的，宗璞的倾向也是明晰的，但她即使在那时，也没将齐虹脸谱化。当走过岁月，回过头去思，似多了一份宽容和包容。就像《青春之歌》中的林道静和余永泽，中学生时读余永泽，可说是《青春之歌》中头号厌恶的人，自私、卑劣，虽有学问，终是小人。但岁月似没有唾弃这号人物。也许，余永泽自身也有个认识过程吧。《红豆》虽是短篇，但品位高，盘桓在小说中的是挥之不去的浓浓淡淡的忧伤，题名《红豆》——此物最相思。这种情调当时会界定为布尔乔亚，可我感触到她写出的是人性中最真实也最软弱的东西。《红豆》的氛围似是燕园的。

　　《三生石》当然也是燕园的氛围气息，悲凉之雾，遍及燕园。但就是在那种非常岁月，许多人对燕南园仍满是敬畏。宗璞的母亲就历经过上百人围在三松堂门前，尔后，自发地排成队，只不过进到院里屋里转了一圈，看看！在知识扫地的年月，对大师的敬畏怕也难连根拔掉。因为他们都是原创性的，不可替代的。

　　她告诉我，56号院住过周培源先生，以前樱花烂漫春来如雪；汤用彤先生曾与她家紧邻。马寅初校长曾住63号。对门的60号住过王力先生，那攀墙的一架粉蔷薇，暮春时美极了。她说，你会喜欢蔷薇的。66号住过朱光潜先生，也有一株白蔷薇。朱虹曾是朱先生的得意门生。燕南园里的铜像是陈岱孙先生，就在他的故居前。问到翦伯赞时，她低声说了一句：那是很晚的事了。问到冰心，她摇头说不太清楚，据说在66号院住过。

　　后来依稀得知，翦伯赞是"文革"时强令搬到燕南园64号，且夫妇双双自杀于此！

　　我们谈了个把小时后，一个很见年轻的女子手握网球拍进来，宗璞告知，是她的女儿。不说新潮，但确新鲜活泼。宗璞在清华大学读书时，有一阵子，下午课后，常骑车出去漫游，圆明园、颐和园和荒僻的郊野，哪不去？两代人青春的叠影，让我感慨生命的有限又无限。眼见时间不早，我们起身告辞。到得院里，我想为她再照几张相。她笑说，照出来，可得给我。我说，我争取照出水平，做您下一本书的玉照。她笑了，轻叹一声：下一本书，那得花多少功夫呀。我说不出话，淡淡的怅惘飘忽心头。岁月不饶人。对谁都一样。

　　不久，在《中华读书报》"家园"版上读到她的随笔《在曹禺墓前》，篇末记："1999年，清明前后搁置端阳始有捡出。"距我们的探访不过10天，在她手术前还惦着文章，这份执着和挚爱，还有什么可说呢？她曾借童话中的吊竹兰说出："我要的是我自己，要的是从我自己的生命里发出的颜色。"

　　文笔依旧清丽隽永，但更见宁静和透彻。她叹曰，年轻时其实不懂得什么是永远的离别。直到母亲、父亲先后去世，燕南园中的老人一个个相继去世，才知道这份梦魂牵萦的沉重和无奈。虽是大自然不可违背的规律，况且多是古来稀以上的老人，可是，也让她善良温柔敏感的心感到痛！到得1996年底，她父亲的学生、她的学长曹禺去世后，她觉得历史好像翻过了一页，再也回不去了。"他们都是原创性的，不可替代的。"咀嚼再三，悲凉沁心。

虽有悲意却从容。她始终童心不改。她写过一些童话，将对自然的爱，对花花草草的爱溢于言表。三松堂素雅、洁净，满眼绿意。那日离去时曾问她，学校派人收拾园子么？不，是各家自己拾掇。她说，她的先生身体棒，体力活也干得棒。她家先生是中央音乐学院的蔡仲德教授，像是研究美学。宗璞是热爱音乐的。弦上的梦呵。

约莫一个月后，我们在燕南园漫步时，恰遇宗璞！看来是她一大家子人，男女老小都有，宗璞在人群中，且架一副墨镜。本不该打搅，可我还是冲口而出：宗璞老师——她一怔，随即摘下墨镜，像个小女孩般欢天喜地说：你看，我的眼睛已经做了手术了——我连连点头，祝福她健康幸福。这一大家子就都驻足等我们说话。我深感冒昧，连忙道声再见。记得清的是压阵的是一位留着蛮长的齐胸胡子的身强力壮的男子，似有国学大师冯友兰的风范，不知是何人？

但愿人长久。

（《江西日报》1999年9月7日，《文学报》2000年4月6日，
《作家文摘》2000年5月16日转载，《湖南女报》
2000年5月再转载并获奖）

相伴永远　比翼飞翔

——记绍武、黄会林教授夫妇

古老的北师大校园，呈现素朴之美。连翘、丁香、紫藤、山楂、蔷薇、石榴，花开花谢点缀岁月四季。如若留意，校园里还有一道流动的风景，那是每日疾走1小时的绍武先生，这是他的下午课，他爱戴一顶礼帽，挺着壮实笔直的身板，无论晴雨雪霜，哪怕是沙尘暴中，他就这么走遍校园，从不猫着身子，或侧身躲躲沙尘风雪，也许这就是力的较量、意志的较量。有时他的妻跟随着他，几乎小跑步的态势，但高挑挺拔的她却很是灵动飞扬，爱着红装，忽前忽后像一团火焰映衬着他。不过，这样的镜头较难捕捉，因为她太忙！是她，和师生们奋斗，第一个在全国综合大学艺术学科内率先创建影视专业；是她，和师生们奋斗，先于艺术类院校建立了中国高校第一个电影学博士点；她还担任了众多的社会职务：教育部艺术教育委员会委员、国家广电总局电影审查委员会委员、中国作家协会影视委员会委员、中国电视艺术家协会理事暨高校电视艺术委员会会长、中国话剧历史及理论研究会副会长……最近，又受命担任了北京师范大学艺术与传媒学院院长。都说人生六十，是风景淡出的岁月。可她眼下68岁了，仍是芝麻开花节节高的繁华景象。

她说：要做成事，只有两样，一是执着、不屈不挠；二是要有点奉献精神。

影视教育天地的飞翔

1992年，58岁的黄会林从北师大中文系调到艺术系做主任，北师大艺术学科创建于 1915 年，然而还没有自己独立的硕士点。黄会林在抓全面管理的同时，着手重点建设影视专业，人们半玩笑半认真地说，你就玩玩票吧。她不吭声，横下一条心，在系里说：我们埋头苦干，脚踏实地地干。她心里想的是：中国有 12 亿影视观众，可是，影视学教师仅区区四五百人！而电影电视的影响力、覆盖面是当今任何艺术形式都无可比拟的。这是一方广阔的天地，更是一应正视的严重问题。北师大，作为中国历史悠久、师资力量雄厚的师范院校，理应做影视教育的开路先锋。6月，经国家教委批准，北师大正式设立影视专业，这是第一次在我国非艺术类高校设立艺术学科的影视专业，它的意义，不仅仅是为我国高校的影视教育开拓了一条新路，无论于教育事业还是影视事业，都是应当载入史册之事。

1995 年——世界电影诞生一百周年、中国电影诞生九十周年之际，中国高校第一个影视学的博士点落在北师大的校园里！北师大震动了。可最感震惊的是校园外——影视专业学院：影视学第一个博士点怎么落在北师大呢？从 1992 年到 1995 年，短短的三年，北师大翅膀如此强硬展翅就飞翔了？知情的人则一点不感到意外：这是水到渠成的事，三年飞翔？北国剧社早在六年前就高远地翱翔于世界！

此话没有丝毫夸张。

1986 年春，中国第一次举办莎士比亚戏剧节。北师大北国剧社公演《第十二夜》和《雅典的泰门》。先安排在总政小剧场，中国话剧泰斗纷纷前来观赏，老前辈吴雪称已超过了专业剧团的水准；话剧泰斗曹禺则感动得直问：你们怎么能演得这么好？连演 9 场，观众兴奋得不得了。节骨眼上，黄会林力争，要求在首都剧场公演。这又是中国大学生剧社第一次登上这座享誉国内外的戏剧殿堂。一公演，更不得了，连演 7 场。不仅中国观众热情无比，许多外国友人也蜂拥而至。美国专家伸出拇指直夸：世界上最好的《第十二夜》就在这里！首都剧场做出破天荒决定：从此无条件对北国剧社社员开放。北国剧社的《第十二夜》《雅典的泰门》剧照放大了 8 张，作为中国领导人出访礼品相册内容，送给英国女王，得到莎士比亚故乡的赞誉。香港中报、《晶报》、美国中报、法国《欧洲时报》等记者纷纷前来采访，北国剧社的社员们众口众手将社长和艺术顾问推到前台。

社长是黄会林，艺术顾问是绍武。

他们没有像北国社员们那样忘情地在雨天雨地中抱头痛哭——那是欢乐至极的宣泄，可他们一样心潮起伏。回首成功之路，洒下的心血和汗水凝成别样文章……

1980年初，北师大中文系教学改革，现代文学分成小说、戏剧、诗歌、散文四大块，黄会林负责戏剧这一块。其时，不少人认为戏剧是过了时的艺术，但她不这么看，她对戏剧的挚爱不变，她坚信，戏剧与校园有不解之缘。美国戏剧教育家爱芙连·西里亚德也早就指出戏剧是教育的重要组成。黄会林开设了"中国现代戏剧研究"选修课。别的不说，一堂"丁西林论"讲授下来，北师大图书馆里丁西林的剧本基本借空，还有许多同学等着借阅。这时，绍武出点子说：戏剧还是要立在舞台上的，因为戏剧不仅仅是供人阅读的，更具有舞台直观性。教学改革要从实践入手，把学生从教室里引到舞台上。于是她宣布课程考试对理论与创作一视同仁！同学们情不自禁欢呼起来，所交考卷中剧本多达六七十份！黄会林和绍武兴奋得比他们自己写出了剧本还美！他们废寝忘食，一个个剧本认真阅读，大多数作品虽仍稚嫩，但充满了生活气息和青春幻想，做老师的，就是要珍惜和发掘同学们的创造性。他们从中挑出十几个，把大家找来，在北师大的紫藤萝下一遍遍认真讨论，一次次切磋商讨，最后选取了4个小戏排练：《太阳神》《抹不掉的晨曦》《清晨下着小雨》和《嫉妒》，分别为浪漫、现实、抒情和荒诞四种类型。这四出短剧在校园公演后，师生反响热烈，声浪之大，波及校外，戏剧界人士闻讯观看后，感叹说：中国戏剧死不了，希望就在北师大。

1986年1月，北国剧社正式成立。之所以取名北国，是对田汉当年创办的"南国剧社"的仰慕与追思。中国话剧界前辈、师长吴雪、刘厚生、吴祖光、兰光、黄宗江等亲赴校园祝贺，曹禺为剧社题词"大道本无我，青春常与君"。紧接着，中国剧协交给北国剧社光荣而艰巨的任务——参加中国首届莎士比亚节的演出……

一个专业剧团要排一场莎翁剧目，得耗费半年时间，投5万至20万元！而学校经费紧张，咬咬牙，每台戏给了5000元。至于时间，他们没有耽搁一节课，他们拥有的整块时间只有寒假。

这是师生们终生难忘的日子。为了排戏，同学们纷纷退掉归家的火车票，请来了中国话剧著名导演、舞美艺术家执导与设计，他们无私奉献的精神深深教育着师生。紧张的排练中还穿插了专家讲授的莎士比亚戏剧课、导演课、表演课、舞美课、台词课、形体课等等；最重要的是，"先学做人后学戏"，认真负责、精益求精、吃苦耐劳、遵守纪律、团结互助……有了这些，什么困难也难不倒。不光是表演，布景、灯光、道具、服装等等，哪一样不是小社员自己动手干？天寒地冻，搭布景的在还没安暖气的后台乐呵呵干通宵；没有钱做服装，他们买来最便宜的包布，就在社长、顾问家"开染店"，一时间，他们家的锅碗瓢盆一片赤橙黄绿青蓝紫！裁剪缝纫也在他们家全面铺开！舞台上灯光下，谁也看不出这些"华贵服饰"的半点破绽！数学系一位18岁的女孩子，硬是将灯光切换做到了分秒不差，这对专业者都是奇迹；还有对莎翁剧作的"二度创作"，因为原剧《第十二夜》需4个小时，他们浓缩成一个半小时且不落痕迹……那年的冬天特别冷，那年的冬天又特别温暖。

绍武当时被党委任命为北国剧社的临时党支部书记，不少同学在北国剧社提出申请入党。绍武说：千万不要小看大学生，必须给大学生一个平台，让他们展现自己的才华。提起往事，绍武的眼中流泻出父亲般的慈爱。是绍武出的智慧点子：《第十二夜》演员全用女生，《雅典的泰门》演员则用男生，结果是，匠心独运，高高飞翔。

1987年，为扩大同学们的学术视野，黄会林又在戏剧课中举办名家讲座。一时间，于是之、李婉芬、石维坚、刘树纲、李法曾、陶玉玲、苏叔阳、中杰英、瞿弦和、张筠英、王景愚等纷至沓来，与大学生对话共同研讨，校园文化五彩缤纷活跃丰富。

北国剧社代代相传，曹禺的《雷雨》《镀金》，丁西林的《三块钱国币》《压迫》等相继搬上舞台，逝去岁月的忧虑和彷徨，让大学生们走进历史，加倍珍惜今天。

纪念田汉百年诞辰时，北国剧社公演了田汉1930年代的《苏州夜话》《咖啡店之夜》等，把70年前的氛围场景重现，依旧是人的气息，演活了，田汉的家属与老友激动地拉着他们的手，久久哽咽无语。

……

北国剧社坚持了整整十年。与此同时，黄会林大力开拓影视实践。

1993年，黄会林博采众议，热情支持举办大学生电影节。经她多方奔走，将这件本来只是畅想之事落到实处，至今，已轰轰烈烈地举办了9届。北师大师生拍摄的校园电视剧几次在全国高校"理想杯"电视作品大赛中夺魁。北师大艺术系拥有全国艺术院系硕士点博士点的优势。2002

年4月,由黄会林主编的《中国影视美学丛书》8卷本,历时4载,终于出版。新闻发布会和研讨会引起了各大新闻媒体的关注和高度评价。黄会林认为,中国影视创作有自己鲜明的民族特色,中国也应有自己的具有鲜明特征的传播体系与艺术体系。只有这样,方能在全球化浪潮的冲击下,在世界影视文化格局中独树一帜,从而确立自己独有的美学范畴、审美方式和审美价值取向。这套丛书以"中国影视与中国文化传统"为切入点,为构建影视文化的"中国学派"打下了良好的基础。绍武风趣地称为"大个子工程"。

从北国剧社到大学生电影节,从影视专业的建立到构建民族化的中国影视美学体系,从几间小屋到田家炳艺术教育书院八层红楼的高高矗立,黄会林和绍武,真有点"自找苦吃"的"傻劲",因为他们已是文学影视三栖的作家,而且正处于创作丰收期,一个人的时间和空间都是有限的,他们却宁愿"顾此失彼"!这就是奉献,让人油然而生崇敬之意。

他们的心灵,永远在创造中飞翔。

永恒的史诗情怀

论创作,绍武、黄会林是当之无愧的作家。作为学者,他们合著和主编的戏剧、影视文化类的理论专著约1600万字!电影《梅岭星火》、多幕话剧《故都春晓》、电影剧本《彭德怀在西线》皆为重大革命历史题材的大戏。长篇小说《骄子传》《黑洞·炼狱·流火——母亲三部曲》,逾百万字,亦为革命历史题材。无论电影、话剧、长篇小说,都有着史诗的壮丽激越之美。

《梅岭星火》谱写的是陈毅赣南三年游击战的革命生涯。这是绍武、会林的处女作。那还是1972年陈毅同志逝世时,他们在深切的悲恸中萌生出创作的冲动。于是向学校提出,写一部作品,颂扬陈毅坚定不移的革命立场、光明磊落的胸襟及富有魅力的个性。那时,正是邓小平主持工作的时候,学校大力支持;然而,本子打出铅印稿时,正批邓小平;校领导为保护他们,赶快将本子撤了下来。但他们却无法从心中撤下。

打倒"四人帮"后,北影、长影闻讯都要这个本子。

而绍武、会林夫妇为了完善脚本,却决定实地踏访赣南老区。1977

年 2 月，历时 100 天，他们去到信丰、于都、瑞金、油山等老革命根据地，几乎跑遍了山山水水，采访了许许多多老革命和当地老表。他们坐的是老式的班车，因都是临时买票，所以总是坐在最后一排。常常是天蒙蒙亮坐上车，在山路崎岖中晃晃荡荡，天黑了才到。而许多他们要寻访的目的地，无车可通，只能在向导的带领下翻山越岭、在莽莽密林中穿行。渴了，掬几口山泉；饿了，啃一个冷红薯。为了找到陈毅当年陷于绝境的山洞，他们在没有路的山里寻寻觅觅，双手扒开一人多高的芭茅刺蓬探行，手脸都划出伤痕，几经周折，终于得到确认。连向导都感动地说：你们就跟当年打游击一样呢。是的，他们就是要身临其境的刻骨铭心的感受，宁愿"自讨苦吃"。说来有意思，他们寻觅出的小山洞，现在已成了爱国主义教育基地，也成了旅游胜地。这 100 天中，黄会林还专门从韶关赶到北京上了一周课。

1978 年 2 月，他们把定稿送到会林的老师唐弢先生手里。4 月 20 日，一封落款东城夏缄的信转交到他们手中——是夏衍的信！信上说，大作《梅岭星火》已拜读。因为视力不佳，耽搁良久，甚歉。并让他们去谈一谈。几天后，他们如约登门造访。夏公说，整个剧本所记史实，基本上和陈总在 1952 年同我及宋之的同志所讲相符。夏公还就剧本的优缺点坦率地发表了意见，并诚恳地让他们再改一遍，最后再由夏公改一遍。后来，夏公花了一周的时间为他们改本子，连标点符号都没放过。这一切让他们深受感动。

同年长影决定投拍。《冰山上的来客》导演赵心水亲自来到北京，与绍武、会林夫妇切磋商谈了 40 天，万事俱备，只等开机了。可情况突然出现逆转，开机之事遥遥无期，有人竟劝他们少跟夏公来往。他们听后，如晴天霹雳，但是头脑很冷静，绍武当即接话：片子可以不拍，但我们不可不与夏公交往。

事情就这么一拖再拖。本来是全国第一部写陈毅的电影，等到其他写陈毅的影片都放映了，这部电影还无动静。后来总算珠影厂决定投拍。那时候的珠影连宽银幕都拍不了。不过，也就只能这样了。1982 年，《梅岭星火》终于面世，其时，《陈毅出山》《陈毅市长》等片都出来了。他们可谓：起了个五更，赶了个晚集。当然，错过了轰动效应的机缘。

夏公说：你们不要停下来，要继续写。

他们回答：要写，就写三大战役。

夏公说：先写平津战役，有戏。

于是，夏公、北京市委负责文化工作的项子明、北京人艺于是之院长，还有他们夫妇，五个人坐在一起策划。领导开出名单，让他们逐一采访。又如打仗般紧张奔忙。尔后，夫妇俩一个星期一幕，写完一幕夏公就审一幕。全部写完后，题名《故都春晓》。夏公要了个车，直接送到《剧本》月刊。《剧本》立即发表出来。本来，这个本子是为"北京人艺"写的，中央实验话剧院看到了发表的剧本，正月初三找到他们家，他们怕关系复杂化，不敢接待。可实验话剧院有干劲，硬是风风火火排了出来。一个多月后，北京人艺也公演了，自是盛况空前。接着，中国评剧院改编成评剧上演了。一出多幕话剧，在三个月内，北京三大剧团争相公演，这也是空前之盛事。可他们怎么也没想到，事情又出现了大波折。因为各种意见针锋相对，这本不是坏事，至少说明人们都在关注这出大剧。但再后来呢，说是关系到统战，不让展开讨论。原本轰轰烈烈的"三大战役"，就这样刚刚拉开序幕，便戛然而止了。

1979年夏公生病住院，会林参与轮班照顾。两人又开始"夏衍研究"，夫妇为夏公写了两万多字的年表，撰写了28万字的《夏衍传》，编了三卷《夏衍剧作集》、一卷《夏衍电影剧作集》，并拍摄长达120分钟的大型人物专题片《窃火者之歌》，研究材料多达数百万字！要晓得，历经非常岁月，夏公的生平、文稿等几乎没有文字资料留下，有些电影剧本是硬从影片上拉的。他们这样做，出自对夏公的真挚情感，更重要的是，为中国戏剧与电影文化史的研究做了切实的抢救工作。

终究还是难释创作的史诗情怀。1984年，他们又开始了《彭德怀在西线》电影剧本的创作。这部作品以三年艰苦的西北解放战争为背景，展现既是老总又是士兵的彭德怀动人形象。

像创作《梅岭星火》一样，夫妇俩在彭德怀夫人浦修安的带领下，几乎跑遍了西北战场。从陕北一眼眼窑洞的采访，到榆林的纵览大漠；从关中直上甘肃六盘山上高峰，重点踏访当年鏖战的清化砭、羊马河、沙家店、宜川、米脂、榆林城……横跨三省，历程4000公里，当年的战斗英雄和支前模范向他们倾诉了对彭总的深切怀念，他们下决心尽最大努力，尽量挖掘出真实翔实的材料，还原历史，为子孙后代留下一个真正的彭老总的光辉形象。

作为西安电影制片厂的特约编剧，前后共改了八稿。去西安改稿，他们得按事假扣发工资。可到头来，电影公演时，片名改了，编剧只有一人，却不是他们夫妇俩！本子却仍是他们的基础！对方辩解说，这是人物传记，不都是从史料上来的么？还是个老"编剧"，竟然抹杀从史料到人物活起来立起来之间有个"飞跃"！这"飞跃"凝聚着作者调查采访的心血、理解历史的深度、展现故事的能力、还原情景场景的本领、创造细节的独运匠心和旁的作者无法取代的自己的情感！最后虽讨得公道，但是，他们夫妇俩只得到一纸空文。

幸而有知音。著名电影剧作家陆柱国读过《彭德怀在西线》上、下集剧本后，给他们的信中说："你们的电影剧本使我如亲临西北战场，好像会晤了这位令人敬仰的统帅兼士兵。我认为这是我所看到的描写彭德怀同志在西北战场的作品中最为突出的一部。"

花费了多少心血，流淌了多少汗水，到头来却给他人作嫁衣裳，他们悔么？不。他们沉静地摇摇头。生命无悔，青山作证。绍武和会林，都是从革命历史岁月里走过来的。绍武，就是吮吸着军队的乳汁长大的；会林，亦曾在战火中点燃青春。绍武曾说过：从五四运动到抗日战争、解放战争的革命历史，就是精神文明的沃土。在这片沃土上植树造林，让世界充满绿意，正是他们的追求。

战火中的青春少年

少年绍武做着作家梦。

最先是姥爷的传奇经历，那是他小时百听不厌的故事。姥爷是少年心目中的第一个男子汉形象，身材高大魁梧，上唇一排齐整的黑胡子，干脆果决。行伍出身的姥爷曾接触过江西红军，对红军的印象非常之好。父亲去世后，母亲参加革命在刘邓大军的129师，6岁的小绍武便跟着母亲随军作战，正值反扫荡，常常一跑就是十天半个月。就这么跟着跑，他练就了飞毛腿，但毕竟是个孩子，乏了，跑着都打瞌睡。这个那个叔叔就把他背起跑，他是在叔叔们的背上长起来的。他深深感受到军队中无私的爱。1942年"五一"大扫荡时，日寇追击于太行山武安东部山区，母亲为掩护队伍后撤，跑到山崖绝境，紧抱着小绍武跳崖壮烈牺牲，而绍武竟奇迹般活了下来。母亲的名字一直刻在故乡烈士纪念碑上。母亲牺牲后，小绍武又跟着部队跑了半年。他记得 1942 年至 1943 年是最艰苦的岁月,没东西吃,八路军节约粮食省给老百姓吃,但是部队对他这个孩子硬是搞了"特殊化":老炊事班长特意为他种了一块玉米地,收获的玉米就给他这个孩子吃。供给部部长专门批了个条:每天给他 2 两面。老班长做成面疙瘩,放在火上烤,甭提多香了。老班长说了一句文学语言:为了革命的后代。老年的绍武回忆说,他少年时就做着作家梦,想把他经历的一切都记下来。他为什么这一辈子都在执着地写革命历史题材,那是源于少年时与军队的血肉交融的情感。他说,这支军队是伟大的,有理想,人与人之间友爱、患难与共、生死相交。他有幸在部队的大熔炉中锤炼,炼就了这么一身硬骨头。老红军与老八路的姨父姨妈关怀他,成为他的养父母。直到 1948 年,15 岁的他在太原正式参军。

黄会林却是"大户人家"出身的"女公子"。祖籍江西吉安,生在天津,长在上海等地。父亲黄梅轩,20 世纪 40 年代曾任天津剧院经理。剧院是"中旅剧社"的演出基地,名重一时的唐槐秋父女、林默涵、周旦等常在那儿演出。后又担任南北剧社社长。这个剧院又演话剧又放电影。在这样的氛围濡染熏陶下,怎能不生出戏剧电影情结?哥哥黄国林,日后也在新中国戏剧界知名,他的妻子名气比他还大,就是"二妹子"陶玉玲。

兄妹俩的少年却有悲惨的一面,会林 6 岁时父母离异,原因是父亲有了外遇。漂亮的母亲是个刚强的女子,毅然决然离了婚,带着一对儿女从天津到上海,学助产士,自强自立。会林 9 岁时被父亲接回天津。后娘容不得兄妹俩,这样的家庭自然无温暖可言。所幸的是家里有丰富的藏书,只要一有空闲,她就看书。痛苦的童年,书籍成了她唯一的安慰,也就在这不知不觉中,知识浇灌了她、武装了她,使她的心田永远滋润着爱,不管周遭的氛围是何等干涸窒息;柔弱的她变得坚强,面对种种坎坷和磨难。

几经辗转,新中国成立前夕,父亲到上海工作,兄妹寄居苏州。也就在那时,他们感受到从未有过的体验,接触到"革命"两个字!黄国林在著名的桃坞中学,参加进步活动;会林小学没读完跳级上了振华女中,她跟一帮进步的大姐姐一起演进步话剧,学扭秧歌。愁云惨雾的视野里,吹拂开明朗清新的一角。

1949 年 5 月,上海解放。会林在上海培明女中读书,朝气勃勃担任秧歌队队长。因为表现突出，她不需后补期加入了青年团。

1950年1月，父亲工作变动，又将家眷带至北京。到了首都北京，会林考上了北师大附中。读初三时，正值抗美援朝。10月23日，党和政府发出"抗美援朝、保家卫国"的号召，大家写血书，要求参军参战。全班都报了名，结果批准了四个人参军，其中有黄会林。

黄会林11岁戴眼镜，一参军，便是一个小眼镜兵。先在华北防空司令部炮兵处作战科，半年后，华北防空政治部文工团组建，她被调过去。不久，从文工团里挑四人入朝参战，四人中又有黄会林。会林说，那是净化人的灵魂的一段岁月。那时，正是清川江、大清江两座大桥保卫战，战火纷飞、枪林弹雨中，她们分三人一小组行动。有一天，出发途中，遇上敌机袭击，田野上除了累累弹坑，竟没一个可躲避处，三人没法，当敌机俯冲时，只有卧倒在一个浅坑里！等一阵震天撼地的爆炸声后，万籁俱寂时，她们从尘土堆里钻出来，抖抖泥沙，都活着，不禁抱成一团。看看前后，都是刚刚扔下的大炸弹坑，相隔不到10米远！"保卫清川江"战役，打了整整七天七夜。牺牲了100位战士，她们亲手掩埋牺牲的战友，心里真有说不出的难过。战役结束后，评了100个功臣，黄会林便是其中的一个，是唯一的女兵。

1954年，部队给黄会林联系到北师大工农速成中学继续学习。

黄会林扛着行李来到这所学校里，正是课间休息时。她扎着两条小辫，穿着洗得发白的军服，身材高挑，却仍满脸稚气，还架着一副白边眼镜，很自然地，引起了同学们的好奇。绍武这时已在这里念书，是年纪最小、学习最好的一个，又是班上唯一的烈士遗孤。班主任招招手把绍武叫过去，说，小黄从朝鲜前线来我们班插班学习，你帮她把行李扛到宿舍去吧。他也没吭气，扛起行李就在前带路，他脑子里只有一个印象：小辫子、眼镜子，一个挺文气的女兵。

既然是插班，黄会林急的是补课。她坐前排，绍武就坐在她后排，她便向他借笔记，他的笔记抄得好，一遍补抄下来，前边缺的课像是都补齐了。绍武的嗓子还挺亮，唱歌挺有感召力，自拉自唱京剧，还蛮有京剧味。会林待同学非常热心，看着同学缺什么，她就送什么。谁有了难处，只要她知晓，就会热情地为人排忧解难。因为她比一般同学"富裕"——从部队下来，每个月有25元生活费和6块零用钱呢。大家对这位小辫子十分好感，1955年5月4日，她被评为优秀团员。而这时，她与绍武没经过任何曲折也没什么传奇,就像两条纯清的小溪,从不同处淌出,自自然然地融汇成一处,他们相爱了。绍武见她这个南方小姑娘冬天怕冷,心疼她,便省出钱来给她买了两双毛袜,也算是定情物吧。会林却大大咧咧,同屋女同学直夸这毛袜好看又中用,她想也不想,就转赠一双给同室女同学!这可把绍武气坏了。直到半个世纪后,提起此事,绍武还老大不乐意呢,会林却笑得咯咯响。

他们的人生之路,却不像她笑得那么甜脆。可以说,几乎所有的运动都莫名其妙有他们的份!也有比小说还小说的离奇坎坷。会林的战友从海边给她寄来一大包干虾米,她接了包裹拆分给大家,一边风风火火找来地图,寻找战友现在的地址。就这些,小报告打上去了,说她是特务!并找绍武谈话,要他与特嫌划清界限,终止恋爱关系!绍武摇摇头:我了解她,她是清白的。后来"特务"的事没有了,但绍武却背了个"包庇特嫌"的处分24年!这真叫滑天下之大稽……但是,他们胸怀宽广宽容,他们向前看向前行,历经战火洗礼,曾与死神擦肩,更懂得珍爱人生,懂得生活的意义。要做的事很多很多,他们想做的要做的,就是把最美最好的精神食粮奉献给人们。

走过岁月,她的脸庞仍显稚气不见沧桑,她感叹:他是抵挡狂风恶浪的堤坝,是倦鸟栖憩的常青大树,是一次次扬帆出征的开阔的海港,是爱的证明。

花开花落,花落花开。绍武与黄会林,从北师大校园相识至今,已走过近50个春秋。且不说桃李满天下,就说两株相思树,历经50年的风风雨雨,早已是上接苍翠连理枝,地下的根根也相通了。北师大校园,留给他们太多的回忆;北师大的校园,铭刻着他们坚实的脚印。愿他们相伴永远、比翼飞翔。

(《人物》2002年第9期)

画家胡敬修的传奇人生

画家胡敬修教授,年逾七旬,满头银素。第一眼看到他时,艺术家的气象顿使满屋生辉。从容言谈间自有一份学者的睿智、画家的浪漫和长者的仁慈。那挺直的腰板、率真的言谈、浑厚的乡音,仍是北方汉子的本色,虽然他已扎根江西整整半个世纪;平和的目光、舒展的笑意、覆盖着流逝岁月满溢着的沧桑与苍凉。

他曾是心气颇高的少年画家,既是大师徐悲鸿的关门弟子,又曾得到刘海粟的赏识。还是第一位分配到江西的中央美院高才生。

他的专业是油画,中西合璧的写实派,立体感厚重感中凸显形神兼备。他的油画作品《血沃中华》收藏于中国人民革命军事博物馆,《黑衣女郎》获得江西省油画展一等奖。他又是国画丹青高手,犹擅长画葡萄、牡丹、红梅,目前潜心于山水画。他还是江西舞台美术的权威,由江西农垦文工团演出并轰动一时的舞台剧《江姐》,其舞台美术,从设计到制作,全出自他的手笔。说他是美术界的全才,一点也不夸张。

胡敬修祖籍是在山东沂蒙山区,沂水河上游的沂水县,也是老苏区,他老家非常穷苦,祖父作为华工参加过第一次世界大战。活着回到家乡后,毕竟是眼界开阔了,毅然携妻将子闯关东。妻子病逝于路上,他与10岁的儿子定居于东北长白山下一小小抚松县,紧挨着朝鲜。也许阅历与磨难让他依稀明了"知识改变命运",他茹苦含辛培养儿子读到高小毕业,因小伙子成绩优秀,得到校长的资助,中学毕业后就留校任教。老师中有位杜先生,世代书香,看小伙子耿直聪明,就把侄女许配给了他。多事之秋的1931年,一个男婴呱呱坠地,杜先生给取了个文绉绉的名字:敬修。

"九一八,九一八,从那个悲惨的时候……"日本军侵占了东北,成立伪满洲国。东北的爱国者纷纷成立抗日组织。敬修的父亲也是抗日骨干。金日成和他的父亲为商议抗日之事常来敬修家,与敬修父亲成了莫逆之交。金日成跟着敬修父亲学习汉语,金日成父亲曾以一把小提琴相赠。到得全国解放后,金日成还派人到东北寻找敬修父亲,邀请他到朝鲜参观访问,追忆逝水年华。

童年的胡敬修的记忆里,最难忘的是金秋时节跟着父亲进长白山原始森林的深处,古木参天落叶松软,茂密森林缤纷七彩,还有棵棵大树上爬满了野葡萄,青的、紫的、鲜艳欲滴,让他如醉如痴,如梦如幻。奇伟与温柔就这样交融着。也许正是这苦难岁月却仍藏匿着的童话般的图景就有了他成为一位画家的注定。至今这股亘古的粗犷又细腻的东北风依然在他的画架上穿行,葡萄成了他经常的题材。浓郁的画意传奇滋养了胡敬修的画家精魂。

因日寇追捕,1935 年,胡敬修一家先后回到老家山东。父亲在一所村小教书。沂蒙山区扑入小敬修眼帘的是满山坚硬的石头,只有几株像是点缀的树,老电影《南征北战》中展现的是绝对的真实。乡亲们质朴淳厚,祖父的大家族仍世代同堂,他们算是过上了两年乡村大家族的虽贫穷却宁静的生活。小敬修从父亲的藏书里翻到《芥子园画谱》,这是一本清代的木印版本刻制,专教人如何画国画,尽管其中有一些字都还不太认识,但这本书却成了胡老最早的绘画教科书。在这本书的哺育下,长白山沂蒙山的印象,变得有迹可循。

不久,"七七"事变之后,日寇的铁蹄又践踏到山东,敬修父亲投笔从戎,成为一支抗日游击队的负责人之一。年仅七八岁的胡敬修开始了传奇的马背生涯。既经历过面对面的酷烈的遇战,历经过石头山间的伏击战,还有过街头巷陌的游击战。几几出生入死。一次夜行军,欲过青砣寺,但方圆几十里已被日军包围,只有硬冲!那是血肉之躯与枪林弹雨的搏击,那是大刀寒光砍碎沉沉黑幕的拼杀!马嘶人喊,血肉横飞,母亲搂着他共骑一匹马,小敬修也不知道怕,困倦得紧搂着母亲睡着了,在飞跃过一个大坑时,母子俩被甩下马背。敬修被游击队员救起,安然无恙,母亲却再也没有起来!那一夜疾驰八十华里!少年的泪水与哭喊被血火早早地烤干。他越发痴迷上绘画,他开始画人物,是时光、爱与恨的纪念。

敬修 9 岁时,父亲又带着他去了东北,在一个小山村里,父亲仍教书。他们住地附近的村落经常发生奇奇怪怪的瘟疫,日军一队队全副武装开进。许多年以后才知道，日本鬼子的"731"工程就在他们县城附近。

日本人还逼迫他们到森林里去摘葡萄、采蕨类，交给日军，少年眼里的葡萄，是哭泣的葡萄、愤怒的葡萄。他把这些全都倾注到画上，即便只有半张毛边纸、一支秃笔。

抗战胜利后，1946年春天，敬修父子去到沈阳。敬修就读于东北中山中学。后随学校迁往北京，这是敬修第一次见到古都，八年日寇的蹂躏，虽是满目疮痍，但故都厚重的文化底蕴，从深处弥散出来的古色古香的神秘之美仍叫十六七岁的少年怦然心动。他想把这一切都收纳进他的画架。然而，国民党发动内战，山河之美，仍支不起一张小小的画架。1948年春，学校停课，家中音讯阻隔，他孤身一人，仅剩一元大洋，便揣几个烧饼，踏上了茫茫归家路。从北京到通县、三河县、唐山、山海关，徒步、马车、骡车、卡车、闷罐车，终于奇迹般地回到了沈阳。当蓬头垢面的流浪汉出现在他父亲面前时，父亲震惊得说不出话来。在沈阳他考取了大连旅大高级师范美术系。他在绘画上展现出来的天赋让美术兼语文老师罗崇艺很是赏识，老师原名罗叔子，毕业于苏州美专，与徐悲鸿、刘海粟皆是朋友。有一天，罗老师约他出来游泳，海滩、浪花、天蓝蓝、海蓝蓝，罗老师告诉他：中央美院开始招生了。少年潮湿的心，猛地扯起了远航的白帆。

1950年夏天，风尘仆仆的胡敬修背着画夹，怀揣罗叔子老师写给徐悲鸿大师的信，走进了北京中央美院。他急急地想登门拜访，但是，徐悲鸿大师已对外宣布不见任何人，希望每个人凭实力考。刹那间，他有失落。但随即升腾起更大的希望——凭实力，就是公平、公正。果然，他成功地以优异的成绩跨进了中国艺术殿堂的最高门槛，成了新中国成立后的中央美院的第一届毕业生、徐悲鸿大师的高徒。

在中央美院的三年，为胡敬修的艺术人生打下了坚实的、什么也不能摧毁的基础。徐悲鸿大师亲自把他的素描关，大师强调素描是定型的基础，是通向伟大的画家的必经之路。李可染先生是他们的水彩老师，李可染夫人是他们的雕塑老师，曾中意他因而动员他搞雕塑；他们去到山西大同下煤矿劳动锻炼并参观云冈石窟时，是叶浅予先生和林岗先生带队……吮吸着大师们的乳汁，他们如春笋拔节般成长。1950年第一个国庆节，当他们排着齐整的队伍，走过天安门广场时，纯洁高尚的心歌唱祖国，歌唱青春万岁。

也有困惑。当时国画处于很尴尬的地位，一些人认为花鸟山水脱离了刻画工农兵；尤其不可思议的是一些人提出要把素描画成单勾线，说这就是民族化，单线可以代替明暗的西洋素描。还有画界北派南派之争等问题。困惑中胡敬修仍坚持自己独立的思考：素描画成单勾线，岂不成了白描？线不可能代替一切，必须有受光，有光才能造成立体感。花鸟山水，亦见情操情感，国画几千年的传统岂能弃之如敝屣？直率、执着与倔强的争辩，真有股初生牛犊不怕虎的劲儿。

1953年夏胡敬修从中央美院毕业，分配到江西。是他们班上分配离北京最远的一个，还是江西第一个从中央美院分配来的大学生。22岁的他，一腔热血。是党培养他这个穷孩子成了大学生，他就是一颗种子，撒播到哪儿都要生根发芽。他没有想到的是，他在江西一待就是50年！前22年他可是命定般的流浪漂泊。

9月26日，徐悲鸿先生因第二次脑溢血而离开人世。寄去一封长长的唁言，胡敬修遥望北国，仿佛又嗅到了先生小庭院里桃花、海棠、丁香、榆叶梅盛开的清香，先生不无焦虑地说："你们知道的太少了，你们出去怎么行呢？你们至少应该记住五百个画家的名字，以及他们画画的风格，你们应该去欧洲看看。"那时，先生刚从脑溢血抢救脱险，即抱病找出一些从欧洲带回来的绘画资料，要求他们一定要仔细看。

决不辜负先生的期望，胡敬修一心专研业务。绵绵红壤，在画家的眼里是别样风景。江西老区，于胡敬修却并不陌生。沂蒙老区、抗日烽火，革命先烈前仆后继的精神不为时空阻隔。他的足迹遍布井冈山、漆工镇、横峰……大型油画《血沃中华》便孕育于此时。

1954年夏天，胡敬修随《老革命回忆录》作者团上庐山，闻讯罗叔子先生正在为刘海粟作口述传记，两人恰好在庐山，他压抑不住惊喜，立即去拜访他们，刘海粟看了胡敬修的油画后，连连夸奖：基本功硬实扎实、形神兼备、大气堂堂之外，还夸他深得光和色的奥妙，并不因胡敬修是徐悲鸿的入室弟子而生成见。这在他年青的生命中给予了很大的激励。

胡敬修就这样成天工作于江西美术工作室还兼《江西画报》的美术编辑。当他发现周遭的年轻人很有绘画才华，虽能画出连环画人物的动作但人物解剖不准，缺乏基本功训练，直率又热情的他便不管不顾地办学习班，主动热情地教大家，当然，有人不以为然，有人却真诚地认为获益不浅。四十几年后，天津画院院长、天津师大教授邓家驹先生特意到南昌看望胡敬修，他便是当年学习班里的一员。

1957年，他正潜心创作油画《母亲》参加全国的美展：灯下，母亲正为参军的儿子缝补衣衫，灯光表现很棘手，他欲画出印象派画家塞尚的《草堆》不同光影不同色彩的效果，这时，党的整风运动开始了，领导把他从画室叫出，批评他不参加鸣放活动，并要他这个党外人士在会上提意见，他只不过是真心诚意地说了几句要关心江西美术事业发展的话，厄运就劈头盖脸地降临了。

他被开除了团籍开除了公职，妻子受牵连被下放到新建县。夫妻俩带着嗷嗷待哺的大女儿住在两平方米的茅草棚里，棚上裂缝之大可见星星月亮，雨天成了汪洋中的茅草船，冬天凛冽的寒风肆虐穿行，早上起来，被子上面一层灰一层沙还有一层雪。可是生命毕竟是一首什么也挡不住的歌，他怎么也舍弃不了手中的画笔画架。没有了工资，他靠画连环画投稿为生，最无奈的是人家对画一百个满意政审却过不了关。但毕竟是画画维系着这个家。也还有生存之外的事，那是对美术的挚爱，像荒凉却温暖的烛光。他背着画框走遍江西的山山水水，一路上写生、画画，累了，在哪个农家喝口水，兴致来时，为哪家的新橱绘上红梅绿竹富贵牡丹，无人不称神笔。他淡淡一笑，背起画架又上了路。画界有一说：一个画家，当他失去了所有生活来源，流浪漂泊之时还舍弃不了手中的画笔，那么，他才能成大器。胡敬修走了这条路。

幸而，江西几个同情他的朋友，介绍他到剧团去做临时工，《江姐》《雷锋之歌》《杜鹃山》等剧的舞台美术，从设计到动手制作，皆凝聚着他的心血汗水，他却从不显山露水。说来不信，他在剧团的"身份"竟是"二级电工"。

1980年，胡敬修被"改正"，归到文化工作室。1982年借到文化厅分管美术。他并没有想为自己先做点什么，而是首先为三位业已八十多岁又遭遇过不公正待遇的老画家办《三老画展》，他们是陶博吾、龚怀陂和曾柴生，了却三位老画家的心愿。又一日他路过美协，无意间撞见一男子拿着黄秋源的画卷要求美协办一个画展。此男子正是黄秋源的儿子黄良楷，但被美协拒绝了。胡敬修翻开画卷，画家的艺术直觉和良心使他明了：这是了不起的画！他马上找文化厅副厅长李坚，终为已故黄秋源举办了个人画展。而今，黄秋源誉满天下，胡敬修当是较早的知音中的一个。

1984年胡敬修被调往省美协任副秘书长，1986年被选为美协的副主席主持美协工作，1992年退休。退休了经历了风风雨雨坎坷历程本该闲云野鹤般，再过足一辈子总也没画够的画瘾。但省教委办的江西美术专修学院诚请他出山担任院长，几经思考，他选择了育人。他为这些学生授课总担心这一张张年青的脸孔学得不够，他把自己收藏的和去国外女儿那儿探亲搜罗回来的资料给这些孩子们看，像他的先生徐悲鸿所做的那样，像他22岁到江西时所做的一样，岁月并没有改变他。尽管人们现在无不恭敬地称他"胡老"。

他的中央美院的同班同学，大都成了名家：如全国美协主席、中央美院院长靳尚谊、广州美院的院长郭邵刚、副院长杨之光、中国美院副院长、中国画研究院副院长刘勃舒、鲁艺美术学院的副院长任梦璋，等等，他为他们感到骄傲，但眉宇间也掩饰不了内心痛苦，如果他不到江西，他的命运会是怎样的呢？而生活是没有"如果"的。

从1957年错划为右派到获得改正，26岁的青年成了49岁的中年，人生的黄金岁月难道就这样无声无息地流失了吗？

不要说画家仅仅以画为生命。不错，他的晶莹剔透的葡萄是童年的幸福与辛苦的结晶，他的红梅是画家人生傲雪凌霜的象征，他的牡丹是对稍纵即逝的美的留恋。画家的人生就是一幅幅生命的画。一个身影背着画夹从并不遥遥的历史深处走来，与其说他的每一条皱纹中深嵌的是历史的沧桑，不如说这是画家人生的提炼与升华，没有痕迹的人生怎能叫人生呢？

（朱俊莹、胡辛《江西日报》2003年9月16日）

有这样一个古陶瓷学者——刘新园

对他，我心里有几分崇拜。为至今已罕见的中国文人的狷介和狷狂。

他是那种骨头特别硬，又特别恃才傲物的人，身板又高大笔直，形象就给人宁折不弯之感。

他在中国古陶瓷和陶瓷史研究上独树一帜，为国人更为外国人刮目相看；他研究切入的视角把握的细微论述的深刻是一般陶瓷学者无出其右的。但是，他却是个半路出家的行家里手，他学的是中文。

从江西大学中文系毕业，他被分配到景德镇，对景德镇的陶瓷忽地就生出兴趣，钻进寥寥无几的陶瓷故纸堆里，凭着扎实的古文功底，无师自通竟能面对古陶瓷讲个头头是道。可很快非常岁月开始，他也就被下放到离市区150里的锦里村。这时，他迷上了拳术，有说是柔和的太极拳，有说是激昂的武功，反正已有点小名气，且传闻他的爷爷当年叫鬼子闻风丧胆。

一日，省革委会的头儿来景德镇参观，他要看看千年不熄的窑火烧出怎样让人眼花缭乱的瓷器，当然，得找一个能绘声绘色讲解的人。可是，那时候要找这么一个讲解的还真不容易，不是本身是反动学术权威，就是祖宗三代有问题，根正苗红者又怕他怯场，说不出个所以然来。情急间，有人一拍脑门，说，就是他——

他就从锦里用军用吉普给接到市里。在又高又胖的紧绷军衣的头儿面前，他高大笔直的身子也不知道得稍弯弯，头儿的脸就往下耷拉，他自顾自侃侃而谈。头儿眉头一皱，找碴儿，就是一口咬定没听明白。学文的他岂能没感觉？其时正在解说一件珍贵的百极碎瓷，百极碎，又名碎纹釉、碎瓷、碎器。是釉面布有纹片的瓷器。这本是烧制工艺上的缺陷，即胎与釉的膨胀系数相差过大而出现的一种裂纹。但古代的制瓷者就智慧地利用这一缺陷来作装饰瓷器的特殊手段。他见头儿将脑壳摇得像个拨浪鼓,知是刁难他,一眼见着头儿的上衣有粒扣子从扣眼绷出来了,即不动声色说,好,我打个比喻,譬如一个大胖子,他硬要穿件号数小了点的衣服,一经大运动,嘣——衣服就得脱线开缝了!围着头儿的众人已忍俊不禁,头儿的脸也涨红了,可他,面不改色心不跳照讲不误,还要加一句,比方还不够确切,不知听懂了没有?头儿似笑非笑答曰:你这小鬼头。众人都为他捏一把汗。可谁知不久他就从锦里调回市里,让他好好研究古陶瓷。也许,头儿毕竟是带兵上过战场的,欣赏的就是这份临危不惧的从容,说白了就是不怕死嘛,他才逢险化夷。

他也真是个好样的,论文一出手便占领了制高点,在日本、英国等引起了爆炸式的反响。接下来就是国际陶瓷学会邀请他出国访问。那时节可不是后来的出国成风成热成河的情状,那时节出国是件不得了的大事,外国人邀请你,仿佛意味着接下来就是不回国,也不好说是叛国。于是有关领导难以决断且谆谆告诫,他捺不住,即作拍案而起状,慷慨陈词的却是:你以为我算老几?!我的名字如果脱离了景德镇,一文不值!

他挚爱这方水土,可是他并不是这方水土的土著,连赣人都不是。他是湘人。在他身上,那股刚烈勇猛,似又应了"湘人不死,华厦不倾"之语。

1982年市政工程处在珠山铺设地下电缆线,当推土机沉闷地刨过地表时,他恰恰路过。一条宽12—30厘米的全是瓷片的地层掠过眼帘:不是垃圾也不是景德镇处处可见的渣饼堆是干干净净的碎瓷片!他的眼睛发亮了,他高叫:不准推!要推就从我身上推过去!奇迹出现了!清理发掘出的是大量的宣德御窑瓷片和叠压在下的永乐官窑瓷片;又在中华路口市政府南围墙前发现一座宣德窑炉遗址。被岁月埋葬的历史终与活生生的生命相撞了。景德镇的古陶瓷史和古陶瓷研究进入一个崭新的天地,引起世界的瞩目。

他斩钉截铁地认为出土瓷的研究当然比孤独的传世瓷可靠得多。有尊1994年珠山东侧永乐前期地层中出土的青花冲耳三足大鼎,满绘汹涌又宁静的海之潮水纹,当有纪念出海之意,北京故宫藏有相同的传世祭品说是宣德年间的,他说,显然有误。

我读过他的一些论文,如若我对陶瓷的性灵有所感悟的话,离不开他的文章的启迪。譬如:景德镇的御窑究竟创建于何时?他一言以蔽之:

《元史·百官志·将作院》记载得清楚翔实：忽必烈在灭宋之后的第二年——至元十九年，便在景德镇设置了唯一的为皇家生产瓷器并兼造棕、藤、马尾笠帽的官窑浮梁瓷局，瓷局长官称大使，为正九资品，掌管官匠八十余户。引经据典，不容置疑。再如：郑和六次出使"西洋"带去的货物，最受欢迎的是景德镇青花瓷，带回来的对中国陶瓷影响最大的则是苏泥麻和胭脂石；苏泥麻是青花瓷色料，胭脂石是祭红釉色料之一。成化年间已无进口青料，而成化瓷深受宣德瓷的影响，以至出现在成化瓷上竟有"明宣德年制"款，并非假冒欺诈，而是"恨不同时"的向往。——真是文人的满怀情感的理解和解释。

对多才多艺的宣德帝，他亦看到他的另一面：走不出骄奢淫逸！绘画、田猎、弈棋见其情趣高雅，斗蟋蟀却足见他的荒唐奢靡。宣德官窑出土物中以蟋蟀罐最为丰富，其中造型秀雅、纹饰丰富的大概是宣德帝亲自使用的斗盆。令人匪夷所思的是，宣德蟋蟀罐在社会上极其罕见，是因为斗蟋蟀时情绪太激昂而毁之？非也，36岁的宣德帝驾崩后，皇太后及维护正统者为维护皇帝形象而销毁之故也。当是胸有成竹的史学家的一家之言！

深厚的文学功底，始终不泯灭的丰富的想象力创造力，是他在研究中高屋建瓴气势磅礴又别开生面的动力之一。

他到底这样喟叹：陶瓷是我的妻子，而文学才是我的梦中情人。他，当然不负陶瓷，他说，那是他安身立命所在。

著名的英国古陶瓷学家约翰·艾惕思原任英国驻中国大使，后辞去此职任教于牛津大学。艾惕思对中国古陶瓷史情有独钟。曾几次来到景德镇踏访，我去到瑶里、高岭探访时，山民皆知道这个外国老头儿。

艾惕思对他，可说赏识又信赖。艾惕思曾写信给他，饶有兴趣追问："元王朝为什么要把唯一的瓷局设置在景德镇呢？龙泉窑不是当时生产规模最大、技艺水平最高的窑场么？是影青瓷美还是卵白瓷美？元代印有'太禧'与'枢府'的官瓷为什么只是卵白的呢？元青花上流行的六瓣花是什么花？……"视角独特且细致入微，也许应了"旁观者清"？他则感叹：提出这些问题比解决这些问题更有价值，其难度更大。

艾惕思询问的"六瓣花"，有学者考证为射干；他认为就是开在山里田头老百姓喜爱的山栀子花，艾惕思欣然同意。1983年古稀老人去世，他写了一篇情真意切的散文，他自信地说，写得很好。我拜读后，亦被感动。特别是结尾处——幻想有一天在艾惕思爵士长眠的墓地上，献上一束山栀子——我的眼睛濡湿了，冰冷的瓷使他的情感更纯更炽。

在中央电视台"天涯共此时"栏目中，他与台湾的古陶瓷学者一块儿出场，他蛮动情地说：我们修复古瓷就是要让它们团圆。

真情已将陶瓷与文学浑然一体。

他，就是刘新园。

1998年10月

（《人物》2001年第3期）

开掘白色的页岩

——陈良运素描

少年的眼中,前后都是高耸入云的雄浑青山。青山夹着一条小溪,蜿蜒曲折地流向山外。依山傍水散落着百来户青瓦泥砖房舍,居然长达十余里,这个名唤略下的山村,又被人戏称为"狗肠子冲"。村民却绝大多数是煤矿工人,有麻子坡矿马岭矿的,也有名闻中外的安源矿的。弯腰伛背头发麻白的老矿工退回村里,年轻力壮嘴上无毛的又去矿井,可谓子子孙孙生生不息。茶余饭后或冬日暖阳下,老矿工便三五成群聚到这家坪上或那家堂屋里,说古道今谈妖论鬼,感慨年少力壮的风流,也议当今伟人毛泽东、刘少奇。旱烟管吧嗒吧嗒,烟雾缭绕,说的听的都笼罩在往事的回忆中。那少年坐在门槛上,两手支着方方正正的下巴颏,两只大大的眼中是迷惘、希冀和想象。

这伢崽,灵魂出窍了不?

少年读书却是出奇的好。整个狗肠子冲都晓得陈家这少年有出息,见到书不要命。可是家里就偏偏没有一本可读的书。唯一可让他过过瘾的是每年一本的"通书"!那年,娘牵着他到阿炳伯家去耍。神龛里有本破旧的《三字经》,大眼少年如获至宝,不吃阿炳婶张罗出来的辣椒饼芝麻茶,埋头读着"人之初,性本善,性相近,习相远",其乐也无穷。阿炳婶心疼得泪眼婆娑,连说:"伢崽,只管拿去家看!"那本破旧的《三字经》,竟成了少年的第一本课外读物!几个月后,阿炳伯突然发觉《三字经》不见,大惊失色,原来别村人借他家谷的借条是夹在书中的!夫妇俩跌跌撞撞寻上门来,恰恰少年又去了学堂!于是为父的翻箱倒柜满处寻找,为母的忐忑不安去叫少年。书是好好地在,借条也好好地在,但虚惊一场的父亲给了他一个"毛栗子"。他摸摸头颅,头颅很大很方正,那几百句的三字经已印入脑际了。

少年不是孱弱的小书呆子。他也爱耍：赤条条潜进小溪戏水，跟着姐姐采蚌壳、摸田螺、钓呆虾。可他那双眼，总不安分，眯缝起来，仰脸看光灿灿、悠远远的天。天是狭长的，像他们的狗肠子冲。大山，把天都封闭住了。

那么，山外的天是什么样子呢？

山外的天！

山外的天！！

山外的天！！！

这诱惑像魔鬼纠缠着少年的心。终于有一天，他不顾大人们"山上有老虎"的吓唬，从他家对面的"泉水坡"开始了征服青山的壮举。

他攀登，他奔跑，他喘息，他不屈不挠，他所向披靡，荆棘划破了他的手臂，茅草割开了他的双脚，没有村民砍柴的山路——狗肠子冲的人有煤烧。但少年用血肉之躯劈出了自己的路，山太高了，他觉得力气已使完，汗水湿透了头发、土布褂子，喉咙冒着烟，只有出气没有进气，很久，他猛然觉得世界为之一亮！一抬头，太阳竟然就在他的头顶——他晕眩，在金光闪闪，不，在色彩缤纷中晕眩：他攀上了顶峰！

少年终于忘情地大叫：

啊——啊——啊——

啊——啊——啊

他举起双臂，声嘶力竭地吼叫，他赤着双脚，小癫子似地乱蹦乱跳。

是的，他看见了山外的山、山外的田庄、山外的河流树木、山外的堂堂萍乡城，他当然更看见了山外的天——无边天涯的云！

他和天融浑为一体，还有风、云，还有山，他只是想叫、想跳——也许，少年那时候便获得了马斯洛称之为的"高峰体验"。

狗肠子冲的许多老小都聚到坪上来看，惊异那苍翠的青山峰顶手舞足蹈的小不点儿，还有那引起天地回响的"啊——啊——啊——"。多少年来，村民们都习惯于从地面上挖个洞往地下走去，沉重的生活早就压掉了登山望远的兴致，如今，这少年却不同凡响！

那年他10岁。

19岁时，他的处女诗作《历史的瞳仁》发表在《人民文学》纪念国庆十周年专号，他已是萍乡中学高三年级的学生。接着又以《安源工人的怀念》登上《人民文学》1960年第5期的头条。寂寥的江西文坛上空升起了一颗璀璨的新星——陈良运。

高中毕业，他考入江西师范学院中文系。在校的四年，可以说是他诗歌创作的鼎盛期。《人民文学》《解放军文艺》《星火》等刊物上经常出现诗人的名字，他是令同代人羡慕不已的搏击长空的雏鹰。

然而，几度风雨几度春秋，经过十年"革命文化"的摧残，青春已经流逝，那么，星光是否依旧灿烂？鹰的翅膀是否依旧充满腾飞的气势和力度？

1986年立春之日，他才与妻子一起调到了母校中文系，他负责语言文学研究所的工作。此时的他，似乎已让岁月洗尽少年时的盛气和浪漫，全然一派东方学者的风范。

他四方大脸肤色红润，穿戴朴素而齐整，举止悠缓稳重，一副琇琅镜更使不苟言笑的他平添书生气。若步行则眼盯脚尖，若骑车则凝视车头，从来目不斜视。你若截住他与之招呼，他会一惊，脸露孩子般天真而歉疚的笑容；你若向他请教学术上的问题，不论路旁校园中，他会用萍乡尾音很浓的普通话滔滔不绝，全然不理会路人诧异的目光。他不喜开夜车，却日日鸡鸣而起掌灯伏案，在凌晨清新静谧又有几分孤独的氛围中文思泉涌。得心应手时，他可以闭门疾书近十小时。累了，揉揉眼睛，探身窗外，几簇夹竹桃花红叶绿；回首书橱，书山层叠，他把它们比作迭立的峭岩上的白色页岩。终于有一间独立的小小书室，他心满意足。每每黄昏，他那依觉甜美的妻便伴着他出南院家属区，进北边师大校园，梧桐下柳荫里，操场旁小湖边，款款地行娓娓地谈。他像煞一恬淡平和的儒生。果真如此吗？

1987年冬在江西师大全体教职员工大会上，他代表中文系先进工作者发言。这种例行公事的发言而今难得有听众。而他的并不长的发言却攫住了众人的心魄：

"……我要做一个拼命三郎，做一个振兴江西的拼命三郎。拼搏到死，死而后已。如果拼到六十未到就死掉了，我给自己拟好了一副自悼的挽联：'大业未竟身先死，此去九泉泪满襟！'"

此时，恰逢他的一位同班同学去世的消息传来，在异常沉重的心情下，他即兴而言此。

这样壮怀激烈的言辞，这样纯真忘我的誓言，眼下已不多闻！会场一片寂静，像是吓了一跳，但一刹那的沉默后，爆发的是震天撼地的掌声，有人甚至热泪盈眶，人嘛，之所以为人，究竟是要有点精神的。

好一个"拼命三郎"！

近几年来这拼命三郎的写作生涯的确又涌现了高峰。不是诗作（虽然他还酷爱诗，也还写诗），而是诗歌理论研究。仅从1985年至1987年见诸《文学理论》《文学遗产》《诗刊》《上海文论》等刊物的论文就有四十余篇！其中1987年内就写了近四十万字的论文，发表了24篇，平均每月两篇！从新诗理论研究来看，已由江西人民出版社出版专著《新诗艺术论集》，即将由花城出版社出版的有《新诗的哲学与美学》，与人合著的有《当代哲理诗选析》（中国文联出版公司出版）。从古代诗文理论研究来看，他的《中国古代诗文理论新探》系列论文已发表16篇，今年完成的专著《文与志·艺与道》将由中国人民大学出版社出版，《中国诗学体系论》将由中国社会科学出版社出版，为国家级"七五"规划重点项目"宏观文学史丛书"的一个选题。除专著外，还有近二十篇论文散见于《文学评论》《哲学研究》等刊物。

真是个"拼命三郎"！

昔日的诗人成了江西屈指可数的文艺理论家之一。从诗人到理论家，算不算他人生历程中的一次蜕变？是人生轨迹的改辙抑或一次超越？留在他心田的是淡淡的忧伤还是重露头角的喜悦？

契机出现在1979年。

其时，他从一个区的宣传干部调至萍乡市文联当一个刊物的小编辑，得一个机会出差去南海边的城镇。

他要去看海啦！

有哪一个爱生活的人不爱海？有哪一个爱文学的人不爱海？多少年来搏动于诗人胸腔间的心一直把海来追慕，海，该是什么样的呢？波涛迭起排山倒海的气势压住了你，你才感到天地之浩瀚你之渺小吗？广阔无垠深沉庄严充溢着莫名的神秘和虚无，于是吞没了你，你也幻化成一粒海中的水珠？

鸣叫的火车碾过红壤土地，诗人硕大的头颅枕在车窗上，他在遐想。

他的生命似乎牢牢系在这片自然属性和象征意义都鲜红的土地上。他的诗歌创作宛如在这贫瘠而光荣的土地上掘井。红旗、矿灯、夜校、梭镖、梧桐、伟人的足迹、无碑的丰碑，还有杏花雨、短笛、耘禾、放水、夜狩、俗人的笑语、默默的心声，都曾涌诸他的笔端，化成一系列革命历史题材的叙事长诗、组诗和味醇情浓的乡土短诗，为他赢得了生命的光泽。然而，眨眼已到不惑之年，虽然他曾激励同龄人："你的芳草地早生华发/用不着懊恼地狠拔/任它在头上挥扬/像策马飞奔的鞭杖"，但心头总有一种失落感。

到达目的地，他拎着旅行袋就直奔大海。离家时天气尚凉，妻嘱咐穿得厚厚实实；晌午的海边却燥热得很。他有出门必丢东西的恶习，小则折扇，中则雨伞，大则旅行袋。所以也不敢脱衣解衫，满头大汗憨憨地痴痴地凝睇着无边无际的海，很快眼前朦胧一片，只有心帆在碧波的海面扬行……

嘀铃铃……乡邮递员把脚踏车铃铛揿得山响，才进略下村就扯着喉咙吆唤："陈良运——图章！北京寄来的钱！"片刻，整个狗肠子冲的男女老少都聚到了他家坪前：伢崽，你中状元哩！伢崽，是你写的书！你敢给京城写书哩！这是略下村的一则美好而动人的神话。那年，他19岁。他眨眨眼睛：怎么不敢？我还要写哩！

与他的《安源工人的怀念》同期发表的，还有郭沫若先生的历史剧《武则天》，当时的《人民文学》编辑部竟将头条位置让给了名不见经传的他。

后来，从京城到江西来工作的俞林同志见到他的第一句话是："《人民文学》编辑部的同志们以为你是老赤卫队员哩！你真年轻。"

然而，十年沉沦，他失去了最宝贵的青春、最好的创作时光。

他突然悟到：他的诗歌生命的黄金时代已经结束。也许，诗是属于年轻人的。像聂鲁达、艾青这样不老的诗人怕是为数不多的，年轻时省里的几位诗友已改行，尽管他还有激情，还能写出发表，还有读者和评论者，但是和崛起的诗群相比，他看到了自己的差距。正视这一点是痛苦的伤心的，然而，却不自欺。他最不能容忍的是平庸和封闭！他，从狗肠子冲走了出来，从萍乡城走了出来。不惑之年，他能走出红土地，走向全国吗？

要承认落后，并以落后为耻。

要知耻。

知耻近乎勇。

咸涩的液体顺着鼻腔潜进咽喉，这是男子汉不轻洒的泪水。

他想起了十岁时的自己。他把呐喊郁结心头。

海，撩起绵长的白色裙裾，一次次拍打他的双脚，鞋袜全湿，而他浑然不觉。

许久他才察觉，看看手中的旅行袋没有打湿，也就放心了。

袋中有一本很旧的《艾青诗选》，1956年8月8日身为穷学生的他在萍乡新华书店购得。自此爱不释手，朝夕相处，细细品味。哪怕艾青被打成右派，哪怕十年浩劫横扫一切，他对《艾青诗选》的情始终不变。他早已把诗句烙进了心田，可他硬要执拗地保存这本书。他要考验自己的胆、识、情感和人格！他的血液中大概融会积淀着山民的纯朴、矿工的勇猛、诗人的激情、才子的缠绵、教书匠的迂阔、义士的打抱不平，还有冷峻犀利的洞察力吧？

一个念头萌动了。那么强烈、那么清晰，面对大海。

多少年了多少年了，拂去岁月的尘埃，重温艾青的诗，他自信已深深读出了"艾青的风格"，若他来剖析艾青的风格，准比一些隔靴搔痒的诗评论强！写！

他不知道，面对大海，他的思维出现了又一次超越，他的人生之路又拓开了另一条，也许更坎坷更崎岖，可那是进取者的路，也是又一次实现了自我的路。

他写书信体的诗评论《这是你的风格》，很快得到艾青爱人的回复，并特意赠寄艾青诗集一本。1980年3月3日诗翁又在他珍藏二十余年的《艾青诗选》扉页上题词留念。他的论文由《文艺报》改名《试论艾青的艺术风格》在头条位置发表。

起手又不凡。这是一篇优美的、充满激情的评论文章，一篇诗化论文。他真诚寻觅艾青风格的特点，赞叹艾青诗歌丰富的内涵："心在地球上跳动，地球在心中旋转。"

《给他》是女诗人林子创作的一首敢于揭示内心秘密、艺术上极有特色的爱情诗。然而在新诗界，爱情诗曾长期被划为禁区。党的十一届三中全会后，刊物上开始出现爱情诗，但诗歌评论界对此还有些羞羞答答，林子的诗也遭到某些人非难。陈良运与之素不相识，只是凭借文艺家的良心，写了《说爱情诗》（载《诗探索》），以诗一般的评论语言赞颂了《给他》，并无情地抨击了种种非议。北国林子很感激这位知音，千里鸿雁捎真情："诗创作的散兵线，是多么需要它的理论的坦克炮开道呵！"

他认了。为了他挚爱的诗，当一名诗人理论的坦克炮手。

很快,他由诗歌评论进入到诗歌理论研究,并崭露头角。

"你——是老表?"

在一次全国性的学术交流会上,他宣读论文后,有人诧异地问他。

这声调,不是话剧《万水千山》长征路上的亲切诙谐,不是散文《青山绿竹》的怀旧赞叹,那是一种透着轻慢的俯视。

他激怒了。热血涌了上来,终又稳稳地归向心脏。应该承认家乡的"盆地态势","知耻近乎勇"。等着瞧吧,红色土地上的老表是有种的!

回到家乡后,参加大会小会,若有人津津乐道历数家珍:物华天宝地杰人灵呀,唐宋八大家江西占了三家呀,汤显祖是东方的莎士比亚呀,等等等等,他会不顾一切地跳起来:不要成天把我们的祖宗挂在口头上炫耀,要问的是我们自己!自己!

激愤成诗人。尽管戴上了文艺理论家的桂冠,他的骨髓、他的血液也还是诗人的。他总不免激动——真诚的激动。他能得到绝大多数人的理解和敬重,偶尔也会带来小误解。他的妻子说:"他呀,是暴风雨式的性格。"他呢,肩负着沉甸甸的使命感和责任感,高歌着"我开掘/白色的页岩/我穿行在白色页岩/迭立的峭壁之间/从我的写字台挺进/开拓一条白色的巷道"……

每每谈及他诗歌理论研究的成果时,他便要感激几位恩师:半耕半教的小学启蒙老师朱锡文、毕业于西南联大的右派中学老师陈静波、师大中文系教授胡守仁先生和余心乐先生。他们厚实的古文功底给他以良好的熏陶。他读师大时,胡守仁先生正给青年教师开《古代文论》,他作为学生被当时系党总支书记郑光荣批准去旁听。胡先生还给他从图书馆借来一套《清诗话》。他如饥似渴,以每周阅读并摘录一至两本的速度读完了。那时,他同班的一位女同学便帮着他一起做卡片、摘笔记,厚厚的一摞又一摞,积累了千余张。

厚积薄发。1985 年第 1 期《文学遗产》又以头条位置刊登了他的《中国古代诗歌理论的一个轮廓》。他仅以五个字描摹古代诗歌理论的轮廓,即:志、情、形、境、神。他悉心探索了古代诗论的审美认识和审美理想积聚升华的轨迹,指出古代诗歌理论体系的美学结构为:发端于"志",演进了"情"与"形",完成于"境",提高于"神"。这一新论,引起了全国学术界的注意,得到章培恒、陈伯海等著名专家学者的肯定,并列为"中国文学宏观研究丛书"的一个选题。

那千余张让他得益匪浅的卡片，至今还整整齐齐骄傲地立在他书室的抽屉里。他说：一张也不可少。这是他青春罗曼史的见证，也可算是奇特的定情之物吧。出身书香门第的赖施娟喜欢他什么呢？她说：性格。毕业后，她跟着他去了萍乡，两处还相隔90里。以后下放生儿育女农活家务还有沉重的精神枷锁，她像那一代知识分子一样，用原本纤弱的腰杆承受了超饱和的负荷，她称得上东方贤妻良母型的女性。当着友人的面，他会指着他的论著，很认真地说："说真的，有我的一半，也有她的一半。"但她不做月亮，她拥有自己的事业。她在"教学法"研究方面有自己的追求。

在悠悠几千年古诗论古文论的领地上，他又重现青年时在红壤土地上凿井的劲头。带着山村伢崽的顽泼、矿工家族祖传的神力、饱经磨炼的当代知识分子的坚忍执着，越是荒漠处、似是而非处，他越要去凿钻。

他对一些青年盲目地把修姆·庞德视为意象派的祖师爷很不以为然。为了解决诗理论领域对意象问题的模糊认识，他连发三篇论文：《意象形象比较说》《意境意象异同论》和《中西意象流变探》，以为如果我们把意象当作舶来品予以膜拜，就无异于把火药的发明权拱手送给欧洲人了。

"意象"实为探讨诗歌理论的重要语汇。但"意象"一词究竟出自何处？多以为出自刘勰《文心雕龙·神思》篇，他查阅大量古籍，终于发现王充的《论衡·乱龙篇》中就有了初步的定义，言之凿凿，得到有关专家的肯定评价。这样，"意象"的出现，比习惯说法提早了几百年。

黑格尔的巨著《美学》中，曾说象征起源于东方，而自觉的象征似乎只有回到欧洲文明中去寻找，东方没有自觉象征。陈良运在研究了我国上古时代的《易经与易传》之后，写出论文《论周易的符号象征》，慈宁宫八经卦和六十四变卦的产生和运用，雄辩地论证了东方不仅有自觉象征，而且是自觉象征的起源之地。

刘勰的《文心雕龙》前五篇即所谓"文之枢纽"，究竟各篇之间有何种内在联系？这在古代文论界一直是争执不休的热门论题，他在《论刘勰的核心文学观念》中，通过对刘勰的哲学思想进行辨析，文学观念探源，雄辩地论证了情理正变是文之枢纽本质所在。这一新论得到著名《文心雕龙》专家牟世金教授的认可，他在给陈良运的信中写道："很有见地，我很佩服……"

……

凡此种种，在诗论古文论的研究中他以"新、难、深"博得了人们的瞩目。但他绝不是东一锒头西一锤子零敲散打，在理论研究上，他似乎也有一点当今新潮小说家的嗜好：系列癖。他的胃口颇大，从论入手，扩而至文论、中国文学理论发展史，再而深入到诗文理论发生发展的哲学基础儒、道、佛、玄，都成了他进击的目标。

他丝毫不掩饰成功的喜悦，"我开掘/白色的页岩"，"像考古学家用鹤嘴锄/发掘迷茫的文化层/啊　每一页白岩里岂止有/彩阳、青铜器透光魔镜"。

这快乐的理论家！

但是，如果你以为他是那种迂腐固执、谨小慎微的传统文化卫道士，那你就大错特错了！

他的诗歌理论研究，超越了自身，也超越了时空意识。他是当代诗人，他的心血更多倾注于当代诗论当代文论的研究上，他无须讳言，研究古代文论是为了建设当代文论。他在当代诗论文论探研中观念之新胆子之大，叫人联想起第一个敢吃螃蟹的人。

1982年他在《新诗问题的思考》中率先提出民歌会逐渐走向消亡、自由体诗将成为中国诗歌的主流！

1986年他在《"主题思想"异论》中对文学理论中的主题思想提出不同看法，《新华文摘》易题为《以"倾向"取代"主题思想"刍议》摘介了结论部分。

1987年他在《论现实主义文学观念的重整与更新》中，对于茅盾先生在《夜读偶记》中阐述的现实主义和反现实主义是中国从古至今文艺思想斗争的一条主线提出否定性的见解，认为中国文学没有现实主义传统。

在这些论著中，他依然以诗一般精粹沸腾的语言，缜密得几近无懈可击的逻辑思路，丰富确凿的论据，旗帜鲜明的观点构筑他的理论风格。

他虽看重传统文化，但也深知传统文化的阻力与惰性力。他孜孜不倦探求新诗的现代意识。他很推崇哲学研究生阿吾写的《一个黑色的陶罐容积无限》，他以为用"黑色的陶罐"来象征历史悠久的文化传统，颇具哲理意味，如果习惯于在传统的保护下讨生活，那就会熔解或凝固于这"黑色的陶罐"——"生存国"——"东方的黑洞"中！所以，"东方之路是逃离黑洞之路"！正是基于他对现代意识的主体与客体的关系有自觉的感悟，他认为批判意识与超越意识是当今中国人现代意识的基石。而当代诗人的作品应该是"澎湃精神打击现实飞溅出的晶体"，他呼唤当今诗人应为人们提供种种现代意识的"活体"。

他何以有如此大的气魄，古代当代诗论哲学美学文学心理学七纵八横大包大揽又如鱼得水游刃有余？他的生命之弦何以能倾泻出如此气势恢宏磅礴撼人的交响乐章？生命的密码何在？

这当代文艺理论领地的"拼命三郎"啊！

然而，他终究是食人间烟火的血肉之躯，家里人责令他：文武之道，一张一弛。休息！

他喜欢听贝多芬的《命运》，交响乐声中，他轻合双眼，朦胧中命运之神叩响了他的书室之门，他更喜欢听阿炳的《二泉映月》和闵慧芬的《江河水》，似乎让他重温那并不十分秀美但终究是自己的故乡梦。他不喜欢流行歌曲。

他喜欢收集世界名画，装帧成极精致的厚厚几大本。不过说来寒碜，那是"寒士收藏法"，惨淡经营几十年，从自己订阅的《世界美术》《美术译丛》《艺术世界》等杂志中剪贴下来的而已。"有这样，就够了。"他很满足。爬格子累了，翻翻画册，其乐也融融。

这样娱乐委实吝啬了一点。但怎么说呢？这一代人"先天下之忧而忧，后天下之乐而乐"的教诲怕已衍化为生物属性融进血液中去了。诚如他《写在台历上的诗》："用生命的线装／留给后人去检阅／但愿　对于祖国的编年史／他们不是另册。"

黄昏时分，他与妻款款散步于校园绿荫下。

他，最喜欢的颜色就是绿色。因为那是生命的颜色。妻子调侃他："理论是灰色的，只有生命之树常绿。"他挥起手臂："我就用生命的种去绽开理论之绿！"

他，还是他。

"智慧的人类造山不止／白色页岩不断迭起新的高峰。"

"如果／我也能被碾压成／薄薄的洁白的一片／啊，什么时候让我做一个／被后人开掘幸福的梦！"

（《文艺理论家》1988 年第 4 期）

背负着再现江西沧桑巨变历史的重任

——落墨自超话蔡超

江南三楼，滕王阁一格别具。进到阁内映入眼帘的是巨型丙烯壁画"人杰图"（4.5米×3.8米），江西历史长河中110名风流人物跃然其上。时空交错意识流般恣肆汪洋的构思，疏密虚实相间的置阵布势，似与不似间人物形象神情气韵飞扬，这蓬勃灵动的生机和气盛势旺的节奏让人叹为观止：好一个"物华天宝，人杰地灵"的江西！此壁画的主持创作者便是南昌市文联主席、南昌画院院长蔡超。

蔡超似自觉地背负着再现江西沧桑巨变的历史重任。去年杜鹃花开的季节，我们同车去井冈山开笔会。途经吉水，大家下车参观文天祥纪念馆，顷刻，皆为馆中陈列的他的"文天祥就义图"所震慑。浩然正气蕴含于厚重的积墨又激扬于酣畅淋漓的大片泼墨中，惊天地泣鬼神，你置身于画境更投身于历史的悲壮意境中，作者泼墨如水的激情感动着你升华着你。大家手笔。既深得立意、形似和骨气这中国绘画之神髓，又分明融进了现代思维西方现代派的变形风格。无怪乎会在1994年加拿大"枫叶杯"国际水墨画大赛中夺得铜奖。

蔡超是以革命历史画卷开始他的艺术生涯的。30年前，20岁出头的他便踏遍江西老区这方红土的山山水水。

1972年工笔重彩的《毛主席在农村调查》发表于《解放军画报》，这是他的发轫之作，一丝不苟纤毫毕见的写实手法也许拘泥了艺术表达语言，但这正是他日后超越的扎实的功底，况且一开始他就在画中倾注了执着又浓烈的情感。自此他推出系列革命历史画卷："黄洋界保卫战""女红军""野火春风""方志敏"等，仍旧是无数次踏访、调查、凭吊后的写实之作，而那流逝岁月苦难的辉煌中永不泯灭的精神已融进他的血液，他描绘的或指点江山伟人或扛鸟铳梭镖的老表,皆迁想妙得而形神兼备。正谓之:格调高,落墨自超。

80年代始蔡超走出历史华章重彩绘今朝。他笔端流泻的亦是时代强音主旋律,他执着依恋的还是江西这方红土地。他的笔触伸向画界并不热闹的工业题材,虽然有人认为现代派的灵感正源自现代工业,但工业题材不好画难超越却也是有目共睹的现实。蔡超画了,且一发不可收拾,且连连获国家级大奖。"钢筋铁骨""建设者""吊装""顶梁柱""协奏"等等,依旧是他一如既往深入生活之作,那实实在在的工人实实在在的劳动场景燃烧起他创作的激情,并非完全是切入视角不同捕捉到的美感,而是"工作着是美丽的"成为心声的写照,当然泼墨冲水破墨法的新用及恰到好处的变形,将平凡平实的生活透射出伟岸和壮丽的光华。观他的画胸中澎湃的是激情的诗句:工人们挺直的脊梁/习惯地支撑着天/支撑着太阳。与工业题材画卷并列的是他的红土上旧貌换新颜的乡村系列,与前者的雄浑豪放相比,后者旖旎婉约。其作"红土地"或许最能表达他乡土风俗画卷构想初衷:粗犷又娇媚热烈且悲凉的红土地背景上—江西老农专注异常地吹奏唢呐,那唢呐声声流淌出红土地的乡情民俗。"果熟季节"妻送夫出门售鲜果,欢喜的别离浓浓的希望淡淡的惆怅浸淫纸墨;"布花集锦图"铺陈货郎担来乡村妇孺的鲜活热闹和色彩的缤纷炫目。"菜农女"则是浓妆艳抹新农家女风姿;"杂货铺"渲染古老的乡居建筑却又分明凸显穿红着绿背着山娃的买货少妇。

古老与现代是这样参差对照又浑然一体,有种大红大绿的甜俗,还有种长久难忘的回味。"青山恋"仿佛在作诠释:红土上只见寥寥青树苗,可年轻夫妇和孩子紧紧依恋它,这是红土上代代相承生生不息的象征?蔡超实在太挚爱这片红土。他常诚恳地说:江西画家要闯出去,应热忱、深情于江西红土地,并以此为自己发光点。

然而,他并不是江西籍人。1944年他生于上海嘉定,但他确实成长于江西。他直言出身于贫民之家,他从不避讳市井陋巷油盐柴米婚丧嫁娶入画入诗。这些年他还画了不少咫尺小品。"春韵秋声""满地落红""晓风残月""绿肥红瘦""古桥皓月""济癫醉酒""壮女晨妆""江南可采莲"……一派文人画的闲情逸致,那葱绿配桃红的清雅让海内外人士爱不释手。蔡超变了吗?他娃娃脸上笑意绽然:生活不是丰富多彩的么?哪是雅哪是俗?难怪著名画家马宏道称他"大雅大俗皆华章"。

他实在其貌不扬,但见着他,你会对读万卷书、行万里路的他油然而生敬意,他不仅个儿矮小,而且童年就落下了腿脚残疾。他毫不在意人们对他的评头品足,但在品画时他不喜别人加进怜惜。他是那种你一不小心就湮没于人海中的凡人,他又是那种你稍加留意就叫你难以忘却的艺术家。

吴昌硕曾书对联一副给潘天寿:"天惊地怪见落笔,巷语街谈总入诗。"这大概是文艺家当走进的境界吧。

(《文艺报》1997年10月7日,
《创作评谭》1998年第1期)

追求一种特殊的美

——残雪访谈录

冬末初春，人们赞叹的是"草色遥看近却无"的新生，那背阴处的残雪，便常为人冷落；又正因人迹罕至，所以还留着晶莹的洁白，在枯黄嫩绿的包围中，白便白得单薄、刺眼，它自个儿并不张扬，还有几分怯怯的柔弱，全然孤独无助又分明傲然独立的气象。这也是不能忽略的真实，或许它的存在更历经历史的真实。

她的作品惊世骇俗。无论是思想的犀利，抑或美学的规范，她都大刀阔斧得让人瞠目结舌！她比波德莱尔的《恶之花》似乎走得还要远点，好像鲁迅曾说过，大便、毛毛虫之类是不好入画的；而她，偏偏好这个。她的作品读着读着，会恶心，是对人性中恶的恶心，是对存在的不敢正视的恶心，她该有双怎样的以毒攻毒的眼睛呢？

第一次见着她，我也是瞠目结舌！她是那样的柔弱无助！那样的善良稚拙！浅蓝格子的衬衫，深蓝格子的长裤，单薄苗条的身条，就像狂风中刚栽下的一株幼树，让人猛醒，这就是"弱不禁风"，且平添怜惜。像婴儿般柔顺的"童发"裹着一张轮廓五官都纤细的女孩的脸，不是涉世未深，而是从未涉世。一双眼，神不见炯炯，力不觉穿透，可正视，可交流，她倒有几分怯怯。像张爱玲一样，她也是极怕见人的，极怕热闹的，她拥有她自己的世界。然而，她绝不拒人于千里之外。又让你吃一惊的是，她的谈锋极健，可她的声音语调又是很形象的淙淙泉水，湘地尾音的湘地泉水，压根没什么咄咄逼人。

都说文人相轻，我却有种"亲"感。我距她很近。当然，也许是一厢情愿。

这一次交谈也不过就是这一次交谈，只不过是我此时的视野中的这刻的她而已。

时间：1998年9月19日

地点：北京河北饭店共居一室

青：请你谈谈你的创作经历。

雪：1983年在长沙《新创作》上发表处女作《污水上的肥皂泡》，第二篇《山上的小屋》在王蒙主编的《人民文学》上发的，是编辑向前拿去的。而今已在海外出版作品15部，今年还有2部作品即出。美国4部，日本6部，法国2部，意大利1部，德国1部，加拿大1部。另，香港3部，台湾1部。在内地出版的作品有：《残雪文集》四卷本（湖南文艺出版社）、《辉煌的日子》（红罂粟丛书，河北教育出版社）、《黄泥街》（长江文艺大型丛书）、《天堂里的对话》（新星丛书，作家出版社）、《突围表演》（上海文艺出版社）、《思想汇报》（湖南文艺出版社）等。

青：看来我们投缘，同是1983年出道，同与王蒙老师有缘。

雪：是的，王蒙老师对我帮助很大，他的视野和胸襟都很宽广，有海纳百川的气度。

青：你的作品在海外影响不小，你在国内像是远离社会活动，给人"闭门造车"之感，可你的足迹遍及许多国家，能具体谈谈你在海外的活动吗？

雪：我出访过美国、日本、丹麦、加拿大等国家。美国爱德华基金会邀请我参加国际笔会近四个月。那一批有30多个成员，来自世界各地，基金会本来就是国际写作中心。这一次算是邀请最多的。具体串联是聂华苓的丈夫。《美国之音》1993年越洋电话采访过我。聂华苓在《美国之音》提到中国的作家时，介绍了我、北岛和王安忆。《纽约时报》曾3次介绍我，《读卖新闻》曾6次介绍我，《朝日新闻》也曾介绍过我五六次。

青：我曾经在我的一篇论文《女小说家的审丑意识》中，以你和一些女小说家的作品为例，不无惊叹地发现你们实践了大画家的感触："在艺术里人们必须克服某一点。人须有勇气，丑的也须创造，因没有这一勇气，人们仍然是停留在墙的这一边。只少数人越过墙到另一边去。"是否可以说，你是早早地大胆而成功地越到墙的另一边去了呢？

雪：（笑）也可以这样说吧。我追求一种特殊的美——"记忆"研究。记忆有很多很多的层次，但人们意识到的大多是表层次，深层次的是人难意识到的，这并非梦，不是的，而是由原始力导诱出来的。西方在进行抽象化研究。人类进步了,但也自我增添了很多压力,而原始初民生活在空间是很少压抑的。譬如"脏",并不一定就是不好的。我以为,"脏"就是生命力,所谓的美,正是从脏的土上长出来的花。"脏"不好,是后天教育出来的。不信你看看小孩,从出生到会爬会走,哪个不恋脏?最脏的最黑暗的地方是最有生命力的,离开了,美就只能是苍白的!

青:(大笑)你把"脏"的力和美发挥到极致了。我记得张爱玲在《谈跳舞》中也有类似的议论,是说印度的一种癫狂的舞吧,说是与他们的气候与生活环境相谐和,以此有永久性。她也议论说,地球上最早开始有动物,是在肮脏的泥沼里的。但是,她认为只是貌似龌龊,实则是混沌。混沌是元气旺盛的东西,龌龊却是腐败、死亡,至少是局部死亡。你指的脏,是否也是指混沌呢?

雪:是,也不全是。我同张爱玲肯定有相通之处,我们都是从传统文化中来的,同根;我们也都很怪,不愿见人。我不愿见人,除了与人打不来交道之外,还因为我太珍惜时间,死死抓住生命不放。

青:你说的不全是,是否指元气汤汤的混沌之外,"脏"还有一种古旧、破败、零落、衰亡的"永远不再"之美?

雪:像是吧。曾获过芥介奖的日本作家、理论家日野启三读了我的《黄泥街》后,说,美得不得了!把我的作品翻译成英文的美国翻译家专程到长沙,要看"黄泥街",意大利、法国的翻译家来长沙,也要看"黄泥街"——

青:恕我打断一下,听说长沙有条热闹非凡的个体书商街就叫黄泥街,你说的,不会是这条街吧?如果是,我可没那么丰富的想象力。

雪:(笑)不是的。这条街有的只是一些破败的房屋,但外国朋友都说,美得不得了。都是发自内心的。

青:好,什么时候我一定也要去看看。你刚才谈的可说是你的审美倾向,那么,你的创作的本质追求是什么呢?

雪:我的创作追求、人生追求,也就是追求的最大的幸福就是"认识"。是的,认识。不懂我的人常说我是个悲观主义者,其实,我对人生、对人性,既不悲观,也不乐观,就是那么回事,关键是人一定要认识。中国人最大的毛病就是不认识,也就是鲁迅所鞭挞的"阿Q精神"。

青:那么,你如何看待家庭呢?你对父母兄弟姊妹夫妻母子关系如何看呢?

雪：我们家兄弟姊妹五个，外婆也一直跟我们家一起过，所以有十口之多。我的父亲邓钧洪，早年毕业于武汉大学法律系，任湖南省中级人民法院法官，是 30 年代党的地下工作者，曾辗转于长沙、桂林和东北，策划了寒梅村起义。解放后任《湖南日报》社社长，1957 年"反右"前夕已接调外交部的通知并做短期疗养，可运动一开始，他立马风风火火赶回原单位大提意见，结果被打成大右派。母亲李茵，"反右"时也在《湖南日报》人事科工作，也被划成右派，所以我们家是双右派。当然父母双双被压迫赶到乡下劳改。那时，我才 3 岁。后来父亲到师范，母亲仍在农场。"文革"时，我们家自脱不了下放的命运，一下就是十几年。我的大哥自强不息，一个初中生下放十年回城当搬运工，后硬是直接考上研究生，现在是武汉大学的博导；大姐现在海南师大工作，弟弟是克拉玛依的高级工程师，现在俄罗斯工作。都是在逆境在艰难中过来的。

我总觉得王蒙身上有我父亲的影子，特别是我读了《组织部来的年轻人》之后，就更有这种感觉。我的父亲当社长写的社论，像是开明共产党。自小他最看重的是我。我后来成名了，但我的创作他并不一定理解，然而，他终究是开通的、深刻的，他有人性、有理性。

我的丈夫鲁庸性格好，他现在也不做其他工作，就是支持我写作，我们俩是相依为命。每天清晨我 6 点就起床外出跑步，归来已是全身汗淋淋，洗头洗澡后，鲁庸已将早餐准备就绪，一般是玉米粥、牛奶、鸡蛋和小包子。9 点开始写作，我是用手写的。11 点做室内健美操。午饭是鲁庸做，我爱吃肉，当然也少不得蔬菜。中午一般是读外语。下午休息。3 点后不论晴雨，我和鲁庸外出散步。我的住房是我自购的高新技术商品房，七十几平方米，在湘江西边，是郊区；1990 年我已购过一套小点的 2 室 1 厅，那就留给儿子吧。我们散步就在江边田野走，一直走到有累意才回家。回家后我听美国之音，晚上也听。晚上不工作，因为我眼睛不好，10 点就睡觉。儿子鲁已在厦门大学读书，儿子走的是他自己的路，我们从不指望他什么。

还是这句话，像我这样的人追求的最大幸福就是"认识"。不害怕认识，心就静了，就是这么回事。生命是自己的，可死死抓住不放。

青：这样看来，你的家庭还是很有亲情人情味的，你作品中那种刻骨蚀心的透彻和深刻与张爱玲的透彻深刻来处还是有所不同的。你在文学创作上受谁的影响，或者说比较爱读谁的作品？

雪：我在文学创作上受中国古典文学作品的影响大，爱读中国古典诗词，爱读《红楼梦》。中国现代作家中，喜欢鲁迅的书，还有萧红的书也比较喜欢。

对我创作最关键最直接的影响则是 80 年代西方文学的引进，不过我也只喜欢卡夫卡、博尔赫斯、贝克特的《等待戈多》，还有伍尔芙。萨特开始也喜欢，看多了，就觉得一般了；但是，我非常喜欢波伏娃的《第二性》。

青：在《读书》上看过你的评论，别有一种境界。你怎么想起做评论呢？

雪：卡夫卡的《城堡》，几乎所有的评论都以为是抨击官僚主义，可我每每读时绝对不是这种感觉，官僚不官僚，跟我们到底有多大关系？毕竟是政治的事。为什么所有的人读《城堡》都有心的共鸣？我认为"城堡"指的是人的灵魂、人的心灵。《读书》上连载了两次，后听说评论家非议，就没连下去了，好像创作评论各该有各的地盘似的。纽约一家纯文学杂志倒是连载完了。至于我的评论，国内《作家》《江南》《书屋》等杂志都给开了专栏，叫作《异端境界》。

青：这次首届中国女性文学创作奖颁奖会我们都来了，至少表示对女性文学的认同吧。你刚才说到喜欢伍尔芙、波伏娃的书，说她们是女权主义者，大概不会有大错。你对女权主义如何看？你自己呢？

雪：是的，法国的女权主义者克里斯蒂就从女权视角推荐我的两篇作品。我天生中有种独特的个性，这就必定会成为女权主义。

青：你如此直言不讳，我没想到。我敬佩你的坚定和勇敢。

1998 年 9 月
(《文学报》2000 年 5 月 18 日)

方方就是方方

有一种现象：一些江西人离开江西后便躲避籍贯。方方不这样，不仅不避之，反倒张扬之。她的曾外祖是江西著名民主人士杨赓笙，伯祖父汪辟疆为江西籍著名学者。为她的家族，她写过中篇小说《祖父在父亲心中》。她郑重地说："祖父是我的祖父，父亲是我的父亲，其中80%是完全真实的。"此作荣获上海首届长中篇小说奖和湖北省第二届"屈原文艺创作奖"，但她却以为写此作时恰逢母亲去世心情纷乱，写得并不酣畅，一直打算再写过一部更为真实的长篇，并是眼下正要做的一件事，还几次动念头来江西住段时间。其实，她生在南京，长在武汉，是个地道的湖北女子。

她的追恋祖籍，让我跟她有种毫不设防的亲近感。虽然我的祖籍是安徽。

与方方初识于1984年金秋的《北京文学》笔会上。那年月，作家挺香，我同时收到《福建文学》和《北京文学》的邀请，于是先奔厦门，三天后赶赴京都。与铁凝失之交臂，却跟方方同居了一室。依稀知晓方方读大学时就写出了《"大篷车"上》，风头颇健。可方方怎么分明是"圆圆"？圆圆的脸蛋，圆圆的眼睛，圆圆的身材，如若小有生气，小小嘴巴一撅，也是圆圆的，一个蛮可爱的又任性的女孩，压根不知她近而立之年。她晏睡晚起，其时似风行迪斯科，她跟余华们跳得欢畅，而早上她赖在床上不起，眼都懒得睁开，嘟囔着：给我随便带上点。于是每天我都随便给她带回一包早点。一旦起床后，她运行是快节奏的繁忙，也还有点任性的随意，记得我们去香山爬"鬼见愁"时，就没看见了她。那次笔会，我感到很愉悦，结识了安徽老乡严啸健，还有那时崭露头角日后不得了的余华和一东北小伙。大家都觉得我很好，我想，大概是教师职业已融进了我的血脉，他们都把我当成可信赖的中学老师而已。而我那时就写作生涯而言，正处于不惑之年的大感期间，倒是方方有回很率直地对我说："别把获奖看得太重，那会累掉命的。我写东西是因为我想要倾诉。"这话既给了我重重的一击，又的确叫我豁然开朗。前不久我读到她一篇短文《倾诉是心灵的舞蹈》，她写道："我选择了写小说。因为它可以让我尽情尽性地倾述。"凭借着写小说，她"创造着纷纷人生也创造着自己"。真不错。

此后我们并无联系，在我，是生性疏懒，不善交际。可因为朝夕相处过几天，对她的作品总有另种关注。读到《风景》时，真为她构思的独出心裁文字的老谋深算所叹服，更为她描摹人生的深刻的热闹的荒凉所震撼，题记中引用波德莱尔《恶之花》的诗句是否是点睛之笔呢？也许方方就这么深沉起来，如她自己所言，"就仿佛一个复杂不过的人生和世界一下子摊开在了我的面前"？

再见方方已历经漫漫十一年。1995年7月在天津召开中外女性文学国际研讨会。第一天开大会，我错将后两排的一位小姑娘当成蒋子丹，十几年前我与她有过颇深的缘分，于是冲动地传递过一张字条，那小姑娘涨红着脸拼命摇头。中间休息时就有热心人引我到蒋子丹面前，蒋子丹乐得大笑：十多年了，我还能是小姑娘吗？话间方方扑将过来：我们正说你呢，蒋子丹问我认识你不？我说岂止认识，我们"同居"过呢。众女大笑，方方还是乐天潇洒的方方。方方在大会上的发言也叫人忍俊不禁。她说，你们发言都说先是女，后是人；我可是先是人，后是女呵。所以呀，你们都是女人，我是人女。众听女已笑成一片。她又说，我说话不善做总结，但擅长眉批。这倒是真的，她常嘻嘻哈哈，但心里透亮。

8月，河北教育出版社推出22位女作家的"红罂粟"丛书，女作家们在北京、石家庄签名售书，随后又让我们去驼梁、五台山一游，这样，我与方方又有缘朝夕共处数日。在这群女作家中，她与蒋子丹可称得上最能侃的一对。从五台山经驼梁回石家庄的一整天，方方的侃给整车的人带来欢笑，以致河北的一位编辑不无遗憾地说，该录下音来，这都是很有意思的文坛逸事呵。又说女性的语言表达能力硬是强些。可我以为，方方的闲聊并不局限于一般女性的琐屑，而有一种海阔天空上下古今的豪放和潇洒。听她的谈话，是一种享受，而且感觉到这位人女的侠气和淘气。

至今，方方已在国内国外出版小说集14部，文集一部五卷，散文集二本。《风景》获全国优秀中篇小说奖、《中篇小说选刊》优秀作品奖，并因此作而成为中国"新写实派"的代表作家之一。但是用哪个派别或哪个主义来框定方方显然都是不太合适的。王绯说得好：如果从性别的角度看方方，她当属具有超性别意识的作家，是一个具有较强妇女意识却又能超越性别意识的作家。

方方是大气的方方，她有个性，更有种不依赖谁的倔强的独立性，于是，方方就是方方。

1996

(《江西画报》1996年第5期)

肖永亮：演绎人生的蒙太奇

肖永亮，全球第一个捧得奥斯卡金像奖的华人——这位典型的南国男子，清秀、儒雅，声音轻缓如淙淙溪水，那一份沉稳从容、气定神闲，让人感受到他的自信和力度。

那是1999年，肖永亮和他的团队以《邦尼》（Bunny）一片夺得第71届奥斯卡最佳动画短片奖。《邦尼》丝毫未用摄像机，完全依靠电脑制作。它讲述了一只长耳朵兔子在厨房里与一只不断骚扰它的飞蛾较量的故事。在丰富夸张的想象后面，它所传达出的信息让人不禁莞尔一笑——麻烦无穷无尽，不如与麻烦同归于尽。在结尾处，长耳朵兔子也化成一只飞蛾，飞向空中，寓意豁达、有趣。当然，作为数字艺术，要表现的主要是技术水准，在技术层面上，《邦尼》使用了当时世界顶尖的追光理论，那纤毫毕见的兔毛，那逼真细腻的眼神，完全不是"惟妙惟肖"四字可以道尽的。该片最终脱颖而出，获得了当年的奥斯卡金像奖。在暴风雨般的掌声中，技术总监肖永亮走上了领奖台，小金人第一次被一双黄皮肤的手高高举起！其实，肖永亮此前就担任过《泰坦尼克号》《星舰迷航记》等大片的电脑特技制作，在《泰坦尼克号》中，杰克与罗丝在冰海上生离死别的场面就出自他的创制。

也许是江西这方水土这方人的共性吧，肖永亮不善张扬，尽管美国的猎头公司将他列为出类拔萃的"投资性聘用人才"，香港媒体称他为"当今国际精英人才市场中不可多得的'新宠'"，2003年中央电视台"东方之子"为他做了专题——"变不可能为可能的电脑特技制作师"，但是，在他的故乡江西，知道他的人还真是不多。而他，对祖国、对故乡却始终一往情深。

1

　　肖永亮的人生起步于江西南昌。

　　1956年11月肖永亮出生于赣江畔的一个知识分子家庭。两岁时，家庭突发变故，父亲被划成隐形右派下放到扬子洲农场，母亲则默默地以39元的工资承担着整个家庭的重担，同时又播撒着深厚的母爱。因而，在忧虑重重的童年，肖永亮虽有着居住逼仄的烦恼，有着买不起鞋子赤脚走在滚烫的沥青路上的痛苦，有着假期拉板车挣学费的艰辛，但是，就读于滕王阁小学的他，闪亮的眸子和心田里更多的却是"落霞与孤鹜齐飞、秋水共长天一色"的美景和母亲的爱。

　　1970年4月，肖永亮兄弟四个跟着母亲下放到都昌县左里公社新溪大队。肖永亮到二十几里外的左里公社中学寄宿读书，每周回家一次。每次回家他必须扛着被子，因为他仅有一床被子。蜿蜒几十里的山路在一个14岁少年的脚下延伸，成了他磨炼意志和毅力的校场。遇上春插秋收和酷暑双抢，他们兄弟几个就与农家子女一样在田里坪上流淌下辛劳的汗水。

　　高中毕业后，肖永亮到大队林场劳动。艰苦的劳作并未磨蚀少年心中的憧憬，他带着书本劳作，还有心爱的笛子，这支短笛是父亲和他一起用竹子做成的。于是，田野的上空常掠过清脆悠扬的笛声，母亲脸上的皱纹仿佛被这笛声熨平了许多。

　　1977年恢复高考后，回到南昌的肖家兄弟四人立即开始向高考冲刺。第一次，他们落榜了，但在母亲的鼓励下，翌年，兄弟四人全部考上了大学，肖永亮收到的是北京师范大学化学系的录取通知书。人生，有艰辛，有磨难，但在任何艰难困苦中，都不要失去生活的信念，不要让理想泯灭。这种人生感悟，扎根于肖永亮的心灵深处。也许，这正是支撑他在日后的岁月里战胜困境把握机遇的无穷力量。

2

　　在肖永亮的眼里，北京师范大学是他的生命高飞的起点。他用一根扁担担着薄被和书本，走进了北师大的校园。但他并不安于化学这一专业，他兴趣广泛，常常"越轨"。他喜爱领先的科技和最前卫的东西，于是和"电影""录像制作"等打上了交道。在老师的指导下，他创作了很多教学录像带，其中《电子云》一片还获得了全军优秀教学录像二等奖。

毕业时，他的理想很小，只想当一名教师；他的理想又很大，想当中国最优秀的老师。他被分配到江西教育学院任教。因工作勤奋踏实，学院又把他送到北师大物质结构助教进修班，师从著名化学家刘若庄研究量子理论。在教育学院工作五年后，他生命中出现了两个机遇，一是出任教育学院附中校长，一是公派留学。最终，他选择了去异国拼搏，因为这是江西高校选派出国深造的第一批人员！

1987年夏天，他登上了前往美国的飞机。望着窗外翻滚的云海，太多的未知让他的心忐忑不安。没有背景、没有经济实力，前方等待他的定是满覆荆棘之路。当他的双脚踏上美利坚这片陌生的土地，抬眼看到清晨的阳光时，第一感觉真实又虚幻。

为了获得奖学金，他首先攻读的是肯塔基州路易斯维尔大学的高等教育管理研究生。全班就他一个中国学生，又是理科背景，英语底子也很薄，如何能在学业上超越美国学生？可他硬是做到了听、说、读、写样样棒，同时还攻下了计算机硕士。紧接着又以顽强的毅力拿下了理学哲学博士学位。就在博士毕业典礼前的一个月，全美赫赫有名的肯塔基大学数学系召唤他做博士后，他毅然决然走进了另一个崭新而陌生的学科领域——DNA数据库编程。这一领域充满了新鲜和刺激，可也意味着无穷无尽的付出。他几乎将自己封闭于科研大楼的一间斗室内，夜以继日地潜心钻研，常常是整栋楼的灯都关了，却只有他的实验室彻夜亮着，直到与晨曦融成一片。在别人眼里，他是个"工作狂"，可，他却觉得斗室是世外桃源，自有乐趣。原计划三年完成的课题，他仅用六个月的时间便完成了，美国导师由衷地竖起大拇指，称赞他："你完全可以也应该成为一位优秀的数学家！"

这期间，肖永亮相继有六篇独立研究的论文在电子电器工程协会、美国计算机协会和物理化学等机构的出版物上发表。他将基因算法应用到大分子药物的研究领域中，并开发出一系列应用软件。后来，他又应聘到纽约西奈山医学院研究中心专门从事计算机模拟肿瘤治疗工程实验工作，名副其实地与计算机亲密接触了。同时，他还应邀回国参加全国网际网络的基础建设工作。待他觉得可以稍稍喘口气了，回过头一看，自己的生命历程中还真是文、理、工、医、农全渗透了，最重要的是此时的他已经拥有了一双搏击风浪的强健翅膀，可以任他向着那梦中的地方飞去。

1996年初，声名赫赫的美国福克斯影视集团"蓝天"电脑公司将肖永亮挖了过去，他进入了美国主流影视娱乐圈，出任"蓝天"的总工程师并进入核心领导层担当技术总监要职，负责该公司的信息化技术、电脑制作系统、网络设计管理、影视数字化、三维电脑动画和多媒体技术。肖永亮是这家公司成立以来所聘用的第一位华裔专家。他的担子重、责任大，所有无法解决的技术问题最后都会落到他的手上。由于全公司唯一的华人身份，有时也会有人故意出难题对他的能力进行挑战。特别是在工期逼近的关键时刻，如果拿不出一套紧急应对措施，就有可能给公司造成巨大的被动。一次，公司承接的业务已经使设备达到了满负荷，可是突然又有一项大的临时制作任务需要一批渲染机群，而且只有两天的准备时间！在公司高层经理的紧急会议上，大家的目光都期盼地投向了肖永亮，他稍加思索，就拿出了一套应急解决方案。他立即从制作《泰坦尼克号》的机房调来一批退役的阿尔法机群，又与一些机动能力极强的顾问公司紧急协调，他自己则奋战了一个通宵！在"蓝天"的日子里，他不知度过了多少个这样的不眠之夜。最后，他终于博得了认同和钦佩。

就在"蓝天"如日中天之时，肖永亮却悄然离去了，因为他的心中有一个不解的情结，那就是做一名最优秀的老师。他选择了纽约大学，并出任物理系信息化技术主任，该大学教务长亲自任命他兼任 Tisch 艺术学院院长特别课程教授主持人。Tisch 艺术学院是全球排名第一的电影学院。在这里，他潜心治学，攀登信息技术和数字艺术的高峰；在这里，他还热心介绍中国传统文化，在他的倡导下，纽约电影学院的毕业生都要来中国实习，感受古老深厚的中国文化积淀。

3

自20世纪80年代末始，随着数字科技和传媒艺术的蓬勃发展，数字艺术产业方兴未艾。动画产业的黄金前景吸引着世界高校争相设置相关专业。据统计，目前在中国，动画专业院系已经达到93所，和数字媒体相关的院校已经有 306 所。但是，中国动画制作的顶尖人才却实在是稀缺！

当北师大的领导提出请肖永亮帮助创办一个动画片专业的希望时，他二话没说，扛起了培养人才这一重任。他不是挂名的，而是实实在在做事情。

他经常说:"中国人是很聪明也很勤奋的，很有作为。中国人一点不比别人差，如果有能力一定要报效祖国。"

2002 年 12 月，肖永亮在北京主持召开首届中国高校动画和数字媒体协作研讨会；2003 年 10 月，作为中国视协动画短片学术奖评委和颁奖嘉宾，他以国际大师的身份参加了青岛卡通艺术节并在中国动画产业论坛作主题发言；2003、2004 年春季，他主持了纽约大学 Tisch 艺术学院"中国文化艺术专题"课程并率领美国艺术学院学生赴中国实地考察和学习……

在国外历经拼搏功成名就者，多享受着悠闲舒适的生活，中国只不过是偶尔往返的家园、梦中的追忆。但是，人已中年的肖永亮却是一棵扎根中国的树。他在美国虽已拥有了自己的天地，事业环境和物质生活都很优越，但是，那份思乡之苦却时时萦绕脑际。当得知影视学专业和广播电视艺术硕士点已在南昌大学落地生根时，他由衷地高兴，欣然接受聘请，成为南昌大学客座教授。2004 年初春，他应邀到南昌大学作学术讲座，掌声雷动，鲜花围绕，曾捧起过奥斯卡金像奖的他激动地对年轻人说：能够变不可能为可能，能够把一些艺术的梦想真实地再现，这是最重要的。通往奥斯卡之路并不遥远，但却始于足下。

（《人物》2004 年第 7 期
《江西日报》2004 年第 4 期）

报告文学

——文字的纪录片

报告文学,当是文字的纪录片。

我之所以这样说,因为两者有可比性。

报告文学作为一种文体,萌生于19世纪下半期,有人说,报告文学是"文学进入新闻",也许不很精确,但至少可以说,报告文学的萌生离不开新闻事业的开创。电影的诞生却是迄今唯一可知诞生日期的艺术,那是1895年12月28日,法国人卢米埃尔在一家咖啡馆里放映了12部每部1分钟的影片,这便是电影的正式诞辰。所以,都是百余年的历史。

报告文学是非虚构的真实的记录,纪录片亦是非虚构地记录生命的行为。电影诞生日所放映的短片,"工厂大门""火车进站"等,就被人称为纪录片的源头。

报告文学理论家言:由报告文学的审美特质决定了它的文体特征,那就是新闻性(包括现实性、真实性、时效性)、文学性和政论性。纪录片强调的似也是这个。

影视中做纪录片的,哪怕自家亦痴迷于故事片,但自豪感自信心大都强于做故事片的。他们说,百年流逝,即使是名导名演员拍摄的名片能留下来的仍能让人回味无穷的有多少?屈指可数。而纪录片,哪怕是默默无闻的小人物拍摄的,往往都留存下来了,因为它们是珍贵的史料,是历史的记录,是不可复制的、原创性的艺术品。

作报告文学的,我似乎还没听到谁有这份俯瞰小说的骄傲之言。但是,我对献身报告文学者,却是仰视的,因为这比作小说的更需要勇气和胆识。无产阶级新闻事业的奠基人基希有句名言:报告文学是一种"危险的文学样式"。

做纪录片的,强调"镜头在场";作报告文学的,一样要"身心在场",比作小说的,要多许多直面人生的艰难和无畏。

我是个作小说的,我钟情的也是小说,但这些年因种种缘由,写了几部厚厚的传记文学,于是为纪实与虚构之事颇费探究。今张升阳君约我谈谈对报告文学的印象。实话实说,我对报告文学未曾作过研究,既无纵观,又无个案剖析,只有道声惭愧。

但是报告文学的震撼力,我是有亲身体会的。还是读中学时,课文里夏衍的一篇《包身工》,真具振聋发聩之力。我还记得语文老师说,作者夏衍为了写这篇文章,冒着危险,去到包身工住宿的工房做实地调查。但这很难,包身工一清早就去厂里做工,晚上才回工房。夏衍便化装成干苦力的工人,半夜3点起床,走十几里路,赶到"现场"观察体验,坚持了两个多月,目睹了包身工的悲惨生活,感到灵魂的震动!于是写出来的全真实,无一丝虚构!读起来,也感到字字血、声声泪。这篇文章以真实性撼人心魄的同时,还以文学性扣人心弦,形象生动锥心蚀骨的描绘,直到今日还觉得惊心动魄——"芦柴棒!去烧火。妈的,还躺着,猪猡!"人,哪里还是人?"美国铁路的每一根枕木下面,都横卧着一个爱尔兰劳动者的尸首。那么我也这样联想,东洋厂的每一个锭子上面,都附托着一个支那奴隶的冤魂!"打倒"四人帮"后,徐迟的《哥德巴赫猜想》,这部传记式人物特写,一个数学家在仅有6平方米的斗室里探索,草稿就有几麻袋!这让我们流了不少泪水,到现在,关于陈景润的传记都有好几部了,但是徐迟的这一篇报告文学在知识界刻骨铭心的作用,是以后的作品无法取代的。我想,这就是报告文学的魅力。中国像陈景润这样的学者绝对不是太多,但也绝对不是太少,数学家陈景润却能够家喻户晓,我想,这与徐迟的这篇报告文学是分不开的。李四光与徐迟的《地质之光》,亦难分难解。

我还知道几位写报告文学的女作家,黄宗英的《大雁情》《小木屋》,陈祖芬写的一个个默默无闻的熟悉的陌生人,还有与夏衍同时代也写过郑州纱厂女工的子冈,都让我们感受到女性胸怀的博大和细腻,不说别的,女作家深入到所写对象的真实现场,这就不简单。

真实性、文学性、新闻性,报告文学的撼人心魄的力量就蕴含在这里边。

报告文学曾在20世纪80年代掀起了"中国潮",而不仅仅是中国报告文学潮,这就足以见其繁荣之状。到世纪末,报告文学像是更注重进入寻常百姓家,显得平稳平和多了。

胡平就是我们身边的报告文学作家,他的一些报告文学产生过颇大的影响。本来,有关报告文学的话题由他来写比较合适,他也许是谦虚谨慎,也许是"只缘身在此山中"。张升阳君真诚难却,我这外行就说了些外里外行的话。

(张升阳著《当代中国报告文学史论》序,
中国社会科学出版社 2001 年版)

誓言无悔　真心永恒

——读刘庆玉公安长篇三部曲有感

刘庆玉在公安一线工作已长达30余年，出于对本职的挚爱和丰富的阅历，加之对业余文学创作的钟情，使他一直忘情不了手中的笔，21世纪初他即厚积薄发，写出了第一部公安题材的长篇小说《真心英雄》，颇获好评。时隔12年，知天命之年的他又一举推出两部公安题材的长篇小说《青花瓮》和《无雨警季》，姑且称之为刘庆玉公安三部曲，计百万字，以流畅朴实的文笔、跌宕起伏的情节、侦破行家的缜密推理和浓郁的生活气息吸引读者，雅俗共赏中感受到书中英雄与作者本人的誓言无悔真心永恒。

刘庆玉公安三部曲无疑高扬的是主旋律，真诚地对和平年月公安干警礼赞。他三部曲中的主人公都追求完美，堪称理想化人物，如《真心英雄》中的派出所所长邢真（是"刑侦"的谐音），《青花瓮》中的玉城"清网办"副主任欧阳玉倩，《无雨季节》中的公安局长任大年，皆是真善美的化身，履行了第一天当警察时的誓言：做一个忠诚、奉献、公正为民的好警察。不仅如此，刘玉庆还刻画了无论职位高低的好警察群像。他并没有像这些年来流行的所谓人性化多元性的人物塑造，如"好人也好色，恶棍是孝子"等等，我以为这是难能可贵的，既然多元化，就应该相信世上硬是有完美的人，至少是追求完美的人。高尚的人、有道德的人，脱离低级趣味的人、有益于人们的人，这些人是社会的脊梁，理应受到人们的敬仰和学习。刘庆玉的颂扬并非高大全式，他笔下的人物一样食人间烟火，真实可信，他之所以能刻画出这些英雄群像，一是他身边就有这样的人，爱民为民，不惜牺牲，让他感动和难以忘怀；二是他从政法学院毕业后一直从事公安工作，在他的心里亦始终有誓言。

刘庆玉公安三部曲的特色之一是将瓷元素镶嵌其间。《真心英雄》故事的背景为举世闻名的玉城。瓷，白如玉，代指景德镇。《青花瓷》仍以玉城为背景，而且强化了景德镇古今名瓷青花。精巧的可吹曲的青花瓷成为贯穿全书不可或缺的道具细节，细节连情节，情节融情感。刘玉庆是个有心人，由此及彼，引出《元青花孙庞遇马图瓷》和《元青花鬼谷子下山图罐》的故事，并提升其哲理意义：罪恶往往来自私欲，害人者必将受到惩罚。自然而然地与"清网行动"相关联，也为这部长篇点了题。瓷都、古瓷、瓷哲理与他的公安故事水乳交融，难分难解。想当年，本土作家也曾以动画片《瓷娃娃》、反特片《滴水观音》名噪一时，但显然刘庆玉的公安三部曲更上一层楼，而且他不是浮在表层，而是进行了较深的学理性研究，尔后化为感性的情节细节。

　　国家安危，公安系于一半。作为资深公安干警，刘庆玉深知：对于警察，破案是主业之一。刘庆玉公安三部曲的特色之二皆以破案追逃为主线，但有其特有的"魂"。作为内行，他很好地运用了破案追逃的专业技术学术知识，这与所谓体验生活的外行作家是有大区别的，没有硬伤，更重要的是，他不是以案件悬念吸引读者为主要目的，而是懂得破案的重大作用和意义，如他在《青花瓷》后记中所言："有些案件的发生或侦破，甚至会成为一个社会制度的缩影，或是一种社会综合状况活生生的标本。一个社会的最终希望，罪恶与善良最后的较量，似乎就体现在案件发生后能否破案，案犯能否被抓捕归案并绳之以法，正义是否能得到彰显。"也许不无偏颇，但作者正是以这种极其认真的心态来从事这一类型题材的创作，这是"魂"所在，与一般的悬疑侦破小说在立意格调上是不同的。他的《无雨警季》在扑朔迷离的案件侦破过程中，同时思考了新形势下社会治安与国家安全所面临的新问题和新挑战，这是他借勤政为公的公安局长任大年所表达的忧患意识。刘庆玉是与时俱进的，在《青花瓷》中网络的正能量可见一斑。读他的三部曲，不仅仅对公安干警能多一份了解、理解和谅解，而且从中还学到一些破案追逃的意识和专业知识，于不知不觉中，实践了公安追逃的群众路线。

　　刘庆玉公安三部曲的特色之三是人性化平民化的渲染。他笔下的"真心英雄"始终是平民中的一员，字里行间弥漫着浓郁的生活气息。《青花瓷》中欧阳玉倩在警官餐厅急匆匆吃早餐的一幕，当令多少警官心头一热！欧阳玉倩在网上对逃犯的细心耐心劝说，人性的光辉让人动容。

应该说个中案例有一部分源自真实的新闻事件,作者源于生活又高于生活,在这种创作的虚构与纪实的相融相撞中,艺术的真实或让读者更受到感染或有所推敲,但从中折射出作者视域的开阔是显而易见的。

从《真心英雄》到《青花瓮》,是刘庆玉公安情结的表达。《真心英雄》中即将退休的公安局长蒙时安对刑警生涯的恋恋不舍,仿佛成了一种生理习惯:"这是一种夯实的心灵寄托,是一种宁静前的狂飙,是一曲亘古苍茫响遏行云的高绝晚唱……"《青花瓮》中的老刑警欧阳鑫亦如此,他的女儿欧阳玉倩年纪轻轻已有此情结,我们的刘庆玉何尝不是如此?三部曲还是刘庆玉文学情怀的抒写,在文学已退居边缘的今天,他仍对文学一往情深,其纯真的钟情当唤起人们对文学永恒的信心。

祝刘庆玉写出更多更好的公安作品!

(《江西公安》2014 年第 3 期,
《时代中国之声》2014 年第 2 期)

虚构在纪实中穿行

——传记作者主体性不容忽视

摘 要 传记文学是纪实的,它不同于以虚构为生命的小说。然而,传记又往往是传记作家用文学手笔去还原且凸显传主的历史,这似乎又应了张爱玲的一句话,"历史如果过于注重艺术上的完整性,便成为小说了"。传记作者便注定了在纪实与虚构中突围纠缠不已。如若作者既写传记更写小说,那就真正是难解难分了。

关键词 传记文学 虚构 真实 还原历史 主体性 语言艺术

还原历史就是一种限制中的虚构

传记是传主个人的历史。而个人的历史又何能逃脱大历史的背景?人,终究是社会的人。传记便是传主在大历史图景中的人生轨迹和心电图。然而,先看大历史,即便是载入史册、写成教科书的大历史,不也在岁月的长河中几番改写么?而且事件的历史也许是无法改变的,可是叙述的历史却是各有各的叙述,是处于流变的状态中的。我们常说,物是人非,而实际境况是:人非物更非!我们去踏访的古迹遗址,不要说有许多的人为的破坏和重建,即便是煞费苦心的原貌保留,其实又有哪处躲得过无情岁月呢?又有哪一处不处在千变万化之中呢?此次所涉,已非前番之水。

再看传主个人的历史,不过就是历史长河中的一个人的痕迹而已,尽管爱默生说过,"一切历史都很容易把自己分解为少数几个坚强认真之人的传记"①。而我以为，这句名言未免说过了头。姑且不用历史是英雄创造的还是人民创造的这样的大理论来讨论，平心静气想想，如若没有蚁蚁众生，人类哪还有什么历史不历史！？而今的传记越写越多，越写越广，越写越杂，从某种视角看来，似是一种个人历史感苏醒的展现。大历史背景中的个人轨迹、个人故事，这就是传记。当然，这轨迹这故事有的或许主动地影响乃至书写出大历史，多数可能是被动地受着大历史的制约乃至主宰的，可他们的痕迹已然密密麻麻地留在翻过的历史书页上，只不过历史学家人为地以为可以忽略他们而已。

传记文学便是将个人历史的内容以文学的形式纪实展览出来。

人们总是高昂地强调传记文学的纪实性。何谓纪实？将真实记录下来。真实的记录，古代靠史家，靠口传，靠笔墨；现代传媒发达后，新闻似可跟真实同步，高科技更可以留下你活生生的一言一行，乃至一颦一笑。然而史家也就是史家一家的视野，新闻传播虽是多方位多视角多层面，但仍是各有各的偏颇，口传、笔墨、高科技都无法穷尽人物事物的全部！是的，无法穷尽。

传主的人生，无论是伟人名人，抑或凡夫俗子，除却主宰或跟随时代潮流外，个人的踪迹更多的是由他（她）做过说过留下的回忆积累而成，然而他（她）的自传、日记、书信、文章、照片等文字图片或口头资料等等，就绝对真实么？除了有意的避讳和难言之隐外，传主也不过就是个血肉之躯，因种种原因会有种种偏差偏激乃至谬误，还有记忆的似真似幻！还有表达对本事的无法穷尽和言不及义等等，这是传主本人对自己的人生的第一次描摹，实质上是进行了第一次改写。更不要说与传主有关联的形形色色的人物提供的资料了，只要看看现在进行时中的对同一个人同一件事描摹的差异乃至千奇百怪，就足以明了纪实的艰难。如若遇上好事者的添油加醋甚至颠倒黑白，那就比小说还要小说了。这是相关人对传主的第二次描摹，是第二次改写。等到传记作者的介入，所谓的收集资料、发掘资料，再去伪存真、去粗取精地筛选，大刀阔斧又精巧艺术的排列组合，则是对传主生命史的第三次改写了。

第三次是对第一次第二次的审视、汲取和解构，如果说传主的自传是他本人惨淡经营衔接起的人生链条，那么他周遭的人的种种回顾，便是一

---

① 《全国第四届中外传记文学研讨会综述》，《国外文学》（季刊）1998年第1期。

些形形色色的碎片，传记作者总是在做徒劳的碎片的拼图、链条的重构，且力图复活过去的时光过去的人。传记作者总是充满自信，以为他的传记能对传主一锤定音。

然而，聪明的传主绝大多数不会对别人所写的传记轻易表态，哪怕是委托的，绝不仅仅是出于谦虚，传主的心态当是复杂且微妙的，至少得谨慎地为自己留有余地。一般而言，传主不会反对多部传记的，人本是多面体且流变的，如若能让自己变得扑朔迷离，未尝不是幸事，谁愿意自家一览无余呢？

钱钟书在《管锥编》中说，"史家追叙真人实事，每须遥体人情，悬想事势，设身局中，潜心腔内，忖之度之，以揣以摩，庶几入情合理。"[①]

活历史便是一种艺术的还原。还原就是想象在时空中的往回穿越。因为有"原来"的限制，传记作者的想象必须受到所谓的真实的限制，但是，正因为这限制，方在限制中见高手！高手才能让想象虚构还原出早已流逝的真实，且入情合理。大历史背景的文学再现、历史氛围的营造渲染，见传记作者的虚构能力；在寻觅显现传主的踪迹时，作者运用的是自己的认知和感知；作者在资料的框架中丰满传主的血肉时，其实是在用自己的生命去"复活"他（她）。不能用简单清晰的移情、同情、憎恨、厌恶等来划分。传记，是传记作者用自己的眼睛去探索别人的人生，用自己的心去体验别人的感受，用自己手中的笔去描述别人的故事，作者的语言文字等艺术功力太重要了，比小说还更具感召和煽惑。作者的幽灵在传记中游荡。

我出版过三部长篇传记文学，即：《蒋经国与章亚若之恋》《最后的贵族·张爱玲》和《陈香梅传》。我说过，我钟情的是小说，而不是传记。可是一不小心，竟连着写了三部三四十万字的厚厚的长篇传记，且畅销过还长销着。然而，我对传记写作的理论可说一无所知，对中外传记名著涉猎也很少。从我写作的体验来说，我以为传记似更是一种创作，为它付出的辛劳和智慧绝不亚于小说。所幸的是三部传记的传主可谓同代人，所跨越的时间大致相同，其广阔的历史背景相同，当然，我着重要写的却是他（她）们的个人的人生轨迹，着重的是感情的历程。

我以为大背景大框架应该是真实的，但是细节甚至一些情节得依赖虚

---

① 引自钱钟书《管锥编》，中华书局1979年版，第166页。

构，要不，能有这么好看吗？

我在《最后的贵族·张爱玲》的后记中，清晰地意识到：还原一个真实感的张爱玲！然而，谈何易!？关于张爱玲及家族的资料并非丰富与翔实，好在张爱玲自己说过，"在文字的沟通上，小说是两点之间最短的距离。就连最亲切的身边散文，是对熟朋友的态度，也总还要保持一点距离，只有小说可以不尊重隐私权。但是，并不是窥视别人，而是暂时或多或少认同，像演员沉浸在一个角色里，也成为自身的一次经验"[①]。张爱玲还说，"写小说的间或把自己的经验用进去，是常有的事。至于细节套用实事，往往是这种地方最显出作者对背景的熟悉，增加真实感。作者的个性渗入书中主角的，也是几乎不可避免的，因为作者大都需要与主角多少有点认同"[②]。我正是从张爱玲的小说和散文中寻觅真正的张爱玲的处境和语境，也许事倍功半，吃力不讨好，但我宁愿仅当编写者，也不愿撕碎张爱玲的语言纤维，不愿搅混原状原汁的人生况味。

而《蒋经国与章亚若之恋》的创作是蒋经国尚未去世时。当时省出版局有关领导找到我，说是为海峡两岸的统一做点事，写写小蒋在赣南的事。其时，我脑海中冒出来的竟是童年听来的故事。我出生于赣南，童年在赣南，对赣南的记忆似已积淀在我的血液中。我父母两家族都是在抗战时从南昌逃难到赣州的。赣州太小，两家族的人因种种缘由与蒋、章有过种种接触，我外婆家的女佣在赣州时就在章家帮佣，她后来常跟我外婆窃窃私语蒋章之事。当我提出此内容时，没想到他们满口答应，当然事后出版则是另一回事了。铺开架势后，我发现我是在为这一个南昌女子作传！蒋经国还留有不少文字，章女子可是连只言片语都未留得，查阅史料，她的身影也了无痕迹。只有在寻访有关的老人时，他们才忆起这个29岁就打上了生命句号的女子，评判也各各不同。但有一条，她是积极投身抗日救国活动的。大背景是抗日战争时期，具体的环境是赣南。赣南，蒋经国称之为他的第二故乡。晚年的他说，那里的一山一水、一草一木，无不烙刻下他的记忆。那里可说是蒋经国政治腾飞的基石。他在赣南的那段历史也可以说是他在咋咋呼呼浓墨重彩书写赣南历史的一章。而他与章亚若的悲剧结局的婚外恋，可以说折射出他的人性的极为真实的一面。所谓的当

[①] 引自《张爱玲文集》，安徽文艺出版社1992年版。
[②] 同上。

年的建设新赣南，留下的史料也多是当年的当事人的各种各样的回忆录，其中，互相矛盾乃至互相攻击的有，南辕北辙的有，因年代久远而张冠李戴的更有……我只能在这些芜杂纷呈的所谓资料中分析提取，我只能以我的眼光来筛选。我在这大背景和小环境的框架中大胆想象小心复活出一个三四十年代的普通又独特的知识女性，可以说，有关章亚若的所有的情节和细节都是凭想象虚构的！所谓她写的诗句、她说的话语、她的行径等等。当然，也并非空穴来风，往往从采访或回忆录中的片言只语引发想象，所谓细枝末节探幽发微吧。我以为我对她并不陌生，她是我母亲那一代知识女性中的一个，可从"五四"以来浮出历史地表的中国一代代女作家群身上寻觅到她们迷惘中执着探求的身影。而对赣南的山山水水，怎么说我有贴心贴肉的感受。大约因为这限制中的虚构较合情合理，该传记在海峡两岸出版多年，还未受到什么指责。人们认了这段"烽火缘"。而且有人将我的虚构当史料照搬过去，其实，只要想想，会是史料吗？

《陈香梅传》的写作，并非自觉自愿，是受我所在的学校和陈女士委托而作。当我投入时，发现面对的是浩大的工程，背景太广阔深邃！就说陈香梅的美国丈夫陈纳德，这位飞虎将军曾出现在毛泽东的著作《别了，司徒雷登》中，是一个帮助蒋介石打内战的至少是不光彩的角色。但后来有关领导对他组织的飞虎队为中国的抗日战争所做出的贡献则有高度的评价，以为是血与火中结下的中美两国人民的友谊。对卷入内战的一段，陈纳德在他自著的《陈纳德与中国》这本书中，则尽力解释为他们从不为围困在太原、沈阳的国民党军队空运军火武器，只是利用高射炮两次出炮的间隙强飞进城，运去粮食医药用品等，再就是将城里的科技文化名人运出。但是，我们又如何判断陈纳德所说是真实的呢？他的自述，至少也表明他理知若飞进飞出运军火武器是罪恶的！在中国八年的抗日战争和三年解放战争中，大历史也真是复杂纷纭、变幻多端的。传主自己也有自传两三本，但偏偏是传主的自述中有硬伤，后来读者的来信纷纷指出，如抗战时大西南火车线路，传主进中央通讯社时社长究竟是谁，等等，只是该书盗版太厉害，无订正的机会了。

可以坦言，写作这三部传记比写小说累得多得多！纪实像沉重的框架令人窒息，想象的翅膀被纪实束缚着，已然没有了想象的自由天空。但毕竟是想象丰满了完整了激活了传主。

欲与上帝比造人

惠特曼说过，"我恨许多传记，因为它们是不真实的。我国许多伟人，都被他们写坏了。上帝造人，但是传记家偏要替上帝修改，这里添一点，那里补一点，再添再补，一直写到大家不知道他是什么人了"①。说得真好，这对传记作者一针见血的批评，却又分明点出了传记作者的勃勃野心和异想天开。传记作者正是胆大包天，敢与上帝比试比试，再捏一个人的人。也许惟妙惟肖，也许一塌糊涂；也许形神兼备，也许有形无神；也许走形走神，也许已经脱胎换骨……但不管理怎样，这个再捏出的人与上帝造的人终归是有差距的。

胡适认为，"传记的最重要的条件是纪实传真"。也就是"要能写出他的实在身份，实在神情，实在口吻，要使读者如见其人，要使读者感觉真可以尚友其人"②。郁达夫认为新的传记，"是在记述一个活泼泼的人的一生，记述他的思想与言行，记述他与时代的关系。他的美点，自然应当写出，但他的缺点和特点，因为要传述一个活泼泼而且整个的人，尤其不可不书。所以若要写新的有文学价值的传记，我们应当将他外面的起伏事实与内心的变革过程同时抒写出来，长处短处，公生活与私生活，一颦一笑，一死一生，择其要者，尽量来写，才可以见得真，说得像"③。

所谓纪实，是资料的搜集、整理、发掘，辨真伪虚实等等，这很重要，可以说是传记成功与否的基础。相对而言，资料占有越真实越完整越丰富越翔实越细致，成功的可能就越大。但是，即便所有的零件都具备了，要"组装"成可传神的传主，应该说还有漫长的道路。这一点作小说的，多有所认识；而作传记的，却往往掉以轻心。有的就将采访手记刊出，且自鸣得意为原汁原汤，可说到底，那还只不过是原料，至多是半成品；匆匆抛出，日后再加工，怕是会夹生的。

所谓"传真"，所谓"活泼泼"，关键的关键还是传记作者。一个传

---

① 转引自张北根《传记文学的真实性》，《传记文学研究》，湖南文艺出版社1997年版，第128页。

② 《南通张季直先生传记序》，《胡适文存》3集第8卷，第1088页。

③ 郁达夫：《什么是传记文学》，《传记文学研究》，湖南文艺出版社1997年版，第50页。

记作者为传主所作的传，只是他个人对传主历经的历史事件、传主的个性、人格等等的一种理解和注释；况且每一个人只能是生活在他的境况之中，各有各的一定的视角视野，你在与传主的资料或更直接与传主本人打交道时，你起初只是一个读者、一个观者，不知不觉中你进入了状态。或许你身不由己，被感动被迷惑；你的视野心甘情愿地与传主的"视野融合"；或许你清醒得冷峻，以一副公正的纯客观的姿态，可是你在选择这一个作为你要书写的传主时，正是你的感情在左右你。而且越是遮蔽自我的传记作者，其实越是主观性强，因为他（她）决不人云亦云，且将自己的情感隐蔽得很深；你理直气壮地让传主的视野融合进你的视野。自然两种融合并不泾渭分明。一不小心就会出现视域受阻或盲视！

传主还是那个传主，资料还是那些资料，可是作者的切入视角、取舍及排列组合，体现的是作者主体的眼光；同时倾注了作者太多的个人情感！如果说一百个读者就有一百个哈姆雷特，那么十个传记作家同写一个传主，一定会塑造出十个不同的传主！所以传记文学中，传主已不再是纯粹的传主，虽然是史实的记录，但是传记作者独特的认识和把握，以及感情的或裸露或隐匿的浇铸，传记中的传主便既笼罩着作者的身影，又融会着作者的灵魂。它是传记作者对传主的人格、性格、大的所作所为、小的细枝末节，乃至所想的自己的理解和解释。传记作者的这种有言或无言的理解和解释是作者本人对人性的把握。

当然，认识人的确是一件困难的事。每个人与自己的心距离最远，跟别人的心也绝不会距离太近。所以，时间的过滤、沉淀看来是创作传记的不可或缺的条件。中国人讲究"盖棺定论"，不无道理。一是活着的传主，其本身就是流变的；二是现炒现卖，毕竟受到太多的现时性的制约功利性的诱惑；三是少了时间这公平老人作公证，这一条是最重要的。

如果说小说是蒸馏过的人生，那么传记文学亦不同于新闻、报告文学等太贴近现时性的纪实文体，它历经岁月的流逝和淘洗，历经几多回过头去思，所以也应是蒸馏过的人生。传记可以说是一种怀旧，一种追忆逝水年华，一种人类对人无长久的无可奈何的哀悼！传记就像一张沉入岁月的河里的网，到得一定的时机再迅猛地将它扯上岸，做一检点，做一总结，以为网住的都是精华都是最实质的，其实天晓得。网眼有大有小，再说适中的也并不一定是最本质的。麦芒说得好，"人和艺术一样，与历史总是存在着一种若即若离的关系。当人先于他的艺术变成历史，僵化也就开始了"①。当今社会为活人作传似已成为一种时尚。大而言之，也许是为了社会发展的需求；小而言之，也许是传主或传记作者的需求；但怎么看似都涌动着种种急功近利的浮躁。快，快，来不及了，来不及了！出名要趁早呵！晚了即使出名了，也不那么痛快了。

就我而言，几年过去了，我常在心里一次次推倒我亲手塑起的一些人物，因为一旦我再接触一次笔中人，就发现与真实的差异是多么大，甚至相悖！不仅仅是此一时彼一时的慨叹，除非是无法再接触到的人。他是他，你是你，你无法走近他，当然更不可能走进他。你的传记不过是在自作多情。

我在《蒋经国与章亚若之恋》的后记中直言不讳："作为一个女作家，尤其作为一个南昌籍的女作家，我以为怎么也应该为传奇且悲怆的南昌女子章亚若写下点文字。"我是以女性主义的视角来解读她的："人们总爱以情妇的粗糙框架去禁锢一个活生生的女性，以俯视和暧昧去湮没或扭曲这一首长恨歌，这是怎样的傲慢与偏见！在纷繁错综、莫衷一是的书面与口头的回忆录中，我想调整视角，另辟蹊径，回归这位南昌女子本来的面目本来的情感。当然，我的笔端也倾注着我的偏颇的情与理。"我甚至是这样解释她的悲剧："一方水土养一方人。南昌的女子，或扩充为江西的女子，似乎也有其性格和气质的共性。这方地理封闭严实，却也受兵家必争的撞击和南北东西的交融，这方女子的身与心似乎也融会着北国的豪放与南方的婉丽，矛盾着温柔妩媚与倔强耿直，于是，不只是一个女子在爱的祭坛上留下了亦缠绵亦刚烈的传奇故事，我想，这是江西女子的不幸与幸之所在。"我是张扬的，却也是浅显的。

优秀的传记作者不只是能还原大背景小环境，既是大手笔，又能从细枝末节探幽发微，且走进传主的心田。将传主的性格和命运提高到哲学的层次进行解释，这类传记富有思辨色彩，品位高。

司马迁的《史记》开创了中国传记文学的先河，司马迁被誉为传记文学的鼻祖。司马迁写《史记》的初衷是"究天人之际，通古今之变，成一家之言"。我以为贵在"一家之言"，是他对形形色色的人物的理解和解释。当我们阅读《史记》时，的确为《史记》所描绘的人物所感动，

---

① 《北大往事》，人民文学出版社1998年版，第99页。

可还是更为命运多舛的司马迁的眼光、喷薄的才华所震撼。我是更为后者而心情久久不能平静的。英国传记文学理论家尼科尔森说,"个性、艺术、真实是传记文学的三要素"①。"真实"放在最后,当有他的道理。

传记也还是语言的艺术

传记是一门艺术。它其实跟摄影很相像。摄影被称为瞬间的艺术,它将转瞬即逝的万事万物,当然也包括人生的某一瞬间留住;而传记文学更狂妄更贪婪,它企图将许多的瞬间串联组合起来,还原再现那原本已一去不复返的时间!

摄影其实已对原生状态进行了太多的再创造。从被摄影者来说,有上相的不上相的还有走相的,有此一时彼一时状态、神态、心态的不同;从摄影者来说,有素质的高低、技艺的优劣、器械的精粗之别,有摄影时的角度、用光、所取背景等等的不同。所以,中国人大多很清醒照片不等于本人,尤其是相亲之时,眼见为实,见着的当是原样,而不是经过艺术处理了的。我们似还可以这样说,随着高科技的发达,摄影有了化丑为美化老为少化腐朽为神奇的功效,它的确摄下的是这个人、这个物,可是,它的确不再是原来的人和物了。然而,并没有谁去指责摄影的不真实,因为它给人不仅带来艺术的享受,而且它很轻易地就做到了留住逝去的时光的事。人的天性中,除了喜欢看看别人的生活,听听别人的故事之外,怕还有喜欢回忆自己过去了的生活,喜欢留下自己的故事的嗜好。

如果说摄影是用图像留住原本已逝去的故事的话,那么,传记文学则是用语言留下原本已逝去的故事的艺术。张爱玲感叹过:中国语言文字的魅力无处不在!好的文字、好的句子,有时可以叫你感动一生一世。语言的感召、感悟,其力量是巨大的。传记作者的比试,除了资料的占有和新资料的发掘、选材的眼光、书写的切入、对传主的理解、解释及哲理的思辨外,很重要的一条则是语言的驾驭。传记要玩的技巧似乎不能跟小说的无穷尽相比。也许可以意识流一把或无主题变奏,甚至来点后现代的解构

---

① 王成军:《论中国当代传记文学》,《传记文学研究》,湖南文艺出版社1997年版,第102页。

什么的；可是如若真的隐去了传主，也就不叫传记了。

我们还必须承认，作传是给人看的；而阅读传记的人，只有极少极少的人是为了对传主进行研究，对历史负责的；绝大多数不是为了做研究，不是为了修史、做学问，而只是为了读一读，对传主有或浓或淡的兴趣，或仰视或惊骇或好奇或休闲或学习模仿"名人"的生活而已。或者干脆他们就喜欢这位传记作者的东西也说不定。因而，可读性是不可忽略的。

为什么会有同一个传主的传记层出不穷的现象？除却该传主其人魅力无穷之外，是否还有传记作者尚未出现高峰体验呢？在传主与传记之间其实还有很大的距离和很大的空间，你尽管做无穷开拓好了。我们又不得不看到另种景象，一部传记出来后，很长时间没人再写了，如果传主是值得写的，那就是传记作者的功力了。

文学的描绘并非与真实对着干。就像写一个人有双视力 0.1 的眼睛，是准确的真实；写成一双木兮兮的眼，有如死鱼的眼，难道就是不真实吗？就必须对簿公堂、赔偿名誉损失么？我以为更真实，文学让你如见其眼，还见其小心眼。

作为传记文学，如若一味地只是在真实的绝对相对、虚构的相对绝对上纠缠不休，而不关注它其实就是一门语言艺术的话，传记文学的前景怕不那么乐观。所谓真实，经岁月的淘洗后又能留下什么呢？君不见，所谓一统天下的皇帝，到头来，野史演义嬉笑怒骂，将他们正史中的形象放肆乱改，恐怕不只是平民百姓沉浸在"戏说"的荒诞愉悦中，而是这"胡编乱演"中有意思有意义有寄托，无非是一种寓言、一种民间倾向而已。不要总认定只有一本正经的东西才是有意义的。

事实上，就语言而言，每个传记作者不论有意抑或无意，都在传播传主的种种信息的同时，又遮蔽着种种信息！在为我们搭起走近传主的桥的同时，又让我们跟传主之间筑起了无法逾越的墙，哪怕分明已是近在咫尺。20 世纪语言哲学的最重大的发现是：语言不再是表述存在的对等等号，不仅仅是无限的现实存在是有限的语言符号难以囊括的，而且语言自身不是由你所能驾驭得了的。这个世界仿佛是由语言组成的，人们都受语言的限制，语言却又总不能表达出要说的东西。语言既是桥，又是墙。不是"你在说语言，而是语言在说你！"语言符号排列组合的差异会造成不同的意义。所指的具体事物和能指的语言符号并不是完全对等。深度模式的能指的飘浮，又造成语言符号意义的不确定。于是，语言在与存在关联的，但也有与实际不存的虚无，还有流逝中的变异，用语言来重新组装出一个活生生的人，比克隆还难。

好在哲学思维的使命，是尽量缩短甚至于消除言与意之间的距离；而文学恰好相反，它应该利用言与意的空间去扩展距离，文学追求的是言外之意。将本事变成情节就是文学性。一经叙述，就不再是事件的本身了。我们是否可以这样说，对传记文学的研究并不等于就是对传主的研究？

人的生命是具有历史性的，是历史长河发展中存在的一小段；人，是有时间性的，在传承中有那么短暂的时光，可相对大历史而言，转瞬即逝！然而，解释和理解是历史演变的一个重要环节。因此，传记文学的生命当是永不凋亡的。

[《九江师专学报》（哲学社会科学版）
2000年第1期，人大复印报刊资料
《中国现代、当代文学研究》2000年第11期全文转载]

副本：虚构的批判

——浅答周先生《传记文学拒绝虚构》

贵报于1999年10月8日发表了短文《传记写作拒绝虚构》（以下简称《拒绝》），对我进行了变形点名大批判。我阅读面窄，两月来未曾见过。直到昨日京都友人寄来《拒绝》的复印件，且告知已收进人大复印资料现当代文学研究第11期，这才拜读。

《拒绝》批判的是我在去年6月京城召开的传记文学国际研讨会上的传记写作观念，并虚构研讨会争论热点，是在于某些写家堂而皇之提出了传记可以虚构的看法。这真是虚构的抬举了。

不错，我确实应邀写了近万字的发言稿，也发了言。既是学术研讨会，就该畅所欲言。我的标题是《虚构在纪实中穿行——传记作者的主体性不容忽视》，文章分为三部分，一是阐述"还原历史就是一种限制性的虚构"，二是"欲与上帝比造人"，三是"传记也还是语言的艺术"。文章的前两部分经删节发表在1999年7月20日的《文艺报》上，约4000字。已收进人大复印资料现当代文学研究第10期。

有兴趣的读者可将两文对照看。

弗吉尼亚·伍尔芙说过：传记是"难度最大的"，"一方面是真实，另一方面是个性，如果我们想到真实是某种如花岗岩般坚硬的东西，个性是某种如彩虹般幻变不定的东西，再想到传记的目的就是把这两者融合成浑然一体，我们会承认这是个棘手的难题"。

是的，是棘手的难题。

我的观点是：不言而喻，传记是纪实的，真实是传记的根本。然而，传记又是作者将传主个人历史完整地展览出来且还原其活泼泼个性的文体，这种还原、这种复活，就是想象在时空中的往回穿越，因为有"原来"的限制，传记作者的想象必须受到真实的限制，虚构在纪实中穿行。

我不仅不拒绝真实，而且渴望、寻觅并尽力坐实真实，同时，我也不规避"虚构"这个词语。

《辞海》对"虚构"的注释有二：一是凭空捏造，一是文艺创作中为概括生活、塑造形象、突出主题所采取的一种艺术手法。显然，我持的是注释二，虚构不是虚伪，不是造谣，是限制在纪实之中的合情合理的想象。《拒绝》持的是注释一。同时，《拒绝》还断言："传记写作的虚构，无论是编织捏造还是合情合理的想象，实实在在是一种堕落。"话，是否太满还有点霸？

传记写作的第一步，与作学术论文一样，得尽最大努力占有有关传主的不论巨细的全部资料，并发掘新的材料，所谓竭泽而渔。当然，难。史实的难以穷尽，错综复杂的资料难辨真伪，时光的不可倒流，时过境迁的面目全非，你会喟然长叹：历史不可逆。此次所涉，已非前番之水。但你偏要逆流而上。你行几多路，你访几多人，你读几多书，你在传主昔日生存过的场所流连忘返，你在声音、照片、文字中捕捉过去，你在坚硬的真实中想象虚构复活从前。你的传主是人，不论是名人还是凡人，人的复杂多面变化无穷总是难以捉摸，你敢说你捉住的就是他的真实的内心世界？你把握住了他的完全真实的个性？传记作者，你也不过就是你，你的视野你的经历你的感觉你的眼力你的能耐你的判断不可能绝对正确，所以，你对传主的理解和解释，无意有意地融进了你对传主个性的想象虚构。但是，你的理解和解释入情入理，便会认同为真实的描述。虽然你并不是传主，写到深处，已是你中有他、他中有你。还有，历史丢弃最多的是细节，而没有细节的人生是没有的。依稀记得有篇文章谈伟人在历史的关键时刻的表现，是吟诵诗词？是兴高采烈？还是绷紧的弦一下子松了和衣熟睡于椅上？演员和导演选择了最后一种。此细节，当为虚构。恐怕也不会因此打入堕落的演家导家之列吧？还有，将本事变成情节就是文学性，一经叙述，传记也还是语言的艺术，就语言而言，传记作者怎么也是在传播传主的种种信息的同时，又遮蔽着种种信息，语言是桥却又是墙，用语言来重塑一个活生生的人，实在比克隆还难得多得多。所以，我以为，传记有虚构在纪实中穿行，传记作者的主体性不容忽视。

《拒绝》点了我撰写的三部传记的名，大加鞭挞。的确，自20世纪80年代末至1995年，我撰写并在海峡两岸同步出版过三部长篇传记：

《蒋经国与章亚若之恋》》《最后的贵族·张爱玲》和《陈香梅传》，共计100万字。1996年又由作家出版社将这三部传记和我的一部长篇小说《蔷薇雨》推出四卷本的《胡辛自选集》。《拒绝》斥责我，好大的胆子，竟敢公开说出你的传记写作观。真对不起，我早就写了出来，在我的每部传记的后记中都如实写出我作该传的缘由、过程，或匮乏或纷繁错综、莫衷一是的资料状况以及我笔端倾注的不无偏颇的情和理。就连我写作时没去过美国观察传主的实地生活，写来定有些虚浮，都老实交代。而搜寻整理辨析资料的种种苦心努力，牵动上一代人的感情煎熬，又怎是一个"累"字了得！不敢说资料翔实，但我倾注的是真情，积淀在生命中的记忆和感触，也不是刻意的踏访和寻觅能替代的。在自选集的自序中我再次言说了三部传记写作的契机，更坦言：我钟情的是小说，而不是传记。因为传记实在是一个棘手的难题。真实和个性都是很难用语言还原的东西。

你可以批我为奇谈怪论，可在我是实话实说，我对读者是坦白的，我的传记作品绝不等于第一手史料，不是史书。说我胆大，过奖了，我正是胆儿不大，不敢拍着胸脯说：我的传记文学全真实！是不容置疑的！字字是真句句是实！我可不敢。我以为，坦白比霸道狂妄总要厚道些，无知浅薄比虚伪的故作深沉硬是真实得多。

三部传记一出，并未炒作，便盗版猖獗，几家出版社都在报刊上发过声明。港澳台和美国的华文书店都有卖，也是事实。我不敢说我对历史有多负责，但至少我写书，是想让人们更让自己真诚些善良些美好些。

我在发言稿的第三部分，论及传记也还是语言艺术时，的确说到读者群，说到可读性。难道说我们的作品不应该为老百姓所喜闻乐见？难道不可读不好看才是唯一的对历史负责的形式？我是说过读者群中只有极少的人是为了对历史负责的修史做学问，有位大学者对五四这一天的天气、参加五四的先驱穿的什么衣、为什么有的回忆是白布大褂有的却是棉袍都细细揣摩等等，说，意义越来越清晰，印象却越来越模糊。细节不容忽视。我听之肃然起敬又感触多多。传记作者的确应穷其真实，哪怕细节，但我们总不能要求所有的读者都用修史者的态度来读传记吧？《拒绝》却转换成作者可以将史实和历史责任弃之不顾，真是叫人匪夷所思。我不知《拒绝》的引据出自何处，的确有几家报刊采访过我，我都给了那时尚未发表的论文复印件，报刊即便是断章取句，我也以为并无恶意，正说明语言的功能和障碍。《拒绝》的气势汹汹，往好处想，怕也有言不达意的焦灼。

《拒绝》作者在两千字的短文中，挖空心思封我为"女写家"，且夹以堕落、无文德、随心所欲、粗暴剪裁、大胆、无知浅薄、奇谈怪论、哗众取宠、设置骗局、讨好讨巧、卖点、对历史不负责、造就传记鱼目的来源等棍棒，谢谢。我历经过非常岁月，棍棒见得多了。友人却以为来而不往非礼也，可我没有也不想有帽子坊棍棒店的开业执照，友人只得连夜手工缝制半顶帽子以回赠，帽名曰"男批士"。但愿没有搞错性别。批评批评，得在评的基础上批，谨请《拒绝》作者对拙著和写作观浏览后再作判决，将"堕落"的批判落到实处，才让人心服。光是辱骂，试图从人格上蹂躏摧毁别人的人，说轻点，自身的人格有不健康之嫌。是否可以说，《拒绝》进行的恰恰是自持的虚构的批判呢？

《拒绝》作者说虚构和合情合理的想象将源远流长的传记文学毁了，我倒想请教，如何理解《史记》"善序事理，辩而不华，质而不俚"的文学成就？《拒绝》又云"片面真实"的写作状态还算比较好的，我又糊涂了，不明什么叫片面真实？难道传记作者能将传主"肢解"？要晓得，必须对传主的全史在胸，方能血脉贯通。

有言道：理解的开始是热闹。可我已过了人来疯的童稚时代，况且，要么捧杀要么骂杀的热闹我向来是退避三舍的，有话还是好好说为好。

(此稿为反批评之，但投寄报社后竟如石沉大海，现收纳之，以"立此存照")

加强大学生文化素质教育的思考

摘　要　加强大学生文化素质教育是中国教育的跨世纪工程。全国高校尤其是52所试点院校，几年来进行了多种类型的实践和探索。"套餐制"课程的推行、精品系列讲座的开设、艺术教育与校园文化的沟通、现代传播与"应知作品目录"的结合应是高校文化素质教育切实可行的改革形式。

关键词　大学生　文化素质教育　"套餐制"课程　系列讲座　艺术与科学　电视文化

加强对大学生的文化素质教育，是中国教育的跨世纪工程，关系到中国教育培养什么样的人才，能否适应日新月异的电子时代和纷繁变幻的现代社会的大问题；是面向21世纪教育改革的重大思考；是每一所高校都无法绕过的重大实践。

素质是什么？原华中理工大学校长杨叔子曾引述著名物理学家劳厄的话说，重要的不是获取知识，而是发展思维能力，当所有学过的知识忘光后，剩下来的东西就叫素质。①

以往总强调学理工的是逻辑思维，学文的是形象思维，其实这既绝对又片面。两种思维皆应具备，不过学理工的先逻辑后形象，否则无创造；学文的先形象后逻辑，否则无法操作。可以这样说，文理工有效的渗透，是加强大学生素质教育的重要途径。

这种教育途径和教育方法可追溯到中国教育的祖师爷孔子那儿。"1988年1月有当代2/3的诺贝尔奖的得主聚集在巴黎开会。会上发表宣

---

①　杨叔子：《传统文化·人文底蕴·大学教育》，《中国大学人文启思录》，华中理工大学出版社1996年版，第4页。

言,第一句话就是:如果人类要在 21 世纪生存下去,必须回首 2500 年去吸取孔子的智慧。"① 孔子的智慧何在?

孔子教育的智慧,从内容看,"六艺"为礼、乐、射、御、书、数,用今天的话说似是文理工渗透,德智体全面发展。培养怎样的人?孔子当时就提出"君子不器"的思想,即有学问的人,不要作器皿,也就是不能一成不变。那时尚且如此要求,今天,身处如此高速变化的信息社会,你所掌握的知识怎么说都是相当有限的。在信息时代,通过国际互联网就可以获取新的科技知识和成果,所以,最关键的不是占有知识,而是能得到信息高速公路上得不到的教育,富有人文社科知识和创造意识。一个健全的人、完整的人、完美的人,是能适应各种各样的环境,多功用且富有创造力的,所以最重要的便是素质。文化素质教育的目的就是要最大限度发挥人的智能潜能。

只是孔子的智慧在漫长的封建社会被阉割曲解了。"学而优则仕"成了读书人或信奉或嘲弄或忌恨或批判的"终南山捷径",其实真正的"学而优"者为官,对国民素质整体水平的提高未尝不是幸事。问题的实质是何为"学而优"?

在西方,教育也经历了大转折大回归方走向大飞跃。"西方奴隶社会,从古希腊和古罗马开始,就突出了人文教育思想。雅典在公元前 6—前 4 世纪就把教育分为'体操教育'和'缪斯教育'。"② 学生必须学习音乐和熟悉希腊史诗。柏拉图就特别热衷于音乐教育,认为音乐是求心灵的美善的。"在古希腊亚里士多德的人文教育思想最为突出,他提出发展自由的教育,认为人的最高级的东西是理性,教育的目的就是要发展灵魂的高级部分——理性。……学习知识、绘画和音乐,是为了发展优美的感情。"③

到文艺复兴时代,倡导人文主义,以发展人格、个性为主要任务,培养的是身心健康、知识广博、多才多艺的新人。恩格斯指出这个时代是"人类从来没有经历过的最伟大的、进步的变革,是一个需要巨人而且产生了巨人——在思维能力、热情和性格方面,在多才多艺和学术渊博方面

---

① 周远清:《中国大学人文启思录》(代序),华中理工大学出版社 1996 年版。
② 仇春霖主编:《大学美育》,高等教育出版社 1997 年版,第 34 页。
③ 同上。

的巨人的时代"。①

19世纪中叶,英国发生了教育大变革,即从人文教育向科学技术教育转变。这是为了适应工业革命,培养实用人才,本无可厚非,而且也可以说是人类文明和教育发展的一种进步;但是,走得太偏,又走得太漫长。这种实用主义的倾向,这种片面的强调,培养出的学生只会是"经济人""工具人",不仅加剧了人的心理负担导致失衡,而且还加剧了人与大自然的冲突。

20世纪70年代,西方在教育上重新对人文的强烈呼唤,与其说是大回归,不如说这深刻的反思是继续发展的需要,是面向未来的思虑。

当今世界高等教育无不重视文化素质教育。美国的理工大学就要求大学生的知识结构健全,由科学文化基础知识、专门知识和应用技术知识三部分组成,并特别强调人文知识。如麻省理工学院的本科生,就必修人文、社会科学、艺术等百余门课程中的8门,占学士学位课程总量的20%。日本的大学生必须取得124学分方准毕业,其中要求人文社科至少得有30学分,占总学分的24%,日本大学尤其强调哲学素养及其知识。文理工渗透,特别是对理工类学生加强人文素质教育,可以说是当今国际高等教育发展的共同趋势。

自然,从理论上谈文化素质教育的必要和重要,无论是传统思想还是现代眼光都是明确而坚定的。但是一经回到具体操作的层面,一切就显得复杂甚至模糊。要寻到可持续发展的途径,绝非轻而易举之事。目前,仍有不少高校处于底子薄、经费少、投入少的境况中,如何实施一些切实可行的改革形式?

本文试图从文化素质教育的课程设置、校园文化建设和应知作品目录的落实等几方面进行梳理。

一 "套餐制"课程的推行

文化素质教育课程的设置当是加强大学生素质教育的重头戏。高校大多已实施了多年的跨系科的公共选修课,如何在此基础上丰富发展而不杂

---

① 《马克思恩格斯选集》第3卷,人民出版社1972年版,第445页。

芜花哨，将其系统化却绝不刻板僵硬，使其有广度又有深度，新鲜而又有根基，这是将公共选修课提高到文化素质教育课的关键。

一是课程得广，二是在广中归纳出门类。广到近百门，再由主管教学和策划素质教育的部门将其划分为五大类，即：A，文学·影视；B，音乐·舞蹈；C，美术·书法；D，哲学·历史·法律；E，自然·科技·经济·管理。学生必须在这五大类中至少修满8个学分方能毕业。选择方法则推行"套餐制"，"套餐制"又分普及型和提高型两大类。普及型：要求理工科大学生从前四类中选修4—5门，至少得跨1类；文科大学生则必须至少选修第五类中的1—2门；无论文科还是理工科学生，选修时都得兼顾理论和应用两种形式。普及型为的是拓宽知识领域，陶冶情操，修养性情，从而全面提高文化素质。提高型则面向两种情况：一种是对各院、系、班的文艺、宣传委员，要求分别选修音乐、美术或文学、影视类课程，为的是培养出名副其实的学生干部，成为活跃校园文化的骨干力量，并将文化素质教育融入学生的社会工作能力的培养之中。另一种是针对除本专业外还对另一专业有浓厚兴趣且又有一定基础的学生，可选修某类中的4—5门，有点"双学位"的味道，但不是太正规。"两型五类百门"的推广，避免了文化素质教育课程的单调、偏狭和烦琐。多样化照顾到人的天性的不同，因为文化素质教育本就是让人的潜能得到最大的发挥，如若选择余地太少，势必造成新的负担甚至新的桎梏，这显然是与文化素质教育的宗旨背道而驰的。

二 "系列讲座"的异彩

由有关院系推出精品意识的系列讲座型课程，是文化素质教育课程设置上一令人瞩目的新的开拓。邀请名家名流来校讲学，是当今中国大学校园最流行的最绚烂的风景。好的效果，真正是"听君一席话，胜读十年书"！但一般高校受经济实力、机遇等制约，请名家可说是难得之事。因此，发挥本校骨干教师的优势、集众家之长的系列讲座课程便应运而生了。如有的高校已将系列讲座形成系列：大学语文、电视艺术、生命科学现状与展望、哲学的智慧、依法治国谈、当代经济专题、大学生心理学、自然科技史、音乐鉴赏和美术鉴赏。每门为10讲左右，每讲由一个教授或副教授主讲。每讲独立成篇，多为讲授者多年致力研究且有一家之见的专题；而每门课程的总策划又必须兼顾到系统的纵横构架，各讲之间得有有机联系，构成一门相对完整的课程。每一门课程的讲授者不论你在意不在意，都有种擂台赛的压力；而每门课程实际上也是各院系教学科研实力的展示。这，无论对老师抑或学生，都是一种良性循环的新鲜健康活跃的刺激。学生反响尤为强烈，谓之曰：这种集锦式讲座真是全新天地，选一门课，拓开一片新天地，听到十余种不同风格特色的精彩讲座，讲讲有新意有深度，别开生面，好课连台，获益不浅。这种系列讲座型课程，可追溯到抗战时期，当时西南联大的"大一国文"便是名家荟萃的讲座。半个世纪后，当年的听课者仍赞叹那是空前绝后的精彩！因为清华、北大、南开的名教授，八仙过海，各显神通。"闻一多讲《诗经》，陈梦家讲《论语》，许骏斋讲《左传》，刘文典讲《文选》，罗庸讲唐诗，浦江清讲宋词，鲁迅的学生魏建功讲《狂人日记》，还有罗常培、唐兰等教授，也都各展所长，学生大饱耳福。"① 1946年清华大学的"大一国文，主讲者有王瑶、范宁、季镇淮诸先生。1947年到北大后，发现许多名教授、名作家如川岛、杨振声、俞平伯、废名、沈从文、周祖谟等都要教一班大一国文"。② 1998年，北大中文系著名教授钱理群也向理工科学生开讲"大学语文"。当然，对此，一般高校难以望其项背，但如若能将各院系的骨干教师推选出来分点精力用于素质课的教学，无疑是具有战略意义的做法。

三 科学与艺术的会合

艺术比科学古老许多许多。"自从澳大利亚七万年前的岩画被发现后，人类的文化史与艺术史显得更加悠久。在众多的艺术门类中，音乐、舞蹈、绘画、雕塑、建筑文学、戏剧等，都是早在蒙昧时代或者文明时代的初期便已经出现。在以后的一段漫长的历史岁月里，人类再没有发明出新的艺术种类。"③

---

① 许渊冲：《追忆逝水年华——从西南联大到巴黎大学》，生活·读书·新知三联书店1996年版，第24页。
② 吴小如：《五十年前的大学公共必修课》，《文汇读书周报》1996年12月7日。
③ 彭吉象主编：《影视鉴赏》，高等教育出版社1998年版。

音乐、美术可说是人类最早的艺术。是否可以说，热爱音乐、热爱美术是人类的天性呢？然而今天，走向文明的人类却把艺术视为少数有天分的人的专利。

这，是否是对人类天性的压抑呢？有报道感叹，一些中学生对著名科学家充耳不闻，但对歌星、球星却狂热痴迷！这当然应引起教育界的注意，可从另一视角来看，是否也反映了人类对体育和艺术的先天情感呢？

人们常说：一个学校要有名气，非得有一个棒的足球队、一个呱呱叫的合唱团和一个像模像样的乐队不可。也许这会被指为装潢门面，可是，如果这些成员是真正从非文体专业的广大同学中产生出来的，则实质上凸显出了一所学校的底蕴。艺术和体育是一所学校勃勃生机之所在，这也不仅仅指文体育活动活跃了校园的氛围，而且体现了艺术对科学的重要作用，这一点现在是到了该重新认识的时候了。

1967年，美国哈佛大学教育研究生院创立了《零点项目》。《零点项目》研究的对象就是艺术教育。所谓"零"，是反省对艺术教育的认识还是一片空白。立项的起因是美国与苏联的科学技术竞争。1957年11月，苏联成功发射了第一颗人造地球卫星，开创了人类星际发展的历史。美国于83天后人造卫星也上了天。可因为这落后的83天，引发了美国教育界的深切反思！经多年研究，找出原因是两国科技人员不同的文化艺术素质导致了美国空间技术的落后。乍听起来，似有点匪夷所思，可美国教育界就这么确认了。"1994年3月美国国会通过了克林顿政府提出的《2000年目标：美国教育法》，在美国历史上第一次将艺术与数学、历史、语言、自然科学并列为基础教育核心学科。"[①] 这，对当今世界教育的现状无疑是一次大冲击。

艺术，从它诞生时起，就是和人的社会生活、人的幸福和利益联系着的。最早的原始壁画，洋溢着生命力的美感，是一种祈求狩猎丰收的"仪式"。这种模仿自然，"一方面，它促使人类日后去寻求正确的科学的途径，以征服自然；另一方面，则推动了艺术的活动，使人们有更多的机会从审美的角度去认识自然"[②]。是否可以这样说，劳动产生了艺术，而艺术孕育出科学？

---

① 沈致隆：《哈佛大学〈零点项目〉的启示》，《中国大学人文启思录》，华中理工大学出版社1996年版，第444—547页。

② 迟轲：《西方美术史话》，中国青年出版社1996年版，第5页。

也许因为以往对个别科学家形象宣传上的偏误,在人们心目中,仿佛他们都是一心扑在书上和实验室里的"呆子"。其实,许多科学家与文学艺术,特别是与文学、音乐都结下过不解之缘。有一种说法,以为音乐是这些伟大科学家最佳的休息调剂手段,可为什么不从更深层去探研呢?艺术与科学思维是怎样的关系?爱因斯坦说得好:"这个世界可以由音乐的音符组成,也可由数学公式组成。"① 爱因斯坦本人就是优秀的小提琴手。艺术教育与科学教育实质上是相辅相成的,科学美与艺术美是相通的。

而今到了科学与艺术会合的时代了,诚如福楼拜所说:"科学与艺术在山脚下分手,在山顶上会合。"② 加强对大学生的艺术教育,便是高校刻不容缓的任务了。这些年来,绝大部分高校都开设了《大学音乐》《大学美术》《中外名曲欣赏》《世界名画赏析》等课程。关键是教材内容。如果仅停留在对中学阶段的"补课"上,浅显通俗,教教歌听听曲看看画而已,没内涵没理论,结果是许多人在听在看在唱,学分拿到手,也就成了过眼烟云,音乐美术便失去了它的神秘感召和呼唤激情创造的魅力。但也不能过分专业化,如若理论深奥操作繁杂的话,不要说经济上承担不起,如此叫人望而生畏,也不符合艺术教育的初衷。

培养专业艺术人才与提高大学生的艺术素质并不是完全等同的一回事,专才教育并不等于通才教育。所以不要以为只要办了音乐、美术等系,就等于文化素质教育搞得轰轰烈烈了。如果加强大学生文化素质教育导致每一所高校艺术院、系的成长或诞生,这未尝不是好事;但是如果艺术院系的诞生只是为了招收专业艺术学生,而一些艺术院系的诞生又先天不足,则不仅非艺术专业的艺术教育会落到轻描淡写或无人问津的境况,而且艺术专业学生的素质也会令人不敢乐观。也许,这并非杞人忧天。

艺术教育的形式亦很重要,应将艺术课程与校园文化的建设有机地沟通起来。如:中外名曲欣赏课程普及化,校广播站于清晨和黄昏播出每周一曲,既营造了校园的文化氛围,也让学生对一些名曲耳熟能详。同时,开设名曲欣赏普及课,使学生先学会"听","许多人在听,却没有听见音乐"。要的是静下心来进入境界。校园里应该有这样虽简朴却高雅的场所。课程与校园文化在这里无形地交融了。

---

① 沈致隆:《哈佛大学〈零点项目〉的启示》,《中国大学人文启思录》,华中理工大学出版社 1996 年版,第 444—547 页。

② 同上。

面向全校学生开设大合唱班、舞蹈班、女子二胡班和节目主持人班，亦是一项有意义的试验探索工作。开班的同时，组建百人合唱团、舞蹈队和女子二胡队，教学、出演和建设校园文化相辅相成。学生十分欢迎这种形式，认为在轻松的"玩"的过程中学到了知识、增强了能力、提高了素质，何乐而不为？排练演出也非常轻松，一派水到渠成的流畅风景。

当然，校园文化有今天的营造，更有历史的积淀。当我们走进北京大学时，无论你有文化没文化，你都会被浓醉的中国传统文化气息所熏染。不少高校历史积淀太单薄，那就应扎扎实实地从头做起。

四 面对电视文化

正言厉色的"关上电视打开书"或较温和的"少看电视多看书"——这样的呼吁在大学校园中甚为恳切。可是，电视已成铺天盖地又登堂入室之势，现代传媒的发达造就了大众文化的繁茂，电视的诱惑力可以说难以抗拒，能用"闭眼"来拒之千里之外吗？况且，电视的长处是任何偏见无法遮蔽的。

有人形象地比喻，电视已成为中国老百姓的第二顿晚餐。是的，以电视为代表的图像消费已经成为人类的精神晚餐。而图像的泛滥也确实使人们从阅读时代走向观看时代，有利亦有弊，这都是显而易见的。缤纷丰富的图像世界"玩得让人心跳"，可眼花缭乱中却使你的心抛却了往日面对书本的思考！

从电视新闻报道中我们也经常可以看到，录像厅爱设在校园附近，诱惑着对新奇特别敏锐的学生。而录像厅播放的内容，即便没有大问题，也多是恐怖、凶杀、搞笑等格调不高之类。于是就有"禁看"一说。但不是说腿长在学生身上，你禁不了；便禁住了腿，心呢？因此，堵不如导。不应忽视大众传播与大学生素质教育难以斩断的牵扯，提高大学生影视鉴赏水平也是加强高校文化素质教育的重要内容之一，电视艺术课程便应运而生，电视艺术亦是系列讲座型课程。不同的是，每讲之后皆播放影视片，并举办课堂讨论会，作业多为观后感式的影视批评。学生于不花钱看片的欢天喜地中提高了欣赏品位，而且有些学生的影视批评还见诸报刊。

广电部电视艺委会主任仲呈祥曾作文指出："我历来主张，年轻的现代化电视传媒在与源远流长的文学艺术结缘而产生名目繁多的全新的电视艺术品种时,务必注重发挥和强化与之结缘的那门文学艺术形式在长期的发展实践中形成的审美优势和美学规范,而不能去削减这种优势和破坏这种规范。这就需要向源远流长的文学艺术汲取丰富的营养,需要科学的艺术理论和美学理论的导引。唯其如此,我呼唤电视文化与书籍文化结缘互补,呼唤高等院校普及电视艺术理论教育并以此作为重要途径之一促进当代大学生素质的全面提高。"①

这样看来,电视艺术课程的开拓,又不仅仅是非文科类学生扩大视野、陶冶情操之事,而且还有一个文科专业参与电视文化建设的问题。无法绕开的电视,使我们想起鲁迅先生曾经说过的话:"我们国民的学问,大多数都实在靠着小说,甚至于还靠着小说编出来的戏文。"② 那么今天走进千家万户的电视,是否充当了昔日小说的角色呢? 而今天,小说早已成为高校文科研究的方向之一;文科师生面对电视,不应有太多的偏见。同时,面对电视电脑这些电子时代的高科技产物,文科师生还有个提高科技素质的大问题。

"有人总把电视艺术定位为'俗文化',甚至认为'适应世俗的消费需求'便是一切。窃以为不然。电视艺术既然在整个中国当代社会主义精神文明建设中起着别的艺术门类难以替代的重要作用,它理所当然地应当自觉肩负起传播人类先进文明、提高国民精神素质的时代使命"③ 这并非言过其实。面对电视,我们应心平气和。几年来加强大学生文化素质教育的实践表明,资金欠缺的高校,实施艺术教育,还真得靠电视电脑帮忙。大学生"应知作品目录"林林总总包罗万象,有各类书目、美术作品、书法作品、戏剧篇目、影视篇目、音乐、舞蹈作品等等,不利用现代传播手段,是难以落实的。

美育最有效的方法之一,是多多接触艺术,包括对艺术作品的鉴赏和对艺术史的了解。但我们目前还不可能像美国的一些大学那样,自己学校

---

① 仲呈祥:《电视与书籍的文化碰撞——为〈电视艺术十二讲〉序》,《江西日报》1999年3月9日。

② 鲁迅:《华盖集续编·马上支日记》,《鲁迅全集》第3卷,人民出版社1996年版,第334页。

③ 仲呈祥:《电视与书籍的文化碰撞——为〈电视艺术十二讲〉序》,《江西日报》1999年3月9日。

就建有艺术博物馆,如美国哈佛大学的艺术博物馆竟藏有来自世界各地从远古到现代的艺术珍品超过二十五万件!但现代传播的发展,能让同学们从荧屏上得以欣赏一些名画名雕塑,这虽然无法与观看实物相比,可是,今生今世,有几人能亲眼看到实物呢?

如若新闻电视部门与国家教委加强横向联系,教育界人士参与有关的电视节目的策划制作,将有关的电视节目作为文化素质教育的教材,这也许会是高等教育的一种跃动。

五　这方水土这方人

一方水土一方人。素质教育应与爱祖国爱家乡融为一体。

江西是红色的江西。八一起义第一枪响在南昌,中国第一个红色革命根据地是井冈山,红色故都是瑞金,长征第一渡在于都河上,为《可爱的中国》献出生命的方志敏,革命家教育家邹韬奋……都已载入了中国革命史册。今天的井冈山,已是全国不少单位乃至海外一些学校的教育基地,江西的高校岂能身在福中不知福?"走出去请进来"应是高校始终坚持的革命传统教育方法之一,并作为文化素质教育的内容。"心系红土地"活动便将教学、社会调查、艺术活动融为一体,即回顾一部革命史、送老区一台多彩戏与采访抒写多篇老区今日新貌的文章相结合。重走井冈山路,还从井冈山走出来,昨天、今天、明天,这种时空交错的思考,意义非同一般。聘请井冈山的老同志为文化素质教育的客座教授,定期来校宣讲革命传统文化,真实深刻,有血有肉,既有理想信念的教育,又有历史文化意蕴,感动了一批批当今大学生。

"物华天宝,人杰地灵",从王勃写下《滕王阁序》到唐宋八大家中江西占三家,从"留取丹心照汗青"的文天祥到"东方的莎士比亚"汤显祖等等,无不给这方水土烙刻下一篇篇重彩华章,积淀下丰厚的中国传统文化底蕴,珍爱之,发扬之,亦是江西高校文化素质教育的内容。

爱家乡爱祖国是人类的高贵情感,不爱家乡祖国还谈什么热爱人类?江西,被人称为"红与绿"的土地。红,指江西的人文历史;绿,指江西的自然环境。在生态环境日益污染的今天,江西似还有一片青山绿水。"红与绿"的思考和探索当是文化素质教育的一大主题。

文化素质教育绝非某一个部门单独就能承办下来的，从某一视角来看，这是一个"系统工程"。"德智体美"无不融会着文化素质教育，文理工渗透为的就是全面发展，所以这是职能部门与教学部门全力合作、各院系交流互补的大事。这里边有分工协调统筹的问题，所以，成立文化素质教育指导委员会便是迫在眉睫之事。

　　文化素质教育本来就是以后天的教育让人的天性得到最充分的发掘和拓展，因而不能制定虽新却又将成为千篇一律的框架来约束人。教育的内容应该是丰富多彩、生动深刻的，但是它也应该有可寻觅的规律走向，应该规范化、法制化、科学化。譬如文化素质课的学分及占总学分的比例、各院系必须开出的文化素质课程的门类种数、有关职能部门的监督管理权利和应尽的义务等等。

　　如果要求文化素质教育必须取得立竿见影的效果，应该说不仅是幼稚的，而且是违背素质提高的基本原理的。潜移默化——对文化素质教育的过程和结果，这四字都适合。然而，在经济大潮汹涌澎湃的信息社会中，投资见不到收获，会被视为大傻瓜干的事。君不见，新开设的专业无不"跟着市场走"，如果不与市场接轨，谁会来报考呢？学校还怎么能办呢？在这种境况中，要警惕把人训练成"经济人""机器人"，更要警惕急功近利的短期行为。

　　教育者必先受教育。所谓文化素质教育，就是要把人类文明的成果、文化的精华内化为人的心理品质。在大力加强大学生文化素质教育的同时，大学教师自身的文化素质教育也该提到议事日程上了。校园里，捧着发黄的老讲义照本宣科者绝非罕见；不懂电脑，拒绝电视者亦大有人在；与艺术教育无缘者为数也不是太少……有自身的惰性，也有为学校的条件所限。凡此种种，不可掉以轻心。如果只等待着自然淘汰，那么，这种消极等待的后果将被带进下一个世纪。

　　回过头去思考"当所学过的知识全部忘光之后，剩下来的就是素质"这句话，真是意味深长。咂摸"十年树木、百年树人"这句话，也就是文化素质教育的长期性所在。

（《南昌大学学报》1999年第4期）

我心依旧（六卷本《胡辛自选集》序）

我喜爱蔷薇雨。

如果女性注定与花有缘，那么开在暮春的最后的蔷薇恐怕该属于我。过了盛期，不见缤纷，却有兀傲；不见娇柔，却有单瓣野蔷薇的清芬与野气；自然，还少不了也能刺痛人的不算少的刺儿。

而滋润蔷薇又凋零蔷薇的雨，则交叠着繁华与荒凉，浓缩着生命与消亡，叫你咂摸出那原本无法透彻的人生的滋味。

我跟蔷薇雨有缘。1996年暮春作家出版社推出了我的自选集四卷本，含长篇小说《蔷薇雨》和三部传记——《蒋经国与章亚若之恋》《张爱玲传》《陈香梅传》。2005年晚春，我的自选集六卷本又由二十一世纪出版社再次推出，像是生命的二度春，前四本之外，加了长篇小说《怀念瓷香》与论著《我论女性》。有意思的是，2012年蔷薇花开时，我的自选集六卷本将第三次由江西教育出版社出版发行，这回，将论著《我论女性》换成《赣地·赣味·赣风——在流变与永恒中的地域文学艺术创作》，这部近80万字赘著曾让责编先生莫衷一是，可最终还是没有割舍某部分而让她整体诞生，算是勉为其难了。

其实，还是16年前的那句话：我钟情的是小说，而不是传记。宗璞先生推崇一位英国评论家的话：小说是蒸馏过的人生。不管我的蒸馏技术如何，《蔷薇雨》《怀念瓷香》毕竟将我半生对古城南昌、瓷都景德镇的种种积淀，苦痛又欢畅地蒸馏出来。因了岁月的沧桑，更因了现代化都市模型的诱惑，古城古貌古巷古宅正在一天天消逝，面对着摩天大楼立交桥的晕眩，我愿我的《蔷薇雨》和《怀念瓷香》，以我这个女人的眼睛，为这方水土这方女人留下一点文字的摄影、笔墨的录像。有人叹说《蔷薇雨》"俨然一部现代《红楼梦》"，有人则俯瞰曰"不过一市井小说尔"，或假或真，在我来说，很是珍惜这两句，这是我梦寐以求的"味"。1991年6月我曾应中国电视剧制作中心之约将其改编成30集电视连续剧，并于1992年10月由"中心"出了65万字的剧本打印本数十套，历经花谢花开几春秋，终于1997年冬由上海永乐影视集团求索制作社和江西电视台联合摄制成28集电视连续剧，1998年暮春季节，热播于大江南北，颇获好评。都说当代题材的电视剧如女人般经不起老，《蔷薇雨》与我的处女作《四个四十岁的女人》一样，可是扛住了岁月的沧桑！

《怀念瓷香》原名《陶瓷物语》，2000年秋曾由花城出版社出版，也得到不少读者的挚爱，与其说写的是陶瓷的故事，不如说还是女人的故事。因为陶瓷的烧炼，太像人生，尤其是女人的人生！土与水，在火的炼膛里，糅合撕搂、爱恨交加、难解难分，当天地归于平寂时，结晶出的，可能是合格的陶瓷品，也可能是鬼斧神工不再有二的艺术峰巅，还可能是次品，乃至废品，但不论结晶成什么，你再也回不到原初的土与水了，永远不再！这就是人生。而愈是精美的瓷，愈经不起碰撞，你千万别以为烈火的考验能铸就钢筋铁骨，非也，只要不小心轻轻一碰，它就摔得粉粉碎！这太像人的感情，尤其是女人的感情。《怀念瓷香》将我从22岁到30岁在瓷都景德镇的人生阅历伤怀其间，是走过岁月仍难以忘怀的追梦。1991年我作为两撰稿之一的9集电视系列片《瓷都景德镇》是中国第一部关于瓷都的大型专题片，获得了中国电视二等奖；2004年秋我率江西高校第一个广播电视艺术学硕士点首届研究生拍摄的9集电视系列片《瓷都名流》，于2005年元旦始在江西卫视播放，被瓷都陶艺家称为："格调最高、艺术性最强。""出乎意料的美、自然、真实，且感人。观人多曰：好看！太短了！还没看够！"的确，瓷都景德镇，融入了我太多的挚爱。当然，在《怀念瓷香》中，陶瓷是真实的，故事是虚构的。但不管怎么说，陶瓷给人的总是永恒的惊艳。

我的传记，其实也应该称为传记小说。《蒋经国与章亚若之恋》创作于20世纪80年代末，因种种原因捱至90年代初才分别在海峡两岸出版。该长篇传记源于童年听来的故事。我的父系母系家族似皆有传奇色彩。我的大姑爹李郁是1927年参加南昌八一起义的主席团成员——工商界的代表，他并没有随军南下，吃了些苦头后便一心一意立足商界。我的父母的证婚人刘己达正是大姑爹请来的，这个刘己达便是1939年早春在信丰挨过打的赣南专员,蒋经国后来正是取代了他的位置。我的外祖父在南昌时则于一偶然的机缘,搭救过兵变中的军阀朱培德,后来外公开了钱庄,但席卷全球的墨西哥白银暴跌风浪中,他也一头栽到底。1938年我父、母两家族皆逃难到赣州,外公不久病逝,三寸金莲的外婆强撑门户。外婆家在南昌时的女佣蓉妈,到赣州后曾在章亚若母亲家帮佣,她没有割断与外婆的交往。这对都爱抽水烟的主仆,绵长而隐秘的谈评话题之一便是章亚若神秘的死,这话题一直延伸到胜利后两家族回归南昌,延伸到外婆去世。一旦发现托着腮帮偷听得入神的我们姊妹时,外婆会骇然告诫:别瞎传啊,要命的事。既然是要命的事,为何主仆年年月月爱听爱说?在赣南时,我的父亲从事音乐事业,我的二舅吴石希就是话剧《沉渊》的主角,《沉渊》公演之际正值章亚若猝死,蒋经国狂暴无理地禁演该剧,那时正是我表舅吴识沧领着他们不知深浅地与蒋经国抗争了一番。固然我开笔写这部书时,又寻访了一些有关的人物并参阅了有关史料,但这故事已在我心中积淀了许久许久。我想,这仍是女人的故事,悲怆的江西女人的故事。2011年10月20日,蒋孝严先生在台北亲口对我言:"你的这本书是最早的、第一部全面深刻写我母亲的书,我从头至尾、从头至尾读了,很感动。"该书原名《章江长恨歌》,后海峡两岸出版人都改为现名,大概是从"名人效应"考虑吧。

《最后的贵族·张爱玲》(1996年收入我的自选集时更名为《张爱玲传》,现恢复原貌)杀青于1992年,因种种原因捱至1995年暮春和仲秋才分别在海峡两岸出版。仿佛是张爱玲在成全此书,据说《解放日报》刊出书评《"看张"的新文本/读〈最后的贵族·张爱玲〉》的当天傍晚,《新民晚报》即登出张爱玲去世的悲讯。我想此书被评为华东地区优秀畅销书,十几家报刊发消息发评论连载等跟这不无关联。生命是缘,从某种视角看这算小奇缘吧。但我的心并不狂喜。想张爱玲的人生,肉身处于繁华热闹中,灵魂却寂寞荒凉;张爱玲辞世之时肉身极致荒凉,灵魂却无法拒绝热闹。也许,荒凉与热闹的种种碰撞才生出形形色色的传奇?

关于《陈香梅传》创作的前前后后,我已在该书的后记中作了冗长的描述,在此无须赘言。从认识她到塑造出她的文学形象,头尾不过两年,虽是有意识地走近她,但不能说是走进了她的心扉。1997年7月我随中国作家代表团赴美访问时,未能见着她;2004年9月底至10月初,我应纽约大学之邀,再次赴美作学术交流时,非常遗憾,又未能联系上她。我不知道,我是否写出了一个真实的她?我只求在广袤深邃的历史背景中,勾勒出这一个女人寻寻觅觅的人生轨迹和起伏不已的情感波澜而已。

本事一经叙述就成了文学。张爱玲说过:"历史如果过于注重艺术上的完整性,便成为小说了。"我的传记文学,是传记小说。传记可以说是一种怀旧,一种追忆逝水年华,一种人类对人无长久的无可奈何的哀悼!传记就像一张沉入岁月的河里的网,到得一定的时机,便迅猛地将它扯上岸,做一检点,做一总结,以为网住的都是精华,都是最实质的,其实天晓得。网眼有大有小,再说适中的也并不一定是最本质的。

如果说每个人的人生都是一部长篇小说,我的人生近不惑时才与编小说纠葛在一起。只是我述说我的人生时人们说我在编小说,我编出小说时人们却说那是我的人生!我的真实人生不乏传奇,我的虚构小说却编不出传奇。

在数量和重量上,1996年的自选集,传记压倒了小说;2005年、2012年的自选集,都力图打个平手,《我论女性》的前半部为论说,后半部附录我的中短篇小说和散文;《赣地·赣味·赣风——在流变与永恒中的地域文学艺术创作》前面为论说,后面是我创作的影视文本;仿佛想作个见证,赣地老女子我就是这样看女性写女性的。也像是犹在镜中,虽然红颜早已老去,但自己仍自在地久久地又细细地端详自己。当然,心并不满足,仍有失落,走了很久很久,回头看看,幸而仍是"女人写,写女人",我心依旧。

蔷薇雨中的女人的形形色色的故事,会像"流言"般散播吗?

1996年的暮春,我致谢作家出版社和责编李玉英女士,因为能早早地在京都出这么一套齐楚可观的自选集,他们对我的确是鼎力扶植。2005年的蔷薇雨中,在二十一世纪出版社和老朋友张秋林先生的鼎力相助下,六卷本的《胡辛自选集》又自信面世。2012年蔷薇雨中,六卷本《胡辛自选集》三度登场,仿佛总也没过气,总也不见老似的,怎么说都是件高兴的事。感谢江西出版集团副总傅伟中先生,感谢责编熊侃先生,他们始终尊称我为老师,其实,我与他们亦属忘年交。感谢南昌大学的扶植。我信:清泉汩汩,真诚如一,定会滋润一方青翠田园的。

我自信我留着一份懵懂的真诚,对人对己。

爱读惠特曼的诗:"我愿意走到林边的河岸上/去掉一切人为的虚饰/赤裸了全身/我疯狂地渴望能这样接触到我自己。"

(胡辛于南昌大学,原序写于 1995 年 12 月 27 日,
二序补充于 2004 年 10 月 8 日自纽约大学归来,
三序再补充于 2012 年 2 月 2 日)

后　　记

　　德国诗人歌德在诗剧《浮士德》中借魔鬼靡菲斯特斐勒司言：一切理论都是灰色的，唯生命之树常青。那么，作为作家，当远离深奥又晦涩的理论，在感觉的世界自由翱翔，方是上上策。

　　且慢。

　　青年学者谢有顺在《莫言小说与诺贝尔文学奖的价值》一文中，对作家要有文学理论这一点，却有自己独到的看法："作家有写作理论，就意味着这个作家有思想，有高度。诺贝尔文学奖作家的演说词很多都是名篇，里面闪烁着动人的艺术光泽和价值信念。假如一个作家不能很好地概括自己的写作，不能为自己的写作找到合适的定位，并由此说出自己对世界、历史、人性的一整套看法，他的写作重要性就会受到影响。"又言："一个作家，光有出色的作品而没有自己独特的文学观念，没有思想性，至少对于诺贝尔文学奖评委而言，是不够的。"或许，言之有理。

　　屈指数来，我的教学生涯已长达近半个世纪，创作生涯则持续35年了，正规的学术之路也前行了30余年，梦想的飞翔之旅确实是扑忽着双翅的，有点艰难，有点无奈，有点晕眩，倒也有点愉悦，有点兴奋，有点省悟，也许这就是想从必然王国向自由王国的追寻，哪怕徒劳。然，路漫漫其修远兮，吾将上下而求索。

　　1. 走上学术研究之路是被逼上梁山

　　如果说我成了一名中国作家，有很多偶然性；那么，我走上学术研究之路成为一个女性写作者，一个女性主义理论的研究者，实事求是地说，是被逼上梁山的。

　　我不是张爱玲，打小起并没有过什么天才梦；我更不是胡适之，虽然都和祖籍安徽搭界，但我只能遥远地仰望着他们，如同仰望星空。

夕拾朝花，童年玩耍、少年读书、青年上大学，濡染影响我长大的应当归功于文学艺术，而非理论。语文课堂上灌输着文学的四大体裁是诗歌、散文、小说和戏剧，而理论是经过探研后的系统化了的理性认识，是概念和原理的体系，那当是大领导和大智者的事，深刻玄奥，我们只是被引领着。在我的记忆中，新中国成立后，长篇小说蔚然成林，森森然壮观。《青春之歌》《林海雪原》《红旗谱》《铁道游击队》《创业史》《艳阳天》等让我们在昨天与今天之间穿行，《雷雨》《日出》《啼笑因缘》《秋海棠》则让我们读到别样风景；古典文学仍是我们的最爱，无论是唐诗宋词元曲明清小说还是历代民间传说，都让我们心旌摇曳，因为一不小心就会厚古薄今。当然，大众电影是男女老少最爱做的白日梦，革命歌曲流行着成了经典……回溯我的大学生涯，江西师院中文系1963级只有我们这个大班，70多人中有十来名男生已在报纸杂志上发表文章，虽以千字文、豆腐干为多，不过是小散文或杂感，但仍让人艳羡，却也遭遇专业思想不稳固的猛烈批评。大三时"文化大革命"爆发，我们毕业于非常岁月。自毕业至我调进江西大学中文系的19年中，我与理论研究学术之道几乎无交集。无论是大山深处兴田中学的学文学农学军，还是西郊四中东郊一中的教学与种茶树或学工，景德镇生存的八年，留给我的是对这方水土这方人的复杂的感情，爱怨交加，但到底是人性的光辉丝丝缕缕浸淫着岁月，虽苦难坎坷却仍有欢欣鼓舞，虽残酷冷漠却仍能触摸到同情和温暖。在1983年3月8日的深夜，我提笔写下了《四个四十岁的女人》，开篇即问："女人为什么要有自己独立的节日？"在政治反思之余，仿佛还将我几十年来对女性生存的种种不自觉的感受，顷刻之间化为了自觉的。此作在责编周榕芳先生慧眼相识中得以发表。在恩师王蒙先生的鼎力扶植下，荣获国家级文学奖。

京都评论家称之为"厚积薄发"，倒也名副其实，一个女人的花样年华黄金岁月烙刻进这方水土，我写的是亲身感受。四个女人中有两个女人的故事——山村学生清晨送别柳青老师和助产士魏玲玲深夜救山村难产产妇——便萌发于兴田和程家山的所见所闻所经历之中，当属于"情满则溢"的抒怀。由我任主创之一且全程跟拍的《瓷都景德镇》（1990），已成为中国第一部反映景德镇的"历史与今天"的大型电视系列片。那是在其时市委办公室主任龚农民倾心支持下才得以完成的，他是我在四中石岭时的老同事老邻居。策划和撰稿时，查阅资料，踏访旧地，但我并不以为是做学问，只是写景德镇这邮票大的地方，展示风俗人情、历史记忆、新颜旧貌，千年瓷都的知名度应大力张扬，惜之更应珍之。

我虽是一不小心跌跌撞撞进了作家的门槛，但动力始终有活力做伴，生活的确是创作的源泉。而我自42岁迈进高校殿堂后，费力也掀不掉压力的苦痛。痛定思痛，是学术研究太难抑或我对其缺乏浓烈的情感？

实话实说，那时的高校决不将作家等同教授，小说是不能计算为科研工作量的。当大学老师，上课受学生欢迎并不算"硬件"，若你不写论文，不研究理论，那将无地自容。幸亏省刊《文艺理论家》约我写创作谈，于是我便将创作的真实感受写了出来，没想到《创作的反思——传统·地域·自我的寻觅》一炮打响，且为《人大复印资料〈现当代文学研究〉》全文转载，可谓开门红。接下来又在学报发表《女小说家的审丑意识》，竟为高校文科文摘摘选！在众人眼中，这个四十岁的女人太受命运青睐！在我的心里、手下，是吃奶的力气都使了出来，而且，深感写论文难度之外，也一样要温度，要有情感的真诚投入。

但我有自知之明，我不是搞研究的料。我耐不住寂寞，又常常热血沸腾打抱不平甚至多管闲事。学问者，必须有一片安静的心海，至少，要让你的心安静下来，像梭罗写《瓦尔登湖》一样。

然，你要在大学生存下来，就得写论文、出论著、拿课题、获科研奖，这是生存规范，你冲决不了所谓学术的"罗网"。

2. 学术研究为创作为人生点亮心扉

创作和研究，当是不同的思维，前者偏重形象思维，后者依赖逻辑思维。但渐渐地感受到两者并不绝对对立矛盾，而是可以兼容的，或曰两者缺一不可。理论是阳光雨露、土壤基肥，创作是树木花叶？也可以说理论是树根树枝，创作是繁花茂叶。或者说是鸟的双翼，能让你飞得更高更远。当然，一切比喻都是蹩脚的。

因为荣获了国家级文学奖，我的创作不敢有半点敷衍，中篇小说《我的奶娘》《粘满红壤的脚印》《瓷城一条街》《地上有个黑太阳》《街坊》都写作于上世纪80年代中后期，长篇小说《蔷薇雨》《陶瓷物语》分别出版于1990年和2000年，长篇传记文学《蒋经国与章亚若之恋》《最后的贵族·张爱玲》《陈香梅传》亦于90年代上半叶在海峡两岸先后出版，呈现出鄙人创作的第一个高峰期，但是，这些并不能有助于我的职称晋升。1995年春我被评聘为教授，依托的是我发表的论文和拿下的课题。我的研究领域来自我的人生我的创作。女性主义理论探研的同时，伴随着地域文化与民俗学研究。我出生在瑞金，童年在赣州，学生时代在南昌，工作在景德镇，十三年后回到南昌。红色赣南、古城南昌和瓷都景德镇——我属于你，你属于我，生生死死不分离——是我创作的基地和腾飞的起点。我的心灵深处有着割舍不了的"乡土情结"，地方特色、民俗风情、历史积淀与时代风貌，亦是我无法割舍的创作的活力和魅力，尽管有评论家忠告我："你的家乡名气不大，这是很冒险的！"但我并不盲从，我的家乡自有别的地域无法取代的特质！本论说集第二章"眷恋于土地：化作春泥更护花"，一方水土一方女人。我只是想作为女人对这片红土地以笔墨声画率性尽情地倾诉，在狂放恣肆的书写中探研生命意识和人生精神。

从懵懂的女性求索到自觉的女性主义理论的学习和探讨，贯穿于我35年的创作与研究中，无论是热热闹闹还是冷冷清清都没有停却寻寻觅觅！有评论者曾叹曰：《四个四十岁的女人》是中国当代文学中较早关注女性话题的小说。但那是潜意识的。到了《蔷薇雨》，则是想将对古城南昌的种种积淀，苦痛又欢畅地蒸馏出来。希望纵使岁月流逝，也能以我这个女人的眼睛，为这方水土这方女人留下一点文字的摄影、笔墨的录像。而《蒋经国与章亚若之恋》《最后的贵族·张爱玲》《陈香梅传》传播到海内外的"女性三传"，在我这个传记作者对传主的理解和解释中，实则是我在女性生存的惆惘的荒凉背景中感受女性生命的一次次精神之旅。而爱情，对于女性而言，似乎成了一种信仰，一种图腾，也是一种悲憾的局限。

我曾推崇"女人写写女人"，但后来我有所改变，我以为只要你站在女性独立和女性价值的思考立场上，写女人还是写男人都无关紧要了。我对男性中心社会对女性的种种不公平进行种种抗争。但是，男人中亦有不少让我仰视和尊敬者，因为他们平等地、友好地对待女性。所以，"这个世界，除了女人还有男人，女人能独立到哪里去呢？我始终不持乐观态度。况且女人无论是充当自然角色还是社会角色，女人人生的轨迹不能不与男人高密度高频率地交叉，于是答案不是由女人一方能独立完成的"。但是作为母亲，她们却心甘情愿茹苦含辛，"因为母亲毕竟不同于父亲，不仅仅是'肌体的裂变'，是生命链条最具象的体现，而且是刻骨铭心的深刻"。我期望着："女性意识是对父权制的反叛，但不是对母权制的回归,而是女性男性同行历史的长河,迎接更为辉煌的明天。"我更多地进入女性自身的自审,我想,这就是我的独有的女性视角抒写女性题材女性主题,探寻的女性意识女性价值。女性的天空是低矮的,女性的翅膀是沉重的,但是,仍然向往飞翔,并践行飞翔。第一章"飞翔的天空:石破天惊逗秋雨",正是且行且珍惜中的理性的思考,还将关于男性导演镜头中的女性形象、女性导演女性形象的突破和叙事表达等几篇影视学方面的论文也收录了进来。

我的路并非一帆风顺,但是,我已经得到了许多人尤其是女人,也许一辈子都得不到的东西,当我进入女性主义研究的领域后,真个是豁然开朗,换一种方式思考,再多的艰难和委屈似皆可忽略不计了;另开一扇窗户看风景,这边的风景与以往那么不同。日子过得很充实,心头没有太多的纠结,这是自己做得到的。至于别人怎么看你,那是别人的事。不管发生什么事,你得记住,一直往前走。

我信捷克作家米兰·昆德拉所言:也许小说家们所做的全部事情,就是写一个主题(第一部小说的)及其变奏。回溯我的创作历程,应该是最初的关于女性人生命题的种种"变奏"。

第三章"银幕探微:影像书写的书写"是关于电影理论的探索和电影评论;第四章"荧屏对话:百般红紫斗春菲"是关于电视理论和电视栏目的探研。2003年我几乎是在单枪匹马的状态下,为南昌大学申报广播电视艺术学硕士点成功;后来又申报电影学获得基本认可。这是正正经经研究电影学、电视学的开始,至今也不知值还是不值?实话实说,所有的电影电视的理论都是边学边教边学,在与外校老师和自家门内的研究生互动互学。但是,这些理论于我却一点也不枯涩深奥,更不觉得陌生,我想,这与我们从小就痴迷电影,而今又生活在电视的世界里不无关系。当我将世界电影历史梳理电影流派比较分析后,胆大妄为的我发现正是生命的纪实与虚构的声画反映。电影与文学与艺术是这样的相互渗透,你中有我,我中有你。

第五章"留住的时光:昨夜星辰昨夜风"只能说是夹叙夹议。但头尾两篇当是正儿八经的论文。留住的时光,是说像照相录像一般,用文字把时光、时光里的人留了下来,也是我对传记文学一些另类的想法和写法。

与其说教学生存职称评定迫使我研究理论,还不如说更多的是从学生的渴求知识的眼光、自我创作的拓展、创新的活力鞭策着我研究理论,而理论研究又引领激励着我在各个领域扬鞭策马?理论成为我教学的基础和引导,为我的创作点亮了明灯,而且,为我的人生洞开了心扉!

这部学海论说是对我执教从文理论探研30余年纵览,惊回首,一字以蔽之:杂。北岛曾言:一个人的行走范围,就是他的世界。那么,在知识的领域,是否也不会完全相悖呢?当然,一生只做一件事,学有所长,术有专攻,是非常值得提倡的治学精神,但是不见得适合每一个人吧?如果全人类都如此这般,那么,人类少了太多的乐趣。人生苦短,哪怕及时行乐,这"乐"也充满了学问。

上世纪二三十年代上海出了个新感觉派,施蛰存先生名列其中,后来人生跌宕起伏。他曾对儿子言:"我的一生开了四扇窗子:东窗是文学创作,南窗是古典文学研究,西窗是外国文学翻译研究,北窗是金石碑版整理。"年逾古稀的我,觉得自己走过的岁月也开了好些窗,但不像施先生这般领域分明。于我而言,文学创作是一扇,影视创作又一扇;学术研究中,现当代文学研究是一扇,女性文学研究、传记文学研究也算一扇吗?其实,那都只能是窗中窗,至于民俗学、叙事学,浅尝辄止,连个窗洞都没凿出。晚年绘画,犹如有人晚年才爱上乒乓球一样,不是为了成为运动员出国比赛,而只是突然就成了爱好,同时还可延年益寿而已。但学习、学习、再学习,当是颠扑不破的真理,书山有路勤为径,学海无涯苦作舟。书山学海,是最美的梦所在。

这又使我想起了胡适先生。读小学时,是举国批判他的时代。但他是我们安徽积溪人,又姓胡,心底里是敬仰他的。先生起先学农,后学哲学,政治信仰、宗教之外,对经济、自然科学都盎然有趣;他是白话文创作的发起人和牛刀小试者,却更精通中国文学、历史、国学、禅宗、红学;对英法德文学也一一涉猎!他的《白话文学史》《中国哲学史大纲》,乃至自传《四十自述》都几乎是"刚开了个头",却不见结尾。但他在67岁前夕仍自信满满地说:"今天我几乎是六十六岁半的人了,我仍然不知道我主修何科,但是我也从来没有认为这是一件憾事。"貌似杂,实则广博!这种唯兴趣至上的率性而为,无功利之心,方显大家情貌和风骨。

胡先骕先生与胡适先生有张合影,胡适题字:"两个反对的朋友"!胡先骕是名闻中外的植物学家,却能名留现代文学史,虽然是"反角"——他作为学衡派的斗士,冲锋陷阵反对白话文,这便是胡适题字的缘由。白话文运动在文化普及上的确意义重大，但是，走过岁月，现今在微博微信上频频发表古格律诗词者日日见多，有的确实见文化，更有急切跨入门槛者，只怕蔚然成风指日可待也。胡先骕先生认为文史为代表的人文学科更有陶冶情操塑造人格之功效，又强调"既贵专精，尤贵宏通，必使诸生多有自由讲求研求之机会，而不可过于专业化"，是有道理的。

孔子教育的智慧，从内容看，"六艺"为礼、乐、射、御、书、数。孔子当时就提出"君子不器"的思想，即有学问的人，不要作器皿，也就是不能一成不变。

3. 学术论文与武侠小说的风马牛不相及

中国流行八股，并不仅仅局限于文章！吃穿用行生老病死、待人接物玩乐休闲，总有人不遗余力地规划为"八股"，让一个个活生生的人循规蹈矩。文章与写文章，自然更是严苛。我当然明白：无规矩不成方圆，但生活既有七色阳光，也有月亮星空，还有风雨雪霜，是否在规矩中也还有透气之隙呢？

总有人说我的论文不像论文，哪有这般华丽的语言、情感的流泻？论文就是要正襟危坐、规规矩矩，就是要一本正经、不苟言笑。直到20世纪末的一天，面对面亲耳聆听到北京大学教授陈平原先生的话语：我的论文写得像金庸的武侠小说那么好看。于是乌云一扫而空，豁然开朗，不，是醍醐灌顶。

在同样的时间段，耳听北大曹先生很轻松地说：做学问是人人都可以做出来的，只要勤奋刻苦；写小说则不同了，这要天分，不是每个人都能写出来的。这真是振聋发聩！要知道，小说在高校是不能算作科研成绩的，自古也是不能登大雅之堂的，"小说家者九流十家者之末"！我虽然在心底里认同曹，但从不敢说出口，因无底气。曹先生而今获得世界级的文学奖，教授讲课人满为患，理论著述亦是汪洋恣肆、摇曳生姿、语香袭人。他真是将创作与理论化作了鲲鹏展翅！

也是在那前后，读到外国学者写的论文，有这么一句话：电影让人们走出家门，而电视让人们回到家里。生动形象、一语中的！

在人人手捧红宝书的年代，我们都熟读毛泽东选集。但绝非完全的被动，毛泽东的语言是极有特色的，大俗大雅、深入浅出、生动活泼、极具感召力和鼓动力。

吴昌硕曾书对联一副给潘天寿："天惊地怪见落笔，巷语街谈总入诗"。诗画如此，理论亦应如此？

庄子的"与天地共生，与万物为一"的自由境界，已然挣脱自然和社会的双重束缚，我们追求的当是这样的生命形态吧。

这本论说集中收了我与部分硕士生合作之文章，实话实说，我从不喜学生代笔，也不乐意与学生联合署名，虽然，是故弟子不必不如师，师不必贤于弟子。闻道有先后，术业有专攻（韩愈《师说》）。一个正常的老师，面对"青出于蓝而胜于蓝"时，当无限欣慰和满足。因为师生关系是没有血缘的生命链条环环相扣。但是，师生关系在今天不能不说变得复杂又多元了！虽然，"天地君亲师"——师者的地位有过曾经的哪怕只不过是名义上的尊崇。况且，世道的学术研究不知不觉就走进了这样一条无奈的胡同：一是发表学术论文要钱，而且价格不菲，曾有"文章不能锅里煮，百无一用是书生"之言，而今，对大多数人而言，文章不仅不能卖钱，而是发文章要拿钱来买！二是在读研期间，校研究生院规定研究生必须在规定档次的学术刊物上发论文，师生合作的，署名放前放后都可算第一作者！因此，师生联名发表成为常态，你总不能一意孤行标榜清高吧？

广播电视艺术学硕士点属艺术类，毕业论文的写作普遍性的不轻松！一些同学论文写作遇到瓶颈，难以走出困境，只有一遍遍与之探讨，太纠结时，只有逐字逐句亲自操刀！有的学生被抽到省外盲审，紧张得一天粒米未沾，怎么办呢？还有临时抱佛脚者，凌晨2点还坐在我家地板上，对着打印出来的一页页稿纸茫然！我能"见死不救"吗？我不知道这样的诚心热心是对是错？是正是负？我只是不愿意这个点的学生经过3年的学习历练，出去后文不成武不就，就大懒一枚！我曾率研究生们去到陈寅恪的老家修水，去到胡先骕任首届校长的中正大学原址泰和，去到千年瓷都景德镇，曾经"千里踏访颂师魂"，曾经拍摄出校园青春剧《聚沙》（24集）、《沙之舞》（8集），创作出电视电影《惊艳陶瓷》……在我，真是"自讨苦吃"！我不知毕业了的学生会怎么回想往事，还是一切早已随风而逝？

不要去盲信"一日为师、终身为父"，那是"天地君亲师"的古代，况且有一定的"愚民"成分。我教过多少学生？不敢说"桃李满天下"，但桃李不会太少，仅就研究生而言，现当代文学和广播电视艺术学的硕士生就有80余人。好的是绝大多数，但也有令你心梗的，但是，你要将你的心平静下来，淡定，保留一点天真的认真，自己做到"于心无愧"，足矣。

记住：真诚的感情却要万分珍惜！我曾将炼瓷喻作人生，将瓷器破碎喻作人的感情，尤其是女人的感情。王蒙老师在《失态的季节》里也有如是感叹："幸福就像一件薄胎彩绘瓷瓶，惊人的美丽和脆弱，那么容易失手就把它打碎从而失去它。他其实已经把自己的最宝贵的瓷瓶失手打碎了，再也粘不上'锔'不上复原不了啦。"海子有诗："活在这珍贵的人间，人类和植物一样幸福，爱情和雨水一样幸福！！！"

生老病死伴随着我们的一生。而"老病死"竟如此堂而皇之地扎堆进了不可爱的老年！当然，诚如张爱玲所言：老年是不可爱的，但老年人有许多可爱的。

这本论文集，也只是做个纪念。

2018 年元月于景德镇官庄